Wissenschaftliche Untersuchungen
zum Neuen Testament · 2. Reihe

Herausgegeben von
Jörg Frey, Martin Hengel, Otfried Hofius

146

Harry Jungbauer

# „Ehre Vater und Mutter"

Der Weg des Elterngebots
in der biblischen Tradition

Mohr Siebeck

HARRY JUNGBAUER, geboren 1962; 1983–89 Studium der Evangelischen Theologie; 1989–92 Vikariat in Nordheim b. Heilbronn; 1992–97 Wissenschaftlicher Assistent in Tübingen; seit 1997 Pfarrer in Heidenheim; 2001 Promotion.

*Die Deutsche Bibliothek - CIP-Einheitsaufnahme*

*Jungbauer, Harry:*
Ehre Vater und Mutter : der Weg des Elterngebots in der biblischen Tradition / Harry Jungbauer. – 1. Aufl.. – Tübingen : Mohr Siebeck, 2002
   (Wissenschaftliche Untersuchungen zum Neuen Testament : Reihe 2 ; Bd. 146)
   ISBN 3-16-147680-8

© 2002 J.C.B. Mohr (Paul Siebeck) Tübingen.

Das Buch wurde von Druck Partner Rübelmann in Hemsbach auf alterungsbeständiges Werkdruckpapier gedruckt und von der Buchbinderei Schaumann in Darmstadt gebunden.

ISSN 0340-9570

Für meine Mutter,

meinen Vater († 1989)

und für alle,

die mir Brüder und Schwestern geworden sind.

# Vorwort

Die vorliegende Untersuchung wurde unter gleichlautendem Titel im Winter-
semester 2000/2001 von der Evangelisch-theologischen Fakultät der Eberhard-
Karls-Universität Tübingen als Dissertation angenommen. Für den Druck habe
ich sie gekürzt und leicht überarbeitet.

An dieser vorläufigen Station auf dem langen Weg mit dem Elterngebot -
es bleibt ja für immer eine Lebensaufgabe - danke ich zuerst und von ganzem
Herzen meinem Doktorvater und in jeder Hinsicht vorbildlichen theologischen Lehrer, Herrn Prof. Dr. Gert Jeremias. Bei der Abfassung der Arbeit hat
er mir stets uneingeschränkte Freiheit zur Forschung gegeben und doch zugleich mit seinem freundschaftlichen Rat und sachgerechter, fördernder Kritik
das Projekt in der ganzen Entstehungszeit jederzeit interessiert und engagiert
begleitet. Schon im Theologiestudium habe ich von ihm gelernt, biblische
Texte sprachlich und sachlich präzise zu analysieren und dabei stets den biblischen Zeugen in ihrer Vielfalt das eigene Wort zuzugestehen, auch wenn es
mit einer anderen biblischen Stimme oder gar einem späteren theologischen
System nicht harmonierte. Unbedingte Ehrlichkeit und uneingeschränkte, nur
den Texten gewidmete Aufmerksamkeit bei der Exegese haben mich bei ihm
vom Anfang meines Studiums an begeistert. Faszinierende exegetische Einsichten und großzügige Unterstützung durch eine Hilfskraftstelle während des
Studiums und der Wartezeit danach, schließlich die großartige Gelegenheit,
als wissenschaftlicher Assistent im Unterricht für Studierende und bei der
Abfassung der Dissertation den Horizont zu erweitern, verdanke ich Herrn
Prof. Dr. Jeremias und werde ihm das alles nie vergessen.

Für die Erstellung des Korreferates und für zahlreiche Hinweise im Blick
auf die Veröffentlichung danke ich Herrn Prof. Dr. Hans-Jürgen Hermisson;
ebenso gilt mein Dank den Herausgebern der Reihe „Wissenschaftliche Untersuchungen zum Neuen Testament", für die Gelegenheit zur Veröffentlichung in dieser Reihe. Für die gute theologische Nachbarschaft während meiner Assistentenzeit möchte ich Herrn Prof. Dr. Otfried Hofius und seinen Mit-
arbeitern danken, ebenso Herrn Dr. Henning Ziebritzki und Frau Ilse König
für die engagierte und tatkräftige Betreuung des Buches seitens des Verlags.

Entsprechender Dank gilt allen, die mich auf ihre jeweils eigene Weise
durch anregende Diskussionen, Organisation von Büchern oder durch Korrek-
turlesen bei dieser Arbeit unterstützt haben. Meine Kollegen am Lehrstuhl,
Herr Pfarrer Dr. Jörg Weber und Herr Vikar Oliver Groll sowie unsere Sekre-
tärin, Frau Ursel Krüger-Keim, meine Studienfreunde, Herr Peter Brockhaus
und Herr Pfarrer Bernhard Philipp, schließlich bei der Endkorrektur der
Druckvorlage meine Heidenheimer Kollegin, Frau Pfarrerin Gabriele Mack -

sie alle haben ihren Anteil daran, daß ich durchgehalten habe und am Ende
neben der vielfältigen Arbeit im Pfarramt dieses Werk fertigstellen konnte.

Viele andere Freunde, die mich am Studienort in Tübingen, im Vikariat in
Nordheim, während der Tübinger Assistentenzeit und nun im Pfarramt an der
Versöhnungskirche in Heidenheim begleiteten, wären als Menschen, die mein
Leben und auch diese Arbeit mit geprägt haben, noch zu nennen.

Schließlich aber danke ich vor allem meiner Mutter und meinem leider
schon 1989 verstorbenen Vater für meine Kindheit und Jugend, die ich so
erleben durfte, daß das Gebot, die Eltern zu ehren, mir nie besonders schwer
gefallen ist. Ganz im Gegenteil: dieses Gebot hat mich gerade in der herz-
lichen Verbundenheit mit meinen Eltern interessiert und hat nicht nur mein
exegetisch-wissenschaftliches Leben bestimmt.

Ihnen, meiner Mutter und meinem Vater, sowie allen, die mir als einem
„Einzelkind" auf meinem Lebensweg zu Brüdern und Schwestern geworden
sind, ist dieses Werk gewidmet.

Heidenheim, 4. November 2001                              Harry Jungbauer

# Inhaltsverzeichnis

# Abkürzungsverzeichnis

Die Abkürzungen der biblischen Bücher und der außerkanonischen Schriften neben dem Alten und Neuen Testament sowie die Abkürzungen der Qumran-Schriften und der antiken griechischen Schriftsteller richten sich nach:

Religion in Geschichte und Gegenwart. Handwörterbuch für Theologie und Religionswissenschaft. Hg. von Hans Dieter Betz, Don S. Browning, Bernd Janowski und Eberhard Jüngel; Band 1, A-B; 4., völlig neu bearbeitete Aufl.; Tübingen 1998, S. XX-XXIII; XXVIII-XXXI.

In Ergänzung dazu und in Abweichung davon wird wie folgt abgekürzt:

TestGad für „Testament des Gad" von den Test XII.
äthHen für „äthiopisches Henochbuch".
Nom für „Platon, Gesetze".
Epiktet, Diss für Epiktet, Dissertationes.

Die Abkürzungen der Werke von Philo und Flavius Josephus richten sich nach:

Schwertner, Siegfried M. (Hg.): TRE-Abkürzungsverzeichnis; 2., überarb. und erw. Aufl.; Berlin, New York 1994, S. XXIV-XXVI.

Die Abkürzungen der rabbinischen Werke richten sich nach:

Stemberger, Günter: Einleitung in Talmud und Midrasch; 8., neubearb. Aufl.; München 1992, S. 356-358.

Alle übrigen Abkürzungen richten sich nach:

Schwertner, Siegfried M. (Hg.): Internationales Abkürzungsverzeichnis für Theologie und Grenzgebiete: IATG; Zeitschriften, Serien, Lexika, Quellenwerke mit bibliographischen Angaben; International glossary of abbreviations for theology and related subjects;
2., überarb. und erw. Aufl., Berlin, New York 1992.

# Teil A:

## Die Frage nach dem Recht der Eltern

Kapitel 1

# Abgrenzung des Themas

## 1. Zum Anlaß der Frage nach dem Recht der Eltern

„Sollte ... der Fall eintreten, daß sich die Kinder der elterlichen Autorität entziehen, dann ist das Ende aller Dinge nahe. Man sieht dies ja täglich an einzelnen Familien. Dieselben haben bisher sich eines guten Wohlstandes erfreut; sie standen bei ihren Mitmenschen in Achtung und Ansehen, und es ge-
lang ihnen, ihr Anwesen vorwärts zu bringen. Auf einmal aber erheben sich
die Kinder gegen ihre Eltern, sie versagen ihnen die schuldige Ehrfurcht, und
schon bald wird man hören, daß sich diese Familien auflösen und in Elend
und Armuth gerathen. Da aber die menschliche Gesellschaft nur aus einzelnen
Familien besteht, so muß auch sie sich auflösen, und in Elend und Noth
geraten, wenn in allen Familien die Ehrfurcht vor den Eltern abnimmt oder
ganz verschwindet."[1]
    Diese Befürchtung entstammt nicht einer Endzeitstimmung aus der ge-
genwärtigen Zeit der Jahrtausendwende. Diese Zeilen schrieb ein besorgter
katholischer Geistlicher aus Heppenheim im Jahre 1879. Längst vor allen aktuellen Diskussionen um die Rentenformel und vor allen modernen Auflö-
sungserscheinungen der traditionellen Familie malt er einleitend dieses dü-
stere Bild einer Zukunft, die nicht vom Gebot, Vater und Mutter zu ehren,
dem sogenannten „Elterngebot", bestimmt ist. Danach folgt eine ausführliche
Auslegung des Elterngebots für die kleinen wie die erwachsenen Kinder,
Jungen und Mädchen, mit dem Ziel, „gleichsam ein Spiegel [zu] sein, in welchen sie täglich hineinschauen sollen, um die wichtigsten Pflichten, welche
ein Kind hat, gewissenhaft zu lernen, und gründlichst sich darin zu unter-
richten".[2]
    Aber während vor einhundertundzwanzig Jahren eine Auslegung des El-
terngebots geeignet erschien, die offensichtlichen Mißstände in den Familien
mit Hilfe des Gebots der Elternehrung zu beseitigen, hat es heute seinen Ein-

---

[1] SICKINGER, CONRAD: Du sollst Vater und Mutter ehren. Praktische Erklärung der
Pflichten der Kinder gegen ihre Eltern. Allen Kindern jeglichen Standes und Alters gewidmet; Dülmen 1879, 20.
[2] A.a.O., 6.

fluß in weiten Bereichen fast vollständig eingebüßt. In der Literatur, die heute
die Pflichten der erwachsenen Kinder gegenüber ihren Eltern bespricht - das
sind längst nicht mehr seelsorgerliche Traktate von Gemeindepfarrern -, ist
von diesem Gebot kaum die Rede. Wenn heutige Sozialwissenschaftlerinnen
Ratgeber für erwachsene Kinder zum Umgang mit den älter werdenden Eltern
verfassen, dann kommt das Elterngebot darin entweder gar nicht vor[3] oder es
wird unter verschiedenen Ideologien, „zweckbezogenen Halbwahrheiten"[4],
aufgeführt. Wohl kaum zufällig rückt das Gebot dann in Gedanken ans Ende
der Reihe im Dekalog, dessen Inhalt nur noch vage gegenwärtig ist[5], und es
kann mit einem Satz erledigt werden: „Allerdings vermag die Verankerung
im Zehnten (sic!) biblischen Gebot den modernen Menschen wohl nur noch in
beschränktem Masse (sic!) für die Pflegeaufgaben zu motivieren."[6]
    Auf der anderen Seite finden wir einen familientherapeutischen Ansatz, der
geradezu vom Elterngebot ausgeht. Der Familientherapeut Bert Hellinger
verteidigt in einem Interview das vierte Gebot gegen den Einwand, es wecke
bei vielen Menschen eher negative Assoziationen: „Aber ist das nicht eine
schöne Erkenntnis, die in der Bibel steht: Du sollst Vater und Mutter ehren,
auf daß es dir wohlergehe...? ... Wenn man den Eltern Ehre erweist, kommt
etwas tief in der Seele in Ordnung".[7] Aus dieser Entwicklung, was die
Bewertung des biblischen Elterngebots und des Rechtes der Eltern angeht,
entstand die Motivation für die im Folgenden vorgenommene exegetische
Untersuchung des Elterngebots sowie seiner Rezeption in den zwischentestamentarischen Schriften und im Neuen Testament.
    Als Exeget geht es mir darum, zu prüfen, inwieweit der Verlust von Ein-
fluß des biblischen Textes wirklich erst ein Phänomen der Neuzeit mit ver-
heerenden Folgen für das Verhältnis zwischen den Generationen ist, dem
dann - wie 1879 von Pfarrer Sickinger unternommen - mit verstärktem propa-
gandistischen Aufwand zu begegnen wäre. Oder hat nicht schon innerhalb der
biblischen Tradition eine ständige Neubewertung und auch unterschiedliche
Gewichtung dieses Gebotes stattgefunden, so daß das Schwinden elterlicher
Autorität im Rückgriff auf dieses Gebot aus biblischer Sicht nicht zwingend
das Ende aller Dinge heraufbeschwören muß?

---

    [3] Vgl. KÄSLER-HEIDE, HELGA: Wenn die Eltern älter werden. Ein Ratgeber für erwach-
sene Kinder; Frankfurt/Main, New York 1998 (campus concret 24).
    [4] CHRISTEN, CHRISTINA: Wenn alte Eltern pflegebedürftig werden. Kritische Bestands-
aufnahme, Lösungsansätze und Empfehlungen für die Pflege alter Eltern in der Familie;
Bern, Stuttgart 1989, 47.
    [5] Vgl. CHRISTEN, Wenn alte Eltern pflegebedürftig werden, 47, Anm. 15.
    [6] A.a.O., 47.
    [7] KRÜLL, MARIANNE; NUBER, URSULA: „Wenn man den Eltern Ehre erweist, kommt
etwas tief in der Seele in Ordnung". Ein Gespräch mit Bert Hellinger über den Einfluß der
Familie auf die Gesundheit und Werte und Ziele seiner umstrittenen Therapie. In: Psychologie heute 22, 1995, 22-26, 23.

Die erste Leitfrage heißt also: Wann und wie wird das Recht der Eltern in der biblischen Tradition mit dem Elterngebot zur Geltung gebracht?

Ferner gilt es aber auf der anderen Seite - im Blick auf die Abwertung des Gebots in der Gegenwartsliteratur einerseits und seine Hochschätzung in einzelnen Therapieformen andererseits - die Motivationskraft des Elterngebots zu untersuchen. Es ergibt sich die zweite Leitfrage: Unter welchen Bedingungen hatte das Gebot die Motivationskraft, das Verhalten gegenüber den Eltern zu bestimmen, und ist aus exegetischer Sicht zu erwarten, daß sich diese Motivationskraft für die Gegenwart reaktivieren läßt?

## 2. Das Elterngebot des Dekalogs als Ausgangspunkt

Für die Frage nach dem Recht der Eltern in der biblischen Tradition können unterschiedliche Texte herangezogen werden; die meisten werden im Zusammenhang der Untersuchung des Elterngebots berücksichtigt. Allerdings soll durchgehend das - nach Luthers Zählung - vierte Gebot des Dekalogs Ausgangspunkt und Mitte der Auslegung bilden.

Diese Konzentration auf das Dekaloggebot als Ausgangspunkt erweist sich zunächst als notwendig, um der vorzulegenden exegetischen Arbeit sinnvolle Grenzen zu geben. Über diesen äußerlichen Grund hinaus sprechen jedoch noch gewichtige inhaltliche Gründe dafür. Erstens wird bewußt das Elterngebot des Dekalogs als Zentrum der Untersuchung gewählt, weil es innerhalb des Alten Testaments als Kristallisationspunkt des Elternrechtes gelten kann, was im alttestamentlichen Abschnitt zu zeigen sein wird. Zweitens wird es bis heute, selbst dort, wo es mißverstanden und abgelehnt wird, als *das* Musterbeispiel für die Stellung der Bibel zum Eltern-Kind-Verhältnis angesehen.

Die Frage nach dem Recht der Eltern in der biblischen Tradition wird in der folgenden Untersuchung deshalb als Frage nach Bedeutung und Geschichte des Elterngebots in der biblischen Tradition gestellt und beantwortet.

## 3. Die Abgrenzung der Textgrundlagen

In Anbetracht der Fülle von Texten, die unmittelbar oder mittelbar mit dem Recht der Eltern in Verbindung stehen, muß eine Abgrenzung der zu untersuchenden Texte vorgenommen werden. Dabei gilt der Grundsatz, daß nur Texte für eine ausführliche Untersuchung in Betracht kommen, die in die Traditionsgeschichte des Elterngebots gehören, oder Texte, die Teile oder zumindest Begriffe aus dem Elterngebot aufgreifen. Andere Überlieferungsstücke werden zwar gelegentlich kurz angeführt, können aber nicht ausführlich behandelt werden. Die Intensität, mit der ein Text besprochen wird, richtet sich nach seiner Nähe und Beziehung zum Elterngebot.

Kapitel 2

# Methodik und Aufbau der Untersuchung

## 1. Zielgerichtete Exegese

Wenn im Folgenden der Weg des Elterngebots innerhalb der biblischen Tradition nachgezeichnet werden soll, so geschieht das im Sinn einer zielgerichteten Exegese. Das bedeutet, daß zuerst das Elterngebot selbst ausführlich ausgelegt werden soll. Alle Auslegungen weiterer Texte stehen unter der Zielvorgabe, die Beziehung dieser Texte zum Elterngebot offenzulegen und sie dem Weg des Elterngebots zuzuordnen. Daraus folgt, daß keine umfassenden Auslegungen aller besprochenen Texte gegeben werden und daß gegebenenfalls für den Einzeltext an sich gewichtige Aspekte entfallen.

Dasselbe gilt für die Auswahl an Literatur. Auch hier werden nur diejenigen Werke berücksichtigt, deren Aussagen im Rahmen der Zielsetzung unserer Untersuchung von Bedeutung sind. Aufgrund des weitgespannten Bogens, was die Textgrundlagen angeht, ist eine Vollständigkeit der Literaturangaben zu allen angesprochenen Texten nicht zu erreichen.

## 2. Die Gliederung der Untersuchung

Nach dem einleitenden Teil A zur Thematik und Methodik geht die Untersuchung zunächst dem Elterngebot und seiner Bedeutung innerhalb des Alten Testaments (Teil B) nach. Biblische Überlieferung wird jedoch nach dem Abschluß des alttestamentlichen Kanons nicht erst wieder im Neuen Testament aufgenommen. Deshalb folgt in Teil C der Wegabschnitt des Elterngebots in der Septuaginta, den alttestamentlichen Apokryphen, in palästinisch-jüdischer und hellenistisch-jüdischer Überlieferung zwischen den Testamenten. Besonders berücksichtigt werden die Textfunde von Qumran, die Schriften von Philo von Alexandrien und Flavius Josephus sowie die frühe rabbinische Literatur. Erst danach kann in Teil D das Neue Testament und der Weg des Elterngebots von den Synoptikern bis zu den Deuteropaulinen in den Blick genommen werden. Der abschließende Teil E faßt die Ergebnisse zusammen und versucht, auf deren Basis die gestellten Leitfragen zu beantworten.

# Teil B:

# Das Elterngebot im Alten Testament

Kapitel 3

# Die Überlieferung des Elterngebots

## 1. Der Text des Elterngebots

Das Elterngebot begegnet uns im Alten Testament in zweifacher Gestalt, nämlich in den beiden Dekalog-Fassungen von Ex 20 und Dtn 5. Der Text dieser beiden Stellen stellt den „sicheren Ausgangspunkt"[1] für alle folgenden Untersuchungen dar. Er kann insofern als gesichert gelten, als in Ex 20,12 die Varianten des Papyrus Nash[2] und der Septuaginta nur Ergänzungen darstellen. Die Erweiterung der Motivationsformel soll jeweils an Dtn 5 angleichen, die Septuaginta qualifiziert gleichzeitig die Landgabe näher. Dtn 5,16 wird textlich auch von der Überlieferung in 4QDt$^n$ bestätigt[3]. So lesen wir also im jeweils ursprünglichen Text der Bücher Exodus und Deuteronomium das Elterngebot unterschiedlich.

In Ex 20,12 heißt es:

כבד את־אביך ואת־אמך
למען יארכון ימיך על האדמה
אשר־יהוה אלהיך נתן לך

Ehre Deinen Vater und Deine Mutter,
damit Deine Tage lang werden auf dem Erdboden,
den Dir Jahwe, Dein Gott, geben wird.

---

[1] DOHMEN, CHRISTOPH: Dekalogexegese und kanonische Literatur. Zu einem fragwürdigen Beitrag C. Levins. VT 37, 1987, 81-85, 83.

[2] Die Textform des Papyrus Nash stellt eine Kombination der beiden alttestamentlichen Dekalogfassungen dar, „der ein Wert als selbständiger Textüberlieferung nicht zukommt" (So STAMM, J.J.: Der Dekalog im Lichte der neueren Forschung; 2., durchges. und erw. Aufl., Bern, Stuttgart 1962, 7). Entsprechend nennt Perlitt diese Textform einen „Mischtext" (PERLITT, LOTHAR: (Art.) Dekalog. I. Altes Testament. In: TRE VIII, 1981, 408-413, 410).

[3] Vgl. dazu WHITE, SIDNIE ANN: The All Souls Deuteronomy and the Decalogue. JBL 109, 1990, 193-206, 201f.; allerdings ist die Argumentation von White zugunsten der Septuaginta-Version nicht überzeugend.

Dtn 5,16 sagt ausführlicher:

Ehre Deinen Vater und Deine Mutter,
wie Dir Jahwe, Dein Gott, geboten hat,
damit Deine Tage lang werden
und damit es Dir gut geht auf dem Erdboden,
den Dir Jahwe, Dein Gott, geben wird.

Die Fassung des Deuteronomiums bietet also zusätzlich eine Rückbezugs-
bzw. Zitatformel sowie eine Erweiterung der Verheißung.

Auch wenn sich allein aus dem Nebeneinander der beiden Verse Überlegungen zu ihrem gegenseitigen Verhältnis anstellen ließen, ist es notwendig,
dabei den gesamten Dekalog einzubeziehen. Der Text des Elterngebots ist in
seiner kanonischen Gestalt an beiden Stellen fest in die Abfolge der dekalogischen Reihe eingebunden und kann im Bereich der Textüberlieferung nicht
isoliert betrachtet werden. Daher soll nun der Überlieferung des Elterngebots
im Rahmen des ganzen Dekalogs nachgegangen werden.

## 2.  Die Überlieferung des Elterngebots in Ex 20 und Dtn 5

Das Verhältnis der beiden Fassungen des Dekalogs ist in der neueren Forschung seit der sehr detaillierten Arbeit von Frank-Lothar Hossfeld[4] wieder
viel diskutiert worden. Während zuvor der Exodusdekalog in der Regel als
die ursprünglichere Version galt, kommt Hossfeld zum umgekehrten Ergebnis: „Der Dekalog hat seine Wurzeln im Dtn. Seine Laufbahn beginnt in der
Horebtheophanie und vollendet sich in der Sinaitheophanie"[5].

Auch für das Elterngebot wird von Hossfeld „die zeitliche Priorität der
Deuteronomiumsfassung vor der Exodusfassung behauptet"[6]. Er wirft den
früheren Exegeten vor, der synoptische Vergleich habe ihnen im Blick auf das
Elterngebot „nicht viel Kopfzerbrechen"[7] bereitet. Darin sieht er offensichtlich den Grund für das Fazit, das aus der vorangegangenen Forschung gezo-

---

[4] Vgl. HOSSFELD, FRANK-LOTHAR: Der Dekalog: Seine späten Fassungen, die originale Komposition und seine Vorstufen; Freiburg (Schweiz), Göttingen 1982 (OBO 45).

[5] HOSSFELD, Dekalog, 284.

[6] A.a.O., 68.

[7] A.a.O., 57.

gen werden muß: „Mit ungebrochener Kontinuität seit Beginn einer intensiveren wissenschaftlichen Beschäftigung mit dem Dekalog hat beim Elterngebot die kürzere Exodusfassung Vorrang vor der späteren und erweiternden Deuteronomiumfassung"[8]. Hat Hossfeld mit seiner Sicht das Problem einleuchtend gelöst?

Wer sich vornimmt, die weitere Geschichte des Elterngebots über Jahrhunderte zu verfolgen, kann sich hier nicht ausführlich auf die damit angeschnittene Auseinandersetzung einlassen[9]. Andererseits wäre schon der Ausgangspunkt problematisch, wenn die Frage nach dem ursprünglichen Text des Gebots einfach übergangen würde. Ein Ausweg aus diesem Interessenkonflikt liegt m.E. darin, daß in aller gebotenen Kürze eine eigene Antwort auf die entscheidenden Fragestellungen versucht wird. Diese Sicht wird durch die methodischen Postulate von Dohmen bestärkt, der mit Recht erklärt: „Von den unterschiedlichen Modellen zur Erklärung der Doppelüberlieferung ... ist dem der Vorrang zu geben, das die meisten offenen Fragen beantwortet. Als solche offenen Fragen sind neben denen nach den Detailunterschieden der beiden Fassungen folgende zu nennen:

1. Wer hat den Dekalog an der einen oder anderen Stelle eingetragen?
2. Wann ist er dort eingetragen worden?
3. Warum ist er dort eingesetzt worden?
4. Lassen sich die Unterschiede der beiden Fassungen auf dem durch die Beantwortung von 1.-3. umrissenen Horizont erklären?"[10]

Hossfeld hat sich im Gespräch über seine Thesen ausdrücklich mit diesen methodischen Postulaten einverstanden erklärt[11]. Auch wenn viele Einzelergebnisse seiner Arbeit im Folgenden nicht gewürdigt werden können, sind diese Fragen daher m.E. eine annehmbare Basis für die Auseinandersetzung. Ihnen folgend kommt zunächst die Frage nach der Textkohärenz zwischen dem Dekalog und seinem jeweiligen Umfeld in den Blick. Gehört die Gebotsreihe ursprünglich in den Kontext hinein?

Für die Exodusfassung ergibt sich dabei ein negatives Ergebnis. Dort ist zwischen Ex 19,25 und Ex 20,1 ein klarer Bruch zu erkennen. Das Thema der Schlußverse von Kapitel 19 - die Grenzziehung um den Gottesberg und die

---

[8] Ebd. Allerdings hat es schon lange vor Hossfeld entsprechende Vermutungen gegeben. LANG, BERNHARD: Neues über den Dekalog. ThQ 164, 1984, 58-65, 59 erinnert an Meisner (1893) und Matthes (1904).

[9] Schon Perlitt hat in seiner Rezension der Arbeit Hossfelds angemerkt: „Wie es sich geziemt, steckt alles Gute seiner Arbeit in jenem Detail, das hier nicht referiert, geschweige denn diskutiert werden kann" (PERLITT, LOTHAR: (Rezension zu) HOSSFELD, FRANK-LOTHAR: Der Dekalog. ThLZ 108, 1983, Sp. 578-580, 578) .

[10] DOHMEN, Dekalogexegese, 83.

[11] Vgl. HOSSFELD, FRANK-LOTHAR: Zum synoptischen Vergleich der Dekalogfassungen. Eine Fortführung des begonnenen Gesprächs. In: ders. (Hg.): Vom Sinai zum Horeb: Stationen alttestamentlicher Glaubensgeschichte; Würzburg 1989, 73-117, 117.

Warnung Gottes an das Volk, nicht näher zu kommen - bricht unvermittelt ab. Aber auch der Anschluß am Ende des Dekalogs nimmt nicht auf die Verkündigung der Gebote Bezug, wie man erwarten müßte. Von der Zeugenschaft des Volkes im Blick auf die Elemente der Theophanie ist in Ex 20,18 die Rede, nicht aber davon, daß die Israeliten Zeugen von geoffenbarten Gottesworten gewesen seien. Dies bestätigt die „opinio communis der Exegeten, daß der Dekalog mit dem ursprünglichen Zusammenhang der Theophanieschilderung in Ex 19 nicht fest verknüpft ist, sondern sekundär bzw. lose in diesen Zusammenhang eingefügt wurde"[12].

Wer aber hat den Dekalog an dieser Stelle eingefügt?

Diese Frage ist vor dem Hintergrund der gegenwärtigen Umbruchssituation in der alttestamentlichen Wissenschaft sehr schwer zu beantworten, da jede Antwort eine Analyse der gesamten Sinaiperikope voraussetzt und dabei zwangsläufig auf eines der stark differierenden Erklärungsmodelle zurückgreifen muß, die im Moment angeboten werden. Der eher traditionellen „neueren Urkundenhypothese"[13] stehen neuere Ansätze entgegen, die an der Quellenscheidung grundsätzliche Kritik üben und ein modifiziertes Grundschriftmodell oder ein Erzählkranzmodell bzw. eine Kombination von Erzählkranzmodell und reduziertem Quellenmodell[14] bevorzugen.

Unter diesen Vorzeichen soll in unserer Untersuchung von den traditionellen Pentateuchquellen ausgegangen werden, wohl wissend, daß sie keinesfalls als durchgängige literarische Werke faßbar sind und sehr wohl - wie von Zenger angedeutet[15] - auf einzelnen Erzählkränzen basieren können. Auch bei der Datierung wird man sehr zurückhaltend verfahren müssen und auf zu präzise Festlegungen besser verzichten.[16]

Untersucht man unter diesen Voraussetzungen den ursprünglichen Zusammenhang der Sinaiperikope in dem Abschnitt, zu dem der Dekalog gehört, so

---

[12] HOSSFELD, Dekalog, 164.

[13] Vgl. SCHMIDT, LUDWIG: Pentateuch. In: BOECKER, HANS JOCHEN, u.a.: Altes Testament; 5., vollständig überarbeitete Aufl., Neukirchen-Vluyn 1996 (Neukirchener Arbeitsbücher), 88-109, 90-93.

[14] Vgl. ZENGER, ERICH u.a.: Einleitung in das Alte Testament; 3., neu bearb. und erw. Aufl., Stuttgart u.a. 1998 (KStTh 1,1), 103-124. Auch die umfangreiche Vergleichsstudie von Wynn-Williams (WYNN-WILLIAMS, DAMIAN J.: The State of the Pentateuch: A comparison of the approaches of M. Noth and E. Blum; Berlin, New York 1997 (BZAW 249)), kommt nicht zu einer begründeten Entscheidung für eines der Modelle.

[15] Vgl. ZENGER, Einleitung, 119-122.

[16] Der Ertrag unserer Arbeit wird jedoch auch für den Leserkreis, der völlig auf Quellenannahmen verzichtet, nicht völlig ausfallen. Die Beobachtungen zum Elterngebot müssen dann lediglich auf kleinere Erzähleinheiten bezogen werden und können im Bereich der Pentateuchüberlieferung nicht mehr auf einzelne Quellen verteilt werden, wie dies in dieser Untersuchung geschieht. Das Gesamtergebnis für die kanonische Gestalt des Pentateuch bleibt letztlich jedoch dasselbe.

findet man ihn m.E. in der sogenannten „elohistischen"[17] Pentateuchschicht, zu der im Umfeld des Dekalogs in Ex 19 die Verse 16, 17 und 19 gehören[18] und die in Ex 20,18 fortgesetzt ist[19]. Es ergibt sich so ein unmittelbarer Anschluß von Ex 20,18 an Ex 19,19: Das Volk hört die Donnerstimme, mit der Gott (Elohim) Mose antwortet, es flieht erschreckt und bittet Mose um Vermittlung, da die Stimme zu gewaltig sei. Der Erzählzusammenhang hat also zwischen den beiden Versen ursprünglich wohl keine Lücke.

Neben den - in sich uneinheitlichen - Versen in Ex 19,20-25 fand später auch Ex 20,1-17, der Dekalog, an dieser Stelle, zwischen Ex 19,19 und Ex 20, 18[20] Eingang in jenen Zusammenhang. Welche der Einfügungen zuerst ge-

---

[17] Zur besonderen Problematik der Annahme eines elohistischen Werkes und der Forschungsgeschichte zum Elohisten vgl. ZIMMER, FRANK: Der Elohist als weisheitlich-prophetische Redaktionsschicht: eine literarische und theologiegeschichtliche Untersuchung der sogenannten elohistischen Texte im Pentateuch; Frankfurt am Main u.a. 1999 (EHS.T 656), 15-39; Zimmer versteht die elohistischen Texte allerdings als Redaktionsschicht und nicht als Quellenfragmente.

[18] So auch SCHMIDT, WERNER H.: Exodus, Sinai und Mose. Erwägungen zu Ex 1-19 und 24; 2., bibliographisch erweiterte Aufl., Darmstadt 1990 (EdF 191), 79; Ex 19,18 ist dagegen dem jahwistischen Abschnitt zuzuordnen, wenn man nicht von vornherein J und E als Einheit betrachtet; vgl. auch ZENGER, ERICH: Israel am Sinai. Analysen und Interpretationen zu Exodus 17 - 34; Altenberge 1982, 157.

[19] Ex 20,18-21 kann durchaus als geschlossener Block einer Schicht zugewiesen werden (gegen HOSSFELD, Dekalog, 172). Die von Hossfeld ebd. unter Verweis auf Zenger festgestellte logisch-semantische Spannung zwischen V.19 und 20 liegt darin begründet, daß Mose in V.20 auf die gesamte Rede des Volkes in V.19 Bezug nimmt: Er will nach der angstvollen Flucht die Furcht beschwichtigen. V.19 ist syntaktisch von V.18 abhängig; in V.21 wird die Entfernung des Volkes gegenüber Ex 19,17 (E) ohne die Flucht in V.18 unverständlich. Es handelt sich daher m.E. um einen geschlossenen elohistischen Abschnitt; vgl. dazu auch HALBE, JÖRN: Das Privilegrecht Jahwes Ex 34,10-26. Gestalt und Wesen, Herkunft und Wirken in vordeuteronomischer Zeit; Göttingen 1975 (FRLANT 114), 273.274; NICHOLSON, E.W.: The Decalogue as the Direct Address of God. VT 27, 1977, 422-433, 423. 427; SMEND, RUDOLF: Die Entstehung des Alten Testaments; 4., durchges. und durch einen Literaturnachtrag ergänzte Aufl., Stuttgart, Berlin, Köln 1989 (ThW 1), 84; ZENGER, ERICH: Die Sinaitheophanie. Untersuchungen zum jahwistischen und elohistischen Geschichtswerk; Würzburg 1971 (fzb 3), 101f.; ZIMMERLI, WALTHER: Erwägungen zum „Bund". Die Aussagen über die Jahwe-ברית in Ex 19-34. In: Stoebe, Hans Joachim u.a. (Hg.), Wort-Gebot-Glaube. Beiträge zur Theologie des Alten Testaments. Festschrift für W. Eichrodt zum 80. Geburtstag; Zürich 1970, 171-190 (AThANT 59), 179-181.
In Ex 20,18 ist lediglich die Einfügung der jahwistischen Theophanieelemente einer Redaktion zuzuschreiben. Die Blitze sind dabei wohl keine Erweiterung aus Verbindungen nach Gen 15 und Ez 1 (gegen HOSSFELD, Dekalog, 174), sondern eine in der Vokabel variierte Aufnahme von Ex 19,16. Der fehlende Artikel vor Elohim in Ex 20,19 darf nicht überbewertet werden, zumal er eine spätere Angleichung an Ex 20,1 sein könnte.

[20] Die früher oft diskutierte Umstellung von Ex 20,18-21 vor den Dekalog (vgl. BEYERLIN, WALTER: Herkunft und Geschichte der ältesten Sinaitraditionen; Tübingen 1961, 8f.) erscheint wenig plausibel, da mit V.19 und V.21 bereits Mose als Mittler der Gottesrede eingeführt wird. Eine Gottesrede an das ganze Volk ist danach schwer vorstellbar, da sie

schah, läßt sich nicht sicher sagen. Auch der Zeitpunkt der Einfügung ist nicht exakt zu bestimmen. Lediglich die Nähe des Dekalogs zum elohistischen Rahmen, die seine Einfügung erleichtert haben mag - die Dekalogeinleitung verwendet denselben Gottesnamen „Elohim"[21] -, ist festzuhalten. Der Exodusdekalog kann also als ein Nachtrag in diese Pentateuchschicht verstanden werden.

Auch wenn sich eine Datierung aufgrund der Unsicherheiten auf der literarkritischen Ebene verbietet, kann man aufgrund der Beziehungen des Dekaloganfangs (Ex 20,2-6.7-11) zu Passagen des Bundesbuches sowie zum sogenannten „kultischen Dekalog" in Ex 34[22] als Rahmendaten festhalten, daß der Dekalog als Gesamtheit im Kontext des Exodusbuches entstanden sein dürfte. Kratz plädiert mit guten Gründen, wenn auch sehr vorsichtig, für eine vorexilische Datierung[23], evtl. im 7. Jhdt. Darüberhinaus kann man fragen, ob nicht gewisse Unterschiede zwischen Dekalog und Prophetie damit erklärt werden könnten, daß die Normen des Dekalogs sogar in eine Zeit vor dem 7. Jhdt. verweisen.[24]

---

zunächst Mose als Vermittler disqualifizieren würde, um ihn nachher umso ausführlicher dafür einzusetzen. Folglich erscheint die Annahme einer späteren Umstellung unnötig kompliziert, wie ZIMMERLI, Erwägungen, 180 mit Recht feststellt, der folglich in Ex 20,1-17 „eine jüngere Erweiterung des elohistischen Berichtes über die Geschehnisse am Gottesberg" (a.a.O., 180f.) erkennt.

[21] Die Verwendung dieses Gottesnamens wird von zahlreichen Forschern zum Anlaß genommen, den Dekalog in den Bereich des Elohisten einzuordnen (vgl. MITTMANN, SIEGFRIED: Deuteronomium 1,1 - 6,3 literarkritisch und traditionsgeschichtlich untersucht; Berlin, New York 1975 (BZAW 139), 156; u.a.). Das von HOSSFELD so betonte Fehlen des Artikels (vgl. HOSSFELD, Dekalog, 168-170) ist nicht als Gegenbeweis zu verstehen, sondern eher als vorsichtige Kennzeichnung der ersten Einfügung in den Text des Elohisten.

Der Gottesname in der Dekalogeinführung von Ex 20 ist auf diese Weise gewiß einfacher und plausibler zu erklären als mit der Bemühung eines priesterschriftlichen Redaktors, der damit seine Periodisierung der Geschichte aufrechtzuerhalten versuche (So HOSSFELD, Dekalog, 171), obwohl ja der Dekalog selbst mit seiner direkten Anrede Jahwes (Ex 20,2!) an das Volk dies m.E. unmittelbar widerlegt. Umgekehrt kann der Dekalog auch nicht einfach dem Elohisten selbst zugesprochen werden, da in den Geboten auch der Jahwename erscheint (vgl. SCHMIDT, WERNER H. (in Zusammenarbeit mit Holger Delkurt und Axel Graupner): Die zehn Gebote im Rahmen alttestamentlicher Ethik; Darmstadt 1993 (EdF 281), 25, Anm. 4; gegen KILIAN, RUDOLF: Das Humanum im ethischen Dekalog Israels. In: Gauly, Heribert u.a. (Hg.): Im Gespräch: der Mensch. Ein interdisziplinärer Dialog. Joseph Möller zum 65. Geburtstag; Düsseldorf 1981, 43-52, bes. 47-51 und FOHRER, GEORG: Das sogenannte apodiktisch formulierte Recht und der Dekalog. KuD 11, 1965, 49-74, 56, die sogar den Elohisten selbst als Verfasser annehmen).

[22] Vgl. KRATZ, REINHARD GREGOR: Der Dekalog im Exodusbuch. VT 44, 1994, 205-238; die von ihm vermuteten Beziehungen im Bereich der zwischenmenschlichen Gebote (Ex 20,12ff.) sind dagegen sehr viel weniger überzeugend.

[23] Vgl. KRATZ, Dekalog, 237, Anm. 76.

[24] Vgl. dazu VINCENT, JEAN: Neuere Aspekte der Dekalogforschung. BN 32, 1986, 83-104, 100.

In Dtn 5 ist dagegen sehr viel schwieriger eine sekundäre Einfügung des Dekalogs erkennbar[25]. Zwar folgt die Gottesrede in Dtn 5,6 überaus hart auf die Moserede von V.5 - nur durch die Einfügung von לאמר vermittelt -, aber gerade V.5 fällt hier eher aus dem Duktus heraus. Sowohl V.4 als auch V.22 und V.23ff. gehen davon aus, daß das ganze Volk die zehn Worte hört. Nur V.5 führt bereits hier Mose als Mittler ein und erweist sich damit als spät-deuteronomistische Einfügung aufgrund der vereinheitlichenden Theorie, Mose habe alle Gottesworte vermittelt.

Dtn 5,2 und Dtn 5,4 dagegen gehören unbestritten zum Grundtext des Kapitels[26], und auch wenn der Übergang am Ende, V.22 und V.23a, einer Re-daktionsschicht zuzuordnen sein sollte[27]: in jedem Fall nimmt der Dekalog-rahmen - anders als in der Exodusfassung - auf den Dekalog Bezug. Die Ge-botsreihe gehört hier zur Grundschicht des Deuteronomiums und ist fest im Zusammenhang verankert; ja, sie bestimmt das Umfeld geradezu[28].

Auch für die Dekalogfassung von Dtn 5 kommen wir so zumindest zu einer Festlegung des terminus ante quem, indem wir sie den Verfassern des Hauptbestandes im Deuteronomium zuweisen, die in der neueren Forschung als Schreiber am Königshof von Jerusalem im 7. Jahrhundert gesehen wer-den[29].

Nun können wir uns der dritten Frage zuwenden: Wo liegt der Grund der Einfügung bzw. Anführung des Dekalogs?

---

[25] In diesem Zusammenhang hat es keine Beweiskraft, daß der Dekalog „geradezu zitiert" wird (so BOECKER, HANS JOCHEN: Recht und Gesetz im Alten Testament und im Alten Orient; 2., durchges. und erw. Aufl., Neukirchen-Vluyn 1984 (NStB 10), 181). Dies liegt in der Gesamtdarstellung des Geschehens begründet, in der Mose fiktiv auf vergangenes Geschehen Rückschau hält. Es ist gerade der Zitatcharakter, der „es von vornherein verbietet, literarkritische Mutmaßungen an die aus dem stilistischen Rahmen des Kontextes fallende singularische Anredeform zu knüpfen" (So mit Recht MITTMANN, Deuteronomium, 134; gegen SCHMIDT, Gebote, 26 und die ebd. in Anm. 5 angeführten Autoren).

[26] Vgl. MITTMANN, Deuteronomium, 132-133.

[27] So HOSSFELD, Dekalog, 226-229.

[28] BRAULIK, GEORG: Die deuteronomischen Gesetze und der Dekalog: Studien zum Aufbau von Deuteronomium 12 - 26; Stuttgart 1991 (SBS 145), hat sogar zu zeigen versucht, daß sich der Dekalog für den ganzen Abschnitt Dtn 12 - 25 innerhalb gewisser Grenzen als „eine Art Groß- beziehungsweise Grobraster für Komposition und Disposition" (BRAULIK, Gesetze, 22) verstehen läßt. W.H. SCHMIDT hat jedoch darauf hingewiesen, daß sich dabei für das Sabbatgebot keine wirkliche Entsprechung im Korpus des Dtn findet (vgl. SCHMIDT, Gebote, 25, Anm. 2). Ebenfalls unter Verweis auf das im Dtn sonst wenig betonte Sabbat-gebot hat ACHENBACH der Überlegung widersprochen, der Dekalog habe prägend auf den Grundbestand des Dtn eingewirkt (vgl. ACHENBACH, REINHARD: Israel zwischen Verheis-sung und Gebot: Literarkritische Untersuchungen zu Deuteronomium 5-11; Frankfurt am Main u.a. 1991 (EHS.T 422), 39).

[29] Vgl. WEINFELD, MOSHE: Deuteronomy and the Deuteronomic School; Oxford 1972; Neudruck 1983, 158-178; HOSSFELD, Dekalog, 216. Vgl. zur Diskussion der verschiedenen Teile des Dtn unten, Kapitel 5, 3.4.

Warum der Dekalog nach Ex 19,19 eingefügt wurde, erklärt sich aus dem Erwartungshorizont dieses Verses, der eine Gottesrede ankündigt, von der in der Fortsetzung (Ex 20,18) aber nicht der Inhalt, sondern nur die Reaktion des Volkes berichtet wird. Der Einfügungsgrund liegt hier also unmittelbar im Kontext vor.

Für Dtn 5 ist der Grund der Anführung des Dekalogs noch einfacher zu erklären. Hier weist uns Hossfeld gegen seine eigene Intention, die auf Ursprünglichkeit der Deuteronomiumsfassung zielt, m.E. in die richtige Richtung, wenn er ausgehend von der Mosefiktion des Deuteronomiums schließt: „Demnach sind die deuteronomistischen Sammler die Schüler und Propagandisten der jehovistischen Sinaikonzeption. Ihre Fiktion und die darin eingeschlossenen Gesetze wollen Konkretion der jehovistischen Konzeption sein. An der Wiege des Urdeuteronomiums standen nicht nur Hosea und das Bundesbuch Pate, sondern gleichberechtigt neben ihnen der Jehovist"[30].

Es legt sich nahe, hier die Brücke zwischen Exodusdekalog und Deuteronomiumsdekalog zu sehen: Das Deuteronomium orientiert sich bei der Anführung des Dekalogs in seiner Horebperikope an der Sinaiperikope des Exodusbuches, in der jahwistische und elohistische Darstellung kombiniert sind.[31] Dort aber war der Dekalog in deuteronomischer Zeit bereits eingefügt - als direkte Gottesrede innerhalb der Theophanie und vor der ‚Einsetzung' Moses als Mittler. Die Verfasser des Dtn haben diese Stellung übernommen. Zumindest die Sprache und die Theologie - wenn auch m.E. nicht der gesamte Aufbau - des Deuteronomiums sind stark vom Dekalog geprägt, und insofern behält Braulik recht, wenn er den Dekalog als „Vorgabe von höchster Autorität für das Dtn"[32] bezeichnet.

Damit ist zugleich gesagt, daß vermutlich ein größerer Teil des Textes aus der Exodusfassung in das Deuteronomium übertragen und übernommen wurde. Allerdings bedeutet es nicht, daß *jede* Formulierung aus dem Exodusdekalog älter sein muß als diejenige aus dem Dtn. Vielmehr ist mit späterer Bearbeitung des Exodusdekalogs zu rechnen und es muß im Einzelnen untersucht werden, welche Abschnitte und Formulierungen in Ex 20 tatsächlich Priorität besitzen.

Wenden wir uns daher vor dem nun umrissenen Horizont kurz der so umstrittenen literarkritischen Fragestellung auch hinsichtlich der Einzelunterschiede der Dekalogfassungen zu.

---

[30] HOSSFELD, Dekalog, 216.
[31] ZENGER, Einleitung, 119, spricht von „Jerusalemer Geschichtswerk"; nach dem Modell von Wellhausen nannte man es traditionell „jehovistisches Geschichtswerk".
[32] So BRAULIK in ZENGER, Einleitung, 131.

*Exkurs: Die literarkritische Fragestellung im Blick auf die Dekalogfassungen*

Diese Fragestellung kann davon ausgehen, daß nachdeuteronomische Redaktoren in die Dekalogfassung von Dtn 5 kaum mehr eingegriffen haben dürften. Schon eine der ersten[33] redaktionellen Schichten im Dtn hat den Dekalog scharf eingegrenzt[34] und versteht ihn als von Gott selbst geschriebene Rechtsurkunde, die unverletzt und ewig gültig bleiben soll. Dieselbe Schicht sichert in Dtn 4,13; 9,10 und 10,1-5 mit dem Tafelmotiv den eingravierten Text ab. Was für die Einzelgesetze nicht immer glückte - beim Dekalog war diese Absicherung wohl eher erfolgreich: die Gottesschrift blieb in weiten Teilen unverändert. Somit stehen in Dtn 5 nur diejenigen Abschnitte als spätere Ergänzungen zur Diskussion, die sich nicht als Tafelinschrift verstehen lassen. Es sind zunächst die beiden Rückverweisformeln bzw. Zitatformeln beim Sabbat- und Elterngebot, die schlecht zur Jahwerede und -inschrift passen[35].

Die gezielte Einfügung gerade bei diesen beiden Geboten will deren Autorität und Bedeutung nochmals besonders unterstreichen. Sie entstammen einer Zeit, in der gerade diese beiden Gebote einen sehr hohen Rang einnahmen, vermutlich der Exilszeit.

Daneben stellt sich die entsprechende Frage für die Ergänzung der Zusage beim Elterngebot, die dazu führt, daß langes Leben und Wohlergehen im Land zwei getrennte Verheißungen darstellen[36]. Auch dies ist eher in der Exilssituation plausibel. Der übrige Text des Dekalogs ist folglich dem ursprünglichen Textbestand in Dtn 5 zuzuordnen[37] und kann als literarisch einheitlich gelten.

Schwieriger ist die Beurteilung von Ex 20. Die dortige Dekalogfassung wurde im Gegensatz zur Fassung in Dtn 5 nicht durch das Tafelmotiv geschützt. Es könnten daher im Exodusdekalog eher spätere Überarbeitungen zu finden sein. Tatsächlich einleuchtend ist es allerdings nur für Ex 20,11, daß ein Redaktor aus dem priesterschriftlichen Bereich das Sabbatgebot unter

---

[33] HOSSFELD, Dekalog, 238 sieht sie als zweite Redaktionsschicht, die Dtn 5,5.22.23a und 6,1 innerhalb der Horeberzählung umfaßt. Zwischen ihr und dem ursprünglichen Dtn steht nach HOSSFELD (vgl. ebd.) als erste redaktionelle Bearbeitung nur eine kleine Ergänzung, nämlich der Aufruf zum Gehorsam in Dtn 5,1, der mit Dtn 31,9-11.12b verbunden ist.

[34] Dieser Redaktor ist mit der Formulierung „nichts hinzufügen" schon „auf dem Wege zum Kanonprinzip", wie HOSSFELD, Dekalog, 228 zutreffend feststellt.

[35] Die Zitatformel verweist uns vielmehr auf den deuteronomischen Rahmen der Moserede und verdeutlicht dadurch, daß die Offenbarung des Dekalogs hier nur als Wiederholung erfolgt; vgl. dazu LOHFINK, NORBERT: Zur Dekalogfassung von Dt 5. BZ 9, 1965, 17-32, 30. So auch MITTMANN, Deuteronomium, 134.135. Eher abwegig ist das Verständnis dieser Zitationsformeln als Einleitungsformeln, wie LANG (ders.,: The Decalogue in the Light of a Newly Published Palaeo-Hebrew Inscription (Hebrew Ostracon Moussaieff No.1). JSOT 77, 1998, 21-25) vorgeschlagen hat.

[36] Vgl. MITTMANN, Deuteronomium, 136.

[37] So auch MITTMANN, Deuteronomium, 141.

Voraussetzung von Ex 23,12 (P) und Gen 1,1-2,4a (P) neu begründet[38]. In Ex 20,12 sind keine späteren redaktionellen Eingriffe zwingend auszumachen.

Zwar enthält der Dekaloganfang in beiden Fassungen zahlreiche typische Theologumena der deuteronomisch-deuteronomistischen Bewegung, aber schon Schmidt hat angemerkt, daß gerade der Anfang des Dekalogs mit der Rede von der Vergeltung an mehreren Generationen dem Geist des Dtn im Grunde widerspricht[39]. Lohfink hat das aufgegriffen und dazuhin sprachlich sehr gut begründet, daß zahlreiche Hinweise „eher eine Abhängigkeit der betreffenden dt Formulierungen vom Dekalog und seiner Sprache vermuten lassen"[40]. Auch Braulik stellt fest, im Blick auf die sprachliche Gestaltung entstammten „einige der häufigsten stereotypen Wendungen des Dtn dem Dekaloganfang"[41]. Da der Dekalog kaum ohne den Anfang in die Sinaiperikope eingefügt wurde, kann man sich die Formulierung jener Anfangsverse in Ex 20,2-6 am besten für den Redaktor vorstellen, der sie bei der Einfügung in die elohistische Schicht verfaßt haben dürfte. Jener Redaktor kann dann als ein Vorläufer der dtn Bewegung verstanden werden. Der Dekaloganfang legt somit keine Entstehung des Dekalogs in der dtn-dtr Schule oder gar eine exilische Spätdatierung nahe. Die Annahme Hossfelds, bei der Komposition des Dekalogs sei *nach* der Abfassung des Dtn ein „früh-dtr. Autor"[42] am Werk gewesen, der die Gebotsreihe geschaffen und dann vor das dtn Gesetz gestellt habe, ist daher eher unwahrscheinlich. Dazuhin ist Hossfelds ausführliche Zuweisung von Ex 20,1 zur Grundschicht der Priesterschrift[43] abwegig und hinterläßt in der Tat „den Eindruck einer gewissen Künstlichkeit"[44].

Alle diese Einsprüche - auch in Bezug auf die folgenden Gebote des Dekalogs [45] - deuten darauf hin, daß das Ergebnis der Studie Hossfelds insgesamt

---

[38] Vgl. HOSSFELD, Dekalog, 50-53; ausdrücklich zustimmend dazu STENDEBACH, FRANZ JOSEF: (Rezension zu) Frank-Lothar Hossfeld, Der Dekalog. BiKi 41, 1986, 90.

[39] Vgl. SCHMIDT, HANS: Mose und der Dekalog. In: ders. u.a. (Hg.), ΕΥΧΑΡΙΣΤΗΡΙΟΝ Studien zur Religion und Literatur des Alten und Neuen Testaments; Hermann Gunkel zum 60. Geburtstage, dem 23. Mai 1922 dargebracht von seinen Schülern und Freunden; Göttingen 1923 (FRLANT 36 , N.F. 19, Teil 1 und 2), 78-119, 86.87. Diese Vergeltungsansage setzt das Zusammenleben von drei bis vier Generationen in einem Haus voraus. Sie werden dann von einer eintretenden Katastrophe miteinander betroffen. Zu dieser Lebensform der erweiterten Familie und der Lebensumstände des antiken Familienlebens vgl. STAGER, LAWRENCE E.: The Archaeology of the Family in Ancient Israel. BASOR 260, 1985, 1-35.

[40] LOHFINK, NORBERT: Die These vom „deuteronomischen" Dekaloganfang - ein fragwürdiges Ergebnis atomistischer Sprachstatistik. In: Braulik, Georg (Hg.): Studien zum Pentateuch. FS für Walter Kornfeld; Wien 1977, 99-109, 109. Vgl. auch DOHMEN, CHRISTOPH: Der Dekaloganfang und sein Ursprung. Bib. 74, 1993, 175-195, 195.

[41] BRAULIK in ZENGER, Einleitung, 132.

[42] HOSSFELD, Dekalog, 283.

[43] Vgl. a.a.O., 166-171.175.

[44] So schon von PERLITT, Rezension, 579, festgestellt.

[45] DIETRICH (DIETRICH, W.: (Rezension zu) F.-L. Hoßfeld (sic!), Der Dekalog. UF 16, 1984, 361-363, 361; gegen HOSSFELD, Dekalog, 40-42) fragt etwa mit Recht: „Warum ...

nicht haltbar ist, der Vergleich führe pauschal dazu, „das traditionelle Gefälle vom Exodusdekalog zum Deuteronomiumdekalog hin umzukehren"[46]. Vielmehr wird eher die ältere Forschung bestätigt, deren Ergebnis Boecker zusammenfaßt: „In der Regel wird der deuteronomische Text gegenüber der Fassung von Ex 20 als eine durch Ergänzungen und Erweiterungen erkennbare spätere Dekalogform angesehen"[47].

Für das Elterngebot läßt sich dies hier zumindest in groben Zügen einsichtig machen: Hossfeld nimmt für das Elterngebot an, daß die Unterschiede in den beiden Fassungen dadurch entstanden sind, „daß die ältere Deuteronomiumfassung nach Ex 20 übernommen und dabei wegen der Position von Ex 20 im Rahmen des Pentateuch sowohl um den Rückverweis wie um die Aussage über das Wohlergehen gekürzt wurde"[48]. Er geht dabei vom Segenshinweis (Ex 20,12b/Dtn 5,16b) aus, und behandelt zunächst die Verheißung des Wohlergehens. Dabei sieht er in Dtn 5,16b eine relativ späte Formulierung, was dann ebenfalls für Ex 20,12b folge. Die Wendung in Ex 20 sei daher keinesfalls „Zeuge eines älteren traditionskritischen Stadiums im Segenshinweis"[49], sondern erkläre sich als gewollte Auslassung. Eine Übernahme hätte den priesterschriftlichen Redaktor des Dekalogs in Konflikt mit dem Konzept von P insgesamt kommen lassen, da die Güte des Landes hier von der Erfüllung des Gebotes abhängig gemacht werde[50]. Die Entfernung des Rückverweises in Ex 20 erklärt Hossfeld mit der „Frontstellung"[51] vor allen übrigen Gesetzeskorpora.

Im Gespräch über seine Darstellung hat er nun eingeräumt, daß die Kritik[52] im Fall des Elterngebotes „die einzelnen Gründe ihrer [sc. der v. Hossfeld gegebenen Darstellung] Plausibilität - teilweise wohl zu Recht - bezweifelt"[53]. Stendebach fragt: „Wer weiß denn, ob der Redaktor von Ex 20,12 ‚priesterschriftlich gebildet' war...?"[54] Graupners Einsprüche lauten: Es „wird nicht

---

soll im Sabbatgebot smr (Dtn 5,12) ursprünglich sein gegenüber dem - in solchem Zusammenhang doch viel selteneren und auffälligeren - zkr von Ex 20,8...?". Ebenso hat Hossfelds Argumentation zum Falschzeugnisverbot Widerspruch gefunden (Vgl. GRAUPNER, AXEL: Zum Verhältnis der beiden Dekalogfassungen Ex 20 und Dtn 5. Ein Gespräch mit Frank-Lothar Hossfeld. ZAW 99, 1987, 308-329, 319.320; STENDEBACH, Rezension, 91) und erst recht diejenige zum Dekalogschluß (Vgl. GRAUPNER, Verhältnis, 321-326).

[46] HOSSFELD, Dekalog, 161.

[47] BOECKER, Recht, 182; zuletzt auch wieder KRATZ, Dekalog, 232.

[48] HOSSFELD, Dekalog, 68.

[49] A.a.O., 66.

[50] Vgl. A.a.O., 67: „Die Konditionierung des Wohlergehens widerstreitet der feststehenden Qualität des Landes Kanaan und reicht in gefährlicher Weise an den Straftatbestand der ‚Verleumdung des Landes' heran".

[51] A.a.O., 68.

[52] Vgl. VINCENT, Aspekte, 91, bes. Anm. 46.

[53] HOSSFELD, Dekalogfassungen, 97.

[54] STENDEBACH, Rezension, 91.

die Güte des Landes von der Gebotserfüllung abhängig gemacht, sondern ob der einzelne in ihren Genuß gelangt - zwischen beidem vermag auch die priesterliche Theologie zu unterscheiden, wie der Ausgang der Kundschaftergeschichte zeigt -, und zweitens wäre bei dieser Interpretation zu fragen, ob dann nicht der ganze Segenshinweis hätte gestrichen werden müssen"[55].

Hossfelds neuer Vorschlag zur Erklärung der synoptischen Differenz lautet daher: „Im spätdtr Sprachgebrauch des Buches Dtn kann die Verheißung vom langen Leben auf dem Lande weiter ausgestaltet werden durch die Kombination mit der Verheißung vom Wohlergehen ... Der Exodusdekalog nun verkürzt die redundante Kombination der Verheißungen und pendelt zurück zur einfacheren Reihe, die wir ebenso im spät-dtr Sprachgebrauch des Buches Deuteronomium finden. Der Exodusdekalog konnte zu dieser Kürzung schreiten, weil sie keinen Sinnverlust mit sich brachte"[56].

Dieser Vorschlag fällt nun hinter die durchaus zutreffende Beobachtung der früheren Arbeit zurück, daß wir es in Ex 20,12 und Dtn 5,16 mit einer besonderen Fassung der Formel vom Langmachen der Tage zu tun haben, die meistens eine Person zum Subjekt hat[57] und nur an vier Stellen[58] davon abweichend „die Tage" als Subjekt erhält. Unter diesen Stellen wiederum enthalten die beiden Dekaloggebote und Dtn 6,2 ein „Nun paragogicum"[59].

Schon die Verbalform mit einem Schlußkonsonanten, der „im Bibelhebräischen gegenüber den üblicheren Formen ohne -n keine Funktion (mehr) erkennen läßt"[60], legt ein höheres Alter jener Formulierung nahe. Dtn 25,15

---

[55] GRAUPNER, Verhältnis, 318.

[56] HOSSFELD, Dekalogfassungen, 100.

[57] Vgl. Dtn 22,7; Jes 53,10; Spr 28,16 und die weiteren Verbindungen, die HOSSFELD, Dekalog, 63, Anm. 187 auflistet.

[58] Ex 20,12; Dtn 5,16; Dtn 6,2f.; Dtn 25,15; vgl. HOSSFELD, Dekalog, 64.

[59] Vgl. HOSSFELD, Dekalog, 64. LEVIN, CHRISTOPH: Der Dekalog am Sinai. VT 35, 1985, 165-191, 167 überspielt diese Unterschiede völlig und kann daher die Formulierung in Ex 20,12 einfach als „aus dem Deuteronomium übernommen" bezeichnen.

[60] IRSIGLER, HUBERT: Einführung in das Biblische Hebräisch; 1. Ausgewählte Abschnitte der althebräischen Grammatik; St. Ottilien 1978 (MUS.ATSAT 9), 83.84, § 14.2.2., Anm. 3. Vgl. auch MEYER, RUDOLF: Hebräische Grammatik II, Formenlehre, Flexionstabellen; 3., neu bearbeitete Aufl., Berlin 1969 (SG 764,764a,764b), 100.101 (§ 63.5). Auch die Untersuchung von J. Hoftijzer zum Gebrauch des Nun paragogicum (HOFTIJZER, JACOB: The Function and Use of the Imperfect Forms with Nun Paragogicum in Classical Hebrew; Assen, Maastricht 1985 (SSN 21) kommt zum Ergebnis, daß die Häufigkeit des Gebrauchs dieses Nun paragogicum in der Entwicklung der hebräischen Sprache - gerade in der Prosa-Literatur - zurückgeht, „at least for certain types of context, cf...subordinate clauses introduced by lm'n" (a.a.O., 94). Gerade für unsere Stellen legt sich von daher ein höheres Alter der Formel vom Langmachen der Tage *mit* Nun paragogicum nahe. Hoftijzers Vermutung, daß das Nun paragogicum ein Kennzeichen für die Sicherheit sei, mit der die Folge (mit למען eingeleitet) eintrete, würde nochmals diese Tendenz unterstreichen. Eine solch präzise Kennzeichnung wird im Lauf einer Sprachentwicklung eher aufgehoben als nachträglich - ohne Vereinheitlichung etwa mit Dtn 25,15 - eingeführt.

streicht die funktionslose Endung in späterer Zeit. Es ist wesentlich unwahrscheinlicher, daß umgekehrt eine spätere Stelle die urtümliche Schreibung wieder eingeführt haben sollte.

Vor allem aber die ungewöhnliche Rede von den „Tagen" als Subjekt läßt die Wendung in den Dekalogreihen sowie in Dtn 6,2f. eher altertümlich erscheinen. Das Verb אר֭ך erhält ansonsten im Hif´il die Bedeutung „Länge gewinnen"[61] und gehört zu den „*innerlich transitiven* oder *intensiven* Hif´ils"[62]. Ferner gilt grundsätzlich die Regel, daß auch im Qal intransitive Verba im Hif´il transitiv werden[63]. Diese allgemeinen Regeln treffen nun auf alle Stellen zu, an denen das Verb auftritt, abgesehen von drei Ausnahmen[64]. In den beiden Dekalogfassungen wie in Dtn 6,2f. wird das Verb im Hif´il intransitiv behandelt, obwohl eine transitive Formulierung wie in Dtn 22,7 nahegelegen hätte, nachdem bereits die erste Gebotszeile in der zweiten Person formuliert ist. Es handelt sich bei der so ungewöhnlichen und seltenen intransitiven Wendung wohl kaum um eine späte Gestalt, sondern um eine relativ frühe, später grammatikalisch veraltete Fassung. Sie wurde im Lauf der Zeit von der nun viel weiter verbreiteten transitiven Form abgelöst.

Ihren Ursprung hat sie jedoch mit großer Wahrscheinlichkeit im Dekalog, da die beiden anderen Stellen in ihrer Entstehung nach Dtn 5 einzuordnen und damit wohl von der Dekalogformulierung abhängig sind. Für Dtn 25,15 ist das schon an der Schreibung ohne Nun paragogicum erkennbar, die die einzige Korrektur gegenüber dem Dekalog darstellt. Sie enthält zwar nicht die Zusage des Wohlergehens, gehört aber in den Zusammenhang der dtn Redaktion[65]. Dtn 6,2f. ist gleichfalls selbst innerhalb des Dtn einer späten Schicht zuzuweisen[66] und bezieht sich wohl mit der Verheißung langen Lebens - unter Anspielung auf die Generationenfolge - auf das Elterngebot in Dtn 5,16.

Ist aber aufgrund dieser Feststellungen die Formel vom „Langmachen der Tage" in der intransitiv gewendeten Gestalt zeitlich *vor* dem Dtn einzuordnen, das eindeutig die transitive Form bevorzugt[67], so kommt die Motivationsformel als Ganzes nicht mehr als deuteronomische Schöpfung in Frage. Es bestätigt sich im Gegenteil nochmals auch für die Segensverheißung, daß sie vordeuteronomisch entstanden ist, wie wir es schon zuvor für den Kern des Elterngebots vermutet haben.

---

[61] GESENIUS, W. / KAUTZSCH, E.: Hebräische Grammatik; 5. Nachdruckaufl. der 28., vielfach verb. u. verm. Aufl., Leipzig 1909; Hildesheim, Zürich, New York 1985, 152, §53d.
[62] Ebd.
[63] Vgl. GESENIUS/KAUTZSCH, Grammatik, 152, § 53c.
[64] Ausnahmen sind nur 1Kön 8,8 und davon abhängig 2Chr 5,9. In Num 9,19.22 bedeutet es „verweilen" und ist in eine transitive Infinitivkonstruktion mit על einbezogen.
[65] Vgl. HOSSFELD, Dekalog, 64 und die dort unter Anm. 194 angeführten Autoren.
[66] Vgl. ebd.
[67] Vgl. Dtn 4,26.40; 5,33(30); 11,9; 17,20; 22,7; 30,18; 32,47.

Wenn wir uns schließlich der Beziehung des Dekalogs zum literarischen Umfeld in Ex 20ff. zuwenden, so finden wir zahlreiche Verbindungen zum Bundesbuch - etwa zu Ex 23 - wie auch zu Ex 34, sowohl für die ersten beiden Gebote wie für das Sabbatgebot[68]. Es legt sich daher in der Tat die Vermutung nahe, daß der Dekalog in seiner literarischen Fassung nicht unabhängig vom Kontext im Exodusbuch entstanden ist[69].

Offen bleiben kann an dieser Stelle die Frage, ob die Zusage des Wohlergehens eine Erweiterung durch das Dtn ist oder ein noch späterer Zusatz. Letzteres legt sich bereits durch die Textgestalt von Dtn 25,15 (dtn!) nahe. Für die nachdtn Einfügung der Zitatformel wurden bereits Gründe genannt.

Die bisherigen Überlegungen machen eine einlinige literarkritische Lösung im Verhältnis der beiden Dekalogfassungen zueinander unwahrscheinlich[70]. Stattdessen ist festzuhalten: beide Fassungen enthalten literarische Zusätze. Im Fall des Elterngebots läßt sich allerdings als Ergebnis der literarkritischen Fragestellung im Blick auf die Dekalogfassungen auch im Detail festhalten: die älteste Textfassung findet sich in Ex 20,12.

*Ende des Exkurses*

Wenngleich manche Fragen im literarkritischen Bereich hier nicht abschließend geklärt werden können, sind damit die groben Linien der schriftlichen Überlieferung des Dekalogs in seinen beiden kanonisch gewordenen Fassungen erkennbar geworden: Der Verfasser des Dtn kannte wohl den Dekalog in der Sinaiperikope des Exodusbuches - abgesehen von der priesterschriftlichen Ergänzung - und hat seine Fassung entsprechend bewußt als Zitat gestaltet. Die Gebote, insbesonders das Elterngebot, sind in der Gestalt, wie sie uns in Ex 20 begegnen - außer der Sabbatbegründung[71] - mit hoher Wahrscheinlichkeit dem Ursprung näher.[72]

Aber auch mit der vorredaktionellen Exodusfassung stehen wir nicht am Ursprung des Dekalogs. Es legt sich vielmehr darüberhinaus nahe, daß die erste schriftliche Fassung des Dekalogs eine Vorgeschichte im mündlichen Bereich hat. Zu uneinheitlich ist die Gebotsreihe strukturiert, als daß man von einer geschlossenen literarischen Komposition ausgehen könnte[73]. Die Jahwe-

---

[68] Zu den inhaltlichen und sprachlichen Parallelen vgl. KRATZ, Dekalog, 215-224.

[69] Vgl. KRATZ, a.a.O., 224.

[70] Vgl. dazu auch die entsprechende Kritik von VINCENT, Aspekte, 90.

[71] KRATZ, Dekalog, 232 nennt sie mit Recht einen Sonderfall.

[72] Vgl. PEEK-HORN, MARGRET: Der Dekalog - Ein Literaturbericht. Katechetische Blätter 107, 1982, 788-796, 796, Anm. 14; gegen SCHREINER, JOSEF: Die Zehn Gebote im Leben des Gottesvolkes; München 1988, 31, der die Einfügung des Dekalogs in Ex 20 erst dem „Endredaktor des Pentateuch" zuschreibt.

[73] Schon von daher ist die Tendenz, den Dekalog, wie HOSSFELD es tut, als rein literarisches Dokument zu verstehen, fragwürdig. Zur Kritik vgl. CRÜSEMANN, FRANK: Bewahrung der Freiheit. Das Thema des Dekalogs in sozialgeschichtlicher Perspektive; München 1983 (Kaiser Traktate 78), 14 sowie OTTO, ECKART: Theologische Ethik des Alten Testa-

rede von Ex 20,2 bis 20,6 wird von einem Abschnitt abgelöst, in dem von Jahwe in der dritten Person gesprochen wird. Es werden unterschiedliche Themenbereiche behandelt, die Gebote differieren in der Länge, positive und negative Formulierungen wechseln, Objekte sind teils vorhanden, teils fehlen sie. Diese Vielfalt macht eine längere Vorgeschichte des Dekalogs im mündlichen Bereich wahrscheinlich. Er ist „ein durch die Tradition vorgegebenes Stück, das bei seiner Verschriftung ... bearbeitet und ergänzt wurde"[74].

## 3. Zur mündlichen Vorgeschichte des Elterngebots

Die Nachfrage nach den Vorstufen des Dekalogs im mündlichen Bereich gestaltet sich außerordentlich schwierig. Es sind nur eher unsichere Vermutungen möglich. So könnte die ausführliche Motivationsformel, die Ex 20,12b enthält, erst bei der Verschriftlichung entstanden sein. Zwar ist sie inhaltlich auch im mündlichen Bereich denkbar, aber - wenn eine längere Zeit der Tradierung angenommen werden soll (was nahe liegt) - doch kaum in immer fester Formulierung. Vielleicht geschah die Anfügung im Wissen darum, daß dieses Gebot auch schon in der mündlichen Überlieferung mit einer oder mehreren Motivationsklauseln verbunden worden war.

Darüberhinaus läßt sich über die mündlichen Vorstufen der Gebote nur wenig sagen. Konsens der Forschung ist es, daß die Frage nach einem „Urdekalog" von zehn Geboten, die formal völlig gleich gebaut sind, nicht sinnvoll sein kann. Das Postulat einer solchen Urform, die die ursprünglichsten Formulierungen aller Gebote umfaßt haben müßte, ist nicht haltbar[75]. Dagegen hat es sich durchgesetzt, die Überlieferung von Teilreihen anzunehmen[76], die einheitlich strukturiert und gut memorierbar waren. Präzise Aussagen über die mündliche Urgestalt von Einzelgeboten[77] sind nicht möglich.

---

ments; Stuttgart, Berlin, Köln 1994 (ThW 3,2), 211, der den Ursprung einzelner Dekaloggebote in der Dekalogredaktion mit Recht ablehnt.

[74] SCHMIDT, Gebote, 30

[75] So auch SCHMIDT, WERNER H.: Überlieferungsgeschichtliche Erwägungen zur Komposition des Dekalogs. VT.S 22, 1972, 201-220, 215. Dagegen hat WEINFELD, MOSHE: The Decalogue: Its Significance, Uniqueness, and Place in Israel's Tradition. In: Firmage, Edwin B. u.a. (Hg.): Religion and Law: Biblical-Judaic and Islamic Perspectives; Winona Lake 1990, 3-47, 12-14 wieder einen neuen Versuch einer solchen Rekonstruktion unternommen.

[76] Vgl. dazu SCHMIDT, Komposition, 216-218; Beispiel: Ex 20,13-15.

[77] Auch aus formkritischer Sicht ist es nur für Reihen sinnvoll, gleiche Gestaltung der einzelnen Glieder (also z.B. objektlos, negativ formuliert) zu postulieren, nicht jedoch für Einzelsätze. GERSTENBERGER, ERHARD: Wesen und Herkunft des „Apodiktischen Rechts"; Neukirchen-Vluyn 1965 (WMANT 20), 88 nennt Ex 20,12a ausdrücklich als Beispiel für ein möglicherweise bis zur Verschriftlichung einzeln tradiertes Gebot; so auch OBERFORCHER, ROBERT: Arbeit am Dekalog. Der Beitrag der alttestamentlichen Forschung zum Verständnis der Zehn Gebote. BiLi 59, 1986, 74-85, 77.

Für das Elterngebot ist die Frage nach der mündlichen Vorgeschichte[78] seiner Formulierung daher kaum zu beantworten. Nur soviel kann man sicher sagen: Es muß nicht - wie früher oft behauptet[79] - ursprünglich negativ formuliert gewesen sein. Vielmehr ist die positive Formulierung inhaltlich gerechtfertigt, denn innerhalb des Dekalogs - so hat Crüsemann richtig beobachtet - „stehen ... die einzigen beiden positiv formulierten Gebote zusammen in der Mitte. Nur sie fordern ein bestimmtes Tun, alle anderen nur die Unterlassung von etwas"[80].

Geht man davon aus, daß vor der Entstehung des Dekalogs Kurzreihen gebildet wurden[81], so läßt sich das Elterngebot nur sehr schwer in eine solche Teilreihe eingliedern. Einziger Anhaltspunkt ist die gemeinsame positive Formulierung, die es eng mit dem Sabbatgebot verbindet. „Beiden Geboten ist ... gemeinsam, daß sie nicht nur eine Grenze festsetzen; vielmehr fordern beide, das Gebotene in der von Gott gewährten Freiheit zu praktizieren"[82]. Man könnte sich daher eine solche Zweiergruppe[83] unter dem Leitgedanken komplementärer Verpflichtungen - einerseits gegenüber der Sabbatsetzung Gottes, andererseits gegenüber den Setzungen der Eltern - durchaus vorstellen. Eine längere Vorgeschichte des Gebots in vorstaatlicher Zeit ist denkbar. Allerdings sind dies bloße Vermutungen, die zunächst nicht weiter begründet werden können.

---

[78] Vgl. dazu die Vermutung von NEEF, HEINZ-DIETER: Die Heilstraditionen Israels in der Verkündigung des Propheten Hosea; Berlin, New York 1987 (BZAW 169), 207: „Der exegetische Befund läßt sich m.E. so interpretieren, daß Hosea in seiner Verkündigung bereits auf älteres Traditionsgut zurückgreifen konnte. Die deutlichen Verbindungslinien zum Dekalog setzen voraus, daß sich Hosea auf ältere Rechtssätze beziehen konnte. Hosea kannte wohl eine *Vorform des Dekalogs"* (Hervorhebung im Original).

[79] Vgl. NIELSEN, EDUARD: Die zehn Gebote. Eine traditionsgeschichtliche Skizze (übersetzt von Dr. Hans-Martin Junghans); Kopenhagen 1965 (AThD VIII), 68.71.

[80] CRÜSEMANN, Bewahrung der Freiheit, 59; WEINFELD, Decalogue, 10f. will dagegen auch diese beiden Gebote gezielt als Verbote verstehen. Er lehnt es allerdings dennoch ab, eine ursprünglich negative Fassung anzunehmen (vgl. a.a.O., 14).

[81] Der gesamte Dekalog läßt sich kaum in Teilreihen zerlegen. Einige Gebote sind mit großer Wahrscheinlichkeit auch einzeln eingefügt worden. Auch SCHMIDT, Komposition, 216, der die Aufgliederung in Teilreihen für angemessen hält, muß zugeben, daß sich dieses Unternehmen in konsequenter Weise „nur schwer konkretisieren läßt".

[82] WASCHKE, ERNST-JOACHIM: Die „Zehn Gebote" vom Alten Testament her gelesen. Zum Text der Bibelwoche 1989/90. In: Christenlehre 42, 1989, 299-307, 304.

[83] Vgl. die Zusammenstellung der beiden Gebote bei FOHRER, Recht, 64f. KOSTER, M.D.: The Numbering of the Ten Commandments in some Peshitta Manuscripts. VT 30, 1980, 468-473, 472 verweist auf zwei Peschitta-Handschriften, in denen Sabbatgebot und Elterngebot durch die Zählung zu einem Gebot zusammengefaßt sind.

Kapitel 4

# Das Elterngebot als alttestamentlicher Rechtssatz

## 1. Das Problem der Zuordnung des Dekalogs zum Recht

Um die genaue Bedeutung sowie den ursprünglichen sozialgeschichtlichen Ort des Elterngebots zu erfassen, ist es notwendig, sich seine Form zu vergegenwärtigen. Erst danach läßt sich der Sitz im Leben feststellen, nach dem möglichen Inhalt und nach den Adressaten fragen.

In der alttestamentlichen Forschung wird der Dekalog zur Rechtsüberlieferung des Volkes Israel gezählt. Er gilt als „die wichtigste der apodiktischen Rechtsreihen"[84]. Das klingt einleuchtend - und doch ist eine solche Einordnung keinesfalls selbstverständlich.

Innerhalb des Kanons sind diese „zehn Worte" besonders ausgezeichnet. Sie gelten als unmittelbare Rede Gottes an das Volk (Ex 20,1), als Anrede vom Himmel her (Ex 20,22). Auch die Darstellung im Dtn, bei der Mose zwischen Gott und dem Volk steht, hält schließlich in der kanonischen Endgestalt an der direkten Ansprache Gottes fest (Dtn 5,5.22). Schon darin wird die Differenz deutlich, die zwischen dem Dekalog und den übrigen Gesetzen im biblischen Kanon besteht[85]. Ist diese Differenz, die sich in der Geschichte des Kanons ergeben hat, inhaltlich berechtigt und in welchem Verhältnis steht der Dekalog ursprünglich zu den übrigen Gesetzen[86]?

---

[84] BOECKER, Recht, 181.

[85] Eine vermutlich spätdeuteronomistische Interpretation der Sinaiperikope in Dtn 4,10-14 unterstreicht diese Differenz noch. Dort werden die zehn Worte als Bundesurkunde verstanden (Dtn 4,13), die Gott verkündigt. Die anderen Gesetze dagegen werden Mose nicht einmal mehr von Gott mitgeteilt, sondern der Mittler wird selbst zum Gesetzgeber. Gott ordnet nur noch an, Mose solle die nötigen Gesetze für das Leben im verheißenen Land lehren (vgl. LOHFINK, NORBERT: Kennt das Alte Testament einen Unterschied von „Gebot" und „Gesetz"? Zur bibeltheologischen Einstufung des Dekalogs. JBTh 4, 1989, 63-89, 64).

[86] Die Bedeutung des Dekalogs ergibt sich jedenfalls nicht aus der Gesamtheit seiner Einzelgebote, da wichtige Bereiche alttestamentlichen Rechts (z.B. Kult- und Sozialgesetzgebung) fehlen; vgl. den Hinweis von WASCHKE, ERNST-JOACHIM: „Es ist dir gesagt, Mensch, was gut ist..." (Mi 6,8). Zur Frage nach dem Begründungszusammenhang einer biblischen Ethik am Beispiel des Dekalogs (Ex 20/Dtn 5). Hans-Jürgen Zobel zum 65. Geburtstag. ThLZ 118, 1993, Sp. 379-388, Sp. 383 unter Verweis auf Crüsemann.

Inwiefern ist das Urteil gerechtfertigt, der Dekalog sei in die verschiedenen Formen des Rechts als eine der apodiktischen Rechtsreihen einzuordnen?

Diese Fragestellungen werden in der gegenwärtigen Forschung sehr unterschiedlich beantwortet. Während in der älteren Forschung der Unterschied zwischen Dekalog und übriger Tora sowie der Charakter des Dekalogs als Zusammenfassung betont wurde[87], haben sich inzwischen viele Exegeten anders entschieden. Vor allem Crüsemann betont, daß man in ihm keinesfalls „die Summe oder das Konzentrat einer alttestamentlichen oder gar biblischen Ethik sehen"[88] kann und hält es exegetisch für nicht haltbar, „den Dekalog inhaltlich vom Rest abzuheben und allein zur Basis christlicher Ethik zu machen"[89]. Lohfink dagegen will die Unterscheidung zwischen den zehn Worten und anderen Gesetzen als „Unterscheidung zwischen prinzipiellem und unwandelbarem Gotteswillen einerseits und dessen wandelbarer und jeweils zeitbedingter Konkretion andererseits"[90] verstehen.

Auch die Einordnung des Dekalogs in das alttestamentliche Recht ist umstritten. Westermann etwa hat gegen eine solche Einordnung den formalen Unterschied zwischen Geboten (Dekalog) und Gesetzen (andere Rechtssätze des Alten Testaments) behauptet[91], Otto sieht die Prohibitive im Übergang von Recht zu Ethos angesiedelt[92] und durch die Begehrensverbote den Dekalog insgesamt eher als Ethos akzentuiert[93]. Gerstenberger[94] hat sogar

---

[87] Vgl. RAD, GERHARD VON: Theologie des Alten Testaments Band I - Die Theologie der geschichtlichen Überlieferungen Israels; 9.Aufl., München 1987 (bis 8.Aufl. als EETh 1); 204.

[88] CRÜSEMANN, Bewahrung der Freiheit, 80. Auch VINCENT, Aspekte, 99 betont ausdrücklich, daß es sich beim Dekalog weder um eine Zusammenfassung der Ethik des Alten Testaments noch der Ethik der Gerichtsprophetie handle.

[89] CRÜSEMANN, FRANK: Die Tora: Theologie und Sozialgeschichte des alttestamentlichen Gesetzes; München 1992, 413.

[90] LOHFINK, Unterschied, 87. Anfragen an diese Sicht hat wiederum jüngst W. Gross gestellt (GROSS, WALTER: Wandelbares Gesetz - unwandelbarer Dekalog? ThQ 175, 1995, 161-170, 165.166). Diese Anfragen berücksichtigen jedoch m.E. zu wenig die vorsichtigen Aussagen, die Lohfink gemacht hat. Weder die sprachliche Form noch der vorliterarische Sitz im Leben werden von ihm für die „Unwandelbarkeit des Dekalogs" in Anspruch genommen.

[91] Vgl. WESTERMANN, CLAUS: Theologie des Alten Testaments in Grundzügen; 2. Aufl., Göttingen 1985 (GAT 6), 156.

[92] Vgl. OTTO, Theologische Ethik, 70, Anm. 5.

[93] Vgl. OTTO, ECKART: Der Dekalog als Brennspiegel israelitischer Rechtsgeschichte. In: Hausmann, Jutta; Zobel, Hans-Jürgen (Hg.): Alttestamentlicher Glaube und Biblische Theologie: Festschrift für Horst Dietrich Preuß zum 65. Geburtstag; Stuttgart, Berlin, Köln 1992, 59-68; 65. In der Rezension von Crüsemanns Tora-Buch (OTTO, Die Tora in Israels Rechtsgeschichte, Sp. 907, Anm. 6) hat Otto klargestellt, daß es s. M. nach allerdings nicht um eine Trennung von Recht und Ethos geht.

[94] Vgl. GERSTENBERGER, ERHARD: „Apodiktisches" Recht „Todes" Recht ? In: Mommer, Peter u.a. (Hg.): Gottes Recht als Lebensraum: Festschrift für Hans Jochen Boecker; Neukirchen-Vluyn 1993, 7 - 20, 16.

zuletzt grundsätzlich jeden Zusammenhang zwischen dem Dekalog und der Rechtsfindung bestritten.

Ob es in der Tat eine ursprüngliche formale Sonderstellung der Dekaloggebote gegeben hat, inwiefern ein Zusammenhang mit dem Recht besteht, welche Stellung die Dekaloggebote innerhalb des israelitischen Rechts haben und zu welchen Folgerungen diese formkritische Bestimmung führt, soll nun untersucht werden.

## 2. Die Form von Rechtssätzen im Alten Testament

Für die Unterscheidung von Rechtsformen im Alten Testament hatte die Arbeit von Albrecht Alt[95] grundlegende Bedeutung. Innerhalb der Rechtskorpora, in denen Rechtssätze explizit aufgezeichnet sind[96], trennt Alt zwischen zwei Rechtsformen, dem kasuistischen und dem apodiktischen Recht. Alle Rechtssätze lassen sich diesen beiden Formen zuordnen, andere Formen des Rechts gibt es seiner Meinung nach nicht[97].

Kasuistisches Recht ist formal durch objektiven „Wenn-Stil"[98] gekennzeichnet, bei dem alle Beteiligten in der dritten Person genannt sind. Syntaktisch folgen konditionale Vordersätze und konsekutive Nachsätze aufeinander. Zwei verschiedene Konjunktionen für die Vordersätze ermöglichen eine Abstufung[99]. Inhaltlich lassen sich zahlreiche Parallelen zu außerisraelitischem Recht[100] feststellen. Man kann die kasuistischen Rechtssätze problemlos in die gemeinsame „Rechtskultur des alten Orients"[101] einordnen.

Alts Auffassung der kasuistischen Rechtsform ist auch heute noch weitgehend akzeptiert, während seine Definition des apodiktischen Rechts rasch ins Kreuzfeuer der Kritik[102] geraten ist. Das liegt wohl nicht zuletzt an der

---

[95] Vgl. ALT, ALBRECHT: Die Ursprünge des israelitischen Rechts. In: ders., Zur Geschichte des Volkes Israel - Eine Auswahl aus den „Kleinen Schriften" (Hg.: Siegfried Herrmann); 2., unveränderte Aufl., München 1979, 203-257.

[96] Aus manchen Erzählungen kann man Rechtssätze erschließen, nach denen wohl eine bestimmte Entscheidung gefällt wurde (z.B. 1Kön 21,1-24). Da die formale Gestalt dieser Rechtssätze jedoch nicht greifbar ist, bleiben sie unberücksichtigt.

[97] Vgl. ALT, Ursprünge, 210.227.

[98] ALT, Ursprunge, 211.

[99] כי ist stärker und bezeichnet die übergeordnete Kondition, אם ist schwächer und leitet einen untergeordneten Teilbereich des Falles ein.

[100] Vergleichbar sind z.B. § 250 CH und Ex 21,28. § 251 CH läßt sich mit Ex 21,29.30 vergleichen und § 196 CH steht Ex 23,24 (Talionsprinzip!) sehr nahe.

[101] ALT, Ursprünge, 221.

[102] Vgl. VINCENT, Aspekte, 102, Anm. 100. Auch die Begrifflichkeit selbst, die Begriffe „apodiktisches Recht" und „Todesrecht" sowie ihnen verwandte Ausdrücke, sind von GERSTENBERGER („Apodiktisches" Recht, 7-25) zur Diskussion gestellt worden. Er verweist darauf, daß die heutige Rechtswissenschaft diese Begriffe nicht kennt und sieht ihren Ur-

relativ ungenauen und vorsichtigen Beschreibung dieser Rechtsform. Ihre Kennzeichen sah Alt in der Wucht und Unbedingtheit der Formulierung sowie in der gedrängten Zusammenfassung von Rechtsfall und Rechtsfolge in einem Satz. Dazu kommen noch die Form der direkten Anrede, die Tendenz zur Reihenbildung und das klassische inhaltliche Merkmal „volksgebunden israelitisch und gottgebunden jahwistisch"[103]. Inzwischen hat es sich dagegen weitestgehend durchgesetzt, das von Alt „apodiktisch" genannte Recht in vier Gruppen aufzufächern[104]:

1. Normenrecht[105] (Gebote und Verbote; Beispiel: Lev 19,11-18)
2. Fluchrecht (Beispiel: Dtn 27,15-26)
3. Todesrecht (Beispiel: Ex 21,12.15-17)
4. Talionsrecht (Beispiel: Ex 21,23-25).

Das Talionsrecht - auch Talionsformel genannt - ist dabei „eine Größe eigener Art"[106]. Sie vertritt den „Grundsatz streng gleicher Ersatzforderung für angerichteten Schaden"[107], bindet also Tatbestand und Rechtsfolge aufs engste aneinander. Das Todesrecht bezieht einen bestimmten Tatbestandsbereich „korrelativ auf die Todesdeklaration môt jûmat"[108] und ist vom kasuistischen Recht deutlich abzugrenzen[109]. Zahlreiche Tatbestände der Todessätze finden sich auch im Normenrecht. Das bedeutet, daß beide Rechtsformen besonders schwerwiegende Angriffe auf das Rechts- und

---

sprung im Bereich der autoritären Rechtskonzeptionen der zwanziger und dreißiger Jahre des 20. Jahrhunderts. Da es nun ohnehin kein einheitliches „apodiktisches" Recht gibt (s.u.), hat dieser Begriff seine Bedeutung weitgehend verloren. Er wird daher in der hier vorliegenden Arbeit nur einerseits im forschungsgeschichtlichen Zusammenhang der Gegenüberstellung zum kasuistischen Recht gebraucht, andererseits in Anlehnung daran als Zusammenfassung der nicht-kasuistischen Rechtsformen.

Der Begriff „Todesrecht" soll hier dagegen als eine Bezeichnung derjenigen Rechtssätze verstanden werden, die als Sanktionsbestimmung יומת מות enthalten. Sie sind m.E. als eigene Größe (s.u.) festzuhalten, gehören zu den Rechtssätzen (gegen Gerstenberger, a.a.O.) und können im Blick auf ihr besonderes Charakteristikum benannt werden, ohne damit autoritäre Rechtsstrukturen im alten Israel (oder in der Gegenwart) zu begründen.

[103] ALT, Ursprünge, 248.

[104] Vgl. GERSTENBERGER, „Apodiktisches" Recht, 13f.

[105] Die Bezeichnung „Prohibitivrecht" bzw. „Prohibitivsatz" wird dem Tatbestand nicht gerecht, daß ‚prohibitiv' nur den Modus eines Verbs bezeichnet, der ein Verbot ausdrückt. Wir verwenden daher den Begriff „Normenrecht", der die Grundlagenfunktion dieser Sätze für strafrechtliche Rechtssätze zum Ausdruck bringt.

[106] BOECKER, Recht, 151.

[107] ALT, ALBRECHT: Zur Talionsformel. In: ders., Kleine Schriften zur Geschichte des Volkes Israel, 1.Band; 4. Aufl., München 1968, 341-344, 341.

[108] SCHULZ, HERMANN: Das Todesrecht im Alten Testament. Studien zur Rechtsform der Mot-Jumat-Sätze; Berlin 1969 (BZAW 114), 189.

[109] Vgl. SCHULZ, ebd. Es handelt sich nicht um eine Mischform (So GESE, HARTMUT: Beobachtungen zum Stil alttestamentlicher Rechtssätze. ThLZ 85, 1960, 147-150, 148). Es ist „schwer einzusehen, wie und warum aus hochdifferenzierten Rechtssätzen eine solche rigorose Kurzform hätte entwickelt werden sollen" (GERSTENBERGER, Wesen, 25, Anm. 3).

Gesellschaftssystem behandeln. Die Vermutung von Schulz, sämtliche Todessätze bauten auf bestimmten Sätzen des Normenrechts auf, läßt sich jedoch m.E. nicht bestätigen[110]. Umgekehrt verlangt also auch nicht jeder Normensatz nach einem ergänzenden Todessatz.

Die Fluchsätze scheinen nun - anders als die Gebote und Verbote - eine Sanktion zu enthalten, nämlich den Fluch, der oft als Verbannungsurteil verstanden wurde[111]. Im Vergleich mit den Todessätzen[112] zeigt sich jedoch, daß ihre Struktur charakteristisch anders ist. Der Fluch steht nicht in der Apodosis wie die Todesdeklaration môt jûmat, ist also nicht Inhalt einer Handlungsanweisung[113], sondern gewissermaßen Teil der Tatbestandsdefinition. Das Verflucht-Sein gehört wie die Tat selbst zum Tatbestand desjenigen, der gefrevelt hat. Die Fluchformel bedeutet, daß der mit ihr Bezeichnete in einen Bereich des Unheils eintritt. Wird sie - wie in Dtn 27 - generell gebraucht, ohne Bezug auf einen bestimmten Täter, so wirkt sie als „Eventualfluch"[114] und schafft eine „potentielle Unglückssphäre, in welche derjenige eintritt, der die in der Formel genannte Tat begeht"[115]. Dabei ist eine konkrete Sanktion vorausgesetzt, die zwar im Fluchsatz nicht genannt wird, aber durch ihn potentiell in Kraft gesetzt wird.

Den Sätzen des Normenrechts fehlt nun offensichtlich die Rechtsfolgebestimmung völlig. Sie legen - ähnlich unseren Grundrechtsartikeln - eine Rechtsnorm fest, der keine spezielle Sanktion unmittelbar folgt. Es wird in ihnen lediglich mit großem Nachdruck und unter direkter Anrede des Adressaten gesagt, was dieser auf keinen Fall tun soll: ein absolutes Gebot oder Verbot. Gerstenberger[116] hat sie mit Recht als eigenständige Größe

---

[110] Schon die gewagten Rekonstruktionen von ursprünglichen Todessätzen aus Lev 27,29 (SCHULZ, Todesrecht, 40-42) und Lev 24,15b (a.a.O., 42-46) lassen erhebliche Zweifel an der Gesamtsicht aufkommen. Auch wenn der Zusammenhang zwischen Normenrecht und Todesrecht in vielen Fällen zutrifft - als für das Todesrecht „konstitutiv" (so SCHULZ, Todesrecht 189) ist das Verhältnis zum Normenrecht m.E. nicht anzusehen.

[111] Vgl. WAGNER, VOLKER: Rechtssätze in gebundener Sprache und Rechtssatzreihen im israelitischen Recht. Ein Beitrag zur Gattungsforschung; Berlin, New York 1972 (BZAW 127), 38.39 und SCHOTTROFF, WILLY: Der altisraelitische Fluchspruch; Neukirchen-Vluyn 1969 (WMANT 30), 231ff.

[112] Gemeinsam ist den beiden Rechtsformen, daß sie im partizipialen Subjekt zugleich eine Tatbestandsdefinition enthalten (vgl. SEITZ, GOTTFRIED: Redaktionsgeschichtliche Studien zum Deuteronomium; Stuttgart, Berlin, Köln, Mainz 1971 (BWANT 5. Folge, Heft 13), 272, der dies im Blick auf Fluchsätze feststellt).

[113] „Verflucht" ist keine Rechtsfolgebestimmung; vgl. GESE, HARTMUT: Beobachtungen zum Stil alttestamentlicher Rechtssätze. ThLZ 85, 1960, 147-150, 148. Eine Verfluchung kann also keine Rechtsfolge darstellen; gegen LIEDKE, GERHARD: Gestalt und Bezeichnung alttestamentlicher Rechtssätze. Eine formgeschichtlich-terminologische Studie; Neukirchen-Vluyn 1971 (WMANT 39), 144.

[114] KELLER, C.A.: (Art.) ארר . In: THAT Bd. 1, 1984, 236-240, 238.

[115] A.a.O., 239.

[116] GERSTENBERGER, Wesen, 23-26.

erkannt. Er geht jedoch m.E. zu weit, wenn er fordert, daß „alle echten
Rechtssätze, d.h. normierende Setzungen, die als Bestimmungsnormen ...
im Prozeß verwertbar sein sollen"[117], sich stets durch zwei Elemente, nämlich
„Tatbestandsdefinition und Rechtsfolgebestimmung"[118] ausweisen müssen.
Auch ein Normensatz kann in einem Gerichtsverfahren zur Geltung kommen,
insofern als die Rechtsfolge im konkreten Prozeß festgesetzt bzw. ein entsprechender Todessatz[119] oder kasuistischer Satz gebildet werden kann. Auch
die Abtrennung der Normensätze aufgrund ihrer zeitlichen Ausrichtung auf
die Zukunft ist nicht stichhaltig. Jeder andere Rechtssatz mit einer Rechtsfolgebestimmung hat genauso die Ausrichtung auf die Zukunft. Seine Anwendung macht - abschreckend - die möglichen Folgen einer Tat klar und beeinflußt damit die zukünftige Lebensgestaltung.

Damit soll ein späterer „Ortswechsel hinsichtlich des Textgebrauchs"[120]
für die Normensätze nicht ausgeschlossen werden. Auch trifft es zu, daß Normensätze später zu „Lebensregeln"[121] geworden sein können. Formal ursprünglich ist jedoch ihr rechtsbegründender Charakter und auch das Normenrecht ist damit als eine nicht kasuistische Rechtsform zu verstehen.

Das bedeutet, daß der Dekalog grundsätzlich zum alttestamentlichen
Recht dazugehört. Die Verbote in Ex 20,2-7.13-17par. sind eindeutig als
Normensätze erkennbar. Die positive Formulierung unterscheidet nun das
Elterngebot von den Verboten und läßt erkennen, daß diese Rechtsform
zusätzlich noch eine besondere Entwicklung durchlaufen hat.

Richteten sich Normensätze ursprünglich als kategorische Verbote gegen
Handlungen, deren negative Folgen für den Einzelnen oder die Gemeinschaft
erkannt waren, so verband sich damit bald auch eine positive Füllung. Das
Verbot wurde als „Schutzzaun" verstanden, der an den Grenzen eines Be-
reichs abgesteckt wird. Innerhalb der möglichst weit gesteckten Begren-
zungen soll menschliches Leben ohne ständige Konflikte möglich sein. So
verstanden gewährt das Verbot einen Lebensraum. In einigen Fällen nun kehrt
dieser positive Aussagegehalt die ihm entgegenstehende Form um, die von
der Negation beherrscht wird. Es entstehen auch positive Normensätze. Dazu
gehören Elterngebot und Sabbatgebot vermutlich von ihrer Entstehung an.

Nur einige Sachverhalte konnten jedoch in diese Entwicklung einbezogen
werden. Selbst wo Gebote möglich sind, müssen zur Abwehr gefährlicher
Verfehlungen auch Verbote aufgestellt werden. Beide Gruppen bestehen bis
heute auch im aktiven Gebrauch nebeneinander. Sie gehören jedoch trotz der

---

[117] GERSTENBERGER, Wesen, 24. 25.

[118] A.a.O., 25.

[119] Eine generelle Verbindung der Dekaloggebote mit Todesurteilen ist m.E. allerdings
nicht nachweisbar; gegen PHILLIPS, ANTHONY: The Decalogue - Ancient Israel's Criminal
Law. In: JJS 34, 1983, 1-20,10.

[120] GERSTENBERGER, „Apodiktisches" Recht, 15.

[121] A.a.O., 16.

unterschiedlichen Formulierung formal als Komplementärformen zusammen und können gemeinsam als „Normenrecht" angesprochen werden. Umformungen der negativen in die positive Form und umgekehrt sind dabei möglich, aber im Bereich der mündlichen Überlieferung nicht nachweisbar.

Das Elterngebot des Dekalogs ist also ein positiver Normensatz innerhalb einer mehrgliedrigen Reihe. Zu den übrigen Rechtssätzen besteht keine grundsätzliche formale Differenz. Lohfink ist zuzustimmen, wenn er im Gespräch mit Westermann herausgestellt hat, daß eine klare Unterscheidung von Gebot und Gesetz im Alten Testament nicht möglich ist, und zwar weder in der Form (Gebote rein apodiktisch - Gesetze rein kasuistisch) noch in der Tradierungsweise (Gebote im Kult - Gesetze in Rechtstraditionen) oder in der Möglichkeit von Wandlungen (Gebote fest - Gesetze veränderlich)[122]. Der Dekalog läßt sich *nicht* auf diese Weise den übrigen Rechtssätzen gegenüberstellen.

Allerdings scheint das Normenrecht doch eine besondere Stellung unter den Rechtsformen einzunehmen, was wiederum für seinen Sitz im Leben eine Rolle spielen könnte. Dies soll nun noch näher bestimmt werden.

## 3. Die Stellung der Normensätze im System der Rechtsformen

Statt der früher angenommenen dualistisch aufzuteilenden Rechtsformen (kasuistisches Recht - apodiktisches Recht) haben wir es also mit einem fünfteiligen Spektrum von Rechtsüberlieferung zu tun. Das hängt damit zusammen, daß bis weit in die Zeit des Staates Israel hinein „keine weltliche oder religiöse Zentralinstanz"[123] vorhanden war. So gab es zwar ein übergreifendes Rechtsempfinden, aber „die unterschiedlichen Rechtstraditionen liefen lange Zeit unausgeglichen nebeneinander her"[124].

Als Einordnungskriterien der einzelnen Rechtsformen in dieses fünffältige System der Rechtsformen kommen weder eine unpräzise und von der Perspektive abhängige Zeitorientierung noch ein a priori festgestellter Sitz im Leben[125] in Frage, sondern allein das objektiv erkennbare Verhältnis von Rechtstatbestand und Rechtsfolgebestimmung. Am einen Ende des Spektrums steht dann das kasuistische Recht mit engster und deutlichster Zuordnung von Tatbestand und Rechtsfolge, am anderen Ende finden wir das Normenrecht, bei dem eine solche Zuordnung völlig fehlt. Die übrigen Rechtsformen lassen sich dazwischen einordnen.

---

[122] Vgl. LOHFINK, Unterschied, 63-73.

[123] ALBERTZ, RAINER: Religionsgeschichte Israels in alttestamentlicher Zeit; Teil 1: Von den Anfängen bis zum Ende der Königszeit; 2., durchges. Aufl., Göttingen 1996 (GAT 8/1), 139.

[124] A.a.O., 142.

[125] Gegen GESE, Beobachtungen, 149f.

Innerhalb der vier Formen apodiktischen Rechtes, das für das Elterngebot von Interesse ist, steht das Talionsrecht dem kasuistischen Recht am nächsten. Die Talionsformeln nennen Tatbestand und Rechtsfolge, wobei die Bindung der beiden Teile aneinander genauso fest ist wie im kasuistischen Recht. Sie folgt jedoch im Gegensatz zum kasuistischen Recht einer übergreifenden, leitenden Idee, nämlich derjenigen des Ausgleichs von Potentialen. Die Verknüpfung erfolgt hier nicht durch eine Autorität, sondern ist per definitionem gegeben: Tatbestand und Rechtsfolge sind identisch[126]. Die Knappheit der Angaben, das einfache Grundprinzip und die leichte Memorierbarkeit in Reihen, die zudem teilweise noch nach bestimmten Gesichtspunkten geordnet sind[127], läßt einen nichtschriftlichen, nomadischen Ursprung denkbar erscheinen, macht ihn sogar wahrscheinlich. Wir haben es also wohl mit einer Rechtsnorm zu tun, „die zwischen den einzelnen Gemeinschaften gegolten hat, das heißt einem Intergentalrecht"[128]. Ihr Sitz im Leben ist das Rechtssystem zwischen nomadisierenden Sippen oder Stämmen[129]. Der Ausgleich ihrer Potentiale soll durch Talionsrecht gewährleistet werden. Wichtig ist dabei vor allem, daß eine Eskalation vermieden wird[130].

Im Todesrecht ist die Verbindung zwischen Tatbestand und Rechtsfolge auch noch relativ eng und besteht in der Sanktionsbestimmung *môt jûmat*. Die Gestalt und das Auftreten[131] der Todessätze lassen annehmen, daß sie ihre Existenz der Rechtsautorität des Sippenvaters[132] im Bereich nomadisierender Volksstämme verdanken. Dabei ist es gerade die Sanktionsbestimmung, die diese Sätze charakterisiert. Auch die Tatbestandsdefinition ist jeweils sehr klar gefaßt. So lassen sich die Todessätze kaum ursprünglich als reine „Todesdrohungen von Gemeindevorstehern, die ethische Grundregeln ... einschärfen wollen"[133], verstehen. Erst später sind sie in derartige Zusam-

---

[126] Dabei dient die Talionsformel (Ex 21,24) vor allem „als *Bemessungsgrundlage für die Wiedergutmachungsleistung* (vgl. Ex 21,36)" (ALBERTZ, RAINER: Täter und Opfer im Alten Testament. ZEE 28, 1984, 146-166, 150; Hervorhebung im Original).

[127] So finden wir zum Beispiel eine Einteilung nach anatomischen Gesichtspunkten wie in Ex 21,24, wo der Körper von oben nach unten besprochen wird.

[128] WAGNER, Rechtssätze, 14.

[129] Die uns bekannten Themen des Talionsrechts sind nichtkultischer Art und die Überlegungen Alts zur Herkunft der Talionsformel im „Zusammenhang mit der Substitution einer möglichst gleichwertigen Opferart für eine ältere" (ALT, Talionsformel, 344) wirken nicht überzeugend. Sie basieren auf Analogien zwischen lateinischen Inschriften aus Algerien, die um 200 n.Chr. entstanden sind, und den alttestamentlichen Talionsformeln.

[130] BOECKER, Recht, 153 gibt die Talionsformel zutreffend in einer Paraphrase wieder: „Nur ein Leben für ein Leben, nur ein Auge für ein Auge, nur einen Zahn für einen Zahn usw". Gegenbeispiel ist das Lamechlied in Gen 4,23ff.

[131] Es gelten dieselben Argumente wie beim Talionsrecht.

[132] Vgl. LIEDKE, Gestalt, 131f; zustimmend auch wieder OTTO, ECKART: Alte und neue Perspektiven in der Dekalogforschung. EvErz 42, 1990, 125-133, 131.

[133] GERSTENBERGER, „Apodiktisches" Recht, 19.

menhänge eingefügt worden. Da aber in den Todesrechtssätzen auch Taten gegen die Eltern, potentiell damit auch Angriffe auf den Sippenältesten selbst, behandelt werden (Ex 21,15.17), ist es naheliegend, daß die Todessätze nicht ausschließlich innergental, also ggf. mit dem Angegriffenen als Richter, Anwendung fanden. Vielmehr werden sie schon früh auch intergental, übergreifend zwischen Sippen und Stämmen, tradiert und angewandt worden sein. Die Annahme einer erst nachträglichen „Auswanderung" aus der Familie an das Ortsgericht erübrigt sich dann[134].

Nach der Seßhaftwerdung treten kasuistische Sätze mit der Todesstrafe als Sanktion in Konkurrenz zu den Todessätzen, die aufgrund ihrer Undifferenziertheit in der Tatbestandsdefinition immer weiter zurückgedrängt werden. Nur in Fällen mit möglichst eindeutigem Tatbestand (z.B. in Ex 21,12.15-17) blieben die Todessätze dank ihres eindrucksvollen kompakten und kategorischen Stils erhalten. Aus demselben Grund werden längst nach der festen Ansiedlung auch wieder Todessätze nachgebildet, die zur Klarstellung der Sanktion in Anlehnung an Reihen von Normsätzen gestaltet sind[135].

Bei den Fluchsätzen wird - im Gegensatz zum Todesrecht - nunmehr ganz auf die stereotype, einheitliche Rechtsbestimmung verzichtet. Die Sanktion ist als bekannt vorausgesetzt. Der Schwerpunkt hat sich jedoch im Vergleich zu den bisher betrachteten Rechtsformen stärker auf die Normsetzung verlagert. Die Wurzeln dieser Rechtssätze findet man in magisch verstandenen Fluchformeln, die eine Bestrafung des Täters durch das Handeln einer göttlichen Macht oder sogar allein aufgrund eigener, der Formel innewohnender Kraft[136], herbeiführen sollen. Vorzugsweise kam es wohl zur Ausstoßung solcher Fluchformeln, wenn die Tat im Verborgenen geschehen war[137]. Auch der vermutlich kultische Sitz im Leben der magischen Fluchformeln hat sich für die Reihe in Dtn 27 erhalten[138], deren Zitation nur im Rahmen einer sakralen Feier der ganzen Ortsgemeinde sinnvoll erscheint und die auch im Dtn als Inhalt eines Rituals dargestellt wird.

Die Sätze des Normenrechts, die sich in Verbote und Gebote untergliedern lassen, nennen parallel zu den Fluchsätzen keinerlei Rechtsfolge. In gebietender Formulierung mit der Anrede in der zweiten Person setzen sie Rechtsnormen fest, die nach der Verschriftlichung häufig noch mit einer Begrün-

---

[134] Gegen OTTO, Perspektiven, 131 und OTTO, Dekalog als Brennspiegel, 62f.

[135] Dies gilt für eine begrenzte Zahl von Sätzen, zum Beispiel in Lev 20. Die Annahme einer durchgehenden *„verfahrensrechtlichen Bedeutung"* (SCHULZ, Todesrecht, 131) der Korrespondenz von Todessätzen und Prohibitivreihen ist jedoch m.E. zu unsicher begründet.

[136] Vgl. LIEDKE, Gestalt, 144.

[137] Die Sätze in Dtn 27 zeigen wohl eher eine sekundäre Verwendung der Fluchformel (vgl. LIEDKE, Gestalt, 143); ursprünglich kann man annehmen, daß die Form des Fluches lautete ארור אתה oder ארור in Verbindung mit einem Namen.

[138] Vgl. das abschließende „Amen" der Gemeinde in der Reihe.

dung oder Motivation untermauert werden[139]. Dabei sind begangene Verfehlungen - wie beim Eventualfluch - im Blick, die in Zukunft verhindert werden sollen. Zur Verwendung im aktuellen Gerichtsverfahren taugt ein Normensatz allein nicht. Er bedarf der Ergänzung durch einen Rechtssatz mit
Rechtsfolgebestimmung[140].

Kürze, Reihenbildungstendenz sowie die persönlich-direkte Anrede lassen
wiederum als Ursprungsort an das nomadische Sippenrecht denken. Für die
Festsetzung der Normen dürfte im Sippenverband der Sippenälteste verantwortlich gewesen sein. Die Erzählung von der Zeichenhandlung des Propheten Jeremia gegenüber den Rechabitern[141], die ihre Sippengebote auf
ihren Vater Jonadab zurückführen, könnte einen Hinweis auf solche Normsetzung durch den „Vater" darstellen. Als Sitz im Leben kann man dann die
Unterweisung der Sippe durch den Anführer im weitesten Sinn angeben. Eine
Einengung auf spezielle Sippenpädagogik, die institutionell festgelegt oder
sogar für bestimmte Altersgruppen - Heranwachsende und Jugendliche - ein-
gerichtet gewesen wäre[142], ist angesichts des umfassenden Stoffes der Normensätze[143] und der Geltung für alle Altersbereiche nicht naheliegend[144].

---

[139] Beispiele: Ex 20,11.12; Lev 19,14.

[140] Klassisches Beispiel für eine solche Verwendung von Prohibitiven ist die Kombination von mehreren Verboten in Lev 18 mit Todessätzen in Lev 20.

[141] Vgl. Jer 35,1-19.

[142] Gegen GERSTENBERGER, Wesen, 113, der die Sippenunterweisung so beschreibt,
daß der Sippenvater die Verantwortung übernimmt, „indem er durch Belehrung, Zurechtweisung und klaren Befehl seinen männlichen Nachkommen die Richtschnur für ihr Verhalten
gibt". ALBERTZ, Religionsgeschichte, 140, Anm.137 spricht dann auch nur von einem „Teil
der Prohibitive", der in die Erziehung der Heranwachsenden gehöre.

[143] So gehören etwa die Inzestverbote (Lev 18) wie auch das Meineidsverbot (Ex 20,16)
zu den Normensätzen, wobei erstere die Geschlechtsreife des Angeredeten voraussetzen, letzteres seine Rechtsfähigkeit. Zur Frage der Geltung von Rechtssätzen für bestimmte Altersgruppen - v.a. Jugendliche oder Heranwachsende - vgl. MARCUS, DAVID: Juvenile Delinquency in the Bible and the Ancient Near East. JANES 13, 1981, 31-52, 32 und FLEISHMAN,
JOSEPH: The Age of Legal Maturity in Biblical Law. JANES 21, 1992, 35-48, 48.

[144] Normensätze könnten freilich in späterer Zeit einen kultischen Sitz im Leben angenommen haben. Die Nähe von Dekalogformulierungen und dekalogischen Formen zu
sogenannten Tempeleinlaßliturgien, wie sie in Ps 15, Ps 24,4-6 und Jes 33,14-16 erhalten
sind, könnte darauf hindeuten, daß auch andere Prohibitivreihen nach entsprechender Umformulierung als Katalog von Pilgerfragen verwendet werden konnten. Auch der Dekalog aus
Ex 20/Dtn 5 hätte sich durchaus dafür geeignet und könnte in partizipialer Form die
„Beschreibung der erforderlichen Rechtschaffenheit" (KOCH, KLAUS: Tempeleinlaßliturgien
und Dekaloge. In: Rendtorff, Rolf; Koch, Klaus (Hg.): Studien zur Theologie der alttestamentlichen Überlieferungen (FS für Gerhard von Rad zum 60. Geburtstag); Neukirchen-
Vluyn 1961, 45-60, 46) abgegeben haben. Festgehalten werden muß jedoch, daß dies
allenfalls ein sekundärer Sitz im Leben war und diese Überlegung bis zu einem begründeten
Nachweis eine rein hypothetische Vermutung bleibt. Schon BOTTERWECK, GERHARD
JOHANNES: Form- und überlieferungsgeschichtliche Studie zum Dekalog. Conc (D) 1, 1965,
392-401, 397 hat bemerkt: „Der Kult ist kaum der Ursprungsort bestimmter Rechtssätze, aber

Die autoritative Weisung an die Sippe (Normenrecht) war aber gewiß nicht nur auf Israel beschränkt. Wenn es also zutrifft, daß die Normensätze ihren Ursprung in der Sippenunterweisung haben, „dann müssen entsprechende Redeformen in soziologisch ähnlich strukturierten Verbänden ebenfalls nachweisbar sein"[145]. Einige Beispiele für Parallelen zum alttestamentlichen Normenrecht aus der Umwelt Israels hat Gerstenberger[146] zusammengestellt.

Der Dekalog insgesamt - wie auch speziell das Elterngebot - hat also durchaus einen besonderen Ort innerhalb des alttestamentlichen Rechtssystems. Die Dekaloggebote sind keine Aufzählung rein sittlicher Elementarpflichten, wie Lang zutreffend resümiert: „Zwar kennt die Bibel nicht die neuzeitliche theoretische Unterscheidung von Gesetz und sittlichem Gebot, von Recht und Moral und vermischt vor allem im Buch Deuteronomium beides miteinander, doch ist die Einstufung der Zehn Gebote als *Recht* heute Gemeinbesitz der Bibelwissenschaft. Demnach sind alle zehn Gebote als Rechtsbestimmungen aufzufassen"[147].

An dieser grundsätzlichen Einordnung ist vor allem für die ursprünglichen Normensätze des Dekalogs festzuhalten, wenngleich Otto die rechtshistorischen Tendenzen richtig gesehen hat, daß später ein Übergang „von der Rechtsbelehrung zum ethischen Appell, dessen Einfallstor die soziale Differenzierung in ärmere und reichere Schichten im Israel der Königszeit ist"[148], stattfindet. Dieser Übergang ist jedoch eine Entwicklung, die in der Entstehungszeit der Dekaloggebote - vermutlich in mündlicher Tradition - noch keine Bedeutung hat[149].

Die in der Endgestalt des Kanons anzutreffende Sonderstellung des Dekalogs ist erst das Ergebnis einer langen Entwicklung, nach deren Ursachen und Bedingungen noch zu fragen sein wird. Erst ab dem Deuteronomium gelten alle anderen Gesetze als „Entfaltung des im Dekalog Angelegten"[150] und so ist auch erst ab diesem Punkt der häufig vorgenommene Vergleich des Dekalogs mit Verfassungsgrundsätzen zumindest teilweise berechtigt[151].

---

nachträglich ihre Heimat geworden". Man wird daher weder Ps 15 als Parallele noch Ps 24 als Zusammenfassung des Dekalogs verstehen können; gegen VAZHUTHANAPALLY, OUSEPH KATHANAR: The Decalogue in Deuteronomy. BiBh 15, 1989, 111-132, 114.

[145] BOECKER, Recht, 180.

[146] Vgl. GERSTENBERGER, Wesen, 130-141.

[147] LANG, BERNHARD: Grundrechte des Menschen im Dekalog. BiKi 34, 1979, 75-79, 75; Hervorhebung im Original.

[148] OTTO, Dekalog als Brennspiegel, 68.

[149] Gegen die Spätdatierung Ottos (OTTO, Dekalog als Brennspiegel, 59), der bereits für die Anfänge eine Tendenz zur ethischen Mahnung sieht.

[150] LOHFINK, Unterschied, 80.

[151] Auf *dieser* Stufe kann man MILLER, PATRICK D.: The Place of the Decalogue in the Old Testament and Its Law. Interp. 43, 1990, 229-242, 231 zustimmen, wenn er die Dekaloggebote als „fundamental principles" bezeichnet, vergleichbar der amerikanischen Verfassung.

## 4. Folgerungen aus der formalen Einordnung

Das Elterngebot ist also ein positiv gewendeter Normensatz mit Motivationsklausel und steht an dem der Kasuistik entgegengesetzten Ende des Spektrums „apodiktischer"[152] Rechtsformen. Welche Folgerungen ergeben sich
aus dieser formalen Einordnung?

Eine erste Folgerung betrifft das methodische Vorgehen bei der Untersuchung der Bedeutung und Geschichte dieses Gebotes. Gehört es in den Zusammenhang des alttestamentlichen Rechts, so muß - nach einer inhaltlichen
Bestimmung - dieser Zusammenhang nach Parallelen und Ergänzungen be-
fragt werden. Das heißt: es ist nach dem Ort des Elterngebots innerhalb des
alttestamentlichen Elternrechts zu fragen. Ferner muß geklärt werden, ob das
Elterngebot und die übrigen Rechtssätze das Verhältnis zwischen den Generationen umfassend regelten oder ob sich darüberhinaus noch anderes Elternrecht findet, das nicht in die explizite Rechtsüberlieferung eingegangen ist.[153]

Aus der formalen Einordnung als Normensatz mit der Tendenz der Normensätze zur Reihenbildung[154] ergibt sich darüberhinaus die Frage, ob und
wie sich die Einfügung des Elterngebots in die Reihe des Dekalogs auf seinen
Inhalt und seine Bedeutung ausgewirkt hat. Keine ausführliche Würdigung
wird dagegen der Bereich des Kultes erfahren, da dazu formal keine ursprüngliche Beziehung der Normensätze festgestellt werden konnte.

Eine letzte Folgerung aus der formalen Bestimmung betrifft die zentrale
Frage nach dem Inhalt des Elterngebots[155]. Sie hat zu berücksichtigen, daß
dieses Gebot als Normenrechtssatz nicht nur in die alttestamentliche, sondern
in die gesamte altorientalische Rechtstradition eingebettet ist. Damit rücken
auch die elternrechtlichen Forderungen der Umwelt Israels als Hintergrund
für den Inhalt dieses Gebots ins Blickfeld. War es ursprünglich die israelitische Aneignung der allgemein im Alten Orient geltenden elternrechtlichen
Forderungen? Wir wenden uns deshalb nun zunächst dem Interpretationsrahmen des Elterngebots im altorientalischen Elternrecht  und daraufhin dem
alttestamentlichen Elternrecht zu, bevor wir den präzisen Inhalt des Elterngebots klären.

---

[152] Gegen SCHMIDT, HEINZ: Verbindlich verbunden. Der Dekalog als ethisches und
didaktisches Problem. EvErz 42, 1990, 134-149, 134, Anm.9, der für das Elterngebot behauptet, die apodiktische Form sei durchbrochen, weil das „Du" der Anrede fehle. Dies aber ist
nicht konstituierend für die Form.

[153] Vgl. unten, Kapitel 3.3.

[154] Vgl. ALT, Ursprünge, 310ff.; SCHÜNGEL-STRAUMANN, HELEN: Der Dekalog -
Gottes Gebote? 2.Aufl., Stuttgart 1980 (SBS 67), 21.

[155] Dabei geht es  zunächst nur um den eigentlichen Gebotssatz : כבד את־אביך ואת־אמך.
Die motivierende Verheißung, die erst bei der Verschriftlichung hinzugefügt wurde, wird in
einem eigenen Abschnitt besprochen werden, vgl. Kapitel 7.

Kapitel 5

# Der Interpretationsrahmen des Elterngebots
## Altorientalisches und alttestamentliches Elternrecht

## 1. Das Elterngebot und das altorientalische Elternrecht

Beschreibt man die Kultur des Alten Orients im Blick auf das Elternrecht, so wird der Familie ein hoher Rang zugewiesen. Ob in Assyrien oder in Babylon: „Der Familiensinn ist zu allen Zeiten stark ausgeprägt, die Sorge für die Familie seitens der Eltern und die liebevolle Pietät der Kinder gegenüber den Eltern sind als Norm geltende Verhaltensweisen"[156]. So läßt etwa der sumerische Herrscher Gudea von Lagas (ca. 2130 v. Chr.) die Folgen seiner gesetzgeberischen Reformen rühmen, wobei es unter anderem heißt:

„Die Mutter stieß keine Flüche gegen ihr Kind aus, das Kind, das von seiner Mutter wegging, sagte seiner Mutter kein (böses) Wort ... Vor Gudea ... erschien niemand im Streit"[157].

Auch wenn in einem altbabylonischen Brief offen eingestanden wird: „Es gibt keinen Sohn, der nicht seinem Vater Sorgen bereitet"[158], gilt das Ideal der Familie, die zusammengehört und zusammenhält. Dieses Ideal findet auch seinen Ausdruck in elternrechtlichen Bestimmungen.

Altorientalisches Elternrecht begegnet zwar in verschiedenen Zusammenhängen. Die Schwerpunkte liegen im Bereich der Adoptionsregelungen[159], bei der Sicherung des Lebensunterhalts für die Witwe durch Schenkungen

---

[156] OBERHUBER, KARL: Die Kultur des Alten Orients, Frankfurt am Main 1972 (HKuG.KV); 171.

[157] HAASE, RICHARD: Die keilschriftlichen Rechtssammlungen in deutscher Fassung; 2., überarb. und erw. Aufl., Wiesbaden 1979, 5

[158] OBERHUBER, Kultur, 171.

[159] OTTO, ECKART: Biblische Altersversorgung im altorientalischen Rechtsvergleich. Zeitschrift für Altorientalische Rechtsgeschichte 1, 1995, 83-110, 97-103 hat dargestellt, daß die Adoptionen *innerhalb* der Großfamilien vorgenommen wurden; dies sei, so Otto, auch in Israel üblich gewesen (vgl. Gen 48,5f.8-12). Er hält dabei fest, daß die Adoption strikt an den Familienkontext gebunden und nur „als innergentiler Modus zur Korrektur der natürlichen Genealogie belegt" (a.a.O., 110) sei.

und beim Erbrecht. Einige Beispiele sollen die Rechtsstellung der Eltern in der Umwelt des Alten Testaments[160] illustrieren.

Schon in den ältesten Rechtstexten aus der südbabylonischen Stadt Nippur - die Serie ANA ITTISU ist ungefähr ins 20. Jhdt. vor Chr. zu datieren[161]- wird das Verhältnis zwischen Sohn und Eltern so beschrieben, daß eine Aufkündigung der Beziehung seitens des Adoptivsohnes schlimmste Folgen nach sich zieht:

„III. 23 bis 28: Wenn ein Sohn zu seinem Vater sagt: ‚Du bist nicht mein Vater‘, so darf er ihn rasieren, ihm die Sklavenmarke anlegen und ihn für Geld verkaufen.

III. 29 bis 33: Wenn ein Sohn zu seiner Mutter sagt: ‚Du bist nicht meine Mutter‘, werden sie ihm seine Kopfhälfte rasieren, ihn in der Stadt herumführen und aus dem Hause (des Vaters) stoßen."[162]

Umgekehrt verlieren die Eltern, wenn sie sich von ihren (Adoptiv-) Kindern lossagen, das Haus und den Hausrat[163]. Auch der Codex Hammurapi (CH)[164] enthält in seinen Adoptionsartikeln (§§185-193) entsprechende Rechte der Eltern. Es gilt der „Grundsatz der Unauflöslichkeit des Adoptionsverhältnisses"[165]. Deshalb ist der Versuch eines Adoptivsohnes, sich von den Adoptiveltern loszusagen, strafbar:

„Wenn ein Sohn eines *girsiqû*-Höflings ... oder ein Sohn einer *sekr(et)u*-Priesterin zu seinem Ziehvater und seiner Ziehmutter sagt: ‚Du bist nicht mein Vater, du bist nicht meine Mutter‘, so soll man ihm seine Zunge abschneiden".[166]

Auch die Rückkehr zum leiblichen Vater ist verboten - sie kostet den Sohn nach § 193 CH ein Auge[167].

---

[160] Vgl. dazu insgesamt OTTO, a.a.O., 83-110.

[161] Vgl. HAASE, Keilschriftliche Rechtssammlungen, 10f.

[162] Tafel VII der Serie ANA ITTISU; Übersetzung nach HAASE, Keilschriftliche Rechtssammlungen, 10. Auffällig ist der Unterschied in den Sanktionen und bei ihrer Durchführung: während der Vater selbst aktiv wird, erfolgt im Fall der Mutter ein Eingreifen der Rechtsgemeinde.

[163] Vgl. a.a.O., 10.11.

[164] BORGER, RYKLE; LUTZMANN, HEINER; RÖMER, WILLEM H. PH. UND VON SCHULER, EINAR (Hg.): Rechtsbücher - Rechts- und Wirtschaftsurkunden - Historisch-chronologische Texte, Gütersloh 1982 (TUAT 1), 39: „Der Codex ist in den späteren Regierungsjahren des Königs Hammurapi von Babel (nach der sog. mittleren Chronologie 1793 - 1750) entstanden".

[165] DAVID, MARTIN: (Art.) Adoption. In: Reallexikon der Assyriologie (Hg.: Ebeling, Erich; Meissner, Bruno), Bd. 1 , Berlin, Leipzig 1928, 37-39, 37; Ausnahmen bieten § 186 CH und § 191 CH.

[166] § 192 CH; übersetzt nach BORGER, TUAT Bd. 1, 67. MARCUS, Juvenile delinquency, 37, verweist darauf, daß sowohl ein so bezeichneter Höfling wie die genannte Priesterin keine eigenen Kinder haben konnten und der Bestand der Adoption für sie daher von besonderer Bedeutung war.

[167] Vgl. TUAT Bd. 1, 67.

Genaueres erfahren wir aus den Adoptionsurkunden, die in größerer Zahl erhalten sind. Auf sie hat besonders Albertz hingewiesen[168] und ihre Bedeutung für das Elterngebot herausgestellt[169]. In den von ihm angeführten Adoptionsverträgen verpflichtet sich das Adoptivkind zu Gegenleistungen für die Einsetzung als Erbe. Es handelt sich dabei um Erbeinsetzungen mit vorausgehender Adoption; sie unterscheiden sich von der reinen Adoption, denn „bei Adoption wird der Adoptierte mit den leiblichen Kindern gleichgestellt und erbt daher *einen* Kindesteil, bei Erbeinsetzung wird er in der Regel zum einzigen Universalerben eingesetzt"[170].

Das Recht des Vaters, einen Haupterben einzusetzen, der den Rang des ältesten Sohnes erhielt, ist für den Alten Orient oft belegt, mit Gen 48,13-22 und Gen 49,3.4 auch für Israel[171]. Auch im Codex Hammurapi finden sich Andeutungen einer Wahlmöglichkeit[172], obwohl grundsätzlich von gleicher Teilung des Erbes ausgegangen wird (§ 165.167.170 CH). In Israel verbietet erst Dtn 21,15-17 die freie Wahl des Vaters und sichert das Recht des Erstgeborenen gegenüber den Eltern ab. Auf welchen Sohn sich aber auch der Vater als „Ältesten" festlegte oder festlegen mußte: immer waren damit die besonderen Verpflichtungen verbunden. In Rechten wie in Pflichten hat nun stets der Erstgeborene „als zukünftiges Oberhaupt der Familie zu gelten"[173].

Die besondere Begünstigung des Adoptierten, der damit in den Stand des Erstgeborenen eingesetzt wird, ist wohl der Hauptgrund dafür, daß in den Erbeinsetzungen mehrere Gegenleistungen vereinbart werden. Sie sind ggf. auch von jungen Frauen zu erfüllen. Eine altbabylonische Erbeinsetzung des Mädchens Belessunu durch ihre Tante, die Priesterin Tabni-Istar, ist ein sehr gutes Beispiel dafür. Albertz zitiert:

> „Erbvertrag der Tabni-Istar, Tochter des Nabi-Sin. Belessunu, Tochter des Nur-ilisu, ihres Bruders - Solange Tabni-Istar lebt, wird Belessunu Tabni-Istar respektvoll behandeln und sie in Ehren halten. Wenn sie ihr Respekt erweist, (gehört) das Haus im Gagûm und all ihr Besitz, soweit er im Gagûm ist, der Belessunu. Bei Samas, Marduk und Sumu-la-el (schworen sie), daß sie den Inhalt dieser Urkunde nicht ändern wollen."[174]

---

[168] Vgl. ALBERTZ, RAINER: Hintergrund und Bedeutung des Elterngebots im Dekalog. ZAW 90, 1978, 348-374, 356-364; besonders 359, Anm. 71, wo er die Adoptionsverträge aus Nuzi aufzählt. Entsprechende Hinweise auch bei MARCUS, Juvenile delinquency, 38.

[169] Auf die sprachlichen Verbindungen, die ALBERTZ vor allem feststellt, wird noch genauer einzugehen sein.

[170] SCHORR, M.: Urkunden des Altbabylonischen Zivil- und Prozessrechts, Leipzig 1913 (VAB 5.Stück), 18f.; Hervorhebung im Original durch Sperrung.

[171] Vgl. MENDELSOHN, I.: On the Preferential Status of the Eldest Son. BASOR 156, 1959, 38-40, 38.39.

[172] Vgl. a.a.O., 40 und § 150 CH.

[173] CONRAD, JOACHIM: Die junge Generation im Alten Testament; Möglichkeiten und Grundzüge einer Beurteilung; Stuttgart 1970 (AzTh, 1. Reihe, Heft 42), 15.

[174] ALBERTZ, Elterngebot, 357; die Urkunde stammt aus der Königzeit des Sumu-la-ilum, vermutlich 52 - 88 Jahre vor Hammurapi.

Auch in mittelbabylonischer Zeit finden sich ganz entsprechende Erbeinsetzungen nach Adoption, wie Albertz am Vertrag zwischen Hanadu und seinem Bruder aus Nuzi gezeigt hat[175]. Das allgemeine „Respekt erweisen" wird
in diesem Vertrag dahingehend expliziert, daß der Adoptivsohn auch materielle Leistungen zum Lebensunterhalt (Bekleidung, Ernährung) zu erbringen
hat[176]. Zu den vereinbarten Leistungen gehört auch das Begräbnis, während
ein Totenopfer nicht ausdrücklich erwähnt wird.

Andere Texte ergänzen jedoch ausdrücklich diese Verpflichtung, so in alt-
babylonischer Zeit ein Testament aus Susa, in dem die Tochter, die den ganzen Besitz erben soll, zum Lebensunterhalt und zur Totenpflege für den Vater
verpflichtet wird. Tsukimoto gibt dieses Testament wie folgt wieder:

> „10. Angesichts seines Todesschicksals
> 11. den Klumpen von der Vorder- und Rückseite
> 12. zerbrach er. Und
> 13. der Narubtu, seiner Tochter
> 14. gab er (ihn) (und er sagte:)
> 15. Während ich lebe, wirst du mir Brot geben.
> 16. Nachdem ich gestorben bin, wirst du mir die ‚Totenpflege' ausführen."[177]

Tsukimoto stellt dabei heraus, daß immer das Erbkind - sei es ein adoptiertes
oder ein leibliches Kind - die Pflicht zur Totenpflege hatte. Es ist als neues
Familienoberhaupt „nach dem Tod seines Vorgängers zur Totenpflege für ihn
verpflichtet"[178]. Diese Aufgabe spielte vermutlich sogar eine so große Rolle,
daß man mit ihr „die gerechtfertigte Nachfolgeschaft behaupten konnte"[179].
Durch sie wurde „die Kontinuität der Familie und gleichzeitig die Autorität
des Familienoberhauptes immer wieder bestätigt"[180].

---

[175] Vgl. ALBERTZ, Elterngebot, 359f.

[176] In reinen Adoptionsverträgen sind Unterhaltsverpflichtungen des Adoptivkindes wesentlich seltener. Eine dieser Ausnahmen ist der Vertrag über eine Tochter namens Awirtum,
die als Hierodule im Tempel ihre Adoptivmutter, Salurtum, mit Speise versorgen soll (vgl.
SCHORR, Urkunden, 25). Die Urkunde stammt aus der Zeit Hammurapis.

[177] TSUKIMOTO, AKIO: Untersuchungen zur Totenpflege (*kispum*) im alten Mesopotamien; Kevelaer, Neukirchen-Vluyn 1985 (AOAT 216), 53; ALBERTZ, Elterngebot, 360,
zitiert eine entsprechende Adoptionsurkunde aus mittelbabylonischer Zeit.

[178] TSUKIMOTO, Totenpflege, 119; vgl. ebd. Anm. 429.

[179] TSUKIMOTO, Totenpflege, 123 in der Auswertung der Inschrift von Nabonid, in der
von dessen Mutter gesagt wird, sie habe als einzige für die babylonischen Könige die Totenpflege übernommen, was seine Thronbesteigung rechtfertige.

[180] A.a.O., 231. Wengleich auch im kanaanäischen Bereich der Sohn die Pflicht hatte,
„den Kult der Ahnen zu pflegen" (LORETZ, OSWALD: Ugarit und die Bibel. Kanaanäische
Götter und Religion im Alten Testament; Darmstadt 1990, 135), und nicht nur, den altgewordenen Eltern beizustehen, so läßt sich daraus nicht schließen, daß erst ein späteres Verbot der
Totenehrung „das Gebot der Ehrung der Eltern seinem ursprünglichen ‚Sitz im Leben' entfremdet" (a.a.O., 37) hat. Mit der Forderung nach einem Ahnenkult ist das alttestamentliche
Elterngebot terminologisch nicht verbunden.

Die Rechte der Eltern oder Adoptiveltern werden jedoch keinesfalls auf die materiellen Leistungen beschränkt. Das respektvolle Behandeln (palahu) schließt aus, „daß der Adoptivsohn gegen seine Eltern prozessiert, und zwar nicht nur einmal, sondern immer wieder. Man könnte an Erbschafts- oder Versorgungsstreitigkeiten denken"[181]. „Ungehorsam" ist ein Gegenbegriff[182] dazu und die Mardukpriesterin Halijatum bestimmt im Erbvertrag umfassend:

> „Erbsohn ist Nâkimum. An dem Tage, da Nâkimum das Herz der Halijatum kränkt, darf sie ihm ihre Erbsohnschaft entziehen"[183].

Das Recht der Eltern auf Versorgung, besonders des hinterbliebenen Elternteils (meist der Mutter), kann auch auf andere Weise gesichert werden. In Ugarit hat etwa ein gewisser Jasiranu den Ilkuja als Adoptivsohn angenommen. Ilkuja ist daraufhin zwar seinem Adoptivvater für immer verpflichtet, über sein Verhältnis zur Adoptivmutter heißt es dagegen:

> „Wenn Jasiranu stirbt und Milka, seine Ehefrau, nicht aus ihrem Haus auszieht: Wenn Ilkuja sie haßt, dann wird sie die 80 (Scheqel) Silber, die sie zu Jasiranu hereingebracht hat, nehmen und davongehen. Siehe, Milka hat dann das Silber ihrer Mitgift an sich genommen"[184].

Durch besondere Schenkungsurkunden soll im Gegensatz dazu die *persönliche* Haftung für die Versorgung festgehalten werden. So wird bei der väterlichen Schenkung an eine Samaspriesterin zugleich geregelt, wer ihr Erbe wird und wer sie versorgen soll[185]. Entsprechend soll eine sumerische Kaufmannswitwe durch die Vermietung eines Sklaven an einen der Söhne versorgt werden[186]. Folgende Schenkung eines Ehemannes aus Ugarit an seine Frau will die zukünftige Witwe gegenüber ihren eigenen Söhnen absichern:

> „(1-3) Einleitung der Erklärung des Jarimanu. (4-11) Aufzählung der Güter, die er seiner Frau Bidawa schenkt. (14-23) Nun meine beiden Söhne Jatlinu, der erstgeborene, (und) Janhamu, der zweitgeborene, - derjenige von beiden, der in einem Prozeß gegen Bidawa auftritt und Bidawa, ihre Mutter, verächtlich behandelt ..., muß 500 Seqel Silber an den König zahlen und muß sein Gewand an den Türriegel hängen und sich auf die Straße begeben. (24-26) Aber dem von beiden, der seine Mutter Bidawa in Ehren hält, dem wird sie (die geschenkten Güter) vererben."[187]

---

[181] ALBERTZ, Elterngebot, 361. Zum Verbot des Prozessierens gegen die Eltern vgl. eine ugaritische Urkunde (HSS 5/7:18-30), die Otto, Biblische Altersversorgung, 84f. anführt.

[182] Vgl. ALBERTZ, Elterngebot, 361, v.a. Anm. 79.

[183] SCHORR, Urkunden, 31; Urkunde aus der Regierungszeit des Apil-Sin, ca. 20-38 Jahre vor Hammurapi.

[184] Übersetzung nach MANFRIED DIETRICH und OSWALD LORETZ, TUAT Bd. 1, 212.

[185] Vgl. SCHORR, Urkunden, 287f; Urkunde aus der Regierungszeit des Hammurapi.

[186] Vgl. TUAT Bd. 1, 198; Keilschrifttafel aus Girsu; Datierung unsicher.

[187] ALBERTZ, Elterngebot, 363; zu den verwendeten Begriffen vgl. auch MARCUS, Juvenile delinquency, 44.

Auch der Codex Hammurapi (§ 150 CH) bestätigt die durch eine Siegel-
urkunde festgelegte Verfügungsgewalt der Witwe. Die Söhne dürfen nicht
gegen sie klagen und

> „die Mutter darf ihren Nachlaß ihrem Sohne, den sie liebt, geben und braucht ihn keinem
> *anderen* zu geben"[188].

Dies sichert der Mutter eine ehrenvolle Behandlung zumindest durch den Erb-
sohn[189]. Dasselbe wird von der altbabylonischen Schenkungsurkunde des
Awil-Anim bestätigt, der seiner Frau über den Besitz das Recht gibt:

> „Unter den Kindern des Awîl-Anim darf sie es demjenigen, der ihr Ehrfurcht bezeugt und
> ihr Herz befriedigt, geben"[190].

Den Söhnen soll ein Anreiz gegeben werden, sich gegenseitig in „der respekt-
vollen Behandlung ihrer alten Mutter zu übertreffen"[191]. Auch sichert der
Codex Hammurapi (§ 171b/172 CH) das Wohnrecht der Witwe gegenüber
ihren Kindern:

> „Wenn ihre Kinder, um sie aus dem Haus zu vertreiben, sie schikanieren, so sollen die
> Richter ihre Angelegenheit überprüfen und den Kindern eine Strafe auferlegen; diese Frau
> braucht aus dem Hause ihres Ehemannes nicht auszuziehen"[192].

In den mittelassyrischen Gesetzen findet sich genau dieselbe Regelung, wobei
die Versorgung der Witwe eingeschlossen ist:

> „Eine Frau, deren Gatte stirbt, braucht beim Tode ihres Gatten aus ihrem Hause nicht
> auszuziehen. Wenn ihr Gatte ihr nichts verschrieben hat, kann sie im Hause ihrer Söhne, wo
> es ihr gefällt, wohnen. Die Söhne ihres Gatten sollen sie verkösten. Verköstigung und
> Getränk sollen diese für sie wie für eine *Braut*, die sie lieben, festsetzen".[193]

Als Ersatz für eigene Söhne werden in der Fortsetzung auch die Stiefsöhne als
Versorger in Betracht gezogen. Ferner werden in den reinen Erbverträgen[194]
von Nuzi die erwachsenen Kinder gegenüber ihrer Mutter verpflichtet:

> „Solange Tataja lebt, werden Kibta´e und Puhisenni (sie) respektvoll behandeln"[195].

---

[188] Übersetzung nach BORGER, TUAT Bd. 1, 61.
[189] Dasselbe gilt für eine von ihrem Vater beschenkte Tochter, die das Recht erhält:
„Unter ihren Brüdern darf sie demjenigen, den sie liebt(?) und der ihr Ehrfurcht erweist, ihre
Erbschaft geben" (SCHORR, Urkunden, 290); vgl. ebenfalls a.a.O. 37, Z. 30-33.
[190] SCHORR, Urkunden, 283.
[191] ALBERTZ, Elterngebot, 358.
[192] Übersetzung nach BORGER, TUAT Bd. 1, 64.
[193] Mittelassyrische Gesetze, § 46; Übersetzung nach BORGER, TUAT Bd. 1, 90; „Die
Tontafeln, die die mittelassyrischen Gesetze enthalten ... stammen aus der Regierungszeit
Tiglatpilesers I. (1115-1076 v. Chr.)" (a.a.O., 80).
[194] Vgl. die Liste bei ALBERTZ, Elterngebot, 359, Anm. 72.
[195] ALBERTZ, Elterngebot, 361.

In diesem Fall sichert ihnen das allerdings kein Vorrecht beim Erbe, denn gegenüber den anderen Kindern erhält die Frau die Vaterstellung, da sie offensichtlich noch sehr jung sind. Sie werden im Erbfall genauso berücksichtigt.

Bei diesem Streifzug durch die wichtigsten familienrechtlichen Regelungen im Alten Orient sind die grundlegenden Rechte der Eltern, die im Zentrum des Interesses von Gesetzen und Verträgen stehen, bereits deutlich geworden: Eine Adoptionsvereinbarung kann nicht straflos von den Kindern aufgekündigt werden. Die Kinder - vor allem die adoptierten Söhne oder Töchter - müssen als Gegenleistung für die Erbeinsetzung bestimmte Pflichten auf sich nehmen: die verwitwete Mutter respektvoll behandeln (palahu) und in Ehren halten (kubbutu), den Adoptivvater bekleiden, ernähren und begraben, die Totenpflege für den Vater übernehmen. Nur in einem Fall wurde die Adoptivtochter ohne Erbeinsetzung zur Versorgung der Mutter verpflichtet.

Über die materielle Unterstützung hinaus ist es den vertragschließenden Eltern jedoch wichtig, daß die Kinder nicht gegen sie prozessieren oder überhaupt „ihr Herz kränken"[196]. Schenkungen sollen den hinterbliebenen Elternteil - in der Regel die Mutter - absichern und die Söhne zu besonderen Anstrengungen anspornen, um zuletzt die Güter von der Mutter zu erben. Das Wohnrecht der Witwe im Haus ihres Ehemannes wird in der Regel gesetzlich geschützt und die erwachsenen Kinder sind vertraglich zum Respekt ihr gegenüber angehalten.

Vereinzelt finden sich darüberhinaus auch noch Rechte der Eltern im Zusammenhang der Heirat der Kinder. Nach dem Codex Eschunna ist die Veranstaltung eines Hochzeitsgelages zusammen mit dem Ehevertrag die Voraussetzung für die Gültigkeit der Ehe. Die Eltern der Frau haben auf beides einen Rechtsanspruch:

> „Wenn ein Bürger eine Tochter eines (anderen) Bürgers, ohne ihren Vater und ihre Mutter zu befragen, heiratet, aber ihrem Vater und ihrer Mutter kein Hochzeitsgelage und keinen Ehevertrag geliefert hat, so ist sie, auch wenn sie ein ganzes Jahr in seinem Hause wohnt, dennoch keine Ehefrau"[197].

Strafrechtlich geschützt wird die körperliche Unversehrtheit des Vaters im Codex Hammurapi:

> „Wenn ein Sohn seinen Vater schlägt, soll man ihm eine Hand abschneiden"[198].

---

[196] Vgl. oben, S. 41.

[197] §27 AII Codex Eschunna; Übersetzung nach BORGER, TUAT Bd. 1, 35; „Eschunna erlebte seine Blütezeit während der ersten Jahrhunderte des zweiten vorchristlichen Jahrtausends" (a.a.O., 32).

[198] § 195 CH; Übersetzung nach BORGER, TUAT Bd. 1, 68. EBELING, ERICH: (Art.) Gefangener, Gefängnis. Reallexikon der Assyriologie und Vorderasiatischen Archäologie (Hg.: Weidner Ernst; von Soden, Wolfram u.a.), Bd. 3; Berlin, New York 1957-1971, 181-

Die hethitischen Gesetze regeln das Recht der Mutter, ihren Sohn zu verstoßen[199], und schützen auch vor Inzestverbindungen in der Familie[200]. In
dieser Beziehung noch strenger ordnet der Codex Hammurapi auch die Verbindung mit der Stiefmutter nach dem Tod des Vaters als Straftat ein[201]. Das
Verbot richtet sich dabei in der Regel gegen den Sohn, der in das Recht des
Vaters eingreifen würde, aber auch dem Vater werden Übergriffe auf seine
Kinder verboten. Ausdrücklich geschützt wird im gleichen Gesetzbuch die
bereits vollzogene Ehe des Sohnes gegenüber dem Vater:

> „Wenn ein Bürger für seinen Sohn eine Schwiegertochter auswählt und sein Sohn sie
> erkennt, er selbst aber nachher in ihrem Schoß liegt und man ihn dabei ertappt, so soll man
> diesen Bürger fesseln und ins Wasser ... werfen"[202].

War die Ehe des Sohnes noch nicht vollzogen, so wird eine Geldstrafe und
der Ersatz der Mitgift festgelegt[203] - ein Unrecht liegt also auch dann vor.
Zum Schutz der jungen Familie vor den Ansprüchen des Vaters gehört auch
die Regelung des Codex Hammurapi, daß der Vater einer verstorbenen Frau
keinen Klageanspruch auf die Mitgift hat, wenn aus der Ehe Kinder hervor-
gegangen sind[204].

Selbst dem Elternrecht, die Kinder zu enterben, sind diese nicht immer
schutzlos ausgeliefert, obwohl gerade dieses Recht die stärkste rechtliche
Waffe in der Hand der Eltern war. Das babylonische Recht unterstützt den
Sohn in zwei Paragraphen ausdrücklich:

> „Wenn ein Bürger beabsichtigt, seinen Sohn zu enterben, und zu den Richtern sagt: ‚Ich
> will meinen Sohn enterben', sollen die Richter seine Angelegenheit überprüfen; wenn der
> Sohn keine schwere Schuld auf sich geladen hat, die Aufhebung des Erbrechtes verdient, darf
> der Vater seinen Sohn nicht aus der Erbschaft verstoßen"[205].

---

182, 181 berichtet von einem assyrischen Dokument, das nur eine Gefängnisstrafe für einen
Mann belegt, der seine Mutter geschlagen hat.

[199] Vgl. § 171 (56)d der hethitischen Gesetze; Übersetzung nach VON SCHULER, TUAT
Bd. 1, 119; die hethitischen Gesetze liegen zwar nicht mehr in der ursprünglichen Fassung
vor, stammen aber aus den Anfängen des Alten Reichs (um 1600 v. Chr.), vgl. a.a.O., 96.

[200] Vgl. § 189 (75)j / § 190 (76) j der hethitischen Gesetze; Übersetzung nach VON
SCHULER, TUAT Bd. 1, 121f.

[201] Vgl. § 158 CH; Übersetzung nach BORGER, TUAT Bd. 1, 62.

[202] § 155 CH; Übersetzung nach BORGER, TUAT Bd. 1, 61.

[203] Vgl. § 156 CH; Übersetzung nach BORGER, TUAT Bd. 1, 61.

[204] Vgl. § 162 CH; Übersetzung nach BORGER, TUAT Bd. 1, 62. Nur im Fall einer kinderlosen Ehe dürfen Brautpreis und Mitgift gegeneinander aufgerechnet werden; vgl. § 163f.
CH, ebd.

[205] § 168 CH; Übersetzung nach BORGER, TUAT Bd. 1, 63.

„Wenn er gegenüber seinem Vater eine schwere Schuld, die Aufhebung des Erbrechts verdient, auf sich geladen hat, so soll man ihm beim ersten Mal verzeihen; wenn er ein zweites Mal eine schwere Schuld auf sich lädt, darf der Vater seinen Sohn aus der Erbschaft verstoßen"[206].

Das Elternrecht im Alten Orient umfaßt also neben dem engeren Bereich der familienrechtlichen Gesetze und Verträge (Adoption, Erbschaft, Schenkungen zur Sicherung der Hinterbliebenenversorgung) auch noch Rechte bei der Heirat der Kinder sowie strafrechtlich relevante Tatbestände. Schließlich waren im Bereich der Inzestverbote reziproke Regelungen anzutreffen, die Väter und Kinder gegenseitig schützen sollen. Außerdem wurden rechtliche Grenzen des Elternrechts explizit faßbar.

Schon die Vielfalt der elternrechtlichen Bestimmungen in der Umwelt Israels macht deutlich, daß sie kaum in einem einzigen Satz zusammengefaßt werden können. Es ist daher auch nicht naheliegend, das alttestamentliche Elterngebot unterschiedslos mit all den angesprochenen Rechtssätzen zu verbinden und ihre Aussage in jenem Gebot wiederfinden zu wollen. Man wird eher annehmen können, daß der erkennbare Schwerpunkt des Elternrechts - Sicherung der Eltern im Alter - auch in Israel gegeben war und deshalb auch das Elterngebot primär in diesem Zusammenhang verstanden werden sollte[207].

Eine Schwierigkeit, dies zu bestätigen, besteht aber darin, daß das für uns greifbare, im Alten Testament überlieferte Elternrecht diesen Schwerpunkt nicht einfach erkennen läßt. Zwar sind es nur wenige Stellen, in denen die alttestamentlichen Rechtskorpora die Rechte der Eltern behandeln, doch sind diese Stellen inhaltlich anders ausgerichtet.

Bevor wir also weiter untersuchen, wie berechtigt die Auslegung des Elterngebots als Sicherung der Altersversorgung (auch in sprachlicher Hinsicht) ist, erscheint es daher geboten, daß wir uns - wie bereits ins Auge gefaßt - zuerst die alttestamentlichen Elternrechtssätze vergegenwärtigen und danach fragen, ob und inwiefern auch sie als Interpretationsrahmen für das Elterngebot dienen können. Diese Nachfrage soll sich in chronologischer Reihenfolge den drei großen Rechtskorpora des Alten Testaments zuwenden, die Elternrechtssätze enthalten, dem Bundesbuch, dem Deuteronomium und dem Heiligkeitsgesetz.

---

[206] § 169 CH; Übersetzung nach BORGER, TUAT Bd. 1, 63.

[207] Bei der Deutung des Elterngebots haben sich daher gerade diejenigen Forscher besonders auf den Hintergrund der altorientalischen Rechtssätze berufen, die das Elterngebot so verstehen, daß es „die angemessene Altersversorgung und würdige Behandlung der alten Eltern durch ihre erwachsenen Kinder" (ALBERTZ, Elterngebot, 374) regelt.

## 2. Das Elterngebot und das Elternrecht im „Bundesbuch"

Das „Bundesbuch" - benannt nach Ex 24,7 - gilt als die „älteste Rechtssammlung des Alten Testaments"[208]. Seine genaue Abgrenzung ist umstritten, je nach Beurteilung der Entlassungsrede in Ex 23,20-33. Ihr Inhalt und Stil legen jedoch ihre Ausgliederung nahe[209], so daß der Rechtskodex wohl mit Ex 20,22 beginnt und in Ex 23,19 schließt[210].

Die Datierung des Bundesbuches gilt nach sehr unterschiedlichen Ansätzen in der Forschung als „schwierig"[211]. Der älteste Bestand scheint in die vorstaatliche Epoche zurückzureichen[212]. Andererseits wird die Kulturlandsituation vorausgesetzt, und es ist wohl mit Fortschreibungen bis ins 8.Jahrhundert zu rechnen[213]. Nach Stendebach gehört das Bundesbuch jedenfalls als Rechtssammlung insgesamt „in die Königszeit vor der Entstehung des Deuteronomium"[214].

Innerhalb dieser Rechtssammlung finden wir zwei Elternrechtssätze, nämlich in Ex 21,15 und Ex 21,17. Beide gehören formal zum Todesrecht und nehmen schon deshalb innerhalb des Bundesbuches eine besondere Stellung ein, da dessen größter Teil kasuistische Rechtssätze enthält. Boecker hat deshalb im Blick auf Ex 21,12-17 mit Recht von einem „offensichtlichen Einschub"[215] in das Bundesbuch gesprochen. Eine genauere Beurteilung ist nur aufgrund einer Analyse des ganzen Einschubs möglich.

---

[208] BOECKER, Recht, 116; für hohes Alter sprechen die Erstellung des Altars durch aufgeschichtete Erde (Ex 20,24), die Forderung des Erstgeborenen für die Gottheit (Ex 22,28) sowie vor allem die archaischen Bezeichnungen für die Wallfahrtsfeste im Festkalender (Ex 23,14-17), bei denen ihre ursprüngliche Funktion als Erntefeste noch klar benannt ist.

[209] OSUMI, YUICHI: Die Kompositionsgeschichte des Bundesbuches Exodus 20,22b - 23,33; Freiburg/Schweiz, Göttingen 1991 (OBO 105), 16, faßt - gegen seine eigene Sicht - zusammen: „Die meisten Forscher halten Ex 23,20-33 nicht für Rechtssätze und schließen sie deshalb vom eigentlichen Rechtsbuch aus"; vgl. ebd., Anm. 4.

[210] Vgl. BOECKER, Recht, 117.

[211] ZENGER, Einleitung, 174.

[212] Vgl. ZENGER, Einleitung, 174 und KAISER, OTTO: Einleitung in das Alte Testament. Eine Einführung in ihre Ergebnisse und Probleme; 5., grundlegend neu bearbeitete Aufl., Gütersloh 1984, 69.

[213] Vgl. zum Einzelnen ZENGER, Einleitung, 173-175; SCHWIENHORST-SCHÖNBERGER, LUDGER: Das Bundesbuch (Ex 20,22-23,33). Studien zu seiner Entstehung und Theologie; Berlin, New York 1990 (BZAW 188) sowie OTTO, ECKART: Wandel der Rechtsbegründungen in der Gesellschaftsgeschichte des antiken Israel. Eine Rechtsgeschichte des „Bundesbuches" Ex XX 22 - XXIII 13; Leiden, New York, Kopenhagen, Köln 1988 (StB 3).

[214] STENDEBACH, FRANZ JOSEF: Einleitung in das Alte Testament; Düsseldorf 1994 (LeTh 22); 83.

[215] Vgl. BOECKER, Recht, 119; CHILDS, BREVARD S.: Exodus. A Commentary; London 1974 (OTL), 469 sieht darin „the only major insertion of ‚apodictic' law". Auch OTTO, Rechtsbegründungen, 32, behandelt V.12-17 als „geschlossene Struktur".

*Exkurs: Ex 21,12.15-17 als elternrechtlich zugespitzte Todessatzreihe*

Im Blick auf Ex 21,12-17 herrscht weitgehend Einigkeit darüber, daß die beiden Verse 13 und 14[216] sowie die Zusatzklausel in V.16[217] spätere, kasuistische Erweiterungen darstellen. Ebenso ist allgemein anerkannt, daß die verbleibenden Todessätze in V.12 und V.15-17 gleichgestaltet sind[218] bzw. eine einheitliche innere Struktur aufweisen[219]. Diese Beobachtung legt es nahe, sie in ihrem jetzigen Zusammenhang als Reihe zu behandeln. Umstritten ist dagegen, ob es sich um eine von vornherein als Gesamtheit geschaffene, mündlich überlieferte oder um eine redaktionell zusammengefügte Reihe von Todessätzen handelt. Wenden wir uns zuerst der Analyse des Textes zu.

Der Grundbestand der Reihe besteht aus vier Sätzen. Jeweils im Partizip werden Täter und Tat angegeben, es folgt das Objekt der Tat. In V.12 und V.16 wird die Folge der Tat (Tod des Mannes, V.12) bzw. ihre Fortsetzung (Verkauf des Mannes, V.16) angezeigt. Abschließend findet sich die für das Todesrecht charakteristische Todesdeklaration.

In der Übersetzung lautet also die rekonstruierte Reihe folgendermaßen:
V.12 Wer einen Menschen schlägt, daß er stirbt, soll gewiß sterben.
V.15 Wer seinen Vater und seine Mutter schlägt, soll gewiß sterben.
V.16 Wer einen Menschen stiehlt und ihn verkauft, soll gewiß sterben.
V.17 Wer seinem Vater und seiner Mutter flucht, soll gewiß sterben.

---

[216] CLEMENTS, RONALD E.: Exodus; Cambridge 1972 (CNEB), 134 nennt sie einen „appendix"; BEER, GEORG: Exodus; Tübingen 1939 (HAT I, Bd. 3), 109 versteht sie als „Einschaltung". Nach OSUMI, Kompositionsgeschichte, 122, gilt auch in der neueren und neuesten Forschung als „allgemein anerkannt, daß Ex 21,13f nachträglich in den Kontext eingefügt worden sind"; vgl. die ebd. , Anm. 156 genannten Autoren. Eine ausführliche Darstellung des literarisch sekundären Charakters von Ex 21,13f. gibt SCHWIENHORST-SCHÖN-BERGER, Bundesbuch, 39-41.

[217] Seit ALT (Ursprünge, 310, Anm. 1) wird die Klausel vom „Auffinden in seiner Hand" als Zusatz betrachtet; so zuletzt auch wieder OTTO, Rechtsbegründungen, 33 und ders., Theologische Ethik, 32. Dabei ist SCHWIENHORST-SCHÖNBERGER, Bundesbuch, 220f. zunächst zuzustimmen, wenn er das Versmaß und den bloßen Subjektswechsel als nicht ausreichende Begründung ansieht. Gegen seine Argumentation spricht jedoch, daß darüber hinaus durch diese Klausel vom Aktiv (Qal) ins Passiv (Nif'al) gewechselt und indirekt eine dritte Person außer Täter und Opfer eingeführt wird (derjenige, der den Geraubten beim Täter findet), was den formalen Rahmen des Todesrechtssatzes endgültig sprengt. Deshalb bleibt es letztlich doch dabei, genau diese Klausel als sekundär abzutrennen, wie die Mehrzahl der Exegeten, vgl. die von SCHWIENHORST-SCHÖNBERGER, Bundesbuch, 221, Anm. 48 und 50 genannten Autoren.

[218] Vgl. BOECKER, Recht, 169.

[219] Vgl. OTTO, Rechtsbegründungen, 31; OSUMI, Kompositionsgeschichte des Bundesbuches, 109, Anm. 109.

Diese Viererreihe in ursprünglicher Reihenfolge[220] ist in sich klar aufgebaut. Es ist nicht notwendig, anzunehmen, daß eine ursprünglich wesentlich längere Reihe nach dem vierten Glied willkürlich abgebrochen wurde[221]. Je zwei der Todessätze gehören zusammen (V.12/15 einerseits - V.16/17 andererseits) und stehen genau parallel zum anderen Paar. Jeweils der erste Satz der beiden Paare behandelt ein Vergehen gegen einen nicht näher bestimmten Menschen. Das Vergehen ist außerdem nicht in einem einzigen Terminus benannt, sondern erfährt eine Fortführung durch Folge bzw. Anschlußhandlung. Der zweite Satz ist jeweils auf die Eltern als Opfer bezogen und gibt nur eine einzige konkrete Handlung des Täters an.

Innerhalb der Paare ist der zweite Satz auf diese Weise jeweils als eine Steigerung des ersten gekennzeichnet. Das Objekt der Tat ist spezifiziert und es „genügt" eine einzige Aussage zur Tat für das Todesurteil. Die Wirkung des Schlagens oder Fluchens sowie mögliche weitere Handlungen des Täters gegenüber den Eltern sind nicht entscheidend für die Todesstrafe. Zudem steigert das zweite Paar gegenüber dem ersten die Bedeutung und die Schwere des Frevels. Ist in V.12 der Tod nur eine Folge des Schlagens, so vergeht sich der Täter in V.16 zweimal bewußt an seinem Opfer; der - profane - Schlag gegen die Eltern (V.15) ist zum sakral bedeutsamen Fluch (V.17)[222] gesteigert. Die Reihe bietet also eine Klimax nach Inhalt und Bedeutung; ihre Betonung liegt auf den elternrechtlichen Bestimmungen. Sie stehen im Zentrum des Interesses. Im ersten Fall gibt die Zusammenstellung zu erkennen: ein Totschläger muß sterben, noch viel schlimmer aber ist einer, der

---

[220] Die Reihenfolge der Septuaginta, V.17 vor V.16, ist durch Zusammenfassung der Elternrechtssätze entstanden und sekundär. Dazu CHILDS, Exodus, 470: „The Septuagint's rearrangement of the Massoretic sequence arises from a sense of logical order". Gegen BEER, Exodus, 109, der in der masoretischen Abfolge eine Zusammenordnung der Delikte der Tat (V.15/16) und des Wortes (V.17) sieht. OTTO, Theologische Ethik, 32 nennt die Abfolge eine „antiphone Struktur".

[221] Gegen BOECKER, Recht, 170 und WAGNER, Rechtssätze, 16-31; das Fazit von SCHWIENHORST-SCHÖNBERGER, Bundesbuch, 216 dürfte konsensfähig sein: „Die These, daß die apodiktischen Rechtssätze Ex 21,12.15-17 ursprünglich Bestandteil einer weitere Glieder umfassenden Reihe seien, ist äußerst unwahrscheinlich geworden".

[222] Gegen CASSUTO, UMBERTO: A Commentary on the Book of Exodus; Jerusalem 1967; (First published in Hebrew, Jerusalem 1951), 277, der den Elternfluch als „minor offence" bezeichnet und eine Reihe „beginning with the gravest crime" - zudem noch mit fünf Gliedern, da er die formkritische Abweichung von V. 13f. übersieht - postuliert. Dagegen halten andere Forscher die umgekehrte Gewichtung mit Recht für angemessener. So BEER, Exodus, 110: „Besonders erschwerend ist der Fluch, der für die Antike eine sehr reale Kraft bedeutet"; entsprechend PARK, J. EDGAR; RYLAARDSDAM J. COERT: The Book of Exodus; New York, Nashville 1952 (IntB 1), 998: „Cursing, for the ancients, was possessed of real power".

seine Eltern schlägt. Auch wenn dabei keine Todesfolge eintritt[223], gilt für ihn dasselbe Urteil.

Im zweiten Fall ist folgende Argumentation impliziert: derjenige, der einen Menschen „stiehlt" - das heißt, ihn versklavt - und anschließend verkauft, verfügt über ihn und zerstört seine Freiheit als Mensch und die damit verbundenen zwischenmenschlichen Beziehungen. Wer seine Eltern verflucht, zerstört ihre Ehre vor Gott, was im Grunde sogar geradezu den Verlust ihrer Existenz[224] bedeutet. Damit greift er in die Gottesbeziehung ein und vernichtet die ultimative Grundlage ihres Lebens. Zerstört das erste Vergehen gegenüber dem Mitmenschen dessen Leben auf der zwischenmenschlichen Ebene, so zerstört der Fluch gegenüber den Eltern deren Leben vor Gott und den Menschen.

Betrachtet man die derart geschlossene Komposition der jetzt vorliegenden Reihung, so muß im Fall von redaktioneller Bildung angenommen werden, daß ein elternrechtlicher Schwerpunkt intendiert war. Der Abschnitt müßte dann entweder durch weitere familienrechtliche Bestimmungen ergänzt werden oder als völlig eigenständige familienrechtliche Einheit isoliert stehen. Beides ist jedoch nicht der Fall. Es finden sich im Umfeld keine weiteren familienrechtlichen Bestimmungen, dafür knüpft Ex 21,18 an V.12 an: „Die Sammlung Ex 21,18-32 zeigt noch den engen Zusammenhang mit dem ... apodiktischen Tötungsverbot in Ex 21,12. Ex 21,18 stellt in Abgrenzung ... einen Ex 21,12 ... zitierenden Zusammenhang her. Die Sammlung der Körperverletzungsfälle in Ex 21,18-32 will Rechtsprobleme im Anschluß an Ex 21, 12 regeln"[225].

Dieser Befund im Blick auf den Kontext macht es äußerst wahrscheinlich, daß die Viererreihe der Todessätze mit elternrechtlicher Spitze bereits traditionell vorgegeben war. Es handelt sich innerhalb des Bundesbuches[226] um eine ursprüngliche Todessatzreihe[227], das heißt: an dieser Stelle war sie immer als Viererkette vorhanden. Anders läßt sich das Auftreten der Elternrechtssätze in diesem Zusammenhang kaum verstehen. Die Einfügung dieser

---

[223] SCHWIENHORST-SCHÖNBERGER, Bundesbuch, 225, Anm.75 zählt zehn Exegeten auf, die alle urteilen, daß es sich beim Schlagen der Eltern in V. 15 nicht um Totschlag handelt; so auch er selbst schon a.a.O. 25, Anm. 93 ; gegen SCHULZ, Todesrecht, 51.

[224] So KELLER, C.A.: (Art.) קלל. In: THAT Bd. 2, 1984, 641-647, 643. Er verweist auf Jes 65,20, wo קלל parallel zu מות steht.

[225] OTTO, ECKART: Rechtsgeschichte der Redaktionen im Kodex Esnunna und im „Bundesbuch". Eine redaktionsgeschichtliche und rechtsvergleichende Studie zu altbabylonischen und altisraelitischen Rechtsüberlieferungen; Freiburg/Schweiz, Göttingen 1989 (OBO 85), 158; zustimmend dazu SCHWIENHORST-SCHÖNBERGER, Bundesbuch, 227.

[226] In überlieferungsgeschichtlicher Hinsicht ist damit keine Entscheidung getroffen.

[227] Gegen SCHWIENHORST-SCHÖNBERGER, Bundesbuch, 231-234, der eine zweifache Redaktion annehmen muß, die äußerst ungeschickt operiert. Völlig unmotiviert würden die Elternrechtssätze eingefügt und zerstörten den Zusammenhang der Körperverletzungsfälle.

Viererkette ins Bundesbuch hängt dann mit der Rechtssystematik des ursprünglichen Bundesbuches zusammen.

Nach Wagner[228] folgt der Abschnitt Ex 21,1-22,16 einer Systematik, die
sich entsprechend im Codex Hammurabi findet. Die Abfolge ist: Sklavenrecht (Ex 21,2-11), Verletzung der körperlichen Integrität (Ex 21,18-32) und
Fragen der Haftung im Bereich der landwirtschaftlichen und handwerklichen
Arbeit (Ex 21,33-22,7 und Ex 22,9-14)[229]. Da im Codex Hammurabi nach
dem Sklavenrecht ein Abschnitt familienrechtlicher Bestimmungen folgt, legt
es sich aus dieser Sicht nahe, Ex 21,12-17 als „Substitutionsstelle"[230] zu
verstehen. Die elternrechtliche Reihe ersetzt dann einen im ursprünglichen
Bundesbuch vorgegebenen familienrechtlichen Abschnitt.[231]

Schon die Ergänzung in V.13 und 14 verschiebt jedoch den Schwerpunkt
hin zur Regelung der Körperverletzung mit Todesfolge und spätere Redaktionen haben in diesem Abschnitt keinen elternrechtlichen Skopus mehr
erkennen können. Für sie handelt es sich um eine „Reihe todeswürdiger
Verbrechen"[232] oder um „Bestimmungen über die Tötung"[233].

*Ende des Exkurses*

Aus der Untersuchung der elternrechtlich zugespitzten Todessatzreihe im
Abschnitt Ex 21,12.15-17 ergibt sich daher für die Datierung und das Verständnis der darin enthaltenen Elternrechtssätze des Bundesbuches, daß sie
innerhalb der besprochenen Viererkette bereits fest vorgegeben waren, als sie

---

[228] Vgl. WAGNER, VOLKER: Zur Systematik in dem Codex Ex 21,2 - 22,16. ZAW 81,
1969, 176-182.

[229] Ex 22,8 weist einen anderen Stil auf und wird von Wagner eher als Interpolation
eingestuft; vgl. WAGNER, Systematik, 180.

[230] WAGNER, Systematik, 176, Anm. 2.

[231] SCHWIENHORST-SCHÖNBERGER hat dem widersprochen und hält „den Grundbestand von Ex 21,12-22,16 für den ältesten Teil des gesamten Bundesbuches" (Bundesbuch,
238), das heißt aus seiner Sicht vor allem Ex 21,12 aus der besprochenen Reihe. Ex 21,13-17
weist er einer prodeuteronomischen Redaktion zu (vgl. a.a.O., 284). Diese Sicht scheitert
m.E. schon an der stark kohärenten Gestalt der Vierreihe.
OTTO hat das Vorgehen Wagners als schematische Übernahme der Ordnungskategorien
altorientalischer Rechtssammlungen, wie Petschow (vgl. PETSCHOW, HERBERT, Zur Systematik und Gesetzestechnik im Codex Hammurabi, ZA 57, 1965, 146-172) sie erarbeitet hat,
kritisiert (vgl. OTTO, ECKART: Rechtssystematik im altbabylonischen „Codex Esnunna" und
im altisraelitischen „Bundesbuch". Eine redaktionsgeschichtliche und rechtsvergleichende
Analyse von CE §§ 17; 18; 22-28 und Ex 21,18-32; 22,6-14; 23,1-3.6-8. UF 19, 1987, 175-
197, 176, Anm. 7). Nach seiner Auffassung liegt die Systematik im Bundesbuch darin,
„Lücken des in einem Rechtssatz nicht Geregelten durch seine Fortsetzung in weiteren
Rechtssätzen zu schließen" (vgl. a.a.O., 196). Deshalb sieht er Ex 21,18ff. als Erweiterung zu
Ex 21,12 an. Das apodiktisch formulierte Tötungsverbot in Ex 21,12 sei der Sammlung
vorgegeben (vgl. ebd.).

[232] Vgl. das Schema bei OTTO, Rechtsbegründungen, 53.

[233] OSUMI, Kompositionsgeschichte, 108.

ins Bundesbuch integriert wurden. Trifft die im Exkurs anvisierte Sub-
stitutionstheorie zu, so kam sie durch einen sehr frühen Redaktor an die
jetzige Stelle. Die kasuistische Erweiterung durch V.13f. kennt nämlich noch
keine Asylstädte, wie sie in Num 35,11-34 und Dtn 4,41-43 genannt werden.
Es handelt sich um die einfachste und vermutlich auch älteste Asylrechts-
konzeption in Israel[234]. Die Todessatzreihe wurde unter diesen Voraussetzungen vermutlich in der späten Richterzeit an dieser Stelle eingefügt[235].

In der Reihe sind Rechtssätze mit nun eindeutig überfamiliarem Rechts-
kontext[236] (V.12.16) enthalten, während sich die beiden Elternrechtssätze
scheinbar im innerfamiliaren Kontext verstehen lassen. Otto hat daher zu
zeigen versucht, daß wir es hier mit einer rechtsgeschichtlichen Schnittstelle
zu tun haben, an der das Todesrecht aus der Familie an die lokale Gerichts-
institution auswandert. Ex 21,12 sei ursprünglich ebenfalls innergental zu
verstehen gewesen und erst die Erweiterung in V.13f. habe diesen Satz in den
intergentalen Bereich überführt[237].

Inzwischen hat jedoch dieser Vorschlag viel Kritik erfahren.[238] Insbesondere die Annahme einer innergentalen Gerichtsbarkeit durch den pater
familias ist mit guten Gründen bestritten worden[239]. Berücksichtigt man

---

[234] GREENBERG, MOSHE: The Biblical Conception of Asylum. JBL 78, 1959, 125-132,
126: „With good reason it is supposed that the law of Exodus reflects the earliest custom of
seeking asylum at the local sanctuaries that filled ancient Palestine before the Josianic
reform". Zum traditionsgeschichtlichen Vorrang von Ex 21,13 gegenüber Num 35 bemerkt
GREENBERG (a.a.O., 132): „The law of Numbers is to be understood as amplifying the vague
‚place' to which Exodus promises that the manslayer will be able to flee".

[235] Müßte man dagegen Ex 21,12 zur Grundschicht des Bundesbuches rechnen, so gälte
dies aufgrund des oben dargelegten Zusammenhangs auch für Ex 21,15-17. Wir kämen dann
mit dem Datum der schriftlichen Festlegung der Reihe an dieser Stelle sogar noch einige
Jahre oder Jahrzehnte weiter zurück. OSUMI, Kompositionsgeschichte, 145, zählt alle vier
Verse zur „Grundschicht des Mischpatimteils", versteht diese jedoch als das Gesetzbuch des
Jerusalemer Gerichts der Königszeit, das auch Ex 21,13f. eingefügt habe. Diese Spätdatierung im Anschluß an CRÜSEMANN, FRANK: Das Bundesbuch - historischer Ort und
institutioneller Hintergrund. In: Emerton, J.A. (Hg.): Congress Volume Jerusalem 1986;
Leiden u.a. 1988, 27-41 (VT.S 40), 30-32 ist m.E. jedoch nicht überzeugend.

[236] Vgl. OTTO, Rechtsbegründungen, 31.

[237] Vgl. OTTO, Rechtsbegründungen, 32; ders., Dekalog als Brennspiegel, 62; ders.,
Körperverletzungen in den Keilschriftrechten und im Alten Testament. Studien zum Rechtstransfer im Alten Testament; Kevelaer, Neukirchen-Vluyn 1991 (AOAT), 140.141; ders.,
Biblische Altersversorgung, 90f., Anm. 58 und ders., Interdependenzen zwischen Geschichte
und Rechtsgeschichte des antiken Israels. In: ders.(Hg.): Kontinuum und Proprium. Studien
zur Sozial- und Rechtsgeschichte des Alten Orients und des Alten Testaments; Wiesbaden
1996 (Orientalia Biblica et Christiana 8), 75-93, 84f.

[238] Zur Kritik an OTTO vgl. OSUMI, Kompositionsgeschichte, 145-147 sowie SEEBASS,
HORST: Noch einmal zum Depositenrecht Ex 22,6-14. In: Mommer, Peter u.a. (Hg.): Gottes
Recht als Lebensraum: FS für Hans Jochen Boecker; Neukirchen-Vluyn 1993, 21-31, 28-31.

[239] Vgl. SCHWIENHORST-SCHÖNBERGER, Bundesbuch, 216-224. Mit gleicher Tendenz
und weiteren Argumenten vgl. SEEBASS, Depositenrecht, 28-31.

zusätzlich den elternrechtlichen Skopus der Reihe, so ist eine Verbindung zu einem innergentalen Gericht erst recht in Frage gestellt. Gerade die beiden Elternrechtssätze können schwerlich als Grundlage für innerfamiliare Sanktionen verwendet worden sein, da die angegriffenen Eltern ja dem Sohn unterlegen waren. Sie könnten daher die Sanktion nur schwer durchsetzen.

Vielmehr gehört die Reihe von vornherein eher auch - neben einer möglichen Tradierung in der Familie - in die intergentale Gerichtsbarkeit, also in vorstaatlicher Zeit[240] in den Bereich des Sippenverbandes. Dort war sie in Verfahren gegen Frevler an den Eltern besonders geeignet. Ausgehend von den zwischen den Sippen anerkannten - und deshalb in der Reihe unbetonten - Sanktionsbestimmungen im Fall von Körperverletzung mit Todesfolge und unrechtmäßiger Versklavung konnten Verfehlungen gegenüber den Eltern als noch gravierendere Gefahr für die Ordnung im Sippenverband entsprechend geahndet werden.

Ob vor der Zusammenstellung der Vierergruppe eine Einzelüberlieferung von einem oder beiden Elternrechtssätzen stattgefunden hat, ist nicht mehr eindeutig zu entscheiden. Es ist denkbar, daß sie eine längere Vorgeschichte im mündlichen Bereich haben, die allerdings nicht mehr rekonstruierbar ist.

Das Elternrecht im Bundesbuch geht also auf alte Rechtssätze aus nomadischer Zeit zurück. Bereits in jenen frühen Rechtsbestimmungen hatte das Verhalten gegenüber den Eltern eine besondere Bedeutung. Ein Vergehen gegen Vater und Mutter - beide Elternteile sind auffälligerweise trotz patriarchalischer Gesellschaftsordnung in gleicher Weise geschützt - wird mit der Höchststrafe geahndet[241]. Schon für die intergentale Gerichtsbarkeit des Sippenverbandes in der frühen Richterzeit - vor der schriftlichen Fixierung im Bundesbuch - waren die beiden Elternrechtssätze in eine elternrechtlich zugespitzte Viererreihe eingebunden. In einem Verfahren gegen rechtsfähige Kinder[242], die den Eltern in körperlicher Kraft (Tätlichkeit!) und verbaler

---

[240] VON RAD, Theologie I, 204 spricht von der „sehr altertümliche(n) Gestalt" der Reihe in Ex 21,12.15-17, wobei er allerdings einen „Torso" annimmt.

[241] Anders etwa im Codex Hammurabi (§ 195), wo die Sinnbildstrafe bevorzugt und nur der Vater erwähnt wird: „Wenn ein Sohn seinen Vater schlägt, soll man ihm eine Hand abschneiden". MARCUS, Juvenile delinquency, 34 beobachtet richtig den Unterschied zu entsprechenden Vergehen gegenüber anderen Erwachsenen. Sowohl das mesopotamische Recht wie das Bundesbuch ahnden die Vergehen gegenüber den Eltern härter: „In Mesopotamian law a minor striking someone other than his parent would not have his hand cut off; depending on his status he would be fined or flogged. Likewise in ancient Israel he would be fined and not subject to death penalty" - vgl. §§ 202-204 CH; Ex 21,18.19.

[242] MARCUS, Juvenile delinquency, 32 betont mit Recht, daß das Alter im altorientalischen und israelitischen Recht dabei keine klar definierte, entscheidende Rolle spielt, sondern daß es in den von ihm behandelten Rechtstexten um Kinder, zunächst ungeachtet welchen Alters, geht, die mit den Eltern in einem Haus leben. Vorausgesetzt ist freilich, daß diese Kinder die entsprechenden Taten begehen und zur Verantwortung gezogen werden können. Die untere Altersgrenze ist dadurch gegeben, aber nicht klar definiert. Eine obere

Macht (wirkmächtiges Fluchwort) mindestens ebenbürtig, eher sogar überlegen waren, konnte sie eingesetzt werden. Diese Kinder - in der damaligen Gesellschaft vor allem die Söhne - stellten eine konkrete Gefahr für die Eltern und für die Ordnung des Sippenverbandes dar. Diese Gefahr sollte unbedingt gebannt werden.

Spätestens bei der ersten redaktionellen Überarbeitung des Bundesbuches fand die Reihe Eingang in den ersten Teil dieses ältesten israelitischen Rechtskodex. Dort jedoch wird sie nur für kurze Zeit noch als elternrechtliche Reihe verstanden. Schon die erste nachfolgende Redaktion gewichtet anders und legt den Schwerpunkt auf das Tötungsdelikt am Anfang. Durch die Erweiterung von V.16 geraten die beiden Elternrechtssätze in der Zeit des späteren Königtums zusätzlich an den Rand und werden im Zusammenhang isoliert. Sie werden nur noch als spezielle Beispiele für todeswürdige Vergehen verstanden, verlieren aber ihre herausgehobene Stellung.

Für die Beziehung des Elternrechts im Bundesbuch zum Elterngebot des Dekalogs ergibt sich somit eine ungefähre Parallelität in der vermuteten Entstehungszeit, wenngleich die Todesrechtssätze wohl sehr viel früher verschriftlicht wurden. Eine genaue Verhältnisbestimmung im Bereich der mündlichen Überlieferung kann nicht mehr erfolgen, aber im methodisch zugänglichen Teil des Überlieferungsprozesses kann von einem durchgängigen Nebeneinander von Elterngebot und Elternrecht in den Todesrechtssätzen ausgegangen werden. Ein Vorrang des einen gegenüber dem anderen ist nicht erkennbar.

Damit legt sich auch eine inhaltliche Abgrenzung nahe. Die beiden Todesrechtssätze stellen keine Anwendung des Dekaloggebots dar - umgekehrt faßt das Elterngebot des Dekalogs anfänglich wohl auch nicht die Verbote der

---

Altersgrenze findet sich im Zusammenhang der Rechtstexte nicht, so daß Jugendliche, Heranwachsende und Erwachsene gleichermaßen als Kinder ihrer Eltern angesprochen sein können. Der Begriff „Juvenile delinquency" ist in diesem Zusammenhang als Titel allerdings etwas irreführend; wir haben es gerade *nicht* mit einer bestimmten Altersgruppe zu tun.

In Anbetracht des auch nach Einschätzung von Fleishman unveränderten Textbefundes (vgl. FLEISHMAN, Age of Legal Maturity, 35) erstaunt es, daß er behaupten kann, die biblischen Gesetze hätten zwischen Unmündigen und Erwachsenen unterschieden. Die erste Grenze sei die beginnende sexuelle Reife (ca. 12/13 Jahre bei Jungen) gewesen, die volle Rechtsfähigkeit habe mit zwanzig Jahren begonnen (vgl. a.a.O., 48). Zwar ist dabei die grundsätzlich durchaus altersabhängige Einschätzung der Arbeitskraft und Verantwortlichkeit von Jugendlichen und Erwachsenen richtig gesehen (vgl. z.B. Num 14,29), aber eine direkte Verbindung mit der Anwendung von Rechtssätzen kann m.E. von den Texten her nicht hergestellt werden.

Noch fragwürdiger ist dann die Annahme, die Fleishman unter - m.E. irrtümlicher - Berufung auf Marcus postuliert, daß nämlich grundsätzlich nur rechtsfähige, volljährige Personen nach den Gesetzen bestraft werden konnten, andererseits gerade bei Vergehen gegen die elterliche Autorität diese Altersbegrenzung aufgehoben sei (vgl. a.a.O., 36). Weder die Nichtgeltung allgemeiner Gesetze für Jugendliche noch die gezielte Anwendung der Elternrechtssätze auf Kinder und Jugendliche läßt sich m.E. erweisen.

Todessätze zusammen. Das Elterngebot des Dekalogs umfaßte also ursprünglich kein Verbot des tätlichen Angriffs auf Eltern oder ein Verbot der Verfluchung der Eltern.

Erst in der späteren Königszeit verschieben sich die Gewichte in Ex 21 so stark, daß zu überlegen ist, ob der Inhalt der Elternrechtssätze in Ex 21 zusätzlich in einen anderen Text implizit oder explizit übernommen wurde oder ein anderer Ausgleich für ihre faktische „Zurückstufung" gefunden wurde. Dabei käme dann allerdings das Elterngebot des Dekalogs in Frage, mit dem der Inhalt der Todessätze in Verbindung gebracht werden könnte - oder aber andere Elternrechtssätze könnten deren Ziel übernommen haben. Die Untersuchung der deuteronomischen Gesetze und des Heiligkeitsgesetzes wird darüber weiteren Aufschluß geben.

## 3. Das Elternrecht im Gesetzeskorpus des Deuteronomiums

Das Deuteronomium führt in die Epoche der vorexilischen Staatlichkeit Israels, denn „die Gleichsetzung des wie auch immer abgegrenzten *Urdeuteronomiums* mit dem *Gesetzbuch des Josia*"[243] (vgl. 2Kön 22f.) ist weitgehend geltende Meinung seit Beginn des 19. Jahrhunderts. Der erste Elternrechtssatz des Deuteronomiums in Dtn 21 ist Teil des Hauptkorpus der Gesetzespredigt (Dtn 12,1-26,19) und gehört wohl zum Urdeuteronomium[244]. Rofé ordnet ihn präziser einer D-2-Schicht zu, die für die Eingliederung von familienrechtlichen Bestimmungen in das Urdeuteronomium verantwortlich sei[245]. Beidesmal ergibt sich eine Datierung am Ende des 7. Jhdts. v. Chr.[246].

Die in Dtn 21,18-21 vorliegende Schilderung des Rechtsweges bei der Anklage eines Sohnes, der sich fortgesetzt gegen die Eltern auflehnt, ist die ausführlichste Darstellung von alttestamentlichem Elternrecht und seiner Durchsetzung. Ungewöhnlich detailliert werden die einzelnen Verfahrensschritte ausgeführt: mündliche Ermahnung und körperliche Züchtigung durch die Eltern, Anklage vor den Ältesten im Tor und schließlich Steinigung durch die ganze Rechtsgemeinde.

---

[243] KAISER, Einleitung, 130.
[244] So KAISER, Einleitung, 135 und zuletzt wieder PRESSLER, CAROLYN: The view of women found in the Deuteronomic family laws. Berlin, New York 1993 (BZAW 216), 17-20. Anders BUCHHOLZ, JOACHIM: Die Ältesten Israels im Deuteronomium; Göttingen 1988 (GTA 36), 75 und STULMAN, LOUIS: Sex and Familial Crimes in the D Code: A Witness to Mores in Transition. JSOT 53, 1992, 47-63, 55, die sogar ein vordtn. Gesetz annehmen.
[245] Vgl. ROFÉ, ALEXANDER: Family and Sex Laws in Deuteronomy and the Book of Covenant. Henoch 9, 1987, 131-159, 143. Zum Forschungsstand der literarhistorischen Analyse von Dtn 12-26 vgl. OTTO, Theologische Ethik, 177-180.
[246] Vgl. ROFÉ, Family and Sex Laws, 145.

Die Ausführlichkeit und relative Einheitlichkeit des Textes[247] machen es unwahrscheinlich, daß ihm eine vordeuteronomische mündliche Überlieferung zugrundeliegt. Alle bisherigen Versuche, eine Urform zu rekonstruieren, können nicht überzeugen. So sprechen gegen die Einordnung in eine vordeuteronomistische Sammlung von „Ausrottungsgesetzen" vor allem formkritische Gesichtspunkte, da diese Gesetze zwar einen kasuistischen Anfang, aber eine apodiktische Schlußformulierung besessen haben müßten[248].

Eine solche Mischkonstellation wäre völlig singulär; außerdem liegen die Gesetze sehr verstreut innerhalb des Dtn. Die ‚Ausrottungs-Formel' zeigt keine im Ursprung eigene Gesetzessammlung an, sondern kennzeichnet eine Bearbeitungsschicht kasuistischer Rechtssätze[249] und ist überlieferungsgeschichtlich gesehen eher ein Zusatz[250]. Auch kann m.E. keine „sekundäre, interpretierende Erweiterung"[251] durch eine „Elternschicht"[252] vom Gesamttext abgelöst werden. V.18a paßt durchaus in den Text und die Erwähnung der Eltern im ursprünglichen Bestand kann als gesichert gelten.

Dagegen ist die von Otto betonte Verbindung mit dem Schutzrecht zugunsten der Erbansprüche eines erstgeborenen Sohnes, dessen Mutter zur ungeliebten Frau wurde (Dtn 21,15-17), durchaus vertretbar[253] - nur daß es sich wirklich um einen unmittelbaren Gegenfall handelt, der schon „vordeuteronomisch"[254] verbunden war, läßt sich durch die eher vagen Analogien zum Codex Hammurapi nicht beweisen.

Noch problematischer erscheint die Theorie von Bellefontaine, die mit zwei Quellen in der Fallschilderung rechnet, einer Tradition über den Ausschluß eines Familienmitglieds sowie einer Tradition über den Ausschluß aus der Sippe[255]. Diese Überlegung wird ausschließlich von den unterschiedlichen Vorwürfen in V.18 und V.20 gestützt - von dort auf „pre-Yahwistic

---

[247] Dies gilt abgesehen von der Einfügung in V.20.

[248] Vgl. das Referat dieser These bei PREUSS, HORST DIETRICH: Deuteronomium; Darmstadt 1982 (EdF 164), 119.

[249] So PREUSS, Deuteronomium, 120.

[250] Vgl. SEITZ, Deuteronomium, 134; GERTZ, JAN CHRISTIAN: Die Gerichtsorganisation Israels im deuteronomischen Gesetz; Göttingen 1994 (FRLANT 165), 181.

[251] MERENDINO, ROSARIO PIUS: Das deuteronomische Gesetz. Eine literarkritische, gattungs- und überlieferungsgeschichtliche Untersuchung zu Dt 12-26; Bonn 1969 (BBB 31), 246.

[252] Ebd.

[253] Vgl. OTTO, ECKART: Soziale Verantwortung und Reinheit des Landes. Zur Redaktion der kasuistischen Rechtssätze in Deuteronomium 19-25. In: Liwak, Rüdiger; Wagner, Siegfried (Hg.): Prophetie und geschichtliche Wirklichkeit im alten Israel: FS für Siegfried Herrmann zum 65. Geburtstag; Stuttgart, Berlin, Köln 1991, 290-306, 297.

[254] Ebd.

[255] BELLEFONTAINE, ELIZABETH: Deuteronomy 21,18-21: Reviewing the Case of the Rebellious Son. JSOT 13, 1979, 13-31, 16-23.

clan practice"[256] zu schließen, ist doch sehr gewagt. Als sehr viel einfachere Erklärung für die Unstimmigkeiten bezüglich V.20 bietet sich ein redaktioneller Eingriff an, der den Fall noch näher umschreiben und den Inhalt der elterlichen Ermahnung verdeutlichen[257] soll. Der eigentliche Vorwurf und Tatbestand (V.18!) ist der Ungehorsam des Sohnes; der Inhalt der Ermahnung ist im Grunde nicht relevant. So ist in V.20 die Explikation זולל וסבא als sekundäre Zufügung zu verstehen, die wohl aus Spr 23,21 stammt.

Selbst unter dieser Voraussetzung bleibt aber die Beurteilung im Umfeld des ganzen Kapitels umstritten, obwohl im Blick auf „die kasuistische Form des Gesetzes ... kein Zweifel"[258] an der formalen Klassifizierung besteht. Während etwa Carmichael in allen fünf Gesetzen von Dtn 21 einen engen Zusammenhang von Tod und Leben herausstellte[259], wendet Preuß dagegen mit Recht ein, dies könne „auch für andere Textgruppen gelten ..., welche die Todesstrafe als Strafe kennen"[260]. Auch wenn man für die Folge von Gesetzen zu Mord, Ehe und Eigentum (Dtn 21,1-22,4) ein „dekalogisches Anordnungsprinzip"[261] annimmt, das der Kurzreihe von Ex 20,13-15 entspreche, kommt man nicht zu einer Verbindung mit dem Gebot zur Elternehrung.

Dtn 21,18-21 muß dann dem Verbot des Mordens zugeordnet werden - der Text „legt ... nicht das Elterngebot aus, sondern kommentiert das Tötungsverbot"[262]. Insgesamt empfiehlt es sich jedoch, den Abschnitt ohne Rückgriff auf eine ungesicherte übergreifende Systematik als selbständige Einheit[263] zu interpretieren.

Das Verhalten der Eltern bildet offensichtlich den Schwerpunkt des Abschnittes. Aus ihrer Sicht ist der Fall beschrieben, ihr Vorgehen wird ausführlich gewürdigt, und ihre Anklageworte werden zitiert. Die Todesstrafe soll - obwohl in ihrer Art (Steinigung) nicht besonders herausgehoben[264] - abschreckende Wirkung haben[265]. Auf der sonst für kasuistische Rechtssätze

---

[256] A.a.O., 23.
[257] Vgl. SEITZ, Deuteronomium 118, Anm. 92.
[258] A.a.O., 118.
[259] Vgl. CARMICHAEL, CALUM M.: A Common Element in Five Supposedly Disparate Laws. VT 29, 1979, 129-142, 139: „In each of the... laws the justifiable coming together of death and life constitutes such an unusual principle of arranging laws that there can be no doubt that one lawgiver is responsible for both their construction and arrangement".
[260] PREUSS, Deuteronomium, 110.
[261] KAISER, Einleitung, 128.
[262] BRAULIK, Gesetze, 72.
[263] So auch CALLAWAY, PHILLIP R.: Deut 21:18-21: Proverbial Wisdom and Law. JBL 103, 1984, 341-352, 341.
[264] Steinigung ist im Alten Testament die typische und gewöhnliche Todesstrafe, vgl. Lev 20,2; 24,14.16; Dtn 13,11; 17,5; 22,21.24.
[265] Vgl. SEITZ, Deuteronomium, 134. PHILLIPS, ANTHONY: Deuteronomy; Cambridge 1973 (CBC), 143 spricht von „Deuteronomy's deterrent theory of punishment" und verweist ergänzend auf Dtn 17,13.

charakteristischen Verknüpfung von Tatbestand und Rechtsfolge liegt keine Betonung. Die Explikation der Mahnung gerade aus weisheitlichem Kontext (Spr 23,21) unterstreicht, daß bereits der Kommentator den Text im Sinne weisheitlicher Lehre verstand. Schon der Grundtext weist mit Anklängen an die Weisheitsliteratur in diese Richtung - so im Blick auf die Zurechtweisung (vgl. Spr 19,18; 29,17) oder Züchtigung (vgl. Spr 13,24; 22,15) des Sohnes. Davon ausgehend hat Callaway die Perikope zutreffend mit der Spruchweisheit verknüpft : „Laws like Deut 21:18-21, in which proverbial material is present ... may actually preserve vestiges of proverbial wisdom".[266]

Das alles spricht für einen stärker belehrenden und mahnenden Skopus, und der Sinn ihrer Überlieferung liegt eher in der „weisheitlichen Unterweisung und ... allgemeinen Belehrung"[267]. Nicht als Gesetzestext im Sinn einer Leitlinie für den oder die Richter, sondern als Modell für betroffene Eltern erfüllt die Schilderung ihren Zweck[268]. Die Absicht besteht darin, „to halt the erosion of family values such as chastity or filial obedience"[269].

In gewissem Sinn kann man daher das Elternrecht von Dtn 21,18-21 als ‚künstlich' bezeichnen[270]. Es entstammt vermutlich nicht der Gerichtspraxis und hat dort wohl auch nicht Verwendung gefunden[271]. Vielmehr gehört es in die - eventuell sogar primär elterliche - Unterweisung als ein „extremer Fall aus der Kindererziehung"[272].

---

[266] CALLAWAY, Proverbial Wisdom, 348.

[267] MERENDINO, Gesetz, 249.

[268] Vgl. SEITZ, Deuteronomium, 118. Dem widerspricht auch nicht das beschriebene Urteil und der Vollzug der Todesstrafe durch die Ortsgerichtsbarkeit. Gerade die darin gezeigte Begrenzung der patria potestas und die Ermutigung zur Inanspruchnahme des Ortsgerichts gehören zum Modellcharakter der Fallschilderung dazu.

[269] ROFÉ, Family and Sex Laws, 145.

[270] CARMICHAEL, CALUM M.: The Laws of Deuteronomy; Ithaca, London 1974, 134 nennt die Perikope unter der Überschrift „Artificiality in the laws", wendet diesen Titel aber doch nicht auf sie an. Konsequenter geht DRIVER, SAMUEL R.: A Critical and Exegetical Commentary on Deuteronomy; 3.Aufl., Edinburgh 1960 (ICC, 1.Aufl. 1895), 248 vor.

[271] Gegen BELLEFONTAINE, Rebellious Son, 20, die Ex 20,12 als Hintergrund ansieht und das Gesetz einschließlich der Todesstrafe als „clearly part of Israel's customary law" bezeichnet. Auch BUCHHOLZ, Die Ältesten Israels, 67, stellt „praxisorientierte Nähe des Gesetzes - trotz seiner Härte" fest. Es bleibt dabei dann allerdings die Frage offen, wer die Autorität dieses Gesetzes garantiert (vgl. a.a.o., 74) - ebenso wie die Frage nach dem Gesetzgeberkreis (vgl. ebd.). Dieselben Einwände gelten gegenüber DION, PAUL E.: La procédure d'élimination du fils rebelle (Deut 21,18-21). Sens littéral et signes de développement juridique. In: Braulik, Georg u.a. (Hg.): Biblische Theologie und gesellschaftlicher Wandel (FS für Norbert Lohfink); Freiburg u.a. 1993, 73-82, wenn er (S. 81) feststellt, der Text habe ursprünglich und wesentlich die Autorität der Eltern gegenüber ihren Kindern bestätigt, ja sogar „leur droit de mettre à mort un fils insoumis". GERTZ, Gerichtsorganisation, 184f., hat mit Recht die mangelnde Praktikabilität des Gesetzes festgehalten.

[272] ALBERTZ, RAINER: Altes und Neues zum Elterngebot. ZGDP 3, 1985, Heft 2, 22-26, 24.

Von daher scheint es nicht naheliegend, diesen Abschnitt mit Ex 21,15.17 in direkte Verbindung zu bringen und ihn sogar als „reworking"[273] der dortigen Todessätze zu verstehen. Zwar mögen die Todesrechtssätze von Ex 21 entfernt im Hintergrund stehen[274], aber eindeutig ist die Stellung der Eltern zu den Kindern hier eine andere: die in den Todesrechtssätzen von Ex 21 avisierten Kinder sind den Eltern körperlich überlegen und auch fähig, einen wirksamen Fluch auszusprechen[275]. Hier dagegen wird keine gezielte Handlung der Kinder gegen die Eltern benannt. Die Söhne, die das dtn Gesetz hier vor Augen hat, werden selbst von den Eltern geschlagen[276] und verweigern lediglich ganz allgemein die Anerkennung elterlicher Autorität. So legen sich als Zielgruppe eher Jugendliche nahe, bei denen mit dem abschreckenden Beispiel größere Gefügigkeit und Gehorsam gegenüber den Eltern erreicht werden soll.

Dazu kommt, daß die anklagenden Begriffe סרר ומרה gegenüber dem Sohn ansonsten häufig - schon bei Hosea, Jesaja und Jeremia - für den Aufruhr gegen Gott stehen[277]. Damit erscheint der Widerstand gegen die Eltern zugleich als ein potentieller Widerstand gegen Gott. Die Begriffe - wenn auch nicht direkte Gegensätze zu כבד[278] - spiegeln die Auflehnung gegen Gott in der Auflehnung gegen die Eltern wider. „The authority of father and mother would seem in some way to reflect the authority of Yahweh"[279].

Inwiefern dabei mit Recht von einer Ausweitung des Elterngebots im Dekalog die Rede sein kann[280], wird noch genauer zu klären sein. Schon jetzt aber ist deutlich: Dtn 21,18-21 steht etwas außerhalb der Reihe echter Rechtssätze und markiert den Übergang zu den weisheitlichen Ermahnungen. Die Fallschilderung im Deuteronomium kann und will das Elterngebot im Dekalog nicht ergänzen oder gar ersetzen. Durch den Übergang in den Bereich der Weisheit kann sie auch nicht unmittelbar als Interpretament des Elternrechtssatzes im Dekalog herangezogen werden, zumal sich ihr Adressatenkreis von dem der Normensätze unterscheidet.

---

[273] CARMICHAEL, The Laws of Deuteronomy, 138.

[274] Vgl. OTTO, Theologische Ethik, 34.

[275] Vgl. oben, Abschnitt 2.

[276] Auch CARMICHAEL, The Laws of Deuteronomy, 140 deutet מכר als „bodily correction" und verweist als Parallele auf Spr 23,24; so auch DRIVER, Deuteronomy, 247. Vgl. GERTZ, Gerichtsorganisation, 182, der daraus auf „jugendliches Alter" des Sohnes schließt.

[277] Vgl. PRESSLER, Deuteronomic Family Laws, 18; zu סרר bes. Hos 9,15; Jes 1,23; Jer 5,23(!) und Jer 6,28, zu מורה vor allem Hos 14,1; Jes 1,20 und Jer 5,23 (!).

[278] Gegen PRESSLER, ebd.

[279] PRESSLER, ebd.

[280] PHILLIPS, Deuteronomy, 142 sieht darin „extension of the fifth commandment to honour, that is submit to the authority of, one's parents".

Nur die Gleichrangigkeit von Vater und Mutter[281], die Schärfe der Forderung und die gesamtgesellschaftliche Relevanz der Anerkennung der Eltern[282] verbindet die Perikope mit dem genuinen alttestamentlichen Elternrecht. Ansonsten erscheint das Elternrecht im Gesetzeskorpus des Deuteronomiums eher als eine Fortschreibung des Dekaloggebotes in einen anderen Bereich für andere Adressaten: zum ersten Mal werden Jugendliche mit einer Rechtserzählung zum Gehorsam gegenüber den Eltern ermahnt und damit Eltern zur Behauptung und rechtlichen Verteidigung ihrer Position in der Familie ermutigt.

# 4. Das Elternrecht in der Fluchreihe des Deuteronomiums

Noch in einem weiteren Teil des Deuteronomiums findet sich ein Elternrechtssatz, nämlich innerhalb der Fluchreihe von Dtn 27. Sie unterbricht die Gesetzespredigt und ist - ungeachtet mancher literarkritischer Schwierigkeiten[283] - „als in sich isolierte Größe erkennbar"[284]. Im Umfeld von Dtn 27 ist von Mose in der 3.Person die Rede - im Gegensatz zur Gesetzespredigt vorher. Dtn 28,1 schließt zudem gut an Dtn 26,19 an. Auch innerhalb von Dtn 27 sind Brüche unverkennbar. V.11-14 mit den komplementären Anweisungen Moses zu Segen und Fluch passen nicht zur Fluchreihe in V.15-26, die keine Spur von Segnung zeigt. Die Einleitung gehört also nicht zur Reihe[285]. Auch die beiden Rahmenverse (V.15.26) gehören nicht unmittelbar dazu, sondern „stellen deutlich den Bezug zum Deuteronomium her"[286]. Die Fluchreihe war also ursprünglich ein Dekalog und dürfte vor dem Gesamtkapitel bestanden haben, das den deuteronomistischen Zusätzen zum Deuteronomium angehört[287]. Allerdings haben V.19.24 und 25 Parallelen im Bundesbuch, der Abschnitt V.18.20-23 ist parallel zum Heiligkeitsgesetz[288] gestaltet. Nimmt man hinzu, daß die Reihe fest im liturgischen Vorgang verankert ist, so muß der Warnung von Preuß zugestimmt werden: „Für zu schnelle Heraufdatierung in hohes Alter ist ... Vorsicht geboten"[289].

---

[281] Dieses Moment wird von PRESSLER, Deuteronomic Family Laws, 19f. besonders herausgehoben.

[282] Sie drückt sich hier in der betont gemeinschaftlichen Steinigung aus; vgl. DRIVER, Deuteronomy, 248.

[283] Vgl. KAISER, Einleitung, 124.

[284] PREUSS, Deuteronomium, 149.

[285] Vgl. BUIS, PIERRE: Deutéronome XXVII 15-26: Malédictions ou Exigences de l´Alliance? VT 17, 1967, 478-479, 479: „La liste de 15-26 n´a rien à voir avec la malédiction annoncée au v. 13".

[286] SEITZ, Deuteronomium, 272, Anm. 62.

[287] Vgl. PREUSS, Deuteronomium, 151.

[288] Vgl. DRIVER, Deuteronomy, 302.

[289] PREUSS, Deuteronomium, 152.

Die Problematik ist bei Weinfeld zutreffend erkannt: zwar sind wohl die angeführten Tatbestände und ihr Verbot relativ alt[290], aber die überarbeitete Gestalt gibt eher die Position der deuteronomistischen Schule wieder.

Besondere Beachtung verdient der durchgehende und auffällige Bezug der Reihe zur Weisheitsliteratur[291]. Davon ist auch der die Elternverachtung verurteilende Fluchsatz in Dtn 27,16 betroffen. Kennzeichnend ist in ihm die Wurzel קלה, die Verachtung zum Ausdruck bringt (vgl. Dtn 25,3) und nicht mit קלל, einem Begriff für das Aussprechen des Fluches, unmittelbar identisch ist[292]. Nicht mit der Sprache, sondern viel umfassender bereits mit der inneren Haltung, die nach außen noch nicht einmal erkennbar sein muß, vergeht sich derjenige, auf den dieses Fluchwort zutrifft. Weisheitliche Mahnungen mit anderen Begriffen, aber entsprechendem Inhalt finden sich in Spr 15,20, Spr 23,22 und Spr 30,17.

Insgesamt hat sich die vorliegende Fluchreihe von der ursprünglichen Intention der Fluchformel[293] ziemlich entfernt. Die weisheitlichen Elemente machen es wahrscheinlich, daß weniger auf Bestrafung oder gar Todesstrafe Wert gelegt wird, sondern daß vielmehr das Moment der Abschreckung im Vordergrund steht. Es sind Vergehen zusammengestellt, die wegen ihrer besonderen Verwerflichkeit innerhalb eines kultischen Rahmens verurteilt werden. Die kultische Situation wird dabei pädagogisch genutzt, um den Teilnehmern Gottes Abscheu über diese Taten einzuschärfen.

Wie in Dtn 21,18-21 ist also auch hier die Pointe des Elternrechts in Richtung belehrender Mahnung verschoben. Ob hinter der jetzigen Formulierung ein verdrängter alter Fluchsatz steht, der als „Mittel der Sippenrache"[294] im Fall der Elternverachtung dienen konnte, ist nicht mehr feststellbar. Ein solcher ‚Vorgänger' könnte ursprünglich auch von einem Fluch (קלל) gegen die Eltern gesprochen haben, analog zu Ex 21,17. Dies ist sogar wahrscheinlicher als ein altertümlicher Satz, der bereits ein Vergehen in der inneren Haltung brandmarken sollte. In den Anfängen der Rechtssetzung ging es eher um konkret faßbare Verstöße gegen das Recht. Auch aus sprachlichen Gründen ist ein derartiger Übergang naheliegend, da קלל auch ‚verächtlich sein' oder im Hif'il ‚verächtlich machen' bedeuten kann und sich wohl „die Parallelbildung *qlh* ... unmittelbar an diese Nuance der zweikonsonantigen Wurzel *ql* anschließt"[295]. Sollte der Fluchsatz also eine längere Vorge-

---

[290] WEINFELD, Deuteronomy, 276f.: „The prohibitives ... are of course of ancient origin and may perhaps originate from ancient premonarchic ceremonies".

[291] WEINFELD, a.a.O., 277: „The dodecalogue deals with the same clandestine transgressions as wisdom literature warns against when exhorting the pupil to fear God. The section, indeed, abounds with affinities to wisdom literature".

[292] Vgl. WEINFELD, Deuteronomy, 277f.

[293] Vgl. Kapitel 4.2.

[294] SCHOTTROFF, Fluchspruch, 233.

[295] KELLER, קלל , 643.

schichte haben, so wird er vermutlich gegen einen Fluch über die Eltern gerichtet gewesen sein. Er wäre dann die Ergänzung zu Ex 21,17 gewesen für den Fall, daß derjenige, der seine Eltern verflucht hatte, nicht mehr greifbar war[296]. Erst im Zusammenhang der dtn Bewegung (vgl. קלה in Dtn 25,3/ 1.Sam 18,23) dürfte der Satz mit seiner jetzigen, generalisierenden Aussage (Verachtung der Eltern) entstanden sein. Möglich wäre auch, daß sogar die ganze Fluchreihe einschließlich Dtn 27,16 erst im Rahmen des Deuteronomiums abgefaßt wurde.

Zumindest als deuteronomistischer Zusatz zum Dtn steht sie nun redaktionell „absichtlich in Kontrastanalogie und Weiterführung so *hinter* dem Dtn wie der Dekalog in Dtn 5 *vor* dem Dtn"[297]. Mit קלה als dem noch präziseren Gegenbegriff zu כבד[298] - statt קלל - ergänzt Dtn 27,16 nun das Elterngebot und warnt mit der negativen Formulierung vor jeglicher Mißachtung der Eltern auch jenseits konkreter Tat oder Rede.

# 5. Das Elternrecht im Heiligkeitsgesetz

Im dritten großen Rechtskorpus des Alten Testaments, dem Heiligkeitsgesetz in Lev 17-26[299], sind die drei enthaltenen Elternrechtssätze im Zentrum konzentriert (Lev 18,7, Lev 19,3 und Lev 20,9) und finden sich dicht bei der Heiligkeitsformel von Lev 19,2 (leicht variiert wiederholt in Lev 20,7.26), die dem Gesetz seinen Namen gegeben hat. Das Heiligkeitsgesetz ist insgesamt zwar einerseits älter als die Priesterschrift, in die es eingearbeitet ist[300], andererseits aber abhängig von Teilen des Deuteronomiums[301].

---

[296] Vgl. OTTO, Theologische Ethik, 34.

[297] PREUSS, Deuteronomium, 152.

[298] Vgl. Jes 3,5; Spr 12,9 sowie Sir 10,19.29 (hebr.), wo immer כבד in Opposition zu קלה steht, während קלל auch andere Verben als Gegensätze hat.

[299] Zur Abgrenzung des Heiligkeitsgesetzes vgl. FOHRER, GEORG: Das Alte Testament. Einführung in Bibelkunde und Literatur des Alten Testaments und in Geschichte und Religion Israels, Erster Teil; 3., durchges. Aufl., Gütersloh 1980, 27 und KAISER, Einleitung, 121; BOECKER, Recht, 163). Auch die Zugehörigkeit von Kapitel 17 ist nach REVENTLOW, HENNING GRAF: Das Heiligkeitsgesetz formgeschichtlich untersucht; Neukirchen 1961 (WMANT 6), 31 trotz gewisser Abgrenzungsmöglichkeit zum Folgenden kaum zu bezweifeln. Zum Forschungsstand der literarhistorischen Analyse von Lev 17-26 vgl. OTTO, Theologische Ethik, 234-237 sowie GRÜNWALDT, KLAUS: Das Heiligkeitsgesetz Leviticus 17-26: ursprüngliche Gestalt, Tradition und Theologie; BZAW 271, Berlin 1999, 5-130.

[300] Vgl. BOECKER, Recht, 163. Auch ZENGER, Einleitung, 160 spricht sich für Lev 17-26 als „ehemals eigenständiges Gesetzeskorpus" aus; gegen CRÜSEMANN, Tora, 324.

[301] So auch FOHRER, Das Alte Testament, 45 und BETTENZOLI, GIUSEPPE: Deuteronomium und Heiligkeitsgesetz. VT 34, 1984, 385-398, 398, der Dtn 18,9-12a; 14,2-21 und 25,13-16 als „Vorstufe" zur Entstehung des Heiligkeitsgesetzes beurteilt. Die Beziehung zwischen Heiligkeitsgesetz und Deuteronomium charakterisiert ZENGER, Einleitung, 160 zutreffend als komplex und nimmt eine mehrfache gegenseitige Beeinflussung an.

Selbst wenn man mit mehreren Schichten im Korpus rechnet, ergibt sich, daß alle Schichten nachdeuteronomisch sind, da Lev 17,3f. zur Grundschicht von P gerechnet und gewiß nachdeuteronomisch bestimmt werden kann[302]. Datiert man das Deuteronomium in das 7. Jhdt.[303] und die Priesterschrift in das „späte 6. oder eher in die *erste Hälfte des 5. Jahrhunderts*"[304], so ist Boeckers Ergebnis gerechtfertigt, das Heiligkeitsgesetz sei ein Spätwerk, das aus einer Zeit stamme, in der in Israel keine staatliche Größe mehr war[305]. Rechtsgeschichtlich wird „im Heiligkeitsgesetz eine rechtliche Grundlage formuliert, die für alle Israeliten gilt, unabhängig von ihrem sozialen und rechtlichen Status"[306]. Nur die Unterscheidung zwischen Priestern und Nichtpriestern bleibt, ansonsten fällt der Anredecharakter der Rechtsbestimmungen an den freien, Land besitzenden Vollbürger weg. Gottes Forderungen, die in den früheren Rechtskorpora mit der Landgabe verbunden waren, werden nun ausschließlich an die Rettungstat im Exodus geknüpft, der als Heiligung des ganzen Volkes für Gott verstanden wird. Damit gilt dieses Recht „für das Gottesvolk auch da, wo es exiliert und entrechtet ist"[307].

Für die einzelnen Gesetzesteile ist die Datierung damit jedoch noch nicht klar, denn das „vom Heiligkeitsgesetz dargebotene Rechtsmaterial ist zum größten Teil sehr viel älter als die Gesetzessammlung selbst."[308]. Eine Entscheidung ist nun für die Einzeltexte in kanonischer Reihenfolge zu treffen.

Lev 18,7 leitet im Zusammenhang des gesamten Kapitels den Mittelteil ein, der konkrete Verbote im Blick auf den Geschlechtsverkehr sowie das Verbot des Molochopfers (V.21) enthält und von V.7 bis V.23 reicht. Diese Gesetzesbestimmungen werden von „allgemeinen paränetischen Sätzen"[309] gerahmt. In diesem Mittelteil hebt sich wiederum eine Reihe von V.7 bis V.18

---

[302] Vgl. dazu KAISER, Einleitung, 122.

[303] Vgl. GESE, HARTMUT: Das Gesetz. In: ders., Zur biblischen Theologie. Alttestamentliche Vorträge; 3., verb. Aufl., Tübingen 1989, 55-84, 63.

[304] KAISER, Einleitung, 117 (Hervorhebung im Original). Zur Datierungsfrage vgl. auch die Diskussion bei ZENGER, Einleitung, 152f.

[305] Vgl. BOECKER, Recht, 164. Auch KILIAN, RUDOLF: Literarkritische und formgeschichtliche Untersuchung des Heiligkeitsgesetzes; Bonn 1963 (BBB 19), 168 setzt das von ihm rekonstruierte Urheiligkeitsgesetz nach oder frühestens in der Zeit des Dtn an. GRÜNWALDT, Heiligkeitsgesetz, 379, plädiert für eine Entstehungszeit „kaum früher als am Ende des Exils ... wahrscheinlicher ist eine Ansetzung in nachexilischer Zeit".

[306] CRÜSEMANN, FRANK: Der Exodus als Heiligung. Zur rechtsgeschichtlichen Bedeutung des Heiligkeitsgesetzes. In: Blum, Erhard u.a. (Hg.): Die Hebräische Bibel und ihre zweifache Nachgeschichte, FS für Rolf Rendtorff zum 65. Geburtstag; Neukirchen-Vluyn 1990, 117 - 129, 127.

[307] Ebd.

[308] BOECKER, Recht, 164.

[309] ELLIGER, KARL: Das Gesetz Leviticus 18. In: ders., Kleine Schriften zum Alten Testament; München 1966, 232-259, 232.

heraus, deren Einzelglieder eine typische Struktur erkennen lassen. Die Fixelemente der Reihe sind ערות + Angabe der Verwandten sowie die stark betonte Prohibitivwendung לא תגלה. Die Uneinheitlichkeit der Verbotsbegründungen legt nahe, daß sie „nicht nur formgeschichtlich, sondern auch traditionsgeschichtlich sekundär sind"[310]. Auch bei sonstigen Erweiterungen des Grundschemas ist deren sekundärer Charakter gut nachzuweisen[311], so daß eine einheitliche Reihe als zugrundeliegend angenommen werden kann. Die Ansicht, „daß die l´tglh-Sätze in ihrer ursprünglichen Form und Zusammensetzung das Zusammenleben der Geschlechter innerhalb der Großfamilie ... regeln wollen",[312] ist in der Forschung weithin anerkannt worden[313].

Ohne die Vorgeschichte von Lev 18 hier weiter zu problematisieren, kann man für V.7 die grundlegende Entscheidung treffen: der Beginn des Verses, der den Vater in den Normensatz einbezieht, ist ein sekundärer Zusatz[314]. In der ganzen Reihe ist nur von der Scham von Frauen die Rede, nur erwachsene Männer sind die Adressaten. Ihnen wird der Geschlechtsverkehr[315] mit den verwandten Frauen untersagt. An das Verbot einer homosexuellen Beziehung zwischen Vater und Sohn ist weder in der ursprünglichen Reihe noch im Heiligkeitsgesetz gedacht, das dem grundsätzlichen Verbot männlicher Homosexualität (Lev 18,22) eine eigene Klausel widmet. Schon die sekundäre Begründung in Lev 18,7b („sie ist deine Mutter ...") rechnet überhaupt nicht mit einer Betroffenheit des Vaters. Auch Lev 18,8 zeigt, daß innerhalb der Reihe ein Angriff auf die Ehre eines Mannes nur im Nachsatz angesprochen wird, niemals aber im Prohibitivsatz selbst[316].

---

[310] A.a.O., 235.

[311] Vgl. wiederum a.a.O., 233-244.

[312] A.a.O., 243.

[313] Vgl. die Auflistung der Forscher, die dieser These zustimmen, bei HALBE, JÖRN: Die Reihe der Inzestverbote Lev 18,7-18. ZAW 92, 1980, 60-88, 60, Anm. 3. Zuletzt auch SEIFERT, ELKE: Tochter und Vater im Alten Testament. Eine ideologiekritische Untersuchung zur Verfügungsgewalt von Vätern über ihre Töchter; Neukirchen-Vluyn 1997 (Neukirchener Theologische Dissertationen und Habilitationen 9), 221f.

[314] Vgl. HALBE, Inzestverbote, 69 und FECHTER, FRIEDRICH: Die Familie in der Nachexilszeit. Untersuchungen zur Bedeutung der Verwandtschaft in ausgewählten Texten des Alten Testaments; Berlin, New York 1998 (BZAW 264), 153.

[315] Das „Aufdecken der Scham" ist als Geschlechtsverkehr zu interpretieren; vgl. PORTER, J. R.: Leviticus; Cambridge 1976 (CBC), 145: „bring shame and ‚have intercourse‘ represent the same Hebrew expression, which is literally ‚uncover the nakedness of‘". Entsprechend erklären auch KORNFELD, WALTER: Das Buch Levitikus; Düsseldorf 1972, 119 und SEIFERT, Tochter und Vater, 219f.

[316] RATTRAY, SUSAN: Marriage Rules, Kinship Terms and Family Structure in the Bible. SBL.SP 26, 1987, 537-544, 542 versteht Lev 18,7 als vorangestelltes Prinzip vor der folgenden Liste und sieht schon in V.6 den Verkehr mit Mutter, Schwester und Tochter verboten. Sie umschreibt V.7 dann folgendermaßen: „just as one would not expose the nakedness of one´s father, that is of one´s mother, so one must not expose the nakedness of father´s wife, half sister etc.".

Das ursprüngliche Verbot des Inzests zwischen Mutter und Sohn[317] wurde also nachträglich auf den Vater ausgedehnt[318], und zwar vermutlich nach bereits vollzogener Begründung des Verbots (dort wurde die Erweiterung bewußt nicht nachgetragen) und der Einfügung der Reihe in das Heiligkeitsgesetz. Lev 18,7 ist also kein ursprünglicher Satz des Elternrechts, sondern des weiteren Familienrechts. Er soll die Integrität der Mutter an oberster Stelle aller genannten weiblichen Verwandten des Mannes schützen. Außer der rein natürlichen Vorrangstellung der Mutter läßt sich der - eventuell sogar sehr archaischen[319] - Reihe keine Aussage über die besondere Rechtsstellung der Eltern entnehmen.

Zum Elterngebot im Dekalog besteht keine unmittelbare Verbindung, vielmehr macht das eher sehr frühe Auftreten des Inzestverbots wahrscheinlich, daß keine inhaltliche Berührung vorliegt, sondern beide Sätze unverbunden nebeneinander entstanden sind.

Der spätere Ausbau zum Elternrechtssatz ist wohl bereits innerhalb der Priesterschrift und damit im Exil erfolgt. Nach dem endgültigen Zusammenbruch des Staates Israel unter dem Ansturm der Großmächte wächst in der Gefangenschaft[320] das Interesse an der Hochachtung der Eltern, die unbeschadet des genauen Kontextes vorrangig als rechtliche Einheit betrachtet werden. Als Einheit werden Vater und Mutter an der Spitze der langen Normenliste besonders herausgehoben. Um den genauen Inhalt des Verbots geht es dabei nicht mehr, denn der Wortlaut von Lev 18,7 paßt ja nicht auf die Eltern als Einheit. Nun bekommt der Satz eine neue Zusatzfunktion: er unterstützt das Prinzip betonter Achtung und Wertschätzung von Vater und Mutter.

Lev 19,3 steht - unmittelbar nach der Einleitung - in einem Kapitel, das keine längeren Reihen enthält und auch nicht ein bestimmtes Thema behandelt. Die unterschiedlichen enthaltenen Rechtsformen und Themenbereiche sowie die Unterbrechung der Rechtssätze durch überschriftartige Formulierungen, die die jeweils nachfolgenden Sätze einprägsam zusammenfassen[321], zwingen letztlich zur Anerkennung der Inhomogenität des Kapitels

---

[317] Zum Fehlen des Verbots des Inzests zwischen Vater und Tochter vgl. ausführlich mit einem Forschungsrückblick SEIFERT, Vater und Tochter, 219-222; zuletzt nochmals MEACHEM, TIRZAH: The Missing Daughter: Leviticus 18 and 20. ZAW 109, 1997, 254-259.

[318] So auch GRÜNWALDT, Heiligkeitsgesetz, 197.

[319] Vgl. FOHRER, Das Alte Testament, 45 und KILIAN, Untersuchung des Heiligkeitsgesetzes, 27, die beide die Reihe sogar bis in die Nomadenzeit zurückdatieren.

[320] Als Entstehungsort der Priesterschrift, in die dort auch das Heiligkeitsgesetz bearbeitet eingefügt wurde, sind die Orte des babylonischen Exils zu vermuten, vgl. FOHRER, Das Alte Testament, 61.

[321] KILIAN, Untersuchung des Heiligkeitsgesetzes, 45 stellt dies für Lev 19,15aα fest; JAGERSMA, H.: Leviticus 19. Identitet -Bevrijding - Gemeenschap; Assen 1972 (SSN 14), 43 nennt V.5, 15aα, 35a und V.19aα. als Beispiele.

Lev 19[322]. Genauso zwingend ist dann der Schluß, daß der jetzige Text-bestand aus ziemlich kleinen Einheiten sukzessiv aufgebaut ist[323], die dann unter übergreifenden Gesichtspunkten[324] zusammengefügt wurden.

Für die Endredaktion hat Luciani[325] einen einleuchtenden Kompositions-vorschlag gemacht, indem er zwischen Einleitung (V.1.2) und Abschluß (V.37) sieben Kleineinheiten annimmt, die sich teilweise entsprechen. Ohne alle seine Folgerungen teilen zu wollen (etwa die Annahme eines Zentrums in V.19-22, dem einzigen Abschnitt ohne Entsprechung), ergeben sich aus der Grundannahme für Lev 19,3 überzeugende und aufschlußreiche Konse-quenzen. Zusammen mit V.4 bilden die beiden Verse eine kleine Einheit, die thematisch in V.30.31 ihre Entsprechung hat, wie die genaue Gegenüberstel-lung der Verben ירא und שמר in V.3/V.30, das Verbot אל־תפנו in V.4/V.31 sowie die jeweils exakt gleiche Abschlußformel belegen[326]. Statt die Veran-kerung von Lev 19,3 in einem ursprünglichen Dekalog zu vermuten, liegt es also näher, die beiden Verse Lev 19,3 und 4 als ursprünglich selbständige Einheit aufzufassen[327]; die Einleitung (V.2) und die Teilüberschrift zu Opfer-vorschriften (V.5) begrenzen diese Einheit klar.

Die Zusammengehörigkeit von V.3f. und V.11f. ist eher traditionsge-schichtlicher Art. Es ist unwahrscheinlich, daß diese Verse als ursprüngliche literarische Einheit aufgeteilt worden wären. Zudem sind beide Gruppen stilistisch deutlich zu unterscheiden: V.3 und 4 sind völlig uneinheitlich struk-turiert (Gebote wechseln mit Vetitiv- und Prohibitivformulierungen), während V.11 und 12 im Prohibitivstil bleiben. Man kann daher kaum alle vier Verse als ursprüngliches Kernstück des Kapitels zusammenfassen[328], sondern wird die Aufnahme beider Gruppen eher einer Bearbeitungsstufe zuschreiben, die

---

[322] Vgl. zusammenfassend JAGERSMA, Leviticus 19, 119.

[323] Die Suche nach alten Dekalogen in Lev 19 wurde zum Teil fast verzweifelt geführt, wie KILIAN, Untersuchung des Heiligkeitsgesetzes, 59, illustriert, wenn er trotz zahlreicher Probleme, die er selbst auflistet, „nun einmal einen Dekalog" annehmen will. Dies erscheint angesichts dieses Befundes als ein Unterfangen, das nur unter den Voraussetzungen sinnvoll ist, es dürfe in keinem Gesetzeskorpus des Alten Testament ein Dekalog fehlen und An-hänge oder Bruchstücke des „ethischen Dekalogs" aus Ex 20 bzw. Dtn 5, wie sie hier in V. 3.4 und V.11.12 vorliegen, könnten wieder nur in einem Dekalog auftreten. Diese Voraus-setzungen entbehren aber jeglicher Grundlage.

[324] Den Sachverhalt von feinsten Verästelungen des Stoffes und einem langen Anlage-rungsprozeß hat JAGERSMA, Leviticus 19,119 besonders präzise erfaßt: „Het (Lev 19, d.Verf.) bestaat uit verschillende zelfstandige verzamelingen, die deels ook zelf weer opge-bouwd kunnen zijn uit kleine verzamelingen en in de loop der tijden nog weer aanvullingen kunnen hebben gekregen".

[325] Vgl. LUCIANI, DIDIER: „Soyez saints, car je suis saint" Un commentaire de Lévitique 19. NRTh 114, 1992, 212-236, 227.

[326] Für das Verständnis von V.3 ist ferner bedeutsam, daß V.13.14 mit derselben Wendung abgeschlossen werden wie V.32.

[327] So auch JAGERSMA, Leviticus 19, 119.

[328] Gegen JAGERSMA, Leviticus 19, 124-125.

im Anklang an den bereits bekannten und schriftlich fixierten ethischen Dekalog[329] die grundlegenden Forderungen Jahwes dem Grundbestand von Lev 19 vorordnete, und zwar an den inhaltlich und formal naheliegendsten Stellen. Für diese Bearbeitung sind wohl die tatsächlichen Grundelemente des Kapitels, V.13-18 - eine Reihe von singularisch formulierten Geboten mit stark sozialem Aspekt[330], die Verbindungen zum Dtn zeigt[331] - sowie V.26-32.35-36a, gleichfalls mit stark deuteronomistischen Zügen, vorauszusetzen. Mit den beiden Gebotsgruppen, die sich an den ethischen Dekalog anlehnen, sowie mit den Überschriften vollzog sich dann die letzte Stufe der Redaktion. Jede der beiden Gebotsgruppen stellt klar, welcher primäre Wille hinter den im Endtext nun folgenden Zusammenhängen steht. Es soll deutlich werden, daß diese Reihungen nicht willkürliche Setzungen sind, sondern Explikation des dekalogischen „Grundgesetzes". V.11 und 12 leisten dies für die sozialen Bestimmungen: Diebstahlverbot, Meineidsverbot und Verbot des Mißbrauchs des Gottesnamens rufen drei Dekaloggebote ins Gedächtnis, ergänzt mit Lügen- und Betrugsverbot. Diese Grundregeln untermauern die weitergehenden „Sozialgesetze" wie das Verbot der Übervorteilung (V.13a), der unverzüglichen Lohnauszahlung (V.13b) und der Achtung vor Behinderten (V.14), die sich schließlich zu einem neuen Grundsatzgebot steigern: Liebe deinen Nächsten wie dich selbst (V.18).

Lev 19,3 und 4 übernehmen dieselbe tragende Funktion für die religiösen Regeln. In Erinnerung an Elterngebot, Sabbatgebot, Fremdgötterverbot und Bilderverbot wird der Totalitätsanspruch Jahwes unterstrichen, der sich in Opfervorschriften (V.5-8/20-22), besonderer Weihe von Früchten (V.23f.) und weiteren Regeln äußert, mit deren Einhaltung sich Israel von den umgebenden Fremdvölkern unterschied.

Die oben im Anschluß an Luciani aufgezeigten Verbindungen, die sich nach der Endredaktion innerhalb des Kapitels ergeben, unterstreichen dies eindrucksvoll. Die Ehrfurcht vor den Eltern steht in Entsprechung zur Ehrfurcht vor dem Heiligtum (V.30). Die Eltern sind es nun ganz ausschließlich, die sowohl für die religiöse Einheit - wofür bisher der Tempel stand - wie auch für die bisher am Tempel gepflegte Weitergabe der Tradition verantwortlich sind. Luciani resümiert darüberhinaus zutreffend: „Le rédacteur pose une sorte d'adéquation entre les deux commandements: craindre ses parents, dont l'autorité vient de Dieu, c'est déjà en quelque sorte craindre Dieu, dont le

---

[329] Der ethische Dekalog ist als bekannt vorauszusetzen, so SCHÜNGEL-STRAUMANN, Dekalog, 15, Anm. 29 und Dekalog, 32; HOSSFELD, Dekalog, 256 nennt Lev 19,3 eine „jüngere Variante" des Elterngebots. Auch LUCIANI, Soyez saints, 231,Anm. 40 sieht den Dekalog als Hintergrund, ohne daß er wörtlich zitiert wäre.

[330] Vgl. KILIAN, Untersuchung des Heiligkeitsgesetzes, 59.

[331] Vgl. JAGERSMA, Leviticus 19, 125, der auch noch Elemente des Bundesbuches, der frühen Propheten und der Torliturgien beobachtet.

sanctuaire est le lieu de la présence et le signe de la sainteté"[332]. Damit gehört das Elterngebot hier ganz auf die Seite der Gebote für das unmittelbare Verhältnis zu Gott.

Für den vom Dekaloggebot in Ex 20 / Dtn 5 herkommenden Elternrechtssatz in Lev 19[333] bedeutet dies, daß er ganz besonders herausgestellt wird. Nicht nur Sabbat und alleinige Jahweverehrung, sondern auch die Ehrfurcht vor den Eltern wird nun zum Kennzeichen des wahren Gottesvolkes erhoben. Das Elterngebot wird theologisch äußerst fest untermauert und zum Artikel erhoben, mit dem die Existenz des Gottesvolkes steht und fällt, zum Kriterium für den Gottesglauben[334]. Den Grund für diese Entwicklung hat Porter zurecht in den gesellschaftlichen Folgen der babylonischen Deportationen, besonders ihrer destruktiven Wirkung auf die israelitische Familienstruktur gesehen: „More than anything else, family life had been disrupted by the Babylonian deportations ... and had to be maintained"[335].

Dem entspricht die Umformulierung gegenüber dem Dekalog: mit dem anderen Verb, ירא, wird angezeigt: Ehrfurcht ist notwendig! Dabei ist der Begriff ירא - sofern er nicht die „Furcht des Menschen für Leib und Leben ... angesichts bedrohlicher Situationen und Gefährdungen im Alltagsleben"[336] bezeichnet - geradezu Terminus technicus für Gottesfurcht[337]. Man kann sogar vermuten, daß sich ירא in Lev 19,3 in der semantischen Entwicklung hin zum eher kultischen Begriff fürchten = verehren[338] befindet.

Genau die Haltung, die das Volk gegenüber Jahwe lernen (vgl. Dtn 4,10) und einnehmen (vgl. Dtn 6,13.24 und Dtn 10,12) soll, fordert nun Lev 19,3 von den Kindern gegenüber den Eltern. Das Elterngebot ist vollständig theologisiert[339] und tritt nahezu in Konkurrenz zum ersten Gebot des Dekalogs,

---

[332] LUCIANI, Soyez saints, 231.

[333] GRÜNWALDT, Heiligkeitsgesetz, 227 meint, Lev 19 markiere eine „Seitenlinie" auf dem Weg zum kanonischen Dekalog.

[334] LUCIANI, Soyez saints, 216, Anm. 12: „Le respect des parents devient ainsi une manière de témoigner de sa fidélité à Dieu".

[335] PORTER, Leviticus, 153.

[336] FUHS, H.F.: (Art.) ירא. In: ThWAT, Bd. 3, 1982, 869-893, 875.

[337] Vgl. STÄHLI, H.-P.: (Art.) ירא. In: THAT Bd. 1, 1984, 765-778, 769: „Die große Mehrzahl der jr´-Stellen (ca. 4/5) weist *theologischen Gebrauch* auf". (Hervorhebung im Original).

[338] Vgl. FUHS, ירא, 883.

[339] STÄHLI, ירא, 768 verkennt die theologische Dimension des Begriffs an dieser Stelle, die schon durch die Zusammenordnung mit Sabbatgebot, Fremdgötterverbot und Bilderverbot angezeigt ist. Mit diesen Geboten in eine Reihe gestellt, kann ירא nicht nur profan als „in Ehren halten" verstanden werden. Die „Gottesfurcht" klingt auf jeden Fall mit. Der von Stähli für seine abschwächende Übersetzung herangezogene „Bedeutungswandel zum Ethischen hin" (ebd.) ist nicht feststellbar. In Hiob 32,6 ist ירא auf die Handlung der Mitteilung von Wissen (gegenüber den Älteren), nicht auf die Person bezogen. Es ist also nicht von „Ehrfurcht des Jungen vor dem Alter" (ebd.) die Rede, sondern von realer Angst des Jungen,

wenngleich dieses Gebot in letzter Konsequenz sicher nicht angetastet werden soll. Mutter und Vater[340] erscheinen in dieser Weiterinterpretation des Elterngebots im Dekalog allerdings in der Tat schon fast als „Stellvertreter Gottes"[341]. Die Fortentwicklung gegenüber dem Dekalog ist unverkennbar.

Lev 20,9 ist wieder Teil einer längeren Reihe, die Lev 20,8-22 umfaßt und mit einer summarischen Mahnung beginnt und endet. An der Spitze der auf diese Weise eingeschärften Anordnungen steht der Todessatz über den Fluch gegenüber den Eltern.

Der Bezug zum Todessatz des Bundesbuches in Ex 21,17 ist sehr deutlich[342] - inhaltlich und mit denselben Begriffen wird genau dieselbe Aussage getroffen. Lev 20,9 ist jedoch mit Sicherheit jünger, da die Todesdeklaration mit apodiktischem Charakter in Lev 20 zwar gewahrt ist, der Partizipialstil dagegen in die Relativformulierung aufgelöst erscheint. Porter spricht sogar von „casuistic form"[343].

Die gegenseitige Abhängigkeit bzw. Unabhängigkeit von Lev 18 und Lev 20 ist jedoch stark umstritten. Während Reventlow eine Abhängigkeit der beiden Kapitel „aus formgeschichtlichen Gründen" als „überholt"[344] bezeichnet, erwägt Kilian, Lev 20 als „kultischen Strafkatalog zu Lev 18"[345] zu betrachten, den ein Redaktor dazu gestaltet habe. Schulz lehnt es dagegen ab, Lev 18-20 als „sekundär redaktionell zusammengestelltes Rechtskorpus"[346] aufzufassen, sondern sieht alle drei Kapitel als „Formular eines kultischen Gerichtsverfahrens"[347] aufgrund einer „vorgegebenen Koordination"[348] von Normenrecht und Todessätzen.

---

mit seinem Wissen bei den Älteren auf Ablehnung zu stoßen. Bei Stähli müßte die Stelle also unter „unkontrollierbare Angstgefühle" (a.a.O., 767) eingeordnet werden.

[340] Die Umstellung gegenüber dem Dekaloggebot zeigt deren völlige Gleichstellung in der Position gegenüber den Kindern. Weitergehende Folgerungen über eine veränderte Stellung der Frau in der Gesellschaft überhaupt werden sich wohl kaum ziehen lassen. Der Hinweis auf die entscheidende Rolle der Mutter bei der religiösen Sozialisation, die ihr den „Ehrenplatz" sichere (GERSTENBERGER, ERHARD S.: Das dritte Buch Mose. Leviticus; 6., völlig neu bearb. Aufl., Göttingen 1993 (ATD 6), 242), ist allerdings nicht abwegig.

[341] Vgl. ERDMAN, CHARLES R.: The Book of Leviticus; New York, London, Glasgow 1951, 87.

[342] Nach GRÜNWALDT, Heiligkeitsgesetz, 203, ist Ex 21,17 die unmittelbare Vorlage von Lev 20,9.

[343] PORTER, Leviticus, 164.

[344] REVENTLOW, Heiligkeitsgesetz, 79.

[345] KILIAN, Untersuchung des Heiligkeitsgesetzes, 166; er nimmt allerdings noch einen von Lev 18 unabhängigen Grundstock für Lev 20 an.

[346] SCHULZ, Todesrecht, 157.

[347] Ebd.

[348] Ebd.

Die beiden extremen Lösungen - völlige Unabhängigkeit oder direkte Zuordnung in einem Formular - erscheinen, gemessen am sprachlichen, formalen und inhaltlichen Befund, nicht vertretbar. Mit Ausnahme des Elternfluchs
gibt es in Lev 20 kein einziges Thema, das nicht auch in den vorangegangenen Kapiteln, meist in Lev 18, behandelt ist[349]. Dabei sind in mehreren Fällen
die verwendeten Termini exakt gleich (כלה in Lev 18,15 und Lev 20,12 / זכר
in Lev 18,22 und Lev 20,13 / בהמה in Lev 18,23 und Lev 20,15), und sogar
die redaktionellen Begründungen von Lev 18 sind gelegentlich wörtlich in
Lev 20 aufgenommen[350]. Das Postulat einer Unabhängigkeit beider Kapitel
kann nicht überzeugen[351].

Andererseits kann die Differenz der Listen nicht derart überspielt werden,
daß sie als geradezu kongruent bezeichnet werden. Gerade die Bestimmung
über Elternverfluchung (Lev 20,9) ist in Lev 18 nicht vorgegeben. Das Verbot
der Unzucht mit der Enkelin (Lev 18,10) sowie das Verbot der gleichzeitigen
Ehe eines Mannes mit einer Frau und ihrer Schwester (Lev 18,18) treten in
Lev 20 nicht mehr auf. Der Frevel an der Schwester (Lev 18,9) und der
Halbschwester (Lev 18,11) ist zusammengefaßt (Lev 20,17), und statt der
verbotenen Verbindung mit einer Frau und deren Tochter (Lev 18,17) steht in
Lev 20,14 die gleichzeitige Verbindung mit einer Frau und ihrer Mutter als
Kapitalverbrechen. Die Vergehen gegen die Ehe, die in Lev 18,17f. nachgetragen werden am Ende der ursprünglich auf Sexualdelikte beschränkten Reihe, sind voller Bestandteil der Reihe von Lev 20. Porter resümiert zu Lev 20
daher zutreffend: „The two lists (Lev 18,7-23 und Lev 20,9-21, d.Verf.), then,
appear to have in mind two different types of social organization and the one
in this chapter is almost certainly a later development than the one reflected in
ch. 18"[352].

Die Reihe in Lev 20 wird von der einleitenden Relativformel zusammengehalten, die formgeschichtlich sekundär den Partizipialstil auflöst. Die Sanktionen unterscheiden sich[353], die Blutschuldsklausel ist unregelmäßig verteilt
(nur V.9.11-13.16), kultische Beurteilungen (V.12-14) wechseln mit Wiederholungen des Tatbestandes (V.9.17.20)[354] als Erweiterung. Die Reihe ist also

---

[349] Vgl. FECHTER, Familie, 222, der die behandelten Themen in einer Tabelle nebeneinander auflistet.

[350] Das Verbot des Verkehrs mit der Frau des Vaters (Stiefmutter) wird in Lev 18,8 und
in Lev 20,11 mit der drohenden Schändung des Vaters begründet, der Verkehr mit der Tante
analog in Lev 18,14 und Lev 20,20 mit der drohenden Schändung des Onkels als Begründung verboten.

[351] PORTER, Leviticus, 164 spricht mit Recht von „close relationship with the list, and its
similar appendages in 18:6-23" in Bezug auf Lev 20, 9-21.

[352] PORTER, Leviticus, 164; zu einem ähnlichen Schluß kommt FECHTER, Familie, 224f.

[353] Todesstrafe in V.9-13.15 und 16; Verbrennung in V.14, Ausrottung in V.17 und 18, in
V.20 und 21 schließlich Kinderlosigkeit.

[354] So evtl. auch in V.10, dort ist aber eher Dittographie anzunehmen.

vermutlich sekundär zusammengefügt. Eine ursprüngliche Todessatzreihe[355] ist kaum zu rekonstruieren, da gerade die Todessätze in Lev 20 genaue Parallelen in Lev 18 aufweisen[356] und ausschließlich Sexualdelikte behandeln.

Lev 20,9 und 10 fallen thematisch aus diesem Zusammenhang heraus, gehören jedoch zusammen, was den Bezug zum ethischen Dekalog betrifft. Besonders deutlich ist die Abhängigkeit beim Ehebruchsverbot, wo gerade nicht auf Lev 18,20 zurückgegriffen wird, sondern אף, der Begriff aus dem Dekalog, Verwendung findet. Der Gesamtaufbau von Lev 20 orientiert sich am Strafmaß, wobei die Todessätze als massivste Form der Bestrafung durch die menschliche Gemeinschaft am Anfang stehen - bis hin zur „leichtesten" Sanktion der Kinderlosigkeit, die nur von Gott gewirkt verstanden werden kann. Da also Lev 20 einer späteren Zeit anzugehören scheint als Lev 18, ab V.11 Fälle daraus aufnimmt und nach Sanktionsart systematisch ordnet, ist eine literarische Abhängigkeit wahrscheinlich[357]. Der Redaktor hat zu denjenigen Prohibitiven, für deren Mißachtung bestimmte Sanktionen vorgesehen waren, einen Strafenkatalog zusammengestellt. Er bediente sich dabei vorgegebener Formeln wie der Todesdeklaration oder der Ausrottungsformel.

Für Lev 18,10 und 18,18 wurde eine Sanktionsfestlegung als unnötig empfunden, da das Vergehen an der Enkelin wohl sehr selten vorkam[358] und die gleichzeitige Heirat einer Frau und ihrer Schwester auch toleriert werden konnte (vgl. Gen 29!) und nur zeitweilig als unschicklich galt. Zu Lev 18,7 war ebenfalls ein Satz mit Sanktion entbehrlich, wenn der Satz dort bereits als Generalmahnung (auch den Vater betreffend) verstanden war und nicht mehr als konkreter Rechtssatz die Inzestverbindung von Mutter und Sohn betraf.

An die Stelle dieses Elternrechtssatzes trat nun in Lev 20 das Verbot der Elternverfluchung in V.9, zusammen mit dem Ehebruchsverbot unter Aufnahme der Reihenfolge im ethischen Dekalog. Wie in Lev 19 treten damit zwei Bestimmungen zur Erinnerung an Ex 20 / Dtn 5 an die Spitze einer längeren Abfolge von Rechtssätzen. Beide Dekaloggebote wollen die Familie schützen - der Elternrechtssatz die eigene, das Ehebruchsverbot die fremde Familie, in die ein Ehebrecher eindringen würde. Die Dekaloggebote sind damit auch hier als „Grundsätze" verstanden, die in einer Spitzenposition angeben können, was für die folgenden Bestimmungen wesentlich und wesenhaft ist: „Schutz der Familie" ist das Thema, das in Lev 20 damit angegeben wird. Lev 20,9 löst die folgenden, an Kapitel 18 orientierten Gebote „aus der Sphäre des *rein* Sexuellen und stellt sie implizit unter das Stichwort der Solidarität innerhalb der Familie"[359].

---

[355] Vgl. KILIAN, Untersuchung des Heiligkeitsgesetzes, 83.
[356] Parallel stehen Lev 20,11/18,8 - Lev 20,12/18,15 - Lev 20,13/18,22 - Lev 20,15/18,23 - Lev 20,16/18,23.
[357] Vgl. KILIAN, Untersuchung des Heiligkeitsgesetzes, 83.
[358] Vgl. a.a.O., 82.
[359] GRÜNWALDT, Heiligkeitsgesetz, 204.

Das Elternrecht ist damit also lange nicht so stark theologisiert wie etwa in Lev 19,3, und in der Formulierung greift der Satz den alten Elternrechtssatz aus dem Bundesbuch auf (Ex 21,17), der dort inzwischen schon zur bloßen Illustration geworden war[360]. In der Formulierung paßt sich Lev 20,9 an die folgenden negativen Formulierungen an. Die Verbindung zum Dekalog ist in der Begrifflichkeit nur lose, da קלל nicht direkter Gegenbegriff zu כבד ist.

Lev 20,9 erscheint damit als relativ älter gegenüber Lev 19,3, dagegen jünger als Lev 18,7. Der Satz aus Lev 18 wird aufgrund der inhaltlichen Problematik (Vater !) nicht übernommen, sondern durch einen ebenso allgemein verstandenen Elternrechtssatz ersetzt, der auf Ex 21,17 zurückgreift, aber in der Zusammenstellung mit dem Ehebruchsverbot und in seiner Funktion das Elterngebot des Dekalogs aufnimmt. Noch wird er nur auf soziale Belange bezogen - anders dann der Redaktor, der Lev 19,3 einfügt - und faßt einen Teil der Sozialgesetzgebung zusammen. Die Spitzenstellung in der Reihe sagt den Israeliten: Bei euren vielen sexualrechtlichen und eherechtlichen Gesetzen kommt es im Grunde auf den Schutz der Familie an. Sie ist gerade im Exil das wertvollste Gut der bedrohten Volksgemeinschaft.

## 6. Elterliche Rechte im Alten Testament außerhalb der formulierten Rechtssätze

Auch außerhalb der drei großen Rechtskorpora und ohne fest formulierten Rechtssatz finden wir im Alten Testament Anhaltspunkte für elterliche Rechte. Bei zwei dieser nicht explizit in den Rechtsbüchern kodifizierten Rechtsbereiche legt es sich aufgrund altorientalischer Parallelen nahe, nach ihrem Zusammenhang mit dem Elterngebot zu fragen: zum einen bei der Heirat der Kinder und zum anderen im Blick auf die angemesse Bestattung der Eltern.

Grundsätzlich können nach altisraelitischem Recht vier Personen an einer Eheschließung beteiligt sein. Die Texte nennen dabei „den ehewilligen bzw. verheirateten Mann, die zu (ver)heiratende Frau, den Vater oder Vormund des Bräutigams und den Vater oder Vormund der Braut"[361]. Es ist jedoch nicht erkennbar, daß die Väter bzw. Vormünder in jedem Fall zwingend an der Heirat beteiligt waren. Die Formulierungen, daß ein Vater für seinen Sohn eine Frau „nimmt" oder seiner Tochter einen Mann „gibt", finden sich meist im Umfeld außerordentlicher Fälle. So ist davon die Rede in Verbindung mit der Heirat von Volksfremden (Gen 24,3; Ex 34,16; Dtn 7,3; Ri 14,2.3; Neh 13,25) oder zur Verteidigung der verleumdeten Tochter (Dtn 22,16).

---

[360] S. oben, Kapitel 3.1.

[361] SCHARBERT, JOSEF: Ehe und Eheschließung in der Rechtssprache des Pentateuch und beim Chronisten. In: Braulik, Georg (Hg.): Studien zum Pentateuch; Festschrift für Walter Kornfeld zum 60. Geburtstag; Freiburg, Basel, Wien 1977, 213-225, 214.

Wie ein Vater für Sohn oder Tochter zur Stiftung einer Ehe aktiv werden kann, so auch der junge Mann, ja sogar die Frau selbst[362]. Die Isaaksgeschichte ist ein Hinweis darauf, daß die Verheiratung auch ganz durch den Vater bestimmt werden konnte[363]. Was nach Scharbert für den deuteronomischen Gesetzgeber gilt, trifft auch sonst zu: „für die alltäglichen Fälle aber sieht er keinen Anlaß, die Rolle der Väter bei der Eheschließung zu umschreiben, obwohl sie offenbar nach dem Gewohnheitsrecht sehr beachtlich ist"[364].

Besonders augenfällig wird diese beachtliche Rolle der Väter in der Institution des Brautgeldes bzw. Heiratsgeldes, das der Bräutigam an den Brautvater zu zahlen hat (vgl. Gen 34,12; Ex 22,16; 1.Sam 18,25) und das gegebenenfalls durch Dienstleistungen ersetzt werden kann (vgl. Gen 29,15-30).

Das Heiraten innerhalb des Volkes wurde vor allem für die exilischen und nachexilischen Schriften ein lebenswichtiges Gebot, dessen Durchsetzung sie nicht nur den Männern (Gen 28,1b (P)), sondern auch ihren Vätern (Neh 13, 25) auferlegten. Niemals wurde jedoch das Verbot der Fremdheirat „in den Dekalog oder eine andere Gebotsreihe aufgenommen"[365], und es findet sich auch keine Verbindung zu einem der Dekaloggebote.

So ist in all den Bestimmungen zur Ehe und Eheschließung - sowohl in der Rechtssprache des Pentateuch wie auch in der etwas veränderten Terminologie bei Esra, Nehemia und im chronistischen Geschichtswerk[366] - keinerlei Bezug zum Elterngebot zu erkennen. Weder findet sich ein terminologischer Hinweis darauf, die Eltern in diesem Zusammenhang zu ehren, noch wird erwähnt, die Respektierung der von den Eltern getroffenen Entscheidung sei mit einer besonderen Verheißung verbunden. Da in den Rechtsbeziehungen bezüglich der Heirat auch immer nur der Vater aktiv wird, das Elterngebot aber konstitutiv beide Elternteile betrifft, kann ein inhaltlicher Bezug mit guten Gründen ausgeschlossen werden.

Das Elterngebot hat mit den speziellen altisraelitischen Rechten der Väter bei der Eheschließung von Sohn oder Tochter nichts zu tun.

---

[362] Vgl. Ruth 3,7-15. Bei Frauen handelt es sich allerdings eher um Ausnahmen. Im Zusammenleben von Tochter und Vater ist es in allen Fällen so, daß der Vater seine Tochter verheiratet. SEIFERT, Tochter und Vater, 70f. resümiert zutreffend: „Der in unserem westeuropäischen Kulturkreis wichtige Gedanke, eine Frau müsse mitbestimmen dürfen, wen sie heiratet, ist im Blick auf das Alte Testament ein Anachronismus". Vgl. auch WOLFF, HANS WALTER: Anthropologie des Alten Testaments; 4., durchges. Aufl., München 1984, 244.

[363] Vgl. Gen 24. Siehe dazu auch SEIFERT, Tochter und Vater, 70: „In der Erzählung von der Brautwerbung um Rebekka (Gen 24) zeigt zwar das Bemühen um die Einwilligung der Tochter, daß zum Bild einer mit idealtypischen Zügen gezeichneten Braut die Bereitschaft gehört, sich gern und freiwillig in eine Ehe geben zu lassen, aber die vorangehende Eheverhandlung erfolgt ohne sie".

[364] SCHARBERT, Ehe, 217.

[365] WESTERMANN, CLAUS: Genesis. 2.Teilbd.: Genesis 12-36; 2. Aufl., Neukirchen-Vluyn 1989 (BK I/2), 547.

[366] Vgl. dazu SCHARBERT, Ehe, 221-223.

Wie bei der Heirat, so scheint es zunächst auch bei der Bestattung klar, daß sie in Israel mit  Pflichten der Kinder verbunden und damit ein Recht der Eltern gewesen ist. So wird im Priestergesetz als unumstrittene Ausnahme vom Verbot des Umgangs eines Priesters mit Toten die Bestattung von Mutter und Vater, von Kindern und Geschwistern genannt (Lev 21,1-3). Beim Hohenpriester wird dagegen ausdrücklich auch verboten, daß er sich an Vater oder Mutter unrein mache (Lev 21,11); dasselbe gilt für einen Geweihten nach dem Nasiräatsgesetz (Num 6,6.7). Diese eher beiläufigen Regelungen lassen erkennen, daß die Erwartung an die Söhne ganz selbstverständlich war, daß sie ihre Eltern bestatten sollten. Auch wenn sie Priester, Hoherpriester oder Nasiräer waren, bestand diese Erwartung, die in den beiden letzteren Fällen aber durch die genannten Bestimmungen zurückgewiesen wird.

Es ist jedoch die Frage, ob diese selbstverständliche Erwartung bereits in sehr früher Zeit oder sogar ursprünglich mit dem Elterngebot des Dekalogs ausgesprochen werden konnte. Die Verbindung zum Elterngebot scheint zunächst gegeben zu sein. Gerade die Patriarchen werden ausdrücklich von ihren Söhnen beerdigt - so Abraham  (Gen 25,9.10) und Isaak (Gen 35,29) - und geben sogar gezielte Anweisungen an einen Sohn (Jakob an Josef nach Gen 47,29-31) bzw. an alle Söhne (Gen 49,29-33), die dann beim Begräbnis erfüllt werden  (Gen 50,1-14).

Vor zu schnellen Schlußfolgerungen aus diesen - wenn auch prominenten - Einzelfällen muß jedoch gewarnt werden. Es ist nämlich auffällig, daß die Personen, die einen Verstorbenen beerdigen, im Alten Testament nicht sehr häufig ausdrücklich genannt werden. Zwar geht Amos selbstverständlich davon aus, daß es ein Verwandter ist, der die Gebeine der Verstorbenen aus dem Haus tragen und bestatten will (Am 6,10), aber von einer spezifischen Pflicht der Kinder oder gar des erstgeborenen Sohnes ist keine Rede.

Im Rückblick auf die Patriarchenerzählungen zeigt sich, daß es sich hier ebenfalls nicht um die althergebrachte Sohnespflicht handelt, auf die angespielt wird. Vielmehr ist es gerade die jüngere Priesterschrift, die darauf Wert legt, daß ausgerechnet die einander eher feindlich gesonnenen Brüderpaare jeweils dem Vater die letzte Ehre erweisen: Isaak und Ismael dem Abraham[367], Esau und Jakob dem Isaak[368]. Auch in Gen 50,12.13 unterstreicht die priesterschriftliche Darstellung eher die Versöhnung aller Söhne Jakobs, die sich im gemeinsamen Begräbnis für den Vater zeigt, während in anderen Traditionen (vgl. Gen 47,29-31) Josef als derjenige im Mittelpunkt steht, der allein „Macht und die Mittel hat, seinen (sc. Jakobs, d.Verf.) Leichnam in das Land seiner Väter zu bringen"[369]. Dabei legen diese Texte größeres Gewicht

---

[367] Vgl. WESTERMANN, Genesis I/2, 486: „Beide Söhne begraben ihn in friedlicher Eintracht; P ignoriert die Vertreibung Hagars und Ismaels".

[368] Vgl. a.a.O., 678.

[369] WESTERMANN, CLAUS: Genesis. 3.Teilbd.: Genesis 37-50; Neukirchen-Vluyn 1982 (BK I/3), 205.

darauf, daß der Patriarch nicht in „fremder Erde" bestattet wird, als daß gerade aus dieser Erzählung zu entnehmen wäre, „daß die Bestattung zu den selbstverständlichen Sohnespflichten gehört"[370].

Läßt sich an sonstigen Notizen über Begräbnisse erkennen, daß dahinter eine eventuell rechtlich festgelegte Sohnespflicht stand ?

Zum Kern der „Tod - Begräbnis - Formel", wie sie Illman herausgearbeitet hat[371], gehört keine Angabe über die Person des Bestatters. Vielmehr sind sowohl in den Listen der kleinen Richter (Ri 10,1-5; 12,7-15) wie auch bei Ahitophel (2.Sam 17,23) und Gideon (Ri 8,32) der Name des Verstorbenen und der Ort des Begräbnisses die konstitutiven Elemente der Formel. Auch für Deborah, die Amme der Rebekka (Gen 35,8), Rahel (Gen 35,19) und Miriam (Num 20,1) trifft diese Kennzeichnung zu. Nur aus dem Kontext wäre in einigen Fällen zu erschließen, wer für die Bestattung verantwortlich war. Dort, wo direkt zuvor von Söhnen die Rede ist, könnte das ein Hinweis sein, daß sie auch die Aufgabe des Begräbnisses übernommen haben - so bei Gideon (Ri 8,30-32), Jair (Ri 10,4.5), Ibzan (Ri 12,9.10) und Abdon (Ri 12,14.15). Ein sicherer Beleg ergibt sich daraus allerdings nicht.

Aber auch dort, wo die einfache Formel weiter ausgeführt wird, erfahren wir nicht, daß die vorhandenen Söhne (etwa die Söhne Samuels, 1Sam 8,1-3) für die Beerdigung Verantwortung übernehmen, sondern vielmehr ganz Israel (1Sam 25,1). Nur bei den Königen Israels ist die Verbindung von Begräbnisformel und Nachfolgebestimmung so eng, daß sich eine innere Beziehung geradezu aufdrängt: David wird begraben (1Kön 2,10), Salomo (und nicht Adonija!) sein Nachfolger (1Kön 2,12). Salomo wird begraben, Rehabeam (unter seinen vielen Söhnen) Thronfolger (1Kön 11,43). Ist es wirklich denkbar, daß diese jeweils ausgewählten Nachfolger nur in untergeordneter Funktion am Begräbnis des Vaters teilgenommen haben ?

Sowohl im deuteronomistischen wie im chronistischen Geschichtswerk findet sich bei den Königen die Verbindung von der „Tod-Begräbnis-Formel" mit der Sukzessionsformel, die den jeweiligen Nachfolger nennt. Auch beim Wechsel von Rehabeam zu Abija (1Kön 14,31/2Chr 12,16), von Abija zu Asa (1Kön 15,8/2Chr 13,23), von Asa zu Josafat (1Kön 15,24/2Chr 16,14; 17,1), von Josafat zu Joram (1Kön 22,51/2Chr 21,1) im Südreich sowie beim unblutigen Wechsel von Bascha zu Ela (1Kön 16,8) sowie von Omri zu Ahab

---

[370] So LANG, BERNHARD: Altersversorgung, Begräbnis und Elterngebot. ZDMG.S.III,1, 1977, 149-156, 150. Lang irrt auch, wenn er das Besondere der Geschichte darin sieht, „daß Jakob nicht von seinem ältesten, sondern von seinem jüngsten Sohn versorgt wird" (ebd.). Benjamin (Gen 34,18) ist der jüngste Sohn Jakobs! Es geht hier eben nicht um ein reguläres und allgemeines Recht des Vaters gegenüber dem ältesten oder jüngsten Sohn, sondern um eine Antizipation des Exodus, die durch den einen Verheißungsträger unter den zwölf Söhnen verwirklicht wird.

[371] Vgl. ILLMAN, KARL-JOHAN: Old Testament Formulas about Death; Meddelanden fran stiftelsens för Abo Akademi forskningsinstitut Nr. 48; Abo 1979, 37-59.

(1Kön 16,28) im Nordreich sind Begräbnis und Nachfolge ganz eng miteinander verbunden. Weitere Beispiele sind zahlreich[372]. Es scheint so, als sollte beides damit auch personal miteinander verbunden werden.

Wichtig für die Beurteilung ist es auch, wie man den ausgeführten Bericht über Begräbnis und Nachfolge eines Königs, nämlich von Josia in 2Kön 23, 30, einordnet. Nach seinem Tod durch den Pharao Necho auf dem Schlachtfeld von Megiddo wird der Leichnam von „seinen Männern" nach Jerusalem gebracht und von jenen Männern, also wohl seiner Leibgarde, dort bestattet. Sein Sohn Joahas wird danach vom „Volk des Landes" (also einem anderen Personenkreis) gesalbt und zum Nachfolger gemacht. Begräbnis und Nachfolge erscheinen hier eindeutig voneinander getrennt.[373] Ist die vermutete Verbindung damit widerlegt oder handelt es sich bei Josia um eine Ausnahme, die besonders vermerkt wird, weil sie von der Regel abweicht ?

Letzteres dürfte wahrscheinlicher sein, zumal bei allen Königen, die gestürzt werden - meist ist es der Mörder, der den Thron usurpiert - in der Regel auf eine Notiz des Begräbnisses ausdrücklich verzichtet wird. So wird z.B. von Pekachja nur der Sterbeort sowie sein Mörder und Nachfolger Pekach notiert (2Kön 15,25), Pekach selbst ergeht es kaum anders, als Hosea ben Ela gegen ihn revoltiert (2Kön 15,30) - nur fehlt dort jede Notiz über den Ort des Verbrechens[374]. Auf diese Weise wird der Eindruck wohl gezielt vermieden, der Usurpator hätte etwas mit der Bestattung des Vorgängers zu tun, was seine Thronbesteigung nachträglich legitimieren könnte. Man kann daher mit Recht vermuten, daß die nicht weiter ausgeführte Formel von der Bestattung mit sofort anschließender Nennung eines Sohnes als Nachfolger dessen Verantwortung für das Begräbnis des Vaters impliziert.

Ist diese Verantwortung ursprünglich mit dem Elterngebot verbunden ?

Da die Tod-Begräbnis-Formel zwar durchaus alt sein mag, die Verbindung mit der Sukzession bei Königen aber erst in der Königszeit aufgetreten sein kann, ist eine ursprüngliche Verbindung der Bestattungspflicht mit dem Elterngebot eher unwahrscheinlich. Wir finden im Alten Testament keinen Hinweis darauf, daß das Elterngebot in seiner Grundintention das angemessene Begräbnis der Eltern sichern sollte. Zwar enthalten mehrere altorientalische Quellen auch die Forderung an den Sohn oder die Tochter, für die Totenpflege zu sorgen[375], jedoch hat der Jahweglaube, der eine Verehrung

---

[372] Vgl. etwa 2Kön 12,22; 14,16; 14,29; 15,38; 16,20; 21,26; 2Chr 26,23; 27,9; 28,27; 33,20.

[373] Der Chronist läßt den verdienstvollen König noch lebend in Jerusalem ankommen und formuliert Tod und Begräbnis eher formelhaft (2Chr 35,24); ein besonderer Quellenwert kommt dieser Darstellung nicht zu.

[374] Ausnahme ist der ermordete Amazja, der ausdrücklich zur Beerdigung nach Jerusalem gebracht wird, wobei allerdings die Verschwörer zugleich als die Bestatter erscheinen (in 2Kön 14,20 nicht ganz klar, beim Chronisten in 2Chr 25,28 eindeutig).

[375] Vgl. die ausführliche Darstellung der Quellen in Kapitel 5.1.

der Toten ausschloß, die Einbeziehung dieser Aufgabe in den Pflichtenkanon der Kinder gegenüber ihren Eltern zumindest erschwert und spätestens seit der dtn-dtr Reform vollends unmöglich gemacht.

Nur in der Königszeit könnte diese Pflicht unter völlig anderen Gesichtspunkten im Blick auf den Thronfolger ins Bewußtsein gerückt sein. Nochmals deutlich später, im Exil, scheint es - vor allem in der priesterschriftlichen Sicht - notwendig geworden sein, die reguläre Erwartung an die Söhne explizit festzuhalten, daß sie, sogar möglichst gemeinsam, den Vater - und wohl auch die Mutter - bestatten. Die Darstellung der Vätergeschichte durch P soll in diesem Punkt offensichtlich Modellcharakter haben. Die Gefahr eines Mißverständnisses als Aufforderung zur Totenverehrung bestand nun nicht mehr. So könnte im Zuge dieser Entwicklung die Erwartung, daß Kinder ihre Eltern bestatten, auch durch das Elterngebot in der exilisch-nachexilischen Auslegung gestützt worden sein. Mit der ursprünglichen Bedeutung des Elterngebots ist jedoch das Recht der Eltern auf angemessene Bestattung in der uns greifbaren und erschließbaren Gestalt des Alten Testaments nicht verbunden.

## 7. Rahmendaten für die Interpretation des Elterngebots

Als Rahmendaten für die Interpretation des Elterngebots im Dekalog ergeben sich damit eine relative Nähe zum altorientalischen Elternrecht sowie eine inhaltliche Distanz zu den übrigen Elternrechtssätzen des Alten Testaments.

Sprachlich läßt sich das Elterngebot mit den übrigen Elternrechtssätzen des Alten Testaments nicht in unmittelbare Verbindung bringen. כבד hat im Pi'el „an den meisten Stellen die Bed(eutung) ‚ehren', d.h. ‚jemandem Gewicht verleihen' bzw. ‚jemanden als gewichtig anerkennen'"[376], womit allerdings keine besondere Auszeichnung gemeint ist, sondern das „Anerkennen des anderen an seinem Platz in der Gemeinschaft"[377]. Man kann dabei einen anthropologischen und einen - erst in späterer Zeit aufkommenden - theologischen Gebrauch des Begriffs unterscheiden. Im anthropologischen Bereich meint כבד „‚jmd. schwer machen, jmd. für bedeutsam halten' im Sinn von Annahme, Respekt oder Anerkennung bestimmter soziologischer oder politischer Größen"[378]. Im theologischen Bereich ist „diese Anerkennung ... viel weiter gefaßt und stellt die umfassende Antworthaltung des Menschen auf JHWHs Zuwendung dar"[379].

---

[376] WESTERMANN, CLAUS: (Art.) כבד. In: THAT Bd. 1, 1984, 794-812, 797.

[377] A.a.O., 798.

[378] DOHMEN/STENMANS: (Art.) כבד. In: ThWAT Bd. 4, 1984, 13-23, 19.

[379] A.a.O., 20. Von diesem theologischen Gebrauch her ist nicht auf die Verwendung im Elterngebot zu schließen; gegen TATE, MARVIN E.: The Legal Traditions of the Book of Exodus. RExp 74, 1977, 483-509, 492.

In sehr später Zeit kann כבד dann auch ausdrücklich die Ehrfurcht gegenüber Gott bezeichnen und parallel zu ירא stehen (Jes 25,3).

Das im Elterngebot entscheidende Verbum kann jedoch auch noch andere
Verhaltensweisen umfassen. In Num 22,17 etwa ist damit die beabsichtigte
materielle Entlohnung Bileams durch Balak gemeint, Spr 3,9 fordert dazu
auf, Gott durch Gaben, besonders durch das Opfer der Erstlinge, zu ehren.
Damit wird „keine inhaltslose Geste"[380], sondern die Übergabe konkreter,
materieller Werte bezeichnet.

Den präzisen begrifflichen Gegensatz zu כבד bildet קלה[381], das im Hif'il
„verächtlich behandeln" bedeutet, im Nif'al mit „verächtlich sein, werden"
wiedergegeben werden kann[382]. Wie schon erwähnt[383], grenzt das Bedeutungsspektrum von קלה an jenes von קלל und es besteht ein etymologischer
Zusammenhang zwischen beiden Verben. So bildet auch קלל den Gegensatz
zu כבד, allerdings ausschließlich im Grundstamm (Qal, vgl. 2Sam 2,30), im
N-Stamm (Nif'al, vgl. 2Sam 6,22) sowie im Kausativstamm (v.a. Hif'il, vgl.
Jes 8,23). Zum Dopplungsstamm (Pi'el und Pu'al) von קלל, der von allen
Stämmen des Verbs im Alten Testament am häufigsten belegt ist, tritt jedoch
nie כבד als Gegensatz. קלל im Pi'el steht häufig einzeln, immer aber, wo ein
unmittelbarer Gegenbegriff folgt, ist es ברך, angefangen von Gen 12,3 über
Dtn 23,6, Jos 24,9.10, Ps 109,28 bis hin zu Neh 13,2. Besonders auffällig ist
in Ps 62,5, daß auch hier קלל und ברך Gegensätze bilden, obwohl der Beter in
V.8 von כבודי, „meine Ehre", spricht und so auch zuvor das Verb כבד naheliegend gewesen wäre. Auch zum Pu'al von קלל in Ps 37,22 gehört ברך als
Gegenstück. Spr 30,11 setzt קלל mit לא ברך gleich, was die Zusammengehörigkeit jener beiden Verben nochmals bestätigt. Der Dopplungsstamm
von קלל kommt also als Gegensatz von כבד nicht in Frage, wohl aber Grund-,
N- und Kausativstamm, sowie das jenen nahestehende Verb קלה, das an vier
Stellen (Jes 3,4; Spr 12,9; Sir 10,19.29,hebr.) eindeutig das Komplement zu
כבד bildet.

Damit ist aber etwa eine Ableitung des Elterngebots von Ex 21,17 (קלל,
pi.) im Sinn einer positiven Umkehrung des Fluchverbotes denkbar unwahr-

---

[380] LANG, Altersversorgung, 152. In dieselbe Richtung weist 1Sam 22,14 , wo Ahime-
lech mit dem Verweis darauf, daß David נכבד sei, auf dessen materielle Versorgung im
Hause Sauls (1Sam 18,2) anspielen will, wie ja auch die Einsetzung zum Obersten der
Leibwache (1Sam 18,5) und seine Einheirat als Schwiegersohn (1Sam 18,22.27) in diesem
Kontext steht. In Ri 13,17 verspricht Manoah, der Vater Simsons, dem unerkannten Gottes-
boten als Ersatz für die ausgeschlagene Mahlzeit, daß er und seine Frau ihn ehren wollen,
wenn seine Ankündigung eintrifft. Auch dabei dürfte es sich um das Versprechen materieller
Zuwendung handeln, für die sie den erfragten Namen brauchen.

[381] Vgl. oben, Abschnitt 2.

[382] Vgl. KOEHLER, LUDWIG; BAUMGARTNER, WALTER: Lexicon in Veteris Testamenti Libros; Leiden 1958, 839.

[383] Vgl. oben, Abschnitt 2.

scheinlich[384], da eine Gegensatzbildung zum Gebot „Segne deine Eltern"
oder „Sei ein Segen für deine Eltern" hätte führen müssen. Nicht zufällig gebraucht auch die spätere Aufnahme des Elterngebots in Ez 22,7 קלל im Hif'il
und nicht im Dopplungsstamm.

Daher legt es sich nahe, zur genauen inhaltlichen Bestimmung von כבד
doch eher den religionsgeschichtlichen Hintergrund heranzuziehen, den Albertz und Lang in den Blick genommen haben. Die anderen Elternrechtssätze
gehören trotz historischer Nähe inhaltlich nicht im Ursprung mit dem Elterngebot zusammen.

Die bereits angesprochenen Todessätze (Ex 21,15.17), die den tätlichen
Angriff auf die Eltern und den Fluch gegenüber ihnen verbieten, sind wohl in
vorstaatlicher Zeit entstanden. Auch das Verbot des Inzests zwischen Mutter
und Sohn (ursprüngliche Fassung von Lev 18,7) dürfte aus derselben vorstaat-
lichen Epoche stammen. Alle drei Elternrechtssätze lassen sich aber gegenüber dem Elterngebot gut abgrenzen, und es gibt keinen Hinweis darauf, daß
sich diese Normensätze bzw. Todessätze wechselseitig hätten ergänzen oder
interpretieren sollen. Viel wahrscheinlicher ist es für eine Zeit, in der es auf
Knappheit und Einprägsamkeit zur mündlichen Tradierung ankam, daß eine
inhaltliche Überschneidung sogar bewußt ausgeschlossen werden kann. Hätte
das Elterngebot in seinen mündlichen Vorstufen auch schon die Verbote der
beiden Todessätze umfaßt, so wären diese beiden Rechtssätze wohl nicht
mehr gesondert überliefert worden. Das Inzestverbot betraf ohnehin nur die
Mutter, so daß hier keinerlei Verbindung zum Elterngebot zu erwarten ist. Für
die Interpretation des Elterngebots bedeutet dies, daß es ursprünglich weder
gegen den Angriff auf die Eltern gerichtet war, noch einen Fluch gegen sie
verbieten sollte. Auch mit sexualrechtlichen Fragen kann man es nicht in
Verbindung bringen.

Im Blick auf Dtn 27,16 gilt entsprechend: Steht ein alter Fluchsatz im
Hintergrund, so ist er inhaltlich vom Elterngebot abzugrenzen. In der deuteronomischen Fassung stellt der Satz eine generalisierende Warnung davor
dar, die Eltern zu verachten. Dies kann als Weiterentwicklung des Dekaloggebots zur Ehrung der Eltern verstanden werden, trägt aber für dessen
ursprüngliche Bedeutung nichts aus.

Dtn 21,18-21 sowie Lev 20,9 und Lev 19,3 erwiesen sich als spätere Texte,
die eher weisheitlich ermahnend oder aber betont theologisierend das ursprüngliche Elterngebot weiterentwickelt haben. Für einen Rückschluß auf
dessen Grundbedeutung geben sie keinen Anhaltspunkt.

---

[384] Es trifft nicht zu, daß es sich bei Ex 20,12 par. Dtn 5,16 um die „spiegelbildlich
positive Umkehrung der Protasis des *môt-jûmat* Rechtes" von Ex 21,17 handelt (So OTTO,
Dekalog als Brennspiegel, 60); die Formulierung ist nicht von Ex 21,17 her zu deuten (gegen
OTTO, Perspektiven, 132, Anm. 36, und WEINFELD, Decalogue, 7f.).

Ebenfalls keine Verbindung zum Elterngebot hatten wir zuletzt für die Rechte der Väter bei der Heirat der Kinder und auch - zumindest in früher, vorstaatlicher Zeit - für das Recht der Eltern auf angemessene Bestattung festgestellt. Zwar finden sich diese elterlichen Rechte implizit im Alten Testament, jedoch zunächst ohne sprachlichen oder inhaltlichen Bezug zum Elterngebot des Dekalogs. Entsprechend gibt es auch keine Beziehung des Elterngebots zu den altorientalischen Bestimmungen, mit denen Rechte der Eltern bei der Heirat der Kinder gesichert werden sollen und auch der Bereich des Begräbnisses und der „Totenpflege" läßt sich nicht nachweislich im Elterngebot des Dekalogs wiederfinden.

Der Kontext der unauflöslichen Adoption, wie er im alten Orient häufig für Rechte der Eltern gegeben war, entfällt für das Elterngebot, und der Schutz des Vaters vor körperlichen Angriffen ist in Israel durch den Todessatz nach Ex 21,15 gesichert - ohne Bezug zum Elterngebot.

Es bleiben damit aber zwei große Felder des altorientalischen Elternrechts für eine Verbindung mit dem Elterngebot offen. Für sie sind weder in den übrigen frühen alttestamentlichen Elternrechtssätzen Äquivalente zu finden, noch treten sie in anderen, meist späteren alttestamentlichen Texten ohne Bezug zum Elterngebot auf:

Das erste Feld ist die Sicherung des Lebensunterhalts einschließlich der Wohnung für den hinterbliebenen Elternteil, meist die Mutter. Dazu gehören alle vertraglichen Bestimmungen über materielle Leistungen der erwachsenen Kinder an ihre Eltern. Das zweite Feld umfaßt die darüber hinausgehenden Bedingungen für das Erbe in den altorientalischen Verträgen, besonders das ausdrückliche Verbot jeglichen Ungehorsams, das Verbot, gegen die Eltern oder einen Elternteil zu prozessieren sowie die gelegentliche positive Auflage, die Eltern, bzw. die verwitwete Mutter, respektvoll zu behandeln und in Ehren zu halten.

Bei beiden Feldern legt es sich vor allem aus sprachlichen Gründen nahe, sie im Blick auf das israelitische Recht im Elterngebot des Dekalogs verankert zu sehen. Die Interpretation des Elterngebots wird sich daher zuerst diesen beiden Feldern zuwenden.

Kapitel 6

# Der ursprüngliche Inhalt des Elterngebots im Dekalog

Ausgehend von den erarbeiteten Rahmendaten kann nun die Frage gestellt werden, „was mit dem Gebot ‚Du sollst Vater und Mutter ehren!‘ eigentlich gemeint sei"[385]. Ziel der Fragestellung ist eine Präzisierung des ursprünglichen Inhalts des Gebotes.

Drei Grundrichtungen, wie eine solche Präzisierung vorgenommen werden kann, werden in der neueren Forschung diskutiert. Die erste Richtung sieht im Elterngebot primär die Aufgabe gestellt, die alten Eltern zu versorgen. Eine zweite Richtung will die Forderung nach allgemeiner Anerkennung elterlicher Autorität im Elterngebot ausgedrückt sehen, eine dritte die Forderung, die Vermittlung religiöser Inhalte durch die Eltern anzuerkennen.

Sprachliche Gründe führen dazu, die beiden oben im letzten Abschnitt genannten Felder des altorientalischen Elternrechts mit dem Elterngebot zu verbinden, womit die erste Grundrichtung zur Präzisierung des ursprünglichen Gebotsinhalts zunächst in den Blick rückt.

## 1. Gewährleistung der sozialen Sicherung der alten Eltern

In verschiedenen Keilschrifttexten aus Babylonien und seinen Randgebieten treten zwei akkadische Verben auf, die jeweils die Beziehung der Kinder zu ihren Eltern bezeichnen, dazu noch in Gattungen, die dem Elterngebot nahestehen, nämlich in den bereits erwähnten[386] familienrechtlichen Urkunden und in der Weisheitsliteratur. Es ist dort von *kabatu* und *palahu* die Rede. Mit Albertz sind folgende Beziehungen zu hebräischen Verben festzuhalten: „Dem hebräischen *kabad* entspricht im Akkadischen etymologisch und auch semantisch weitgehend *kabatu*. Für den Dopplungsstamm *kubbutu* gibt W.v.Soden in AHw [sc. Althebräisches Wörterbuch] die Bedeutungen ‚schwer machen, ehren und achtungsvoll behandeln‘ an. Dem hebräischen *jare´* entspricht im Akkadischen semantisch weitgehend *palahu*, das ‚Angst haben, sich fürchten‘ bedeutet. Es hat dann aber eine ... Bedeutungs-

---

[385] ALBERTZ, Elterngebot, 348.
[386] S.o., Kapitel 5.1.

entwicklung ... mitgemacht und kann dann die Bedeutungen ‚respektvoll behandeln, verehren, dienen' haben.“[387]

Im altbabylonischen Erbvertrag der Priesterin Tabni-Istar[388] treten beide Verben *kubbutu* und *palahu* nebeneinander auf, „womit erwiesen ist, daß sie in diesem Zusammenhang Synonyme sind“[389]. Vor allem *palahu* findet sich in zahlreichen weiteren Verträgen, auch in mittelbabylonischer Zeit aus Nuzi, in mittelassyrischen sowie in ugaritischen Urkunden. Aus parallel verwendeten Verben, die in ähnlichen Urkunden an der entsprechenden Stelle stehen, sowie aus gelegentlichen Explikationen in den Verträgen[390] ist zu entnehmen, daß damit die materielle Versorgung zur Sicherung der Existenz bezeichnet wird. Albertz kommt zu dem Schluß, „daß in familienrechtlichem Kontext *palahu* zumindest in Nuzi ein terminus technicus gewesen ist, um das Verhalten der erwachsenen Kinder gegenüber ihren alten Eltern zu bezeichnen“[391]. In diesen Zusammenhang ordnet er das Elterngebot des Dekalogs ein und postuliert zwei hypothetische Sitze im Leben: „1. bei der Übertragung des Hofes auf den Sohn und dem Rückzug der Eltern aus dem aktiven Erwachsenenleben, 2. als Einzelgebote[392] in den letztwilligen Verfügungen des jeweils sterbenden Elternteils“[393].

Fast zeitgleich kam Lang[394] unter Verweis auf außerkanonische Texte sowie auf Quellen aus der Umwelt des Alten Testaments zum gleichen Ergebnis: der konkrete Inhalt der Elternehrung ist deren Altersversorgung. Für die Einziehung des Begräbnisses als Forderung des Elterngebots führt er lediglich Tob 14,9 sowie ein ägyptisches Testament als Belege an, was kaum überzeugen kann. Aber auch ohne diese Erweiterung[395] hat das Elterngebot nach dieser Deutung einen hohen sozialethischen Rang. Es schützt die Würde alter Menschen und legt ihr Recht auf Leben fest.

Die Notwendigkeit der Fürsorge für die ältere Generation zeigt das Alte Testament selbst an mehreren Stellen auf. Stets stehen dabei die Kinder in der Verantwortung, da es ja „keinerlei außerhäusliche Altersversorgung“[396] gab. So macht die Dienstbegrenzung der Leviten (Num 4,3.23.30.39.47) auf das Alter von fünfzig Jahren deutlich, daß einem Mann in der Regel nicht zugetraut wurde, über dieses Alter hinaus voll verantwortlich seinen Pflichten nachzukommen.

---

[387] ALBERTZ, Elterngebot, 356.
[388] S.o., Kapitel 5.1.
[389] ALBERTZ, Elterngebot, 357.
[390] Vgl. den oben, Kapitel 5.1. angeführten Adoptionsvertrag des Hanadu.
[391] ALBERTZ, Hintergrund, 364.
[392] D.h. das Gebot ist jeweils einzeln auf Vater oder Mutter beschränkt.
[393] ALBERTZ, Hintergrund, 372.
[394] Vgl. LANG, Altersversorgung, 149.
[395] Vgl. dazu oben, Kapitel 5.6.
[396] CRÜSEMANN, Bewahrung der Freiheit, 59.

Die spätere Liste für die Ablösung eines Gelübdes senkt die Summe ab sechzig Jahren bei Männern von fünfzig auf fünfzehn Schekel, bei Frauen von dreißig auf zehn Schekel (Lev 27,3-7), womit die Abnahme der Arbeitskraft drastisch vor Augen geführt wird. Unübertroffen ist die bildhafte Beschreibung des Alters in Pred 12,1-7, das aufgrund der körperlichen Gebrechen aus Tagen besteht, von denen der alte Mensch nur sagen kann: „Sie gefallen mir nicht" (V.1). Diese Bilder des Predigers geben poetisch wieder, was der achtzigjährige Barsillai im dtrG offen anspricht: die geistigen Fähigkeiten gehen zurück, der Geschmackssinn und das Gehör lassen nach, er droht, König David eine Last zu werden (2Sam 19,32-38). Da nun der alte Mensch kaum zukünftige Entwicklungsmöglichkeiten hat, legt sich die Verachtung des Alters (vgl. Jes 3,4; 1Kön 12,8ff.) als Versuchung für die Jungen nahe[397]. Das Elterngebot mahnt die Kinder daher aus guten Gründen dazu, dieser Versuchung zu widerstehen und die Last der späten Jahre für die Eltern mitzutragen. Phillips faßt es somit zutreffend zusammen: „... it undoubtedly ensured, that parents need never fear old age, and the possibility of expulsion from the home leading to enforced suicide"[398].

## 2. Begründung elterlicher Autorität

Darüberhinaus wird aber auch der Ungehorsam gegenüber den Eltern als Gegenteil von *palahu* genannt[399], und damit kommt über die Altersversorgung hinaus die grundsätzliche Frage der Autorität der Eltern ins Spiel. Allerdings geht es im jeweiligen Zusammenhang nicht darum, daß ein heranwachsendes Kind ungehorsam ist und die Eltern es zwingen wollen, sich ihren Anweisungen zu fügen, sondern es geht um den erwachsenen Mann, „der ... die rechtlichen und wirtschaftlichen Mittel hat, um seine alten Eltern an die Wand zu spielen"[400]. Nur in jener Frontstellung gegenüber der Überheblichkeit erwachsener Kinder kann man m.E. auch das Elterngebot in seinem Ursprung als eine Begründung elterlicher Autorität verstehen.

Jene zweite Präzisierungsmöglichkeit hat sich vor allem von der Struktur der altisraelitischen Gesellschaft her nahegelegt. Wenn man die Gemeinschaft des Volkes und seinen Zusammenhalt in der patria potestas begründet sieht, so scheint es, daß das Volk ohne die Anerkennung elterlicher Anordnungen nicht existenzfähig gewesen wäre. Es mußte eine Einheit gesichert sein, um sich gegen die zahlreichen Feinde zu wehren und sich im Land gegen die Kanaanäer durchzusetzen. Die Struktur der Familien war die Basis

---

[397] Vgl. WOLFF, Anthropologie, 182.

[398] PHILLIPS, ANTHONY: Ancient Israel's Criminal Law (A New Approach to the Decalogue); Oxford 1970, 81.

[399] Vgl. oben Kapitel 5.1.

[400] ALBERTZ, Elterngebot, 361.

dieser Einheit, denn das „kollektive Einheitsbewußtsein gründet auf der Solidarität der Familien"[401]. Auflehnung gegen Vater und Mutter gefährdet die Einheit, die Wehrfähigkeit und schließlich die Existenzfähigkeit des ganzen Volkes. Der Israelit „lebt in der Großfamilie, die auf der Autorität der Elterninstitution aufgebaut ist"[402].

Daß die generelle Sicherung der Autorität der Eltern allerdings von Anfang an durch das Elterngebot beabsichtigt war, läßt sich der Formulierung des Gebots so nicht entnehmen. Anhaltspunkte für eine primäre Ausrichtung des Elterngebots auf die „kindliche Gehorsamspflicht"[403] finden sich nicht im Text. Insbesonders auch die Motivationsklausel macht langes Leben im Land nicht von „submission to the jurisdictional authority of the *paterfamilias*"[404] abhängig. Conrad sieht zwar mit Recht die Verbindung von Unterstützung und Autoritätsanerkennung gegenüber den alten Eltern, geht jedoch m.E. zu weit, wenn er die Verpflichtung des Elterngebots darin sieht, „sich den Eltern, und zwar auch den alten und schwachen, bedingungslos zu unterwerfen, um so die innere Ordnung der Familie in ihrem vollen Umfang als eine von Gott gesetzte und deshalb unauflösbare zu gewährleisten"[405]. Es ist eher die Gesellschaftsordnung des Alten Testaments, die diesen Aspekt in den Vordergrund rückt und von der ausgehend vermutet werden kann, daß ein zentrales Gebot, das die Elterninstitution im Blick hat, auch deren Unantastbarkeit sichern will, denn diese „setzt den Heilszustand der Familie"[406].

Ohne Frage haben in diesem Zusammenhang Texte wie Dtn 21,18-21 und die weisheitlichen Parallelen dazuhin die Absicherung elterlicher Autorität im Blick. Sobald diese Texte als Illustration und „Ausführungsbestimmung" des Dekaloggebotes gelesen wurden, hat sich gewiß auch der Bedeutungsgehalt des Elterngebotes in dieser Hinsicht erweitert.

In seinem Ursprung war dies insofern angelegt, als die soziale Sicherung der alten Eltern deren Achtung und Autorität voraussetzt. Genau darauf deutet

---

[401] PLÖGER, JOSEF G.: Literarkritische, formgeschichtliche und stilkritische Untersuchungen zum Deuteronomium; Bonn 1967 (BBB 26), 94.

[402] GESE, HARTMUT: Der Dekalog als Ganzheit betrachtet. In: ders., Vom Sinai zum Zion - Alttestamentliche Beiträge zur biblischen Theologie; 3.,durchges. Aufl., München 1990, 63-80 (BEvTh 64), 76.

[403] ALBERTZ, Elterngebot, 349 kritisiert ebenfalls die Verknüpfung dieses Gedankens mit dem Elterngebot. Es ist zu weit gegriffen, im Zusammenhang des Elterngebots pauschal von der „obedience morality of the Bible" (BAKAN, DAVID: Paternity in the Judeo-Christian Tradition. In: Eister, Allan W. (Hg.): Changing Perspectives in the Scientific Study of Religion (Contemporary religious movements); New York u.a. 1974, 203-216, 207) zu reden.

[404] So WRIGHT, CHRISTOPHER J.H.: God's people in God's land: family, land, and property in the Old Testament; Grand Rapids, Exeter 1990, 77.

[405] CONRAD, Junge Generation, 20. In der Anmerkung dazu fällt dann bezeichnenderweise der Begriff „Stellvertreter Gottes" (ebd, Anm. 48) für die Funktion der Eltern, ohne Bezug zu ihrer Tradentenfunktion, sondern allein aufgrund des Gehorsamsmotivs.

[406] GESE, Dekalog, 76.

der sprachliche Befund von *palahu* in den altorientalischen Texten hin. Vielleicht schon bei der Aufnahme des Gebots in den Dekalog konnte jener Aspekt dann auch eine eigenständige Betonung erfahren. Die Ausweitung der Autoritätssicherung auch gegenüber kleinen Kindern und Heranwachsenden mittels des Elterngebotes blieb jedoch späteren Generationen vorbehalten[407].

## 3. Zur Deutung als Grundlage israelitischer Religionspädagogik

Die dritte Präzisierungsrichtung hat - wie schon die zweite - keinen unmittelbaren Anhalt in der Formulierung des Elterngebots und kann sich auch nicht auf altorientalische Parallelen berufen. Vielmehr hat man unter Verweis auf die sogenannten „Kinderfragen" in Ex 12,26 und Ex 13,14 sowie auf weisheitliche Mahnungen, Belehrung von den Eltern anzunehmen (vgl. Spr 1,8; 6,20), das Wirken der Eltern in Israel als Träger und Vermittler der Glaubenstradition herausgestellt und mit dem Dekaloggebot verbunden.

Vor allem Kremers[408] hat eine Verbindung zwischen dem Elterngebot und Weisungen für die Gottesbeziehung herzustellen versucht und dann geschlossen, daß die Eltern im Dekalog „als Stellvertreter Gottes und nicht als Nächste"[409] stehen. Das Elterngebot gilt in dieser Sicht als geistliches Gebot, das den Eltern geistliche Würde zuspricht, die darin besteht, daß sie „Prediger und Priester ihrer Familien und Sippen"[410] sind. Als solche „Stellvertreter Gottes, als Prediger, Lehrer und Priester"[411] soll man die Eltern gewichtig sein lassen, sie ehren. Auch Hossfeld legt den Schwerpunkt des Verständnisses auf die Legitimation religiöser Unterweisung, wenn er das Elterngebot einer dtr Redaktionsschicht zuordnet, in der die Eltern vor allem „das Traditionswissen, das sie selbst empfangen und erlernt haben"[412], vermitteln. Im Rahmen seiner Spätdatierung verfährt er dabei konsequent.

---

[407] Vgl. zu den Adressaten des Elterngebotes unten Kapitel 8.

[408] Vgl. KREMERS, HEINZ: Die Stellung des Elterngebotes im Dekalog (Eine Voruntersuchung zum Problem Elterngebot und Elternrecht). EvTh 21, 1961, 145-161, 148-156.

[409] A.a.O., 156 (Hervorhebung im Original durch Sperrung). Zur weiteren Begründung mit der Anordnung der Gebote im Dekalog vgl. unten, Kapitel 8.

[410] A.a.O., 160 (Hervorhebung im Original durch Sperrung); auch OYEN, HENDRIK VAN: Ethik des Alten Testaments; Gütersloh 1967 (Geschichte der Ethik 2), 155 spricht davon, daß die Aufgabe des Vaters gegenüber der Familie „priesterliche Qualität" gehabt habe, und er sei „Stellvertreter Jahwes im Kreise der Seinen" gewesen. Auch wenn van Oyen zugleich die Versorgung der alten Eltern als Auftrag des Elterngebots sieht (vgl. a.a.O., 117), so stehen doch - im Gefolge Luthers - die „Weisheit und Geduld, welche die Elemente des Ehrens sind" (ebd.), also eine innere Haltung, bei ihm im Vordergrund.

[411] KREMERS, Stellung, 161 (Hervorhebung im Original durch Sperrung).

[412] HOSSFELD, Dekalog, 259; ders.: Die alttestamentliche Familie vor Gott. In: Schreiner, Josef (Hg.): Freude am Gottesdienst. Aspekte ursprünglicher Liturgie. Festschrift für Weihbischof Dr. Josef Plöger zum 60. Geburtstag; Stuttgart 1983, 217-228, 224-226.

Für den wahrscheinlich gemachten[413] frühen Ursprung des Elterngebots kann jedoch diese inhaltliche Deutung schon deshalb kaum in Frage kommen, weil die explizite Sicherung der Eltern als Institution religiöser Vermittlung sehr eng mit der deuteronomisch-deuteronomistischen Bewegung verbunden ist. Schon Soggin hat - gegen die vorangegangene Forschung - festgestellt, daß mit den sogenannten „Kinderfragen" eher „Fragmente einer alten ‚Katechese' erhalten geblieben"[414] sind und „Frage und Antwort eher als ‚liturgisch' gestellt und gegeben, als aus der normalen kindlichen Neugierde entstammend zu verstehen sind"[415]. Das heißt aber zugleich, daß die Suche nach einem vordeuteronomischen Ursprung der Tradition für die betreffenden Stellen wie Ex 12,26.27, Ex 13,14-16, Dtn 6,20-25 oder Jos 4,6.7.21-24 im Bereich der Familie nicht zwingend erscheint. Viel eher legt sich ein Zusammenhang mit dem Kult und der kollektiven Unterweisung der ganzen Gemeinde Israels nahe. Eine Verbindung mit dem Elterngebot ist dann recht unwahrscheinlich. Auch kann für die Ermahnung in Dtn 6,20-25 der dtn Charakter als erwiesen betrachtet werden[416], ebenso der dtr Ursprung von Josua 4[417]. Dagegen ist es im Blick auf die Kinderfragen zur Passafeier in Ex 12 und 13 umstritten, ob es sich um protodeuteronomische  Abschnitte[418] oder um dtn bzw. dtr bearbeitete Texte[419] handelt. Beide Fragestücke sind aber thematisch und sprachlich eng mit Dtn 6 und Jos 4 verbunden. Außerdem stimmen sie mit dem Interesse der gesicherten Weitergabe religiöser Tradition innerhalb der Familie im Dtn überein, wo an mehreren Stellen mit eindeutig dtn/dtr Prägung den Israeliten geboten wird, ihre Kinder in den Überlieferungen des Volkes (4,9.10: Gesetzesoffenbarung; 6,7: alleiniges Bekenntnis zu Jahwe; 11,19: Gebote (des Dtn); schließlich 32,46: alle Worte dieses Gesetzes - des Dtn) zu unterweisen. Da ein solches Interesse ansonsten vordeuteronomisch nicht literarisch faßbar ist, kann man vermuten, daß es zuvor keine besondere Rolle gespielt hat. Auch Ex 12 und 13 sind also wohl im dtn-dtr Bereich entstanden.

Lawrie faßt folglich die religiöse Erziehung im alten Israel m.E. mit Recht als Teil des Integrationsprozesses der Kinder in eine Gesellschaft auf, die mit

---

[413] Vgl. oben Kapitel 3 - 5.

[414] SOGGIN, J. ALBERTO: Kultätiologische Sagen und Katechese im Hexateuch. VT 10, 1960, 341-347, 345.

[415] Ebd.

[416] Vgl. LOZA, JOSÉ: Les catéchèses étiologiques dans l'Ancien Testament. RB 78, 1971, 481-500,488; HOSSFELD, Dekalog, 258, Anm.167.

[417] SOGGIN, Kultätiologische Sagen, 343; gegen LOZA, Les catéchèses étiologiques, 489-491.

[418] So LOZA, Les catéchèses étiologiques,487.

[419] Vgl. CHILDS, Exodus, 184; ZENGER, ERICH: Israel am Sinai. Analysen und Interpretationen zu Exodus 17-34; Altenberge 1982, 134, Anm. 75; SMEND, Entstehung, 65f. und zuletzt BLUM, ERHARD: Studien zur Komposition des Pentateuch; Berlin, New York 1990 (BZAW 189), 36. 166-169.

der religiösen Gemeinschaft fast deckungsgleich war[420]. Elternhaus und Gesellschaft arbeiteten dabei ganz selbstverständlich zusammen[421]. Ein besonderes Autoritätsproblem im Blick auf die religiöse Unterweisung stellte sich somit nicht.

Elterliche Autorität ist dabei vorausgesetzt, wird aber auch für den Fall, daß sie herausgefordert und negiert wird, nie mit dem Elterngebot eingeklagt. In den drei wohl berühmtesten Fällen von mißlungener Erziehung im Alten Testament tadelt etwa zuerst der Priester Eli zwar seine erwachsenen Söhne (1Sam 2,22-25) und verweist auf Gottes Richterfunktion, verlangt aber nicht, daß die Söhne ihn als Vater ehren sollten. Auch Samuels Erziehung seiner Söhne gilt als Fehlschlag, da Joel und Abija sich als bestechliche und damit ungeeignete Richter erweisen (1Sam 8,1-3). Samuel kritisiert daraufhin zwar die Bitte des Volkes um einen König, von einer Zurechtweisung der Söhne mit dem Elterngebot, die Überlieferungen des Vaters zu achten, ist nicht die Rede. David wagt es schließlich aus Liebe zu Amnon, seinem Erstgeborenen, nicht einmal, ihn zu tadeln, obwohl er seine Schwester Tamar vergewaltigt und danach verstoßen hatte (2Sam 13,21) - ein schwerer Fall von Mißachtung der Rechtstraditionen Israels (vgl. dazu Dtn 27,22 und später Lev 18,9). Die nachgiebige Erziehung des Königs wird dann auch dafür verantwortlich gemacht, daß sein Sohn Adonija sich noch zu Lebzeiten des Vaters ohne dessen Zustimmung das Königtum selbst anmaßt (1Kön 1,5.6). Der Erzähler hält David vor, er hätte seinem Sohn schon früher wehren müssen. Es wird aber nicht mit der Mißachtung des Elterngebots argumentiert.

Für die Erziehung im allgemeinen wie für die spezielle religiöse Unterweisung - im alten Israel, wie oben gezeigt, wohl fast deckungsgleich - gilt also, daß sie das Autoritätsproblem kaum wahrnimmt, und dort, wo es auftritt, wird es nie mit Hilfe des Elterngebots oder einer ähnlichen Aufforderung gelöst.

Erst in der Zeit kurz vor dem Exil scheint es notwendig geworden zu sein, daß die besondere Glaubensunterweisung durch die Eltern in entscheidenden Punkten festgelegt (Ex 12/13 (dtr): Passa) und ausdrücklich anbefohlen wurde. Sie wird damit der Selbstverständlichkeit entnommen und in ihrer Bedeutung wesentlich gestärkt.

An keiner Stelle aber läßt selbst das Dtn erkennen, daß den Eltern als Vermittlern der Glaubensüberlieferungen eine besondere Position zukommt. Vor allem ist - fast gegenläufig zur Betonung der Erziehungsrolle der Eltern im

---

[420] Vgl. LAWRIE, DOUGLAS G.: Old Testament Perspectives on Religious Education. Scriptura 43, 1992, 1-20, 1.

[421] LAWRIE, a.a.O., 2: „On the one hand religious education in the family context formed an integral part of the preparation of the child for life in the community; on the other hand the ethos of the community tended to complement and reinforce home-based religious education as the child was gradually integrated into the social life of the community".

Blick auf die Gottesbeziehung - immer wieder ein unmittelbares Verhältnis Gottes auch zu den Kindern der Angesprochenen herausgestellt[422].

Ein Recht der Eltern, das von ihrer religiösen Erziehungsaufgabe ableitbar wäre beziehungsweise das von dieser Aufgabe her begründet wäre, kennt also auch das Dtn noch nicht. Noch stehen die Eltern auf derselben Seite wie ihre Kinder: als von Gott Angesprochene, ihm gegenüber. Erst im Exil ändert sich im Heiligkeitsgesetz diese Position[423].

Für das Elterngebot im Dekalog läßt sich daher eine ursprüngliche Verbindung mit der religiösen Erziehung der Kinder - als Sicherung einer elterlichen Vermittlerrolle - mit größter Wahrscheinlichkeit ausschließen. Es war für Generationen von Israeliten selbstverständlich, ihren Glauben innerhalb der Familie weiterzugeben, und erst als diese Selbstverständlichkeit verloren ging, wurde die religiöse Erziehung als Aufgabe verstanden, deren Erfüllung langes Leben im Lande (Dtn 11,21; 32,47) als Lohn bescheren sollte. Spezielle Rechte der Eltern waren daraus nicht abzuleiten, entsprechend auch kein Gebot an Kinder, die Eltern als Religionspädagogen zu achten.

## 4. Fazit zum Inhalt des Elterngebots

So bleibt als ursprünglicher Inhalt des Elterngebots vor allem die Existenzsicherung der alten Eltern, die im Kern durch materielle Versorgung zu gewährleisten ist[424]. Eine solche Versorgung setzt allerdings - wie in den altorientalischen Verträgen erkennbar - Achtung und Anerkennung elterlicher Autorität voraus. Insofern ist auch die Begründung elterlicher Autorität schon im Ursprung des Elterngebots angelegt, wenn auch nicht in seinem Zentrum intendiert. Ein Bezug zu den elterlichen Aufgaben als Tradenten der Überlieferungen ist für den Ursprung des Elterngebots auszuschließen.

---

[422] Dtn 6,2 verlangt selbstverständlich auch von den Kindern und Enkeln, daß sie die Gebote halten; Dtn 24,16 trennt im Blick auf die Verantwortung für ihre Verfehlungen zwischen Vätern und Kindern; Dtn 29,10 zählt die Kinder gesondert als Anwesende beim Moabbundesschluß auf; Dtn 30,6 sagt den Nachkommen dieselbe Beschneidung des Herzens an wie den Eltern. Schließlich wird die religiöse Unterweisung der Eltern nicht exklusiv verstanden: nach Dtn 31,12.13 sind auch die Kinder in der Festversammlung als anwesend gedacht, in der das Gesetz öffentlich verlesen werden soll.

[423] Vgl. oben Kapitel 5.5.

[424] Daß dies zumindest ein Inhalt des Elterngebots ist, wird m.W. auch von keinem Exegeten ernsthaft bestritten. Es überrascht , daß allerdings WÉNIN, ANDRÉ: Le décalogue, révélation de Dieu et chemin de bonheur. RTL 25, 1994, 145-182, 178f. diesen zentralen Punkt nicht zur Kenntnis nimmt, sondern stattdessen allgemein vom Respekt vor Gottes Gaben durch die Eltern, nämlich Leben, Land und Gesetz, redet.

Zur Regelung der Altersversorgung im Fall von Kinderlosigkeit - durch Adoption und Leviratsehe - vgl. OTTO, Biblische Altersversorgung, 97-110.

Kapitel 7

# Die motivierende Verheißung beim Elterngebot:
# Langes Leben im verheißenen Land

## 1. Herkunft und Form der Motivationsklausel

Nachdem nun der Inhalt des „Gebotskerns" geklärt ist, können wir uns der motivierenden Verheißung im Elterngebot zuwenden. Auch hier setzen wir zuerst mit der literarkritischen und formgeschichtlichen Bestimmung ein, um danach vor diesem Hintergrund den Inhalt zu besprechen.

Im Zusammenhang der literarkritischen Analyse war bereits gezeigt worden, daß nicht nur der Gebotskern, sondern wohl auch die motivierende Verheißung im Exodusdekalog älter ist als in der Parallelfassung im Deuteronomium. Die spezifische Formulierung vom „Langmachen der Tage" ließ eine vordeuteronomische Einordnung der Motivationsklausel von Ex 20,12 zu[425]. Darüberhinaus konnten keine sicheren Daten angegeben werden, nur die Vermutung legte sich nahe, daß die Verheißung in ihrer jetzigen Formulierung bei der Verschriftlichung des Dekalogs von einem Redaktor an das Elterngebot angefügt wurde. Ob dieser Redaktor von (evtl. ähnlichen) motivierenden Zusätzen schon im Bereich der mündlichen Überlieferung wußte, mußte offen bleiben[426]. So könnte die motivierende Verheißung schon vor dem 7. Jahrhundert fest mit dem Elterngebot verbunden gewesen sein. Für eine noch frühere gezielte Verbindung von Elterngebot und dieser Motivationsformel gibt es keine Anhaltspunkte, auch wenn dies nicht ausgeschlossen werden kann. Andererseits ist es nicht möglich, eine wesentlich spätere Ergänzung des Gebots anzunehmen, wenn die Fassung im Exodusbuch, wie oben gezeigt, die ältere Gestalt hat.

Formal gehört der Zusatz zu den zahlreichen Begründungsklauseln in den alttestamentlichen Rechtskorpora[427], wobei besonders häufig zwischen-

---

[425] Vgl. oben, Kapitel 3.

[426] Vgl. oben, Kapitel 3.

[427] Die Zahl solcher Klauseln, auch wenn sie von unterschiedlichen Forschern je nach Definition unterschiedlich angegeben wird, steigt prozentual vom Bundesbuch über den Dekalog bis zum Deuteronomium und dem Heiligkeitsgesetz, wo sie besonders zahlreich

menschliche, ethische Regelungen motiviert werden. Sonsino[428] definiert dabei eine Motivationsklausel als „a dependant clause or phrase which expresses the motive behind the legal prescription or an incentive for obeying it"[429]. Charakteristisch für solche Motivationsklauseln ist es, daß sie keine zusätzlichen Erläuterungen zum Inhalt des Gesetzes geben, keine Begriffserklärungen oder Geltungsabgrenzungen[430]. Auch von allgemeinen paränetischen Hinweisen unterscheiden sie sich dadurch, daß sie nie selbständig auftreten und stets spezifisch zu einer Rechtsbestimmung gehören, anstatt allgemein an die Einhaltung der Gesetzesvorschrift zu appellieren.

Die Einteilung der Motivationsklauseln wird unterschiedlich vorgenommen: man kann sie nach formalen Aspekten[431] oder nach inhaltlichen Kriterien[432] sortieren, aber auch nach enthaltenen Themen[433] oder temporalen Bezügen[434] ordnen. Unter formalen Gesichtspunkten haben wir es in Ex 20,12b mit einer למען - Klausel zu tun, die den Zweck bzw. das Ziel der Gesetzesbefolgung angibt[435]. In solchen Formeln wird das Ergebnis herausgestellt, das die Befolgung des Gebots zur Folge hat. An einen Umkehrschluß, nach dem das genannte Ergebnis ausschließlich von der Einhaltung des Rechtssatzes abhängt, ist nicht gedacht.

---

auftreten (vgl. SONSINO, RIFAT: Motive Clauses in Hebrew Law. Biblical Forms and Near Eastern Parallels; Ann Arbor, Michigan 1980 (SBL.DS 45), 98.99).

[428] Vgl. SONSINO, Motive Clauses, 99.

[429] SONSINO, Motive Clauses, 65. Er präzisiert damit gegenüber GEMSER, B.: The Importance of the Motive Clause in Old Testament Law. VT.S 1, 1953, 50-66, 50), der sie als „grammatically subordinate sentences in which the motivation for the commandment is given" bezeichnet hatte.

[430] Vgl. dagegen Dtn 22,22.

[431] GEMSER, Importance, 53-55 differenziert nach unterschiedlichen Konjunktionen beziehungsweise asyndetisch angefügten Klauseln.

[432] So führt GEMSER, Importance, 55-56 die Klassifizierung weiter: „1) the motive clauses of a simply explanatory character, 2) those of ethical contents, 3) those of religious kind, cultic as well as theological, and 4) those of religious-historical contents". Zur Auseinandersetzung mit der Problematik dieser Einteilung vgl. SONSINO, Motive Clauses, 68.

[433] So verfährt beispielsweise AMSLER, SAMUEL: La Motivation de l´Ethique dans la Parénèse du Deutéronome. In: Donner, Herbert - Hanhart, Robert - Smend, Rudolf (Hg.): Beiträge zur Alttestamentlichen Theologie. FS für Walther Zimmerli zum 70. Geburtstag; Göttingen 1977, 11-22, 15-20: „I: Motivation par les oeuvres que Yahweh a accomplies dans l´histoire de son peuple", „II: Motivation par la relation entre Yahwe et son peuple", „III: Motivation par l´unicité de la volonté de Yahweh", „IV: Motivation par appel au discernement" und „V: Motivation par le bonheur".

[434] So GOWAN, DONALD E.: Reflections on the Motive Clauses in Old Testament Law. In: Hadidian, Dikran Y. (Hg.): Intergerini Parietis Septum (Eph.2:14). Essays presented to Markus Barth on his sixty-fifth birthday; Pittsburgh 1981, 111 - 127 (PThMS 33), 114: „... references to the past, the present and the future".

[435] Vgl. SONSINO, Motive Clauses, 71.

## 2. Der Inhalt der Motivationsklausel des Elterngebots

Es stellt sich nun die Frage, weshalb diese später inhaltlich öfter wiederholte Formel direkt auf dieses Gebot[436] bezogen wurde und was damit erreicht werden sollte. Wenn die Motivationsklauseln - wie allgemein anerkannt - den jeweiligen Rechtssatz einsichtig machen wollen, ihn vor anderen Rechts- sätzen besonders auszeichnen und für seine Beachtung werben wollen, so kann Ex 20,12b diese Aufgaben schon in deuteronomischer Zeit kaum mehr in vollem Umfang erfüllt haben. Die Auszeichung wird dann nämlich bereits dadurch leicht relativiert, daß sich dieselbe Motivation mit langem Leben dann auch bei anderen Geboten (Dtn 17,20; 22,7; 25,15) findet. Andererseits ist der Dekalog schon in vor- und frühdeuteronomischer Zeit als Gottesrede - im Unterschied zu den durch Mose vermittelten anderen Gesetzen[437] - bereits insgesamt so hervorgehoben, daß eine spätere zusätzliche Unterstreichung einzelner Teilsätze fast überflüssig erscheint. Auch diese Überlegung unter- streicht noch einmal, daß der motivierende Zusatz zum Elterngebot bereits im unmittelbaren Zusammenhang der Verschriftlichung angefügt worden ist. Außer einem besonderen Interesse des Redaktors am Elterngebot läßt sich kaum ein spezieller Grund dafür angeben[438]. Es stellt sich vielmehr die Frage: Welche Aussage war damit beabsichtigt?

Inhaltlich kann man mit Sonsino[439] zunächst zwischen zwei grundsätzlich unterschiedlichen Arten von Motivationsklauseln trennen: in einigen solchen Formeln wird nur der Inhalt des Rechtssatzes nochmals variierend aufge- griffen (z.B. Lev 20,9), in den anderen werden zusätzliche Informationen

---

[436] Die frühere Sicht von KREMERS (ders., Stellung, 152-155), nach der die Wendung aus der Liturgie des Bundeserneuerungsfestes stamme und als Abschlußformel von Reihen oder generellen Mahnungen, das ganze Gesetz zu halten, stets auf *mehrere* Gebote zu bezie- hen sei, ist heute schon im Blick auf die Herleitung nicht mehr haltbar. Für den Dekalog ist jeweils eine *direkte* Zuordnung von Begründung und Gebot festzustellen: das Fremd- götterverbot wird mit dem Eifer Jahwes begründet, das Sabbatgebot mit dem Schöpfungs- geschehen in priesterlicher Sicht (Ex 20) bzw. die Ruhe der Knechte mit der Knechtschaft Israels in Ägypten (Dtn 5). Die Zuordnung ist nicht beliebig: Jahwes Eifer, der Einzige für Israel zu sein, kann Fremdgötterverehrung nicht zulassen, der Ruhetag Gottes begründet den Ruhetag Israels bzw. die Wohltat Gottes an Israel in seiner Knechtschaft begründet die Wohltat Israels an seinen Knechten. Ex 20,12b hat mit den anderen vorangegangenen Gebo- ten nichts zu tun.

[437] Erst spätdeuteronomisch wird auch der Dekalog durch Dtn 5,5 in die Vermittlung durch Mose einbezogen, vgl. oben Kapitel 3.2.

[438] Auch SONSINO, Motive Clauses, 128 bestätigt: „On the other hand, there is no apparent reason why one law is motivated while the other is not". CARMICHAEL, The Laws of Deuteronomy, 38f. hatte vermutet, daß besonders diejenigen Gesetze mit Motivations- klauseln versehen würden, deren Einhaltung nur schwer überwacht und erzwungen werden könnte. Bei einigen Beispielen (Dtn 22,5.8) läßt sich dieser Zusammenhang jedoch gerade nicht nachweisen.

[439] Vgl. SONSINO, Motive Clauses, 106f.

angefügt, die das Gesetz nicht enthält.[440] Der zweite, größere Bereich, zu dem auch unser Text gehört, gliedert sich ferner in vier genauere Kategorien: 1. Motivierung durch Gottes Autorität (so z.b. beim Elternrechtssatz zusam-men mit dem Sabbatgebot Lev 19,3), 2. Motivierung durch Anspielung auf historische Ereignisse (z.B. Ex 20,2), 3. Motivation durch Strafandrohung (z.b. Ex 20,5.6) und 4. Motivation durch Verheißungen. Außer der Verheissung von langem Leben[441] findet man Zusagen von Gottes Segen (z.b. für die Einhaltung des Zinsverbots, Dtn 23,21), Gottes Gedenken (z.b. Num 10,9.10) oder daß es dem, der das Gebot befolgt, gut gehen wird (Dtn 12,25; 22,7).

Vor dem Hintergrund dieser Kategorisierung wird deutlich, wie kunstvoll die Motivationsklausel in Ex 20,12b gestaltet ist, indem sie innerhalb der Rahmensituation zwar eine zweifache, gekoppelte Verheißung enthält (langes Leben, Land), für die Adressaten jedoch eine erfüllte, historisch verifizierte Verheißung mit einer offenen Verheißung verbindet. Die Landgabe ist ja nur vom Rahmen (Sinaigeschehen) her futurisch gesehen, für die angesproche-nen israelitischen Bürger im 8. bzw. 7. Jhdt. aber bereits gegenwärtige Gabe Gottes, erfülltes Versprechen und damit Angeld für die Erfüllung weiterer Zu-sagen. Nur die vorangestellte individuelle Verheißung steht noch aus, was auf der Basis der erfüllten Landverheißung eine sehr reizvolle Motivation ergibt.

Gebot und Motivation erscheinen darüberhinaus auch inhaltlich miteinan-der verbunden[442]. Langes Leben auf dem Erdboden, den Jahwe gibt, ist der konsequente Lohn für denjenigen, der seine alten Eltern versorgt und damit achtet, weil er durch sein Handeln die Gaben Gottes ehrt, die er durch die Eltern erhält: sein eigenes Leben und das Land, das er erben wird. Die Eltern sind „Träger des Heilsgutes"[443], sie vermitteln Gottes Gaben, nämlich Leben und Land, ihren Kindern. Achtung vor ihnen ist gleichzeitig Achtung vor dem Leben und der Landgabe[444]; die Einhaltung des Elterngebots führt daher dazu, daß der Genuß beider Gaben lange erhalten bleibt. Dazuhin bedeutet es in der Konsequenz, daß der Sohn, der das Gebot befolgt, selbst in den Genuß

---

[440] D.h. die Motivationsklausel bietet dann zusätzliche Aussagen, nicht aber eine Inter-pretation oder Erläuterung des Gesetzes selbst.

[441] Vgl. Ex 20,12b; ansonsten ist diese Verheißung vor allem im Deuteronomium, näm-lich in Dtn 4,40; 5,16.33; 11,9; 17,20b; 22,7; 25,15; 30,18; 32,47, zu finden.

[442] Gegen GAMBERONI, JOHANN: Das Elterngebot im Alten Testament. BZ N.F. 8, 1964, 161-190, 169, der behauptet: „Gehalt der Motivierung und Gehalt des Gebotes hängen ... nicht innerlich zusammen".

[443] SCHÜNGEL-STRAUMANN, Dekalog, 71.

[444] Die von SCHÜNGEL-STRAUMANN herausgestellte Konzentration des Exodusdeka-logs auf die Landgabe (vgl. dies., Dekalog, 71) am Anfang, in der Mitte und am Ende ist jedoch nicht als Gestaltungsmerkmal einsichtig: Ex 20,2 spricht von der Herausführung, nicht von der Landgabe, und das Begehrensverbot stellt das Land nicht in den Mittelpunkt.

der Versorgung kommen soll, die es sichern will[445]. Sein langes Leben[446] gibt ihm die Gelegenheit, von den eigenen Kindern dasselbe zu empfangen, was er in Erfüllung des Elterngebots seinen Eltern an Unterstützung zukommen läßt. Ferner führt dies dazu, daß das Land der Familie erhalten bleibt (vgl. Jer 35).

Es trifft zwar zu, daß das Land in Israel stets als Gabe an das ganze Volk verstanden wurde. Dennoch ist das *Leben* im Land - hier die primäre Gabe - zunächst eine individuelle Gegebenheit, weshalb die Motivationsklausel durchaus auf den Einzelnen bezogen werden kann. Schon Conrad hat aber treffend erkannt, daß die Motivation nicht rein individualistisch argumentiert, sondern mit der Anspielung auf den Erbbesitz der familiare Rahmen gewahrt bleibt. Zunächst aber geht es „um ein langes Leben in Wohlstand und Sicherheit, d.h. aber, um das eigene Leben des Angesprochenen"[447].

Diese inhaltliche Verknüpfung von Gebot und Motivationsklausel bestätigt noch einmal die wohl frühe Verbindung beider, wobei letztere später dann in andere Zusammenhänge eingegangen ist. Aber weder in Dtn 17,20, wo dem König eine Verlängerung der Tage seiner Herrschaft angesagt wird, wenn er das dtn Königsgesetz beachtet, noch in Dtn 22,7 (Wohlergehen und langes Leben als Lohn für die Freilassung einer Vogelmutter beim Ausräumen eines Nestes) oder in Dtn 25,15 (Langes Leben im Lande wird für den Gebrauch rechter Gewichte und Maße im Handel verheißen) ist noch einmal ein so einsichtiger inhaltlicher Bezug zwischen Gebot und Motivationsklausel erreicht worden. Die ursprünglichere Verbindung gegenüber jenen Stellen ist also in Ex 20,12 zu suchen[448].

---

[445] Vgl. CRÜSEMANN, Bewahrung der Freiheit, 62.

[446] Über die zu erwartende Lebensdauer macht die Verheißung bewußt keine präzise Angabe. Es ist jedoch interessant zu fragen, welche Vorstellung von Lebenserwartung damit verbunden gewesen sein könnte. Aus dem Vergleich mit mesopotamischen Quellen ergibt sich die Vermutung, daß der Gedanke an ein „langes Leben" mit einem Alter von ca. siebzig Jahren verbunden war (vgl. WEINFELD, MOSHE: The Phases of Human Life in Mesopotamian and Jewish Sources. In: Ulrich, Eugene u.a. (Hg.): Priests, Prophets and Scribes. Essays on the Formation and Heritage of Second Temple Judaism in Honour of Joseph Blenkinsopp; Sheffield 1992 (JSOT.S 149), 182-189, 184). Auch Ps 90,10 rechnet mit einer Lebensdauer von siebzig Jahren, achtzig Jahre gelten als Ausnahme bei besonderer Lebenskraft. Schon diese Erwartungen im Gebet hält WOLFF, Anthropologie, 178 allerdings für „ungewöhnliche Höchstwerte", wenn man die einigermaßen gesicherten Lebensdaten der Könige berücksichtigt. David wurde nach 2Sam 5,4 siebzig Jahre alt (vermutlich gerundet), wobei 1Chr 29, 28 sein Alter - dort nicht zahlenmäßig beziffert - als „schöne Lebenszeit" bezeichnet, nach der der König „satt an Leben, Reichtum und Ehre" sterben kann.

[447] CONRAD, Junge Generation, 24.

[448] Damit behält Gerhard v. Rad recht, der im Zusammenhang mit der Rechabiter-Überlieferung in Jer 35 zum Alter dieser Motivationsklausel ausführte: „Das Wort von dem Lange-Leben-im-Lande ... entstammte alter Jahweüberlieferung (Ex 20 12; Lev 25 23)" (VON RAD, Theologie I, 77).

Nochmals einen besonderen Akzent setzt die erweiterte Motivationsklausel in Dtn 5,16. Abgesehen von der später eingefügten Rückverweisformel bezieht die inhaltliche Einfügung וּלְמַעַן יִיטַב לָךְ historische Erfahrung in die Gebotsformulierung ein: die Verheißung langen Lebens wird von der Landgabe getrennt; nur das Wohlergehen ist mit dem Land selbst verbunden. Somit ergibt sich eine erste Motivation des Elterngebots ohne Bezug zur Landgabe, was nur einsichtig ist für eine Zeit, in der das Land verloren, kein Hinweis auf ein gegenwärtiges Leben im verheißenen Lande möglich war. Die Ergänzung stammt also wohl aus der Exilszeit[449], denn niemals hat das verheißene Land in Israel so an Bedeutung verloren, daß langes Leben ohne Bindung an dieses Land erstrebenswert gewesen wäre. Im Exil kann jedoch die Trennung von langem Leben und Wohlergehen im Lande so verstanden werden, daß das lange Leben wenigstens noch als Heilsgabe erreichbar wäre, das Wohlergehen im Lande - was der Generation des Einzugs mit verheißen wurde - jedoch aufgrund der Verfehlungen des Volkes endgültig verspielt sei. Damit wäre dann zumindest ein Teil der Motivierungsklausel (langes Leben) auch noch als Motivation für die Exilsgeneration gerettet worden.

Möglicherweise aber sind es gar keine zwei separaten Heilsgüter (eines noch erreichbar, das andere nicht), die im Deuteronomiumsdekalog in Aussicht gestellt werden. Das erste, langes Leben, könnte sich in der Exilssituation konditional zum Wohlergehen im eigenen Land verhalten. Es wäre dann zunächst ein langes Leben für den Bewahrer des Gebots angesagt, das letztlich dazu führt, daß er die Rückführung aus dem Exil erlebt, wieder die Früchte des verheißenen Landes als Wohlergehen genießt und dort auch sterben darf.

Insgesamt ist ein stärker bedingender Charakter[450] der Klausel in Dtn 5,16 nicht zu verkennen. War im Exodusdekalog die Verheißung der Landgabe in der Retrospektive formuliert und zur Zeit der Abfassung der Motivationsklausel bereits erfüllt, so sind im Dtn nun alle Verheißungen rein zukünftig orientiert. Kein Angeld ist gegeben. So muß die Exilssituation viel stärker darauf hingewirkt haben, daß die Motivationsklausel final und das Gebot dafür auch konditional verstanden wurde: nur wer die Eltern ehrt, kann die Heilsgüter (wieder) empfangen.

Auch wenn sich die Originalität der Motivationsklauseln in loco generell nur sehr schwer nachweisen läßt[451], keine der Klauseln die einzig mögliche in Verbindung mit dem jeweiligen Rechtssatz darstellt[452] und sie auch nicht umfassend alle Aspekte enthalten, die zur Motivierung dienen könnten, so konnte doch für Ex 20,12b gezeigt werden, wie zeitlich früh und inhaltlich

---

[449] Vgl. LOHFINK, Dekalogfassung, 30; SCHÜNGEL-STRAUMANN, Dekalog, 72.

[450] Vgl. SCHÜNGEL-STRAUMANN, Dekalog, 72. Man kann jedoch m.E. nicht primär von einer Bedingung sprechen, gegen WRIGHT, God's People, 77.

[451] Vgl. das Fazit bei SONSINO, Motive Clauses, 209.

[452] Vgl. SONSINO, Motive Clauses, 116.

eng die Verbindung zum Elterngebot anzusetzen ist. Beim Nachzeichnen des
weiteren Weges des Elterngebotes wird daher stets auch die Geschichte der
zugehörigen Motivationsklausel mit zu bedenken sein. Dies gilt umso mehr,
als die Motivationsklauseln keineswegs auf Gesetzeskorpora beschränkt sind,
sondern sowohl in Israel wie auch in der übrigen altorientalischen Literatur[453]
in zahlreichen anderen Textsorten auftreten. Gerade die למען - Klauseln sind
auch außerhalb rechtlicher Zusammenhänge oft zu finden: in Erzählungen
(z.B. Gen 12,13), in Gebeten (z.B. 1Kön 8,40), in Prophetenworten (z.B. in
Am 5,14), vor allem aber in weisheitlichen Texten (z.B. Spr 19,20). Auch
dort, wo Spuren des Elterngebots in jene anderen Textzusammenhänge führen, ist die Verknüpfung mit der Motivationsklausel zu untersuchen, insbesonders im weisheitlichen Bereich. Die Verbindung zur Weisheit[454] wird
auch die pädagogische Funktion der Motivierung noch deutlicher zeigen.

Welche Bedeutung die Motivation beim Elterngebot für den Menschen in
alttestamentlicher Zeit hatte, kann man ermessen, wenn man die Anspielungen auf die gewöhnliche Kürze des menschlichen Lebens wahrnimmt[455]
und das wohl nur selten erreichte Ideal, alt und lebenssatt zu sterben[456]. Dazu
kommt, daß die verheißenen Tage im Land nicht nur eine Zeitausdehnung
bedeuten, sondern, wie Childs formuliert, „the rich blessing of the society
which is in harmony with the divine order"[457].

Die Auszeichnung des Elterngebots innerhalb des Dekalogs durch diese
besondere Motivationsklausel läßt nun noch abschließend nach seinem
Kommunikationsrahmen fragen. Dabei geht es um seine Stellung im Dekalog
- stimmt sie mit der Unterstreichung durch die Motivierung überein? - sowie
um seine Adressaten.

---

[453] Das Auftreten von Motivationsformeln ist nicht auf altisraelitisches Recht beschränkt,
wie noch GEMSER meinte (vgl. ders., Importance, 52), sondern kann auch in anderen
Rechtstexten des alten Orients beobachtet werden, vgl. SONSINO, Motive Clauses, 153-192;
zum Vergleich von biblischen und außerbiblischen Motivationsklauseln vgl. dort bes. 172-
175.

[454] SONSINO, Motive Clauses, 175, sieht einen sehr engen Zusammenhang der Motivationsklauseln zur Weisheit: „The motive clauses in biblical laws ... appear to have been for-
mulated like the motivations found in wisdom instructions and probably under the influence
of wisdom literature in general".

[455] Vgl. Ps 39,6; Ps 89,48.

[456] Nur wenigen Erwählten wird das zuteil: Abraham nach Gen 25,8; Isaak nach Gen 35,
29; David nach 1Chr 29,28; dem Priester Jojada nach 2Chr 24,15 sowie Hiob nach seinen
schweren Prüfungen (Hiob 42,17).

[457] CHILDS, Exodus, 419.

Kapitel 8

# Der Kommunikationsrahmen des Elterngebots innerhalb des Dekalogs

## 1. Die Stellung des Elterngebots innerhalb des Dekalogs

Die gesamte Gliederung des Dekalogs und die Zählung der Gebote ist umstritten, worauf bereits die unterschiedlichen Traditionen diesbezüglich im Judentum, im Katholizismus und Luthertum sowie im reformierten Bereich hinweisen[458]. Dabei tangiert die Aufteilung von Ex 20,17 in zwei Gebote bzw. die sprachlich sinnvollere Behandlung als ein zusammenhängendes Begehrensverbot[459] das Elterngebot nicht. Dagegen entscheidet die Sicht von Ex 20,2-7 über seine Zählung als viertes (so Augustin, die römisch-katholische und die lutherische Tradition) oder als fünftes (so die jüdische und reformierte Überlieferung) Gebot.

Für beide Möglichkeiten gibt es Argumente: Ex 20,3 (Fremdgötterverbot) und Ex 20,4 (Bilderverbot) lassen sich als zwei getrennte Gebote verstehen, womit zusammen mit Ex 20,7 (Verbot des Namensmißbrauchs) und dem Sabbatgebot vier Gebote vor dem Elterngebot stehen. Andererseits bindet V. 5 die beiden vorangehenden Verse zusammen, da das Verbot, „ihnen" zu dienen, sich auf die Fremdgötter von V.3 und nicht auf die singularischen Bildbezeichnungen von V.4 bezieht. Da Ex 20,2 aus formkritischen Gründen[460] nicht als separater Abschnitt der Gebotsreihe gezählt werden kann, kommt man durch diese Beobachtung auf drei Einheiten vor dem Elterngebot, das dann an vierter Stelle steht.

Wichtiger als die Zählung ist jedoch die Einteilung, die auch für das jeweilige Verständnis des Elterngebots Vorentscheidungen trifft. Am weitesten verbreitet ist die sogenannte „Zwei-Tafel-Tradition"[461], die alle Dekaloggebote auf zwei Tafeln verteilt, wobei das Elterngebot meist an der Spitze der

---

[458] Vgl. dazu die Tabellen sowie die Ausführungen bei SCHÜNGEL-STRAUMANN, Dekalog, 7-9.

[459] V. 17b expliziert nur noch den Sachverhalt.

[460] Es handelt sich um keinen Normenrechtssatz.

[461] Nach Ex 24,12; 31,18; 32,15-20; 34,1-4.29.

zweiten Tafel eingeordnet wird[462], also am Anfang der „sozialen" Gebote, die sich vorrangig auf das zwischenmenschliche Zusammenleben beziehen. Die drei bzw. vier Bestimmungen der ersten Tafel sollen dagegen die Gottesbeziehung der Israeliten regeln. Diese Aufteilung ist bis heute sehr einflußreich[463].

Unter dem Vorzeichen rechtsvergleichender Studien ist allerdings die Zugehörigkeit des Elterngebots zur zweiten Tafel in Frage gestellt worden. Gerade die folgenden vier Prohibitive (Tötungsverbot, Ehebruchsverbot, Diebstahlsverbot und Meineidsverbot) erscheinen im Kontext des Alten Orients als „summary of all ‚civil' law"[464]. Als Vertreter des Familienrechts steht dabei das Ehebruchsverbot, wobei die Abschnitte in den meisten altorientalischen Gesetzbüchern im Vergleich mit dem Dekalog genau in umgekehrter Reihenfolge angeordnet sind[465]. So aufschlußreich aber ein solcher Vergleich für eine möglicherweise separat tradierte Reihe von vier Geboten sein mag, so wenig trägt sie für die Endfassung des Dekalogs aus. In diesem neuen Kontext ist auf diese Weise lediglich der besondere Rang des Elterngebots bestätigt. Es kann durchaus als besonderer Aspekt des Familienrechts (wozu soll es sonst gehören?) an den Anfang aller zivilrechtlichen Forderungen gestellt worden sein, womit die mehrheitlich anerkannte Aufteilung der Gebote auf die „zwei Tafeln" bestätigt wäre.

Gerne hat man das Elterngebot auch zum Sabbatgebot gestellt und aufgrund der gemeinsamen positiven Formulierung sowie der jeweils ausführlichen Motivierung und Begründung eine paarweise Anordnung vorgenommen. Auch die Verbindung mit dem Ehebruchsverbot unter dem Oberbegriff

---

[462] Exemplarisch dafür CRÜSEMANN, Bewahrung der Freiheit, 58: „Mit dem Elterngebot setzt die Reihe der Sozialgebote ein". SCHENKER, ADRIAN: „Ehre Vater und Mutter". Das vierte Gebot in der Gesamtordnung des Dekalogs. IKaZ 24, 1995, 11-17, 11, zählt sogar noch das Sabbatgebot zur zweiten Tafel.

[463] W.H. SCHMIDT hat sie für seine neue Darstellung wieder übernommen, obwohl er selbst daran erinnert (ders., Gebote, 97, Anm. 1), „daß die inhaltliche Aufteilung der Zehn Gebote auf zwei Tafeln durch das Alte Testament höchstens ansatzweise, zumindest nicht eindeutig vorgegeben und insofern ein Stück willkürlich ist". KRATZ, Dekalog, 206 - 214 hat nun besonders auf die „Zäsur innerhalb der ersten Tafel" (a.a.O., 208) aufmerksam gemacht und nimmt eine Entfaltung des „Kopfsatzes" (Ex 20,2-6) in *zwei* weiteren Teilen an, nämlich Ex 20,7-11 und Ex 20,12-17. Für das Elterngebot ergibt sich durch diese Gliederung eine besondere Herausstellung und inhaltlich „eine gewisse Affinität zur Generationenfolge in V.5b-6 sowie eine Entsprechung zum Vorspruch V.2 (Herausführung - Landgabe), mithin zum ganzen Rahmen in V.2-6 (1)" (a.a.O., 213).

[464] KAUFMAN, STEPHEN A.: The Second Table of the Decalogue and the Implicit Categories of Ancient Near Eastern Law. In: Marks, John H.; Good, Robert M. (Hg.): Love & Death in the Ancient Near East; Essays in Honor of Marvin H. Pope; Guilford, Conn. 1987, 111-116, 111.

[465] KAUFMAN, The Second Table of the Decalogue, 115f. erklärt dies mit unterschiedlichen Prioritäten.

„Schutz der Familie"[466] wurde vorgeschlagen, ja sogar eine Zuordnung zum Verbot des Namensmißbrauchs[467] wurde versucht.

Von diesen Vorschlägen scheitert die Verknüpfung mit dem Verbot des Namensmißbrauchs daran, daß die zugrundeliegende Annahme eines Sabbatdekalogs abwegig ist. Gerade das Elterngebot hat in jener Konstruktion keinen verständlichen Platz und keine einsichtige Entsprechung. Die Gesamtkonzeption der universalen Systematik, nach der es „um die paarweise Definition des Heilszustandes"[468] geht, der in fünf Bereichen sich verwirklichen soll, ist am Text nur schwer verifizierbar. Schon die Zweifachzählung des ersten Gebots trotz sprachlicher Einheit[469] ist problematisch, die Umstellung von Tötungs- und Ehebruchsverbot ist nur schwach und spät bezeugt (LXX: B, Philo, Papyrus Nash). Innerhalb des Alten Testaments ist daher eine Zusammenordnung von Elterngebot und Ehebruchsverbot nicht im Dekalog, sondern erst in Lev 20,9.10 festzustellen[470], dort allerdings sehr plausibel unter dem von Gese vorgeschlagenen Oberbegriff.

Im Blick auf die beiden ersten Einteilungsvorschläge stellt sich nun allerdings noch die Frage, inwiefern das Elterngebot über den Zusammenschluß mit dem Sabbatgebot eher zu den Geboten der Gottesehrung gehört[471] oder tatsächlich ganz zur zweiten, ethischen Tafel des Dekalogs zu rechnen ist[472]. Schmidt fragt mit Recht: „Soll es beide Tafeln miteinander verbinden, gleichsam eine Mittelstellung im Übergang von den theologischen zu den zwischenmenschlichen Geboten einnehmen?"[473]

---

[466] GESE, Dekalog, 76; kritisch dazu KRATZ, Dekalog im Exodusbuch, 207.

[467] Vgl. LOHFINK, Dekalogfassung, 26, wo die Abschnitte II. Namen  Jahwes und IV. Eltern parallel zu stehen kommen.

[468] GESE, Dekalog, 79.

[469] Von GESE, Dekalog, 73f. selbst festgestellt.

[470] Gegen SCHMIDT, Komposition, 219, Anm.4, der für das Alte Testament eine grundsätzliche Trennung annimmt.

[471] So LANG, Dekalog, 63, der den Einschnitt im Dekalog - trotz seiner sonstigen Einwände gegen Hossfeld - *nach* dem Elterngebot beläßt. Er stimmt so mit der jüdischen Exegese überein, für die stellvertretend der Kommentar von Benno JACOB stehen soll. Jacob schreibt: „Vater und Mutter sind an und für sich Menschen wie andere Menschen, aber nicht für die *eigenen* Kinder, für diese haben sie etwas Elohimisches und sind, sie seien wie sie seien, wie mit einem Heiligkeitsschimmer umgeben. Das Verhältnis der Kinder zu den Eltern ist die einzige schöpfungsgemäße, also gottgewollte und natürliche Abhängigkeit unter Menschen ... Darum gehört der fünfte Ausspruch noch zur ersten Tafel" (JACOB, BENNO: Das Buch Exodus; herausgegeben im Auftrag des Leo-Baeck-Instituts von Shlomo Mayer unter Mitwirkung von Joachim Hahn und Almuth Jürgensen; Stuttgart 1997; ursprüngl. abgeschlossen 1940/43, 578f.).

[472] Als Beispiel für selbstverständliche Voraussetzung dieser Zuordnung sei FURGER, FRANZ: Der Dekalog - eine Urcharta der Menschenrechte? In: Mosis, Rudolf; Ruppert, Lothar (Hg.): Der Weg zum Menschen. Zur philosophischen und theologischen Anthropologie (Festschrift für Alfons Deissler); Freiburg, Basel, Wien 1989, 294-309, 295f. genannt.

[473] SCHMIDT, Gebote, 98.

Auch für diese Entscheidung legt sich eine geschichtliche Entwicklung als Lösung nahe, denn der jetzige Eindruck einer Mittelstellung beruht auf dem Ergebnis der weiteren Geschichte des verschriftlichten Dekalogtextes.

Berücksichtigt man nämlich, daß die Begründung des Sabbatgebotes in Ex 20,11 die Grundschrift der Priesterschrift voraussetzt[474] und kaum „eine Begründung die andere verdrängt hat"[475], so bleibt wohl für die ursprüngliche schriftliche Fassung des Dekalogs in Ex 20 nur die positive Formulierung als Parallele zwischen dem Elterngebot und dem Sabbatgebot[476]. Ferner ist für jene Zeit eine Verbindung des Elterngebots mit dem Tötungsverbot - ähnlich wie in der völlig unabhängigen Todessatzreihe von Ex 21 - viel naheliegender: das mögliche Vergehen gegen die alten Eltern, nämlich Vernachlässigung, keine Versorgung mit eventueller Todesfolge, ist ein Spezialfall der allgemeinen Tötung eines anderen Menschen. Vergleichbar der kurzen Reihe, die in Ex 21 aufgenommen wurde, wird daher der besonders verwerfliche Spezialfall betont, hier allerdings durch Voranstellung, da eine Struktur in strengen Parallelismen mit Schwerpunkt auf dem zweiten Glied innerhalb der Reihe nicht durchführbar war.

Die verbreitete Zwei-Tafel-Gliederung bekommt von daher ihr Recht: das Elterngebot gehört ursprünglich nach der Verschriftlichung zunächst ganz zur zweiten Tafel des Dekalogs und leitete die ethischen Gebote für die Regelung der zwischenmenschlichen Beziehungen ein. Dabei geht es um den Schutz des Mitbürgers. Der Nächste soll „in bezug auf sein Leben, seine Freiheit, seine Ehe sowie sein Eigentum fremdem Zugriff entzogen werden"[477]. Der Schutz der Eltern als besonders Nahestehenden, aber im Alter auch besonders Gefährdeten steht voran. Diesem rein sozialethischen Skopus des Gebotes entspricht die augustinische Verteilung auf die Tafeln; sie gibt die Auffassung der vorexilischen Zeit authentischer wieder.

Erst in der Exilszeit wird mit der Ergänzung des Sabbatgebotes die Verbindung nach vorne enger und das Elterngebot mit den theologischen Geboten eng verknüpft, so etwa in Lev 19,3f. Diese „Theologisierung" des Elterngebots, das die Elternehrung neben Sabbat und Beschneidung als Kennzeichen

---

[474] Vgl. SCHMIDT, Gebote, 94; BOECKER, Altes Testament, 209.

[475] SCHMIDT, ebd. , gegen HOSSFELD, Dekalog, 39f. u.a.

[476] Die weitgehende Parallelisierung beider Gebote von SCHENKER, „Ehre Vater und Mutter", ist m.E. nicht verifizierbar. Er geht zunächst (a.a.O., 12-16) nur von der literarischen Ebene mit den Begründungen der Gebote aus und versucht dann eine Parallelisierung, wobei das Sabbatgebot die unterlegenen, arbeitenden Menschen und Tiere schützen soll, das Elterngebot die arbeitsunfähigen Familienmitglieder. Dabei ist die Repräsentanzfunktion der Eltern für allgemein „arbeitsunfähige Personen" höchst fragwürdig und nicht naheliegend, außerdem das Sabbatgebot in seiner Grundaussage zur Respektierung der Integrität der Schöpfung, in die einen Tag lang nicht eingegriffen werden soll, nicht erkannt. Die soziale Dimension gewinnt das Sabbatgebot m.E. dezidiert erst durch die Begründung in Dtn 5.

[477] SCHMIDT, Gebote, 97.

des israelitischen Glaubens in fremder Umwelt herausstellt, wird uns in Texten im Umfeld des Exils noch öfter begegnen.

So bleibt als Fazit für die Stellung des Elterngebots im Dekalog: es nimmt in der heutigen Endfassung eine schillernde Mittelposition[478] ein, die in jedem Fall seine hohe Bedeutung unterstreicht. An der Schlüsselstelle des Dekalogs angesiedelt, reflektiert die jeweilige Zuordnung des Elterngebots innerhalb der Reihe den Rang des Gebotes in Relation zuerst zu sozialethischen, später dann auch zu den theologischen Sätzen des Normenrechts.

## 2. Die Adressaten des Elterngebots im Dekalog

Außer durch seine Stellung innerhalb der Gebotsreihe ist der Kommunikationsrahmen des Elterngebots vor allem durch seinen Adressatenkreis bestimmt. Schon von seiner Form her als Normensatz innerhalb der alttestamentlichen Rechtsüberlieferung erweist es sich als Forderung an einen erwachsenen Israeliten. Rechtssätze wurden auch im alten Orient nie für Kinder oder Heranwachsende gebildet - sie konnten allenfalls mittelbar mitbetroffen sein. Bereits während der mündlichen Überlieferungsphase dürfte sich das Gebot daher an erwachsene Männer gerichtet haben, die der Sippenälteste damit an ihre Pflichten erinnerte.

Spätestens mit der Verschriftlichung innerhalb des Dekalogs wird dann ganz eindeutig geklärt, daß sich das Elterngebot wie die anderen Sätze der Reihe an erwachsene, freie israelitische Bürger richtet. Nur sie hatten die Möglichkeit, in eine fremde Ehe einzubrechen (Ex 20,14) oder vor Gericht falsch gegen einen Mitbürger auszusagen (Ex 20,16).

Es sind also nicht die heranwachsenden Kinder, die im Blickfeld stehen und denen man mit dem Gebot besonders die Autorität der Eltern einschärfen wollte. Auch sind gewiß nicht die noch unwissenden kleinen Kinder angesprochen, die von ihren Eltern die religiösen Traditionen Israels erzählt bekommen und diese Erzählungen achten und besonders aufmerksam lernen sollen. Vielmehr unterstreicht der Adressatenkreis die oben erarbeitete inhaltliche Ausrichtung: der erwachsene Familienvater, der seine alten Eltern bzw. den hinterbliebenen Elternteil versorgen kann, soll dies auch tun, und zwar in der gebotenen Achtung.

Damit ist nicht gesagt, daß mit dem Elterngebot in seiner späteren Geschichte nicht auch einmal andere Zielgruppen, darunter auch Kinder und Heranwachsende, angesprochen werden konnten. Der ursprüngliche Adres-

---

[478] WÉNIN, Le décalogue, 178, spricht zutreffend vom „caractère de charnière de cet ordre". MILLER, Place, 238 sieht es ebenso mit Recht „at the point of transition from those instructions that have to do with relationship to God and those that have to do with relationship to other members of the community".

satenkreis kann jedoch auf erwachsene Söhne eingegrenzt werden - spätere Erweiterungen oder Verlagerungen sind für die jeweilige Zeit zu begründen und hängen eng mit verändertem inhaltlichen Verständnis des Elterngebots zusammen.

Außer den Gebots- und Verbotssätzen selbst sind es auch die Begründungen im Dekalog, die auf erwachsene Männer als Adressaten hinweisen. Die „Väter" sind angesprochen, wenn damit gedroht wird, ihre Verfehlungen am ganzen Hausstand (bis zur dritten und vierten Generation) heimzusuchen (Ex 20,5). Sie sind angesprochen, wenn die Arbeitsruhe am Sabbattag auf ihre Söhne und Töchter, auf Knechte und Mägde bis hin zu ihrem Vieh ausgedehnt wird. Wer anders als ein freier Bürger schließlich kann sogar für einen Fremden verantwortlich sein, der „in deiner Stadt lebt" (Ex 20,10) ?

Die Motivationen der Gebote gehen eindeutig vom erwachsenen Mann aus, der im Fall des Elterngebotes den Wert des langen Lebens im verheißenen Land am meisten zu schätzen weiß - was Kindern und Heranwachsenden wohl noch nicht so nahe liegt. Es ist also davon auszugehen, daß sich das Gebot „an erwachsene Kinder betagter Eltern richtet"[479].

---

[479] LANG, Altersversorgung, 149; vgl. CRÜSEMANN, Bewahrung der Freiheit, 59; gegen TATE, Legal Traditions, 492, der nur vorrangig die erwachsenen Kinder die Adressaten sein läßt, „though children of all ages are included". Ähnlich will VAN OYEN , Ethik, 116 das Gebot von Anfang an für Kinder aller Lebensalter gelten lassen, um die Stellung des Vaters zu stützen, denn „so wirkungsvoll war auch in Israel die *patria potestas*  nicht, daß sie ex opere operato funktioniert hätte" (Hervorhebung im Original).

Kapitel 9

# Spuren des Elterngebots
# auf dem Weg der alttestamentlichen Schriften

Wenn wir nun versuchen, den Spuren des Elterngebots in den alttestamentlichen Schriften nachzugehen, so bietet es sich an, dort einzusetzen, wo wir
bereits die grundlegenden Beziehungen zum Elterngebot festgestellt haben,
nämlich in den beiden älteren Rechtsüberlieferungen, das heißt also im
Bundesbuch und im Deuteronomium[480]. Daran schließt sich ein kurzer Seiten-
blick auf das deuteronomistische Geschichtswerk unter der Fragestellung an,
ob das im Gesetzeskorpus so herausgehobene Elterngebot dort ebenfalls eine
gewichtige Rolle spielt.

Da wir gerade für das Deuteronomium den Übergang von der Rechtssetzung zur Weisheit bereits beobachtet haben[481], fügt sich daran eine Untersuchung der alttestamentlichen Weisheit und ihrer Stellung zum Elterngebot
an. Chronologisch sinnvoll folgt danach die jüngste Rechtsüberlieferung, das
Heiligkeitsgesetz und im Anschluß werden damit historisch verwandte Abschnitte aus dem Buch des Propheten Ezechiel besprochen. Es folgt noch eine
Darstellung der interessanten Aufnahme der Elternehrung bei Maleachi, während die übrigen Prophetenbücher wie auch die Geschichtswerke kaum Spuren des Elterngebots bieten. Daher soll nur in einem kurzen Abschluß des
Kapitels auf einige Anspielungen auf das Elternethos in diesen Schriften Bezug genommen werden.

## 1. Die Beziehung des Elterngebots zu den Rechtsüberlieferungen
## im Bundesbuch und im Deuteronomium

Im Bundesbuch hatten wir bereits ausführlich die beiden Elternrechtssätze in
Ex 21,15.17 innerhalb der herausgearbeiteten Viererreihe untersucht und festgestellt, daß sie unabhängig vom Elterngebot entstanden und überliefert worden sind. In dem Moment, als nun der Dekalog als Gotteswort den übrigen,
nur indirekt, durch Mose, verkündeten Gesetzen vorgeordnet wird, erhalten

---

[480] Vgl. oben, Kapitel 5, 2-4.
[481] Vgl. oben, Kapitel 5.3.

jene Gesetze - auch die Elternrechtssätze von Ex 21,15.17 - nun „durch die Komposition den Charakter von Ausführungsbestimmungen zum Dekalog"[482].

Mit jener Wirkung der Komposition beginnt auch der Prozeß der inhaltlichen Ausweitung des Elterngebots. Führen Ex 21,15.17 das Elterngebot - gegen die ursprüngliche Nebeneinanderordnung - nun nur noch ausführlicher und konkreter aus, so muß man voraussetzen, daß „ehren" der Eltern zugleich ein Verbot der Mißhandlung der Eltern und ihrer Verfluchung enthält. Der ursprüngliche Sinn des Elterngebots zur Sicherung der Altersversorgung der Eltern wird dadurch nicht beseitigt oder eingeschränkt, stellt aber nun nur noch *eine* Zielrichtung des Gebotes unter mehreren dar. Solange die „Ausführungsbestimmungen" aber noch bewußt als eigenständige Elternrechtssätze gelesen wurden, konnte jene ursprüngliche Zielrichtung weiterhin als Hauptaussage verstanden werden.

Ähnlich stellt die Aufnahme des Elterngebots in das Deuteronomium einen bedeutsamen Schritt auf seinem Tradierungsweg dar - weniger allerdings durch eine ganz neue Interpretation, sondern zuerst durch einen veränderten Kontext. Die Wiederholung des Elterngebots innerhalb des Dekalogs in Dtn 5 - das ganze, in sich einheitlich zu verstehende Kapitel[483] dürfte spätestens kurze Zeit vor dem Beginn der josianischen Reform als Rahmung des „Gesetzbuches des Josia" (Dtn 4,45 - 26,19) entstanden sein[484] - ist zunächst nur eine betonte Herausstellung der Dekaloggebote. Schon sind zwar die Todesrechtssätze des Bundesbuches als Erläuterung des Elterngebots verstanden und deren Aussage dort integriert, aber inhaltlich führt das Elterngebot im Dtn nicht weiter über den Ursprungssinn der Versorgung und Achtung der alten Eltern hinaus. Auch der Wortlaut des Elterngebots aus Ex 20,12 blieb zuerst unverändert.

Lediglich die Gliederung des Dekalogs wird durch das durchgehend eingefügte kopulative ׳ verändert. Es ergibt sich eine „Blockbildung" von Dtn 5,17-21 sowie innerhalb des Blocks eine paarweise Anordnung[485]. Dadurch wird das Elterngebot stärker mit dem Sabbatgebot verbunden, was die ohnehin naheliegende Verbindung aufgrund der positiven Formulierung noch unter-

---

[482] SCHMIDT, Werner H.: Einführung in das Alte Testament; 5., erw. Aufl., Berlin, New York 1995, 119.

[483] Vgl. oben, Teil Kapitel 3.2.

[484] Nach 2Kön 22,8 gilt das aufgefundene Buch sofort als סֵפֶר הַתּוֹרָה (Gesetzbuch), was Dtn 4,44 entspricht: זֹאת הַתּוֹרָה (Dies ist das Gesetz). Der ältere Einleitungsvers (Dtn 4,45), der eventuell einmal den Anfang des Urdeuteronomiums in Dtn 6,4 vorbereitete, steht dazu in leichter Spannung; vgl. dazu PREUSS, Deuteronomium, 91.92 sowie ausführlich SEITZ, Redaktionsgeschichtliche Studien, 47-50, der die Entstehung von Dtn 5 auf verschiedenen Redaktionsstufen, verbunden mit den Überschriftensystemen, erklärt.

[485] Vgl. MITTMANN, Deuteronomium, 143; GESE, Dekalog, 78, Anm. 56; LOHFINK, Dekalogfassung, 26.

stützt. Die - wohl erst exilische - Rückverweisformel im Sabbat- und Elterngebot (Dtn 5,12.16: „wie dir der Herr, dein Gott, geboten hat") wird deren enge Zusammenordnung in späterer Zeit noch mehr hervortreten lassen.

Auch die Segensverheißung des Elterngebots erfährt im Dtn und in seiner dtr Bearbeitung eine wesentlich ausgeweitete Tradierung. An zwei Stellen wird die intransitive Form der Formel vom „Langmachen der Tage" aus dem Elterngebot aufgenommen[486] und dtn mit dem Gebot über die rechten Maße (Dtn 25,15) verbunden, spätdtr als Motivierung aller Gebote und Rechte (Dtn 6,2) eingesetzt. Eine noch weitere Verbreitung hat die Formel dann in ihrer grammatikalisch einfacheren, transitiven Gestalt gefunden. Sie findet auch Eingang in zahlreiche Zusammenhänge, in denen jeweils die Verbindung der Generationen thematisiert wird. Im dtn Königsgesetz (Dtn 17,20) verheißt die Formel Dauer der Regierungszeit des Königs und seiner Nachkommen; in der summarischen Motivierung der Gebotseinhaltung in Dtn 11,9 wird denjenigen (Plural!), die die dtn Gesetze befolgen, langes Leben im Lande zugesagt.[487] Bei der ebenso summarischen Gebotsparänese in Dtn 4,40 steht singularisch dieselbe Verheißung. Im Anhang zum Moselied (Dtn 32,47) bindet die deuteronomistische Unterweisung jenes Verheißungsgut noch enger an das dtn Gesetz: „durch dieses Wort" - gemeint ist die dtn Tora für die Hörer, die sie ihren Kindern weitergeben sollen - kommt das lange Leben im Lande zustande. Die Erweiterung der Motivationsformel in Dtn 5,16 - und damit die Veränderung beim Elterngebot selbst - gibt dann eindeutig ein fortgeschritteneres traditionsgeschichtliches Stadium zu erkennen: das lange Leben ist nicht mehr mit der Landgabe verbunden, stattdessen wird die aus Dtn 4,40 vorgegebene Verheißung des Wohlergehens eingefügt und dazu eingesetzt, daß das Elterngebot auch für die Exilsgeneration mit einer in ihrer Gegenwart erfüllbaren Zusage verbunden bleibt (langes Leben), während das Wohlergehen im Lande erst viel späteren Generationen vorbehalten bleibt. Diese Erweiterung der Formel ist so erst im Exil verständlich[488].

Gehen wir nun zunächst von denjenigen Abschnitten im Gesetzeskorpus des Dtn aus, die sicher zum ältesten Grundbestand[489] gehören, so stoßen wir zuerst wieder auf den Fall des ungehorsamen Sohnes in Dtn 21,18-21[490]. Wie

---

[486] Vgl. oben, Kapitel 3.2.

[487] In Dtn 11,18-21 wird den Adressaten und ihren Kindern langes Leben im Lande versprochen, wenn sie die Worte des Gesetzes festhalten und sie ständig bewegen. Die Formulierung stimmt jedoch nicht mit der Motivationsformel des Elterngebots überein, statt אָרַךְ steht רבה, außerdem werden die Tage der Söhne getrennt genannt und der Landbesitz ausdrücklich für immer, „wie die Tage des Himmels über der Erde", gegeben.

[488] Vgl. dazu oben, Kapitel 7.

[489] Jenen Grundbestand kann man - vgl. oben Kapitel 5.3 - auch erst Ende des 7. Jhdts. im Zusammenhang der josianischen Reform in Jerusalem verorten, aber es spricht manches dafür, daß der Kern des Dtn „vielmehr ein Rechtsdokument des Nordens ist" (BOECKER, Recht, 155).

[490] Vgl. dazu oben, Kapitel 5.3.

bereits dargelegt, kommt darin ein Interesse an der Unterweisung von Jugendlichen[491] zum Ausdruck sowie eine Parallelisierung der Auflehnung gegen die
Eltern mit der Auflehnung gegen Gott. Es handelt sich also im jetzigen Kontext um die eher weisheitliche Fortschreibung des Dekaloggebotes für andere
Adressaten mit anderem Akzent.

Für Dtn 27,16 war bereits erwogen worden, daß sich der Satz ursprünglich
gegen die Verfluchung der Eltern gerichtet hatte, speziell für den Fall, daß der
Täter nicht mehr greifbar war. In der dtr Redaktion konnte die Kontrast-
analogie der Fluchreihe in Dtn 27 zum Dekalog festgestellt werden, wobei die
Eltern nun vor jeglicher Herabsetzung geschützt werden, auch unabhängig
von konkretem Tun[492]. Stellt die dtr Redaktion diesen Satz nun gezielt dem
Elterngebot gegenüber, so kann angenommen werden, daß für sie auch das
Gebot selbst diese erweiterte Intention hat. Der bereits im Ursprung angelegte
Aspekt, die Eltern zu achten, wird implizit ausgebaut. Über die Versorgung
hinaus ist gefordert, Vater und Mutter auf keinen Fall - weder mit Taten noch
mit Worten - verächtlich zu behandeln.

Wie kategorisch das Deuteronomium damit rechnet, daß Eltern ihren Kindern die Tradition des Glaubens korrekt, in der Bindung an Jahwe als den
einzigen Gott, weitergeben, wird in Dtn 13,7-12 deutlich. Dort wird der Fall
reflektiert, daß engste Angehörige zum Götzendienst überreden wollen. Der
gläubige Israelit erhält die Weisung des Gesetzes, solchen Worten zu widerstehen, ob sie von seinem Bruder, seinen eigenen Kindern, seiner Frau oder
seinem Freund kommen. An die Möglichkeit, daß die eigenen Eltern vom
Glauben Israels abfallen und ihren Sohn statt in den Jahweglauben in den
Dienst fremder Götter einführen wollen, ist nicht gedacht. So kommt es auch
zu keiner Markierung einer Grenze des Elterngebots, die an dieser Stelle möglich gewesen wäre.

Nur an einer Stelle kommt die - in Dtn 13 vermißte - Grenzziehung gegenüber dem Elterngebot ganz am Rande in den Blick. Im Mosesegen von
Dtn 33,8-11 wird erkennbar, daß die Pflicht gegenüber Gott selbstverständlich
auch größer ist als die gegenüber den Eltern. Der vom Deuteronomium aufgenommene[493] Mosesegen mit dem Spruch über Levi, der schwer zu datieren

---

[491] Das für das Dtn charakteristische Interesse an der Erziehung der Jugendlichen spiegelt
sich auch in Dtn 6,4-9, wo die Weitergabe der „Worte" an die Kinder herausgestellt wird, sowie in Dtn 6,20-25, wo die Begründung des Gesetzes als Katechese gegeben wird. Erstmals
kommen Kinder literarisch explizit als Empfänger religiöser Tradition in den Blick - und damit Eltern als Tradenten der Überlieferung. Allerdings ist gerade dieser Abschnitt nicht mit
dem Elterngebot verbunden. (Vgl. oben, Kapitel 6.3.).

[492] Vgl. dazu oben, Kapitel 5.4.

[493] BEYERLE, STEFAN: Der Mosesegen im Deuteronomium. Eine text-, kompositions-
und formkritische Studie zu Deuteronomium 33; Berlin, New York 1997 (BZAW 250), 276f.
hat zuletzt zahlreiche Stichwortverbindungen sowie theologische Linien in den Stammes-
sprüchen nachgewiesen, die die Existenz einer vor-dtn Spruchsammlung nahelegen. Zur
Datierung nimmt er die Grundschicht des Dtn (letztes Drittel des 7.Jhdts. v. Chr.) als termi-

ist[494], blickt auf die Geschichte des Stammes Levi zurück und faßt die Trennung von der Herkunftsfamilie in deutliche Worte. Wie die Beziehung zum eigenen Sohn, so wird auch die zum eigenen Vater abgebrochen. „Ich sehe ihn nicht" (Dtn 33,9) sagt der wahre Nachkomme Levis über seinen Vater, womit er gleichsam für den Sohn nicht mehr existiert. Im jetzigen Text - eventuell ergänzt - ist auch die Mutter ausdrücklich davon betroffen. Es handelt sich um eine „echte, formgültige Lossagung von den Götzendienern"[495]. Wo also die sonst von Dtn und seiner dtr Bearbeitung selbstverständlich vorausgesetzte Tradentenkette der Jahwereligion von den Eltern zu den Kindern nicht vorhanden ist, dort entfällt damit auch das Elterngebot. Die familiäre Fürsorge wird in diesem Zusammenhang dann durch die Zuwendung Gottes ersetzt. „An die Stelle der Eltern bzw. des Vaters tritt JHWH (vgl. Dtn 32,6.18)"[496].

## 2. Das Elterngebot im deuteronomistischen Geschichtswerk

Trotz der relativ ausführlichen Beschäftigung des Deuteronomiums mit der Ehrung der Eltern haben wir im deuteronomistischen Geschichtswerk kaum Hinweise, daß das Elterngebot nachhaltige Spuren hinterlassen hätte. Zwar ist an mehreren Stellen erkennbar, daß die Eltern hoch geachtet werden, aber eine deutliche Bezugnahme auf das Elterngebot liegt nicht vor.

Die Aufstiegserzählung Davids berichtet zum Beispiel von seiner Fürsorge gegenüber Vater und Mutter, die er während seiner Flucht vor Saul beim König von Moab in Sicherheit bringt (1Sam 22,3-5). David erfüllt damit das Elterngebot beispielhaft, aber das läßt sich nur implizit erschließen.[497]

---

nus ad quem an (vgl. a.a.O., 279). Auch LABUSCHAGNE, C.J.: The Tribes in the Blessing of Moses. OTS 19, 1974, 97-112, 97, wendet sich dagegen, im Mosesegen einen späten Nachtrag zum Dtn zu sehen. Allerdings hält er gerade den Spruch über Levi für redaktionell (vgl. a.a.O., 111.112), was jedoch nicht zwingend begründet wird.

[494] Vgl. dazu ZOBEL, HANS-JÜRGEN: Stammesspruch und Geschichte. Die Angaben der Stammessprüche von Gen 49, Dtn 33 und Jdc 5 über die politischen und kultischen Zustände im damaligen „Israel"; Berlin 1965 (BZAW 95), 67-70.

[495] DAUBE, DAVID: Rechtsgedanken in den Erzählungen des Pentateuchs. In: Hempel Johannes/ Rost, Leonhard (Hg.): Von Ugarit nach Qumran, Festschrift für Otto Eissfeldt, Berlin 1958, 32 - 41 (BZAW 77), 34.

[496] BEYERLE, Mosesegen, 133.

[497] Ob dies auch für den Abschnitt der Thronnachfolgeerzählung über den achtzigjährigen Barsillai gilt, der von David die Rückkehr in die Heimatstadt zum Grab von Vater und Mutter erbittet und dies auch gewährt bekommt (2Sam 19,38), sei dahingestellt. Hier steht m.E. eher das Motiv der Rückkehr zum Ursprung am Ende des Lebens im Vordergrund als die Verbundenheit mit den Eltern, zumal Barsillai offenbar das Grab der Eltern für lange Zeit verlassen hatte.

Viel eher greifbar ist im dtrG die im Deuteronomium kaum vorhandene Eingrenzung der Elternehrung. Kriterium dafür ist durchgehend die alleinige Jahweverehrung. Wie die Liebe der Eltern zu den Kindern im Konfliktfall der Gottesliebe untergeordnet werden muß[498], so gilt dasselbe von der Achtung der Kinder gegenüber den Eltern.

Mit Genugtuung verweist das deuteronomistische Werk auf die Absetzung der Königsmutter Maacha durch König Asa von Juda (1Kön 15,13), weil sie ein Götzenbild der Aschera hatte anfertigen lassen. Sogar König Joram von Israel erhält eine etwas freundlichere Beurteilung, weil er nicht ganz wie sein Vater und seine Mutter (Ahab und Isebel) handelt (2Kön 3,2). Entsprechend wird das Verhalten der Könige jeweils mit dem ihres Vaters[499] verglichen und eine Abweichung nicht nach der Treue zum Vater, sondern nach der Treue zu Jahwe beurteilt, die in vielen Fällen eine Abwendung vom Vater bedeutete[500] oder bedeutet hätte[501].

Ein Musterbeispiel - die Szene ist wohl „nicht nur biographisch, sondern auch lehrhaft gemeint"[502] - für das Verhältnis zu den Eltern bei besonderer Beauftragung bietet das dtrG schließlich in 1Kön 19,19-21. Es nimmt die Elia-Elisa-Tradition[503] auf und erzählt, wie Elia seinen späteren Nachfolger durch das Überwerfen seines Mantels bestimmt, was Elisa als Aufforderung zur Nachfolge des Propheten versteht. Jene Aufforderung unterscheidet sich von anderen Berufungserzählungen des Alten Testaments dadurch, „daß Gott sich nicht selbst dem Berufenen kundtut"[504]. Elisa ist zur radikalen Umkehr grundsätzlich bereit, und auch die einzige Bitte, die der zur Nachfolge aufgeforderte Landwirt an den Propheten richtet, stellt keinen prinzipiellen Einwand dar, wie wir ihn aus den Berufungsgeschichten kennen.

---

[498] Jephtha muß sein Gelübde gegenüber Jahwe halten und seine einzige Tochter zum Brandopfer darbringen (Ri 11,34-40). „Du ehrst deine Söhne mehr als mich!" (1Sam 2,29) lautet der Vorwurf Gottes an den Hohenpriester Eli, und er kündigt ihm mit dem Terminus des Elterngebots (כבד) adäquate Vergeltung an: „Wer mich ehrt, den will ich ehren; wer aber mich verschmäht, der wird verachtet werden" (1Sam 2,30). Ein drittes Beispiel ist Saul, der seinen Sohn Jonathan zum Tode verurteilt (1Sam 14,44), weil er ein Gelübde des Vaters überhört und gebrochen hatte; nur die Fürbitte des Volkes, das Jonathans Handeln im Einklang mit Gottes Willen sieht, rettet den jungen Mann.

[499] Die Mutter wird nur in Ausnahmefällen, wie bei Joram von Israel, erwähnt.

[500] Beispiele dafür sind Hiskia von Juda (2Kön 18,3) und Josia von Juda (2Kön 22,2).

[501] So urteilt das deuteronomistische Geschichtswerk zum Beispiel negativ über Abija von Juda (1Kön 15,3), Nadab von Israel (1Kön 15,26) und Sacharja von Israel (2Kön 15,9).

[502] WÜRTHWEIN, ERNST: Die Bücher der Könige. 1.Kön.17- 2.Kön.25; Göttingen 1984 (ATD 11/2), 233.

[503] Zu welchem Zyklus die Erzählung ursprünglich gehörte, kann hier offenbleiben; vgl. dazu WILLMES, BERND: Eine folgenreiche Begegnung (I Reg 19, 19-21). BN 60, 1991, 59-93, 72f., bes. Abschnitt 4.2.2. zur Einordnung der Erzählung in den Elia- oder Elisa-Zyklus.

[504] WILLMES, Begegnung, 59.

Er will sich lediglich von den Eltern, die offensichtlich nicht auf dem Feld sind, verabschieden. Die Bitte wird gewährt[505] und die Nachfolge solange ausgesetzt, bis das Opfermahl anläßlich der Trennung von der Familie gefeiert ist. Zwar legt sich vom Duktus der Erzählung die Anwesenheit der Eltern bei jenem Mahl nahe, aber weder von ihnen noch von den „Leuten" aus V.21 ist am Ende noch die Rede. Weder erfahren wir von der Reaktion auf den plötzlichen Abschied Elisas, noch werden „die sozialen Folgen des Weggangs des Besitzers(?) oder vermutlichen Erben(?) für die Eltern und seine Leute"[506] erwähnt.

Das Eingreifen des Propheten Elia in das Leben des Elisa bricht also das Recht der Eltern, die er nun nicht mehr versorgen kann. Man kann durchaus fragen, „ob der Berufene hier nicht der sozialen Verantwortung für seine Mitarbeiter und wohl auch Eltern entflieht"[507]. Ob der Erzähler freilich an einen Konflikt mit dem Elterngebot gedacht hat, ist nicht mehr zu ermitteln.

So nimmt die deuteronomistische Darstellung im Geschichtswerk zwar nirgends das Elterngebot konkret auf, wahrt aber implizit seine Intention und macht deutlich, daß es außer im Falle des Konflikts mit dem ersten Gebot, gegenüber dem er allerdings klare Grenzen für das Ethos der Elternehrung zieht, nie einfach aufgehoben und nichtig ist.

## 3. Spuren des Elterngebots in der Spruchweisheit

Von der Beobachtung ausgehend, daß im Deuteronomium sich ein Übergang zwischen Recht und Weisheit beobachten ließ, wenden wir uns zunächst grundsätzlich dem Verhältnis zwischen beiden Bereichen zu, bevor wir konkret die Spruchweisheit auf Spuren des Elterngebots hin untersuchen und abschließend weitere weisheitliche Werke berücksichtigen.

In der Forschung sind schon viele Hinweise auf die Verbindungen zwischen Recht und Weisheit gegeben worden. Im Zusammenhang der deuteronomischen Gesetzgebung wurden bereits die Überlegungen von Weinfeld genannt[508], Blenkinsopp hat dem Thema ein eigenes Werk gewidmet[509].

---

[505] Obwohl die Antwort Elias in V.20 mehrdeutig ist und man sie auch als Zurückweisung Elisas verstehen kann, „überwiegt bei den Kommentatoren die Sicht, daß Elia wohl für den Wunsch Elisas Verständnis zeigte, ihn gehen ließ, allerdings mit der Aufforderung, die durch die folgende rhetorische Frage als Mahnung verstanden werden kann, zurückzukehren" (WILLMES, Begegnung, 77.78).

[506] WILLMES, Begegnung, 64.

[507] WILLMES, a.a.O., 79, der hier nun doch den zuvor mit Recht abgewiesenen Terminus „Berufung" einsetzt.

[508] Vgl. oben, Kapitel 5.3 und 5.4.

[509] Vgl. BLENKINSOPP, JOSEPH: Wisdom and Law in the Old Testament. The Ordering of Life in Israel and Early Judaism; Revised Edition, Oxford 1995 (Oxford Bible series).

So erscheint die Nachfrage in Richtung der älteren Weisheit, wie sie vor allem in drei Sammlungen des Sprüchebuches (Spr 10,1-22,16; 22,17-24,22; 25-29) vorliegt[510], durchaus erfolgversprechend. Vor allem die thematische Verwandtschaft mehrerer Verse aus Proverbia mit dem Elterngebot legt eine Klärung der vermutlichen Beziehung nahe[511].

Grundlegend ist zunächst der Vergleich der Formen in Recht und Weisheit. H.-J. Hermisson hat im Blick auf die Aussageworte gezeigt, daß sich „nur ein schwacher Zusammenhang zwischen ,Volksgut' und Proverbien"[512] nachweisen läßt. Unter den echten Sprichwörtern[513], für die ein Ursprung im Volk möglich ist, findet sich zudem keines, das mit der Elternehrung in Verbindung zu bringen wäre. Auch in der dazugehörenden besonderen Klasse der „*Vergleichssprüche*"[514] wird das Thema nicht angesprochen. Dagegen finden sich mehrere „lehrhafte Sprüche", die eine Mahnung implizieren, sich aber trotzdem in der Form von den Mahnworten abheben[515], mit dem Thema der Beziehung Eltern-Kinder. Anders als die echten Sprichwörter sind sie nicht rückschauend, sondern „Anfang, nicht Abschluß, sie wollen etwas in die Zukunft Hineinreichendes bewirken"[516], und ihr Sitz im Leben ist daher in einer Art von Unterweisung zu suchen. Jedoch spielen Sippe oder Großfamilie in jenen lehrhaften Sprüchen keine Rolle, und auf eine Erziehung im Elternhaus wird zwar hingewiesen, „aber nirgends darauf, daß bei dieser Erziehung die lehrhaften Sprüche gebraucht worden seien"[517]. Andere Trägerkreise - z.B. Erzieher am Hof - sind, wenn man den Vergleich mit außerisraelitischen Überlieferungen berücksichtigt, sehr viel wahrscheinlicher, jedoch ist der Einzelfall zu prüfen.

Für die Mahnworte kommt Hermisson in Auseinandersetzung mit Gerstenberger am Ende zum Ergebnis, daß diese sich formal an ein ägyptisches oder auch mesopotamisches Vorbild anlehnen[518] und zur Bildungsweisheit gehö-

---

[510] Vgl. HERMISSON, HANS-JÜRGEN: Studien zur israelitischen Spruchweisheit, Neukirchen-Vluyn 1968 (WMANT 28), 15.

[511] Mit dem Urteil von RICHTER, WOLFGANG: Recht und Ethos. Versuch einer Ortung des weisheitlichen Mahnspruches; München 1966 (StANT 15), 171, wird man sich kaum zufriedengeben können, der behauptet: „Das Elterngebot der Elternehrfurcht Ex 20,12 = Dt 5,16 ... läßt keinen Reflex in der Weisheits-Literatur erkennen, wie es denn überhaupt kaum nachklingt".

[512] HERMISSON, Studien, 46.

[513] Vgl. a.a.O., 52-56.

[514] A.a.O., 58.

[515] Vgl. a.a.O., 63. - dazu gehören Spr 10,1; 15,20; 17,21; 17,25; 19,13; 19,26; 23,24; 28,24; 29,3; 29,15.

[516] Ebd.

[517] A.a.O., 67.

[518] Vgl. HERMISSON, Studien, 88.

ren, zu der das einfache Volk keinen Zugang hatte[519]. Besonders wichtig für die formale Trennung von Recht und Weisheit ist es dabei, daß sich „eine Abhängigkeit der *Form* des weisheitlichen Mahnworts von der *Form* der Prohibitive - so, daß die erstere eine Weiterentwicklung der letzteren wäre - ... sich in Israel nicht feststellen"[520] läßt. Den Unterschied zwischen den Rechtssätzen - gerade auch den Prohibitiven bzw. allgemein den Normensätzen - und den Ratschlägen des Weisen hat Preuß[521] treffend erfaßt, wenn er festhält, daß in der Weisheit das „Du sollst" der Gebote an das durch Gottes Handeln erwählte und verpflichtete Volk völlig fehlt, was sich gerade auch formal zeigt: „Der harte heischende Prohibitiv mit *lo´* findet sich kaum, dafür mehr der Vetitiv mit *´al* bzw. der Jussiv"[522]. Auch die Formulierung mit Partizipialformen, wie sie in den Weisheitssprüchen begegnet, weist darauf hin, daß wir uns außerhalb des Spektrums der fünf Rechtsformen[523] befinden: hier wird zwar ein Sachverhalt ähnlich partizipial wie in den Todessätzen zusammengefaßt, aber es folgt keine Sanktion[524]. Anders verhält es sich mit den Themen der Normensätze, die zumindest teilweise „in den weisheitlichen Mahnworten wieder aufgenommen"[525] sind. Dies gilt auch für das Thema der Elternehrung, wie Spr 23,22.25 zeigen.

Wir haben es also bei den Überlieferungen von Recht und Weisheit im Alten Testament mit zunächst unterschiedlichen Bereichen zu tun. Die Entstehung von Recht liegt zeitlich vor der Entstehung von Bildungsweisheit in Israel und damit in der Regel auch die Bildung von Normensätzen vor der Entstehung der uns erhaltenen Mahnsprüche. Erst in der deuteronomisch-deuteronomistischen Schule verbinden sich beide Überlieferungsströme definitiv, wie Blenkinsopp resümiert: „There can be no doubt that in Deuteronomy the legal and sapiential traditions flow together"[526]. Damit soll nicht bestritten werden, daß einzelne Sprüche als Sprichwörter eine lange Vorgeschichte haben können. Eine Wechselwirkung oder gegenseitige Beeinflussung ist jedoch aufs Ganze gesehen, von der Form und dem Sitz im Leben her zu urteilen, nicht erkennbar.

---

[519] Vgl. HERMISSON, a.a.O., 93; zustimmend PREUSS, HORST DIETRICH: Einführung in die alttestamentliche Weisheitsliteratur; Stuttgart u.a. 1987, 41, der auf Kreise wohlhabender Schreiber und Beamten verweist.

[520] HERMISSON, a.a.O., 88 (Hervorhebungen im Original).

[521] Vgl. PREUSS, Einführung, 35.

[522] PREUSS, Einführung, 35.

[523] Vgl. oben Kapitel 4.

[524] RICHTER, Recht und Ethos, 174, schließt nicht aus, daß die Partizipialform „gegenüber dem Prohibitiv sekundär" ist.

[525] RICHTER, ebd.

[526] BLENKINSOPP, Wisdom and Law, 100. Ein Hinweis darauf sind zahlreiche Motivationsklauseln im Deuteronomium, die typisch weisheitliche Begriffe enthalten; vgl. dazu SONSINO, Motive Clauses, 122.

In der Kernsammlung der Spruchweisheit (Spr 10,1-22,16) stellt bereits der erste Vers der Sammlung[527] klar, daß das Erlernen der Weisheit durch den Sohn eine positive Wirkung für die Eltern hat. Wer den Lehren des Weisheitslehrers folgt, der wird seinem Vater Freude machen, wer sie aber nicht beachtet, läßt seine Mutter Gram empfinden[528] (Spr 10,1). Dabei kommt sowohl der intellektuelle wie der ethische Aspekt des Weisheitsbegriffs zum Tragen. Die Freude des Vaters ist es, daß der Sohn rechtschaffen seinen Weg geht; den intellektuellen Fähigkeiten entsprechend aber ist zu erwarten, daß sich daraus auch Wohlstand ergibt. Spr 10,1 kann so als geschickte Einleitung einer schulischen Unterweisung verstanden werden, in der ein Weisheitslehrer die Erziehung der Eltern weiterführt[529], dabei aber zugleich deutlich macht, daß diese Fortführung kein Gegensatz zur Erziehung im Elternhaus ist. Vielmehr steht der Lehrer auf der Seite der Eltern und will mit der weiteren weisheitlichen Ausbildung zu deren Freude am Sohn beitragen. Damit liegt das Ziel der weisheitlichen Unterweisung - ein Handeln des Sohnes zugunsten der Eltern - zwar auf der Linie des Elterngebots, ist aber viel allgemeiner gefaßt. Konkrete Verhaltensmuster des Sohnes gegenüber den Eltern sind nur ein Unterthema dieser Erziehung, und auch die Eltern sind weder durchgehend als alt und gebrechlich noch als versorgungsbedürftig vorausgesetzt.

Noch an zwei weiteren Stellen der Kernsammlung finden wir entsprechend allgemeine Aussagen über die Zielrichtung des weisheitlichen Unterrichtens. Spr 17,21.25 thematisiert nur von der negativen Seite her den Kummer der Eltern (V.25) bzw. des Vaters (V.21; vgl. auch Spr 19,13)[530] über den Sohn, während Spr 15,20 nochmals antithetisch von weisem und törichtem Sohn[531] spricht. Der Freude, die der eine Sohn dem Vater bereitet, steht die Verachtung des anderen Sohnes gegenüber, mit der er seiner Mutter begegnet. Der Spruch faßt resultativ einen Erwachsenen ins Auge, der alle weisheitliche Mahnung längst ad acta gelegt hat; dies führt zur Verachtung der Eltern. Wie

---

[527] Zur Komposition dieser Kernsammlung vgl. SCHERER, ANDREAS: Das weise Wort und seine Wirkung; eine Untersuchung zur Komposition und Redaktion von Proverbia 10,1-22,16; Neukirchen-Vluyn 1999 (WMANT 83).

[528] Die Gründe für die Aufteilung des positiven und negativen Verhaltens sind eher formal: der positive Aspekt steht meist im Vordergrund und damit an erster Stelle, der Vater steht - wie auch sonst in der Regel - vor der Mutter; vgl. DELKURT, HOLGER: Ethische Einsichten in der alttestamentlichen Spruchweisheit; Neukirchen-Vluyn 1993 (BThSt 21), 29f.

[529] Vgl. PLÖGER, OTTO: Sprüche Salomos (Proverbia); Neukirchen-Vluyn 1984 (BK XVII), 123.

[530] PLÖGER, Sprüche, 206 vermutet, daß der Grund für den Kummer vor allem darin liegt, „daß der törichte Sohn nicht imstande sein wird, eine dem Ansehen der Familie entsprechende Fortsetzung des Familienbestandes zu gewährleisten".

[531] Das Suffix bei אם stellt klar, daß es sich bei dem „törichten Menschen", wie verallgemeinernd und in gezielter Distanz gesagt wird, primär um den Sohn handelt; vgl. PLÖGER, Sprüche, 183.

sich die konkrete Verachtung auswirkt, benennt Spr 19,26: der Sohn mißhandelt den alten Vater und verjagt nach des Vaters Tod die verwitwete Mutter.

Nur ein weiterer Spruch der Kernsammlung enthält noch ein konkretes Vergehen eines Sohnes: er flucht Vater und Mutter (Spr 20,20). Dafür wird allerdings keine Begründung gesucht, sondern in einem weisheitlichen Bild die Folge aufgezeigt: die Leuchte des Frevlers - sie steht für das Leben - wird verlöschen. Verlöschen von Licht bedeutet stets Unglück und Tod (vgl. Jes 43,17). Der Spruch spielt auf das Lebensende des Frevlers an, der seinen Eltern den Untergang wünscht, und greift eventuell auf Ex 21,17 oder einen ähnlichen Todessatz zurück[532]. Zumindest bildhaft wird hier also eine Strafe angedeutet.

So bestätigt die Durchsicht der Kernsammlung die vermutete Gesamtsicht. Keiner der Sprüche darüber, wie die Weisheit des Sohnes auf die Eltern wirkt oder welche Folgen die Verweigerung der Weisheit durch den Sohn auf die Eltern hat, ließ erkennen, daß er Grundlage für einen Normensatz hätte sein können. Auch war Spr 20,20 inhaltlich eher als weisheitliche Bearbeitung von Ex 21,17 aufzufassen.

Die weisheitliche Unterweisung setzt zum Schutz der alten Eltern ohnehin fast durchgehend  auf ihre eigene Wirkung, wie es Spr 15,20 und 19,27 zeigen. Wer die Weisheit annimmt, behandelt seine Eltern im Alter gut, nur der weisheitsverweigernde Tor bedrängt und verachtet sie: so lautet das implizite Urteil. Selbst dort, wo sich die Brücke zum Recht andeutet (Spr 20,20), ist sie nicht ausgeführt. Wo die Weisheit zum Ziel kommt (Spr 19,20), braucht das Rechtssystem nicht in Anspruch genommen zu werden.

Im Mittelpunkt der weisheitlichen Mahnung stehen daher nicht Erwachsene, deren Erziehung zur Weisheit abgeschlossen sein müßte, sondern Jugendliche, die früh (Spr 22,6) an das richtige Verhalten gewöhnt werden sollen. Ihnen gilt die mündliche Ermahnung, die sie zu Ehren kommen läßt (Spr 13,18), wie auch die körperliche Züchtigung (Spr 13,24)[533], die am Ende der Kernsammlung nochmals nachdrücklich empfohlen wird (Spr 22,15). Ziel von beidem ist aber immer, daß der Sohn hört und die Weisheit annimmt,

---

[532] Eine umgekehrte Entwicklung, daß dieser Weisheitssatz zur Einführung der Todesstrafe für den Fluch gegen die Eltern geführt hat, ist kaum vorstellbar. PLÖGER, Sprüche, 237, legt eine Verbindung zu Rechtssätzen nahe, wenn er im Bild von der Leuchte einen Verweis auf den Tod des Frevlers sieht, „da für Mißhandlung der Eltern im Gesetz die Todesstrafe vorgesehen ist".

[533] Zum Begriff מוסר vgl. VON RAD, Theologie I, 444, Anm. 33 und HOLLADAY, WILLIAM L.: Jeremiah 1. A Commentary on the Book of the Prophet Jeremiah, Chapters 1-25, ed. by Paul D. Hamson, Philadelphia 1986 (Hermeneia), 540. DELKURT, Ethische Einsichten, 34-41 führt ebenfalls aus, daß der Begriff neben der in Spr 13,24; 22,15; 23,13 sicher gegebenen Grundbedeutung (körperliche) „Züchtigung" auch weiter gefaßt „Belehrung" heißen kann. Diese Bedeutungsänderung ist hier jedoch nicht naheliegend.

damit er vor einem schlimmen Ende bewahrt bleibt[534]. Die Spruchsammlung fordert die Züchtigung des Sohnes, verbietet aber ausdrücklich, ihn zu töten (Spr 19,18), und ist in ihren Ursprüngen damit evtl. zu einem Vorbild der weisheitlich geprägten Fallschilderung in Dtn 21,18-21[535] geworden. Spr 19,19 warnt den jähzornigen Vater vor Strafe für ihn selbst, aber auch den, der sich in den familieninternen Streit einmischt[536].

Die ursprüngliche Forderung des Elterngebots nach Achtung der alten Eltern könnte den Tradenten zwar bekannt sein und sie teilen zumindest - separat, d.h. noch nicht dem Elterngebot eingegliedert - die Auffassung des Todessatzes von Ex 21,17, auf den wohl angespielt wird. Eine direkte Bezugnahme auf das Elterngebot oder gar auf seine Begründung[537] ist jedoch nicht festzustellen.

In der zweiten Teilsammlung (Spr 22,17-24,22) findet sich die Thematik Eltern-Kinder ganz entsprechend zur Kernsammlung behandelt, allerdings nur an zwei Stellen. Spr 23,13.14 reden den Vater an und wirken eher wie ein Nachtrag, da im Umfeld durchgehend der Schüler angeredet wird. Die Einheit stimmt außerdem weitgehend mit zwei Sprüchen des weisen Achikar überein[538]. Noch schärfer als in Kap. 19 wird hier zu körperlicher Züchtigung geraten, V.13b versucht geradezu, den Vater, der davor zurückschreckt, zu beruhigen.

Spr 23,22.25 beginnen mit dem Mahnwort des Weisheitslehrers, in dem bisher einzigartig das Hören auf den Vater mit der Achtung der Mutter, wenn

---

[534] DELKURT vermutet mit Recht, daß es die pädagogische Absicht ist, mit der Strafe „dem Kind einen Vorgeschmack auf die sehr viel härtere Strafe zu geben, die ihm bei einer Fortführung seines Lebenswandels bevorstünde" (ders., Ethische Einsichten, 42).

[535] Vgl. oben Kapitel 5.3.

[536] Vgl. PLÖGER, Sprüche, 224.225.

[537] Die Motivation der Elternehrung mit langem Leben im verheißenen Land spielt hier überhaupt keine Rolle. Zwar kennen auch die Proverbia langes Leben als Motivierung ihrer Mahnungen, aber dort wird völlig anders formuliert (vgl. Spr 16,31: Graue Haare sind eine Krone der Ehre, auf dem Weg der Gerechtigkeit wird sie gegeben; Spr 20,29: Graues Haar ist der Alten Schmuck) und meist absolut vom „Leben" (Spr 10,17; 12,28; 15,27; 19,23; 21,21; 22,4) bzw. vom „Baum des Lebens" (Spr 15,4) gesprochen - nie aber vom Leben im verheißenen Land. SONSINO (ders., Motive Clauses, 148, Anm. 233) erklärt das grundsätzliche Fehlen von historischen Erfahrungen, also auch der Landgabe, in den Motivationsklauseln der weisheitlichen Literatur mit der gegenüber den Geschichtsbüchern anderen Tendenz: „universalistic and humanistic".

Auch andere, im alten Orient ansonsten bekannte Motivationen der Elternehrung fehlen in der alttestamentlichen Spruchweisheit. Insbesonders auffällig ist es, daß nie damit motiviert wird, den Eltern die selbst von ihnen empfangene Fürsorge zurückzugeben, wie es etwa die altägyptische Lehre des Anii (ANET 420) tut: „Double the food which thou givest to thy mother, and carry her as she carried (thee). She had a heavy load in thee, but she did not leave it to me. Thou wert born after thy months, (but) she was still yoked (with thee, for) her breast was in thy mouth for three years, *continuously*".

[538] Vgl. PLÖGER, Sprüche, 273.

sie alt wird, verknüpft wird. Zum ersten Mal kommt die Weisung zur Achtung vor den Eltern[539] in die Erziehung von Jugendlichen hinein: die Mutter ist noch nicht alt, sondern es wird für die Zukunft ermahnt, wenn sie alt wird. Der Jugendliche kann aber zugleich zum aufmerksamen „Hören" auf die Eltern in weisheitlichem Sinn - Einhalten der guten und sein eigenes Leben fördernden Ratschläge - angehalten werden. In negativer Formulierung tritt hier die Forderung des Elterngebotes als Inhalt der Erziehung Jugendlicher auf, wird aber gezielt mit der Aufforderung zum „Hören" kombiniert. Die beiden Mahnungen zum Gehorsam und zur Achtung vor den Eltern im Alter sind jedoch nicht begründend oder als Explikation miteinander verbunden. V.25 gehört mit V.22 zusammen; hier begründet nun - wie in V.22 die Zeugung durch den Vater - die Geburt durch die Mutter die Mahnung, sie zu erfreuen. Die Freude liegt jedoch nicht exklusiv bei der Mutter, wie V.25a deutlich macht, was nochmals unterstreicht, daß wohl auch die beiden Mahnungen von V.22 (trotz der spezifischen Begründung) auf jeweils beide Elternteile bezogen werden sollen. Der eingeschobene V.23[540] trägt nichts zum Thema bei, und V.24 ergänzt die Mahnung von V.25 damit, daß die Freude des Vaters über den weisen Sohn festgehalten wird.

Mit dem Verweis auf die Freude des Vaters am Sohn, der Weisheit liebt (Spr 29,3), mit der Warnung davor, den Sohn sich selbst zu überlassen, und dem Rat, ihn vielmehr mit „Stock und Tadel" zu erziehen (Spr 29,15.17), steht auch die dritte Teilsammlung (Spr 25,1-29,27) - nach den Nachträgen in Spr 24,23ff. - in einer Reihe mit den beiden bisher untersuchten Abschnitten, was die Vorstellung der Erziehung betrifft. Eine ausdrückliche Ermahnung zum Verhalten gegenüber den betagten Eltern ist nicht enthalten.

Nur Spr 28,24 hat besonders für Vater und Mutter[541] im Alter Bedeutung. Der Weisheitslehrer erklärt hier den Diebstahl des Eigentums der Eltern, das der Sohn mit Gewalt an sich reißt[542], für besonders verwerflich. Zugleich macht der Spruch deutlich, daß solches Verhalten sogar noch mit der Bemerkung verteidigt wurde, es sei kein Eigentumsdelikt. Genau dies aber brandmarkt der Weisheitslehrer als gottlos und asozial. Entsprechend zu Spr 19,26 wird der Sohn als charakterlos verworfen, ohne daß eine Strafandrohung - trotz Straftatbestand - erfolgt. Wiederum legt sich eine Ableitung von Rechts-

---

[539] Die Forderung nach Gehorsam und Achtung gelten in Spr 23,22 nicht spezifisch für den jeweiligen Elternteil, sondern können trotz der hier eindeutigen Zuordnung durch die nicht austauschbare Explikation (Vater, der dich gezeugt hat) jeweils ebenso für den anderen Elternteil ausgesagt werden.

[540] V.23 fehlt sogar in der Textüberlieferung der LXX.

[541] PLÖGER, Sprüche, 338 erwägt, die Mutter aus metrischen Gründen zu streichen - inhaltlich ist sie aber auf jeden Fall mit gemeint.

[542] Zur Wortbedeutung von גּוֹזֵל vgl. PLÖGER, Sprüche, 338. Ausdrücklich versteht Plöger ebd. den Spruch als speziellere Auslegung der allgemeinen Forderung des Dekalogs, die Eltern zu ehren.

sätzen im weitesten Sinn nahe, und hier könnte ein gewisser Nachklang des Elterngebots angenommen werden.

Der Anhang in Spr 30 enthält nochmals zwei Aussagen zur Ehrung der Eltern, die hier aber sehr stark in den ideellen Bereich verlagert wird. Die Reihung Spr 30,11-14 setzt zwar mit dem Fluch über den Vater und dem entsprechenden Nicht-Segnen der Mutter ein, was sehr praktische Konsequenzen haben konnte[543], aber die folgenden Teile lassen erkennen, daß es diesem Spruch letztlich um Fehler in der Gesinnung geht. Wer bereits den Eltern gegenüber eine solch falsche Gesinnung an den Tag legt, der wird letztlich alle Elenden und Armen im Land unterdrücken. Auch Spr 30,17 zielt auf die wortlose, spöttische Verachtung der Eltern ab, also auf eine innere Haltung, die mit der Strafandrohung, ohne Bestattung verwesen zu müssen[544], belegt wird. Beide Aussagen sind evtl. erst spätere Nachträge zu dieser Sammlung. Sie sind weit von der Konkretion des Elterngebots, aber auch von der der anderen Sammlungen entfernt.

Die Ehrung der Eltern, insbesonders die Achtung vor Vater und Mutter im Alter und ihre Versorgung, ist schließlich auch in der späten, nachexilischen Weisheit (Spr 1-9) - kaum anders als vor dem Exil - kein weisheitliches Thema der Proverbia. Der Blickwinkel der Spruchweisheit verengt sich auf die Erziehung und konzentriert sich auf die Mahnung, die Weisungen der Eltern zu achten und das ganze Leben zu bewahren. Nur an drei Stellen (Spr 1,8; 4, 1-9 und 6,20) wird die Unterweisung durch die Eltern angesprochen. Einmal ist die Gottesbeziehung mit derjenigen zum Vater verknüpft (Spr 3,11f.)

Allerdings sind nach Spr 1,8.9 nicht unmittelbar Vater und Mutter zu ehren, sondern die Züchtigung durch den Vater (מוסר) verlangt Gehorsam und die Weisung (תורה) durch die Mutter verdient dauernde Beachtung[545]. In Spr 4,1-9 ist dem Lehrer nur wichtig, daß er in einer ungebrochenen Tradition weisheitlicher Lehre steht, die elterliche Autorität beanspruchen kann. Eine Wirkung der Weisheit ist es dabei, daß sie den Schüler zu Ehren bringen wird (V.8 כבד), womit das charakteristische Verb des Elterngebots auf die eigene Person bezogen wird. In Spr 6,20 hebt der Weisheitslehrer wiederum darauf ab, in Übereinstimmung mit Vater und Mutter zu lehren[546].

Umstritten ist schließlich die Deutung von Spr 3,11f. Während Delkurt meint, daß bei einer Rede von Jahwe in der dritten Person in der Regel Gottes Erziehung als „Gabe von Erkenntnis und Lebensorientierung"[547] verstanden

---

[543] Vgl. oben zum Elternfluch Kapitel 5, 2.4.

[544] Vgl. zu dieser Form der Bestrafung 1Sam 17,44; 1Kön 14,11; Jer 16,4; Ez 29,5 u.a.

[545] Man kann hier mit PLÖGER, Sprüche, 14f. zwischen einer strengeren Erziehung durch den Vater und einer „liebevoller gehaltenen Weisung der Mutter" (ebd.) unterscheiden.

[546] An dieser Stelle ist dagegen nicht zwischen dem „Gebot des Vaters" und der „Weisung der Mutter" zu differenzieren. Auch PLÖGER, Sprüche, 68f. nennt die elterliche Erziehung hier eine „einheitliche Größe" (S.69).

[547] DELKURT, Ethische Einsichten, 41.

wird, sieht Plöger darin die Rede von einer in den Proverbien analogielosen Züchtigung durch Jahwe und versteht sie als „Sinndeutung des Leides"[548]. Der Kontext spricht für die zweite Deutung, da die späte Weisheit sehr wohl weiß, daß Ehrung Jahwes und Weisheit keinesfalls immer irdisches Glück und Reichtum zur Folge haben, wie Spr 3,9.10 verheißen. Auch Hebr 12,5f. deutet die Stelle als Hinweis auf die erziehende Funktion des Leides.[549] Für das Verhältnis zwischen Vater und Sohn wird damit nochmals bestätigt, daß harte Bestrafung des Sohnes selbstverständlich zum Zusammenleben gehört und dem „Wohlgefallen" (רצה) des Vaters an ihm keinen Abbruch tut.

Auf das Elterngebot des Dekalogs wird dabei an keiner Stelle der späten Spruchweisheit zurückgegriffen, so daß die Spurensuche im weisheitlichen Bereich damit abgeschlossen werden kann.[550] Denn auch das Buch Kohelet (Prediger Salomos) läßt keinen Bezug zum Elterngebot erkennen. Das Alter besteht für den Prediger aus „bösen Tagen" (Pred 12,1), über deren positive Gestaltung oder um deren Dauer sowie die Versorgung dabei er sich keine Gedanken macht. Zwar gilt ihm auch das Abmühen eines kinderlosen Mannes als völlig unnötig (Pred 4,8), aber der positive Umkehrschluß, Kinder könnten etwa im Alter die Versorgung sichern, wird nicht gezogen, so daß eine Aufnahme des Elterngebots offensichtlich fehlt.

Auch im Hiobbuch[551] findet sich kein Hinweis auf die Elternehrung. Allenfalls in Hiob 3 könnte man überlegen, ob im Hintergrund eine unausgesprochene Achtung vor seinen eigenen Eltern steht, wenn er seinen Geburtstag verflucht und dessen ewige Vernichtung herbeiruft (V.3-10)[552] bzw. wenn er klagend fragt, warum er geboren, auf den Schoß genommen und gesäugt wurde (V.11.12). Nie wird jedenfalls dem Vater ein Vorwurf gemacht und auch jeder direkte Angriff auf die Mutter wird sorgsam vermieden.

Damit fallen für die Frage nach Spuren des Elterngebots die größten Teile der Weisheits- wie der Lieddichtung aus. Nur die Spruchweisheit setzt zumindest das Ethos der Elternehrung - ohne erkennbaren Bezug zum Elterngebot - voraus und bezieht sich in Spr 23,22 und Spr 28,24 auf das Elterngebot zurück.

---

[548] PLÖGER, Sprüche, 35.
[549] Vgl. zu diesem Motiv auch Dtn 8,5 und Hiob 33,16-18.
[550] Eine Durchsicht des Psalters, der Klagelieder Jeremias und des Hohen Liedes hat ebenfalls zu keinen Ergebnissen im Blick auf einen möglichen Bezug zum Elterngebot geführt.
[551] Vgl. HORST, FRIEDRICH: Hiob, 1. Teilband, Neukirchen-Vluyn 1968 (BK XVI/1).
[552] Vgl. Jer 20,14-18.

## 4. Das Elterngebot und die priesterschriftliche Tradition

Im Zusammenhang der priesterschriftlichen Tradition sind zwei Komplexe zu unterscheiden. Zum einen gehört dazu das Heiligkeitsgesetz (Lev 17-26)[553] aus der frühen Exilzeit, das später in die Priesterschrift eingearbeitet wurde, zum anderen die Priesterschrift selbst, die zwischen der 2. Hälfte des 6. Jahrhunderts und dem Anfang des 5. Jahrhunderts eingeordnet werden kann.[554] Nachdem bisher in älteren Rechtssammlungen nur wenige Verbindungen zum Elterngebot festgestellt werden konnten, soll nun der Befund für die Exils- und Nachexilszeit im priesterschriftlichen Bereich geprüft werden.

Da die wichtigsten Stellen zum Elternrecht und damit zum Elterngebot im Heiligkeitsgesetz - Lev 18,7; 19,3 und 20,9 - bereits ausführlich ausgelegt wurden, genügt es, hier nochmals kurz an die Ergebnisse zu erinnern.[555]

Im Heiligkeitsgesetz kommt es gegenüber den vorherigen Rechtskorpora - Bundesbuch und Deuteronomium - zu einer weiteren Betonung und Ausgestaltung des Elternrechts und Elterngebotes. Dies zeigt sich etwa in der späteren - wohl aber noch exilischen - Umformulierung von Lev 18,7, wobei auf den ursprünglichen Inhalt des Satzes vom Redaktor keine Rücksicht genommen wird.

Lev 20,9 lehnt sich als Todessatz zwar ans Bundesbuch (Ex 21,17) an, ist jedoch schon aus formkritischen Gründen später anzusetzen und mit dem folgenden Ehebruchsverbot (Lev 20,10) eher als Variante des Elterngebots in negativer Form anzusehen. Das Elterngebot entwickelt nun gestalterische Kräfte. Als exemplarisches Beispiel für Familienrecht tritt es mit dem Ehebruchsverbot zusammen als Themenbestimmung und Fundamentalsatz an die Spitze einer neugebildeten Sanktionsreihe.

Die weitere Ausgestaltung des elternrechtlichen Sektors im Exil bzw. in der frühnachexilischen Zeit[556] führt schließlich zu Lev 19,3, der „Spitze" des alttestamentlichen Elternrechts. Im Zuge der notwendigen „Aufwertung der Familie"[557] erfährt das Elterngebot des Dekalogs eine Theologisierung und wird - ähnlich wie Sabbat und Beschneidung - geradezu zum Kennzeichen des Gottesvolkes erhoben. Zum Schutz der Familie, „die als Keimzelle die Identität Israels garantiert"[558], riskiert es die exilierte Oberschicht, dem Elterngebot einen nahezu sakrosankten Rang zu geben und die Ehrung der Eltern mit der Gottesverehrung zu parallelisieren. Das Elterngebot des Dekalogs ist dabei erheblich zugespitzt worden, blieb aber dennoch als Grund-

---

[553] Vgl. dazu oben, Kapitel 5.5.

[554] Zur gegenwärtigen Diskussion um Gestalt und Datierung von P vgl. ZENGER, Einleitung, 142-162.

[555] Vgl. oben, Kapitel 5.5.

[556] So GRÜNWALDT, Heiligkeitsgesetz, 379-381.

[557] HOSSFELD, Familie, 226.

[558] Ebd.

lage unverändert erhalten. Ohne diese Basis wäre vermutlich eine solch riskante Neubewertung kaum möglich gewesen, denn nicht die fragmentarische Gebotsreihe in Lev 19, sondern der Dekalog sicherte die theologisch für Israel dennoch immer notwendige Vorordnung der Gottesbeziehung.

Darüberhinaus bahnt sich aber nun eine inhaltliche Ausweitung des Elterngebots an. Im Priestergesetz von Lev 21 wird im Rahmen der Reinheitsvorschriften für die Priesterschaft an erster Stelle die Verunreinigung durch Tote behandelt. Grundsätzlich wird dem Priester eine solche Verunreinigung untersagt, erste Ausnahme davon aber sind Mutter und Vater, dann auch Sohn, Tochter, Bruder und unverheiratete Schwester. Diese Ausnahme setzt voraus, daß nun in der Exilszeit auch die Bestattung explizit zur Pflicht des Sohnes geworden war. Die Konfrontation des Sohnes mit den toten Eltern war so unvermeidlich, daß selbst die Priester dafür die Erlaubnis erhielten. Auch darin zeigt sich der Zuwachs an Bedeutung der familiären Bande bis hin zu den Grenzen des Lebens. Daß die Bestimmung vor allem auf die Bestattung der Eltern zielte und nicht nur auf den Beistand der Familie, macht Lev 21,11 klar. Dort wird dem Hohenpriester die Erlaubnis, wie sie die Priester zuvor erhalten hatten, ausdrücklich verweigert, wobei nun nur noch Vater und Mutter[559] erwähnt werden. Ihr Tod stellte offensichtlich selbst den Hohenpriester vor die Frage, ob er nicht doch ihretwegen die Verunreinigung wagen müßte. Dies regelt das Gesetz nun eindeutig negativ.

In diesem einen Fall wird die Heiligkeit des Amtes über die Pflicht gegenüber den Eltern gestellt. Ein einziger Israelit - wenn auch einer, der im Exil in Babylon gar nicht amtieren kann - also wird ausgenommen von der generellen Regel, daß der Sohn zum verstorbenen Vater oder zur verstorbenen Mutter kommen muß.

Die Priesterschrift (P) selbst bestätigt den hohen Rang der Ehrung der Eltern, weitet aber nun den Inhalt des Elterngebots auf die Bestattungspflicht aus. Modellcharakter dafür haben die Darstellungen vom Begräbnis Abrahams und Isaaks in P[560]. Die gemeinsame Bestattung will eine Versöhnung feindlicher Brüder andeuten, zugleich aber zeigt sie die beispielhafte Pflichterfüllung der Söhne.

Noch in einem weiteren Punkt, der ursprünglich nicht mit dem Elterngebot verbunden war, unterstreicht die Priesterschrift, wie bedeutsam der Gehorsam gegenüber den Eltern ist. Zuvor galt gewohnheitsrechtlich die Selbstverständlichkeit, daß der Vater Einfluß auf die Heirat nimmt[561]. Nun aber berichtet P zwar davon, daß Isaak das Gebot zur Heirat gibt (Gen 28,6), im

---

[559] Die Reihenfolge ist - gegen die sonstige Tendenz des Heiligkeitsgesetzes in Lev 19,3 und Lev 21,2 - wieder traditionell gewählt, entsprechend dem Dekaloggebot, das Lev 20,9 und Lev 18,7 (in der Endfassung) beeinflußt hat.

[560] Vgl. dazu oben, Kapitel 5.6.

[561] Vgl. oben, Kapitel 5.6.

Anschluß aber ausdrücklich der Gehorsam gegenüber beiden Eltern betont wird (Gen 28,7), womit die gleichberechtigte Stellung von Vater und Mutter unterstrichen ist. Esau sieht in Jakobs Brautwerbung in Mesopotamien eine Gehorsamstat gegenüber Vater und Mutter, was ausdrücklich als eine Erfüllung des Elterngebots verstanden werden kann, gerade da die Weisung zuvor (V.1-6) nur vom Vater ausging. Die Mutter klagte zuvor (Gen 27,46) lediglich über die Gefahr, auch Jakob könnte sich fremde Frauen nehmen. An Jakobs Gehorsam nimmt sich Esau nun ein Beispiel. Er stellt (Gen 28,6) einen Zusammenhang her zwischen dem Gehorsam Jakobs und dem Segen des Vaters und erkennt den Grund, weshalb er nicht gesegnet wurde: Sein Ungehorsam durch die Heirat nichtjüdischer Frauen hat den Eltern Kummer bereitet (Gen 26,35). „Das versucht er nun wieder gut zu machen, indem auch er eine Verwandte heiratet, eine Tochter Ismaels. Dafür unternimmt er wie Jakob einen Weg"[562].

Zur Durchsetzung der nun wichtigen Normen wie des Verbots der Fremdheirat[563] greifen die priesterschriftlichen Traditionen also vor allem auf die Autorität der Eltern zurück. Nun wird das Elterngebot als eine umfassende Mahnung gelesen, nach der die Söhne in allen entscheidenden Fragen - wie bei der Heirat - die Haltung von Vater und Mutter zu respektieren und ihre Weisung zu befolgen haben. Der Segenshinweis kann dazuhin pauschal und bedingend gelesen werden: aller Segen[564], sogar derjenige der Erstgeburt, ist abhängig von der Ehrung, und das heißt jetzt vor allem vom Gehorsam gegenüber den Eltern. Nicht mehr nur am Verhalten gegenüber Gott, sondern auch am Verhalten gegenüber den Eltern entscheidet sich, ob einer gesegnet wird. In einer besonderen geschichtlichen Lage ist das Elterngebot auf diese Weise überhöht und ausgeweitet worden. Nicht mehr nur Versorgung und Achtung vor den alten Eltern werden gefordert, sondern Beispiele sollen zeigen, daß es auf den Respekt vor allen Entscheidungen der Eltern ankommt.

Nur eine Ausnahme von dieser Tendenz gestattet sich die priesterschriftliche Tradition (vermutlich eher eine spätere Schicht): im Nasiräatsgesetz (Num 6,1-21) wird dem Gottgeweihten analog zum Hohenpriester nach dem Heiligkeitsgesetz verboten, sich an Toten und speziell auch beim Tod von Vater und Mutter zu verunreinigen. Die Entweihung des Heiligen durch die Berührung mit dem Tod wäre zu groß, als daß man sie tolerieren könnte[565].

---

562 WESTERMANN, Genesis I/2, 547.

563 Bezeichnenderweise ist aber das Verbot von Gen 28,1 nie in den Dekalog oder in eine sonstige Gebotsreihe aufgenommen worden. „Es ist ein zeitbedingtes Verbot, aus einer besonderen, geschichtlichen Situation erwachsen" (WESTERMANN, Genesis I/2, 347).

564 WESTERMANN, Genesis I/2, 546 erkennt in Gen 28,3.4 zutreffend eine „Einebnung des Segens in die Verheißung" in der Priesterschrift, der die ursprünglich ganz unterschiedlichen Vorgänge nicht mehr wichtig sind.

565 Selbst die völlig unabsichtliche Nähe zu einem plötzlich Sterbenden macht die bisher nach dem Gelübde verbrachten Tage ungültig (Num 6,12).

# 5. Die Aufnahme des Elterngebots im Ezechielbuch

Unter den Prophetenbüchern steht das Ezechielbuch als „Exilsliteratur"[566] der priesterschriftlichen Tradition am nächsten. Da nun gerade in der Exilszeit eine Hochschätzung des Elterngebots bzw. insgesamt des Ethos der Eltern-ehrung festgestellt werden konnte, verwundert es nicht, daß im Ezechielbuch zum ersten Mal innerhalb der prophetischen Botschaft des Alten Testaments das Elternrecht in der Anklage gegen die „Blutstadt" Jerusalem und ihre Fürsten explizit aufgegriffen ist (Ez 22,7.10). Verachtung (קלל) der Eltern gehört zusammen mit der Gewalttätigkeit gegenüber den Fremden (Schutz-bürger) und der Unterdrückung der Witwen und Waisen zu den herausragen-den Vergehen im sozialen Bereich; der Einbruch in die Ehe des Vaters (V.10; vgl. Lev 18/20) ist ein Beleg für die überall sich vollziehenden Frevel im sexuellen Bereich.

Typisch für die Exilszeit ist dabei gleich zu Beginn die Zusammenstellung von Elterngebot und Sabbatgebot[567]. Dabei legt es die Reihenfolge Vater-Mutter nahe, daß Ezechiel stärker das ursprüngliche Elterngebot im Hinter-grund sieht als die variierte Fassung im Heiligkeitsgesetz (Lev 19,3). Inhalt-lich ist neben den Vorwürfen im Blick auf den Fremdling sowie die Witwen und Waisen wohl auch eine konkrete Aussage über den Konflikt mit dem Elterngebot gemeint. Allerdings kann man vom Textbestand her nur pauschal eine angesprochene Verletzung des Gebots feststellen; konkrete Anschul-digungen sind nicht erkennbar. Dazu bedürfte es einer - auch hier nicht gege-benen - Auslegung. Es könnte allerdings in Erinnerung an sehr alte Rechts-sätze (z.B. Ex 21,15.17; Begriff: קלל) an mangelnde Versorgung, tätliche Angriffe oder Verfluchung der Eltern gedacht sein. Bloßes „Vater und Mutter verächtlich behandeln"[568] wäre im Zusammenhang kaum geeignet, die Schär-fe des Vorwurfs zu erklären.

Ezechiel ist auch - anders als dem Heiligkeitsgesetz - nicht an einer Theo-logisierung des Elterngebots gelegen. Das Elterngebot erscheint hier viel-mehr als „oberstes Sozialgebot"[569]. Erst für Ez 22,10f. trifft es zu, daß ver-mutlich eine „Reihe von apodiktischen Rechtssätzen, die inhaltlich in einer besonderen Nähe zu H stehen, vorausgesetzt"[570] wird. Bezugspunkte sind vor

---

[566] HOSSFELD in ZENGER, Einleitung, 443.

[567] Diese Verbindung in V.7.8 kann durchaus auf den Exilspropheten zurückgehen (vgl. ZIMMERLI, WALTHER: Ezechiel. 1. Teilband, Ezechiel 1 - 24; Neukirchen-Vluyn 1969 (BK XIII/1), 510; gegen HOSSFELD, Frank (sic!): Untersuchungen zu Komposition und Theologie des Ezechielbuches; Würzburg 1977 (fzb 20), 136-140, zumal der Plural „Sabbate Jahwes" für das Ezechielbuch charakteristisch ist (so auch HOSSFELD, a.a.O.,137).

[568] So HOSSFELD, Theologie des Ezechielbuches, 122.

[569] A.a.O., 127.

[570] ZIMMERLI, Ezechiel I, 505, der dies aber für den ganzen Abschnitt Ez 22,1-16 einlei-tend behauptet.

allem Lev 18,8.9.15.20 und Lev 20,10.11.12.17. Damit werden exemplarisch
Verfehlungen im sexuellen Bereich aufgegriffen, die die Einheit und Stabilität
der Familie gefährden und zerstören. Interessanterweise wird dabei auf diesem Feld nicht nur die Mißachtung des Vaters (V.10a), sondern auch die des
Sohnes durch Mißbrauch der Schwiegertochter (V.11b) angesprochen.

Zimmerli hat die Intention der Reihung dabei zutreffend in Verbindung mit
Hos 4,2 gebracht: Hosea wie auch Ezechiel an dieser Stelle „wollen den Ungehorsam des Volkes gegen einen Gesamtwillen ... anklagen"[571], nicht nur
einzelne Kritikpunkte auflisten. Hintergrund der Formulierung ist bei Hosea
wohl ein Vorläufer des Dekalogs, bei Ezechiel der ausformulierte ethische
Dekalog selbst, allerdings in charakteristischen Ausschnitten[572]. Vor dem
Exil stehen die *sozialen* Gebote stellvertretend für alle Frevel, nun sind es die
beiden im Exil besonders *betonten* Weisungen: Eltern- und Sabbatgebot.

Nur an einer weiteren Stelle im Ezechielbuch kommt das Recht der Eltern
nochmals vor, nämlich bei der Besprechung von Anweisungen für die Priester
und deren Dienst im sogenannten „Verfassungsentwurf", Ez 44,17-31[573]. Die
Anordnung bezüglich einer Verunreinigung an den verstorbenen Eltern bringt
jedoch keinerlei Neuerung oder Veränderung gegenüber Lev 21,1-4: den Priestern wird auch jetzt zugestanden, beim Tod von Vater und Mutter - wie bei
den eigenen Kindern, beim Bruder und der unverheirateten Schwester - die
Regeln zur Bewahrung der Reinheit zu durchbrechen. Die Frau des Priesters
ist dabei nicht erwähnt, wie schon in den entsprechenden Bestimmungen bei
P[574].

Ansonsten finden wir gerade bei Ezechiel viel stärker das Moment der
Unterscheidung zwischen Eltern und Kindern, besonders in ihrer Verantwortlichkeit vor Gott. Jeder ist für die eigene Schuld verantwortlich: Ein Sohn
soll nicht die Schuld des Vaters noch ein Vater die Schuld des Sohnes tragen
(Ez 18,20). Der im Dekaloganfang noch proklamierte Zusammenhang der
drei bis vier Generationen in einem Haus ist aufgelöst. Gott „zerschlägt den
Bann der Belastungen durch die Väter"[575]. Die Exilsgemeinde erfährt: „Gott
meint immer meine Generation, sein Wort trifft mich, ohne sich den Weg
durch die Väter verstellen zu lassen"[576].

---

[571] ZIMMERLI, Ezechiel I, 511f.

[572] Bei Ezechiel kommt die angesprochene Ergänzung aus dem Heiligkeitsgesetz dazu.

[573] Zur überlieferungsgeschichtlichen Analyse und zur literarkritischen Schichtung des
Abschnitts vgl. GESE, HARTMUT: Der Verfassungsentwurf des Ezechiel (Kap.40-48) traditionsgeschichtlich untersucht, Tübingen 1957 (BHTh 25), 59-65 und 111-123.

[574] Vgl. oben, Kapitel 9.4.

[575] ZIMMERLI, Ezechiel I, 416.

[576] Ebd.

## 6. Das Ethos der Elternehrung im Buch Maleachi

Außerhalb des Ezechielbuches gibt es nur noch ein Werk im prophetischen Abschnitt des Tenach, in dem die Elternehrung eine wirklich gewichtige Rolle spielt. Gerade im letzten Teil des Zwölf-Propheten-Buches gewinnt das Elterngebot und seine Zielvorgabe einen besonders hohen Rang.

Der Prophet Maleachi, um die Mitte des 5. Jhdts. v. Chr. einzuordnen, setzt bei seiner Priesterkritik in Mal 1,6-2,9 gleich mit einem Maschal[577] ein, der die Befolgung des Elterngebots durch den Sohn gegenüber dem Vater[578] als selbstverständlich voraussetzt (Mal 1,6). Ehrung des Vaters durch den Sohn ist dabei zuerst völlig parallelisiert mit dem Verhältnis zwischen Herr und Knecht.

In V.6b.c werden unterschiedliche Begriffe gebraucht (כבד / ירא), das Grundmuster aber bleibt erhalten. Das zu erwartende Verhalten von Sohn und Knecht wird als kontrastierendes Vorbild den amtierenden Priestern gegenübergestellt, die ihren Dienst gegenüber Jahwe nicht in der nötigen Ehrfurcht und unter Mißachtung seiner Vorschriften tun. Zurückbezogen auf V.6a erweist sich die Interpretation des Elterngebots in jenem Maschal als sehr spezifisch und einlinig. Anerkennung, Ehrfurcht und konkrete Dienstbereitschaft sind die Folgerungen, die offenbar aus dem allgemein anerkannten Grundsatz „ein Sohn ehrt den Vater" gezogen werden sollen. Die Stellung Jahwes als Vater fordert hier also „den gebührenden Respektserweis"[579].

Am Anfang der folgenden Einheit, Mal 2,10-16, ist unmittelbar auf die Rolle Jahwes als Vater Bezug genommen. Vermutlich zitiert Maleachi dabei Gegner, die Jahwes Vaterschaft universalistisch verstanden haben (Mal 2,10) und sich damit gegen Vorwürfe wehren, sie hätten mit ihren Mischehen den Bund der Väter gebrochen. Nach der Auffassung des Propheten ist eine solch universalistisch verstandene Vaterstellung Jahwes aber nicht vertretbar[580].

Noch einmal kommt die Vater-Sohn-Relation am Ende des Buches Maleachi ins Blickfeld. In Mal 3,23.24 - ein gezielter Abschluß, vermutlich ein späterer Nachtrag zum Buch Maleachi, um das gesamte Zwölf-Propheten-Buch abzuschließen - wird beschrieben, welche Aufgabe der Prophet Elia hat, wenn er vor dem „Tag Jahwes" wiederkommt, um die Menschen darauf vorzubereiten. Er soll „das Herz der Väter zu ihren Söhnen wenden und das Herz der Söhne zu ihren Vätern". Der erste Teil ist schwer verständlich, wenn man unter den „Vätern" die glaubenden Vorfahren im Kontrast zu der Maleachi

---

[577] Vgl. UTZSCHNEIDER, HELMUT: Künder oder Schreiber? Eine These zum Problem der „Schriftprophetie" auf Grund von Maleachi 1,6-2,9; Frankfurt am Main u.a. 1989 (BEAT 19), 33.

[578] Durch das Vergleichsziel bedingt fehlt der Verweis auf die Mutter.

[579] SCHREINER, STEFAN: Mischehen - Ehebruch - Ehescheidung. Betrachtungen zu Mal 2,10-16. ZAW 91, 1979, 207-228, 223.

[580] Vgl. SCHREINER, Mischehen, 223f.

gegenwärtigen Generation der Söhne versteht. Vielmehr legt es sich nahe, daß mit der reziproken Formulierung die zeitgenössischen Generationen gemeint sind, von denen keine vollkommen im Recht ist, sondern deren Gegensatz und Streit vor dem Tag des Gerichtes Jahwes versöhnt werden soll. Ohne diese Aussöhnung der Generationen droht der Bann (Mal 3,24b), die vollkommene Zerstörung.

Ungeachtet späterer Sinnänderungen - die LXX deutet bereits weitergehend auf die Versöhnung mit jedem Nächsten - geht es hier konkret um die Erneuerung des Verhältnisses zwischen den Generationen[581]. Anders als Maleachi selbst in 1,6 - auch das spricht außer der fehlenden Verbindung von 3,22-24 zum vorangehenden Text und außer dem nun fehlenden Disputationsstil für einen Nachtrag - genügt dem Redaktor das selbstverständlich zu erfüllende Elterngebot nicht mehr. Vielleicht aufgrund zunehmenden hellenistischen Einflusses - so vermutet Huey[582] - hatten sich die Generationen immer weiter entfremdet. Nicht der gehorsame Dienst der jüngeren Generation (so noch Mal 3,17), sondern ein tiefes gegenseitiges Verstehen, das auf beiden Seiten Bewegung, Zuwendung erfordert[583], ist nun das Ziel, das der wiederkommende Elia verwirklichen wird.

## 7. Das Ethos der Elternehrung ohne Rekurs auf das Elterngebot

Während wir nun in der Endgestalt der Rechtssammlungen, in der Spruchweisheit und im Ezechielbuch direkte Spuren des Elterngebots beobachten konnten, war dagegen im Maleachibuch zwar das Ethos der Elternehrung stark präsent, ein traditionsgeschichtlicher Einfluß des Elterngebots jedoch nicht festzustellen. Ein ähnlicher Befund ergibt sich für zahlreiche weitere Schriften des Alten Testaments, in denen zwar Rechte der Eltern benannt sind oder ihre Achtung oder Versorgung eingefordert werden, der Text des Gebots „Ehre Vater und Mutter" jedoch nirgends erwähnt oder gar zitiert wird. Als Beleg dafür soll nur eine kleine Auswahl von Texten in kanonischer Reihenfolge dienen.

---

[581] Vgl. CLARK, DAVID GEORGE: Elijah as Eschatological High Priest: An Examination of the Elijah Tradition in Mal. 3:23-24; Ann Arbor, Michigan, 1975, 71-79. So auch WOLFF, HANS WALTER: Problems between the Generations in the Old Testament. In: Crenshaw, James L.; Willis, John T. (Hg.): Essays in Old Testament Ethics (J. Philip Hyatt, In Memoriam); New York 1974, 77-95, 91f.

[582] Vgl. HUEY, F.B. JR.: An Exposition of Malachi. SWJT 30, 1987, 12-21, 21.

[583] Anders, nämlich wieder einseitig gewendet, nur als Hinwendung des Vaters zum Sohn, wird Mal 3, 24 in Sir 48,10 zitiert.

Die Urgeschichte erzählt zum Beispiel davon, wie bedeutsam es ist, die Eltern, speziell den Vater, zu ehren. Gen 9,20-27 beschreibt, wie Ham[584] seinen betrunkenen Vater, Noah, nackt im Zelt liegen sieht. Er erkennt diese entwürdigende Situation[585], erzählt aber davon seinen Brüdern, ohne dem Vater zu helfen (V.22). Während die Brüder dafür gesegnet werden, daß sie den Vater zudecken, ohne ihn anzusehen, empfängt der Sohn Hams den Fluch der Knechtschaft. Der Erzähler unterstreicht damit „die Aufgabe der Söhne, dem Vater beizustehen"[586], wie es für den alten Orient auch eine ugaritische Parallele belegt. In der ugaritischen Aqht-Legende zählt es zu den Pflichten des Sohnes, den Vater zu führen, wenn er betrunken ist, und für ihn in seinem hilflosen Zustand zu sorgen[587]. Sem und Japhet erfüllen in unserer Erzählung diese Pflicht, Ham versagt darin. So veranschaulicht der Erzähler an den Söhnen Noahs die Verpflichtung gegenüber dem Vater und dessen Recht gegenüber den Kindern. Der Zusammenhang mit der ugaritischen Parallele macht auch hier als Thema die Behandlung der den Kindern (in Gen 9 zeitweise) unterlegenen Eltern deutlich. Das Recht der Eltern, das hier verteidigt wird, ist das Recht von Schwächeren. Es ist zudem ein Recht, das sich konkret auswirkt und sich nicht in verbaler oder gedanklicher Wertschätzung erschöpft. Beide Momente finden sich auch im Elterngebot. Jedoch geht es nur um den Vater und es fehlt jeder terminologische Verweis auf das Gebot.

Das Recht Abrahams, für seinen Sohn Isaak eine Frau suchen zu lassen (Gen 24,1-4), gehört zu den traditionellen Rechten der Eltern. Entsprechend hat die Familie hat das Recht, die Verhandlungen mit dem Gesandten Abrahams zu führen, weshalb Rebekka alles in ihrer Mutter Haus[588] erzählen muß.

---

584 Ham wird in V.22 (wie in V.18) vermutlich nachträglich als „Vater Kanaans" bezeichnet, um damit wenigstens eine grobe Kongruenz zum Fluch in V.25 herzustellen. Gegen einen umfassenden literarkritischen Eingriff in V.22 vgl. WESTERMANN, Claus: Genesis. 1.Teilbd.: Genesis 1-11; 3. Aufl., Neukirchen-Vluyn 1983 (BK I/1), 647f.

585 „Entblößung ... ist Entehrung" (WESTERMANN, Genesis I/1, 653), wie Ex 20,26, 2Sam 6,26; 10,4f., Hab 2,15 und Klgl 4,21 zeigen. Die Erzählung bietet keinen Anlaß, ein sexuelles Vergehen Hams anzunehmen. Die von BASSETT vorgeschlagene „idiomatic interpretation of Noah's nakedness" (BASSETT, FREDERICK W.: Noah's Nakedness and the Curse of Canaan. A Case of Incest? VT 21, 1971, 232-237, 235) als Verkehr Hams mit der Frau seines Vaters legt sich nicht nahe. Das Motiv der Trunkenheit Noahs ist damit kaum zu verbinden, und für V.23 muß Bassett annehmen, ein Redaktor ohne Verständnis für die idiomatische Wendung habe ihn ergänzt.

586 WESTERMANN, Genesis I/1, 653.

587 In der Verheißung eines Nachkommen heißt es dort (AQHT A, I, in: PRITCHARD, JAMES B. (Hg.): Ancient Near Eastern Texts relating to the Old Testament; 3., erg. Aufl. ; Princeton, New Jersey 1969, 150): „So shall there be a son in his house ... who takes him by the hand when he's drunk, carries him, when he's sated with wine".

588 Diese Formulierung (Gen 24,28) sowie die Einladung des Gastes durch ihren Bruder Laban (Gen 24,29.31) legen es nahe, daß ihr Vater schon verstorben war.

Aber auch mit diesem Bereich elterlicher Rechte ist das Elterngebot nicht verbunden.[589]

In der Josefsnovelle könnte man als Hintergrund ein Familienethos erkennen, das auch dem Elterngebot zugrundeliegt. Vater und Mutter erscheinen im zweiten Traum (Gen 37,9) wie in dessen Deutung (Gen 37,10) neben den Brüdern als Einheit, obwohl zumindest im kanonischen Zusammenhang seit Gen 35,19 der Tod der Mutter, Rahel, vorausgesetzt ist. Die im Traum angezeigte Möglichkeit, daß sich die Eltern vor dem Sohn verneigen, wie es im Traumbild Sonne und Mond tun, wird vom Vater strikt abgelehnt. Selbst von seinem Lieblingssohn (Gen 37,3f.) ist eine solche Umkehrung der Verhältnisse nicht akzeptabel. Bis zum Ende der Josefsgeschichte findet der Anspruch gegenüber den Eltern keine Erfüllung. Während die Brüder sich wie die elf Garben im Traum tatsächlich vor Josef beugen müssen (Gen 44,14), eilt Josef seinem Vater zum Empfang entgegen (Gen 46,29) und versorgt ihn (Gen 47,12) samt der ganzen Familie bis an sein Lebensende. Diese Darstellung stimmt mit dem Skopus des Elterngebots überein. Das Gebot selbst kann freilich hier im Zusammenhang nicht erscheinen, da es für den Erzähler in der erzählten Zeit noch gar nicht erlassen war.

Es gehört dabei zu den Leitbildern der Weisheit, die diese Erzählung prägt, daß Josef „dem Vater seine uneingeschränkte Ehrerbietung bezeugt"[590], aber der zusätzliche Aspekt der konkreten Versorgung ist wohl gezielt eingebracht, denn er geht über ein reines Weisheitsideal hinaus.

In den Prophetenbüchern erwartete man seit Wellhausens bahnbrechender Entdeckung ohnehin keinen Rückgriff auf Gesetzestexte. Die Propheten galten nun - anders als in der Forschung zuvor - als diejenigen, die ethische Maßstäbe setzten, denen das - spätere - Gesetz nur festschreibend folgte.[591] Dagegen hat allerdings schon Zimmerli[592] festgehalten, daß bereits das alte, vorexilische Israel ständig in seinem Lebensraum mit Gottes Geboten lebte, auch wenn diese noch nicht kodifiziert waren, und daß sich daher die Frage stellt, „inwiefern auch die Prophetie in diesem Raume lebt und vielleicht zum Gesetz ... noch ein eigenes Wort zu sagen hat"[593]. Was Tucker für die Anklagen der Propheten des achten Jahrhunderts formuliert, gilt auch für die spätere Zeit: „While the prophets do not quote laws to their audiences ... it is clear that they allude to traditions that are both specific and accepted as

---

[589] Vgl. oben, Kapitel 5.6.

[590] CONRAD, Junge Generation, 39, Anm. 89.

[591] „Das vorexilische Israel war alles andere als eine Gesetzesreligion!", KOCH, KLAUS: Die Profeten II. Babylonisch-persische Zeit; Stuttgart u.a. 1980, 11.

[592] Vgl. ZIMMERLI, WALTHER: Das Gesetz und die Propheten. Zum Verständnis des Alten Testaments; Göttingen 1963 (KVR 166-169), 94.

[593] Ebd.

authoritative"[594]. Vorausgesetzt werden kann also, daß das Recht der Eltern den Propheten - von Amos an - bekannt war, obwohl die älteren von ihnen sicher den abgeschlossenen Dekalog nicht kannten.

Hosea etwa weiß um den engen Zusammenhang von Eltern und Kindern, wenn zur Ausrottung einer Priesterfamilie sowohl der Priester selbst wie auch seine Mutter (Hos 4,4.5)[595] und seine Söhne (Hos 4,6) dem Tod ausgeliefert werden. Darüberhinaus ist es für ihn charakteristisch, daß die Beziehung zwischen Jahwe und Israel außer im Bild der Ehe vor allem als Vater-Sohn-Beziehung dargestellt wird (Hos 11). Der Prophet kann in seinen grundsätzlichen sozialen Anklagen auf einen Vorläufer des Dekalogs zurückgreifen[596] und damit Verfluchen, falsches Zeugnis, Mord, Diebstahl und Ehebruch anklagen (Hos 4,2) - gerade die Mißachtung der Eltern[597] findet sich in jener Reihe nicht. Beim einzigen direkten Rückgriff auf Familienrecht im zwischenmenschlichen Anwendungsbereich wirft Hosea den Vätern vor, daß ihre Töchter und Schwiegertöchter Kultprostitution und Ehebruch betreiben (Hos 4,13). Aber selbst jener „Abfall vom Eherecht der Jahwegemeinde"[598] wird vom Propheten nicht unmittelbar auf das innere Verhältnis in der Familie (Rechte und Pflichten der Eltern) bezogen.

Die anderen Propheten des 8. Jahrhunderts nehmen noch weniger auf das Ethos der Elternehrung Bezug.[599] Erst eine in nachexilischer Zeit ins Micha-

---

[594] TUCKER, GENE M.: The Law in the Eighth-Century Prophets. In: ders.; Petersen, David L.; Wilson, Robert R. (Hg.): Canon, Theology and Old Testament Interpretation. Essays in Honor of Brevard S. Childs; Philadelphia 1988, 201 - 216, 206.

[595] WOLFF, HANS WALTER: Dodekapropheton 1 Hosea; 3., verb. Aufl. Neukirchen-Vluyn 1976 (BK XIV/1), 95 vergleicht die Ansage des Hosea mit Am 7,17 und führt dazu aus: „Wenn für Hosea nicht ein uns unbekannter konkreter Anlaß bestanden hat, dem schuldigen Priester das Verstummen oder Umkommen seiner Mutter anzusagen, so mag er mit ihrer Erwähnung ... die Totalität des Gerichts über das Priesterhaus unterstrichen haben" (a.a.O., 95.96).

[596] Schon RAD, GERHARD VON: Theologie des Alten Testaments Band II - Die Theologie der prophetischen Überlieferungen Israels; 9.Aufl., München 1987 (bis 8.Aufl. als EETh 2), 422 nimmt hier ein Zitat des Dekalogs oder eine dekalogähnliche Reihe an; vgl. auch TUCKER, Law in the Eighth-Century Prophets, 205; VINCENT, Aspekte, 93, Anm. 58 vermutet ebenfalls bereits eine Anspielung auf den Dekalog.

[597] Bei der Anklage des Verfluchens ist hier kaum explizit an ein Verfluchen der Eltern gedacht, wie WOLFF, Dodekapropheton 1, 84 mit den dort angegebenen Belegstellen suggeriert. Der Begriff אלה ist nie gezielt mit Sätzen des Elternrechts verbunden, die ersten beiden Infinitive in Hos 4,2 wurden innerhalb der Dekalogtradition nicht aufgenommen.

[598] A.a.O., 109.

[599] Auch die Jona-Erzählung, die ins Dodekapropheton eingefügt ist, enthält keine Verbindung zum Elterngebot. Erst die viel später (ca. 1.Jhdt. n. Chr.) entstandene Vita des Propheten (vgl. Vit Proph 10) weiß davon, daß Jona nach der Rückkehr aus Ninive ins Gebiet von Tyrus umsiedelt und dabei seine Mutter mitnimmt (VitProph 10,2). SCHWEMER verweist in diesem Zusammenhang mit Recht auf Ex 20,12: „Die Sorge um die Mutter verrät die Gesetzesobservanz des Propheten" (SCHWEMER, ANNA MARIA: Vitae Prophetarum. JSHRZ I/7: Historische und legendarische Erzählungen; Gütersloh 1997, 539-658; 618, Anm.

buch aufgenommene Wehklage (Mi 7,1-7) geht auf die völlige Zerrüttung der Gesellschaft konkret ein. Sie zeigt sich nach Mi 7,6 gerade auch in der Verachtung der Eltern durch die Kinder. Die Feindschaft im eigenen Haus ist die Spitze des Chaos, in dem auf keinen Menschen Verlaß ist. Die Begründung von V.6 beschreibt den engsten Kreis der Familie als verdorben. Aus der Verkehrung des Verhältnisses zwischen Eltern und Kindern erwachsen die zerstörerischen Wirkungen, die alle menschlichen Bindungen korrumpieren. Dabei wird konkret die Norm des Elterngebotes verletzt, auch wenn das Gebot nicht ausdrücklich zitiert wird.

Auch im Buch Jeremia aus dem 7. Jahrhundert hat es immer wieder erstaunt, daß sich kein expliziter Hinweis auf das Elterngebot findet, wobei dies in der Dekalogreminiszenz von Jer 7,9 besonders auffällt. Hier ist die Nähe zu den Normensätzen von Ex 20 und Dtn 5 greifbar, die aber auch sonst weite Teile des Jeremiabuches zu bestimmen scheinen[600]. Anders als bei Hos 4,2 wird man jedoch an dieser Stelle nicht von einem Vorläufer des Dekalogs ausgehen können, da Jer 7,9 in eine meist als deuteronomistisch geprägt verstandene Passage (Tempelrede Jeremias, Jer 7,1-15)[601] eingebettet ist[602] und vermutlich einen Teil des deuteronomistischen Dekalogs (Dtn 5) aufgreift[603]. Allerdings fehlen auffälligerweise das Sabbat- und Elterngebot.

Beim Exilspropheten Deuterojesaja gibt eine einzige Stelle den Hinweis, daß auch er das Recht der Eltern auf Versorgung und Fürsorge durch die Söhne kannte. Im Weckruf an Jerusalem (Jes 51,17-23) wird die gefallene Stadt daran erinnert, daß keiner ihrer Söhne in der Lage war, sie zu leiten und

---

2d). Entsprechend wird beim nochmaligen Umzug Jonas nach Juda der Tod der Mutter erwähnt (VitProph 10,6) und das pietätvolle Begräbnis durch den Sohn geschildert.

[600] Vgl. dazu SMITH, EUSTACE J.: The Decalogue in the Preaching of Jeremias. CBQ 4, 1942, 197-209. Auch wenn man heute nicht mehr unbefangen die direkte literarische Bezugnahme auf zahlreiche Gebote des Dekalogs durch Jeremia behaupten will, so müssen doch die meisten Dekaloggebote Jeremia bekannt gewesen sein, da er ihre Normen teils direkt, teils indirekt in seinen Anklagen vertritt. Instruktiv für die Beobachtungen dazu ist immer noch die Liste von Smith (a.a.O., 202), die jedoch keinerlei Aufnahme des Elterngebots (IV) erkennen läßt.

[601] Vgl. HERRMANN, SIEGFRIED: Jeremia. Der Prophet und das Buch; Darmstadt 1990 (EdF 271), 39.43; STULMAN, LOUIS: The Prose Sermons of the Book of Jeremiah. A Redescription of the Correspondences with Deuteronomistic Literature in the Light of Recent Text-critical Research, Atlanta, Georgia 1986 (SBL.DS 83), 62f.; anders HOLLADAY, Jeremiah 1, 240 und WEIPPERT, HELGA: Die Prosareden des Jeremiabuches, Berlin, New York 1973 (BZAW 132), 26-48.

[602] HAAG, ERNST: Zion und Schilo. Traditionsgeschichtliche Parallelen in Jeremia 7 und Psalm 78. In: Zmijewski, Josef (Hg.): Die alttestamentliche Botschaft als Wegweisung. FS für Heinz Reinelt; Stuttgart 1990, 85-115, 88 zählt V. 9a zur Grundschicht; insgesamt ist aber die Ablösung einer Redaktionsschicht mit Trennung innerhalb von V.9 m.E. nicht überzeugend. Auch V.9b (וְהַשָּׁבֵעַ לַשָּׁקֶר) erinnert an den Dekalog (עֵד שָׁקֶר, Ex 20,16); vgl. dazu auch Smith, Decalogue in the Preaching of Jeremias, 202f.

[603] Vgl. V. RAD, Theologie II, 422 und VINCENT, Aspekte, 93, Anm. 58.

an der Hand zu nehmen, als sie unter den Wirkungen des Zornesbechers Jahwes[604] taumelte und strauchelte[605]. Es wäre Sohnespflicht gewesen, der „Mutter"[606] Zion aufzuhelfen - aber die Söhne waren ohnmächtig, selbst von Jahwes Zorn getroffen (Jes 51,20). Auch wird vorausgesetzt, daß die Söhne wegen der Not der Mutter trauern und sie in ihrer schlimmen Zeit trösten sollten (V.19). Beides bleibt Zion versagt. Die Übertragung der Erwartungen an leibliche Söhne auf die „Söhne" Jerusalems ist nur dann verständlich, wenn das entsprechende Ethos der Elternehrung Deuterojesaja bekannt war. Das Gebot, die Eltern zu ehren, erscheint jedoch auch bei ihm nirgends.

Die „Tritojesaja" genannte nachachexilische Fortführung des Jesajabuches (Jes 56-66) nennt wiederum das Elterngebot - im Gegensatz zum Sabbatgebot - nicht explizit. Die universale Weite, die sich bereits im „ausländerfreundlichen Rahmen"[607] (Jes 56,3-8; 66,18-22) des Buches andeutet, läßt familienethische Gesichtspunkte eher ins zweite Glied rücken. Zudem ist die fürsorgende Elternrolle Jahwes als Vater (Jes 63,16; 64,7) und Mutter (Jes 66,13) stark betont, wobei die Bedeutung der leiblichen Eltern für ihre Kinder vorausgesetzt wird, nicht aber als eigenes Thema erscheint. Die ethischen Mahnungen zum richtigen Fasten (Jes 58,1-9) schließen zwar gewiß auch die Fürsorge für die eigenen Eltern im Sinn des Elterngebots ein (V.7), sind begrifflich jedoch so allgemein gehalten, daß man sie eher als allgemeine Zusammenfassung von V.7 interpretieren kann: „Man soll sich seinen Volksgenossen nicht entziehen"[608].

Im universalen Konzept Tritojesajas ist nun sogar ewiger Bestand und Fortleben vor Gott möglich, ohne Kinder zu haben. Auch den Eunuchen, die den Sabbat halten und den Bund bewahren, sagt Jahwe einen ewigen Namen zu (Jes 56,3-5), wie die Fortpflanzungsfähigen ihn durch ihre Nachkommen haben (Jes 66,22). In Abrogation des Gemeindegesetzes von Dtn 23,2-9[609]

---

[604] Vgl. Jer 13,12ff; Jes 60,5.

[605] NORTH, CHRISTOPHER R.: The Second Isaiah. Introduction, Translation and Commentary to Chapters XL - LV; Oxford 1964, 217 erklärt: „Jerusalem is pictured as groping about under the toxic effects of ‚the cup'".

[606] Vgl. SCHMITT, JOHN J.: The Motherhood of God and Zion as Mother. RB 92, 1985, 557-569, 562. BALTZER, KLAUS: Deutero-Jesaja. Kommentar zum Alten Testament; Gütersloh 1999 (HAT X,2), 459-464 erwägt, das Mutterbild von ikonographischen Darstellungen von Stadtgöttinnen abzuleiten. Auch er hält aber daran fest, es sei „im Text eine Kritik an den ‚Söhnen', die ihrer Mutter in ihrer Entwürdigung nicht geholfen haben" (a.a.O., 462).

[607] KOENEN, KLAUS: Ethik und Eschatologie im Tritojesajabuch: eine literarkritische und redaktionsgeschichtliche Studie; Neukirchen-Vluyn 1990 (WMANT 62), 29.

[608] KOENEN, Ethik und Eschatologie, 100.

[609] Vgl. DONNER, HERBERT: Jesaja LVI 1-7: Ein Abrogationsfall innerhalb des Kanons - Implikationen und Konsequenzen. VT.S 36, 1985 (Congress Volume Salamanca 1983, ed. J.A. Emerton) , 81-95, 87; anders LAU, WOLFGANG: Schriftgelehrte Prophetie in Jes 56-66. Eine Untersuchung zu den literarischen Bezügen in den letzten elf Kapiteln des Jesajabuches; Berlin, New York 1994 (BZAW 225), 268-272.

werden nun auch Eunuchen zur Gemeinde zugelassen und ihnen der Fortbestand ihres Namens zugesagt. Eine stark familienethisch ausgerichtete Haltung paßt nicht in diesen Zusammenhang.

Im Buch Ruth ist das Thema Elternehrung und Elternversorgung gleich an zwei Stellen von hoher Bedeutung[610], wiederum jedoch ohne erkennbaren Einfluß des Elterngebots. Zu Beginn begleitet die Protagonistin der Erzählung, Ruth, ihre verwitwete Schwiegermutter von Moab nach Juda und versorgt sie dort, in der Fremde, handelt also sogar an der Schwiegermutter nach dem Ethos der Elternehrung. Am Ende des Buches wird der erste Sohn Ruths von der Schwiegermutter adoptiert[611] (Ruth 4,16), und die Frauen, die Noomi besuchen, kündigen an, daß dieser Sohn[612] - ihr Enkel - sie im Alter versorgen wird. Das Recht der (Adoptiv-) Mutter auf Versorgung ist dabei vorausgesetzt, ebenso damit die Befolgung des Elterngebots durch Obed[613]. Die Erzählung zeigt also implizit eine große Bedeutung der Elternehrung und der Versorgung im Alter auf. Sie geht auch vom Recht der Eltern darauf aus, verbindet dies aber nicht mit dem Elterngebot des Dekalogs.

Schließlich dokumentieren die beiden frühnachexilischen Schriften[614] unter dem Namen Esra und Nehemia das weitgehende Desinteresse am Elterngebot und an elterlichen Rechten nach der Rückkehr aus dem Exil. Das Ziel, Fremdheiraten zu verhindern, wird nicht mehr über die Autorität der Eltern zu erreichen versucht. Vielmehr erfolgt die Durchsetzung mittels außerfamiliärer Autoritäten, die die Elterngeneration an ihre Pflichten erinnert, ohne explizit die Kinder zur Achtung vor den Eltern zu ermahnen. Das kategorische Verbot der Heirat mit ausländischen Partnern steht nun formal an der Stelle, die zuvor das Elterngebot eingenommen hatte. Denn auf die Erinnerung an die Sabbatheiligung (Neh 13,15-22) folgt die Ermahnung, solche Ehen zu vermeiden (V.23ff.) - genau an jenem Platz also, an dem in der Tradition des Dekalogs bis hin ins Heiligkeitsgesetz das Elterngebot gestanden hatte.

Auch wenn daher der Zusammenhang der Familie grundsätzlich gewahrt bleibt[615], verliert das Elterngebot in der Umbruchsituation des Neubeginns im Lande seine Bedeutung weitgehend. Wie wenig das Elterngebot im chronistischen Geschichtswerk noch Beachtung findet, läßt sich erahnen, wenn man

---

[610] FECHTER, Familie, 233-286 sieht das Buch Ruth geradezu als Modell für den Umgang mit dem Familienethos in der nachexilischen Zeit.

[611] Vgl. GERLEMAN, GILLIS: Ruth. Das Hohelied; Neukirchen-Vluyn 1965 (BK XVIII), 37f.

[612] „Noomi ist ein Sohn geboren" heißt es ausdrücklich in Ruth 4,17.

[613] Obed erhält auf diese Weise als Großvater Davids eine wirklich judäische Mutter!

[614] SMEND, Entstehung, 226: „Die früheste mögliche Abfassungszeit liegt nach dem Ende der erzählten Ereignisse, also etwa um 400 v. Chr." Dabei handelt es sich ursprünglich wohl um ein zusammenhängendes Buch, das vom selben Verfasser wie die Chronikbücher stammt.

[615] Das Fasten und Beten für die Reise (Esra 8,21) schließt zum Beispiel die Eltern mit den Kindern zusammen.

die Wortwahl im chronistischen Werk[616] bedenkt. Dort steht der tragende Begriff des Elterngebots - das in der Chronik nie berücksichtigt wird - in der Frage von den Oberen der Ammoniter an ihren neuen König Hanun nach 1Chr 19,3: „Meinst du, daß David deinen Vater vor deinen Augen ehren wollte?" Unter dem Ehren (כבד) des Vaters ist hier die Aussendung einer Gesandtschaft nach dessen Tod verstanden, die den Sohn trösten soll. Adressat der Ehrung ist ein verstorbener fremder Herrscher, Subjekt nicht der Sohn selbst, sondern David als befreundeter Nachbarregent. Nichts davon läßt eine Erinnerung an das Elterngebot ahnen, obwohl Thematik und Terminologie dies durchaus nahelegen würden.

---

[616] Über die Datierung der Chronikbücher besteht insoweit eine Übereinkunft, daß sie in die Zeit zwischen 400 und 200 v. Chr. gehören. Die Chronikbücher setzen die Priesterschrift voraus und stellen vermutlich das zweite Werk des Verfassers dar, auf den auch Esra und Nehemia zurückgehen; vgl. dazu WELTEN, PETER: Geschichte und Geschichtsdarstellung in den Chronikbüchern; Neukirchen-Vluyn 1973 (WMANT 42), 199-200, der zu einer Ansetzung in der ersten Hälfte des 3. Jhdts. v.Chr. neigt.

Kapitel 10

# Das Elterngebot als Grundnorm des Elternrechts im Alten Testament

## 1. Der Rang einer theologischen Grundnorm

Nachdem wir über manche Spuren in den alttestamentlichen Schriften den Weg des Elterngebots zu verfolgen versuchten, soll nun schließlich seine Gesamtstellung innerhalb des alttestamentlichen Kanons bedacht werden. Hat das Elterngebot den Rang einer Grundnorm des Elternrechts im Alten Testament?

Dabei ist es ein gewagtes Unternehmen, unter verschiedenen Texten, besonders unter Rechtssätzen, zu gewichten und innerhalb der biblischen Überlieferung zu differenzieren. Zahlreiche Einsprüche sind dabei zu erwarten. Um solche Einsprüche aber auf die intendierte exegetische Ebene zu konzentrieren, ist bewußt der Begriff der Grundnorm gewählt worden.

Der Begriff der Grundnorm versucht bewußt, auf der *exegetischen* Ebene ein Ergebnis festzuhalten, das nicht zusätzlich hermeneutisch oder dogmatisch begründet ist oder begründet werden muß. Er impliziert ferner kein Werturteil im Blick auf den Unterschied zwischen der behaupteten Grundnorm und den ihr zugeordneten weiteren Normen.

Die Aussage des Charakters eines Rechtssatzes als „Grundnorm" ist stets relativ, wobei die Bezugsgröße angegeben werden muß. Im Blick auf die gewählte Bezugsgröße ist nachzuweisen, daß dieser Rechtssatz in einem bestimmten Rechtskomplex als Zusammenfassung und Kristallisationspunkt diente und aus nachvollziehbaren exegetischen Gründen dafür geeignet war.

In welcher Hinsicht kann man also das Elterngebot in diesem Sinne als Grundnorm des Elternrechts für das Alte Testament bezeichnen?

## 2. Hat das Elterngebot den Charakter einer Grundnorm?

Blicken wir zuerst auf die wahrscheinlich gemachte *Entstehung und Herkunft* des Elterngebots, so erscheint der Charakter als Grundnorm eher problematisch. Weit weniger genau, als früher oft versucht, konnten die Anfänge des Elterngebots festgestellt werden. Im Vergleich mit den Todesrechtssätzen im Bundesbuch, Ex 21,15.17, ergab sich keine Priorität des Elterngebots im Dekalog. Das Alter der jeweiligen Form und die jeweils relativ frühe Verschriftlichung ließen ein „durchgängiges Nebeneinander" von Elterngebot und Elternrecht in den Todessätzen als wahrscheinlich erscheinen.

Zwar zeichnet sich das Elterngebot vermutlich dadurch aus, daß es eine längere mündliche Vorgeschichte hat und also gewiß kein rein literarisches Produkt ist, dennoch kann man es nach Entstehung und Herkunft nicht als Keimzelle des Elternrechts bezeichnen. Dagegen läßt die *Form*, die wir als Normensatz bestimmten, es zumindest offen, ob das Elterngebot eine Grundnorm des Elternrechts sein könnte. Die Form allein weist das Elterngebot freilich nicht als Grundnorm aus - grundsätzlich könnte formal jeder Normensatz eine Stellung als Grundnorm beanspruchen. Dennoch ermöglicht es die Form des Elterngebotes, daß es zur Grundnorm werden kann, da das Normenrecht Verhaltensregeln festlegt, die Grundlagencharakter haben. Alle anderen Rechtssätze mit Rechtsfolgebestimmung können als Ausführungsbestimmung und Konkretion eines Normensatzes verstanden werden, wie sie in einem Gerichtsverfahren nötig waren.

Auch der ursprüngliche *Sitz im Leben* in der Sippenpädagogik macht Normensätze als Zusammenfassungen geeignet. Während Rechtssätze mit Sanktionsfestlegung viel stärker an Gerichtsverfahren gebunden sind und im allgemeinen Bewußtsein weniger verankert erscheinen, bleiben Normensätze als Grundsatzaussagen für den ethischen Lernprozeß gegenwärtig. Ihre Unterstreichung durch Motivationsklauseln, wie sie nach der Verschriftlichung sehr häufig geschah, stärkt ihre Bedeutung und bietet eine weitere Gelegenheit, gleich oder ähnlich motivierte bzw. motivierbare Gesetze unter einem solchen Normensatz zusammenzufassen.

Als *Adressaten* des Elterngebots hatten wir eindeutig den erwachsenen Israeliten bestimmt, der von diesem Normensatz auf die Pflicht gegenüber den alten Eltern hingewiesen werden sollte. Zwar konnte das Elterngebot in späterer Auslegung sowie in weisheitlichen Derivaten auch speziell an Kinder und Heranwachsende gerichtet werden, aber diese Einbeziehung zog in der Regel eine Veränderung des inhaltlichen Schwerpunkts hin zur Gehorsamsforderung nach sich.

Insofern aber, als das Elterngebot des Dekalogs keine Altersgruppe als Adressaten ausschließt - anders als etwa das Verbot des Falschzeugnisses, das unmöglich an rechtsunmündige Kinder gerichtet sein kann - , ist es auch im

Blick auf den Adressatenkreis durchaus als Zusammenfassung des Elternrechts geeignet.

Was den Inhalt betrifft, so unterscheidet sich das Elterngebot im Dekalog klar vom Inhalt anderer Elternrechtssätze, die parallel dazu entstehen. Es ergeben sich aber dann Entwicklungen, die auf eine immer stärker werdende Konzentration von Inhalten auf das Elterngebot schließen lassen. Waren die Todesrechtssätze in Ex 21 wie das Verbot des Inzests nach Lev 18,7 und auch ein möglicher alter Fluchsatz im Hintergrund von Dtn 27,16 inhaltlich zur Zeit ihrer Entstehung vom Elterngebot deutlich getrennt, so konnte für Dtn 21,18-21, für Lev 20,9 und Lev 19,3 gezeigt werden, daß sie auf dem Elterngebot des Dekalogs aufbauen, es weisheitlich ermahnend oder theologisierend weiterführen. Für diese drei Elternrechtssätze bzw. Erzählungen von Elternrecht kann also der Charakter des Elterngebots als Grundnorm vom Inhalt her grundsätzlich festgehalten werden. Alle drei Texte lassen sich auf das Elterngebot des Dekalogs zurückführen, sich in ihm zusammenfassen und beziehen sich darauf zurück.

Aber auch die drei anderen Elternrechtssätze münden im Lauf der Entwicklung in das Elterngebot des Dekalogs ein. In Ex 21 verschieben sich durch redaktionelle Einfügungen die Gewichte bereits in der ersten Redaktionsstufe deutlich, und in der späteren Königszeit wird die elternrechtliche Aussage der beiden Todessätze an der Stelle im Bundesbuch kaum noch explizit wahrgenommen. Ihre Aufgabe - Schutz der Eltern vor tätlichen Übergriffen - übernimmt nun das Elterngebot im Dekalog, indem es innerhalb der Gebotsreihe als elternrechtlicher Grundsatz interpretiert werden mußte, da die Gesetze des Bundesbuches zu „Ausführungsbestimmungen" des Dekalogs wurden. Das Elterngebot wird auf diese Weise inhaltlich ausgeweitet und umgreift als inhaltliche Zusammenfassung auch die ursprünglich völlig eigenständigen Todesrechtssätze.

Lev 18,7 - der nächste anfänglich selbständige Satz des Familienrechts - gehört ursprünglich nicht zum Elternrecht, da er sich nur auf die Mutter bezog. In dem Moment aber, in dem er auf den Vater ausgeweitet wurde und damit elternrechtliche Qualität bekam (vermutlich im Exil), unterstützt er das Prinzip besonderer Achtung vor Vater und Mutter. Somit ist er unter elternrechtlichem Aspekt ausschließlich eine inhaltliche Explikation des Elterngebotes, in dem er problemlos zusammengefaßt werden kann.

Dtn 27,16 schließlich ist seit der Verschriftlichung und der deuteronomistischen Verwendung innerhalb der Fluchreihe als Ergänzung zum Deuteronomium ein kontrastierendes Spiegelbild des Elterngebots im Dekalog nach der Deuteronomiumsfassung geworden. Spätestens seit der dtr Redaktion hat auch der elternrechtliche Fluchsatz gegenüber dem Elterngebot im Dekalog nur noch ergänzende und warnend weiterführende Funktion. Auch ihm gegenüber kann daher das Elterngebot im Dekalog als Grundnorm geltend gemacht werden.

Keine inhaltliche Verbindung konnte dagegen ursprünglich zwischen dem Elterngebot und elterlichen Rechten außerhalb der formulierten Rechtssätze festgestellt werden. Weder elterliche Rechte bei der Heirat der Kinder noch ein Recht der Eltern auf Bestattung durch die Kinder waren mit dem Elterngebot ursprünglich zu verknüpfen. Erst in exilisch-nachexilischer Zeit (P) schlägt sich die Erwartung einer angemessenen Bestattung durch den Sohn - oder besser noch, durch die miteinander versöhnten Söhne - auch in Texten nieder und könnte mit dem Elterngebot verbunden worden sein.

Über seinen konkreten ursprünglichen Inhalt, die Gewährleistung der sozialen Sicherung der alten Eltern, hinaus hat das Elterngebot des Dekalogs vor allem durch die deuteronomistische Überarbeitung (Dtn 27) andere, ursprünglich selbständige Elternrechtssätze integriert, die nun auf das Dekaloggebot bezogen und von ihm her gelesen wurden. Ein später elternrechtlich verstandener Rechtssatz in Lev 18,7 wurde von seiner elternrechtlichen Wendung an ebenfalls vom Elterngebot des Dekalogs her verstanden und drei andere Elternrechtssätze waren ohnehin von Anfang an in weisheitlicher oder theologisierender Erweiterung von ihm abgeleitet worden. Für sämtliche Elternrechtssätze - allerdings nicht für alle impliziten Elternrechte - im Alten Testament kann daher letztlich das Elterngebot des Dekalogs seit der deuteronomistischen Redaktion als *inhaltliche* Grundnorm gelten.

Dagegen ist die *überlieferungsgeschichtliche* Bedeutung des Elterngebots eher gering. Weder das Elternrecht im Bundesbuch, das parallel zum Elterngebot entstanden ist, noch im Deuteronomium, wo Dtn 21,18-21 vom Dekaloggebot unabhängig aus dem Bereich der Unterweisung kommt und Dtn 27,16 eventuell ursprünglich eine Ergänzung zu Ex 21,17 darstellt, ist vom Elterngebot des Dekalogs abhängig. Allenfalls für den Fluchsatz in Dtn 27,16 könnte - falls er erst aus der dtr Redaktion stammt - das Elterngebot als überlieferungsgeschichtliche Vorstufe (Kontrastbildung) in Frage kommen. Im Heiligkeitsgesetz war Lev 18,7 als unabhängig vom Elterngebot erwiesen, dagegen Lev 19,3 als Bearbeitung des Dekalogs eingestuft worden. Auch für Lev 20,9.10 war anzunehmen gewesen, daß die Verse sich zwar an Lev 18 orientieren, sich, was das Elternrecht betrifft, aber ein Bezug auf Ex 21,17 ergibt.

Nur für zwei, allenfalls drei (mit Dtn 27,16) Elternrechtssätze kann also eine überlieferungsgeschichtliche Bedeutung des Elterngebots im Dekalog vermutet werden, und auch dies im Fall von Lev 20,9 noch relativ eingeschränkt und in Konkurrenz mit Ex 21,17. Das Elterngebot bildet also *nicht* den überlieferungsgeschichtlichen Grundstock für alle Elternrechtssätze im Alten Testament insgesamt, sondern lediglich für eher spätere Bildungen.

Noch geringer ist die überlieferungsgeschichtliche Bedeutung des Elterngebots für die weiteren Schriften des Alten Testaments zu veranschlagen. Abgesehen von den genannten Elternrechtssätzen findet sich in den Geschichtswerken neben der Dekalogfassung von Dtn 5 kein einziger Text, der

das Elterngebot aufnimmt. Lediglich die Motivationsformel wird im deuteronomischen Bereich eventuell - wir hatten es versucht, wahrscheinlich zu
machen - aus dem Elterngebot entnommen und an einige andere Rechtssätze
und Summarien angefügt.

In der Weisheitsliteratur sind die Bezüge in Spr 23 und 28 eher traditionsgeschichtlicher Natur und in den prophetischen Büchern tritt das Elterngebot überhaupt nicht auf oder es finden sich ebenfalls lediglich traditionsgeschichtlich auszuwertende Verbindungen, die aber auf keinen überlieferungsgeschichtlichen Zusammenhang schließen lassen (so zum Beispiel bei Maleachi). Einzige Ausnahme ist Ezechiel, wo in Ez 22,7 wohl ein - wenn auch
nicht wörtlicher - Rückgriff auf das Elterngebot des Dekalogs vorliegt. Überlieferungsgeschichtlich betrachtet ist also die Wirkung des Elterngebots eher
gering. Als Grundnorm kann es unter diesem Aspekt nicht betrachtet werden.

Anders verhält es sich dagegen in *traditionsgeschichtlicher* Hinsicht. Aus-
ser den bereits überlieferungsgeschichtlich vom Elterngebot abhängigen
Stellen (Lev 19,3; 20, 9 und vermutlich Dtn 27,16) stehen noch weitere Texte
in traditionsgeschichtlichem Zusammenhang mit diesem Gebot, und zwar so,
daß sie diesem zugeordnet werden.

Ex 21,15.17 erhalten später den Rang einer näheren Ausführung zum Elterngebot des Dekalogs. Der Fall in Dtn 21,18-21 führt das Elterngebot mit
anderem Akzent (Auflehnung gegen die Eltern ist zugleich Auflehnung gegen
Gott) und für andere Adressaten (Jugendliche) fort. Lev 18,7 wird umfor-
muliert, so daß das ursprüngliche Inzestverbot nun das Elterngebot unterstützen kann. Somit sind alle Eltern*rechtssätze* des Alten Testaments ab der
Exilszeit dem Elterngebot des Dekalogs traditionsgeschichtlich zugeordnet,
darauf bezogen und in Verbindung mit dem Elterngebot zu verstehen.

Im übrigen Alten Testament fanden wir jedoch nur noch in der Spruchweisheit (Spr 23,22; 28,24) sowie in Ez 22,7 und Mal 1,6 traditionsgeschichtlich relevante Spuren des Elterngebots. Der Charakter des Elterngebots als
Grundnorm in traditionsgeschichtlicher Perspektive beschränkt sich also auf
die Rechtssätze und kann nicht auf sämtliche Aussagen zu Rechten der Eltern
oder Pflichten der Kinder ausgedehnt werden.

Das im Elterngebot implizierte Ethos war dagegen in vielen Bereichen der
alttestamentlichen Tradition wiederzufinden. Ohne sämtliche Teilergebnisse
nochmals aufzulisten, sei nur an die Erzählung von Noah und Ham oder an
die Josefsgeschichte erinnert. Eine Verletzung des Ethos, wie es das Elterngebot vertritt, galt in den Erweiterungen des Michabuches als Zeichen des
totalen Gerichts. Wo vom Elterngebot keine Rede ist, wird es dennoch nie
außer Kraft gesetzt oder bestritten. Das Buch Ruth bezieht sich nochmals
deutlich auf das zugrundeliegende Ethos, wenn auch wiederum ohne direkten
Rückgriff auf das Gebot selbst.

Für das im Alten Testament vertretene Ethos in der Beziehung der Kinder
zu ihren Eltern kann das Elterngebot somit durchaus als repräsentativ gelten.

Das im Gebot „Ehre Vater und Mutter" implizierte Ethos tritt an sehr vielen Stellen der alttestamentlichen Überlieferung auf, wird vielfach explizit berücksichtigt und selbst in Grenzfällen beachtet. Nur das erste Gebot, Gott die Ehre zu geben, kann dieses Ethos durchbrechen.

Als Ergebnis der Prüfung in den einzelnen Bereichen läßt sich festhalten, daß das Elterngebot mit einigen Einschränkungen durchaus für die Endgestalt des alttestamentlichen Kanons als Grundnorm des Elternrechts angesprochen werden kann.

Entstehung und Herkunft machen das Elterngebot des Dekalogs zwar nicht zur Grundnorm, ebnen aber den Weg dafür. Dasselbe gilt für seine Form als Normensatz und für seine Adressaten. Inhaltlich ist das Elterngebot seit der deuteronomistischen Redaktion die Grundnorm sämtlicher Elternrechtssätze, wenn auch nicht aller Elternrechte. Traditionsgeschichtlich ließ sich dasselbe zeigen. Lediglich in überlieferungsgeschichtlicher Hinsicht waren die Wirkungen zu gering, als daß sich die Bezeichnung als Grundnorm hätte rechtfertigen lassen.

Was das implizierte Ethos anbetrifft, so ist der Charakter als Grundnorm sogar auf das ganze Alte Testament und sein Reden von der Eltern-Kind-Beziehung auszudehnen. Dieses Ethos findet sich über weite Strecken der alttestamentlichen Theologiegeschichte bestätigt.

Wenn wir nun den weiteren Weg des Elterngebots in den Schriften zwischen den Testamenten verfolgen, so wird genau zu beobachten sein, ob sich die in den Spätschriften des Alten Testaments vorherrschende Tendenz fortsetzt, in denen das Ethos der Elternehrung immer weniger Raum gewinnt, oder ob doch am Elterngebot als einer Grundnorm des alttestamentlichen Kanons festgehalten wird.

Teil C:

Das Elterngebot zwischen den beiden Testamenten

Kapitel 11:

# Das Elterngebot in der Septuaginta

Für das Elterngebot in den Schriften, die zeitlich und traditionsgeschichtlich zwischen die beiden Testamente des biblischen Kanons einzuordnen sind, gewinnen die griechischen Übersetzungen des Alten Testaments, besonders die Septuaginta, entscheidende Bedeutung. Nicht nur, daß viele dieser Schriften in griechischer Sprache verfaßt sind und daher das Gebot, Vater und Mutter zu ehren, dort griechisch wiedergegeben wird, macht diese Übersetzung wichtig. Vielmehr läßt sich zeigen, daß mit der Septuaginta-Version auch der Inhalt des Elterngebots eine andere Akzentuierung erhält und anders bestimmt wird. Wegen dieser grundlegenden Bedeutung der Übersetzung in der Septuaginta (LXX) soll deren Darstellung nun am Anfang der Untersuchungen für die Zeit zwischen den beiden Testamenten stehen.

## 1. Die Übersetzung des Elterngebots in der Septuaginta

Die Septuaginta-Übersetzung des Pentateuch wird vermutlich ins 3. Jhdt. v. Chr.[1] zu datieren sein. Auch mit der Lokalisierung in Alexandria dürfte die legendarische Schilderung des Aristeasbriefes durchaus zutreffende Angaben machen[2], wenngleich die sonstigen Entstehungsumstände in jener apologetischen Schrift gewiß nicht historisch zuverlässig wiedergegeben sind. Die Wiedergabe des Elterngebotes ist bei beiden Fassungen relativ wortgetreu, allerdings sind sie bereits deutlich aneinander angeglichen und in einigen sprachlichen Wendungen verändert. In Ex 20,12 LXX lesen wir:

$$\text{Τίμα τὸν πατέρα σου καὶ τὴν μητέρα,}$$
$$\text{ἵνα εὖ σοι γένηται}$$
$$\text{καὶ ἵνα μακροχρόνιος γένη ἐπὶ τῆς γῆς τῆς ἀγαθῆς,}$$
$$\text{ἧς κύριος ὁ θεός σου δίδωσίν σοι.}$$

---

[1] So SMEND, Entstehung, 26; auch FOHRER, Georg: Einleitung in das Alte Testament; 12., überarb. und erw. Aufl., Heidelberg 1979, 558, datiert die LXX-Übersetzung der Tora (des Pentateuch) auf die Mitte des 3. Jhdts. v. Chr.

[2] Vgl. SMEND, Entstehung, 26.

Ehre Deinen Vater und (Deine) Mutter,
damit es dir gut geht
und damit Du lange Zeit lebst auf dem guten Land,
das Dir der Herr, Dein Gott, gibt.

Dtn 5,16 LXX steht der Exodusfassung nun noch näher, wenn es dort heißt:

> Τίμα τὸν πατέρα σου καὶ τὴν μητέρα σου,
> ὃν τρόπον ἐνετείλατό σοι κύριος ὁ θεός σου,
> ἵνα εὖ σοι γένηται
> καὶ ἵνα μακροχρόνιος γένῃ ἐπὶ τῆς γῆς,
> ἧς κύριος ὁ θεός σου δίδωσίν σοι.

Ehre Deinen Vater und Deine Mutter,
auf die Weise, die Dir der Herr, Dein Gott, geboten hat,
damit es Dir gut geht
und damit Du lange Zeit lebst auf dem Land,
das Dir der Herr, Dein Gott, gibt.

Die beiden Fassungen des Elterngebots unterscheiden sich - anders als im masoretischen Text - nun lediglich noch in der Rückverweisformel von Dtn 5,16 LXX. Dies erreicht der Übersetzer durch die Übernahme der Klausel über das Wohlergehen aus dem Deuteronomium in die Exodusfassung. Dabei hat er allerdings zusätzlich die Reihenfolge der Zusagen in der Motivationsklausel vertauscht. In beiden Dekalogfassungen der LXX steht nun die im masoretischen Text von Dtn 5 zweite Verheißung (Wohlergehen) vor der Zusage des langen Lebens. Dazu kommt die fehlende Übersetzung des Suffixes von ואת־אמך in Ex 20,12 LXX, so daß erst im Dtn wieder Parallelität (τὸν πατέρα σου καὶ τὴν μητέρα σου) gegeben ist. Ferner überrascht dabei die zusätzliche Qualifikation der Landgabe in Ex 20,12 LXX als „τῆς γῆς τῆς ἀγα–θῆς".

Während die Auslassung des Suffixes eine stilistische Korrektur sein kann[3] und die Einfügung der Wohlergehensklausel eine Angleichung der beiden Dekalogfassungen darstellt[4], wird die Kennzeichnung des Landes als explizit „gutes Land" genauer zu betrachten sein. Ansonsten liegt eine wörtlich exakte[5] Wiedergabe des masoretischen Textes vor. Dabei ist die Erweiterung der למען-Klausel durch τῆς ἀγαθῆς nicht der Regelfall, sondern eine Ausnahme. Gewöhnlich wird האדמה innerhalb einer solchen Klausel einfach mit ἡ γῆ

---

[3] Die Wiederholung des σου ist vom Sinn her nicht zwingend notwendig.

[4] Ähnlich aneinander angeglichen werden Ex 20,17 LXX und Dtn 5,21 LXX .

[5] Im Fall von כאשר in Dtn 5,16 führt die genaue Übersetzung mit ὃν τρόπον allerdings zu einer modalen, die Art und Weise beschreibenden Präzisierung im Griechischen, die die hebräische Wendung nicht enthält.

wiedergegeben[6]. Die besondere Erweiterung könnte hier mit der Einfügung der Wohlergehensklausel in den Exodustext zusammenhängen. Der Übersetzer will damit deutlich machen, daß Wohlergehen (εὖ γίνομαι) und Landgabe (τῆς γῆς τῆς ἀγαθῆς) im Exodusdekalog unmittelbar miteinander verbunden sind. Es kann den Israeliten nur im verheißenen Land wohlergehen. Es ist gerade nicht beabsichtigt, durch die Übersetzung zwei getrennte Verheißungsgüter auch im Exodusdekalog einzuführen, sondern es geht lediglich darum, daß die nunmehr in der Übersetzung erste Zusage, nämlich Wohlergehen, in Dtn 5,16 auch schon an der ersten Stelle im Kanon mit vorbereitet wird. Die Uminterpretation der Motivationsklausel im Deuteronomiumsdekalog erfolgt in der LXX zudem über die fehlende Präzisierung des Landes. Dort kann nun das Wohlergehen, aber auch die Landgabe definitiv vom Erbbesitz der Väter abgelöst verstanden werden. Das „Land", in dem derjenige, der das Elterngebot erfüllt, nach dem Septuagintatext von Dtn 5,16 lange lebt, muß nun nicht mehr das „gute Land", Israel und Juda, sein, in dem sich nach Ex 20,12 LXX die Zusage erfüllt. Vielmehr kann auch jeder Diasporajude die Erfüllung an seinem Wohnort erfahren. Während also Ex 20,12 LXX das Gebot und seine ursprüngliche Verheißung bewußt erweitert und mit umgestellter Wohlergehensklausel darbietet und die Zusage auf das verheißene Land bezieht, verallgemeinert die Übersetzung in Dtn 5,16 LXX gezielt: welches Land auch immer der Herr gibt - dort lange zu leben bleibt der Lohn für die Erfüllung des Elterngebots.

Aber nicht nur durch die genannten Eingriffe in den Text ergeben sich durch die Übersetzung Veränderungen. Fast noch tiefgreifender kann die Akzentsetzung durch die Wahl bestimmter Begriffe im griechischen Text sein, durch die sich bestimmte Gedankenverbindungen für den griechisch-sprachigen Leser bzw. Hörer ergeben.

Bei der Wiedergabe des Elterngebots setzt das Verb τιμᾶν gleich zu Beginn als Übersetzung von כבד (pi.) einen besonderen Akzent. Es ist nicht die einzige Übersetzungsmöglichkeit - so finden wir etwa im Psalter[7], aber auch in anderen alttestamentlichen Büchern[8], häufig δοξάζειν als Entsprechung. Nur in Jes 24,15 steht δόξα ἔσται, in 1Sam 6,6 βαρύνω, in Jes 25,3 εὐλογέω. Nur im Pentateuch (außer Ex 20,12 und Dtn 5,16 noch Num 22,17.37 und

---

[6] In Dtn 11,9 LXX steht die griechische Wendung ἵνα μακροημερεύσητε ἐπὶ τῆς γῆς, ἧς ... für למען האריכו ימים על האדמה. Dtn 25,15 LXX bietet ἵνα πολυήμερος γένῃ ἐπὶ τῆς γῆς, ἧς ... für למען יאריכו ימיך על האדמה. Dtn 30,18 LXX nennt in der negativen Formulierung οὐ μὴ πολυήμεροι γένησθε ἐπὶ τῆς γῆς, ἧς ... für לא תאריכן ימים על האדמה; Schließlich gibt Dtn 32, 47 LXX האדמה על ימים תאריכו mit μακροημερεύσετε ἐπὶ τῆς γῆς, εἰς ἣν.... wieder.

[7] Vgl. Ps 15,4 (14,4 LXX) ; 22,24 (21,24 LXX); 50,15.23 (49,15.23 LXX) ; 86,9.12 (85, 9,12 LXX) ; 91,15 (90,15 LXX), wo durchgehend δοξάζειν für כבד (pi.) steht.

[8] Vgl. Ri 9,9;13,17; 1Sam 2,29.30; 15,30; 2Sam 10,3; Jes 43,23; Mal 1,6; Klgl 1,8; 1Chr19,3.

Num 24,11) sowie im Sprüchebuch (Spr 3,9; 4,8 und 14,31) wird ausschließlich τιμᾶν für כבד (pi.) gesetzt; dazu kommen noch Jes 29,13 und Sir 3,8.

Die Bedeutungsbreite von τιμᾶν ist dabei innerhalb der LXX relativ groß.
Das Verb steht in Num 22,17.37 für die materiellen Gaben und die Anerkennung, die Bileam dafür angeboten werden, daß er Israel verfluchen soll, bzw.
die Ablehnung dieser Ehrengaben (Num 24,11), nachdem er den Wunsch
Balaks nicht erfüllt. In Jes 29,13 beklagt sich dagegen Jahwe über das Volk,
das ihn nur mit den Lippen ehrt - τιμάω ist dort also auf eine rein sprachliche
Ebene bezogen: das Herz des Volkes ist dagegen fern von seinem Gott.

Spr 3,9 gibt wiederum die materielle Ehrung des κύριος durch die Ernte-
und Erstlingsgaben mit τιμάω wieder, in Spr 4,8 steht stärker die ideelle und
soziale Erhebung durch die Weisheit im Vordergrund, wobei jedoch materieller Gewinn durch weise Haltung nicht ausgeschlossen ist. In Spr 14,31b ist
die Ehrung des Schöpfers im Tun der Barmherzigkeit an den Armen gesehen:
ὁ δὲ τιμῶν αὐτὸν (τὸν ποιήσαντα αὐτόν) ἐλεᾷ πτωχόν.

Dagegen setzt die LXX δοξάζειν im Blick auf das (immaterielle) Ehren
von Gottesfürchtigen (Ps 14,4 LXX), für das Rühmen Gottes in Gebeten und
Opfern (Ps 21,24 LXX; Ps 49,23 LXX) und für die Aufforderung dazu (Ps 49,
15 LXX), für das Ehren von Gottes Namen (Ps 85,9.12 LXX) sowie für das
Geehrtwerden aus der Not heraus durch Gott (Ps 90,15 LXX). Auch das rein
verbale Rühmen der Fettigkeit des Ölbaums gibt die LXX mit δοξάζειν
wieder (Ri 9,9 LXX), ebenso aber auch die - durchaus auch materiell gedach-
te - Ehrung des Engels durch Simsons Eltern (Ri 13,17 LXX).

Auffällig ist vor allem, daß auch in Mal 1,6 LXX für die Ehrerbietung
gegenüber dem Vater und dem Herrn δοξάζειν steht, womit diese Stelle begrifflich vom Elterngebot abgesetzt wird. Dasselbe gilt für den Vorwurf an
Eli, er ehre seine Söhne mehr als Gott (1Sam 2,29 LXX).

Andererseits ist τιμᾶν nicht auf die Wiedergabe von כבד beschränkt. Neben ערך (einschätzen; Lev 27,12.14) sind es dann auch andere Verben wie יקר
(gewichtig bzw. teuer sein; Ps 138,17 LXX) oder חקר (prüfen, erforschen;
Spr 25,2.27), für die τιμάω stehen kann. Für die Auslegung des Elterngebots
von Interesse ist die Einführung von τιμάω in Lev 19,32 für הדר, womit die
Ehre der alten Menschen begrifflich mit dem Elterngebot parallelisiert wird.

Blickt man jedoch auf die Verwendung von τιμᾶν im griechischen Sprachraum außerhalb der LXX, so erkennt man rasch, daß es dort zwar in sehr
unterschiedlichen und noch zahlreicheren Verbindungen vorkommt, mit dem
Ehren der Eltern jedoch gezielt verbunden scheint. Wie im griechisch-sprachigen Bereich τιμάω zur Aufforderung, die Eltern zu ehren, eingesetzt wird,
soll nun näher untersucht werden.

## 2. Τιμάω in der Aufforderung zur Ehrung der Eltern in der hellenistischen Welt

Die Weisung, die Eltern zu ehren, ist in der griechischen Literatur und Philosophie fest verankert.[9] Die folgenden Anführungen sind - dem Rahmen dieser Arbeit angemessen - nur als exemplarische Verweise zu verstehen. Eine auch nur annähernd vollständige Behandlung des Themas in dieser Literatur ergäbe eine völlig selbständige, umfangreiche Untersuchung.

Verbunden mit dem Verb τιμάω begegnet die Aufforderung, den Eltern Ehre zu erweisen, bereits in relativ frühen Auflistungen von Tugenden bzw. „ungeschriebenen Gesetzen"[10]. So lesen wir etwa im Euripides-Fragment 853 (ed. Nauck) - bei Stobaios erhalten - die Aufforderung an ein Kind, drei Tugenden (ἀρεταί) zu üben, nämlich „... die Götter zu ehren, und die für die Entstehung verantwortlichen Eltern und die gemeinsamen Gesetze Griechenlands"[11]. Τιμᾶν wird hier - um 430 - 427 v. Chr.[12] - für die Ehrung der Eltern gesetzt, steht aber als einziges Prädikat genauso für das Ehren der Götter und der gemeinsamen Gesetze Griechenlands. Es wird also nicht speziell die Versorgung der Eltern, sondern eine allgemeine Haltung des Respekts und der Achtung damit bezeichnet. Genauso wie man den Göttern Ehrfurcht bezeugt und die Gesetze respektiert, soll auch den Eltern gegenüber ein respektvolles Verhalten gezeigt werden. Auch an anderen Stellen finden wir bei Euripides die Elternehrung in besonders herausgehobener Stellung. Exemplarisch sei nur auf ein weiteres Fragment verwiesen (Nr. 852 Ed. Nauck)[13], das vermutlich ebenfalls zu den „Kindern des Herakles" gehört. Dort gilt die Ehrung von Vater und Mutter als Voraussetzung für die Anerkennung durch die Götter wie auch für die Gesellschaftsfähigkeit im zwischenmenschlichen Bereich:

ὅστις δὲ τοὺς τεκόντας ἐν βίῳ σέβει
ὅδ᾽ ἐστὶ καὶ ζῶν καὶ θανὼν θεοῖς φίλος·
ὅστις δὲ τὸν φύσαντα μὴ τιμᾶν θέλῃ,
μή μοι γένοιτο μήτε συνθύτης θεοῖς,
μήτ᾽ ἐν θαλάσσῃ κοινόπλουν στέλλοι σκάφος.

---

[9] Vgl. zum Folgenden insgesamt BOHLEN, REINHOLD: Die Ehrung der Eltern bei Ben Sira. Studien zur Motivation und Interpretation eines familienethischen Grundwertes in frühhellenistischer Zeit; Trier 1991 (TThSt 51), 80 - 139.
[10] Im 5. Jhdt. v. Chr. begann man sich in Athen in Anbetracht der unübersichtlichen und widersprüchlichen Flut von geschriebenen Gesetzen auf wenige feststehende Grundsätze zu berufen, die dann als „ungeschriebene Gesetze" galten.
[11] „...θεούς τε τιμᾶν, τούς τε φύσαντας γονεῖς, νόμους τε κοινοὺς Ἑλλάδος"; Übersetzung und Text nach EURIPIDES: Sämtliche Tragödien und Fragmente. Griechisch-deutsch. Bd. II: Die Kinder des Herakles; Hekabe; Andromache. Übers. von Ernst Buschor, hg.v. Gustav Adolf Seeck, München 1972., 266f.
[12] Vgl. a.a.O., 272.
[13] Vgl. a.a.O., 266f.

Wer die Eltern im Leben ehrt,
der ist im Leben wie im Tod den Göttern lieb;
doch wer den Vater („Erzeuger") nicht ehren will,
soll nie mit mir zusammen Göttern Opfer bringen,
noch auch das Meer im gleichen Schiff wie ich befahren.

Im 4. Jhdt. begegnet τιμᾶν in der Sentenzensammlung bei (Pseudo-) Isokrates[14] (nach 373) wieder als Terminus für die Ehrung der Eltern. In der Mahn-
rede πρὸς Δημόνικον wendet sich der Verf., ein Freund des verstorbenen
Hipponikos, an dessen Sohn Demonikos. Bereits in den Eingangssentenzen
(13/14), in die wohl der Redaktor der Sammlung zur Gliederung eingegriffen
hat[15], steht die Elternehrung neben der Gottesverehrung. Τιμάω bezeichnet
hier eingangs die Ehrung des Göttlichen[16], während im Blick auf die Eltern
eine generationenübergreifende Retributionsregel formuliert wird:

Τοιοῦτος γίγνου περὶ τοὺς γονεῖς,
οἵους ἂν εὔξαιο περὶ σεαυτὸν
γενέσθαι τοὺς σεαυτοῦ παῖδας;

Verhalte dich gegenüber deinen Eltern so,
wie du möchtest, daß sich deine eigenen Kinder
dir gegenüber verhalten.[17]

Die Erwartung gegenüber den eigenen Kindern gilt demnach als Maßstab für
das Verhalten gegenüber den Eltern. Über die allgemein anerkannte Forderung der Elternehrung hinaus kann dieser Gedanke bis hin zu konkreten
Handlungsüberlegungen führen. An dieser Stelle ist jedoch an eine Gesinnung gedacht, wie sie auch Euripides fordert. Danach mahnt der Verfasser
unter den popularethisch geprägten Sentenzen, die untereinander kaum verbunden sind:

Τοὺς μὲν θεοὺς φοβοῦ, τοὺς δὲ γονεῖς τίμα,
τοὺς δὲ φίλους αἰσχύνου, τοῖς δὲ νόμοις πείθου;

Die Götter fürchte, die Eltern aber ehre,
achte die Freunde, den Gesetzen aber leiste Gehorsam[18].

Hier ist τιμάω klar auf die Elternehrung bezogen, aber der Kontext legt
eine etwas andere Bedeutung nahe als bei Euripides. Die Haltung gegenüber
den Göttern wird hier abgesetzt von derjenigen gegenüber den Eltern. Gottesfurcht und Achtung vor den Freunden stellen innere Einstellungen, Grundhal-
tungen dar, die erst noch in der jeweiligen Situation konkretisiert werden

---

[14] Zur Pseudepigraphie der Rede an Demonikos vgl. BOHLEN, Ehrung der Eltern, 103.

[15] Vgl. BOHLEN, Ehrung der Eltern, 106.

[16] Τίμα τὸ δαιμόνιον ἀεῖ μέν, μάλιστα δὲ μετὰ τῆς πόλεως; PSEUDO-ISO-
KRATES, An Demonikos 13 (Isocrate, Discours, Tome I, Texte établi et traduit par Georges
Mathieu et Emile Brémond (CUFr), Paris ³1963).

[17] PSEUDO-ISOKRATES, An Demonikos 14.

[18] A.a.O., 16.

müssen. Dagegen wird mit Γονεῖς τιμᾶν ein praktisches Verhalten anvisiert, das sich im konkreten Lebensvollzug äußert, entsprechend dem Gesetzesgehorsam, der ebenfalls nicht bloße Einstellung bleiben kann, sondern sich im Verhalten erweist.

Wenige Jahrzehnte später, um 357 v. Chr., finden wir in Xenophons Erinnerungen an Sokrates (Memorabilia IV,4,18-24) wieder den Auftrag, die Eltern zu ehren, mit τιμάω formuliert. Er steht im Zusammenhang eines Gesprächs über ungeschriebene Gesetze, die in allen Ländern gleichermaßen gelten und die als von den Göttern gegeben angesehen werden. Neben der Verehrung der Götter (θεοὺς σέβειν) gelten die Ehrung der Eltern (γονέας τιμᾶν), das Verbot der geschlechtlichen Verbindung von Kindern und Eltern sowie die Pflicht, erfahrene Wohltaten zu vergelten, als solche ungeschriebenen Gesetze. Ihre Übertretung wird von den Göttern bestraft. Verknüpft mit der Gottesverehrung, aber inhaltlich getrennt vom konkreten Verbot des Tabubruches auf sexuellem Gebiet, spricht τιμᾶν anscheinend auch hier eine generelle Haltung an, weniger ein konkretes Handeln.

Schon in Memorabilia II,2 hatte Xenophon in einer langen Belehrung des Sokrates für seinen Sohn Lamprokles die Dankbarkeit als entscheidende Haltung gegenüber der Mutter vertreten: Undankbarkeit gegenüber den Eltern wird sogar von Staats wegen verfolgt (Memorabilia II,2,13). Wer das Grab der Eltern nicht pflegt, kann kein Archont werden. Die Tendenz geht jedoch hier in Richtung Fürsorge für die Eltern: Wer sich nicht um die Eltern kümmert (τῶν γονεῶν ἀμελοῦντα), läuft Gefahr, von allen Freunden verlassen zu werden, da auch sie dann nur Undankbarkeit erwarten können (Memorabilia II,2,14).

In der Philosophie Platons (428/27 - 347 v. Chr.) wechselt der Rang, den er den Eltern einräumt. Während in der Beschreibung des idealen Staates[19] die Verbindung zwischen Eltern und Kindern aufgelöst wird und als Ziel gilt, daß Frauen und Kinder nicht einem bestimmten Mann zuzuordnen sind, so daß Vater und Kind sich nicht einmal kennen[20], kann er im „Symposion" Ehre und Vorrang für den sittlichen Eros einfordern und behaupten, alle Impietät (ἀσέβεια) entstehe ohne ihn, und zwar sowohl im Verhältnis gegenüber den lebenden oder verstorbenen Eltern, wie auch gegenüber den Göttern[21].

---

[19] PLATON, Politeia (Platon, Werke in acht Bänden - Griechisch und Deutsch, hg.v. Gunther Eigler: Bd. 4: Der Staat, bearb. v. Dietrich Kurz, Griechischer Text v. Émilie Chambry, Deutsche Übers. v. Friedrich Schleiermacher, Darmstadt 1971).

[20] ... καὶ τοὺς παῖδας αὖ κοινούς, καὶ μήτε γονέα ἔκγονον εἰδέναι τὸν αὑτοῦ μήτε παῖδα γονέα; PLATON, Politeia, 457d.

[21] ... καὶ περὶ γονέας, καὶ ζῶντας καὶ τετελευτηκότας, καὶ περὶ θεοῦς (PLATON, Werke in acht Bänden - Griechisch und Deutsch, hg.v. Gunther Eigler: Bd. 3: Phaidon, Das Gastmahl. Kratylos, bearbeitet von Dietrich Kurz, Griechischer Text v. Léon Robin und Louis Méridier. Deutsche Übersetzung von Friedrich Schleiermacher, Darmstadt 1974), 188c.

In seinem Spätwerk[22] schließt er mit dem Fazit, daß die Eltern unbedingt zu ehren seien[23], wobei er τιμάω als Begriff einsetzt. Dort gilt die Elternschaft als besonders wichtig. Abgestuft folgt dort nach Platon auf die Verehrung der übergeordneten göttlichen Mächte[24] die Verehrung der Familiengötter - gemeint sind wohl die verstorbenen Vorfahren - und sodann die Ehrung der lebenden Eltern[25]. Diese Ehrung versteht der Philosoph als Vergeltung der Kinder, die den Einsatz von Vermögen, Leib und Seele umfaßt[26]. Durch die Ehrung der Eltern werden von den Kindern die Fürsorge und die Schmerzen zurückgezahlt, die die Eltern in deren Kindheit aufgewandt haben. Zeitpunkt dafür ist vor allem das Alter, in dem Vater und Mutter besonders darauf angewiesen sind[27]. Die τιμαί sind also von Platon konkret als materielle Gaben an die alten Eltern verstanden. Zugleich aber gehört zum Grundsatz der Elternehrung die zurückhaltende, achtungsvolle Rede ihnen gegenüber, und zwar lebenslang, ferner eine angemessene, maßvolle Bestattung und ein ehrendes Andenken[28]. Mißhandlungen der Eltern werden in einem eigenen Gesetz mit lebenslanger Verbannung geahndet[29].

Schließlich wird die Stellung der Eltern mit derjenigen der Götter eng in Verbindung gebracht. So ist am Ende dieses Werkes etwa das Verbot der Vernachlässigung von Eltern und Großeltern[30] mit der Ehrung der Götter verknüpft. Die Vorrede zum Gesetz über die Verehrung der Götter - so Platon - lasse sich mit Recht auch auf die Ehrungen oder Mißachtungen der Eltern anwenden[31]. Eltern oder Großeltern im Hause sind ein kostbarer Schatz, der eine größere Wirkung hat als jedes Götterbild. Wenn die Kinder ihre Eltern in Ehren halten, so beten die Eltern zu den Göttern um Segen für Sohn oder Tochter. Dieses Gebet wird ebenso erhört wie die Verfluchungen der Eltern[32].

---

[22] PLATON, Gesetze, um 350 v. Chr (Platon, Werke in acht Bänden - Griechisch und Deutsch, hg.v. Gunther Eigler: Bd. 8, T. 1: Gesetze Buch I-VI, bearb. v. Klaus Schöpsdau, Griechischer Text von E. Des Places, Deutsche Übers. v. K. Schöpsdau; T. 2: Gesetze Buch VII-XII - Minos, bearb. v. K. Schöpsdau, Griechischer Text v. A. Dies u. J. Souilhe, Deutsche Übers. v. K. Schöpsdau u. H. Müller, Darmstadt 1977).

[23] Vgl. unten PLATON, Nom 932a.

[24] Nach Nom 717 a/b folgen nach den olympischen Göttern und den Schutzgöttern der Stadt die unterirdischen Götter, dann die Dämonen und die Heroen.

[25] ... γονέων δὲ μετὰ ταῦτα τιμαὶ ζώντων, Nom 717b.

[26] ... ἀρχόμενον ἀπὸ τῆς οὐσίας, δεύτερα τὰ τοῦ σώματος, τρίτα τὰ τῆς ψυχῆς; Nom 717c.

[27] Vgl. PLATON, Nom 717c.

[28] Vgl. PLATON, Nom 717c-718a.

[29] Vgl. PLATON, Nom 881b-e.

[30] Vgl. PLATON, Nom 930e-932d.

[31] Vgl. PLATON, Nom 930e.

[32] Vgl. PLATON, Nom 931b-d.

Wenn einer nun die Eltern ehrt, freut sich die Gottheit[33]. An den Vorfahren besitzen wir ein Heiligtum - wer sie gut behandelt, darf ein von den Göttern gesegnetes Leben erwarten. Als Fazit gilt Platon: Jeder vernünftige Mensch fürchtet und ehrt die Gebete der Eltern[34]. Sie sind es, die das Verhältnis zu den Göttern bestimmen. Daher kann er dazu auffordern, daß jeder seinen Erzeugern mit allen vom Gesetz vorgesehenen Ehren begegnen soll[35].

Aristoteles (384-322 v. Chr.) trennt dagegen viel stärker zwischen den Rechten und Pflichten der Eltern. Er kommt im Zusammenhang der Freundschaft - Nikomachische Ethik VIII-IX - auch auf das Verhältnis von Eltern und Kindern zueinander zu sprechen, wobei er statt des Verbs τιμάω das Substantiv τιμή bevorzugt. Anders als in platonischer Sicht, wo die elterlichen Pflichten gegenüber den Kindern im Alter von ihren Rechten gegenüber den Kindern aufgewogen werden, besteht nach Aristoteles zwischen beidem ein Verhältnis der Ungleichheit, und die Eltern empfangen von den Kindern nicht dieselbe Leistung, die sie ihnen erbrachten. Es ist daher nur notwendig, daß die Kinder den Eltern ihren gebührenden Anteil geben - dann bleibt auch in der Ungleichheit die Freundschaft erhalten. Jene „Freundschaft" entspricht aber der zu den Göttern: Die Freundschaft der Kinder zu den Eltern und der Menschen zu den Göttern bedeutet Freundschaft zu etwas Wertvollem und Überlegenem[36]. Ehre ist im Verhältnis zu einem Überlegenen der Ausgleich dafür, daß man von jenem Übergeordneten etwas empfangen hat. Besonders für ungleiche Partner ist das - so Aristoteles - wichtig: wer im Hinblick auf äußeren Besitz oder persönliche Trefflichkeit Förderung erfährt, muß dem Freund als Gegenleistung Ehre bieten - nicht in genauer Vergeltung, aber das Mögliche. Dies gilt besonders bei den Ehren, die man den Göttern oder den Eltern gibt, denn niemand kann dort dem Verdienst entsprechend vergelten, doch wer ihnen nach besten Kräften dient und sie verehrt, gilt als gut[37].

Im Blick auf die Verpflichtungen, die sich aus einer Beziehung ergeben, unterscheidet Aristoteles allerdings sehr deutlich zwischen den jeweiligen Arten von Freundschaft. Jedem gilt es, das zu bieten, was seiner Eigenart entspricht: Freundschaft zu den Göttern bedeutet Erfüllung der Kultpflicht; bei den Eltern ist die Sorge für ihren Lebensunterhalt aufgegeben, weil wir in

---

[33] ... οὓς ὅταν ἀγάλλῃ τις τιμᾷς, γέγηθεν ὁ θεός; Nom 931d.

[34] Πᾶς δὴ νοῦν ἔχων φοβεῖται καὶ τιμᾷ γονέων εὐχάς; Nom 931e.

[35] Πᾶς δὴ τιμάτω πάσαις τιμαῖς ταῖς ἐννόμοις τοὺς αὑτοῦ γεννήτορας; Nom 932a.

[36] Vgl. Aristotelis Ethica Nicomachea ex recensione Immanuelis Bekkeri; 4. Aufl., Berlin 1881; 1162a.

[37] τὸ δυνατὸν γὰρ ἡ φιλία ἐπιζητεῖ, οὐ τὸ κατ' ἀξίαν· οὐδὲ γάρ ἐστιν ἐν πᾶσι, καθάπερ ἐν ταῖς πρὸς τοὺς θεοὺς τιμαῖς καὶ τοὺς γονεῖς· οὐδεὶς γὰρ ἂν ποτε τὴν ἀξίαν ἀποδοίη, εἰς δύναμιν δὲ ὁ θεραπεύων ἐπιεικὴς εἶναι δοκεῖ ... Arist.e.N. 1163b.

diesem Punkte ihre Schuldner sind[38], als Urheber unseres eigenen Daseins. Dabei hat im Fall von Interessenkonflikten das Wohltun gegenüber dem Vater den höchsten Rang[39], aber auch der Vater kann nicht alles beanspruchen. Bezeichnenderweise wird dies wieder im Vergleich des Vaters mit dem Göttervater Zeus gesagt, dem auch nicht ohne Unterschied jegliches Opfer dargebracht wird[40]. Ferner gilt es, den Eltern Ehre zu entbieten, wie man es Göttern tut (καὶ τιμὴν δὲ γονεῦσι καθάπερ θεοῖς; Arist.e.N. 1165a), wenngleich nicht wahllos, sondern eine Ehre, wie sie gerade dem Vater bzw. der Mutter zukommt.

Auch die Ars rhetorica des Anaximenes von Lampsakos, um 340 v. Chr. entstanden, nennt als besonders gute, ehrenhafte Handlungen, die Eltern zu ehren, Freunden Gutes zu tun und den Wohltätern Dank abzustatten[41]. Ohne die sonst regelmäßig auftretende Parallelisierung mit der Verehrung der Götter erhält τιμάω an dieser Stelle eher die Tendenz zu einer konkreten Handlung. Wie den Freunden Gutes zu tun ist und den Wohltätern ihre Gaben zu vergelten sind, so legt sich auch für das Ehren der Eltern ein bestimmtes Tun nahe. Es wird jedoch nicht näher expliziert und die Wendung bleibt auch hier offen für das auch sonst vorherrschende Verständnis als achtungsvolle Gesamthaltung.

Schließlich enthält auch das sogenannte pythagoreische goldene Gedicht (eine Sammlung von Sentenzen aus dem 3. oder 2. Jhdt. v. Chr.)[42] gleich zu Beginn nach der Aufforderung zur Ehrung von Göttern, Heroen und Dämonen den Auftrag γονεῖς τίμα, womit dann auch verknüpft wird, die nächsten Verwandten zu ehren und den tugendhaftesten der anderen zum Freund zu machen. Abgestuft gegenüber dem Auftrag zur Ehrung der Götter - ebenfalls mit τιμάω fomuliert - fällt die Ehrung der Eltern im carmen aureum jedoch in den Bereich der Achtung vor Menschen, steht dort aber vorneweg, so daß sich insgesamt eine Struktur[43] ergibt, die einer Form der Zwei-Tafel-Anordnung des Dekalogs ähnelt: Gottesverehrung und Elternehrung jeweils an der Spitze von weiteren Geboten, bezogen auf die göttliche und die menschliche Sphäre. Inhaltlich steht dabei die Gesamthaltung in der zwischenmenschlichen Beziehung im Mittelpunkt.

---

[38] δόξειε δ᾿ ἂν τροφῆς μὲν γονεῦσι δεῖν μάλιστ᾿ ἐπαρκεῖν, ὡς ὀφείλοντας ...; Arist. e.N. 1165a.

[39] Vgl. Arist. e.N. 1164b-1165a.

[40] Vgl. Arist. e.N. 1165a.

[41] τὸ γονέας τιμᾶν καὶ φίλους εὖ ποιεῖν καὶ τοῖς εὐεργέταις χάριν ἀποδιδόναι; ANAXIMENES, Ars rhetorica 1421 b 37-39 (Fuhrmann, Manfred (Hg.): Anaximenis Ars rhetorica quae vulgo fertur Aristotelis ad Alexandrum; Leipzig 1966).

[42] Zur Datierungsfrage vgl. BOHLEN, Ehrung der Eltern, 113.

[43] Diese Abfolge könnte evtl. sogar auf einen vor dem 3. Jhdt. entstandenen pythagoreischen Ἱερὸς Λόγος zurückgehen, zu dem V.1-4a des Gedichtes evtl. gehört haben (vgl. BOHLEN, Ehrung der Eltern, 117).

Insgesamt wird von diesen Belegen her deutlich, daß τιμάω im Zusammenhang mit der Aufforderung zur Ehrung der Eltern im hellenistischen Bereich noch stärker als das hebräische כבד ein summarischer Begriff ist, der zwar von konkreten Handlungen erfüllt werden kann, prinzipiell aber für die unterschiedlichsten Konkretionen offen ist. Diese müssen - zumindest dann, wenn Eindeutigkeit erreicht werden soll - ausdrücklich genannt werden. Τιμάω kennzeichnet eine Gesamthaltung (vgl. Euripides, Pseudo-Isokrates, Xenophon, Goldenes Gedicht) wie gegenüber den Göttern, so auch gegenüber den Eltern, die im Einzelfall dann auf konkrete Verhaltensweisen - zum Beispiel Versorgung - zugespitzt wird. Platon kann dagegen die τιμαί, die die Kinder den Eltern schulden, grundsätzlich materiell im Sinn der Altersversorgung der Eltern konkretisieren, aber schon Aristoteles, der sehr wohl grundsätzlich materielle Unterstützung der Eltern im Blick hat, faßt dies nicht mehr unter dem Begriff τιμή. Dieser Begriff bleibt vielmehr wieder für die Gesamthaltung - wie gegenüber den Göttern - reserviert.

Zu beachten bleibt schließlich noch, daß auch ohne τιμάω als Begriff vor allem in griechischen Gnomen- und Sentenzensammlungen die Ehrung der Götter und der Eltern sehr eng verbunden werden.[44] Exemplarisch sei dafür noch auf die Rede des Lykurg gegen Leokrates (332 v. Chr.) verwiesen, der zunächst auf die nötige Fürsorge für die Götter hinweist, diese aber noch darin gesteigert sieht, daß Kinder die Fürsorge für ihre Eltern und für die Verstorbenen der Familie übernehmen[45].

# 3. Die Akzentuierung des Elterngebots in der Septuaginta

Die griechische Übersetzung des Elterngebots führt in erster Linie zu einer Vereinheitlichung der beiden Fassungen des Elterngebots. Für den Exodusdekalog ist es nur der explizite Zusatz des „guten" Landes in der Motivationsklausel, der ihn nun noch von der Parallele abhebt. Viel stärker als im masoretischen Text entsteht dadurch der Eindruck, es mit einem relativ einheitlichen Gebot zu tun zu haben.

Durch den Begriff τιμάω, der - wie oben gezeigt - im griechischen Sprachraum eher verallgemeinernd, dabei aber zugleich den Rang steigernd gebraucht wird, erfährt das Elterngebot zusätzlich eine Ausweitung, das es noch über den bereits inneralttestamentlich erreichten Charakter als Grundnorm für eine Vielzahl von Aspekten aufnahmefähig macht.

---

[44] Vgl. BOHLEN, Ehrung der Eltern, 90-102.

[45] LYCURGUS, Oratio in Leocratem, 22,94 (Lycurgi oratio in Leocratem cum ceterarum Lycurgi orationum fragmentis, post C. Scheibe et F. Blass curavit Nicos C. Conomis (BiTeu), Leipzig 1970).

Materielles Verständnis von τιμάω wird immer wieder ausdrücklich nahegelegt - es steht jedoch zunächst nicht überall im Vordergrund und kann auch
gegenüber dem Gesichtspunkt der gesamten Einstellung gegenüber den Eltern
zurücktreten.

Eine ganz wesentliche Veränderung für das Elterngebot ergibt sich daraus,
daß es in der griechischen Übersetzung und damit für alle Apokryphen in der
LXX seinen Charakter als Rechtssatz verliert. Der Normensatz des alttestamentlichen Rechts wird in griechischer Sprache zu einem reinen Imperativ,
wodurch der Übergang vom Recht zur weisheitlichen Mahnung, der bereits
alttestamentlich angelegt und teilweise vollzogen ist, fließend wird und eine
wesentliche Beschleunigung erfährt.

Besonderes Kennzeichen des griechischen Sprachgebrauchs ist außerdem
die Nähe zur Verehrung der Götter, womit im biblischen Zusammenhang die
Verknüpfung des Elterngebots mit der Ehrung Gottes verstärkt wird. Allerdings ist dabei zu beachten, daß die LXX das religiöse Verständnis von
τιμάω, das mit dem heidnischen Kult verbunden war, gezielt eingegrenzt hat.
Für die Ehrung Gottes im Kult (vgl. die Psalmen in der LXX) setzt sie
konsequent δοξάζειν, und auch die beiden Stellen, die nun in der Übersetzung
begrifflich weiter vom Elterngebot entfernt sind als im masoretischen Text -
Mal 1,6 LXX; 1Sam 2,29 LXX (1Bas) - stehen dem Kult nahe. In Mal 1,6
wird die Ehrung Gottes von den Priestern verlangt, was die LXX offenbar
gezielt kultisch versteht. Daher steht an dieser Stelle δοξάζειν. Die Söhne Elis
genießen das Opfer, das eigentlich Gott zusteht - wenn ihr Vater dies zuläßt,
„ehrt" er seine Söhne ebenfalls im kultischen Zusammenhang mehr als Gott
selbst, weshalb auch hier δοξάζω die konsequente Übersetzung ist. Τιμάω ist
dagegen für die LXX im religiösen Zusammenhang auf die Anerkennung
Gottes, im Grenzbereich von Spr 3,9 auch durch Ernte- und Erstlingsgaben,
beschränkt. Der Kernbereich der kultischen Gottesverehrung soll - zur Unterscheidung vom heidnischen Gebrauch - nicht mit diesem Begriff verknüpft
werden.

Kapitel 12:

# Die alttestamentlichen Apokryphen und das Elterngebot

In den alttestamentlichen Apokryphen finden sich zahlreiche Hinweise auf die weitere Deutung und Überlieferung des Elterngebots; sie sind allerdings sehr ungleich verteilt. Die Bücher Jesus Sirach und Tobit fordern ausführlich die Ehrung der Eltern, erläutern sie näher und gestalten sie erzählerisch. Für die Verfasser dieser Schriften ist das Elterngebot eine entscheidende ethische Norm. Sie werden daher im Folgenden ausführlich bedacht und dargestellt.

Im griechischen Baruchbuch findet sich dagegen keine Spur des Elterngebots. Lediglich im Rückblick auf den Grund für die Exilierung wird der Vorwurf der Gottesvergessenheit im Bild mangelnder Elternehrung formuliert, wenn es in einem Zyklus von Trostliedern (Bar 4,5-5,9)[46] in Bar 4,8 heißt: „Ihr vergaßt den, der euch ernährte, den ewigen Gott, und betrübet auch die, die euch aufzog, nämlich Jerusalem". Die Ursache für die Not erscheint als Vergehen gegen das Elterngebot - allerdings bezogen auf die metaphorische Rede von Gott als Vater und Jerusalem als Mutter.[47] Es entsteht „eine ganz eigene Vergehensperspektive hinsichtlich Israels: Israel hat sich in vorexilischer Zeit an seinen Eltern vergangen: an Gott, der es als Vater erschafft und ernährt ... und an Jerusalem, die als Mutter das ganze Gottesvolk ... großzieht"[48]. Es bleibt also hier - wie bei vielen alttestamentlichen Schriften - nur ein Festhalten am allgemeinen Ethos der Elternehrung, hier sogar auf eher theologischer Ebene, zu beobachten.

---

[46] Vgl. GUNNEWEG, ANTONIUS H.J.: Das Buch Baruch. JSHRZ III/2: Unterweisung in lehrhafter Form; 2.Aufl., Gütersloh 1980, 165-181, 167.

[47] Während Gott in Dtn 32,18 durchgehend Subjekt ist und für Vater und Mutter steht, wird hier zwischen ihm und Jerusalem aufteilend differenziert. Für das Auftreten von Jerusalem als Mutter ist z. B. auf Jes 50,1; 51,17f.; 54,1-6.13 und Klgl 1,5.16 zu verweisen. Steck (STECK, ODIL HANNES: Das apokryphe Baruchbuch. Studien zu Rezeption und Konzentration „kanonischer" Überlieferung; Göttingen 1993 (FRLANT 160), 209) erklärt dazu, daß sich hier die beiden im Alten Testament noch getrennten Vorstellungen von Gott als Vater und Jerusalem als Mutter „ad hoc zu einer Perspektive der Elternschaft Israels verbinden".

[48] STECK, Das apokryphe Baruchbuch, 209.

Auch die Sapientia Salomonis[49] greift nicht auf das Elterngebot zurück. Das Verb τιμάω wird in der ganzen Schrift nie mit den Eltern in Verbindung gebracht, sondern erscheint in einer Aufforderung an die Herrscher der Völker, ausschließlich auf die Weisheit (SapSal 6,21 Τιμήσατε σοφίαν) bezogen. Daneben kann vom Ehren eines Menschen nur im Zusammenhang einer Erklärung von Götzendienst (SapSal 14,15) gesprochen werden. Außerdem erscheinen in der Sapientia Salomonis Kinderreichtum und langes Leben nicht mehr als selbstverständliche Frucht eines gottgefälligen Lebens, sondern der Verfasser nimmt sehr deutlich wahr, daß auch Gottlose und Frevler viele Kinder haben bzw. sehr alt werden. Beide Werte, Kinderreichtum und langes Leben, erfahren eine eher skeptische Betrachtung. Sie verlieren ihren Auszeichnungscharakter und der Motivation für die Beachtung des Elterngebots wird damit die Grundlage entzogen.

Schließlich fallen die Makkabäerbücher, das 3. Buch Esra, das Buch Judith, der Brief des Jeremia sowie das Gebet Manasses ebenfalls als Quellen für eine Aufnahme des Elterngebots völlig aus, so daß sich die weitere Untersuchung der alttestamentlichen Apokryphen mit Recht auf Sirach und Tobit beschränken kann.

## 1. „Ehre Vater und Mutter" bei Ben Sira

Unter den alttestamentlichen Apokryphen steht das Buch Jesus Sirach[50] dem Alten Testament inhaltlich wohl am nächsten. Es ist nach seinem Prolog zunächst in hebräischer Sprache[51] verfaßt und dann ins Griechische übersetzt worden. Verfasser des Werkes ist Jesus ben Sira, der zur Zeit des Hohenpriesters Simon II., um 200 v. Chr., wohl in Jerusalem lebte. Die griechische Übersetzung verdanken wir seinem Enkel, der nach 132 v. Chr. in Alexandria das Werk für die Juden in der ägyptischen Diaspora übertrug. Der griechische Text liegt in zwei Fassungen, einer längeren und einer kürzeren, vor[52].

Im Folgenden soll die griechische Version besprochen werden, die durch die LXX prägende Wirkung hatte. Die textkritischen Entscheidungen sind da-

---

[49] Vgl. GEORGI, DIETER: Weisheit Salomos. JSHRZ III/4: Unterweisung in lehrhafter Form; Gütersloh 1980, 389-478 und HÜBNER, HANS: Zur Ethik der Sapientia Salomonis. In: Schrage, Wolfgang (Hg.): Studien zum Text und zur Ethik des Neuen Testaments. Festschrift zum 80. Geburtstag von Heinrich Greeven; Berlin, New York 1986 (BZNW 47), 166-187.

[50] Vgl. zum Namen des Werkes SAUER, GEORG : Jesus Sirach (Ben Sira). JSHRZ III/5: Unterweisung in lehrhafter Form; Gütersloh 1981, 483-644, 483.

[51] Der hebräische Text wurde 1896 in der Genizah der Karäer-Synagoge in Kairo wiederentdeckt und liegt in zwei Rezensionen, H^A und H^B vor; vgl. dazu RÜGER, HANS PETER: Text und Textform im hebräischen Sirach. Untersuchungen zur Textgeschichte und Textkritik der hebräischen Sirachfragmente aus der Kairoer Geniza; Berlin 1970 (BZAW 112).

[52] Vgl. ROST, LEONHARD: Einleitung in die alttestamentlichen Apokryphen und Pseudepigraphen einschließlich der großen Qumran-Handschriften; Heidelberg 1971, 48-50.

bei im Einzelnen vermerkt, wenn sich besondere Schwierigkeiten ergeben. Auf den hebräischen Text von Ben Sira soll nur insoweit eingegangen werden, als die Interpretation des Textes durch den Übersetzer vor seinem Hintergrund besonders charakteristisch zutage tritt.

Die Eltern kommen bei Ben Sira „nicht von ihren Pflichten den Kindern gegenüber in den Blick - diese sind ganz auf die Erzieherrolle des Vaters konzentriert - sondern von der Seite des Elterngebotes"[53]. Zu diesem Gebot der Elternehrung finden wir bei Jesus Sirach an erster Stelle das große Lehrgedicht in Sir 3,1-16, in dem sein Verständnis des Elterngebots exemplarisch faßbar ist. Ferner taucht die Thematik nochmals im Pflichtenkatalog Sir 7,18-36 auf, in dem V.27 und 28 zur Elternehrung mahnen.[54]

Die Achtung vor den Vätern als Träger von Überlieferungen finden wir in Sir 8,9, das Gedenken an die Eltern ist nach Sir 23,14 ein Korrektiv zur Vermeidung von Sünde. Der gesamte Generationenzusammenhang wird negativ in Sir 41,5-9, positiv in Sir 44,7-12 thematisiert. Sir 41,16-24 sind die Eltern ein Forum, vor dem eine bestimmte Schuld zur Scham führen muß, während Sir 42,9-14 vor der Tochter als einem „trügerischen Schatz" warnt. Sir 48,10 nimmt schließlich in einer Lobrede auf Elia die Erwartung aus Mal 3,23 auf, dieser Prophet werde einst das Herz der Väter zu den Söhnen wenden.

Auf das Elterngebot selbst wird von Ben Sira mit eigenen Worten zuerst in Sir 3,2 zurückverwiesen. In Sir 3,3-6 wechseln τιμάω und δοξάζειν bei der Bezeichnung der Elternehrung. Sir 3,8 nimmt für die Ehrung des Vaters den Imperativ Τίμα nochmals ausdrücklich auf[55]. Auch Sir 7,27 wiederholt noch einmal den Auftrag, den Vater zu ehren, wiederum mit δοξάζειν formuliert. Bei der griechischen Wiedergabe des Elterngebots durch den Enkel des Verfassers in Sir 3,8 lautet der Aufruf ganz entsprechend dem Anfang des Elterngebots in der LXX „Τίμα τὸν πατέρα ...". An den anderen Stellen steht in der Regel δοξάζειν bzw. δοξασθῆναι. Was die Verheißung langen Lebens - mit μακροημερεύειν formuliert - angeht, kann auch die eher freie Wiedergabe des Elterngebots in Sir 3,6 in der Tat als ein „schönes Beispiel der Selbständigkeit des griechischen Sirach gegenüber der LXX"[56] bezeichnet werden.

---

[53] WISCHMEYER, ODA: Die Kultur des Buches Jesus Sirach; Berlin, New York 1995 (BZNW 77), 31f.; an Pflichten der Eltern kommen nur die Erziehung des Sohnes und die Verheiratung der Tochter (Sir 7,23.25) vor.

[54] Diese beiden grundlegenden Texte sind von Reinhold Bohlen in seiner Habilitationsschrift „Die Ehrung der Eltern bei Ben Sira" von 1990 ausführlich exegesiert worden, so daß auf zahlreiche seiner Einzelergebnisse im Folgenden zurückgegriffen werden kann.

[55] In Sir 38,1 finden wir den Imperativ nochmals, nun auf die sicher nützliche Ehrung, respektive Freundschaft, mit dem Arzt bezogen: Τίμα ἰατρόν.

[56] ZIEGLER, JOSEPH: Zum Wortschatz des griechischen Sirach. In: Hempel, Johannes; Rost, Leonhard u.a.: Von Ugarit nach Qumran. Beiträge zur alttestamentlichen und altorientalischen Forschung; Festschrift für Otto Eissfeldt; Berlin 1958 (BZAW 77); 274-287, 284.

Unmittelbar nach dem Prolog (Sir 1,1-2,18) setzt Sir 3,1 mit dem Abschnitt ein, der der Auslegung des Elterngebots[57] gewidmet ist und fordert:

Ἐλεγμόν[58] πατρὸς ἀκούσατε, τέκνα,
καὶ οὕτως ποιήσατε ΐνα σωθῆτε.

Die Zurechtweisung des Vaters hört, ihr Kinder,
und handelt danach, damit ihr gerettet werdet.

Ausgangspunkt des ganzen Abschnitts zur Elternehrung ist somit die Zurechtweisung durch den Vater. Ihr Ziel wird mit ΐνα σωθῆτε angegeben[59]. Es handelt sich bei der Zielangabe nicht um eine freie Wiedergabe der Motivationsklausel zum Elterngebot, also eine Motividentität mit Dtn 5,16, wie Bohlen zeigen will[60]. Die aus der LXX heranzuziehenden Stellen, an denen σῴζεσθαι חיה wiedergibt, bezeichnen fast durchgehend die Lebenserhaltung, die Rettung vor dem Tod bzw. der Todesstrafe (vgl. Gen 47,25; Ps 29,4 LXX bzw. Ps 30,4; Est 4,11; Ez 33,12). Nur in Spr 15,27b könnte das gute Weiterleben an sich gemeint sein; der Gegensatz zur Zerstörung des Hauses läßt jedoch auch hier daran denken, daß σῴζεσθαι eine Rettung vor Unheil als Lohn für die Unbestechlichkeit ankündigt. Die Belege stützen daher die inhaltliche Deutung auf das Motiv der Rettung[61] und machen dagegen den Bezug zur Aussage über das Wohlergehen in Dtn 5,16par eher unwahrscheinlich[62].

Dagegen fügt sich die Folgerung mit der verheißenen Rettung in V.1b sehr gut auch zum Gesamtaufbau, der in Sir 3,16 einen Rückgriff auf den Anfang bietet[63]. Dort wird der Frevler gegenüber den Eltern mit dem Gotteslästerer und dem vor Gott Verfluchten als dem Tode Verfallenen gleichgesetzt, was in Umkehrung V.1 entspricht, wo die Rettung vor dem Tod demjenigen verheißen wird, der die Zurechtweisung des Vaters hört.

---

[57] Abgesehen vom Elterngebot bezieht sich Sirach nicht auf den Dekalog; vgl. MIDDENDORP, THEOPHIL: Die Stellung Jesu Ben Siras zwischen Judentum und Hellenismus, Leiden 1973, 59.

[58] Im griechischen Text ist nach der Konjektur von Ziegler (vgl. ZIEGLER, JOSEPH: Ursprüngliche Lesarten im griechischen Sirach, in: Mélanges E. Tisserant I (StT 231), Città del Vaticano 1964, 461-487; Nachdr.: ders., Sylloge. Gesammelte Aufsätze zur Septuaginta; Göttingen 1971, (MSU X), 634-660; sowie in: Jellicoe, Sidney (Hg.) Studies in the Septuagint: Origins, Recensions and Interpretations. Selected Essays With a Prolegomenon by Sidney Jellicoe, New York 1974 (LBS), 470-496) an dieser Stelle ἐλεγμὸν πατρός für ἐμοῦ τοῦ zu lesen. Die Konjektur folgt der lateinischen Wiedergabe mit iudicium.

[59] Nach Meinung von BOHLEN, Ehrung der Eltern, 42, kann dafür hebräisch למען תחיו erschlossen werden. An anderen Stellen hat σῴζειν jedoch bei Sirach andere Äquivalente.

[60] Vgl. BOHLEN, a.a.O., 144-153.

[61] So schon ALBERTZ, Elterngebot, 368, Anm. 109.

[62] Es bleibt rätselhaft, wie BOHLEN, Ehrung der Eltern, 153 trotz der von ihm festgestellten völligen lexematischen Inkongruenz dazu kommt, daß Ben Sira „das aus der Segensverheißung des Elterngebots Dtn 5,16 vertraute Motiv vom Wohlergehen" aufnehme.

[63] Vgl. BOHLEN, Ehrung der Eltern, 66.

V.2 stützt diese Sicht, wenn die Aufforderung, die Zurechtweisung zu hören und danach zu handeln, dort damit begründet (γάρ) wird, daß der Herr dem Vater Ehre gab, gestützt auf die Kinder, und derselbe Herr den Rechtsanspruch der Mutter fest auf die Söhne gegründet hat:

ὁ γὰρ κύριος ἐδόξασεν πατέρα ἐπὶ τέκνοις
καὶ κρίσιν μητρὸς ἐστερέωσεν ἐφ᾽ υἱοῖς

Denn der Herr gab dem Vater Ehre, gestützt auf die Kinder
und das Recht der Mutter begründete er fest auf die Söhne.[64]

Die Setzung der Elternehrung geschah also durch Gott, das Elternrecht wird theonom bestimmt. Im folgenden Lehrgedicht wird daraufhin in immer neuer Gestalt dazu ermahnt, das Recht von Vater und Mutter zu wahren und sich dafür einzusetzen.[65] Bedenkt man den Charakter des Elterngebots im Dekalog als Grundnorm für das Elternrecht im Alten Testament[66], so kann kein Zweifel darüber bestehen, an welchen Rechtssatz als Basis des Lehrgedichts von Sir 3,1-16 gedacht ist. Auch in der Forschung ist daher unbestritten, daß Ex 20,12 und Dtn 5,16 den Hintergrund für Sir 3,1-16 bilden. In diesem Lehrgedicht „schärft Jesus Sirach in vielfältiger Variation das Dekaloggebot aus 2. Mose 20,12 par ein"[67].

Der Siracide erkennt in diesem Gebot einen Rechtssatz, der für die Stellung der Eltern grundlegend ist, dessen Inhalt aber durch weisheitliche Mah-

---

[64] Vgl. zur Begründung dieser Übersetzung BOHLEN, Ehrung der Eltern, 43.

[65] Zu beachten ist dabei, daß der Bereich des Rechts bei Sirach unter einer besonderen Perspektive behandelt wird. Für ihn ist die Tora zwar die „Grundlage des gesamten Rechtsdenkens" (WISCHMEYER, Kultur, 77), aber er führt dennoch keine ausführlichen Diskussionen über einzelne Rechtssätze und empfiehlt Distanz zu Richtern, die er in Kap. 8 in eine völlig negative Reihe - u.a. Spötter, Tollkühner, Jähzorniger, Tor, Fremder - einordnet: „Nicht sollst du rechten mit einem Richter, denn nach dem, wie es beurteilt, wird er es richten" (Sir 8,14; Übersetzung nach SAUER, Jesus Sirach, 526).
WISCHMEYER, Kultur, 78 kommt zu dem zutreffenden Schluß: „Der Kern der siracidischen Rechtskultur ist rein ethisch geprägt. Nicht konkrete Verhaltensformen in bestimmten Rechtsfällen interessieren den Siraciden und schon gar nicht juristisch differenzierende und nach Umständen urteilende Toraauslegung". Das Gesetz ist einerseits Quelle ethischer Maßstäbe - so bei der Auslegung des Elterngebots - und andererseits Quelle juristischer Normierung, aber an einer Verbindung beider Aspekte ist Ben Sira nicht interessiert (vgl. WISCHMEYER, Kultur, 82). „Von Sirach führt kein Weg zur talmudischen Kultur des Judentums, dagegen bildet sein Gesetzesverständnis eher einen Ansatz für Jesu Rechtsverständnis, der jede eigentlich richterliche Tätigkeit schroff abweist" (ebd. unter Hinweis auf Lk 12,14) .

[66] WISCHMEYER, Kultur, 32 hält fest: „Das allgemein in Israel anerkannte Elterngebot spielt im Sirachbuch ... eine entscheidende Rolle".

[67] WISCHMEYER, Kultur, 32; vgl. SCHILLING, OTHMAR: Das Buch Jesus Sirach; Freiburg 1956 (HBK VII/2), 29; BOHLEN, Ehrung der Eltern, 143, Anm. 12.13 - dort weitere Literaturverweise - sowie BOHLEN, a.a.O., 154, Anm. 61.

nung weiter verbreitet, vertieft und ausgedeutet werden muß. Auf engstem
Raum vollzieht Jesus Sirach hier den Übergang vom Recht zur Weisheit, wie
wir ihn bereits für die alttestamentlichen Weisheitsworte zum Verhalten gegenüber den Eltern vermutet und behauptet hatten[68]. Das Elterngebot steht bei
ihm am Anfang der Argumentation als rechtliche Grundlage für die ethischen
Ermahnungen. Er erkennt es zwar als Recht, entnimmt ihm aber keine dezidiert juristischen Aspekte[69]. Bohlen hat richtig gesehen, daß Ben Sira auf die
Willensbekundung Gottes zurückgreift, um die auch im heidnisch-hellenisti-
schen Raum stets geforderte Ehrung der Eltern auf ihren Anfang in Gott
zurückzuführen: „Der jüdische Schriftgelehrte weist so die humane Ethik der
zeitgenössischen hellenistischen Moderne im Falle der eingeforderten Elternehrung als das eigene Ethos auf, entzieht es durch dessen theonome Herleitung allerdings der Beliebigkeit des Menschen und stellt es eben dadurch
als dem heidnischen Ethos überlegen dar"[70].
Ausgehend vom Elternrechtssatz, Vater und Mutter zu ehren, werden nun
in drei Abschnitten von V.3 bis V.16 Motivationen für die Erfüllung des
Elternrechts zusammengestellt, das Elternrecht mit der Gottesfurcht verbunden sowie Gefahren aufgezeigt, die in seiner Nichtbeachtung liegen. Der erste
Abschnitt in V.3-7 lautet:

(3) ὁ τιμῶν πατέρα ἐξιλάσκεται ἁμαρτίας
(4) καὶ ὡς ὁ ἀποθησαυρίζων ὁ δοξάζων μητέρα αὐτοῦ
(5) ὁ τιμῶν πατέρα εὐφρανθήσεται ὑπὸ τέκνων
    καὶ ἐν ἡμέρᾳ προσευχῆς αὐτοῦ εἰσακουσθήσεται
(6) ὁ δοξάζων πατέρα μακροημερεύσει
    καὶ ὁ εἰσακούων κυρίου ἀναπαύσει μητέρα αὐτοῦ
(7) [ὁ φοβούμενος κύριον τιμήσει πατέρα (ergänzt [71])]
    καὶ ὡς δεσπόταις δουλεύσει ἐν τοῖς γεννήσασιν αὐτόν.

Wer den Vater ehrt, sühnt Sünden
und wie derjenige, der Schätze sammelt, ist der, der seine Mutter ehrt.
Wer den Vater ehrt, der wird erfreut werden von (seinen) Kindern
und am Tag seines Gebets wird er erhört werden.
Wer den Vater ehrt, wird lange leben („seine Tage langmachen")
und wer auf den Herrn hört, der wird seine Mutter erquicken.
[Wer den Herrn fürchtet, der wird den Vater ehren]
und wie Herren wird er denen dienen, die ihn zeugten.

---

[68] Vgl. oben, Kapitel 9.3.
[69] Vgl. WISCHMEYER, Kultur, 79, Anm. 19. Man kann m.E. das Gebot auch nicht als
„pädagogische(s) Grundgebot" (ebd.) bezeichnen, da Sirach nicht auf die Erziehung abhebt.
[70] BOHLEN, Ehrung der Eltern, 164; dort durch Fettdruck hervorgehoben.
[71] Nach Bohlen, a.a.O., 48, zum ursprünglichen Text gehörend.

In V.3-6 folgen zuerst mehrere Aussagen zur Motivation der Elternehrung. Dabei ist die Sühnkraft der Ehrung der Eltern (Sir 3,3.4.14.15) ein
neuer Gedanke, den Ben Sira zum ersten Mal einführt. Die Ehrung der Eltern
gilt ihm als ein so großes und gottgefälliges Barmherzigkeitswerk, daß es sühnende Wirkung bei Gott hat. Es fällt unter den (hier nicht genannten) Begriff
der צדקה / ἐλεημοσύνη, die für den Menschen eine Heilssphäre konstituiert[72]. Damit ist diese Motivation der Elternehrung sehr eng mit der theologischen Deutung von Sir 3,1 verbunden. Elternehrung enthält eine zutiefst theologische Qualifikation: sie ist mit der Rettung aus Sündenschuld verknüpft.

Ebenso ist die Zusage eigener Freude an eigenen Kindern als Lohn für die
Ehrung der Eltern (Sir 3,5a) in der jüdischen Literatur neu, wobei gerade
Jesus Sirach die Freude über gut geratene Kinder sehr herausstellt[73]. So ist
auch die Freude am Lebensausgang des Sohnes (Sir 30,1) Ziel der empfoh-
lenen strengen Erziehung (vgl. Sir 30,1-13).[74] Dieses für Ben Sira besonders
hohe Gut findet sich ebenso in zahlreichen Sprüchen der Proverbia[75], dort
sind allerdings stets nur zwei Generationen im Blick. Der Sohn entspricht
dem weisheitlichen Erziehungsideal und bereitet dadurch den Eltern Freude.
Neu ist bei Jesus Sirach, daß er es wagt, „aus dem Blickwinkel mindestens
dreier Generationen ... eine kausale Verknüpfung aufzuzeigen von ehedem
den Eltern erwiesener Ehrung und durch eigene Kinder verursachter Freude"[76]. Diese Kausalverbindung ist ansonsten nur im hellenistischen Bereich

---

[72] Vgl. zum Verständnis der betreffenden Verse BOHLEN, Ehrung der Eltern, 165-179,
der für die „Lehre" von der צדקה / ἐλεημοσύνη auch auf Tob 12,9 und Dan 4,24 verweist.
Außerdem führt er Sir 3,30 als allgemeine Grundlage dafür an, daß „das gegenüber den Eltern
nach Gottes Gebot zu erbringende Verhalten, das diese aus Altersgründen nicht mehr
erzwingen können, als Erweis solcher sühnenden צדקה / ἐλεημοσύνη (3,3-4.14-15)"
(a.a.O., 178) gelten kann. Vom Kontext her ist die - sonst auch übliche - Übersetzung von
צדקה / ἐλεημοσύνη mit „Almosen" in Sir 3,14a. schwer möglich; auch die meisten anderen
Belegstellen für diesen Begriff bei Jesus Sirach (Sir 3,30; 12,3; 16,14; 40,17.24; 44,13; 51,30;
Ausnahme: Sir 7,10) sprechen gegen eine Einengung auf das Geben von Almosen, weshalb
auch SAUER, Jesus Sirach, auf diese konkrete Übersetzung verzichtet, obwohl er auf S. 512
in der Anmerkung zu V.14a diese Deutung zu vertreten scheint. RABENAU, MERTEN:
Studien zum Buch Tobit; Berlin, New York 1994 (BZAW 220), 194-197 hat für seinen
Exkurs zu Sir 3,14 die Ausführungen von Bohlen nicht zur Kenntnis genommen und versucht, V.12-16 ausschließlich auf materielle Aspekte zu deuten und dabei an der Übersetzung
„Almosen" für צדקה / ἐλεημοσύνη festzuhalten. Die für die Deutung von Rabenau
herangezogenen rabbinischen und sogar neutestamentlichen Texte stehen zwar im allgemeinen Zusammenhang damit, können jedoch seine Argumentation nicht sinnvoll untermauern.
[73] Vgl. Sir 25,7, wo die Seligpreisung des Mannes, der über seine Kinder fröhlich ist, an
der Spitze des Zahlenspruches steht.
[74] Vgl. zu den kulturellen Hintergründen PILCH, JOHN J.: „Beat His Ribs While He Is
Young" (Sir 30:12): A Window on the Mediterranean World. BTB 23, 1993, 101-113.
[75] Vgl. oben, Kapitel 9.3.
[76] BOHLEN, Ehrung der Eltern, 183.

zu finden. Wir hatten sie als Erwartung bereits bei Pseudo-Isokrates[77] vorge-
funden. Ferner zählt Bohlen[78] noch weitere Belege bei Euripides (E. Supp.
361-364) und in der Sammlung der Sprüche der sieben Weisen (Dem. Phal. δ
8) auf. Ein Topos israelitischer Weisheit wird auf diese Weise vom Siraciden
ergänzt, und zwar „durch den in griechisch-hellenistischer Literatur nachge-
wiesenen Gedanken von der in einem Kausalnexus begründeten Konverti-
bilität des Verhaltens der Generationen zueinander"[79].

Die Zusage der Gebetserhörung für den, der den Vater ehrt (Sir 3,5b), kann
auf die entsprechende Aussage für den nach jüdischer Auffassung „Gerechten" zurückgeführt werden. Wenn das Ehren der Eltern schon in den צדקה-
Bereich stellt (so V.3.4), so erfüllt sich an dem, der den Eltern ihr Recht gibt,
was für jeden צדיק (Spr 15,29) in Aussicht steht: Erhörung bei Gott.[80]

Sir 3,6 schließt die Motivationsfolge ab, zuerst mit einem Rückgriff auf die
Motivationsformel des Elterngebots, dessen Aufnahme in diesem Punkt
unbestritten ist[81]: „Wer den Vater ehrt, wird lange leben". Diese Aussage gilt
durch den Wechsel zwischen Vater und Mutter in den beiden Versteilen V.6a
und V.6b wohl für beide Elternteile[82]. Es fehlt jedoch dabei der Verweis, wo
dieses lange Leben stattfinden soll - das kollektivierende Element der Landgabe an das Volk entfällt damit. Stattdessen wird ausschließlich der Einzelne
angesprochen und die Wohlergehenszusage erübrigt sich dadurch ebenfalls:
sie kann für den Einzelnen in der Lebensverheißung impliziert gesehen
werden. Die oben[83] dargelegte Entwicklungsgeschichte der Motivationsklausel beim Elterngebot macht deutlich, daß Ben Sira damit in der traditionsgeschichtlichen Linie der späteren Schichten des Dtn (vgl. Dtn 22,7) fortfährt,
wo ebenfalls bereits der Verweis auf die Landgabe fehlt, wenngleich dort das
Wohlergehen noch explizit angesprochen wird. Komplementär dazu wird in
Sir 3,6b demjenigen, der auf Gott hört, verheißen, daß er (damit) seine Mutter
erfreut[84].

Der erste Teil des Lehrgedichts wird schließlich in V.7 mit einem synthe-
tischen Parallelismus[85] abgerundet, in dem - wie schon in V.6b - Gottesfurcht

---

[77] (Pseudo-) Isokrates, An Demonikos 14.

[78] Vgl. BOHLEN, Ehrung der Eltern, 184f.

[79] BOHLEN, Ehrung der Eltern, 186; dort durch Fettdruck hervorgehoben.

[80] Eine Verbindung zum hellenistischen Gedanken der Gebetserhörung, die auf dem
Eintreten der Eltern für ihre Kinder vor den Göttern beruht (vgl. Platon, Nom 931) besteht
nicht (vgl. dazu BOHLEN, Ehrung der Eltern, 187-194).

[81] Vgl. die zahlreichen Literaturverweise bei BOHLEN, Ehrung der Eltern, 195, Anm.
248.

[82] Vgl. BOHLEN, Ehrung der Eltern, 195.

[83] Vgl. Kapitel 7.

[84] Gegen BOHLEN, Ehrung der Eltern, 40.47.48 sollte m.E. der griechische Text beibehalten werden.

[85] Die Textüberlieferung von Sir 3,7 ist umstritten, doch kann man mit BOHLEN, Ehrung
der Eltern, 39.48 und den meisten dort genannten Autoren V.7a als ursprünglich ansehen.

und Elternehrung in eine direkte Beziehung gesetzt werden. So folgern V.6b und V.7 aus der Gottesfurcht, daß die Ehrung von Vater und Mutter durch den Gottesfürchtigen selbstverständlich ist. Das bedeutet eine praktische Anwendung von Sir 2,15a auf das Elterngebot, wenn dort bereits grundsätzlich ausgeführt wird: „Die den Herrn fürchten, werden nicht ungehorsam sein seinen Worten". Die Einhaltung des Elterngebots wird so mit der Ehrung Gottes verknüpft, wofür schon im Alten Testament mehrere Beispiele gegeben wurden, in denen Gottesfürchtige ihre Eltern ehren[86]. Bohlen verweist allerdings darauf, daß die Entsprechung von Gottesverehrung und Elternehrung besonders im griechisch-hellenistischen Denken beheimatet ist[87].

Zugleich folgt in V.7b die Konkretion des damit verbundenen Auftrags in praktischen Wohltaten der Kinder gegenüber ihren Eltern. Der Dienst an den Eltern, begrifflich mit dem eines Sklaven gleichgesetzt (δουλεύειν), wird in V.8a expliziert, so daß V.7 den „Angelpunkt der ganzen Elterngebotsparänese"[88] bildet. Die Dienstbereitschaft des Kindes gegenüber den Eltern ist derjenigen eines Sklaven gegenüber seinen Herren gleichgesetzt. Das Verhältnis von δεσπότης zu δοῦλος ist in der Gesellschaftsordnung wohl bekannt; der δεσπότης steht über den untergebenen Personen und kann ihnen befehlen. In Sir 41,17.18 findet sich nochmals die Struktur, daß Vater und Mutter parallel zu anderen übergeordneten Menschen bzw. einem Verband gesetzt sind, dort als Forum für die Scham im Fall von Untaten. Der direkte Parallelismus nennt hier zwar Fürsten und Herrscher; in Sir 3,7 folgt δεσπότης jedoch schon im nächsten Stichos nach der Erwähnung der Eltern. Alttestamentlich hatten wir bereits die Parallelisierung der Herr-Sklave-Relation mit dem Verhältnis Vater-Sohn in Mal 1,6 beobachtet[89]. Auch Mal 3,17 spricht vom Dienen gegenüber dem Vater, aber nie wird alttestamentlich direkt der Sklavendienst an den Eltern gefordert. Wesentlich klarer ist diese Vorstellung im hellenistischen Bereich vorgegeben[90]. In Sir 3,7b ist jedenfalls auch eine Unterordnung der Kinder unter die Eltern impliziert, der Akzent liegt aber auf der „Unvertretbarkeit in der persönlichen Dienstleistung"[91]: der Sohn soll in alltäglichen Handreichungen Vater und Mutter entlasten bzw. Aufgaben ihrer Lebensführung übernehmen. Ben Sira läßt in diesem zentralen Vers auch erkennen, daß er das in der LXX eher umfassend und nur implizit auch konkret verstandene τιμᾶν des Elterngebots eindeutig konkretisiert haben will (δουλεύειν). Nicht ausschließlich die Gesamthaltung oder

---

[86] Vgl. dazu WISCHMEYER, Kultur, 194.

[87] Vgl. BOHLEN, Ehrung der Eltern, 205-207.

[88] HASPECKER, JOSEF: Gottesfurcht bei Jesus Sirach. Ihre religiöse Struktur und ihre literarische und doktrinäre Bedeutung (AnBib 30), Rom 1967, 126.

[89] Vgl. oben, Kapitel 9.6.

[90] Vgl. BOHLEN, Ehrung der Eltern, 211f. und oben, Kapitel 11.2.

[91] BOHLEN, Ehrung der Eltern, 209.

die Rede über die Eltern ist entscheidend, sondern das praktische Handeln im Zusammenleben der Generationen.

Der zweite Abschnitt in V. 8-11 lautet:

(8) ἐν ἔργῳ καὶ λόγῳ τίμα τὸν πατέρα σου
    ἵνα ἐπέλθῃ σοι εὐλογία παρ᾽ αὐτοῦ
(9) εὐλογία γὰρ πατρὸς στηρίζει οἴκους τέκνων
    κατάρα δὲ μητρὸς ἐκριζοῖ θεμέλια
(10) μὴ δοξάζου ἐν ἀτιμίᾳ πατρός σου
    οὐ γάρ ἐστίν σοι δόξα πατρὸς ἀτιμία
(11) ἡ γὰρ δόξα ἀνθρώπου ἐκ τιμῆς πατρὸς αὐτοῦ
    καὶ ὄνειδος τέκνοις μήτηρ ἐν ἀδοξίᾳ.

> In Wort und Tat ehre deinen Vater,
> damit Segen über dich komme von ihm.
> Denn der Segen des Vaters befestigt die Häuser der Kinder,
> der Fluch der Mutter aber reißt die Grundfesten heraus.
> Bring dich nicht zu Ehre durch die Unehre deines Vaters,
> denn die Unehre deines Vaters ist nicht Ehre für dich.
> Denn die Ehre eines Menschen kommt von der Ehre seines Vaters
> und Schande für die Kinder ist eine Mutter in Unehre.

V. 8-11, der zweite Teil des Lehrgedichts, enthält nun direkte Paränese; der „Sohn" ist unmittelbar angesprochen. Summarisch wird das Elterngebot totalisiert: „Ehre deinen Vater in Wort und Tat", womit V.7 in seinen beiden Teilen aufgenommen ist. Während das Wort gegenüber den Eltern auf V.7a (τιμᾶν) zurückblickt, nimmt der Tatverweis die Rede vom Sklavendienst auf. Der Merismus von Tat und Wort ist in der klassischen und hellenistisch-griechischen Literatur weit verbreitet und meint stets eine Totalität[92]. Im gesamten Verhalten soll das Elterngebot das Verhalten des Sohnes bestimmen. Der in V.8b in Aussicht gestellte Segen - in Anlehung an Dtn 28,2 - greift wiederum V.3-6 auf und verdeutlicht, daß die Ehrung - trotz verkürzter Ausdrucksweise - Vater und Mutter gilt, mit denen ja der Segen zuvor wechselnd verbunden worden war.

V.9 hebt dann - erläuternd zur Verheißung des Segens in V.8b - die Bedeutung von Segen und Fluch der Eltern hervor. Überraschend steht neben dem im Alten Testament wohlvertrauten und sehr hochgeschätzten Segen der Eltern (vgl. Gen 9,27; 27,27-29; 28,1.6; 48,13-20; 49,1-28a) der viel seltenere Fluch als gleichberechtigte Möglichkeit. Es ist jedoch anzunehmen, daß wir es hier lediglich mit einer polar strukturierten Einschärfung zu tun haben, auch wenn der Elternfluch bei Platon aus einer Krise des Generationenverhältnisses heraus besonders betont wurde. Die Frage Bohlens, ob Sir 3,9 aus einem dem 4. Jhdt. v. Chr. in Athen vergleichbaren sozio-kulturellen Zusammenhang erwachsen sei[93], kann mit ziemlicher Sicherheit verneint wer-

---

[92] Vgl. die Belege a.a.O., 216-222.
[93] Vgl. BOHLEN, Ehrung der Eltern, 232.

den. Das Buch Jesus Sirach gibt keine Hinweise, daß es auf eine Umbruchsituation reagiert, die mit einem dramatischen Autoritätsverlust der Eltern und
der älteren Generation verbunden gewesen sein könnte. Vielmehr „bietet
Sirach zum letzten Mal das homogene Bild Israels, das sich ohne wirklichen
Bruch von den Vätern über die Könige bis hin zu den regierenden Hoheprie-
stern seiner Gegenwart herleitet und in Kontinuität des Kultes wie des Staates
und der Überlieferung an die Ursprünge des Volkes Israel gebunden weiß"[94].
Die Ehrung der Eltern ist ein Element der Kultur in jener Zeit und gehört ganz
wesentlich zur gesamten Gesellschaftskonzeption von Ben Sira. Ihre Behandlung stellt aber keine Reaktion auf aktuelle gesellschaftliche Mißstände dar.

Der Zusammenhang zwischen der Ehre des Sohnes und der des Vaters ist
anschließend Thema in V.10: Streben nach Ehre auf Kosten der Unehre des
Vaters bringt nicht den gewünschten Erfolg. Vielmehr kann der Vater,
herabgesetzt und entwürdigt, nicht mehr zur Ehre des Sohnes beitragen, aus
dem direkten Gegensatz zur Ehre für den Vater kann keine Ehre für den Sohn
erwachsen. Dabei hat der Sohn nicht nur die Pflicht, selbst den Vater in Wort
und Tat zu ehren und es zu vermeiden, ihn verächtlich zu machen. Auch
durch das eigene Reden (vgl. Sir 5,13) oder durch Alkoholgenuß (Sir 31,29
LXX / 34,29) kann sich der Vater ἀτιμία / קלון zuziehen; dann muß der Sohn
die gefährdete Ehre des Vaters schützen, wie es bereits alttestamentlich in
Erzählstoff vorgegeben ist[95] und in Sir 3,10 im Zusammenhang der Auslegung des Elterngebots erscheint. Wiederum trifft man allerdings die explizite
Mahnung, sich nicht selbst auf Kosten von Vater und Mutter Ehre zu verschaffen, ebenso häufig in griechischer Literatur[96]. Jesus Sirach verbindet
auch hier für seine Exegese des Elterngebots die im Alten Testament angelegte Sicht mit der ausdrücklichen Weisung im hellenistischen Bereich.

V.11 begründet V.10 nochmals mit dem Zusammenhang der Ehrung unter
den Generationen der Familie: das Ansehen eines Menschen (bei anderen)
hängt von der Wertschätzung des Vaters ab und die Verachtung der Mutter
(durch andere Leute) geht auf ihre Kinder über. Die Bindungen in der Familie
sind so eng, daß Ehre oder Unehre der Eltern auf die Kinder übertragen wird.
Schon Spr 17,6 führt diesen Zusammenhang an, ohne dabei auf das Elterngebot zu rekurrieren. Sir 41,7 und hier in Sir 3,11[97] wird genau dies - nun

---

[94] WISCHMEYER, Kultur, 18.

[95] Vgl. Gen 9,20-27; dazu oben, Kapitel 9.7.

[96] Vgl. zu entsprechenden Stellen bei Platon, Plutarch, Antiphanes und Iamblichos bei
BOHLEN, Ehrung der Eltern, 235-237.

[97] Der hebräische Text hat hier einen völlig anderen Inhalt, der im Zusammenhang einer
Auslegung des Elterngebots interessante Verbindungslinien zu anderen alttestamentlichen
Stellen zieht. Der zweite Halbvers (Sir 3,11b) greift in der hebräischen Fassung von Ben Sira
das Verbot des Elternfluchs (Ex 21,17; Lev 20,9) auf, vermeidet jedoch eine Strafandrohung,
wie sie in diesen Rechtssätzen des Pentateuch selbstverständlich ist und auch im Weisheitsspruch Spr 20,20 noch in der weisheitlich umschriebenen Tatfolge angedeutet wird. Sie wird

unter dem Vorzeichen des Elterngebots - aufgegriffen. Vom selben Zusammenhang hören wir jedoch auch bei Sophokles, Aristophanes, Euripides und Theognis, wie Bohlen ausführlich darlegt[98]. Wieder haben wir es mit der Zusammenführung von israelitischer und hellenistischer Tradition zu tun.

Schließlich endet das Lehrgedicht mit V.12-16:

(12) τέκνον ἀντιλαβοῦ ἐν γήρᾳ πατρός σου
    καὶ μὴ λυπήσῃς αὐτὸν ἐν τῇ ζωῇ αὐτοῦ
(13) κἂν ἀπολείπῃ σύνεσιν συγγνώμην ἔχε
    καὶ μὴ ἀτιμάσῃς αὐτὸν ἐν πάσῃ ἰσχύι σου
(14) ἐλεημοσύνη γὰρ πατρὸς οὐκ ἐπιλησθήσεται
    καὶ ἀντὶ ἁμαρτιῶν προσανοικοδομηθήσεταί σοι
(15) ἐν ἡμέρᾳ θλίψεώς σου ἀναμνησθήσεταί σου
    ὡς εὐδία ἐπὶ παγετῷ οὕτως ἀναλυθήσονταί σου αἱ ἁμαρτίαι
(16) ὡς βλάσφημος ὁ ἐγκαταλιπὼν πατέρα
    καὶ κεκατηραμένος ὑπὸ κυρίου ὁ παροργίζων μητέρα αὐτοῦ.

(Mein) Sohn, nimm dich deines Vaters im Alter an
und bekümmere ihn nicht in seinem Leben.
Auch wenn er verstandesmäßig abnimmt, habe Nachsicht mit ihm
und verachte ihn nicht in deiner ganzen Kraft.
Denn Erbarmen gegenüber dem Vater wird nicht vergessen werden
und anstelle von Sünden wird es für dich zusätzlich aufgebaut werden.
Am Tag deiner Bedrängnis wird deiner gedacht werden,
wie bei Hitze auf Eis werden deine Sünden aufgelöst werden.
Wie ein (Gottes-)Lästerer ist, der seinen Vater im Stich läßt,
und verflucht vom Herrn, wer seine Mutter erzürnt.

Mit V.12 setzt der dritte und letzte Teil des Lehrgedichtes ein. Die direkte Anrede an den Sohn nimmt - wie schon in V. 8 - das Elternrecht vom Anfang (V.2) auf und setzt es in eine direkte Forderung um. Wie Rüger gezeigt hat[99], ist hier dem griechischen Text zu folgen und zu übersetzen: „Mein Sohn, nimm dich deines Vaters im Alter (d.h., wenn er alt geworden ist) an, und bekümmere ihn nicht in seinem Leben". Die Forderung zielt also auf die Annahme des altgewordenen Vaters, der im Alter materiell unterstützt (ἀντι–λαμβάνεσθαι) und in seinem ganzen Leben nicht bekümmert werden ( μὴ λυπεῖν) soll.[100]

---

ersetzt durch die theologische Qualifikation als חטא, also als schwere Verfehlung des Einzelnen, womit er nicht nur sein Verhältnis zu den Eltern, sondern auch sein Verhältnis zu Gott belastet und im Endeffekt zerstört. Das Vergehen an den Eltern wird damit dezidiert in den Horizont coram deo gestellt und entsprechend scharf verurteilt. Das Recht der Eltern wird zwar als Rechtsanspruch verstanden, jedoch der Rechtsform entnommen. Stattdessen ist der Rechtsanspruch in eine Mahnung einbezogen, die wiederum in einen hohen theologischen Rang gehoben erscheint.

[98] Vgl. BOHLEN, Ehrung der Eltern, 239-243.

[99] Vgl. RÜGER, Text und Textform des hebräischen Sirach, 98.

[100] Sir 41,7 stellt klar, daß diese Forderung für den guten, Gott wohlgefällig lebenden Vater gilt. Ansonsten ist die Regel: „Einen bösen Vater verflucht (ein jedes) Kind, denn um

Vor der theologischen Rückbindung am Ende des Lehrgedichts (V.14-15; V.16) sind wir damit an seinem Zielpunkt angekommen. Das Elternrecht gipfelt im Recht des alten Vaters - hier ist die Mutter nicht unmittelbar im Blick - auf materielle Unterstützung, wie ἀντιλαμβάνεσθαι übrigens auch in Sir 29,9.20 verstanden ist. Ob hier auch ein Einsatz - etwa besondere Ehrerbietung und Rücksicht - über die materielle Altersversorgung hinaus bereits in diesem Begriff eingeschlossen ist, mag offen bleiben, da dort von der Fürsorge Gottes für den Menschen die Rede ist. Jedenfalls ergänzt der zweite Halbvers (Sir 3,12b) so umfassend, daß eine Einschränkung auf materielle Zuwendung im Ganzen ohnehin undenkbar ist.

Μὴ λυπεῖν (V.12b) verbietet jeglichen Tadel des Sohnes gegenüber dem Vater, aber auch jede Enttäuschung wird ausgeschlossen. Als weit verbreitete Formel in der hellenistischen Welt ist das „Nicht-Betrüben" des Vaters bei Menander, Diphilos und Iamblichos zu finden; zeitgleich zu Jesus Sirach auch bei Tobit sowie kurz darauf im Aristeasbrief. Ben Sira nimmt diese Formel auf, zusammen mit der Zeitangabe „in seinem Leben", womit jegliche zeitliche Begrenzung des fürsorglichen Engagements ausgeschlossen wird. Auch dies hat zahlreiche Vorbilder in der griechischen Literatur[101].

Noch weiter geht V. 13a in der zweiten Konkretion; Bohlen spricht hier zutreffend von „steigernder Kasuistik"[102]. Die Fürsorge des Sohnes gilt nun ausdrücklich auch dem senilen, von Altersschwächen gekennzeichneten Vater. Vom Sohn in der Vollkraft des Lebens erwartet Ben Sira, daß er seinen Vater in dieser Lage nicht beschämt. Aufgegriffen wird damit nach allgemeiner Überzeugung Spr 23,22[103], wo ausdrücklich die Mutter genannt ist, im Parallelismus aber auch dem Vater die Weisung gilt. Wenn hier nun dagegen der Vater im Mittelpunkt steht, so erwägt Bohlen einen strukturellen Zusammenhang mit „der in Athen geübten δίκη παρανοίας, dem gerichtlichen Antrag auf Entmündigung"[104]. Die gerichtlichen Auseinandersetzungen zwischen Vätern und Söhnen nahmen im ausgehenden 5. Jhdt. dort deutlich zu, wobei sich die Söhne mit ihren Klageerhebungen gegen drohende Enterbung wehrten.

Der Abschluß des Lehrgedichts zielt noch einmal auf die Verbindung von Elternehrung und Stellung vor Gott. V.14 und 15 nehmen noch einmal das Motiv der Sühnung von Sünden auf (vgl. Sir 3,3.4), die demjenigen gewährt wird, der seine Eltern ehrt. V.16 stellt den engen Zusammenhang zwischen der Ehrung Gottes und der Ehrung der Eltern abschließend - gegenüber den in

---

seinetwillen sind sie verachtet". Übersetzung nach SAUER, Jesus Sirach, 606). Damit ist auch bei den Eltern eine Differenzierung auszumachen, nicht nur bei den Kindern (gegen WISCHMEYER, Kultur, 194).

[101] Vgl. BOHLEN, Ehrung der Eltern, 254-255.

[102] A.a.O., 256.

[103] Vgl. die vielfältigen Belege in der Literatur bei BOHLEN, ebd.

[104] BOHLEN, Ehrung der Eltern, 258.

V.14.15 aufgezeigten positiven Wirkungen - im Blick auf die negativen Folgen der Mißachtung des Gebotes heraus. Wer den Vater verläßt und ihm so nicht die notwendige Hilfe zukommen läßt (gegen die Mahnung von V.12 und 13), verhält sich wie ein Gotteslästerer, und wer seine Mutter durch Treulosigkeit erbittert, zieht den Fluch Gottes auf sich. Dabei geht es nicht um eine Stellvertreterschaft der Eltern für Gott, sondern darum, daß die Mißachtung des Elterngebotes - gegenüber V.1 und 2 - Gottes Wort bewußt bricht und somit Gott beleidigt.

Der in V.16 abschließende Hinweis auf den vergeltenden Fluch Gottes[105] steht antithetisch zur verheißenen Rettung für den, der auf die Zurechtweisung des Vaters nach Sir 3,1 hört. Diesen Fluch kennt das Alte Testament ebenso wie die griechische Literatur, wo er häufig als pädagogisches Mittel herangezogen wird[106]. Auch zum Abschluß vermittelt also Ben Sira noch einmal das jüdische Erbe mit der griechischen Tradition.

Die ganze Auslegung des Elterngebots wird so am Ende nochmals eingeschlossen in die Gottesbeziehung: wie das menschliche Verhalten allgemein, so hat besonders das Verhalten gegenüber den Eltern Wirkung auf die Beziehung zu Gott. Das Recht der Eltern, das im Elterngebot von Gott selbst festgelegt wurde, schützt Vater und Mutter und hat in Achtung und Nichtachtung Folgen für das Heil von Gott, zieht Rettung oder Verfluchung nach sich.

Ein zweiter, kleinerer Abschnitt innerhalb des Pflichtenkatalogs bzw. erweiterten Hausspiegels für das Familienoberhaupt[107] - Sir 7,18-36 - wendet sich nochmals dem Gebot der Elternehrung zu. Nach Mahnungen im Blick auf den Freund, die kluge Frau, den aufopferungsvollen Tagelöhner und den klugen Sklaven (V.18-21) folgen Belehrungen im Blick auf die Hausgemeinschaft, Vieh, Söhne, Töchter und Frau, die jeweils mit einer Frage eingeführt werden. Die beiden Verse zur Elternehrung (V.27.28) gehören mit V.29 und V.30 zusammen[108], wobei der ganze Abschnitt durch Formeln aus dem Sch^ema Israel (Dtn 6,5) zusammengehalten wird. Die Verwendung der Modalangaben aus Dtn 6,5 stellt die Gebote der Elternehrung und der Ehrung Gottes auf eine Stufe und verbindet sie sehr eng miteinander. Außerdem wird das Elterngebot damit ganz besonders herausgehoben; es erscheint nicht auf der allgemeinen Ebene in die regulären Pflichten innerhalb des Hausstandes einbezogen und wird formal nicht von der Frage des „Vorhandenseins" abhängig gemacht (wie V. 22-26), noch weniger hängt das Verhalten gegenüber

---

[105] Vgl. Dtn 27,16 und dazu oben, Kapitel 5.4; daneben Num 23,8b; Mal 1,4 ; Spr 22,14.

[106] Vgl. die Belege bei BOHLEN, Ehrung der Eltern, 269-270.

[107] So ordnet WISCHMEYER, Kultur, 193 den Abschnitt ein.

[108] V. 31 ist zwar inhaltlich noch mit dem Auftrag zur Gottesverehrung verbunden, stellt jedoch eine weitergehende Folgerung aus V.29.30 dar. Formal ist der Vers durch die beiden Imperative φοβοῦ und δόξασον gegenüber dem Vorangehenden abgehoben und bildet so einen Neueinsatz.

den Eltern an deren eigener Qualifikation, wie bei den Hausgenossen nach
V.18-22. Die Forderung der Elternehrung erhält vielmehr ganz besonderes
Gewicht; ihre schon in Sir 3,1-16 dargelegte Heilsrelevanz wird nochmals un-
terstrichen. Der Abschnitt in Sir 7,27-30 lautet insgesamt:

(27) ἐν ὅλῃ καρδίᾳ σου δόξασον τὸν πατέρα σου
    καὶ μητρὸς ὠδῖνας μὴ ἐπιλάθῃ
(28) μνήσθητι ὅτι δι᾽ αὐτῶν ἐγενήθης
    καὶ τί ἀνταποδώσεις αὐτοῖς καθὼς αὐτοὶ σοί
(29) ἐν ὅλῃ ψυχῇ σου εὐλαβοῦ τὸν κύριον
    καὶ τοὺς ἱερεῖς αὐτοῦ θαύμαζε
(30) ἐν ὅλῃ δυνάμει ἀγάπησον τὸν ποιήσαντά σε
    καὶ τοὺς λειτουργοὺς αὐτοῦ μὴ ἐγκαταλίπῃς.

Mit deinem ganzen Herzen ehre deinen Vater
und die Wehen der Mutter vergiß nicht.
Gedenke, daß du durch sie geboren wurdest
und was wirst du ihnen vergelten, wie sie dir (gegeben haben)?
Mit deiner ganzen Seele habe fromme Scheu vor dem Herrn
und seine Priester bewundere.
Mit ganzer Kraft liebe den, der dich gemacht hat
und seine Diener lasse nicht im Stich.

Jesus Sirach übernimmt diesen Pflichtenkatalog (Sir 7,18-36), der an stoi-
sche Pflichtenlisten erinnert, sich jedoch nicht vollständig mit ihnen deckt.[109]
Es handelt sich vermutlich um vorgeprägte Traditionsstücke, die er selbst redaktionell bearbeitet[110]. Dabei legt sich m.E. nahe, daß die V.27-30 aufgrund
der Versatzstücke aus Dtn 6,5 eine ursprüngliche Einheit waren, während
V.31 mit seiner Aufnahme des Gebots der Gottesfurcht und der Priestereh-
rung eine Explikation darstellt, die erst auf Sirach selbst zurückgehen könnte,
für den das Interesse am Erhalt des Priestertums, die Parallelschaltung ähnlicher Aussagen und die kasuistische Genauigkeit in V.31 angeführt werden
können. Zudem ist eine ursprüngliche Doppelung des δόξασον in V.27 als
Hauptaussage und in V.31 im zweiten Glied eher unwahrscheinlich. Wenn
diese Überlegung zutrifft, gehören V.27 und V.28 in ein Traditionsstück, das
Sirach aufgenommen und an den Höhepunkt der Pflichtenliste gestellt hat.

V.27 setzt ein mit der ersten Modalbestimmung aus Dtn 6,5 - allerdings
anders formuliert als in LXX -, ἐν ὅλῃ (τῇ) καρδίᾳ.[111] Daran schließt sich
eine Wiedergabe des Elterngebots aus Ex 20,12 par an, die aber wie schon in

---

[109] Vgl. CROUCH, JAMES E.: The Origin and Intention of the Colossian Haustafel;
Göttingen 1972 (FRLANT 109), 74.75.
[110] Vgl. BOHLEN, Ehrung der Eltern, 283-285.
[111] WRIGHT, BENJAMIN G.: No Small Difference. Sirach's Relationship to its Hebrew
Parent Text; Atlanta, Georgia 1989 (SBL Septuagint and Cognate Studies 26), 158f. führt
zum Schriftgebrauch in Sir 7,27-30 aus, daß der Siracide entweder den Wortlaut des Sch^ema
aus dem hebräischen Text von Dtn 6,5 übernommen oder einfach sehr gut auswendig gekannt
hat. Die LXX hat er jedenfalls nicht wörtlich zitiert.

Sir 3,6 mit δόξασον formuliert ist und sich wörtlich nur auf den Vater bezieht. V.27b nimmt das Gebot, die Mutter zu ehren, im Parallelismus auf, wobei aber die Negation steht und der erwachsene Sohn, der nun selbst der Familie vorsteht, daran erinnert wird, die Schmerzen der Mutter bei seiner Geburt[112] nicht zu vergessen. Damit wird die parallel zur Ehrung des Vaters geforderte Achtung der Mutter zugleich motiviert: der Weisheitsschüler verdankt sein Leben der Tatsache, daß seine Mutter die Geburtsschmerzen auf sich genommen hat. Diese Motivation zielt auf das Gefühl des Adressaten und begründet die geforderte Ehrung mit der Bedeutung, die die Mutter für die Existenz des Sohnes hat. Bohlen verweist auf eine entferntere Analogie dazu in der altägyptischen Lehre des Ani, wo jedoch nicht nur die Schmerzen der Geburt, sondern alle Mühe der Mutter vom Beginn der Schwangerschaft bis zum Erwachsenenalter herangezogen werden, um die Verantwortung für die Mutter zu motivieren[113]. Aber auch in der griechischen Literatur ist dieser Gedanke verbreitet. Xenophon betont den Einsatz der Mutter für den Sohn ebenfalls von der Empfängnis bis ins Kleinkindalter (Xenophon, Memorabilien 2, 2,5), das Euripides-Fragment 1064 (ed. Nauck) enthält in einem Zeugnis der Sohnesliebe für die Mutter ebenfalls speziell den Hinweis auf die Geburtswehen. Dem Alten Testament ist diese Art der Motivierung hingegen fremd. Die Schmerzen der Mutter bei der Geburt gelten dort als Anlaß von Angst[114] und als Bild für große Bedrängnis[115] sowie für das Gericht[116]; ein positiver Schluß wird daraus nicht gezogen.

Auch die in V.28a folgende Erinnerung daran, daß der Sohn den Eltern[117] seine Existenz verdankt, ist uns im Alten Testament als Motivation für die Elternehrung nie begegnet. Dasselbe gilt für die daran anschließende rhetorische Frage (V.28b), wie der Sohn erstatten könne, was die Eltern ihm gaben. Nirgends in der alttestamentlichen Überlieferung ist das Leben, das einer Vater und Mutter verdankt, der Maßstab für die Dankesschuld gegenüber den Eltern, die nie abgetragen werden kann und daher zur dauernden Bemühung führen muß, sie angemessen zu ehren. Wieder sind es vielmehr Zeugnisse griechischer Schriftsteller, die mit der hier gegebenen Argumentation vertraut

---

[112] Es sind die konkreten Geburtsschmerzen gemeint, wie der Gebrauch des Verbs ὠδίνειν in Sir 19,11; 34,5; 48,19 zeigt.

[113] Vgl. BOHLEN, Ehrung der Eltern, 289-292; SANDERS, JACK T.: Ben Sira and Demotic Wisdom; Chico, California 1983 (SBL.MS 28), 65, will diese „non biblical traits" allerdings auf eine Verbindung mit der ägyptischen Weisheit zurückführen.

[114] Ps 48,7; Jer 13,21.

[115] Vgl. u.a. Jes 13,8; 21,3; 26,17; Jer 6,24; Mi 4,9.

[116] Vgl. Jer 22,23.

[117] Sie werden hier im Personalpronomen gemeinsam genannt, was bestätigt, daß auch in V. 27 das für Vater und Mutter gleichermaßen geltende Elterngebot angesprochen ist.

sind[118]. Den Gedanken, die von den Eltern empfangenen Wohltaten zu vergelten, führt wiederum Xenophon an (Memorabilien 2, 2,3). Daß die Vergeltungspflicht der Kinder im Grunde nicht zu erfüllen ist, wie es V.28b voraussetzt, ist gleichfalls „von griechischen Denkern ausgebildet und insbesondere von der Stoa vertreten"[119] worden. Wir finden diese Überlegung als Gemeinsamkeit mit der Vergeltungspflicht gegenüber den Göttern bei Aristoteles (Arist.e.N. 1163b)[120]; bei Hierokles und Iamblichos gilt die Dankbarkeit als Motivation der Wohltaten an den Eltern[121].

Aus diesem Befund ergibt sich, daß die Verbindung einer letztlich nicht erfüllbaren Pflicht der Vergeltung von Wohltaten gegenüber den Eltern mit dem Recht der Eltern im Elterngebot wohl auf griechischen Einfluß[122] zurückgeht. Ben Sira verknüpft also auch hier - evtl. unter Aufnahme einer ihm bereits vorliegenden Tradition - griechische Überlieferung mit dem Elterngebot und den jüdischen Wendungen des Sch[e]ma Israel (Dtn 6,5).

Außer den beiden grundlegenden Stellen, an denen das Elterngebot aufgenommen wird, bietet Jesus Sirach noch einige weitere Hinweise darauf, in welchem Kontext er das Ethos der Elternehrung gesehen hat, bzw. welche alttestamentlichen Verbindungen zum Elterngebot er eher aufgelöst sieht.

Die Anweisung in Sir 8,6, einen alten Menschen nicht zu beschämen, steht Sir 3,13a sehr nahe und bedeutet eine Generalisierung des über den alten Vater Gesagten. Die Fürsorge für die alten Eltern ist also begrifflich mit dem Erbarmen über alle alten Menschen verbunden[123].

Dagegen ist das Moment der Traditionsweitergabe - vor allem im Dtn ein Grund für die Hochschätzung der Eltern - vom Elterngebot gelöst. Sir 8,9 mahnt zwar, nicht die Erzählungen der Alten zu verachten, die sie von ihren Vätern gehört haben, weil daraus Einsicht folgt, aber dies ist kein Motiv für die Ehrung der Alten. Dieses wird in Sir 8,6b stattdessen im Ausblick auf das eigene Alter gesehen. Festgehalten hat Ben Sira daran, daß das Verhalten der Kinder auf die Eltern zurückwirkt, weshalb die Zeugung eines ungezogenen Sohnes Schmach für den Vater bedeutet (Sir 22,3) und eine freche Tochter

---

[118] SCHILLING, Sirach, 26 geht m.E. allerdings auch für hellenistische Auffassung zu weit, wenn er für Sir 7,27 formuliert, der Mensch solle auf die Eltern hören, „weil er ihnen *gehört*" (Hervorhebung im Original durch Sperrung).

[119] BOHLEN, Ehrung der Eltern, 300.

[120] Vgl. oben, Kapitel 11.2.

[121] Vgl. BOHLEN, Ehrung der Eltern, 301f.

[122] Vgl. LUMPE, ADOLF / KARPP, HEINRICH: Eltern: RAC IV (Stuttgart 1959), Sp. 1190-1219, Sp. 1202.

[123] Zur grundsätzlichen Sicht des Alters bei Ben Sira vgl. WALKENHORST, KARL HEINZ: Weise werden und altern bei Ben Sira. In: Egger-Wenzel, Renate; Krammer, Ingrid (Hg.): Der Einzelne und seine Gemeinschaft bei Ben Sira. BZAW 270; Berlin, New York 1998, 217-237.

Vater, Mutter und ihrem Mann Schande bereitet und von ihnen verachtet wird
(Sir 22,5)[124]. Ebenso warnt der Siracide in Sir 42,9-14 nochmals vor einer
Tochter als „trügerischem Schatz" und zählt die Gefahren auf, die einem
Mädchen drohen und die, wenn sie eintreten, als Schande auf den Vater zu-
rückfallen.

Das Gedenken an die Eltern hat für Sirach zusätzlich die Funktion einer
ständigen Mahnung, sich nicht als töricht zu erweisen, denn sonst müßte der
Schüler wünschen, nicht geboren zu sein, und den Tag seiner Geburt verfluchen (Sir 23,14). Entsprechend sind in Sir 41,17 die Eltern - wie parallel
dazu Fürsten und Herrscher - als ein mahnendes Forum verstanden, vor dem
sich der Sohn wegen Unzucht[125] schämen muß.

Schließlich hält Jesus Sirach die Erwartung aus Mal 3,23.24 wach, daß
Elia wiederkommen wird und das Herz der Väter zu den Söhnen wendet. Im
„Lob der Väter der Vorzeit" (Sir 46ff.) ist Elia ein langer Abschnitt gewid-
met (Sir 48,1-12a), der auch seine Bedeutung für die Endzeit thematisiert.
Neben der Beschwichtigung des Gotteszornes und der Erwartung, daß mit der
Wiederkunft Elias die Stämme Israels wieder aufgerichtet werden, ist auch
das Ziel der Versöhnung der Väter mit den Söhnen genannt. Mit dem Gebot
der Elternehrung ist dieses Ziel bei Ben Sira jedoch nicht explizit verbunden.

Jesus Sirach legt damit insgesamt sehr großes Gewicht auf das Gebot der
Elternehrung, das in seinem Werk an herausragender Stelle (Sir 3,1-16) und
auf dem Höhepunkt eines Pflichtenkatalogs (Sir 7,28.29) angeordnet erscheint. Er wirbt mit der ausdrücklich theonomen Begründung sowie verschiedenen hellenistisch üblichen Motivationen für die Einhaltung des Elterngebots und konkretisiert es am Ende des Lehrgedichts in Sir 3 schwerpunktmäßig mit der Fürsorge für den altgewordenen Vater, in Übereinstimmung
mit dem ursprünglichen Sinn des Elterngebots.

Im Blick auf die Vermittlung zwischen Judentum und Hellenismus erweist
sich Ben Sira einerseits als treuer Bewahrer des alttestamentlichen Elterngebots, das er hoch achtet und bekräftigt, andererseits verändert er es, was die
Motivation anbetrifft, entscheidend und führt neue Motivationen aus der
griechischen Tradition ein. Er zeigt sich damit im Blick auf die Behandlung
der Elternehrung weder als „Antihellenist" noch als „Hellenistenfreund"[126],
sondern als treuer Sachwalter des altisraelitischen Gebots, das er aber in der
gewandelten geschichtlichen Situation mit angepaßten sprachlichen Mitteln
und teilweise neuer Begründung für seine Zeitgenossen erschließen will, ohne
den ursprünglichen Kern des alttestamentlichen Normensatzes aufzugeben.

---

[124] Vgl. auch Sir 22,8.9.
[125] Nach anderer Lesart wegen Unbotmäßigkeit, vgl. SAUER, Jesus Sirach, 607, Anm. zu
V.17a.
[126] So sehr richtig HENGEL, MARTIN: Juden, Griechen und Barbaren. Aspekte der
Hellenisierung des Judentums in vorchristlicher Zeit; Stuttgart 1976 (SBS 76), 171.

Die deuteronomisch-deuteronomistischen Zuspitzungen des Gebots werden von Ben Sira wieder verlassen: So fehlt in der Motivation die Verankerung des Gebots in der Geschichte Israels - keine Bindung an die אדמה - und
auch die Verknüpfung mit der Traditionsweitergabe ist aufgelöst. Zwar kann
von einem „Primat des traditionellen jüdischen Ethos"[127] ausgegangen werden, das aber in der Einzeldurchführung umgeprägt wird.

Es ist dabei nicht nachzuweisen, daß Ben Sira mit seiner Aufnahme des
Elterngebots unmittelbar einer aktuellen Thematik Raum gibt. Wie Bohlen
richtig feststellt, ist die Vorrangstellung der Elternehrung literarisch - und
m.E. auch traditionsgeschichtlich - begründet[128]. Ferner läßt sich die Konkretion der Versorgung des altgewordenen Vaters nicht unmittelbar auf eine Abwehr von ägyptischen Rechtsbestimmungen zurückführen, nach denen ein ge-
setzlicher Anspruch auf Altersversorgung durch Söhne nicht gegeben war[129].
Vielmehr fällt die Lehre Ben Siras in eine Zeit relativer Sicherheit ohne
Umbruchssituation, in der lediglich die „primär wirtschaftliche Ausrichtung
der hellenistischen Zivilisation, ihre Beschränkung auf die oberen Klassen
und auf die Städte ... eine Lockerung des *Lebensstils* zur Folge"[130] hatten.

In dieser Lage will der Siracide das Ethos seiner Zeit und der von ihm un-
terrichteten Schichten auch für die Ehrung der Eltern festschreiben. Die Familie, die Sirach im Blick hat, ist eher klein, städtisch und gehört „einem höhe-
ren Status zu"[131]. Ihre Rahmenbedingungen sieht er im religiösen Bereich.
Erziehung samt Elterngebot „sind religiös fundierte Koordinaten für die
Familie"[132]. Jedoch entwirft Ben Sira keine dezidierte „Theologie der Familie"[133], sondern bekräftigt nur einzelne Weisungen und „verknüpft die Weis-
heitstheologie einerseits und das Gebot andererseits nur additiv"[134]. Dennoch
ist auch dem anderen Teil des Fazits von Wischmeyer zuzustimmen: „Das
Elterngebot steht als Teil der Tora über dem weisheitlichen Erziehungs- und
Bildungstheologumenon, denn auch der schwache alte Vater und sogar die -
eo ipso nicht gebildete - Mutter müssen geehrt werden"[135]. Sirach nutzt dabei
das Gebot als Integrationsmoment für den familiären Raum und stellt es als
Weisung Gottes heraus, die auch für die Juden in der hellenistischen Gesellschaft in seiner Gegenwart wie in der Zukunft Bestand hat.

---

[127] BOHLEN, Ehrung der Eltern, 327.

[128] Vgl. BOHLEN, Ehrung der Eltern, 330.

[129] So BOHLEN, Ehrung der Eltern, 339-342.

[130] HENGEL, MARTIN: Judentum und Hellenismus. Studien zu ihrer Begegnung un-ter
besonderer Berücksichtigung Palästinas bis zur Mitte des 2. Jh.s v. Chr.; 3., durchges. Aufl.,
Tübingen 1988 (WUNT 10), 103 (Hervorhebung im Original).

[131] WISCHMEYER, Kultur, 35.

[132] A.a.O., 287.

[133] Ebd.

[134] WISCHMEYER, Kultur, 288.

[135] A.a.O., 287.

## 2. Das Buch Tobit und das Elterngebot

Die erbauliche Legende von Tobit und seinem Sohn Tobias, die durchgehend vom Ethos der Elternehrung durchzogen ist, wurde in der früheren Forschung fast zeitgleich mit dem Buch Sirach[136] angesetzt. Entsprechend wird auch heute die Abfassung in den beiden letzten vorchristlichen Jahrhunderten angenommen.[137] Als ursprünglicher Text des Buches ist die hebräische oder noch wahrscheinlicher die aramäische Fassung anzunehmen. Die griechische Übersetzung dürfte zuerst im Langtext - weitgehend erhalten im Codex Sinaiticus - vorgelegen haben, bevor sie zu einem Kurztext umgearbeitet wurde.[138]

Die Erzählung „illustriert paradigmatisch *das ideale Verhältnis zwischen Eltern und Kindern.*"[139]. Sowohl in der Handlung der Geschichte selbst wie auch in den darin aufgenommenen Weisheitssprüchen wird dargestellt, wie Vater und Mutter geehrt werden können und sollen. Umstritten ist die Frage einer literarischen Schichtung des Buches[140]. Die literarkritischen Rekonstruktionen differieren stark und werden zuweilen auch völlig bestritten.[141] Für unser Thema ist die literarkritische Frage nicht von Belang, da alle hypothetischen Schichten gleichermaßen Interesse am Ethos der Elternehrung zeigen.

Unter dem immer wiederkehrenden Leitwort der Barmherzigkeit (ἐλεη–μοσύνη; Tob 1,3.16; 4,8.10.11.16; 12,8.9; 13,8; 14,2.10.11) sind zwei Aspekte zusammengefaßt, die zuerst und vor allem für die Kleinfamilie gelten. Deselaers beschreibt diese Aspekte als „Gemeinschaftssinn lieben aus einem Sinn für Verantwortung" und „Gemeinsamkeit aufbauen aus der Bereitschaft zu andauernder Solidarität"[142]. Diese verwirklichen sich als Grundhaltung in zahlreichen einzelnen Schritten gegenüber den Eltern.

---

[136] Vgl. dazu ROST, Einführung in die alttestamentlichen Apokryphen und Pseudepigraphen, 46.

[137] ENGEL, HELMUT in ZENGER, Einleitung, 254 führt den Herausgeber der Fragmente der Qumran-Fassung von Tobit, J.A. Fitzmyer, an, der „ein Datum in der zweiten Hälfte des 2. Jh. v. Chr." befürwortet. RABENAU, Studien zum Buch Tobit, 189.190 datiert die Grundschicht ins 3. Jhdt. v. Chr., die erste Erweiterungsschicht auf 147-141 v. Chr., die zweite Redaktion nach 140 v. Chr. und schließlich eine dritte Erweiterung nach 133 v. Chr.

[138] Zur Diskussion über diese Textfassungen und zur Begründung dieser Sicht vgl. HAN-HART, ROBERT: Text und Textgeschichte des Buches Tobit; Göttingen 1984 (MSU XVII; AAWG.PH 3.Folge), 139 sowie Rabenau, Studien zum Buch Tobit, 3-7.

[139] GAMBERONI, JOHANN: Das „Gesetz des Mose" im Buch Tobias. In: Braulik, Georg (Hg.): Studien zum Pentateuch; Festschrift für Walter Kornfeld zum 60. Geburtstag; Freiburg, Basel, Wien 1977, 227-242, 233.

[140] Zu den beiden neueren literarkritischen Rekonstruktionen von Deselaers und Rabenau vgl. die Übersicht bei RABENAU, Studien zum Buch Tobit, 248.249 und bei DESELAERS, PAUL: Das Buch Tobit; Fribourg 1982 (OBO 43), 20-24.

[141] So etwa von NOWELL, IRENE: Jonah, Tobit, Judith. Collegeville, Minnesota 1986 (CBC Old Testament 25).

[142] DESELAERS, Tobit, 27.

Bereits in der Exposition zur eigentlichen Handlung, wenn Sarah, die Tochter Raguels aus Ekbatana vorgestellt wird, kommt die Ehrung der Eltern in der Haltung zum Vater zur Geltung. Weil eine der Mägde des Vaters sie als Mörderin schmäht, erwägt Sarah den Suizid als Ausweg. Jedoch hält der Gedanke an den Vater sie davon ab, der vor allem durch die Reaktion der Umgebung schwer davon getroffen würde (Tob 3,10). Stattdessen bittet sie Gott um ihren Tod, wobei sie in jenem Bittgebet betont, daß sie im Exil ihren und den Namen ihres Vaters nicht befleckt hat (Tob 3,15), „d.h., daß sie ihre Identität als gläubige Jüdin bewahrt hat"[143].

In den Weisheitssprüchen, die in die Abschiedsrede Tobits aufgenommen sind (Tob 4,3-19)[144], finden wir dann das Elterngebot des Dekalogs zwar variiert, anders motiviert, aber dennoch direkt aufgenommen[145]. Nach der Aufforderung, dem Vater ein würdiges Begräbnis zu bereiten, folgt die Anweisung:

τίμα τὴν μητέρα σου καὶ μὴ ἐγκαταλίπῃς αὐτὴν πάσας τὰς ἡμέρας τῆς ζωῆς αὐτῆς καὶ ποίει τὸ ἀρεστὸν ἐνώπιον αὐτῆς καὶ μὴ λυπήσῃς τὸ πνεῦμα αὐτῆς ἐν παντὶ πράγματι (Tob 4,3, S[146]).

Ehre deine Mutter und lasse sie alle Tage ihres Lebens nicht im Stich und tue das Beste vor ihren Augen und betrübe ihren Geist nicht in irgendeiner Angelegenheit.

---

[143] DESELAERS, Tobit, 72. Daß Sara in ihrer Klage eine Wendung aufgreift, die schon Rebekka in Gen 27,46 verwendet (ἵνα τί μοί ἐστιν ἔτι ζῆν), „unterstützt ihre Verwurzelung im Glauben der Väter und Mütter Israels" (a.a.O., 73).

[144] NIEBUHR, KARL-WILHELM: Gesetz und Paränese. Katechismusartige Weisungsreihen in der frühjüdischen Literatur; Tübingen 1987 (WUNT 2.Reihe, 28), 204 hat darauf verwiesen, daß sich aus der Abschiedsrede einzelne Weisungen entnehmen lassen, die auch in verschiedenen Gebotsreihen auftreten. Mit Recht konzediert er jedoch, daß gerade im Buch Tobit diese Weisungen mit dem Kontext des Buches verknüpft sind (vgl. a.a.O., 205), so daß eine Isolierung jener Einzelmahnungen wenig sinnvoll erscheint. Für die Ehrung der Eltern gilt dies in besonderer Weise.

Beachtet man ferner vor allem, daß der Topos „Barmherzigkeit" ein Grundthema des Buches Tobit ist und erst in Tob 4,7 überschriftartig aufgenommen ist, während in V.3-5 Elternehrung und Gottesehrung (V.5) zusammengefaßt sind, so wird man das Motiv der Elternehrung hier nicht dem Duktus der Reihe sozialer Aufträge zuordnen können. Vielmehr ist die Ehrung der Eltern deutlich demgegenüber abgesetzt und stärker mit der umfassenden Gottesverehrung verknüpft. Die von Niebuhr herausgearbeitete „geprägte Zusammenstellung typischer Verhaltensweisen, in denen sich das vorbildliche Leben entsprechend den Geboten und dem Willen Gottes realisiert" (a.a.O., 205f.), enthält gerade das Verhalten gegenüber den Eltern nicht.

[145] Vgl. GAMBERONI, Das „Gesetz des Mose" im Buch Tobias, 233.

[146] In BA ist noch freier formuliert und umgestellt: καὶ μὴ ὑπερίδῃς τὴν μητέρα σου, τίμα αὐτὴν πάσας τὰς ἡμέρας τῆς ζωῆς σου καὶ ποίει τὸ ἀρεστὸν αὐτῇ καὶ μὴ λυπήσῃς αὐτήν.

Wir haben es hier mit einer der Erzählsituation zum Teil angeglichenen, freien Wiedergabe des Elterngebots zu tun. Da der Vater von seinem Lebensende spricht, wird nur die Mutter erwähnt. Ihre Versorgung soll dauerhaft und ihr gesamtes Wohlergehen in allen Dingen gesichert werden.[147] Der Sohn soll sie nicht verlassen[148].

Τιμάω wird hier wieder umfassend verstanden und mit den folgenden drei Weisungen expliziert: dauerhafte materielle Unterstützung, umfassender Einsatz, Vermeidung aller Betrübnis. Dabei haben wir - wie schon bei Sirach - eine Kombination von jüdischem und hellenistischem Gedankengut vor uns: der ursprüngliche Sinn des Dekaloggebotes ist gewahrt und ποιεῖν τὸ ἀρεστόν entspricht zahlreichen LXX-Formulierungen für die Aufgabe des Menschen vor Gott[149]. Hier ist allerdings nun die Mutter Adressatin des Tuns. In Dtn 6,18; 12,25LXX ist aber genau diese Forderung zudem mit der Verheißung des Wohlergehens und des Wohnens im Lande verbunden, also mit der Verheißung des Elterngebots. Somit erinnert auch diese Explikation an das Elterngebot. Dennoch wird die ausdrückliche Verheißung nicht mehr direkt damit verknüpft. Dafür ist in Tob 4,6 das Wohlergehen vom „Tun der Wahrheit" allgemein abhängig gemacht. Neben der über die LXX vermittelten jüdischen Traditionslinie steht jedoch in gleichem Rang die Forderung griechischen Ursprungs: μὴ λυπεῖν.

Tob 4,4 begründet dann die Mahnung, die Mutter[150] zu ehren, noch umfassender als Sir 7,27: nicht nur an die Schmerzen der Geburt, sondern an die

---

[147] Die Formulierung, es gehe um „Ehrfurcht gegenüber der überlebenden Mutter" - so SCHUMPP, MEINRAD M.: Das Buch Tobias; Münster 1933 (EHAT 11), 82 - ist m.E. zu unpräzise.

[148] Die Weisung wird durch die bald darauf folgende Abreise von Tobias (Tob 5,17) im wörtlichen Sinn nicht erfüllt; dadurch wird zusätzlich deutlich, daß es um die spätere Unterstützung der verwitweten Mutter geht. Dasselbe Motiv unterstützt die Ergänzung der mütterlichen Klage nach dem Abschied in Tob 5,18-20, wo die Mutter Tobias als ῥάβδος τῆς χειρὸς ἡμῶν, Stab bzw. Stütze unserer Hand, bezeichnet. Sie fürchtet durch sein Weggehen um ihre Altersversorgung. Das Motiv der lebenslangen Treue erinnert stark an Sir 3, 12, es tritt aber ansonsten erst wieder in sehr viel späterer jüdischer Literatur auf, vgl. 3 Esr 4, 20; Apk Sedr 6,6.7.

[149] Ex 15,26: Ἐάν ... τὰ ἀρεστὰ ἐναντίον αὐτοῦ ποιήσῃς ...;
Dtn 6,18: Καὶ ποιήσεις τὸ ἀρεστὸν καὶ τὸ καλὸν ἐναντίον κυρίου τοῦ θεοῦ ὑμῶν, ἵνα εὖ σοι γένηται καὶ εἰσέλθῃς καὶ κληρονομήσῃς τὴν γῆν τὴν ἀγαθήν;
Dtn 12, 25: ... ἵνα εὖ σοι γένηται καὶ τοῖς υἱοῖς σου μετὰ σέ, ἐὰν ποιήσῃς τὸ καλὸν καὶ τὸ ἀρεστὸν ἐναντίον κυρίου τοῦ θεοῦ σου;
Dtn 13,19: ... ποιεῖν τὸ καλὸν καὶ τὸ ἀρεστὸν ἐναντίον κυρίου τοῦ θεοῦ σου;
Dtn 21,9: ἐὰν ποιήσῃς τὸ καλὸν καὶ τὸ ἀρεστὸν ἔναντι κυρίου τοῦ θεοῦ σου;
Esdr II 10,11 LXX: ποιήσατε τὸ ἀρεστὸν ἐνώπιον αὐτοῦ ... ; vgl. Dan 4,37a LXX.

[150] Die besondere Beziehung der Mutter, Anna, zu Tobias, wie sie in Tob 5,18ff. dargestellt wird, hat NOWELL, Jonah, Tobit, 31 sehr gut erfaßt: „Anna's attention throughout the book is concentrated on her son. The narrator identifies her as ‚his [Tobiah's] mother'. She complains to Tobit: ‚Why have *you* decided to send *my* child away?' (5:18, emphasis added).

gesamte Schwangerschaft wird erinnert. Auch dieser Zusammenhang ist in hellenistischer Tradition vorgegeben. Schließlich gibt der abschiednehmende Vater noch den Auftrag, die Mutter nach ihrem Tod bei ihm zu bestatten - ein Auftrag, der bei Tobit so großes Gewicht bekommt, daß Tobias sogar vor der Hochzeit mit Sara zurückschreckt, weil sein Tod auch das Ende von Vater und Mutter bedeuten könnte und sie außer ihm keinen Sohn haben, der sie begraben könnte (Tob 6,15).

Terminologisch nahe beim Elterngebot steht dann auch noch die Abschiedsrede Raguels und Ednas beim Abschied ihrer Tochter und Tobias, ihres Schwiegersohns (Tob 10,11-13 BA[151]). Der vermutlich spätere Kurztext legt dem Vater die Bitte an seine Tochter in den Mund, sie möge nun ihre Schwiegereltern ehren, die von jetzt an ihre Eltern sind. So wird mit der dem Elterngebot angeglichenen Formel Τίμα τοὺς πενθερούς σου, αὐτοὶ νῦν γονεῖς σού εἰσιν (Tob 10,12)[152] die Forderung der Elternehrung auf die Schwiegereltern ausgedehnt. Die Formulierung des Elterngebots erscheint dabei fest geprägt und formelhaft, so daß sie auch in neuen Zusammenhängen eingesetzt werden kann.

Wie umfassend und unspezifisch dagegen die Aufforderung μὴ λυπήσῃς ist, zeigt noch einmal die Weisung Ednas an ihren Schwiegersohn Tobias (Tob 10,13): ihm gilt sie im Blick auf seine Frau, was unterstreicht, daß auch nach der Trennung die Fürsorge der Eltern für ihr einziges Kind Bestand hat.

Am Ende der Erzählung kommt die Zusammenordnung von Gott und den Eltern zum Ausdruck, wenn Tobit seine Schwiegertochter mit dem Lobpreis Gottes und ihrer Eltern willkommen heißt (Tob 11,17 BA[153]):

Εὐλογητὸς ὁ θεός, ὅς ἤγαγέν σε πρὸς ἡμᾶς, καὶ ὁ πατήρ σου καὶ ἡ μήτηρ σου.

Gelobt sei Gott, der dich zu uns geführt hat, und dein Vater und deine Mutter.

---

After a single mention of ‚our child‘ (5:19), she refers to Tobiah as ‚*my* child‘ from this point until his return (10:4.7). Only when she sees him coming down the road does she turn and tell Tobit, ‚*Your* son is coming‘ (11:6, emphasis added). In her relationship with Tobit, Anna tends to be sharp-tongued and quick (compare 2:14). In this chapter she turns the conversation to an attack on Tobit, accusing him of preferring money to the life of ‚her‘ son (5:19)“. Dabei setzt Nowell durchgehend den Text des Codex Sinaiticus voraus. In Tob 5,18 haben BA ἡμῶν, in 10,4 fehlt bei BA das μου.

[151] Tob 10,11-13 S ist hier freier formuliert und erinnert nicht mehr an das Elterngebot. Gleichsam als „Ersatz" findet sich aber am Ende von Tob 10,14 in S der Wunsch „Εὐοδώθη σοι τιμᾶν αὐτοὺς πάσας τὰς ἡμέρας τῆς ζωῆς αὐτῶν". Er gehört vermutlich ans Ende von 10,12 (vgl. RABENAU, Studien zum Buch Tobit, 112, Anm.1).

[152] Deselaers nennt die Formel zutreffend eine „Variante des Elterngebotes"(a.a.O., 152).

[153] In S gilt der Lobpreis von Tob 11,17 nur Gott; als gesegnet gepriesen wird der Vater Saras, Tobias und sie selbst.

Der Abschluß der Erzählung bestätigt dann ausdrücklich, daß Tobias die testamentarischen Weisungen des Vaters, zu denen auch der Auftrag, wieder nach Medien zu reisen, gehört[154], befolgt (Tob 14,11.12), ihn und die Mutter bestattet, und danach auch die Schwiegereltern gemäß der Erweiterung des Elterngebots in Tob 10,11-13 achtet und pflegt (Tob 14,12b-13a). Als lohnender Erfolg wird dafür das doppelte Erbe sowie ein ehrenvoller Tod in hohem Alter erwähnt (Tob 14,13b.14).

## 3. Das Elterngebot als rechtliche Grundlage ethischer Mahnung

Wie bereits innerhalb des Alten Testaments, so fällt die Aufnahme des Elterngebots auch in den alttestamentlichen Apokryphen unterschiedlich aus. Für Jesus Sirach und Tobit hat es eine sehr weitreichende Bedeutung. In jenen Schriften finden wir das Elterngebot als zentrale Norm, an deren Beachtung sich die ganze Bewertung des zwischenmenschlichen Verhaltens entscheidet. Anders als alle anderen Gebote steht es im Mittelpunkt von Sirach und Tobit und erfährt eine ausführliche Darstellung.

Andere alttestamentliche Apokryphen (z.B. das Baruchbuch) setzen das Ethos der Elternehrung ebenfalls zumindest voraus, es tritt jedoch meist aus zeitgeschichtlichen Gründen eher in den Hintergrund. Es zeigt sich deutlich, wie der Rang einer ethischen Weisung, gerade auch einer im Dekalog verankerten Forderung, von den historischen Gegebenheiten und von der thematischen Ausrichtung eines Werkes abhängt. Historisch orientierte Erzählungen bzw. Legenden wie etwa 3. Esra, Judith oder Susanna zeigen an Geboten grundsätzlich geringeres Interesse als paränetisch ausgerichtete Erzählungen (Tobit) oder gar ausdrücklich lehrhafte Bücher (Jesus Sirach).

Dennoch wissen diejenigen apokryphen Schriften, die das Elterngebot als besonders zentral behandeln, durchaus noch um seine Funktion als Satz und Summe alttestamentlichen Elternrechts. Für Ben Sira muß die Forderung der Elternehrung zwar vielfach ausgeführt und motiviert werden, rechtliche Grundlage dafür ist und bleibt aber das Dekaloggebot, das eindeutig als Basis für die Argumentation in Sir 3 wie in Sir 7 identifiziert werden konnte.[155] Bei Tobit[156] erweist sich der noch bewußte Rechtssatzcharakter darin, daß die Formulierung des Elterngebots verwendet werden kann, um einen quasi-

---

[154] Die Betonung der Bestattung gehört in den Kontext der Stärkung der Familie im Exil. „Der erneute Auszugsbefehl besagt an dieser Stelle, daß die Abreise nur verzögert werden darf, wenn noch die Kindespflicht der Elternbestattung zu erfüllen ist" (DESELAERS, Tobit, 223). Diese „Kindespflicht" ergibt sich jedoch hier eindeutig aus dem testamentarischen Willen und ist nicht Teil der Erfüllung des Elterngebots.

[155] Vgl. oben Kapitel 12.1.

[156] Vgl. oben Kapitel 12.2.

rechtlichen Schutz der Schwiegereltern festzuschreiben (Tob 10,12), auf die das Elterngebot dann auch angewandt wird.

Insgesamt wird jedoch eindeutig eine Tendenz zur Ethisierung deutlich. Im jeweiligen Umfeld, in dem das Elterngebot angeführt oder das Ethos der Elternehrung angesprochen wird, fehlen irgendwelche Rechtsfallschilderungen wie etwa in Dtn 21. Auch fehlen Sanktionsandrohungen, die beim Elterngebot selbst ohnehin nie präsent waren, aber auch die anderen Elternrechtssätze des Alten Testaments sind nie dahingehend aufgegriffen. Das Elterngebot entwickelt sich so immer stärker zu einer Basis für ethische Argumentation, wobei der Schwerpunkt sich in Richtung Ermahnung verlagert. Konnte man inneralttestamentlich noch klarer zwischen dem Gebotssatz und daran angelehnten Mahnungen trennen, so werden nun das Gebot und seine Variationen selbst mit in die Mahnung einbezogen.

Die zweite wesentliche Entwicklung ist die Tendenz zur Verallgemeinerung, die aber auch schon im Alten Testament angelegt ist. Der Begriff τιμάω an sich weitet schon das mögliche inhaltliche Spektrum aus, der jeweilige Kontext tut ein Übriges, um neben der konkreten Altersversorgung und Achtung der altgewordenen Eltern auch andere Aspekte, etwa den Gehorsam gegenüber den Eltern oder die Aufgabe, sie nicht zu enttäuschen, aufzunehmen. Aber wir finden auch durch zusätzliche Rahmenbestimmungen an einzelnen Stellen eine gegenläufige Tendenz. Dort wird das Elterngebot sehr präzise in seinem ursprünglichen Sinn verstanden: zur Sicherung der Versorgung der Eltern im Alter (vgl. Sir 3,7b.12; Tob 4,3).

## 4. Neue Motivationselemente beim Elterngebot in den alttestamentlichen Apokryphen

Eine tiefgreifende Veränderung zeigt sich jedoch bei der Verbindung des Elterngebotes mit der Motivationsklausel. Diese Verknüpfung wird in den Apokryphen fast vollständig aufgegeben, die Motivation des Gebotes mit langem und gutem Leben erscheint höchstens noch als eine unter zahlreichen anderen Möglichkeiten. Das eigene Wohlergehen ist dabei noch am häufigsten angeführt (vgl. Sir 3,1), langes Leben wird ebenfalls öfter genannt (vgl. Sir 3,6). Die Verbindung mit dem Land und mit der Zusage, im verheißenen Land leben zu können, ist dagegen völlig aufgegeben.[157]

Stattdessen erscheinen zahlreiche neue Motivationsangaben, die für die jeweilige Stelle und den Zusammenhang charakteristisch sind, jedoch nicht in eine feste Verbindung mit dem Gebot eingehen. Dies gilt für die sühnende

---

[157] Besonders augenfällig wird dies in Tob 4,3, wo ποιεῖν τὸ ἀρεστόν steht, was in der LXX häufig mit dem Wohlergehen und Wohnen im Land verbunden ist. Hier ist aber genau diese Verknüpfung ganz in den Hintergrund gerückt.

Wirkung der Elternehrung (Sir 3,3.4.14.15) ebenso wie für die verheißene retributiv erfahrene Freude an den eigenen Kindern (Sir 3,5) oder den Segen von Seiten der Eltern selbst (Sir 3,9), ferner für die Erinnerung an die Geburtsschmerzen der Mutter (Sir 7,27) oder an die ganze Schwangerschaft (Tob 4,4) und an die im Grunde unerfüllbare Vergeltungspflicht gegenüber den Eltern. Auch die Bedrohung mit dem Fluch der Eltern (Sir 3,9) oder die Warnung vor eigener Schande durch das Nicht-Ehren der Eltern (Sir 3,11) stehen lediglich singulär im Kontext der Rezeption des Elterngebotes. Eine feste Motivation zur Einhaltung des Elterngebots geben die Apokryphen also nicht an.

Umgekehrt legt es sich eher nahe, daß die Verbindung mit der Motivationsklausel dort, wo sie eng geknüpft war, dazu geführt hat, auf den gesamten Rekurs auf das Elterngebot zu verzichten. Die Sapientia Salomonis lehnt etwa die typischen Motivationsgüter beim Elterngebot konsequent ab, setzt die nicht mit einem einzelnen konkreten Gebot zu verbindende ἀνάπαυσις bei Gott als oberstes Gut ein und meidet folglich auch das Gebot selbst, das für den weisheitlichen Autor in die Forderung der Menschenfreundlichkeit hinein aufgehoben ist.

Die neuen Motivationen des Elterngebots in den Apokryphen treten also nicht dauerhaft an die Stelle der ursprünglichen Motivationsklausel, sondern ersetzen sie nur punktuell und für den jeweiligen Zusammenhang. Langes Leben und Wohlergehen bleiben im Umfeld des Elterngebots als Zielpunkte gegenwärtig; wo sie jedoch nicht (mehr) als Ideale gelten, wird auch die Anführung des Gebotes selbst problematisch.

Kapitel 13:

# Schriften in palästinisch-jüdischer Tradition
## zwischen den Testamenten

Die weit gestreute jüdische Literatur, die das Alte Testament fortführt, aber nicht mehr zum Kanon der Septuaginta gehört, läßt sich grob in zwei Bereiche gliedern: einerseits in Schriften, die betont in palästinisch-jüdischer Tradition stehen, andererseits in Schriften mit offenkundig hellenistisch-jüdischem Charakter. Wenngleich schon ab 260-250 v.Chr. die Kenntnis der griechischen Sprache in Palästina vorausgesetzt werden muß und in den beiden Jahrhunderten vor der Zeitenwende wie auch im 1. Jhdt. n. Chr. keine scharfe Trennungslinie zwischen palästinischem Judentum und Hellenismus gezogen werden kann[158], so lassen doch einige literarische Werke keinerlei hellenistischen Einfluß erkennen. Vielmehr gehören die Henochbücher, das Jubiläenbuch, die Psalmen Salomos und zumindest Teile der sibyllinischen Orakel in die palästinisch-jüdische Tradition. Auch die pseudo-philonischen „Antiquitates Biblicae" sowie die syrische Baruchapokalypse sind hierzu zu rechnen.

Da weder der Verfasser der Henochliteratur noch die Psalmen Salomos am Elterngebot interessiert sind, fallen diese Werke für unsere Untersuchung aus. 2Bar dürfte erst im zweiten nachchristlichen Jahrhundert entstanden sein und paßt schon deshalb nicht in unseren Zusammenhang. So sind für unser Thema nur das Jubiläenbuch und das dritte Buch der Sibyllinen von Belang. Das früher Philo zugeschriebene Werk des „Liber Antiquitatum Biblicarum" gehört schon in die neutestamentliche Zeit, wird aber hier ausblickend bedacht.

## 1. Das Elterngebot im Jubiläenbuch

Der Kampf für Gottes Gebote ist das große Thema des Jubiläenbuches, das vollständig nur auf äthiopisch erhalten ist. Der von Berger als naheliegender Konsens dargestellte Datierungsvorschlag für das Jubiläenbuch ist einsichtig: die Aktionen gegen die Nachbarvölker deuten auf die Strafexpeditionen des Judas Makkabäus, die ältesten Jubiläen-Fragmente in Qumran sind nicht nach 100 v. Chr. entstanden, die Stellungnahme gegen die Nacktheit reagiert wohl auf die Errichtung des Gymnasions unter dem Hohenpriester Jason (175-172

---

[158] Vgl. HENGEL, Judentum und Hellenismus, 191-195.

v. Chr.). Evtl. kann Jub 23,21 auf das Versagen der Makkabäer anspielen. Als Ergebnis ist die Zeit zwischen 167 und 140 v. Chr., genauer wohl zwischen 145 und 140 v. Chr., als Entstehungsdatum anzunehmen.[159] Die Einheitlichkeit des Werkes kann trotz einiger Gegenstimmen vorausgesetzt werden[160].

Das Elterngebot nimmt im Buch der Jubiläen eine sehr wichtige Stellung ein; es wird immer wieder in verschiedenster Form darauf Bezug genommen. Das Anliegen des Verfasserkreises im Blick auf die Paränese wird in der gesamten Darstellung der Vätertradition deutlich: der „Gesichtspunkt der Bewahrung der Familie"[161] ist entscheidend. Neben dem Mischehenverbot (Jub 20,4-6) ist es vor allem das Verbot geschlechtlicher Vergehen innerhalb der Familie (Jub 23; 41) sowie das Elterngebot in seinem ursprünglichen Sinn, das im Zentrum steht.

Zunächst legt das Jubiläenbuch Wert auf die Vermittlung von Lesen und Schreiben unter den Generationen, so von Arfaksad an Kainan (Jub 8,2) oder von Amram an Mose (Jub 47,9), wodurch die Weitergabe der Traditionen gesichert werden kann. Auch Abra(ha)m lernte von seinem Vater das Schreiben[162], wobei jedoch ausdrücklich betont ist, daß dies der einzige Lernstoff war, den er von seinem Vater übernahm.[163] Von aller Götzenanbetung enthielt er sich von vornherein (Jub 11,16).

Das Elterngebot als Regelung für das Verhältnis unter den Generationen wird als Gebot Noahs an seine Enkel genannt. Dreierlei wird gefordert: die Gerechtigkeit zu tun, die Scham zu bedecken - also Nacktheit zu vermeiden - und Gott zu segnen, der sie [sc. die Enkel Noahs] geschaffen hat. Danach ist das Gebot der Gottesehrung durch die darauffolgenden Forderungen zur Elternehrung und Nächstenliebe in Jubiläen 7,20 weiter wie folgt ausgeführt:

---

[159] Vgl. BERGER, KLAUS: Das Buch der Jubiläen. JSHRZ II/3: Unterweisung in erzählender Form; Gütersloh 1981, 299-300; MÜNCHOW, CHRISTOPH: Ethik und Eschatologie. Ein Beitrag zum Verständnis der frühjüdischen Apokalyptik mit einem Ausblick auf das Neue Testament; Göttingen 1981, 43, der ähnlich, aber in die Zeit vor 150 v. Chr. datiert. SCHELBERT, GEORG: (Art.) Jubiläenbuch. TRE XVII, 1988, 285-289; 287 tendiert eher zu einer Einordnung in die Zeit vor den Makkabäern.

[160] Vgl. MÜNCHOW, Ethik, 43.

[161] Vgl. BERGER, Jubiläenbuch, 281; MÜNCHOW, Ethik, 57-62 geht überraschenderweise darauf nicht ein.

[162] Das Erlernen des Schreibens erfolgt nach Jub 11,16 im Alter von zwei Jahrwochen, also mit 14 Jahren.

[163] Nahor selbst lernt von seinem Vater in Chaldäa die heidnischen Praktiken der Weissagung und der Wahrsagerei mit den Himmelszeichen (Jub 11,8); die jüdische Unterweisung ist mit der Beschränkung auf Lese- und Schreibfähigkeit davon charakteristisch unterschieden.

Und im 28.Jubiläum begann Noah, zu gebieten den Kindern seiner Kinder die Ordnungen und die Gebote und alles Recht, das er kannte. Und er verordnete und bezeugte über seine Kinder, daß sie Gerechtigkeit täten und daß sie die Scham ihres Fleisches bedeckten und daß sie den segneten, der sie geschaffen, und daß sie Vater und Mutter ehrten und daß sie ein jeder den Nächsten liebten und daß sie ein jeder bewahre seine Seele vor Unzucht und Unreinheit und vor aller Ungerechtigkeit.

Zuvor wird vom Vergehen Hams erzählt, der seinen Vater nackt liegen sieht und es seinen Brüdern weitererzählt, was zur Verfluchung Kanaans (des Sohnes Hams) führt sowie zur Trennung zweier Söhne Noahs, Ham und Japhet, von ihrem Vater (Jub 7,7-15); nur Sem wohnt weiter mit Noah zusammen (Jub 7,16). Diese Überlieferung erscheint damit im Nachhinein als Bruch des Elterngebotes und rechtfertigt zusätzlich das Fazit von Jub 7,26, wo Noah seinen Nachkommen vorwirft, nicht in Gerechtigkeit zu wandeln.

Die Elternehrung wird mit der Gottesehrung verknüpft und findet ihren Platz als Explikation der Verehrung Gottes und als herausgehobene zwischenmenschliche Aufgabe vor der allgemeinen Nächstenliebe.

Beispielhaft erfüllt nach dem Jubiläenbuch unter den Vätern Jakob das Elterngebot. „Jacob emerges as the model son"[164]. Von seinem zeitweiligen Wohnort jenseits des Jordan aus versorgt er die Eltern (Jub 29,15.16):

Und er schickte Isaak, seinem Vater, von all seinem Besitz Kleidung und Nahrung und Fleisch und Trank und Milch und Öl und Brot und Käse und von den Datteln des Tales - und auch seiner Mutter Rebekka, viermal des Jahres, zwischen den Zeiten der Monate, nämlich zwischen Pflügen und Ernten und zwischen Herbst und Regen und zwischen Winter und Frühjahr, in den Turm des Abraham.[165]

Während Esau die Eltern Richtung Seir verlassen hat, erhalten sie von Jakob „all ihren Bedarf" (Jub 29,20)[166], worauf die Eltern mit dem Segen für ihn antworten, wiederum intensiviert mit der Hauptgebotsformel „mit ihrem ganzen Herzen und mit ihrer ganzen Seele" (Jub 29,20).[167] Münchow weist mit Recht darauf hin, daß es bei den Patriarchenerzählungen im Jubiläenbuch nicht um erbauliche Darstellung geht, „sondern um die Vermittlung von Aussagen zu den Forderungen der Ethik"[168].

---

[164] ENDRES, JOHN C.: Biblical Interpretation in the Book of Jubilees; Washington 1987 (CBQ.MS 18), 118.

[165] Übersetzung nach BERGER, Jubiläenbuch, 468. ENDRES, Biblical Interpretation, 115, erklärt, daß bereits die Ortsangaben in Jub 29,14 daraufhin gestaltet sind, daß Jakob seine Eltern versorgen kann. Typische Gaben eines Nomaden (für den Vater, vgl. Jub 29,15) sind mit regelmäßigen Gaben eines Ackerbauern zu den agrikulturellen Jahresfesten (für die Mutter, vgl. Jub 29,16) kombiniert.

[166] Übersetzung nach BERGER, Jubiläenbuch, 469.

[167] Übersetzung nach BERGER, Jubiläenbuch, 469.

[168] MÜNCHOW, Ethik, 50.

Das Elterngebot wird dann nochmals ausführlich in Jub 35f., den Testamentsreden Rebekkas und Isaaks, aufgegriffen. Im Munde der Rebekka erscheint es zuerst ausgeweitet auf den Bruder, den Jakob mit dem Vater ehren soll (Jub 35,1-4). Auch im folgenden Kapitel erscheint der Begriff „ehren" im Jubiläenbuch auf alle Familienmitglieder ausgeweitet, so etwa für das Verhältnis von Lea zu ihrem Ehemann Jakob (Jub 36,23). Die Ausweitung rahmt also die Behandlung des Elterngebots im engeren Sinne und kennzeichnet damit die Herkunft. Gegenüber Isaak führt Rebekka dann aus, wie Jakob Vater und Mutter Ehre erweist (Jub 35,12b):

> Und seitdem er von Haran gekommen ist, bis zu diesem Tag hat er es uns an nichts fehlen lassen. Denn alles bringt er uns je nach seiner Zeit jeden Tag, und er freut sich aus seinem ganzen Herzen, wenn wir es aus seiner Hand nehmen, und er segnet uns, und er hat sich nicht von uns getrennt sei dem Tag, da er aus Haran gekommen ist, bis auf diesen Tag. Und er weilt oft mit uns im Haus, indem er uns ehrt.

Versorgung der Eltern durch materielle Gaben sowie das Mit-Wohnen im Haus stehen für das Jubiläenbuch dabei im Zentrum der Elternehrung. Sie besitzt einen sehr hohen Rang, wie die Einführung der Hauptgebotsformel in Jub 35,13 zeigt, wo Isaak betont, Jakob ehre seine Eltern „aus ganzem Herzen", wie umgekehrt Esau nach Jub 35,10 „mit seinem ganzen Herzen" die Eltern verlassen hat. An ihm läßt sich das Gegenteil der Elternehrung ablesen.

Ungeachtet dessen bittet jedoch Rebekka zuerst Esau um das Begräbnis bei Sara (Jub 35,20a). Die Aussöhnung der beiden Brüder ist ihr wichtig, was sie wiederum zuerst Jakob ans Herz legt (Jub 35,2.4), dann aber auch seinem Bruder Esau (Jub 35,20b). Esau gibt beide Versprechen ab (Jub 35,21f.) und auch Jakob stimmt zu. Beide bestatten zusammen ihre Mutter (Jub 35,25-27). Der Zusammenhalt der Familie soll bestehen bleiben, obwohl das Elterngebot gebrochen wurde. Darauf zielt auch Isaaks wiederholte Aufforderung an beide Söhne, einander zu lieben und ihn, den Vater, gemeinsam zu bestatten, was sie auch tun (Jub 36,2-4.17f.). Die Ehrung gilt jedoch immer nur den lebenden Eltern, bis zur Bestattung. Spenden und Gaben an Tote werden ausdrücklich als heidnisch gekennzeichnet und verworfen (vgl. Jub 22,17).

Trotz der Betonung des Familienzusammenhalts kennt jedoch auch das Jubiläenbuch weitere schwere Verstöße gegen dieses Ideal: Ruben etwa hat Verkehr mit Bilha, einer Frau seines Vaters (Jub 33, 1-7). Diese Schuld kennzeichnet der Verfasser mit Verweis auf Lev 20,11 und Dtn 23,1 ausdrücklich als todeswürdig. Auch Esau bricht, angestachelt von seinen Kindern, die noch böser sind als er selbst, den Schwur gegenüber Vater und Mutter (Jub 37,12-14) und fängt an, gegen seinen Bruder zu kämpfen. Im Kampf stirbt er, wird aber sogar von Jakob begraben (Jub 38,9). So erfüllt Jakob in ausgezeichneter Weise den Auftrag der Eltern.

## 2. Das Ethos der Elternehrung in den Sibyllinischen Orakeln

Von den Büchern der sibyllinischen Orakel sind nur die Bücher 3 bis 5 sowie drei kleine Fragmente zumindest zum Teil jüdisch bearbeitet oder verfaßt. Die zeitliche Einordnung ist schwierig, da die einzelnen Stücke aus verschiedensten Epochen stammen, evtl. von der frühen Makkabäerzeit bis über 70 nach Chr.[169]. Der für das Elterngebot charakteristische Begriff τιμάω fällt zuerst im Zusammenhang mit dem Gebot der Gottesehrung, wenn die Orakelschrift die Tempelzerstörung und das Exil mit der Schuld der Götzenverehrung erklärt und dem Frevler vorhält (Sib 3,278-279):

ἀθάνατον γενετῆρα θεῶν πάντων τ᾽ ἀνθρώπων οὐκ ἔθελες τιμᾶν,
θνητῶν εἴδωλα δ᾽ἐτίμας.[170]

Du wolltest den unsterblichen Schöpfer aller Götter und Menschen nicht ehren,
Bilder von Sterblichen aber hast du verehrt.

Das Handeln der gläubigen Juden wird exemplarisch als Nicht-Ehren von Götzen beschrieben (Sib 3,586-590), dem positiv die Reinigung der Hände (Sib 3,591-592), die Ehrung Gottes und der Eltern (Sib 3,593-594) sowie die Vermeidung der typisch heidnischen Vergehen im sexuellen Bereich (Sib 3, 594-600) entspricht, wobei hier als das besondere Charakteristikum der Juden die Ablehnung der Päderastie gilt. In Sib 3,591-596 heißt es:

᾽Αλλὰ γὰρ ἀείρουσι πρὸς οὐρανὸν ὠλένας ἁγνάς,
ὄρθριοι ἐξ εὐνῆς αἰεὶ χέρας ἁγνίζοντες ὕδατι
καὶ τιμῶσι μόνον τὸν ἀεὶ μεδέοντα ἀθάνατον
καὶ ἔπειτα γονεῖς· μέγα δ᾽ἔξοχα πάντων
ἀνθρώπων ὁσίης εὐνῆς μεμνημένοι εἰσίν·
κοὐδὲ πρὸς ἀρσενικοὺς παῖδας μίγνυνται ἀνάγνως ...

Sondern sie heben heilige Arme zum Himmel,
schon in der Frühe vom Lager weg, immer die Hände reinigend
mit Wasser, und sie ehren allein den immer herrschenden
Unsterblichen, und dann die Eltern;
doch weitaus am meisten von allen Menschen sind sie eingedenk des heiligen Lagers
und treiben nicht mit Knaben unheiligen Umgang ...

---

[169] Vgl. ROST, Einleitung in die alttestamentlichen Apokryphen und Pseudepigraphen, 84-86. Genaue Aussagen sind kaum zu treffen, denn man kann über die Sammlung der sibyllinischen Orakel mit Recht feststellen: „The collection as it is now is chaotic, and even the most astute analysis will probably never succeed in sorting it out and arranging it" (SCHÜRER, EMIL: The History of the Jewish People in the Age of Jesus Christ (175 B.C. - A.D. 135), überarbeitete Neufassung in englischer Sprache hg. von Vermes, Geza; Millar, Fergus und Goodman, Martin, Vol III, Part 1; Edinburgh 1986; 631). Vgl. dazu auch die Analyse bei MERKEL, HELMUT: Sibyllinen. JSHRZ V/8: Apokalypsen; Gütersloh 1998, 1043-1140, dort 1043-1070.

[170] Text nach NIKIPROWETZKY, VALENTIN: La Troisième Sibylle; Paris u.a. 1970 (Études juives IX).

Die Gottesverehrung, an erster Stelle, wird unmittelbar mit der Elternehrung verbunden. Letztere erhält dadurch einen Vorrang vor allen anderen ethischen Pflichten und erscheint als besonderes Charakteristikum der jüdischen Tradition. Da wir die entsprechende Herausstellung auch in griechischer Literatur finden, war das heidnische Umfeld also auf diese Tendenz gut vorbereitet. An der biblischen Grundlage und Herkunft der jüdisch-sibyllinischen Tradition ist dennoch nicht zu zweifeln. Der Dekalog bzw. das Heiligkeitsgesetz in Lev 19 bieten jene Verbindung von Gottesverehrung und Elternehrung an. Die Sibyllinen setzen diese palästinisch-jüdische Traditionslinie - wie später Philo - nur konsequent mit hellenistischer Verstärkung fort[171].

## 3. Antiquitates Biblicae (Liber Antiquitatum Biblicarum)

Sogar nur noch in der lateinischen Übersetzung zugänglich ist das hebräisch verfaßte, dann griechisch übersetzte Werk der Antiquitates Biblicae, das wir auch Liber Antiquitatum Biblicarum nennen. Die Abfassungszeit liegt vermutlich zwischen 70 n. Chr. und 132 n. Chr., dem Beginn des Aufstandes, von dem sich keine Spuren in den Antiquitates Biblicae finden[172]. Wir haben mit dieser Nacherzählung des Alten Testaments von der Genesis bis zum Tode Sauls also ein anonymes Werk vor uns, das wohl in der Zeit des Neuen Testaments entstanden ist[173].

---

[171] NIKIPROWETZKY, La Troisième Sibylle, 260, stellt mit Recht klar: „Mais ici encore la doctrine hellénique se recoupait parfaitement avec celle de la Bible, malgré la différence des deux contextes religieux dont, en fait, elles étaient respectivement l'expression. Évidemment le *Décalogue* ne met pas explicitement les procréateurs à la place sublime ... que leur assignent les textes grecs, mais Dieu et les parents sont les seuls êtres auxquels le *Décalogue* commande de rendre honneur ou culte. Si bien que nous retrouvons le même système: les auteurs juifs alexandrins empruntent à la philosophie grecque le commentaire et la motivation d'une pensée qui ne cesse de demeurer biblique ou, si l'on veut, hébraique".

[172] Vgl. DIETZFELBINGER, CHRISTIAN: Pseudo-Philo: Antiquitates Biblicae (Liber Antiquitatum Biblicarum). JSHRZ II/2: Unterweisung in erzählender Form; 2.Aufl., Gütersloh 1979, 91-271, 95; den neuesten Forschungsbericht hat m.W. HARRINGTON, DANIEL J.: A Decade of Research on Pseudo-Philo's Biblical Antiquities. JSPE 2, 1988, 3-12 vorgelegt.

Umstritten ist das Entstehungsdatum vor allem aufgrund der Datierung der Tempelzerstörung nach LibAnt 19,7 am 17. des vierten Monats. Ist die Vermischung von Daten - wie sie auch in der Mischna, Taan 4,6 begegnet - erst in einigem Abstand von den Geschehnissen erfolgt, so wird als Datierung eher an den Anfang des 2. Jhdts. zu denken sein. Vgl. zur Diskussion auch SCHÜRER III/1, 328f.

[173] Zahlreiche Exegeten, darunter auch HARRINGTON, A Decade, 4, bleiben sogar bei einer Datierung vor 70 n. Chr. Allgemein besteht jedoch ein Konsens über die Datierung im 1. Jhdt. n. Chr.; vgl. MURPHY, FREDERICK J.: The Eternal Covenant in Pseudo-Philo. JSP 3, 1988, 43-57, 54.

Vierfach erscheint in diesem Werk explizit der Wortlaut des Dekalogs und dreimal wird dabei auch das Elterngebot ausdrücklich aufgenommen. Die erste Gelegenheit ist die Nacherzählung des Sinaigeschehens in LibAnt 11,9, wo das Elterngebot als Teil aus dem Gesetz des ewigen Bundes und als eine der ewigen, unvergänglichen Vorschriften zitiert wird:

> Liebe deinen Vater und deine Mutter, und du sollst sie fürchten, und dann steigt dein Licht auf. Und ich werde dem Himmel Befehl geben, und er wird dir seinen Regen gewähren, und die Erde wird ihre Frucht beschleunigen. Und zahlreich werden deine Tage sein und du wirst wohnen in deinem Land und du wirst nicht ohne Söhne sein, weil deine Nachkommenschaft, die darin wohnt, nicht enden wird[174].

Es handelt sich zunächst um eine wörtliche Wiedergabe des Elterngebots, da τιμάω aus der LXX im lateinischen Sprachraum gelegentlich mit diligere wiedergegeben wird.[175] Die Antiquitates Biblicae können zwischen diligere und honorificare wechseln, wie LibAnt 44,6.7 zeigen. Die Ergänzung „et timebis eos" entstammt mit großer Wahrscheinlichkeit aus Lev 19,3[176], so daß auch der LibAnt die Verbindung von Elterngebot im Dekalog mit Lev 19 - wie auch Pseudo-Phokylides - bezeugt. Darüberhinaus wird die angefügte Verheißung wesentlich ausgeweitet. Die Motivationsklausel des Elterngebots in Ex 20,12par. wird aufgenommen, wobei das Wohlergehen konkretisiert ausgeführt wird. Zuerst ist metaphorisch vom „Aufsteigen deines Lichtes" die Rede, sodann von einer gesteigerten Fruchtbarkeit des Landes durch ausreichend Regen und daraus folgendem schnellen Wachstum. Auch das zugesagte lange Leben wird ausgeweitet: die Bindung an das Land der Väter, Israel, ist aufgehoben, die Zusage gilt für jedes Land, in dem der Adressat wohnt: in terra tua, in deinem Land. Über die eigene lange Lebenszeit hinaus ist die Motivation nun noch mit der Nachkommensverheißung verknüpft: wer das Elterngebot achtet, wird Söhne haben, in denen er weiterleben wird und durch die ihm ewiges Leben im Lande zukommen wird.

Gleich zweifach wird der Dekalog in LibAnt 44 aus Anlaß der Verfehlung des Micha nach Ri 17 angeführt. Seine Mutter, Dedila, will, daß er Priester wird und dafür Götzenbilder herstellt, was er auch bereitwillig tut. Die Funktion der Bilder wird erklärt, danach folgt die Antwort Gottes, in der er die

---

[174] Dilige patrem tuum et matrem tuam, et timebis eos, et tunc exurget lumen tuum. Et precipiam celo et reddet pluviam suam, et terra accelerabit fructum suum. Et multorum eris dierum, et habitabis in terra tua, et non eris sine filiis, quia non deficiet semen tuum habitantium in ea. (LibAnt 11,9).

[175] In der Vetus Latina ist SapSal 6,21 (22) τιμήσατε σοφίαν mit diligite sapientiam wiedergegeben, ebenso Jes 29,13, so der Hinweis von JACOBSON, HOWARD: Biblical Quotation and Editorial Function in Pseudo-Philo's *Liber Antiquitatum Biblicarum*. JSPE 5, 1989, 47-64, 50; vgl. JACOBSON, HOWARD: A Commentary on Pseudo-Philo's Liber Antiquitatum Biblicarum Vol I and II; Leiden u.a. 1996 (AGJU 31) Vol. I, 471.

[176] So auch JACOBSON, Biblical Quotation, 51.

Vernichtung der Menschen ankündigt, weil sie den Dekalog - an der Spitze das Bilderverbot und das Verbot der Fremdgötterverehrung - gebrochen haben. Auch auf das Elterngebot nimmt die Gottesstimme dabei Bezug:

> Et dixi eis ut honorificarent patrem et matrem,
> et promiserunt facturos se. (LibAnt 44,6)

> Und ich sagte ihnen, daß sie Vater und Mutter ehren sollten,
> und sie versprachen, es zu tun.

In unmittelbarem Anschluß wirft Gott den Menschen ihre Vergehen gegen die einzelnen Gebote vor, wobei die Auflehnung gegen das Elterngebot sich vermutlich auf die Götzenverehrung von Mutter und Sohn bezieht.

> Propter quod dixi eis ut diligerent patrem et matrem,
> me inhonorificaverunt creatorem suum. (LibAnt 44,7)

> Wegen (dem), was ich ihnen sagte, daß sie Vater und Mutter lieben sollten,
> entehrten sie mich, ihren Schöpfer.

Der Sohn gehorcht seiner Mutter bei der Herstellung der Götzenbilder, wobei er seine Einwilligung mit dem Hinweis begründet:

> Bene, mater, quia consiliata es mihi ut vivam. (LibAnt 44,4)
> Gut, Mutter, daß du mir geraten hast, damit ich lebe.

Mit diesem Hinweis auf die gegebene Möglichkeit zum Leben könnte bereits auf den Mißbrauch des Elterngebots angespielt sein, das ebenfalls langes Leben verheißt. Beide Götzenverehrer, Mutter und Sohn, werden schließlich vernichtet, wobei sie sich gegenseitig Vorwürfe machen (vgl. LibAnt 44,9). Der Gehorsam des Sohnes wird klar negativ bewertet, da er das höhere Gebot der Gottesverehrung verletzt hat.[177] Die Motivationsklausel entfällt in diesem Zusammenhang, da nur der Gebotsinhalt selbst für den Zusammenhang dieser Erzählung von Bedeutung ist.

An der vierten Stelle, an der der Dekalog im Hintergrund steht, LibAnt 25, 7-14, im Sündenbekenntnis der Stämme, fehlt ein Rekurs auf das Elterngebot. Die Verfehlungen, die eingestanden werden, beziehen sich auf den Bruch der Gebote zur Gottesverehrung, auf verschiedene Versuchungen Gottes sowie auf Ehebruch und Sabbatbruch. So kann diese Stelle nicht erhellen, worin der Verfasser der Antiquitates Biblicae konkret ein Vergehen gegen das Elterngebot erkennt.

---

[177] Vgl. JACOBSON, Commentary II, 1016.

# Kapitel 14

# Die Ehrung der Eltern in den Textfunden von Qumran

## 1. Zur Bewertung der Funde von Qumran

Auch die Textfunde in den Höhlen von Qumran gehören in den Zusammenhang der palästinisch-jüdischen Tradition und sind auch von der Datierung her an dieser Stelle zu besprechen. Sie gelten nahezu einhellig als die Reste der Bibliothek, die den ehemaligen Bewohnern der nahegelegenen Ruinen gehört hat und von ihnen benutzt wurde. Die Fundorte der Texte und die Ruinen von Khirbet Qumran sind vor allem durch Funde identischer Töpferwaren miteinander verbunden. Wenn die Jerusalemer Priesterschaft in der Damaskusschrift, die in den Höhlen in zehnfacher Ausfertigung zu finden war, wie auch in den zahlreichen Pescharim offenkundige Ablehnung erfährt, so ist es höchst unwahrscheinlich, daß es sich um die evakuierte Tempelbibliothek aus Jerusalem handelt.[178] Vielmehr ist anzunehmen, daß sich dort Bücher befanden, deren Verfasser zur Gemeinde von Qumran gehörten, sowie andere Werke, die von jener Gemeinschaft gesammelt wurden.

Weitaus umstrittener war die Identität der Gemeinde von Qumran mit den von Flavius Josephus und Philo beschriebenen Essenern bzw. Essäern. Wiederum ist man jedoch inzwischen fast einhellig zum Ergebnis gekommen, daß die Siedlung in Qumran in der Tat eine essenische Gründung war.[179]

Hatte man früher angenommen, daß der „Beginn der Bewohnung von Qumran durch eine Gemeinde etwa in der Mitte des 2. Jahrhunderts v.Chr. anzusetzen"[180] sei, so tendieren die meisten Forscher mittlerweile zu einer Entstehungszeit der Siedlung um 100 v.Chr.[181] Denn obwohl die Ausgra-

---

[178] Vgl. LANGE, ARMIN: Weisheit und Prädestination: weisheitliche Urordnung und Prädestination in den Textfunden von Qumran; Leiden u.a. 1995 (StTDJ XVIII), 5f., Anm. 21.

[179] LICHTENBERGER, HERMANN: Studien zum Menschenbild in Texten der Qumrangemeinde; Göttingen 1980 (StUNT 15), 14; LANGE, Weisheit und Prädestination, 21.

[180] LICHTENBERGER, Studien zum Menschenbild, 19.

[181] Vgl. MAIER, JOHANN: Die Qumran-Essener: Die Texte vom Toten Meer. Band III: Einführung, Zeitrechnung, Register und Bibliographie; München 1996, 5 und STEGEMANN, HARTMUT: Die Essener, Qumran, Johannes der Täufer und Jesus. Ein Sachbuch; Freiburg, Basel, Wien 1993, 14f.

bungsmethoden in Qumran umstritten waren und auch ihre Ergebnisse entsprechend unterschiedlich interpretiert worden sind, ist es inzwischen weitgehend zu diesem Konsens gekommen, daß die Siedlung und die Wirtschaftsgebäude bei En Feschcha etwa 100 v. Chr. erstellt worden sind. Strittig bleibt jedoch, wie die vorausliegende Bauphase zu interpretieren ist. Handelte es sich nur um eine Art „Bauhof", wofür spricht, daß die ganze Anlage einen sehr durchstrukturierten und geplanten Eindruck macht? Oder bestand zuvor schon eine bescheidene Anlage, die dann um 100 v. Chr. ausgebaut wurde? Für letzteres ließe sich immerhin anführen, daß handwerkliche Einrichtungen wie Tonöfen bereits zur ältesten Anlage gehören.

Jedenfalls beginnt die Geschichte der Qumran-Gemeinde und ihrer Bibliothek nicht erst mit der Siedlungsgründung. Die Entstehung der essenischen „Religionspartei" kann um 170 v. Chr., unter dem stark hellenistisch orientierten Hohenpriester Menelaus, angenommen werden[182]. Rund zwanzig Jahre später (vgl. CD I, 9-11), um 150 v. Chr., übernahm der „Lehrer der Gerechtigkeit" bis zu seinem Tode die Leitung jener Gruppe. Die Bewohner der Siedlung hatten also zum Zeitpunkt der Siedlungsgründung bereits eine gemeinsame Vorgeschichte; die Siedlung selbst bestand dann rund 170 Jahre. Ihr Ende hat sie archäologisch nachweisbar 68 n. Chr. durch die Zerstörung seitens der Römer gefunden.

Die in den Höhlen von Qumran gefundenen Schriften sind also in zwei Gruppen zu unterteilen. Einerseits finden sich genuin essenische Schriften, die die Gemeinde selbst verfaßt hat und die ihre Auffassungen und Regeln widerspiegeln. Andererseits gehörten zum Bibliotheksbestand auch nichtessenische Schriften, zum Teil aus vor- und frühessenischer Zeit[183], die dort geduldet waren, ohne daß sie unmittelbar auf das Leben der Gemeinschaft zu beziehen wären.[184] Bei letzteren stellt sich dann die Frage, wie die Gemeinde von Qumran sie für sich verstanden haben kann.

Die essenischen Schriften von Qumran müssen in den Zeitraum zwischen ca. 150 v. Chr. und 68 n. Chr. datiert werden. Für jene Anteile, die man auf den „Lehrer der Gerechtigkeit" zurückführen kann, fällt die Entstehungszeit noch genauer in die zweite Hälfte des zweiten vorchristlichen Jahrhunderts.

---

[182] Vgl. zur Berechnung des Datums sowie zu alternativen Theorien zur Entstehung der essenischen Gemeinschaft LANGE, Weisheit und Prädestination, 21f.
[183] Zu den Anfängen der Qumran-Gemeinde vgl. BURGMANN, HANS: Vorgeschichte und Frühgeschichte der essenischen Gemeinden von Qumrân und Damaskus; Frankfurt am Main u.a. 1987 (ANTJ 7).
[184] Zu den Funktionen der Qumran-Bibliothek vgl. STEGEMANN, Essener, 116-123.

## 2. Die Elternehrung in den nichtessenischen Schriften aus der Bibliothek von Qumran

Als eine der Schriften, die nicht sicher einem oder mehreren essenischen Verfassern zugeschrieben werden kann und wohl zu den nichtessenischen Schriften in der Bibliothek von Qumran gehört, bietet die Kriegsrolle (1QM)[185] in der einleitenden 1. Kolumne die Verheißung langen Lebens für alle Söhne des Lichts (1QM I, 9). Spätestens die Qumran-Gemeinde selbst hat die Aussagen über die Söhne des Lichts auf sich bezogen und das Verheißungsgut des Elterngebots ohne spezielle Anknüpfung an eine Regel oder eine besondere Pflicht für sich in Anspruch genommen.

Auch die essenische Verfasserschaft der Tempelrolle (11Q19) ist zumindest teilweise umstritten, so daß sie gleich hier besprochen werden soll. Vom Elterngebot oder vom Verhältnis zwischen Kindern und Eltern ist dort nicht ausführlich die Rede. Wir finden in 11Q19,LIII,16-20 nur die Erlaubnis für den Vater aus Num 30,4 wiederholt, daß er Gelübde seiner Tochter auflösen kann. In 11Q19,LXIV,1-6 wird der Rechtsfall des ungehorsamen Sohnes nach Dtn 21,18-21 kommentarlos wiedergegeben, in 11Q19,LXV,2 wird das Gesetz über die Vogelnester einschließlich der Verheißung langen Lebens[186] nach Dtn 22,6.7 aufgenommen. Auch die Inzestgesetze (11Q19,LXVI) und das Gebot, sich von allen Götzendienern auch in der eigenen Familie zu trennen (11Q19,LIV,19-LV,1; vgl. Dtn 13,6-11), sind unverändert übernommen. Wir können aber lediglich daraus schließen, daß diese Stellen in Qumran bekannt waren, inhaltlich führt dies zu keinem Ergebnis.

Der in 11Q05, XIX überlieferte Psalm enthält in Zeile 17 den Wunsch, daß sich die Brüder und das Vaterhaus mit dem Beter über die Gnade Gottes freuen mögen. Wurde dieser Psalm in der Gemeinde von Qumran gebetet, so setzt dies zumindest keine totale Verwerfung der eigenen Familie voraus, sofern die Essener „Brüder" und „Vaterhaus" auf die natürliche Familie und Verwandtschaft bezogen haben.

4Q174 (4QFlor) und 4Q175 (4QTest) unterstreichen dagegen nachdrücklich zweimal (4Q174, Kol. I,9-10 und 4Q175,14-17) die Trennung Levis von seiner Familie nach Dtn 33,9, wobei eine Vorbildfunktion Levis in seiner ausschließlichen Hinwendung zum Dienst gegenüber Gott für die Qumran-Gemeinde angenommen werden kann.

Wenig aussagekräftig sind auch die Parallelen zu äthHen 10,8-12 in 4Q202 Kol. IV, in denen die Fürbitte von Vätern für ihre Söhne von Gott zurückgewiesen wird. Dasselbe gilt für den Vorwurf, das Exil sei eine Folge davon, daß die Israeliten ihre Söhne den Dämonen des Irrtums geopfert hätten, wie es

---

[185] Vgl. zur Einleitung STEGEMANN, Essener, 145-148.
[186] 11Q19,LII, 6.7 enthält Lev 22,28 und Dtn 22,6, allerdings ohne Verheißung.

das Fragment 4Q244, Frg. 4,2 darstellt. Insgesamt sind viele der kleinen Fragmente aus Höhle IV für unser Thema nicht ergiebig.

Das Elterngebot nach Ex 20,12 und Dtn 5,16 begegnet uns in den Funden von Qumran nur in zwei Bereichen explizit. Wir finden es zunächst in Tefillin- und Mezuza-Texten[187], was keine Besonderheit der Qumran-Gemeinde darstellt. Dort ist das Gebot rein als Bibeltext innerhalb des Dekalogs wiedergegeben. Dasselbe liegt in 4Q158 vor, wo das Fragment 7-8 mit einem Bruchstück des Elterngebots beginnt: „(1) deinen [Vater] und deine Mutter"[188]. Die anschließende Textlücke läßt kein sicheres Urteil darüber zu, welche Fassung des Dekalogs angeführt wird.

Den zweiten Bereich, der auch inhaltliche Aussagen über das Elterngebot in jenen Fragmenten erlaubt, bilden die weisheitlichen Texte unter den Textfunden von Qumran. Nun hat Lange in seiner Arbeit gezeigt, „daß sich unter den essenischen Texten von Qumran *kein* Text weisheitlicher Gattung findet"[189], mithin die Fragmente weisheitlicher Schriften aus 4Q dem Bibliotheksbestand von Qumran zuzurechnen sind, den die Mitglieder der Qumran-Gemeinde zwar adaptieren konnten, der aber nicht direkt ihre eigenen Anschauungen erkennen läßt.

Zwei Texte aus 4Q nehmen ausdrücklich das Elterngebot des Dekalogs auf und müssen daher näher untersucht werden. 4Q416, vorläufig als „Sapiential Work A (I) b" bezeichnet, bietet den ersten Abschnitt, der offensichtlich das Elterngebot des Dekalogs aufnimmt. Es heißt in Frg. 2, Kol. III, 15-19:

Ehre deinen Vater in deiner Bedürftigkeit (16) und deine Mutter bei deinen Schritten, denn was ,Gott' für einen Menschen, so ist sein Vater, und wie Herrschaften für einen Mann, so ist seine Mutter, denn (17) sie sind der Schmelztiegel deiner Zeugung, und da Er sie zu herrschen gesetzt über dich und über den Geist be[fiehlt], so diene ihnen und wie (18) Er dein Ohr geöffnet in Bezug auf das Mysterium vom Gewordenen, ehre sie um deiner Ehre willen und [ ] der zuinnerst wohnt, (19) um deines Lebens willen und deiner Lebenslänge[190].

---

187 Vgl. zu den Tefillin- und Mezuza-Texten STEMBERGER, GÜNTER: Der Dekalog im frühen Judentum; Jahrbuch für biblische Theologie 4., 1989, 91-103, bes. 95-99; GREENBERG, MOSHE: The Decalogue Tradition critically examined. In: Segal, Ben-Zion (Hg.): The Ten Commandments in History and Tradition; English version edited by Gershon Levi; Jerusalem 1990 (Erstausgabe hebräisch, Jerusalem 1985), 117f., Anm. 54; JACQUIN, FRANÇOISE: Die Zehn Worte in der jüdischen Erziehung. IKaZ 22, 1993, 23-35, 28 und ebd. Anm. 4; DEXINGER, FERDINAND: Der Dekalog im Judentum. BiLi 59, 1986, 86-95, 88 und BEN-CHORIN, SCHALOM: Die Tafeln des Bundes: Das Zehnwort vom Sinai; Tübingen 1979, 17.

188 Wiedergabe nach MAIER, JOHANN: Die Qumran-Essener: Die Texte vom Toten Meer. Band II: Die Texte der Höhle 4; München, Basel 1995, 61.

189 LANGE, Weisheit und Prädestination, 1.

190 Übersetzung nach MAIER, Qumran-Essener II, 434. Hervorhebungen vom Verf. aufgehoben.

4Q418, „Sapiential Work A a" bietet genau denselben Abschnitt in Frg. 9 und 10, wobei die jeweiligen Ergänzungen durch die Übereinstimmung der beiden Texte gesichert sind:

(17) Ehre [deinen] Vater [in] deiner [Bedürftigkeit] und dein[e Mutter] bei deinen Schritten, denn was Gott für einen Menschen ist, so ist sein Vater, (18) und wie Herrschaf[ten für einen Mann, so ist seine Mutter, denn s]ie sind der Schmelztiegel deiner Zeugung, und da Er sie zu herrschen gesetzt                                      (Unterer Kolumnenrand) ...
(1) [und wie Er dein O]hr [geöffnet] in Bezug auf das Mysterium von Ge[wordenem; ehre sie um deiner Ehre willen und .-- die Pracht ihres Angesichts] (2)[um deines Lebens willen und der Dauer] deiner Tage.[191]

Die beiden Handschriften sind Teile von 4QSap A, wobei 4Q418 als die ältere Handschrift einzustufen ist (Ende des 1. Jhdts. v. Chr.). 4Q416 stammt wohl eher aus der Mitte des 1. Jhdts. n. Chr. Der Text ist jedoch eindeutig vorchristlich und kann insgesamt nach Lange „zwischen dem Ende des 3. und der Mitte des 2. Jh. v. Chr." datiert werden[192]. Der Abschnitt nimmt sehr deutlich auf das Elterngebot des Dekalogs Bezug[193], ohne es jedoch wörtlich zu zitieren. So erscheint die Aufforderung „Ehre" nur beim Vater, ist aber syntaktisch ebenfalls auf die Mutter zu beziehen. Auch die Reihenfolge der Elternteile stimmt mit dem Elterngebot überein, und am Ende läßt sich eine Anspielung auf die Verheißung beim Elterngebot, die „Länge der Tage", erkennen. Dazwischen ist das Gebot jedoch erweitert worden und der Text enthält mehrere zusätzliche Aspekte.

Beide Abschnitte, 4Q416,Frg. 2, Kol. III,15-19 wie auch 4Q418, Frg. 9,17 - Frg. 10,2 setzen mit כבד ein und nehmen damit den ursprünglichen Terminus des Elterngebots auf. Nach der Aufforderung, den Vater zu ehren, folgt jedoch sofort die nähere Bestimmung „in deiner Bedürftigkeit". Diese Zusatzklausel soll hier dazu dienen, die Elternehrung vor Einwänden zu schützen. Armut und eigene Not sind - so der Weisheitslehrer - kein Argument, sich der Erkenntnis des Gesetzes Gottes und dem entsprechenden Handeln zu verschließen. Schon einige Zeilen zuvor hatte er den Adressaten gewarnt: „Ein Armer bist du - nicht sollst du sagen: ‚ein Bedürftiger bin ich, und ich will nich[t] (13) forschen nach Erkenntnis'"[194]. Die eigene Stellung als Armer darf also nicht von der weisheitlichen, gottgefälligen Lebensführung abhalten, zu

---

[191] Übersetzung nach MAIER, Qumran-Essener II, 449.450. Hervorhebungen vom Verf. aufgehoben. In der Fortsetzung erwähnen beide Textzeugen in den jeweils folgenden Kolumnen gleich zu Beginn nochmals Vater und Mutter. Von der dortigen Thematik der Heirat her handelt es sich vermutlich um eine Anspielung auf Gen 2,24, daß ein Mann seinen Vater und seine Mutter verlassen wird. Die weitere Auslegung dieses Abschnitts ist aufgrund des schlechten Erhaltungszustandes der Fragmente nicht näher zu klären und für unseren Zusammenhang auch ohne nähere Bedeutung.

[192] LANGE, Weisheit und Prädestination, 47. Anders STEGEMANN, Essener, 143, der keinen Grund sieht, ein Abfassungsdatum „später als im 4. oder 3. Jh. v. Chr." anzunehmen.

[193] So auch LANGE, Weisheit und Prädestination, 58f.

[194] 4Q416, Frg. 2, Kol. III,12-13; Übersetzung nach MAIER, Qumran-Essener II, 433f.

der auch die Ehrung der Eltern gehört.[195] Bereits diese Präzisierung läßt erkennen, daß כבד hier nicht materiell verstanden wird, denn in eigener Bedürftigkeit ist es zwar kaum möglich, den Vater zu versorgen, wohl aber, ihn zu achten und ihm Respekt zu erweisen.

In dieselbe Richtung weist die Ergänzung zur Ehrung der Mutter, die „bei deinen Schritten" - so wird der Adressat angewiesen - geschehen soll. Der Begriff „Schritte" (מצעד) bezeichnet schon alttestamentlich den ganzen Lebensweg (vgl. Spr 20,24; Ps 37,23). Der Kontext ist jeweils stark ethisch bestimmt und fördert so das Verständnis der „Schritte" als des Lebenswandels unter ethischem Gesichtspunkt. So erweist sich auch nach 4QSap A die Ehrung der Mutter entsprechend dieser Verwendung des Begriffs im gesamten Lebensweg und Lebenswandel des Sohnes. Sie ist nicht auf die Versorgung der Mutter oder auf Wohltaten, die ihr persönlich zugute kommen, bezogen.

Es folgt eine - soweit erhalten - siebenfache Begründung der Elternehrung, wobei die letzten drei „Begründungen" weniger an die Einsicht als vielmehr an das Streben nach eigenen Vorteilen appellieren und somit eher als Motivationen anzusprechen sind. Begründet wird die Ehrung der Eltern zuerst damit, daß sich Gott und der Vater sowie weltliche Herren und die Mutter entsprechen. Die vorgegebene, damals als selbstverständlich erfahrene Ordnung - der Mensch steht unter Gott und unter weltlicher Herrschaft - wird übertragen auf das Verhältnis der Kinder zu ihren Eltern.

Der zweite Grund für die Ehrung der Eltern ist hier die Herkunft von ihnen, wobei gezielt nicht der Vorgang der Geburt mit dem daraus folgenden Vorrang der Mutter, sondern die Zeugung (beide Elternteile sind unmittelbar beteiligt!) als Bezugspunkt gewählt wird.

Leider nicht vollständig faßbar ist danach die Passage, in der zumindest in den erhaltenen Zeilen zweimal Gottes Handeln als Grund für die Ehrung der Eltern genannt wird. Gott selbst hat sie zu Herrschern gemacht und er[196] hat dem Adressaten der weisheitlichen Mahnung das Ohr in Bezug auf רז נהיה ge-

---

[195] Die vorangegangene Warnung unterstützt das hier vorausgesetzte Verständnis der Wendung „in deiner Bedürftigkeit" als „trotz deiner Bedürftigkeit". Man kann freilich auch übersetzen „durch deine Bedürftigkeit" bzw. „mit deiner Bedürftigkeit" und kommt dann zu einem Verständnis, das einigen rabbinischen Belegen nahe kommt: die Versorgung der Eltern soll selbst dann erfolgen, wenn die Güter dafür erbettelt werden müssen.

[196] Die Singularform גלה hat m.E. eindeutig Gott als Subjekt - so auch LANGE, Weisheit und Prädestination, 58. Lange hat mehrere Belege aus den Weisheitstexten zusammengestellt, nach denen sich ausschließlich Gott des רז נהיה bedient. Die singularische oder pluralische Deutung auf die Eltern als Subjekt, wie sie Harrington vornimmt, ist daher abwegig (vgl. HARRINGTON, DANIEL J.: The Raz Nihyeh in a Qumran Wisdom Text (1Q26, 4Q415-418,423). In: RdQ 17, 1996, 549-553, 552 und nochmals in seiner neuesten Übersetzung des Textes (HARRINGTON, DANIEL J.: Wisdom Texts from Qumran; London, New York 1996, 44:) „as ... they uncovered your ear to the mystery that is to be."). So ist hier m.E. nicht der Beitrag der Eltern zur religiösen Erziehung ein Motivationsmotiv (gegen HARRINGTON, Wisdom Texts, 47).

öffnet. Für unseren Zusammenhang ist dabei entscheidend, daß hier zwei theonome Begründungen angeführt werden; die schwierige exakte Bestimmung von רז נהיה[197], „Mysterium des Gewordenen", verändert das Gesamtergebnis nicht erheblich. Vielmehr setzen beide Begründungen bei Gottes Handeln ein, halten fest, daß Gott selbst den Grund für die Ehrung der Eltern festgelegt und mitgeteilt hat und ziehen daraus die Konsequenz, die Eltern seien entsprechend dem Dekaloggebot zu ehren. Daran schließen sich noch drei Motivationen an: die eigene Ehre, das eigene Leben und die Länge des Lebens; letzteres geht unmittelbar auf das Elterngebot im Dekalog zurück.

Vergleicht man diese Darstellung mit den Weisheitstexten im Alten Testament und im Sirachbuch, so ergibt sich zu diesen Bereichen eine erhebliche Nähe. Zwar lassen sich keine literarischen Abhängigkeiten gegenüber einem bekannten Text feststellen, die Motivik wirkt aber insgesamt sehr vertraut.

Schon bei der Besprechung des Sirachbuches hatten wir ja die explizite Deutung des Elterngebotes auf nichtmaterielle Unterstützung und Achtung der Eltern kennengelernt (Sir 3,1-11), die dann durch die Aufforderung zu materieller Versorgung (Sir 3,12ff.) ergänzt wird. Daß die Eltern durch einen guten Lebenswandel des Sohnes geehrt werden, ist in den Spruchsammlungen der Proverbia Allgemeingut, und auch die Begründung, die Eltern aufgrund der Herkunft von ihnen zu ehren, ist aus anderen weisheitlichen Texten bereits bekannt (vgl. Sir 7,28). Ferner ist die Entsprechung der Elternehrung zur Gottesehrung und zur Achtung vor weltlichen Herren in Sir 3,7 bereits angelegt. Daß Gott selbst die Autorität und Herrschaft der Eltern einsetzt, findet sich in Sir 3,2, die Motivation mit der eigenen Ehre in Sir 3,11. Schließlich hatten wir bereits festgehalten, daß das lange Leben als Motivation letztlich auf das Elterngebot im Dekalog direkt zurückgeht.

---

[197] Die Bedeutung des Begriffes רז נהיה ist sehr umstritten. Zwar besteht Einigkeit darin, רז als „Geheimnis" zu übersetzen (so HARRINGTON, The Raz Niyeh, 551: „mystery"), dagegen wirft die Form נהיה schon bei der Übersetzung erhebliche Probleme auf. Sie kann entweder futurisch oder eher präsentisch-statisch verstanden werden. Es geht entweder um ein Geheimnis, das „geworden ist" oder das „sein soll" bzw. „kommen soll". Noch schwieriger ist die konkrete Bestimmung, was damit inhaltlich gemeint ist. HARRINGTON (a.a.O., 552f.) erwägt am Schluß seiner Untersuchung, ein literarisches Werk darin zu sehen, ein außerbiblisches Kompendium oder ein essenisches Werk, das „Buch der Meditation" oder das „Buch der Geheimnisse" der Qumran-Gemeinde. Jedenfalls ist es für ihn eine Größe, aus der man lernen soll und die das ethische Verhalten und die Eschatologie betrifft.

LANGE (ders., Weisheit und Prädestination, 58-61) spricht sich aufgrund der vielfältigen Verwendung des Begriffes gegen diese Deutung aus. Nicht ein literarisches Werk, auch nicht die Tora, sei gemeint, obwohl sich letzteres für 4Q416 2 III,18 nahelegen würde (vgl. LANGE, a.a.O., 59). Vielmehr wird mit רז eine Ordnung bezeichnet, die nach Lange als „Geheimnis des Werdens" umschrieben werden kann: „Sowohl Offenbarung als auch Erkenntnis des ‚Geheimnis des Werdens' bewirken die Fähigkeit, zwischen Gutem und Bösem unterscheiden zu können ..., sowie ein ethisch positives Handeln, was unter Umständen einem Gebot des Dekalogs entspricht (4Q416 2 III 9f.)" (LANGE, a.a.O., 60).

Damit bleibt als einzige neue Motivation für die Elternehrung in diesem Text Gottes Handeln, mit dem er Einblick in das „Mysterium" gibt. Aber auch diese Motivation ist längst zuvor schon impliziert, insofern im Bereich der Weisheit alles ethisch richtige Handeln auf der Einsicht in Gottes gute Weltordnung beruht. Alles gute Handeln beruht darauf, daß er - wie es auch in 4QSap A heißt - das Ohr geöffnet hat (vgl. 2Sam 7,27; 1Chr 17,25; Jes 48,8; 50,5; Hiob 33,16; 36,10.15; Ps 40,7). Gerade in der Weisheitsliteratur ist es ein feststehender Topos, daß Gott allein alle Erkenntnis gibt: Ein hörendes Ohr und ein sehendes Auge - Jahwe hat beides gemacht (Spr 20,12).

Der Weisheitstext 4QSap A steht damit ganz in der Tradition der alttestamentlichen Weisheitstexte. Harringtons Verweise auf Analogien in Spr 22-24 sowie in Sir[198] sind gut nachvollziehbar und haben sich im Blick auf das Elterngebot bestätigt. Dabei ist der Text sicher nicht ursprünglich in der Qumran-Gemeinde beheimatet. Auch Lange[199] hat bestätigt, daß eine essenische Abfassung von 4QSap A insgesamt wohl auszuschließen ist, und er hat im Gefolge von Harrington[200] dabei mit Recht auch auf diesen Abschnitt verwiesen. Die Familienstrukturen waren innerhalb des Gemeindeverbands von Qumran so in den Hintergrund getreten, daß eine derartige Herausstellung des Elterngebots von essenischer Hand kaum denkbar erscheint.

Die Gemeinde von Qumran konnte diesen Text jedoch übernehmen, da sie ihn mit völlig neuem Inhalt verband. Für die Gemeindeglieder in Qumran erfüllte zu seinen Lebzeiten der „Lehrer der Gerechtigkeit" die Funktion der Eltern. Nach seinem Tod gab es niemand, der seinen Platz hätte ausfüllen können. Die Elternfunktion wird von den Psalmbetern der Qumran-Gemeinde Gott selbst zugeschrieben. In beiden Interpretationen von Vater und Mutter ist die Nähe der Eltern zu Gott nicht mehr verwunderlich, auch der Herrschaftsanspruch, der sich mit der Elternschaft verbindet, leuchtet sowohl für den „Lehrer" wie für Gott selbst unmittelbar ein. Auch kann das Bild der Zeugung durchaus auf die Gründung einer Gemeinde gedeutet werden[201] und die Rede von der Geburt ist bereits in 1QH XI,7-18 (III,7-18)[202] auf das Entstehen von Gemeinde bzw. Frevlern bezogen.

---

[198] Vgl. HARRINGTON, Wisdom Texts, 45.

[199] LANGE, Weisheit und Prädestination, 48f.

[200] Vgl. HARRINGTON, DANIEL J.: Wisdom at Qumran. In: Ulrich, Eugene; Vander Kam, James C. (Hg.): The Community of the renewed Covenant; The Notre Dame Symposium on the Dead Sea Scrolls; Notre Dame 1994 (CJAn 10), 137-152, 148.

[201] Vgl. dazu Paulus in 1Thess 2,7-12.

[202] Vgl. zur literarischen Uneinheitlichkeit der Hodajot und der Ausgrenzung der „Lehrer-Lieder": JEREMIAS, GERT: Der Lehrer der Gerechtigkeit; Göttingen 1963 (StUNT 2), 168-177 sowie insgesamt zu 1QH LICHTENBERGER, Studien zum Menschenbild, 27-32. Die Kolumnenzählung folgt hier dem neuen Vorschlag von MAIER, JOHANN: Die Qumran-Essener: Die Texte vom Toten Meer. Band I: Die Texte der Höhlen 1-3 und 5-11; München, Basel 1995, 45-48; es ist jedoch die bisher übliche Zitierweise mit der alten Kolumnenzählung jeweils noch in Klammer beigefügt.

Mit der Altersversorgung von Vater und Mutter hat das Gebot in diesem Verständnis nichts mehr zu tun. Weder den Lehrer der Gerechtigkeit noch Gott muß das Gemeindeglied versorgen. Daher wird auch die Präzisierung gleich zu Beginn so verstanden, daß das „Ehre" gegenüber dem Vater in der Zugehörigkeit zur Qumran-Gemeinde erfolgt, die sich als Gemeinde der „Bedürftigen" verstand. Materielle Inhalte spielen für die Elternehrung dort keine Rolle. Die Ehrung der Mutter, die „bei deinen Schritten" erfolgen soll, fügt sich ebenfalls fast nahtlos in die Terminologie der Qumran-Gemeinde ein. „Schritte" sind in den essenischen Schriften fast durchgehend ethisch-religiös qualifiziert und meinen die Fortschritte zu vollkommenem Wandel auf den Wegen Gottes[203] oder jedenfalls den ethisch-religiösen Standpunkt[204]. Für einen späteren Leser aus der Qumran-Gemeinde ist es also nach diesem Text das Leben und der Lebenswandel in der Qumran-Gemeinde selbst, wodurch das Elterngebot erfüllt wird. Da jegliche Konkretion im Blick auf die Altersversorgung fehlt, konnte der Text später auch unabhängig vom Umgang mit den leiblichen Eltern verstanden werden, das heißt: als Aufforderung, das Elterngebot im rechten Verhalten gegenüber dem „Lehrer der Gerechtigkeit" und vor allem gegenüber Gott zu erfüllen.

## 3. Die Beziehung zu Vater und Mutter in den essenischen Schriften von Qumran

Wenden wir uns nun den eigenen Schriften der Qumran-Gemeinde zu. Zu den essenischen Handschriften unter den Funden von Qumran gehört die sogenannte „Damaskusschrift" (CD), deren erste Abschriften - Auszüge aus dem Gesamtwerk - bereits 1896/97 in der Genizah der Kairoer Karäer-Synagoge gefunden wurden. Fragmente von zehn Exemplaren dieser Schrift sind in den Höhlen von Qumran gefunden worden, und Lange hat mit Recht festgestellt, daß die Damaskusschrift[205] „zu den am häufigsten in Qumran kopierten und vom *yahad* verfaßten Texten gehören"[206] dürfte.

Ungeachtet der literarkritischen Diskussion zur Damaskusschrift läßt sich pauschal festhalten, daß sie in keiner ihrer literarischen Schichten näher an der Beziehung zu Vater und Mutter, am Elterngebot und insgesamt am Dekalog interessiert ist. Zwar werden in CD V, 6-11 die Heiratsverbote aus Lev 18 und 20 noch verschärft und auf die Ehe zwischen Onkel und Nichte ausgeweitet, jedoch ist die Zielrichtung dort nicht die Elternehrung, sondern die

---

[203] Vgl. 1QS III,9.

[204] Vgl. 1QH X,8 (II,8); 1QH XV,14 (VII,14); 1QH XX,34 (XII,34).

[205] Zur Abfassung und Überlieferung vgl. STEGEMANN, Essener, 164-167.

[206] LANGE, Weisheit und Prädestination, 234 (Hervorhebung im Original).

möglichst präzise Befolgung der Sexualgesetze der Tora. Wo das Zusammenleben in Familien - als Lager mit Frauen und Kindern beschrieben - erwähnt ist (CD VII,6-9; CD XIX,2-5), fordert der Verfasser lediglich dazu auf, nach den Anordnungen der Tora zu leben, die nach Num 30,17 für alle Familienmitglieder gelten. Gegen die Abtrünnigen - vermutlich Gegner des „Lehrers der Gerechtigkeit" innerhalb der Gemeinde - kann gesagt werden, sie hätten sich ihren Blutsverwandten entzogen (CD VIII,6), während es die Pflicht der Gemeindeglieder ist, an den Verwandten nicht treulos zu handeln (CD VII,1)[207]. Eine besondere Verpflichtung gegenüber Vater oder Mutter ist jedoch nicht angesprochen.

Auf das von der Damaskusschrift angestrebte Verhältnis zwischen Vater und Sohn läßt nur ein Vergleich schließen, in dem vom Aufseher des Lagers gegenüber den anderen Mitgliedern der Gemeinschaft erwartet wird, er solle „Erbarmen mit ihnen haben wie ein Vater mit seinen Söhnen"[208]. Die Vater-Sohn-Beziehung erscheint also in einem positiven Licht. Ferner gehört zur Erwartung an die Väter, daß sie den Söhnen im vorgesehenen Alter den Eid des Bundes auferlegen, das heißt, sie zum Kern der Gemeinschaft hinzuführen (CD XV,5-6).

Das Alter ist in der essenischen Gemeinde kein Thema für das Verhältnis zwischen Eltern und Kindern. Die Damaskusschrift will lediglich die Gemeinschaft vor einer überalterten Leitung schützen und legt daher das Höchstalter für die „Richter der Gemeinde" (שפטי העדה) auf das damals schon beachtliche Alter von sechzig Jahren[209] fest (CD X,4-10). Die Versorgung der Alten ist eine Gemeinschaftsaufgabe, für die im Monat von jedem arbeitenden Mitglied eine Art Sozialabgabe in Höhe von zwei Tageslöhnen zu entrichten ist (CD XIV,12-16). Neben Waisen, Armen und anderen Hilfsbedürftigen soll auch jeder Greis (זקן) von dieser Abgabe profitieren. Eine besondere Verpflichtung der Kinder gegenüber Vater und Mutter ist nirgends angesprochen, entsprechend auch kein eigenes Recht der Eltern.

Ein ziemlich ähnliches Bild bietet auch die Gemeinderegel (1QS), eine Sammel-Rolle mit meist gesetzlichen Texten, wobei die Handschriften vorwiegend aus der hasmonäischen Zeit stammen, ca. 100-75 v. Chr[210], wobei die Inhalte jedoch älter sein dürften.

---

[207] Ob man den Text 4Q477, Frg. 2, Kol. II, in dem von Tadel gegenüber einzelnen Gemeindemitgliedern die Rede ist, darauf beziehen kann, ist unklar; vgl. ESHEL, ESTHER: 4Q477: The Rebukes by the Overseer. JJS 45, 1994, 111-122, 117f.

[208] CD XIII,9; Übersetzung nach LOHSE, EDUARD (Hg.): Die Texte aus Qumran. Hebräisch und Deutsch; 3., gegenüber der 2. unveränd. Aufl., Darmstadt 1981, 93.

[209] Vgl. dazu auch die Altersgrenze in Lev 27,7.

[210] Vgl. MAIER, Qumran-Essener I,, 166. Zur literarkritischen Aufgliederung vgl. LICHTENBERGER, Studien zum Menschenbild, 32-36.

Dasselbe gilt für die „Gemeinschaftsregel" (1QSa), ein Anhang zur Gemeinderegel. An keiner Stelle - auch nicht im Zusammenhang von einschlägigen Tugend- oder Lasterkatalogen (vgl. 1QS IV,2-7.9-11) - ist auf den Dekalog oder das Elterngebot verwiesen, noch ist zu erkennen, daß die Beziehung zwischen Eltern und Kindern im Rahmen der essenischen Gemeinschaft irgendeine entscheidende Bedeutung gehabt haben könnte. Die Gemeinderegel betont vielmehr mit der Selbstbezeichnung eines Gläubigen im Gebet als „Sohn deiner Wahrheit" (בן אמתכה; 1QS XI,16) das unmittelbare Verhältnis zu Gott.

Die Gemeinschaftsregel sieht zwar eine Verlesung des Gesetzes auch vor Kleinkindern und Frauen vor (1QSa I,4-5) und erwartet eine Erziehung der Kinder zwischen zehn und zwanzig Jahren im Gesetz (1QSa I,7-8), kennt aber ebenfalls keine Rechte der Eltern oder Verpflichtungen der Kinder gegenüber Vater und Mutter. Ganz außerhalb des Blickfeldes ist hier die Frage nach der Altersversorgung: die Alten verlieren ihren Rang in der Gemeindeversammlung, sie können nur noch indirekt ihre Anliegen vorbringen, denn die Schwächen des Alters gelten als Makel vor Gott (1QSa II,7-10). Eine Regelung für das Leben der Alten ist innerhalb der Gemeindeordnung hier nicht im Blick.

Eine eindrückliche Begründung für die weitgehende Auflösung der familiären Bindungen und deren Ersatz durch die Beziehungen innerhalb der Gemeinschaft von Qumran erhalten wir in der Hymnenrolle (1QH), namentlich in denjenigen Hodajot, die mit größter Wahrscheinlichkeit dem „Lehrer der Gerechtigkeit" zugeschrieben werden können.

Der Lehrer der Gerechtigkeit, Begründer und Mittelpunkt der Qumran-Gemeinde, blickt auf seine Trennung vom Jerusalemer Heiligtum in 1QH XII,8-9 (IV,8-9) zurück[211]:

> Denn er stößt mich aus meinem Land
> (9) wie einen Vogel aus seinem Nest,
> und all meine Freunde und Bekannten
> wurden weggejagt von mir
> und schätzten mich ein als zerbrochnes Gefäß[212].

Die Grunderfahrung des Gemeindegründers ist damit der Abbruch aller bisherigen menschlichen Beziehungen, auch zu seiner Familie, was in Anbetracht einer möglicherweise hohepriesterlichen Familientradition[213] besonders schwer wiegt. Ins Exil[214] vertrieben, heimatlos und ohne Bindung an seine Weggefährten, findet er in den „protoessenischen" Bewegungen Menschen,

---

[211] Zur Frage einer biographischen Deutung der Passage vgl. JEREMIAS, Lehrer, 211f.

[212] Übersetzung nach MAIER, Qumran-Essener I, 73.

[213] Zum Hohepriesteramt des Lehrers der Gerechtigkeit vgl. STEGEMANN, Essener, 205f.; dagegen MAIER, Qumran-Essener III, 36, Anm. 33.

[214] Vgl. pHab XI,6.

mit denen er eine neue, wahrhaftig gesetzestreue Gemeinschaft aufbauen kann und will.[215] Die Verläßlichkeit von Familienbindungen ist damit für die Qumran-Gemeinde von Anfang an in Frage gestellt. Gottgefälliges Leben und Gesetzestreue haben zunächst einmal mit Kindschaft, mit Vaterschaft oder Mutterschaft nichts zu tun.

Daß der Lehrer der Gerechtigkeit nicht nur selbst auf eine Trennung von seinen Freunden, Bekannten und seiner Familie zurückblickt, sondern daß er sein Amt in der Gemeinde als Ersatz für die familiäre Struktur versteht, erfahren wir in 1QH XV,20-23 (VII,20-23):

> ...und du setztest mich ein als Vater für die Söhne der Gnade
> (21) und als einen Pfleger für die Männer des Wunders,
> und sie sperren den Mund auf wie ein Säug[ling ...]
> und wie sich freut ein Kleinkind am Busen seiner Ammen.
> Und du erhöhtest mein Horn über alle, die mich verachten,
> und es zerst[reuten sich ohne R]est die Männer, die gegen mich kämpfen,
> (23)und die wider mich streiten, sind wie Spreu vor dem Wind,
> aber meine Herrschaft ist über den Söh[nen ...[216].

Die Aussagen, die der Lehrer der Gerechtigkeit in diesem Psalm trifft, gehen weit über das im Judentum Übliche hinaus[217]. Nicht nur wird der Begriff „Vater" im Judentum sehr selten uneigentlich verwendet und über die Väter Abraham, Isaak und Jakob hinaus erst sehr viel später nur wenigen Rabbinen als Ehrentitel zugestanden. Auch geht das Verständnis der Vaterschaft beim Lehrer der Gerechtigkeit weit über die mit jenem späteren Ehrentitel gemeinte Autorität des Vaters als Lehrer der Söhne hinaus. Der Lehrer der Gerechtigkeit verbindet eindrücklich das Bild des Vaters mit den Aufgaben der Mutter, wobei die Prävalenz beim Vaterbild liegt, weshalb im Blick auf die Mutter nur die Funktion, nicht der Begriff selbst genannt ist. „Neben die durch den Vergleich mit dem Vater ausgedrückte Autorität tritt die Liebe, die im Vergleich mit der Amme (Mutter) Ausdruck findet"[218]. Wer unter solch väterlicher Autorität lebt und in solch mütterlicher Liebe sich geborgen weiß, der hat den leiblichen Vater und die leibliche Mutter längst nicht mehr nötig.

Bedenkt man dazuhin die dritte Aussage des Bildes, nämlich die der Verantwortung für die Kinder, deren Hilflosigkeit - sie können nur den Mund aufsperren - deutlich zu Tage tritt, so zeigt sich, daß der Lehrer der Gerechtigkeit anders als Mose nach Num 11,12 die Elternschaft und Versorgung seiner Gemeinde in vollem Umfang übernommen hat. „Er weiß, daß ihm die Verant-

---

[215] Zur „Gründung der essenischen Union" vgl. wiederum STEGEMANN, Essener, 206-211.

[216] Übersetzung nach JEREMIAS, Lehrer, 183; die letzte Zeile ist ergänzt nach MAIER, Qumran-Essener I, 87.

[217] Vgl. zur Verfasserschaft des Lehrers der Gerechtigkeit und zur Deutung dieses Psalms JEREMIAS, Lehrer, 180-192.

[218] JEREMIAS, Lehrer, 190.

wortung für seine Gemeinde allein übergeben ist und daß das Wachsen seiner Gemeinde von ihm abhängt"[219]. Liest man mit Maier[220] die letzte Zeile des o.g. Zitats als Herrschaftsaussage über die Söhne, so ergibt sich außerdem eine Inclusio zum Bilde der Eltern, deren Überordnung für die Mitglieder der Qumran-Gemeinde in der Stellung des Lehrers der Gerechtigkeit aufgeht.

Der vollständige Ersatz der Elternrolle innerhalb der Gemeinde von Qumran ist jedoch ausschließlich dem Lehrer der Gerechtigkeit vorbehalten. Ein vermutlich späterer Psalm, nicht von diesem Gemeindeleiter verfaßt, in 1QH XVII,34-36 (IX,34-36) überträgt die Aussagen über Vater und Mutter ganz auf Gott:

> Bis ins Alter hinein wirst du mich umsorgen,
> denn (35) mein Vater kennt mich nicht und meine Mutter hat mich dir überlassen.
> Ja, du bist ein Vater für alle [Söhne] deiner Wahrheit und freust dich (36) über sie
> wie eine Mutter über ihr Kind, wie ein Pfleger versorgst du auf dem Schoß
> alle deine Ges[ch]öpfe.[221]

An die Stelle der Generationenfolge ist hier Gott selbst getreten. Er ersetzt Vater und Mutter, indem er den Beter in die Gemeinschaft von Qumran eingegliedert hat. Dort umsorgt er ihn, freut sich über ihn und erhält ihn in Liebe wie eine Mutter. Komplementär dazu hatte der Beter schon zuvor in 1QH XVII,29f. (IX,29f.) Gottes Fürsorge vom Anfang des Lebens anklingen lassen, nicht erst von Geburt, sondern bereits von der Zeugung an:

> Denn Du hast von meinem Vater her (30) mich erkannt und vom Mutter[leib an ...[222].

Das heißt: ebensowenig wie an die leiblichen Eltern braucht der Beter an eigene Nachkommen zur Versorgung im Alter zu denken. Auch dann wird er von Gott in der Glaubensgemeinschaft versorgt sein.

---

[219] A.a.O., 191.

[220] Vgl. oben, Übersetzung von 1QH XV,23 (VII,23).

[221] Übersetzung nach LOHSE, Texte aus Qumran, 149. Die Übersetzung von MAIER, Qumran-Essener I, 95 ist an dieser Stelle fehlerhaft.

[222] Übersetzung nach MAIER, Qumran-Essener I, 95. Auch 1QH VII,15.17 (XV,15.17) stellt prädestinatianisch die Bestimmung des Gerechten vom Mutterleib heraus, ebenso die festgesetzte Weihe der Frevler für den „Schlachttag" (הרגה יום). Die für Qumran charakteristisch mit der Deuteformel (פשר;פשרו) versehenen Pescharim (Zur Einleitung in die Pescharim vgl. LANGE, Weisheit und Prädestination, 271-274) bestätigen die bisher dargelegte Sicht. Die Beziehung zu Vater und Mutter ist dort nirgends thematisiert.

Kapitel 15:

# Jüdisch-hellenistische Schriften
# zwischen den Testamenten

In der Zeit „zwischen den Testamenten" ist das Judentum sehr stark von der hellenistischen Kultur beeinflußt worden. Viele hellenistische Auffassungen wurden übernommen und mit den herkömmlichen Traditionen des Judentums verknüpft. Besonders außerhalb Palästinas ist das Judentum eine sehr enge Verbindung mit dem vorherrschenden Hellenismus eingegangen.

Diese Entwicklung hat sich auch in literarischen Zeugnissen niedergeschlagen. Es sind neben den Schriften in palästinisch-jüdischer Tradition auch zahlreiche jüdisch-hellenistische Schriften entstanden. Viele von ihnen spielen für unser Thema keine Rolle. Fünf jüdisch-hellenistische Schriften sind jedoch für das Elterngebot von mehr oder minder großer Bedeutung und sollen deshalb näher untersucht werden. Am Anfang stehen die Fragmente aus dem exegetischen Werk des Demetrios, die zwar nur Anspielungen auf die Elternehrung enthalten, aber als ältestes Textstück der jüdisch-hellenistischen Literatur gelten. Danach folgt der Aristeasbrief, in dem das Ethos der Elternehrung ausführlich zur Sprache kommt und die Testamente der zwölf Patriarchen, für die zunächst dasselbe vermutet werden könnte. Weitere Abschnitte der Untersuchung sind dem jüdisch-hellenistischen Roman „Joseph und Aseneth" und den Sprüchen des Pseudo-Phokylides gewidmet.

## 1. Fragmente aus dem exegetischen Werk des Demetrios

Demetrios der Chronograph gilt als ältester bekannter jüdisch-hellenistischer Schriftsteller[223]. Durch die Vermittlung des Alexander Polyhistor, aus dessen Werk „Über die Juden" wiederum Euseb länger zitiert, sind uns einige Fragmente erhalten, in denen er als hellenistischer Ausleger der Septuaginta

---

[223] So WALTER, NIKOLAUS: Der Thoraausleger Aristobulos. Untersuchungen zu seinen Fragmenten und zu pseudepigraphischen Resten der jüdisch-hellenistischen Literatur; Berlin 1964 (Texte und Untersuchungen zur Geschichte der altchristlichen Literatur Bd. 86), 48.

ungefähr zwischen 220 v.Chr. und 200 v. Chr.[224] die Bücher Genesis und
Exodus[225] erklärt. Anlaß seines Werkes dürfte sein „apologetisches Interesse"[226] gewesen sein. Jedenfalls ist es das wohl älteste Textstück in der
jüdisch-hellenistischen Literatur, in dem die Beziehung Eltern-Kinder zumindest als Anspielung thematisiert ist.

Nach Darstellung des Demetrios ist Jakob von seinen beiden Eltern wegge-
schickt worden, da Esau ihn mit Haß verfolgte, damit er sich eine Frau hole
(Dem 2,1), wobei ausdrücklich betont wird, er habe seinen Vater im Alter von
137 Jahren zurückgelassen (Dem 2,2). Jakobs Rückkehr nach Kanaan ist nach
Demetrios auch durch den Vater motiviert, zu dem er bereits nach 14 Jahren
habe zurückkehren wollen[227].

Ausführlich muß Demetrios begründen, weshalb Joseph nicht sofort seinen
Vater nach Ägypten kommen ließ, als es ihm dort bereits neun Jahre wieder
gut ging[228]: Jakob sei wie Josephs Brüder Viehhirte gewesen, das aber sei bei
den Ägyptern eine verachtete Tätigkeit. Bereits Dalbert[229] hat angenommen,
daß Demetrios bei dieser Erklärung das Elterngebot im Blick hatte und Joseph
unter Verweis auf Gen 46,34 in Schutz nahm.

Insgesamt zeigt sich in diesen kurzen Fragmenten die Tendenz des Exegeten, das gemeinsame Handeln der Eltern zu betonen[230] und die jeweils enge
Verbundenheit von Vater und Sohn herauszustellen bzw. auch durch eine
längere Trennung, die in der alttestamentlichen Erzählung nicht oder kaum
begründet wird, nicht in Mißkredit bringen zu lassen. Das Elterngebot könnte
im Hintergrund der Argumentation stehen; es fehlt allerdings jeder Verweis
auf die Verheißung beim Elterngebot.

---

[224] Zur Datierung nach dem Fragment bei Clemens Alexandrinus vgl. WALTER, NIKO-
LAUS: Fragmente jüdisch-hellenistischer Exegeten. JSHRZ III/2: Aristobulos, Demetrios,
Aristeas; Gütersloh 1975, 282. Vgl. HOLLADAY, CARL R.: Fragments from Hellenistic
Jewish Authors. Vol. 1: Historians; Chico, California 1983 (SBL Texts and Translations No.
20; Pseudepigrapha No. 10), 52.

[225] Über die Auslegung anderer alttestamentlicher Bücher durch Demetrios ist nichts
bekannt, wenngleich Clemens von Alexandrien einen Buchtitel des Demetrios mit „Über die
Könige in Judäa" (Strom I 141,1-2) angibt.

[226] DALBERT, PETER: Die Theologie der hellenistisch-jüdischen Missionsliteratur unter
Ausschluß von Philo und Josephus; Hamburg-Volksdorf 1954 (ThF 4), 29.

[227] Dem 2,6: ... θέλοντα δὲ τὸν Ἰακὼβ πρὸς τὸν πατέρα εἰς Χαναὰν ἀπιέναι.

[228] Dem 2,13: ... τὸν δὲ Ἰωσὴφ ἔτη ἐννέα εὐτυχήσαντα πρὸς τὸν πατέρα μὴ
πέμψαι.

[229] Vgl. DALBERT, Missionsliteratur, 31.

[230] Der Haß Esaus ist nach Gen 27,42-45 nur für Rebekka ein Grund, Jakob wegzu-
schicken. Isaak wird ausschließlich mit dem Heiratsmotiv verbunden.

## 2. Aristeasbrief

Aus der zweiten Hälfte des 2. Jhdts. v. Chr[231] stammt der Aristeasbrief, das Werk eines alexandrinischen Juden[232], das die Entstehung der LXX schildert. Aristeas kennt zumindest die LXX-Übersetzung des Pentateuch.[233] Der Bericht ist von mehreren Quellen abhängig, die jedoch nicht sicher zu eruieren sind. Zum Basisbericht über die Übersetzung einer Torarolle ins Griechische gehören daneben noch Erzählungen in der Rahmenhandlung, eine Beschreibung Jerusalems, Ausführungen des Hohenpriesters Eleazar über das Mosegesetz (Arist 83-171) sowie Tischgespräche[234] über gute Regentschaft, die auch Themen aus dem Gesetz betreffen (Arist 172-380).

Das Elterngebot wird von Aristeas nicht wörtlich zitiert, aber in Arist 228 explizit aufgenommen. Die sechste Frage am dritten Tag des königlichen Festmahles, wem man dankbar sein müsse, beantwortet der Gast:

> Γονεῦσι διὰ παντός. καὶ γὰρ ὁ θεὸς πεποίηται ἐντολὴν μεγίστην περὶ τῆς τῶν γονέων τιμῆς. ἑπομένως δὲ τὴν τῶν φίλων ἐγκρίνει διάθεσιν, προσονομάσας ἴσον τῇ ψυχῇ τὸν φίλον. σὺ δὲ καλῶς ποιεῖς ἅπαντας ἀνθρώπους εἰς φιλίαν πρὸς ἑαυτὸν καθιστῶν (Arist 228).

Auf jeden Fall den Eltern, denn Gott hat nämlich über die Ehrung der Eltern ein sehr wichtiges Gebot erlassen. Unmittelbar danach stuft er die Haltung gegenüber den Freunden ein, wenn er den Freund dem eigenen Leben gleich nennt[235]. Du aber tust gut daran, daß du alle Menschen zur Freundschaft mit dir führst.

Der Verfasser beantwortet hier eine für die hellenistische Tradition typische Frage - nie im Alten Testament steht die in der Achtung selbstverständliche Dankbarkeit gegenüber den Eltern zur Debatte - mit dem Gebot der Elternehrung. Das Gebot wird besonders ausgezeichnet (μέγιστος !), die Ehrung der Eltern gegenüber der allgemeinen Menschenliebe herausgehoben und zusammen mit der Freundesliebe unmittelbar auf Gott zurückgeführt.[236]

---

[231] Vgl. MEISNER, NORBERT: Aristeasbrief. JSHRZ II/1: Unterweisung in erzählender Form; 2.Aufl., Gütersloh 1977, 35-87, 43; vgl. ROST, Einleitung in die alttestamentlichen Apokryphen und Pseudepigraphen, 75, der „um 130 v. Chr." datiert. Die Datierungsvorschläge reichen insgesamt von 250 v. Chr. bis 33 nach Chr.

[232] Vgl. MEISNER, a.a.O., 37.

[233] Vgl. MEECHAM, HENRY G.: The Letter of Aristeas. A linguistic Study with special reference to the Greek Bible; Manchester 1935 (Publications of the University of Manchester, 241), 319.

[234] LEWIS, J.J.: The Table-Talk Section in the Letter of Aristeas. NTS 13, 1966, 53-56, 56, nimmt für diese Passage eine Abhängigkeit des Aristeasbriefes von Pseudo-Phokylides an. Im Bereich der jeweiligen Aufnahme des Elterngebotes erscheint die Übereinstimmung m.E. jedoch zu gering dafür, diese Sicht zu stützen.

[235] Vgl. dazu Dtn 13,7LXX.: ὁ φίλος ὁ ἴσος τῆς ψυχῆς σου.

[236] Das Verb τιμάω, das aus der LXX für das Elterngebot übernommen wird, bezieht der Aristeasbrief auch gerne direkt auf Gott, den zu ehren (τὸ τιμᾶν τὸν θεόν; Arist 234) etwa als höchster Ruhm gilt.

Von der thematischen Verbindung zur vorangegangenen Überlegung her legt es sich jedoch nahe, den Dank an die Eltern nicht nur als Lob in Worten aufzufassen, sondern durchaus auch als Erstattung von Dankesgaben, wie sie nur dem erwachsenen Sohn möglich sind und vor allem den alten Eltern[237] zugute kommen können. Τιμάω wird hier im Rückgriff auf das Elterngebot verwendet. Direkt zuvor kreiste das Gespräch um die Frage, gegen wen man (materiell) freigebig sein müsse (Arist 227), wobei der Begriff χαριστικὴν ἔχειν[238] auf das entsprechende χαρίζεσθαι gegenüber den Eltern vorausweist.

Auch χαρίζεσθαι selbst wird von Aristeas mehrfach im Sinn materieller Gaben verwandt[239], so in Arist 196, wo neben Macht auch Reichtum auf das Schenken Gottes (τὸν χαριζόμενον ταῦτα) zurückgeführt wird, und in Arist 215, wo ungerechtfertigte Begünstigung durch den König (οὔτε χαρίζεσθαι προαιρῇ παρὰ λόγον) zurückgewiesen wird. Ferner werden das Handeln gegenüber den Freunden, die unter Verweis auf Dtn 13,7 gleich danach genannt werden, sowie die übrigen Wohltaten des Königs, mit denen er sich Freunde schafft, nicht rein immateriell verstanden worden sein.

Der Grund für den Dank an die Eltern wird nicht genannt, wenngleich eine vornehme Herkunft der Männer vorausgesetzt ist sowie eine hervorragende Bildung (vgl. Arist 121), so daß die Dankesforderung nicht problematisch sein kann. Begründung für das dankbare Verhalten der Söhne ist jedoch nicht eine Vorleistung der Eltern, auch nicht im Bereich der profanen oder religiösen Bildung, sondern das Gebot Gottes.

Am folgenden Tag des Festmahls wird das Thema nochmals aufgegriffen, indem der König weitere Fragen stellt.

---

Die Ehrung Gottes wird allerdings rein geistig verstanden: nicht durch Gaben und Opfer, sondern durch Reinheit der Seele und fromme Auffassung (vgl. Arist 234). Auch im zwischenmenschlichen Bereich bedeutet τιμάω bei Aristeas eher ein Ehrenamt geben (vgl. Arist 40; 43; 186) oder Ehrenplätze verleihen (vgl. Arist 183).

[237] Dabei ist zu beachten, daß die Generationenfolge im Orient durch sehr frühe Heirat bestimmt ist. „Alt" meint also in diesem Zusammenhang ein für unsere Verhältnisse junges Alter und weist eher auf die mit unserem Begriff des Alters verbundene - durch schwere Arbeit oder nicht behandelbare Krankheiten verursachte - Versorgungsbedürftigkeit hin.

[238] Dieser Begriff ist eindeutig mit konkreten Gaben verbunden, vgl. die zweite Stelle in Arist 37, wo die Auslösung von Kriegsgefangenen, für die der gültige Marktpreis bezahlt wurde, als Weihegabe (χαριστικὸν ἀνατιθέντες) für den höchsten Gott bezeichnet wird. Kein Gegenbeweis ist die immaterielle Verwendung von χάρις und τιμή in Arist 272, wo deren Erhaltung im Sinn von Ansehen und Anerkennung auf die Tüchtigkeit (ἀρετή) und die daraus folgenden Werke zurückgeführt wird. Es handelt sich dabei bezeichnenderweise um das *eigene* Ansehen und die *eigene* Ehre, nicht um Auszeichnungen eines anderen Menschen.

[239] Dagegen steht für die immaterielle Begabung mit Beliebtheit (τὸ δὲ κεχαριτῶσθαι; Arist 225) χαριτόω.

Er will wissen,

... πῶς "αν γονεῦσι τὰς ἀξίας ἀποδῷη χάριτας; "ος δὲ εἶπε· μηδὲν αὐτοὺς λυπήσας· τοῦτο δ᾽οὐκ ἔστιν, εἰ μὴ θεὸς τῆς διανοίας ἡγεμὼν γένοιτο πρὸς τὰ κάλλιστα (Arist 238).

... wie er den Eltern den ihnen gebührenden Dank abstatten könne. Dieser sagte: „Indem du sie in keiner Weise betrübst. Das aber ist ausschließlich möglich, wenn Gott Führer des Denkens zum Besten wird."

Wie schon Sir 3,12 und Tob 4,3[240] erweitert Aristeas nun das in Arist 228 angeführte Elterngebot. Μὴ λυπεῖν greift ein hellenistisches Motiv auf und benennt die Gesamthaltung gegenüber den Eltern. Der Verfasser ist sich wohl bewußt, daß dieser Anspruch fast nicht einlösbar ist, und schließt deshalb gleich den Verweis auf Gott an, der allein als Führer des Denkens bewirken kann, daß jede Betrübnis der Eltern ausgeschlossen bleibt.

Das Elterngebot bleibt nach dem Aristeasbrief auch im hellenistischen Bereich als Setzung Gottes eine entscheidende Norm für das Verhalten gegenüber Mutter und Vater. Sie wird sowohl im ursprünglichen Sinn der Versorgung im Alter wahrgenommen, wie auch darüberhinaus im Blick auf die Gesamthaltung erweitert.

## 3. Die Testamente der zwölf Patriarchen

Nach dem alttestamentlichen Vorbild des Jakobsegens in Gen 49 ist die pseudepigraphe Schrift der Testamente der zwölf Patriarchen gestaltet, nach der jeder der zwölf Söhne Jakobs nun wiederum seine Söhne kurz vor seinem Tod versammelt. Die Gesamtkonzeption der Schrift ist - ungeachtet möglicher späterer Redaktion - einheitlich[241] und stammt vermutlich aus dem 2. vorchristlichen Jahrhundert[242]. Vermutlich Anfang des 2. Jhdts. n. Chr.[243] ist die ganze Schrift christlich bearbeitet worden. Allerdings ist die Zuweisung verschiedener Stücke zu unterschiedlichen vorchristlichen Redaktoren sehr schwierig. Die Interpretation des Werkes „als Quelle für die Paränese des Frühjudentums hat den Gesamtbestand der Schrift zu umfassen"[244].

---

[240] Vgl. oben, Kapitel 12; auch Stobaios IV,25,37.

[241] Vgl. NIEBUHR, Gesetz und Paränese, 78.79.

[242] Vgl. zur Datierung BECKER, JÜRGEN: Die Testamente der zwölf Patriarchen. JSHRZ III/1: Unterweisung in lehrhafter Form; 2.Aufl., Gütersloh 1980, 16-163, 16.

[243] Vgl. a.a.O., 23.

[244] NIEBUHR, Gesetz und Paränese, 82; vgl. die Darstellung a.a.O., 71-86 zu den Einleitungsfragen im Blick auf die Testamente der zwölf Patriarchen. Zur Forschungsgeschichte vgl. SLINGERLAND, DIXON H.: The Testaments of the Twelve Patriarchs: A Critical History of Research; Missoula, Montana 1977 (SBL.MS 21).

Für die Frage, welche Bedeutung das Elterngebot in den Schriften des Frühjudentums hatte, sind die Testamente der zwölf Patriarchen besonders interessant, da sie ein sehr großes paränetisch-didaktisches Interesse aufweisen und die Intention „der Vergegenwärtigung der Tora und der Mahnung, sie im gegenwärtigen Alltag durch ein Leben entsprechend ihren Weisungen zu verwirklichen"[245], zeigen.

In keinem der Testamente der zwölf Patriarchen wird allerdings das Elterngebot direkt zitiert, das Verb τιμάω erscheint dagegen stärker auf Leitfiguren unter den Patriarchen selbst bezogen. In TestGad 8,1 fordert der abschiednehmende Vater seine Kinder auf, daß sie auch ihren Kindern, seinen Enkeln, auftragen sollen, daß sie Levi und Juda ehren, also zwei der Großonkel - allerdings nicht aufgrund der familiären Bindung, sondern weil aus ihnen der Herr das Heil für Israel aufgehen lassen wird.

Dieselbe Weisung gibt Joseph seinen Kindern, nicht den Enkeln, mit auf den Weg: „Beachtet die Gebote des Herrn und ehrt Juda und Levi"[246]. Joseph selbst beteuert, er habe seine Brüder geehrt (... καὶ ἐτίμων τοὺς ἀδελφούς μου; TestJos 10,6), und fordert im selben Zusammenhang seine Kinder auf, ebenso ihre Brüder zu ehren (... καὶ τιμᾶτε τοὺς ἀδελφοὺς ὑμῶν; TestJos 11,1). Motiv für die Ehrung ist dabei die Gottesfurcht, die seine Kinder ständig vor Augen haben sollen.

Die Ehrung im zwischenmenschlichen Bereich wird dadurch deutlich erweitert und verallgemeinert: nicht mehr die vorangehende Generation in der Familie ist das Ziel des Ehrens, sondern die gleichaltrige. Übertragen auf die jeweilige Gegenwart heißt dies, daß alle Mitglieder des Volkes als Adressaten der Ehrung in Frage kommen. Eine Spezifizierung auf das Alter und die Altersversorgung müßte nun gezielt vermerkt werden. Sie ist nicht mehr per se im Blick. Als nähere Bestimmung für τιμᾶν kann dann in TestJos 11,2 auch μὴ αἰσχύνειν stehen: Joseph sagt, er habe sich als Sklave ausgegeben, um seine Brüder nicht zu beschämen. Geduld und Demut des Herzens (TestJos 10,2) sind die Grundeinstellungen, die zur Ehrung der Brüder bewegen, die in vielfältiger, eher unspezifischer Gestalt Ereignis werden kann.

TestLev 13,3.4 schließlich zeigt innerhalb traditioneller Strukturelemente, wie das Elterngebot dezidiert übergangen wird. Dem Auftrag an der Spitze, Gott zu fürchten - mit der Wendung aus dem Sch<sup>e</sup>ma „von ganzem Her-

---

[245] NIEBUHR, *Gesetz und Paränese*, 85f. SLINGERLAND, DIXON H.: *The Nature of Nomos (Law)* within the *Testaments of the Twelve Patriarchs*. JBL 105, 1986, 39-48 hat dabei nochmals klargestellt, daß die Test XII die Tora in ihrer Gesamtheit propagieren, nicht ausschließlich Sozialgebote oder das Liebesgebot.

[246] ... φυλάξατε τὰς ἐντολὰς κυρίου καὶ τιμᾶτε τὸν Ἰούδαν καὶ τὸν Λευί ... (TestJos 19,6[11]).

zen"[247] - folgt nun statt des Elterngebots die Weisung, die eigenen Kinder
Lesen zu lehren, damit sie das Gesetz Gottes kennen (TestLev 13,2)[248]. Auch
vom „Ehren" ist im Zusammenhang die Rede, nun aber von demjenigen, der
durch solche Lehre Gottes Gesetz kennt: er wird geehrt werden (τιμηθήσεται;
TestLev 13,3) und überall Heimat finden[249]. Gerade nicht das Verhältnis zu
den Eltern, sondern das zu vielen Freunden über die Eltern hinaus (καίγε
πολλοὺς φίλους ὑπὲρ γονεῖς κτήσεται; TestLev 13,4, vgl. Arist 228) ist das
Ziel des gesetzestreuen Verhaltens. Der Bezug zur Herkunftsfamilie verliert
unübersehbar an Rang gegenüber den vielfältigen Beziehungen innerhalb der
Glaubensgemeinschaft. Nur in deren Zusammenhang ist auch die Achtung der
Eltern gegeben, dort ist sie aber auch selbstverständlich, so daß sie nicht eigens betont werden muß. Die alten Eltern als Empfänger von Versorgung und
besonderer Fürsorge sind kein Thema.

Denselben Eindruck vermittelt das Unschuldsbekenntnis des Issaschar in
TestIss 7,6. Er beteuert die Liebe zu Gott und zu jedem Menschen, wieder mit
einer Wendung aus dem Sch[e]ma verbunden. Spezielle Wohltaten an den Eltern sind nicht erwähnt.

Nur in TestJud 1,4.5 (vgl. auch TestJud 17,3.4) findet es ausdrücklich Erwähnung, daß der Patriarch in seiner Jugend dem Vater auf jedes Wort ge-
horchte[250], Mutter und Tante ehrte[251]. Lohn dafür ist - nach dem inneren Zusammenhang der Stelle - die Zukunftsverheißung, König zu werden und in
allem guten Fortgang zu haben (TestJud 1,6). Das Elterngebot wird dabei
zwar in veränderter Formulierung strukturell aufgegriffen[252], jedoch gezielt

---

[247] TestLev 13,1: Καὶ νῦν, τέκνα μου, ἐντέλλομαι ὑμῖν, ῞ινα φοβεῖσθε τὸν
κύριον ἡμῶν ἐξ ὅλης καρδίας· καὶ πορεύεσθε ἐν ἁπλότητι κατὰ πάντα τὸν
νόμον αὐτοῦ.

[248] Zur Weitergabe dessen, was man vom eigenen Vater gehört hat, an die Kinder
ermahnt auch TestDan 6,9.

[249] Vgl. HOLLANDER, HARM W., DEJONGE, MARINUS: The Testaments of the Twelve
Patriarchs. A Commentary; Leiden 1985 (SVTP 8), 166: „At the background stands the hellenistic idea of the wise man as a world-citizen." A.a.O., 167: „If the wise man has to give up
fatherland, family and friends, he will find that every country is his home and that wisdom
itself is his fatherland"; vgl. dazu Philo, Fuga 76.

[250] In TestGad 8,3 ist der Gehorsam der Söhne ausdrücklich darauf bezogen, daß sie den
Vater bei den Vätern begraben sollen. Ein Bezug zum Elterngebot liegt dabei jedoch weder
begrifflich noch inhaltlich vor. Dasselbe gilt für die genannten Begräbnisse im Grab des
Vaters oder bei den Vätern (TestRub 7,2; TestJud 26,4; TestIss 7,8; TestSeb 10,7; TestDan 6,
11; TestNaph 9,1; TestAss 8,2; TestJos 20,2; TestBen 12,1.3) sowie für die Trauer um den
Vater (TestSim 9,1). Ebenso verhält es sich in TestJos 20,3, wo ausnahmsweise auch von
den Gräbern der Mütter die Rede ist.

[251] TestJud 1,4.5: Ὀξὺς ἤμην καὶ σπουδαῖος ἐν νεότητί μου, καὶ ὑπήκουον τῷ
πατρί μου κατὰ πάντα λόγον. Καὶ ἐτίμων (nach einigen Handschriften: εὐλόγουν)
τὴν μητέρα μου καὶ τὴν ἀδελφὴν τῆς μητρός μου.

[252] Vgl. HOLLANDER/DEJONGE, Testaments, Commentary, 187: „The background for
vv. 4-5 is clearly found in Ex 20,12; Deut 5,16".

auf die Kindheit und Jugend beschränkt und auf den Gehorsam des Jugendlichen zugespitzt. Die Motivierung ist durch eine Zusage ersetzt, die sich im
Erwachsenenleben des Patriarchen erfüllt.

An einigen Stellen liegt der Akzent - für die Form des Testaments überraschend, da doch in ähnlichen Texten das Alter und die Versorgung des
zurückbleibenden Ehepartners große Bedeutung hat - insgesamt sehr stark auf
dem Verhältnis der jüngeren Kinder und Jugendlichen zu ihren Eltern, wobei
besonders der Vater in der Regel eine sehr aktive Rolle spielt[253]. Ruben bekennt, daß er mit dreißig Jahren das Ehebett des Vaters befleckte (TestRub 1,
8[254]), nennt das jedoch eine „Unachtsamkeit der Jugend" (TestRub 1,6) und
erinnert seine Kinder daran, daß er nur durch die Fürbitte des Vaters bei Gott
vor der Vernichtung bewahrt blieb (TestRub 1,7)[255]. Es ist gerade der Ungehorsam gegenüber der Lehre[256] der Väter (TestRub 3,8), der zusammen mit
der Unwahrhaftigkeit und mit der fehlenden Einsicht ins Gesetz Gottes zum
Untergang eines jungen Mannes führt[257]. Positiv bewirkt dagegen das Halten
des Gesetzes Gottes und der Gebote des Vaters ewiges Heil (TestSeb 10,2). In
TestLev 19,2f.[258] verpflichtet der sterbende Patriarch seine Söhne unmittelbar
auf das Gesetz des Herrn. Die Mißachtung der Weisung stellt dann jedoch
eine Schuld gegenüber Gott und nicht primär gegenüber den Eltern dar, so
daß kein Bezug zum Elterngebot gegeben ist.

---

[253] Es ist vorausgesetzt, daß der Vater das Verhalten der Söhne genau kennt. Wo der
Sohn sich im Verborgenen verfehlt, erfährt es der Vater dennoch, so bei Ruben durch einen
Engel Gottes (vgl. TestRub 3,15). Auch Sebulons Verschwiegenheit gegenüber dem Vater -
nach TestSeb 1,5 nicht als Schuld gewertet - verhindert nicht, daß Jakob schließlich das Geschehene, den Verkauf Josephs, erfährt.

[254] Vgl. Gen 35,22; 49,4.

[255] Das Motiv der väterlichen Fürbitte findet sich auch in TestJud 19,2, wo Juda bekennt,
daß er aufgrund seiner Geldgier seine Kinder verloren hatte und nur durch Buße und die Gebete des Vaters Gottes Erbarmen erreicht, so daß er nicht kinderlos sterben muß. Derselbe
Gedanke tritt in TestGad 5,9 auf, wo Gad die Heilung eines lebensbedrohlichen Leberleidens
auf die Gebete des Vaters zurückführt. Joseph bittet nach TestBen 3,6 ausdrücklich den Vater
um Fürbitte für die Brüder, damit Gott ihnen das Böse nicht zurechne. Benjamin sieht das
Bild Josephs während dessen Aufenthalt in Ägypten durch die Gebete seines Vaters (TestBen
10,1). Die Testamente der zwölf Patriarchen kennen freilich auch einen Vater, Laban, der
seine Tochter betrogen (TestIss 1,13) und damit Unheil gebracht hat.

[256] Weder die konkreten Weisungen der Väter noch die Weitergabe dessen, was man von
den Vätern gehört hat, wird indes mit dem Elterngebot verbunden; die Weitergabe der väterlichen Traditionen ist schlicht selbstverständlich (vgl. TestLev 10,1; TestDan 6,9). Über Weisungen der Mutter wird nichts gesagt; nur die Ratschläge der Mutter von Ger, Onan und Sela,
der Frau Judas, erscheinen in einem negativen Licht (TestJud 10,1-6).

[257] Im hebräischen TestNaph 4,1-7,5 (vgl. BECKER, Testamente, 154-156) zeigt Gott
Naphthali in einem Traumgesicht, wie Joseph seinem Vater bei der Steuerung eines Schiffes
ungehorsam ist, weshalb es zerschellt und die Brüder zerstreut werden. Der Ungehorsam des
Sohnes führt hier zur Zerstreuung der Brüder.

[258] Vgl. auch TestJud 13,1.7.

Simeons Beziehung zum Vater wird ebenfalls für die Jugend beschrieben, in der er eifersüchtig auf Joseph war, da der Vater ihn liebte (TestSim 2,6); die Eifersucht treibt ihn dazu, Joseph nicht mehr wie einen Bruder zu achten und auch den Vater in den bösen Plänen gegen den Bruder nicht zu schonen (TestSim 2,7). Der Vater gilt auch wiederum neben Gott als Forum, vor dem die böse Tat nicht Bestand haben kann (TestSim 2,14)[259]. Levi gedenkt an den Zorn des Vaters darüber, daß er mit Simeon beschnittene Männer getötet hatte (TestLev 6,6), und Ruben klagt nach dem Verkauf Josephs: „Wie soll ich in das Angesicht meines Vaters Jakob schauen?" (TestSeb 4,5). Joseph dagegen erinnert sich rechtzeitig vor einer möglichen Sünde an die Worte seines Vaters und hält sich daraufhin vor der verführerischen ägyptischen Frau zurück (TestJos 3,3).

Selbst der Großvater, Isaak, ist nicht als Versorgungsbedürftiger gesehen. Levi wird vielmehr von ihm gesegnet (TestLev 9,2), und er unterweist den Enkel mit großem Engagement (TestLev 9,6-14)[260].

Das Handeln des erwachsenen Sohnes für den Vater wird dann allerdings einmal in TestIss 3,1-8, der Lebensgeschichte des Issaschar, thematisiert. Er wird ein Bauer, der Vater segnet ihn, als er sieht, daß er in Lauterkeit wandelt (TestIss 3,2), und mit dreißig[261] Jahren heiratet er. Zu seinem gottgefälligen Tun gehört auch, daß er die Erstlinge dem Herrn opfert und dann (erst) auch dem Vater von den Feldfrüchten gibt (TestIss 3,6). Die Reihenfolge - zuerst Ehrung der Eltern, dann Gabe für die Priester - ist gegenüber Sir 7,27-35[262] umgekehrt. Ausdrücklich unterstreicht der Verfasser, daß der Vater sich über dieses Tun des Sohnes freut, also seinerseits die Erstlingsgabe an die Priester billigt (TestIss 3,6). Ferner wird betont, daß der Vater dennoch nicht Mangel leiden muß, da Gott auf wunderbare Weise alle Güter des Issaschar verdoppelt[263] (TestIss 3,7). Unklar bleibt, ob auch der Vater zu den „Armen und Notleidenden" gehört, denen Issaschar alles freigiebig austeilt (TestIss 3,8), oder ob diese einen anderen Adressatenkreis für seine Mildtätigkeit darstellen.

Darüberhinaus kennen die Testamente der zwölf Patriarchen das Motiv der Jagd des Sohnes für den Vater, wobei die Situierung und Einordnung in die Lebensgeschichte Jakobs die Verbindung mit dem Gedanken der Altersver-

---

[259] Die Anwesenheit des Vaters kann sogar bewirken, daß der Haß unter Brüdern freundlichen Worten weicht (TestGad 6,2), da der Geist des Hasses vor dem Angesicht des Vaters nicht wirken kann.

[260] Vgl. entsprechend TestJud 17,5.

[261] Nach einigen Handschriften mit fünfunddreißig Jahren, vgl. BECKER, Testamente, 81; DEJONGE, Testaments, 83.

[262] Vgl. dazu oben, Kapitel 12.1.

[263] Nach der Handschrift α steigert sich der Ertrag insgesamt sogar zehntausendfältig; vgl. BECKER, Testamente, 81.

sorgung[264] verhindert. Juda bereitet seinem Vater ein Wildbret (TestJud 2,2), und Sebulon gibt an, daß er in Kanaan für seinen Vater Jakob Fische fing[265]. Weil Sebulon Erbarmen empfunden hat, wird er vom Herrn gesegnet und gibt den Auftrag zur Barmherzigkeit weiter (TestSeb 5,1-5). In diesem Zusammenhang berichtet er von jenem Fischfang. Die Zeitangabe - vor dem Zug nach Ägypten - läßt jedoch eine Deutung auf eine Versorgung des alten Vaters als Barmherzigkeitserweis kaum zu.

Schließlich finden wir in den Testamenten der zwölf Patriarchen auch eine Reihung, in der das Verhalten gegenüber den Eltern bedacht ist. Der Warnung vor dem Zorn folgt eine fünfgliedrige Reihung, die die Wirkung des Zorns auf die Beziehungen zwischen Menschen darlegt (TestDan 2,2f.). Die Eltern stehen an erster Stelle; der Zornige behandelt sie wie Feinde. Den Bruder kennt er nicht, dem Propheten gehorcht er nicht, den Gerechten sieht er nicht und den Freund beachtet er nicht. Die Verfehlung gegenüber den Eltern, die an der Spitze der Sozialbeziehungen stehen, gilt wohl am gravierendsten. Der Zorn verkehrt die engste und liebevollste Beziehung in Feindschaft.

Die Landgabe, die in der Motivationsklausel des Elterngebots als Verheissung gilt, wird nirgends in den Testamenten der zwölf Patriarchen mit dem Verhalten gegenüber den Eltern verknüpft. Der Einzug ins Land der Väter ist vielmehr mit erneuter Abkehr von Gott verbunden, weshalb TestNaph auch die Exilierung ankündigt (TestNaph 4,4f.).[266] Das Verheißungsgut des langen Lebens ist in TestIss 4,3 eher kritisch gesehen: der vorbildlich lauter lebende Mann schreibt Gott nicht vor, ihn lange leben zu lassen, sondern überläßt die Länge des Lebens allein Gott[267].

Auffallend ist das Fehlen der Elternehrung bzw. eines Vergehens gegen die Eltern in den zahlreichen paränetischen Reihen der Testamente der zwölf Patriarchen, die Niebuhr ausführlich untersucht hat[268]. Einige der Reihen wer-

---

[264] Erst spätere Zusätze in δ haben zu TestSeb 6,8 ergänzt, daß es grundsätzlich um Versorgung von Fremden, Kranken oder Alten gegangen sei; vgl. BECKER, Testamente, 89.

[265] TestSeb 5,5; nach 6,3 waren die Fische für das ganze Haus des Vaters, also für die Familie bestimmt; die Wendung ἐθήρευον θήραν (TestSeb 5,5) erinnert an Gen 27,3.5.33 LXX, wo Esaus Jagd für den Vater beschrieben ist.

[266] TestJos 20,1 kann dagegen ganz allgemein vom Land der Verheißung der Väter (...εἰς γῆν ἐπαγγελίας τῶν πατέρων ὑμῶν; vgl. deJonge, Testaments 166) reden, ohne näheren Bezug.

[267] TestIss 4,3: Χρόνους μακροὺς οὐχ ὑπογράφει ζῆν, ἀλλὰ μόνον ἐκδέχεται τὸ θέλημα τοῦ θεοῦ. Hintergrund könnte - darauf verweisen HOLLANDER/DEJONGE, Testaments, Commentary, 244f. - die Tradition von der Wahl des Salomo sein, der sich von Gott Weisheit statt Reichtums oder langen Lebens erbittet (vgl. 1Kön 3,10f.LXX; 2Chr 1,11 LXX).

[268] Vgl. NIEBUHR, Gesetz und Paränese, 86-166. Zur Begriffsklärung der „katechismusartigen Reihe" - worunter Niebuhr keine formkritische Kategorie versteht, sondern eine durchaus variierende, aber geprägte Art und Weise, bestimmtes thematisch zusammengehöriges Material zusammenzustellen - vgl. a.a.O., 158-159.

den sogar ausdrücklich auf die Gebote Gottes bezogen[269], allerdings sind die „Gebote der Tora ... nicht wörtlich wiedergegeben, ... [jedoch] wesentliche durch sie geregelte Lebensbereiche ... in den Reihen in sachlich entsprechender Weise angesprochen"[270]. Mehrere der Reihen greifen Einzelgebote des Dekalogs direkt oder als Anspielung auf, so das Tötungsverbot[271], das Ehebruchsverbot[272], das Diebstahlsverbot[273], das Meineidsverbot[274] und das Begehrensverbot[275]. Verfehlungen gegen das Elterngebot bleiben aber durchgehend allenfalls allgemein im Hintergrund angedeutet[276] oder könnten höchstens in sehr allgemein gehaltenen Wendungen eingeschlossen vermutet werden[277]. Ansonsten häufig auf die Eltern bezogene Weisungen wie μὴ λυπεῖν[278] sind auf den Nächsten bezogen und verallgemeinert.

Dabei ist der formale Rahmen der Paränese in den Testamenten der zwölf Patriarchen kein Grund für diese Akzentuierung, da sowohl die Lebensgeschichte der Patriarchen mit ihrem Verhalten gegenüber ihrem Vater Jakob wie auch die Situation des testamentarischen Vermächtnisses Anlaß genug geboten hätte, die Ehrung der Eltern konkret in den Blick zu nehmen. Auch der „*beschreibende* Charakter"[279] steht dem nicht entgegen. Schließlich ist auch die theologische Bewertung der Einzelgebote in den Testamenten der zwölf Patriarchen kein Grund für die Vernachlässigung des Elterngebots. Die allgemeinen Weisungen zur Befolgung des Gesetzes bedürfen im ganzen Werk der Konkretion durch Einzelmahnungen. „Tun des Gesetzes bedeutet ... Erfüllung der einzelnen ethischen Gebote"[280]. Auffällig ist auch, daß Joseph,

---

[269] Vgl. TestLev 14,4-8.

[270] NIEBUHR, Gesetz und Paränese, 164.

[271] So in TestBen 7,2 mit der Konjektur von Charles, vgl. BECKER, Testamente, 135; anders Niebuhr, Gesetz und Paränese, 135, Anm. 316, der φθόνος für den Verf. der Testamente ursprünglich annimmt und φόνος einem zugrundeliegenden Traditionsstück zuweist.

[272] TestRub 3,3; TestLev 14,5.6; TestJud 18,2; TestIss 7,2; TestBen 8,2.

[273] TestRub 3,6; TestLev 14,5.

[274] TestIss 7,4; Test Ben 6,4.

[275] TestIss 4,2; 7,3; mit der Warnung vor der πλεονεξία: TestLev 14,6; Warnung vor φιλαργυρία: TestJud 18,2.

[276] So könnte das Lügen und Verbergen von Worten vor Verwandten und Hausgenossen (TestRub 3,5) auch auf die Eltern gedeutet werden.

[277] Vgl. THOMAS, JOHANNES: Aktuelles im Zeugnis der zwölf Väter. In: Eltester, Walter (Hg.): Studien zu den Testamenten der Zwölf Patriarchen; Berlin 1969 (BZNW 36), 62-150, 66. Kein Erbarmen gegen den Nächsten könnte auch Mißachtung der Eltern bedeuten (vgl. TestJud 18,3). Es ist anzunehmen, daß die häufig geforderte Barmherzigkeit (vgl. zur Wortgruppe σπλάγχνον κτλ. in den Testamenten der zwölf Patriarchen NIEBUHR, Gesetz und Paränese, 130 mit Anm. 285-290) auch auf die Eltern bezogen werden soll.

[278] Vgl. TestBen 6,3.

[279] NIEBUHR, Gesetz und Paränese, 154, Hervorhebung im Original.

[280] NIEBUHR, Gesetz und Paränese, 165. Zur Funktion der Doppelgebote in den TestXII vgl. a.a.O., 124. Vgl. dort in Anm. 264 auch die Auseinandersetzung mit der Tendenz Beckers (BECKER, JÜRGEN: Untersuchungen zur Entstehungsgeschichte der Testamente der

der ἀνὴρ ἀγαθός[281], der ansonsten nach der Darstellung der Test XII wie auch im Alten Testament vorbildlich gegenüber dem Vater handelt, in dieser Hinsicht nicht als Modell eingesetzt wird. Dies wiegt umso schwerer, als seine beispielhafte Rolle ein Grundelement des ganzen Werkes ist[282].

So bleibt als Ergebnis, daß die Testamente der zwölf Patriarchen das Gebot der Elternehrung im Gebot der Nächstenliebe[283] sowie in der Forderung nach Barmherzigkeit aufgehen lassen. Die im Aristeasbrief angedeutete Prärogative der Eltern (vgl. Arist 228) findet sich hier nicht. Ferner ist der inhaltliche Abstand zu den Ursprüngen des Elterngebots evident: wo sich Anklänge an das Elterngebot finden, gelten Gehorsam und Anerkennung des väterlichen Rates als Gebotserfüllung. Sie sind zudem auf die Kindheit oder Jugend des Sohnes bezogen und reflektieren nicht die Versorgung der alten Eltern.

## 4. Joseph und Aseneth

Der ursprünglich griechisch verfaßte Roman[284] von Joseph und Aseneth ist als ein jüdisches Buch zu beurteilen. Ein christlicher Einfluß ist nicht festzustellen; christliche Interpolationen sind zwar angenommen worden[285], können jedoch nicht zwingend nachgewiesen werden. Das Entstehungsdatum hat Burchard mit der Zeit zwischen dem 2. Jhdt. v. Chr. und dem Bar-Kochba-Aufstand 132-135 n. Chr. sinnvoll eingegrenzt[286].

Das Werk enthält zahlreiche ethische Regeln, die meist damit eingeführt werden, „was einem gottverehrenden Mann nicht ziemt" (vgl. JosAs 8,5;

---

zwölf Patriarchen; Leiden 1970 (Arbeiten zur Geschichte des Antiken Judentums und des Urchristentums, Bd. 8), dem Liebesgebot absoluten Vorrang einzuräumen.

[281] TestSim 4,4; TestDan 1,4; TestBen 3,1.

[282] So HOLLANDER, HARM W.: Joseph as an Ethical Model in the Testaments of the Twelve Patriarchs; Leiden 1981 (SVTP 6), 93: „He [Joseph] is not only a good example for his own sons in his own farewell discourse. He is also introduced as an illuminating example in some of the other Testaments."

[283] Zum Adressatenkreis der Nächstenliebe in den TestXII vgl. BECKER, Untersuchungen: Zuerst und vor allem gilt das Liebesgebot „der israelitischen Volksgemeinschaft" (a.a.O., 395), dann aber finden sich auch Stellen - von Becker der ersten Bearbeitung zugewiesen - „an denen der Nächste jeder Mensch ist" (a.a.O., 397).

[284] Vgl. dazu BURCHARD, CHRISTOPH: Joseph und Aseneth. JSHRZ II/4: Unterweisung in erzählender Form; Gütersloh 1983, 577-735, 591.

[285] Vgl. HOLTZ, TRAUGOTT: Christliche Interpolationen in ‚Joseph und Aseneth'. NTS 14, 1967/68, 482-497.

[286] Vgl. BURCHARD, a.a.O., 614; CHESNUTT, RANDALL D.: The Social Setting and Purpose of Joseph and Aseneth. JSPE 2, 1988, 21-48, 21, hat den gegenwärtigen Konsens über das Werk knapp zusammengefaßt: „There is now general agreement that the original language of JosAsen is Greek, that its provenance is Egypt, that it is Jewish and not Christian in its earliest attainable form, that it dates prior to 115 CE, and that the longer form of the text lies closer to the original than the short recension".

21,1; 23,9; 23,12). Erwähnt werden freilich nur solche Laster bzw. Tugenden, die sich durch die Handlung der Erzählung nahelegen, so etwa der Umgang eines jüdischen Mannes ausschließlich mit Frauen aus seiner Familie (Mutter, Tante, Schwester) sowie mit seiner eigenen Frau, die aber Jüdin sein muß (JosAs 8,6).

Wie Burchard richtig sieht, überrascht es auch aufgrund der handelnden Gesellschaftsschicht nicht, „daß einfachere Gemeinschaftstugenden wie Almosengeben, Gastfreundschaft, Krankenbesuch oder Totenbestattung in JosAs keine oder kaum eine Rolle spielen"[287]. Das Gesetz erwähnt der Verfasser überhaupt nicht, obwohl es sich durchaus angeboten hätte. Hier legt sich die Annahme nahe, daß besondere Begründungen nicht als notwendig empfunden werden: „Was einem gottverehrenden Mann ziemt, scheint sich ohne weiteres mit der Verehrung Gottes zu ergeben"[288].

Es ist vor diesem Hintergrund dann nicht mehr erstaunlich, daß auch das Elterngebot nirgends wörtlich zitiert wird und auch nie explizit auf die Bedeutung der Elternehrung verwiesen ist. Lediglich im Handlungsablauf selbst werden an mehreren Stellen Rechte der Eltern bzw. das Ethos der Elternehrung deutlich.

Die häufigste Gelegenheit dazu bietet in diesem Roman das Thema Verlobung und Heirat. So bittet etwa der Sohn des Pharao seinen Vater, ihm Aseneth zur Frau zu geben, was sein Vater ablehnt (JosAs 1,7.8). Die väterliche Verfügungsgewalt ist auch spürbar, wenn Aseneth ihren Vater als Herr anredet (JosAs 4,6). Schließlich findet die erste Begegnung Aseneths mit Joseph auf Initiative der Eltern statt: die Mutter holt die Tochter aus dem Obergemach (JosAs 8,1), der Vater fordert sie auf, ihren „Bruder" Joseph zu küssen (JosAs 8,4). Auffällig festlich ist die Begrüßung der Eltern durch Aseneth gestaltet (JosAs 3,5-4,1); die Freude des Wiedersehens soll wohl im Kontrast zur folgenden Auseinandersetzung zwischen Eltern und Tochter besonders herausgestellt werden.

Bei Joseph wird seine Tugendhaftigkeit ausdrücklich auch mit dem Verweis auf seinen Vater Jakob begründet. Wenn Boten von ägyptischen Frauen kommen, um ihn zu verführen, wehrt er sie ab mit der Begründung, er werde nicht gegen Gott und seinen Vater sündigen (JosAs 7,4).

Aber auch größter Ungehorsam und Auflehnung trennen Vater und Sohn nicht endgültig: am Ende des Romans faßt der Sohn des Pharao den Entschluß, seinen Vater zu töten, während er einige der Brüder Josephs dazu überredet, Joseph zu ermorden (JosAs 24,14). Der Anschlag mißlingt jedoch, weil der Pharao aufgrund von Kopfschmerzen (!) seinen Sohn nicht empfängt (JosAs 25,1-4). Als der Erstgeborene Pharaos jedoch beim Angriff auf Aseneth durch Benjamins Verteidigung schwer verwundet wird (JosAs 27,2.3)

---

[287] BURCHARD, Joseph und Aseneth, 612.
[288] A.a.O., 613.

und kurz danach stirbt, trauert sein Vater sehr um ihn und stirbt ebenfalls kurz darauf aus Kummer über den Verlust (JosAs 29,1-8). Die verbindende Kraft des gemeinsamen Vaters beschwört Aseneth gegenüber Simeon und nimmt dessen böse Brüder in Schutz, weil sie aus dem Blut des Vaters und aus seinem Geschlecht (JosAs 28,11.14) sind.

Im Zusammenhang der Bekehrung der Aseneth treten jedoch andere Aspekte des Verhältnisses zwischen Eltern und Kindern in den Vordergrund. Der Wechsel des Glaubens scheint Aseneth innerhalb ihrer Familie zu isolieren. In ihrem Herzensgebet nennt sie sich selbst eine Waise (JosAs 11,3) und erklärt, daß alle Menschen sie nun hassen, einschließlich Vater und Mutter (JosAs 11,4a). Die Begründung dafür ist die Abwendung Aseneths von den Göttern der Eltern, die sie zertrümmert hat und haßt (JosAs 11,4b). Nochmals betont der Erzähler die Verstoßung Aseneths durch ihre Familie, indem die formelle Lossagungsformel zitiert wird (JosAs 11,5):

Καὶ διὰ τοῦτο μεμισήκασί με ὁ πατήρ μου καὶ ἡ μήτηρ μου καὶ πᾶσα ἡ συγγένειά μου καὶ εἶπον· ‚οὐκ ἔστι θυγάτηρ ἡμῶν ʾΑσενὲθ διότι τοὺς θεοὺς ἡμῶν ἀπώλεσεν‘.

Und deswegen haben mein Vater und meine Mutter und all meine Verwandtschaft Haß (gegen) mich gefaßt und sprachen: ‚Aseneth ist nicht eine Tochter (von) uns, denn sie verdarb unsere Götter‘.[289]

Ausdrücklich vermieden ist jedoch, vom Haß der Tochter auf die Eltern zu reden. Sie selbst konzentriert ihren Haß vielmehr auf die Götzen und die ägyptischen Männer, die um ihre Hand anhalten (JosAs 11,4.6).

Als sie wagt, laut zu beten, gilt ihr Gott als Vater, den sie um Erlösung anfleht und um Aufnahme, wie ein kinderlieber Vater sein unmündiges Kind aufnimmt (JosAs 12,8). Gott wird mehrfach „Vater der Waisen" (πατήρ τῶν ὀρφανῶν) genannt (JosAs 11,13; 12,13) und auch von Aseneth gegen ihre eigenen leiblichen Eltern als Vater in Anspruch genommen (JosAs 12,12):

῾Ρῦσαί με κύριε τὴν ἔρημον καὶ ἀπερίστατον διότι ὁ πατήρ μου καὶ ἡ μήτηρ μου ἠρνήσαντό με καὶ εἶπον· ‚οὐκ ἔστιν ἡμῶν θυγάτηρ ʾΑσενέθ· διότι ἀπώλεσα καὶ συνέτριψα τοὺς θεοὺς αὐτῶν καὶ μεμίσηκα αὐτούς.

Erlöse mich, Herr, die Einsame und Anhangslose, denn mein Vater und meine Mutter verleugneten mich und sprachen: ‚Aseneth ist nicht eine Tochter von uns‘, denn ich verdarb und zertrümmerte ihre Götter und habe auf sie [sc. die Götzen] Haß gefaßt.

---

[289] Burchard (BURCHARD, Joseph und Aseneth, 659) hält allerdings zutreffend fest, daß die Eltern in Wirklichkeit ihre Tochter nicht hassen: „In Wirklichkeit geschah und geschieht nichts dergleichen". Es handelt sich um ein Klagepsalmmotiv (vgl. Ps 27,10; 1QH IX, 34ff.; LibAnt 59,4) und reflektiert, was beim Übertritt zum Judentum häufig geschah. Dem gegenüber steht dann die andere Erfahrung: Gott ist der neue und bessere Vater - wie es auch bei Aseneth im Folgenden gezeigt wird (vgl. auch 1QH IX,34-36; SpecLeg IV, 180).

Das gemeinsame Festmahl mit den Eltern und Joseph in JosAs 20,6-8 setzen voraus, daß die Eltern sich bekehren, Juden werden und angesichts des herrlichen Paares Gott die Herrlichkeit geben, „der die Toten lebendigmacht" (τῷ ζωοποιοῦντι τοὺς νεκρούς; JosAs 20,7)[290]. In der Erzählung selbst korrespondiert diesem Motiv der Trennung der Proselytin von ihrer Familie nichts, so daß Chesnutt mit Recht daraus schließen kann, der Aspekt des Konflikts eines Proselyten mit der Familie stünde nicht im Vordergrund[291]. Dieses Motiv belegt lediglich, daß Aseneth auch die härtesten Konsequenzen ihrer Umkehr nicht scheut und der Annahme als Jüdin würdig ist. Daß sie nach JosAs 20 diese Konsequenzen schließlich nicht zu tragen braucht, ist zweitrangig.[292]

Besondere Ehrung wird schließlich Jakob als Vater Josephs zuteil, als Aseneth ihn zum ersten Mal besucht. Sie begründet Joseph diesen Besuch damit, daß Jakob (bzw. „Israel") ihr „wie ein Vater und Gott" (JosAs 22,3) sei. Aseneth wirft sich vor ihm nieder, wird von ihm gesegnet und umarmt ihn wie ein aus Kampf und Todesgefahr heimkehrender Sohn (JosAs 22,8.9). Nun wird Jakob ausdrücklich als „ihr Vater" bezeichnet. Ähnlich wie im Buch Tobit[293] gilt der Schwiegervater zugleich als Vater und erhält dieselbe Stellung im Verhältnis zur Schwiegertochter.

## 5. Die Sprüche des Pseudo-Phokylides

Das Lehrgedicht, das unter dem Namen des Spruchdichters Phokylides überliefert ist, stellt einen Versuch dar, die ethischen Maximen des hellenistischen Judentums mit denen der heidnischen Umwelt in Einklang zu bringen. Man hat vermutet, es sei als Hilfe für hellenistische Juden gedacht gewesen, „to live as Jews without having to abandon their interest in Greek culture"[294]. Jedoch stellt sich die Frage, warum jemand, der jüdische Ethik unterstützen will, in der Einkleidung eines hellenistischen Spruchdichters schreibt.

---

[290] Vgl. BURCHARD, Joseph und Aseneth, 694, Anm. b) zu V. 7.

[291] Vgl. CHESNUTT, Social Setting, 36.

[292] CHESNUTT, Social Setting, 42 kommt schließlich zum Ergebnis, daß der Abfassungszweck von Joseph und Asenath schwerpunktmäßig in der vollen Anerkennung der Proselyten liegt und jüdische Adressaten ins Auge gefaßt sind: „Thus it appears that the concern to enhance the status of gentile converts in the Jewish community was the central purpose of JosAsen even if there were important subsidiary purposes, including especially the reminder to Jews (born or converted) of their privileged status and their appropriate behaviour in the context of tensions both within the Jewish community and with outsiders".

[293] Vgl. oben, Kapitel 12.2.

[294] VAN DER HORST, PIETER WILLEM: Pseudo-Phocylides Revisited. JSP 3, 1988, 3-30, 16.

Diese Vorgehensweise läßt eher die umgekehrte Tendenz annehmen, nämlich daß die Ethik des hellenistischen Judentums mit diesem Gedicht auch heidnischen Lesern nahegebracht werden soll. Auf jeden Fall steht die Kongruenz heid-nischer und jüdischer Moral im Zentrum des Werkes. Die Abfassung wird im 1. Jhdt. n. Chr. vermutet.[295] Es ist jedoch auch eine spätere Entstehung gut denkbar, da wir erstmals bei Stobäus Zitate dieses Textes lesen.

Der Verfasser des Ps-Phok nimmt innerhalb des Alten Testaments in Gestalt der LXX vornehmlich auf drei Überlieferungskomplexe Bezug: auf den Dekalog (Ex 20/Dtn 5), das Zentrum des Heiligkeitsgesetzes (Lev 18-20) und auf Dtn 27[296]. Es sind auffälligerweise drei Bereiche, die jeweils auch Elternrechtssätze enthalten. Berücksichtigt man dazuhin noch die Aufnahme von Dtn 21,18-21 in Ps-Phok 208.209, so ergibt sich, daß das Lehrgedicht abgesehen vom Bundesbuch auf sämtliche Perikopen des Alten Testament mit elternrechtlichem Inhalt eingeht.

Das Elterngebot des Dekalogs begegnet uns denn auch hier an prominenter Stelle: Das ganze Gedicht setzt nach dem Proömium mit einer Dekalogreminiszenz ein, die als „Summe" der Gebote verstanden werden kann. Auffällig ist dabei die Verschmelzung von Dekaloggeboten und dem Heiligkeitsgesetz nach Lev 18-20, besonders Lev 19.[297] Charakteristisch für die in diesem Abschnitt dominierende jüdisch-hellenistische Ethik ist die Ergänzung des Verbots der Homosexualität (nach Lev 18,22; 20,13) beim Ehebruchsverbot sowie die enge Verbindung von Elternehrung und Gottesverehrung. Ps-Phok 3-8 lauten:

μήτε γαμοκλοπέειν μήτ᾽ ἄρσενα Κύπριν ὀρίνειν
μήτε δόλους ῥάπτειν μήθ᾽ αἵματι χεῖρα μιαίνειν.
μὴ πλουτεῖν ἀδίκως, ἀλλ᾽ ἐξ ὁσίων βιοτεύειν.
ἀρκεῖσθαι παρ᾽ ἐοῖσι καὶ ἀλλοτρίων ἀπέχεσθαι.
ψεύδεα μὴ βάζειν, τὰ δ᾽ ἐτήτυμα πάντ᾽ ἀγορεύειν.
πρῶτα θεὸν τιμᾶν, μετέπειτα δὲ σεῖο γονῆας.

---

[295] Vgl. WALTER, NIKOLAUS: Pseudepigraphische jüdisch-hellenistische Dichtung: Pseudo-Phokylides, Pseudo-Orpheus, Gefälschte Verse auf Namen griechischer Dichter. JSHRZ IV, 3: Poetische Schriften; Gütersloh 1974-1983, 173-278, 193. Zur Datierung vgl. auch VAN DER HORST, PIETER WILLEM: The Sentences of Pseudo-Phocylides. With Introduction and Commentary; Leiden 1978 (SVTP 4), 81-83.

[296] Vgl. NIEBUHR, Gesetz und Paränese, 13. Zu den Tendenzen der Rezeption dieser Pentateuchkomplexe durch Ps-Phok vgl. Niebuhr, a.a.O., 14.15.

[297] NIEBUHR, Gesetz und Paränese, 20 hat dies sehr präzise gesehen und folgert zutreffend: „Vergegenwärtigung der Tora im Frühjudentum bestand offensichtlich nicht darin, die Toragebote in ihrer ursprünglichen Gestalt und Anordnung aufzunehmen, sondern in umgestaltender, interpretierender und aktualisierender Wiedergabe ihrer Sachanliegen".

> Brich nicht in fremde Ehen ein, laß nicht Männerliebe aufkommen;
> zettele nicht (heimliche) Ränke an, beflecke die Hand nicht mit Blut(schuld).
> Bereichere dich nicht unrechtmäßig, sondern lebe von dem, was dir rechtens zukommt.
> Begnüge dich mit dem, was dein ist, und halte dich fern vom Eigentum anderer.
> Schwatze nicht Lügen daher, vielmehr rede in jeder Hinsicht wahrhaftig.
> Vor allen Dingen ehre du Gott, sodann deine Eltern.[298]

Der Abschnitt belegt, wie frei die Reihenfolge der Gebote (Umkehrung der Abfolge von Ehebruchsverbot und Tötungsverbot sowie - sofern darauf wirklich in V.6 und 7 Bezug genommen ist - von Begehrensverbot und Meineidsverbot[299]) gehandhabt werden konnte, ferner die Freiheit in der Kombination der Elternrechtssätze aus dem Dekalog und dem Heiligkeitsgesetz, die eine Zusammenfassung zweier Stellen[300] vermuten läßt. Die direkte Verbindung von Gottesehrung und Elternehrung lehnt sich an Lev 19 an, während der Begriff τιμᾶν an das Elterngebot des Dekalogs (LXX) erinnert. Der konkrete Sinn des Elterngebots ist nicht mehr erkennbar - es erscheint verallgemeinert und in einer generellen Haltung verankert. Die Motivationsklausel fehlt, wie sie auch beim Gebot zum Schutz der Vogelmutter nach Dtn 22,6f. in Ps-Phok 84.85 weggelassen ist.

Besonders kennzeichnend ist jedoch die eindeutig der Gottesverehrung zugeordnete Stellung des aufgenommenen Elterngebotes. Abgesetzt mit der Betonung πρῶτα[301] gegenüber allen anderen „Sozialgeboten" steht es gezielt am Ende[302] der Aufzählung als Teil des „obersten" Gebotes. Unverkennbar kommt dadurch eine Rangfolge der Gebote zustande, bei der das Elterngebot - ähnlich wie in Lev 19 - an prominenter Stelle steht. Innerhalb des Zwei-Tafel-Schemas gelangt es eindeutig auf die erste „Tafel" des Dekalogs.[303]

---

[298] Übersetzung nach WALTER, Pseudepigraphische jüdisch-hellenistische Dichtung, 197f.

[299] NIEBUHR, Gesetz und Paränese, 18 erwägt mit Recht, daß hier eher Lev 19,11 im Hintergrund stehen könnte.

[300] Als Quelle bietet sich - so mit Recht NIEBUHR, Gesetz und Paränese, 18 - außerhalb von Ex 20,12 / Dtn 5,16 vor allem Lev 19,2f. an Die beiden Komplexe - Dekalog und aus dem Heiligkeitsgesetz Lev 19,2f. - sind offensichtlich kombiniert worden.

[301] Πρῶτα kennzeichnet eine Lehre von allerhöchster Bedeutung; vgl. dazu VAN DER HORST, PIETER WILLEM: Pseudo-Phocylides Revisited. JSPE 3, 1988, 3-30, 17.

[302] Die Vermutung einiger Exegeten, V. 8 müßte entsprechend zu anderen Reihungen aus inhaltlichen Gründen ursprünglich am Anfang gestanden haben, ist mit VAN DER HORST, Sentences of Pseudo-Phokylides, 116.117 zurückzuweisen.

[303] VAN DER HORST, Sentences of Pseudo-Phokylides, 112, hat damit recht, wenn er die Parallelität von Ps-Phok 3-8 mit dem Dekalog feststellt; zutreffend ist auch, daß die beiden ersten Gebote der „zweiten Tafel" (Tötungsverbot - Ehebruchsverbot) wie in der LXX, bei Philo und im Neuen Testament gegenüber dem masoretischen Text umgekehrt erscheinen. Jedoch kann man m.E. nicht V. 8 in die Umschreibung „free rendering of the (second table of the) Decalogue" (ebd.) einbeziehen. Beide Gebote in PsPhok 8 gehören eindeutig zu den Gottesgeboten der ersten „Tafel".

Trotz der sehr allgemeinen Formulierung könnte Pseudo-Phokylides eventuell auch an konkrete Auseinandersetzungen um materielle Güter zwischen Eltern und Kindern denken. In der Warnung vor Geldgier (Ps-Phok 42-47) heißt es, daß Kinder aus Habgier finanzielle Ansprüche an die Eltern stellen, die nicht befriedigt werden. Daraus entsteht dann Feindschaft gegen die Eltern[304]. Von Ansprüchen der Eltern an die Kinder wird jedoch nichts gesagt.

In einer Art „Haustafel"[305] faßt Ps-Phok seine Familienethik bzw. Ethik des Hausstandes (Ehefrau-Kinder-Alte Leute-Sklaven) am Ende seines Werkes in V.175-227 zusammen. Hier ist nun das Elterngebot überhaupt nicht im Blick. Stattdessen sind andere Elternrechtssätze des Alten Testaments aufgenommen, nur einmal (Ps-Phok 179.180 mit Lev 18,8) wird auf das Elterngebot Bezug genommen. In den Ausführungen zur Ehe und zur Ehefrau werden vier Fälle aus Lev 18,6-23 herausgegriffen, wobei das Verbot der Verbindung mit der Stiefmutter[306] entsprechend dem Elterngebot mit τιμάω gestaltet ist (Ps-Phok 180):

... μητέρα δ᾽ ὣς τίμα τὴν μητέρος ἴχνια βᾶσαν.

... ehre aber wie (d)eine Mutter die, die in die Spuren deiner Mutter eintritt.

Wieder finden wir also eine Kombination zweier Elternrechtssätze des Alten Testaments. Dabei dominiert das Elterngebot in der Formulierung und bestimmt die positive Forderung, nimmt aber gleichzeitig den Inhalt des Verbots im Sexualbereich problemlos auf.

Mit V.207 setzt dann die Weisung über die Beziehung zu den Kindern ein, wobei die Ermahnung an die Eltern, ihre Verantwortung wahrzunehmen, ein fester Topos in der ethischen Unterweisung ist.[307] Dabei gilt die erste Ermahnung dem Vater, er solle nicht hart, sondern milde mit seinen Kindern umgehen (Ps-Phok 207: Παισὶν μὴ χαλέπαινε τεοῖσ᾽, ἀλλ᾽ ἤπιος εἴης ...).

---

[304] Ps-Phok V.47: ἐχθρὰ δὲ τέκνα γονεῦσιν; VAN DER HORST, Sentences of Pseudo-Phokylides, 145 verweist auf ein Zitat bei Stobaios IV, 31, 84, wo ebenfalls die Situation beschrieben ist, daß um des Reichtums willen Feindschaft zwischen Kindern und Eltern entsteht. Auch in anderen antiken Werken wird immer wieder festgehalten, daß Geldgier alle Bande gefährdet; vgl. Ovid, Metamorphosen I, 140ff.145f.

[305] Vgl. WALTER, Pseudepigraphische jüdisch-hellenistische Dichtung, 213, Anm. Vor Sentenz 175. WILSON, WALTER T.: The Mysteries of Righteousness. The Literary Composition and Genre of the *Sentences* of Pseudo-Phocylides; Tübingen 1994 (Texte und Studien zum Antiken Judentum 40), 134 weist jedoch zutreffend darauf hin, daß der Verfasser nicht einfach das Haustafel-Schema übernimmt: „Although it seems clear that the author of our *Sentences* employs the *Haustafel*-scheme in a general way as a framework for this material, dealing successively with obligations concerning marriage, children, and slaves, in certain regards his composition is unique" (Hervorhebung im Original).

[306] Vgl. Lev 18,8; Lev 20,11; auch VAN DER HORST, Sentences of Pseudo-Phokylides, 230 nimmt Lev 18,8 als vermutliche Grundlage von Ps-Phok 179.180 an.

[307] Vgl. WILSON, Mysteries of Righteousness, 143, Anm. 83.

Wie schon bei Homer[308] bezeichnet ἤπιος die richtige Haltung des Vaters gegenüber dem Kind. Die textlich unsicheren Verse 208.209 geben dann eine - wenn auch relativ freie - Auslegung von Dtn 21,18-21 wieder. Der besondere Akzent bei Ps-Phok liegt darauf, daß das Zurechtweisungs- und Züchtigungsrecht des Vaters gezielt ausgelassen wird[309].

Nach einem Abschnitt über den Schutz von Jungen und Mädchen vor sexuellem Mißbrauch schließt die Weisung über die Eltern-Kind-Beziehung mit der Einschärfung des Respekts vor dem Alter:

αἰδεῖσθαι πολιοκροτάφους,
εἴκειν δὲ γέρουσιν ἕδρης καὶ γεράων πάντων·
γενεῇ δ᾽ ἀτάλαντον πρέσβυν ὁμήλικα πατρὸς
ἴσαις τιμαῖσι γέραιρε.

Habe Ehrfurcht vor ergrauten Häuptern!
Den Greisen laß zukommen (Ehren-)Plätze und alle Ehrenbezeigungen.
Einen seiner Herkunft nach gleichrangigen Greis im Alter deines Vaters
umgib mit gleichen Ehren[310].

Die Verbindung von Lev 19,32 und Lev 19,3 ist hier explizit vollzogen[311]. Die Ehrung der Eltern wird auf Altersgenossen gleichen Ranges ausgedehnt, dabei aber auf formelle Ehrenbezeigungen eingeschränkt. Eine Versorgungsleistung ist damit selbstverständlich nicht verbunden.

Am Ende ist dem gesamten Lehrgedicht die Verheißung eines guten Lebens beigegeben (Ps-Phok 229.230):

Ταῦτα δικαιοσύνης μυστήρια, τοῖα βιεῦντες
ζωὴν ἐκτελέοιτ᾽ ἀγαθὴν μέχρι γήραος οὐδοῦ.

Dies sind die Geheimnisse der rechten Lebensweise - wenn ihr ihnen folgt,
könnt ihr ein gutes Leben führen bis zur Schwelle des Greisenalters.

So ist die Verheißung zwar immer noch auf das irdische Leben bezogen, das lange - bis zum Greisenalter - gut gelingen soll. Sie ist jedoch völlig verallgemeinert, von der Landgabe und von jedem Einzelgebot endgültig gelöst.

---

[308] Il XXIV, 770; Od II 47.234; Verweis bei VAN DER HORST, Sentences of Pseudo-Phokylides, 247.

[309] Vgl. WILSON, Mysteries of Righteousness, 144, der ebenfalls ausdrücklich darauf verweist, daß eine Bestrafung des Sohnes durch den Vater implizit ausgeschlossen wird.

[310] Ps-Phok 220-222; Übersetzung nach WALTER, Pseudepigraphische jüdisch-hellenistische Dichtung, 215; WILSON, Mysteries of Righteousness, 144 weist besonders auf das „catchword" in dieser Sequenz hin: γέρουσιν (V.220), γεράων (V.221) und γέραιρε (V.222).

[311] Eher unwahrscheinlich ist es m.E., daß hier ein direkter Einfluß des Elterngebots vorliegt; Ps-Phok 8 ist für eine Bezugnahme sehr weit entfernt; zudem gehört das Elterngebot, wie wir gezeigt hatten, dort nicht zu den Sozialgeboten der zweiten Tafel; gegen VAN DER HORST, Sentences of Pseudo-Phokylides, 254.

Kapitel 16:

# Elterngebot und Elternrecht bei Philo von Alexandrien

Philo von Alexandrien (ca. 20 v. Chr. - 50 n. Chr.)[312] hat als jüdisch-hellenistischer Schriftsteller die ausführlichste Auslegung des Dekalogs im unmittelbaren Umfeld des Neuen Testaments gegeben. Für ihn bildet der Dekalog das strukturelle Prinzip aller Gesetze. Aus den Dekaloggeboten lassen sich seiner Auffassung nach alle übrigen Gesetze deduzieren, wogegen die Rabbinen den Dekalog als gleichrangig unter den anderen Geboten behandelten. Für Philo waltet jedoch im Gesetz Gottes wie in der Natur „das von der aristotelischen Logik aufgestellte Verhältnis von *Genus* und *Species*"[313]. Die Dekaloggebote haben für ihn eine innere Ordnung und geben eine Grundstruktur aller Gebote an. Diese hohe Wertschätzung des Dekalogs durch Philo berechtigt zu der Erwartung, aus seinen Werken beispielhaft zu erfahren, wie das Elterngebot in der Textgestalt der Septuaginta[314] zur Zeit Jesu im hellenistischen Judentum verstanden wurde.

Dabei kann man drei Felder unterscheiden, auf die die Auslegung des Elterngebots bei Philo verteilt ist. Zunächst muß die Darstellung dieses Gebots im Zusammenhang der Dekalogauslegung[315] Philos berücksichtigt werden. Dort liegt auch der Schwerpunkt der Behandlung des Elterngebotes bei Philo. Auch die Auslegung der anderen alttestamentlichen Elternrechtssätze durch

---

[312] Vgl. AMIR, YEHOSHUA: Philo and the Bible. StPhilo 2, 1973, 1-8, 1. Zu den spärlichen Nachrichten über die Biographie Philos vgl. weiter COLPE, CARSTEN: (Art.) Philo. RGG³ V, Sp. 341-346.

[313] AMIR, YEHOSHUA: Philon und die jüdische Wirklichkeit seiner Zeit. In: ders., Die hellenistische Gestalt des Judentums bei Philon von Alexandria; Neukirchen-Vluyn 1983 (FJCD 5), 3-51, 43 (Hervorhebungen im Original). Dem entspricht die Aufteilung, wie Philo einerseits den Dekalog für sich (Decal) und andererseits alle Gesetze und Gebote im Zusammenhang (SpecLeg) auslegt.

[314] Vgl. AMIR, Philo and the Bible, 2: „Philo's Bible is the Greek text of the Septuagint".

[315] Die Auslegung des Dekalogs gehört für Philo zu seiner gesamten Darlegung des alttestamentlichen Gesetzes. Das Ziel dieser Darlegung hat GOODENOUGH, ERWIN R.: The Jurisprudence of the Jewish Courts in Egypt. Legal administration by the Jews under the early Roman Empire as described by Philo Judaeus; Amsterdam 1968 (Nachdruck der Erstausgabe New Haven, Conn., 1929), 10 - ungeachtet seiner problematischen Herleitung der Gesetzgebung bei Philo aus ägyptischen Gerichtsverfahren - präzise erfaßt: „It had for its purpose the explanation of how the Torah was the supreme written code known to mankind, because it stood closer than any other to the law of Nature which was the Law, or Logos, of God".

Philo ist mit dem Elterngebot verbunden, so daß danach jene Stellen aus seinen Werken zu besprechen sind. Schließlich sollen auch noch die übrigen Schriften bedacht werden, in denen Philo auf einzelne Aspekte des Elterngebots rekurriert.

## 1. Das Elterngebot in Philos Auslegung des Dekalogs

Der Dekalog nimmt für Philo - wie bereits angedeutet - unter allen Gesetzen der Heiligen Schrift einen besonderen Rang ein. In den zehn Worten, die Gott selbst ohne Mittler[316] verkündet, sind für Philo die Grundprinzipien der Einzelgesetze enthalten (Decal 18f.)[317]. Im Aufbau seines Werkes kommt er daher zuerst auf den Dekalog, die zusammenfassenden Bestimmungen (λέξω ... πρότερόν γε τῶν κεφαλαιωδεστέρων; Decal 20) zu sprechen. Die Ausführungen zu den Einzelgesetzen (SpecLeg I-IV) werden danach jeweils einem Dekaloggebot zugeordnet.

Philos Hochschätzung des Dekalogs kommt auch darin zum Ausdruck, wie er im Detail seine Proklamation beschreibt. Gott verkündigt mit den zehn Worten νόμους ἢ θεσμοὺς πρὸς ἀλήθειαν (Decal 32). Sie wurden vor dem ganzen Volk, Männern und Frauen, verkündet (ebd.) und sind dennoch ganz konkret an jeden Einzelnen gerichtet (Decal 36-43). Schließlich findet die Gabe des Dekalogs in einer Situation voller Wunder statt (Decal 44), die Worte Gottes werden sogar als Feuerflamme sichtbar (Decal 46-48), was von Philo auf ihre richtende Funktion gedeutet wird (Decal 49).

In der Einteilung des Dekalogs nimmt Philo die Zwei-Tafel-Tradition auf[318], wobei er die Abfolge der beiden Tafeln beibehält, allen zehn Geboten

---

[316] Ansonsten spielt Mose als inspirierter Gesetzesvermittler und sogar Gesetzgeber bei Philo eine große Rolle; vgl. AMIR, YEHOSHUA: Mose als Verfasser der Tora bei Philon. In: ders., Die hellenistische Gestalt des Judentums bei Philon von Alexandrien; Neukirchen-Vluyn 1983 (FJCD 5), 77-106.

Die Probleme, die sich für Philo selbst daraus ergeben, daß er den Dekalog unmittelbar auf eine Verkündigung Gottes zurückführt, hat Burkhardt (BURKHARDT, HELMUT: Die Inspiration heiliger Schriften bei Philo von Alexandrien; Giessen, Basel, 1988) gut dargestellt. Während Gott ansonsten bei Philo als völlig transzendent verstanden wird, fällt dieser Anthropomorphismus deutlich aus dem Rahmen. Philos Ausweg, die „sichtbare Stimme" (VitMos II, 213; vgl. auch Decal 32-35) als eigene Hypostase einzuführen, löst die Schwierigkeit nicht und widerspricht dem αὐτοπροσώπως von Decal 19.39.175.

[317] Vgl. dazu auch Congr 120, wo die zehn von Mose aufgeschriebenen Worte als „Wurzel, Ursprung und ewig strömender Quell der Anordnungen, die die Befehle und Verbote zum Nutzen derer, die sie befolgen, umfassen" (Übersetzung nach Lewy, H., in: Philo Werke Bd. VI, 35). Entsprechend stuft Philo die zehn Worte auch in Her 167 ein.

[318] Vgl. Her 168.

aber das gleiche Ziel zuschreibt (Decal 50). Die erste Reihe[319] enthält für ihn fünf Gebote: über Gottes Alleinherrschaft, von Menschenhand gemachte Götzenbilder, Heiligung des Gottesnamens, Sabbatruhe und schließlich über die Ehrfurcht gegenüber den Eltern, und zwar ausdrücklich gegenüber Vater und Mutter (περὶ γονέων τιμῆς καὶ ἰδίᾳ ἑκατέρου καὶ ἀμφοτέρων κοινῇ; Decal 51). Die Gebote werden wohl aus Ehrfurcht vor dem hebräisch dokumentierten Gotteswort nicht wörtlich in griechischer Sprache wiedergegeben, sondern lediglich in der Art einer Inhaltsangabe paraphrasiert.[320] Während nun Philo auf der zweiten Tafel ausschließlich die Verbote für das zwischenmenschliche Leben erkennt, hebt er die Inklusion der Ausrichtung auf Gott auf der ersten Tafel hervor: „So ist der Anfang der einen Tafel Gott, nämlich der Vater und Schöpfer des Alls, der Abschluß aber die Eltern, die - sein Wesen nachahmend - die Einzelmenschen erzeugen"[321]. Die Schöpferkraft der Eltern wird so von Gott abgeleitet; sie verbindet Vater und Mutter naturaliter mit Gott[322] und führt dazu, daß das Gebot der Elternehrung ganz mit den Geboten für das Verhalten gegenüber Gott verknüpft wird.

Bei der Auslegung des Elterngebots (Decal 106-120) führt er dagegen dessen Stellung zurückhaltender ein. Es erscheint zwar auf der Tafel der das Gottesverhältnis betreffenden Gebote, wird jedoch nun stärker auf eine Überleitungsfunktion hin ausgelegt. Gott habe - so sagt Philo nun - dem Gebot über die Ehrfurcht vor den Eltern „seine Stelle auf der Grenze zwischen den beiden Abteilungen von je fünf Geboten gegeben"[323]. Als Begründung gilt die „Natur der Eltern": sie steht zwischen Sterblichkeit und Unsterblichkeit, denn einerseits sind die Eltern natürlich vergängliche, sterbliche Menschen, andererseits haben sie in ihrer Funktion als Erzeuger der Kinder Ähnlichkeit mit Gott, dem Erzeuger des Weltalls.[324]

---

[319] DEXINGER, Dekalog im Judentum, 90 sieht in der Darstellung Philos die Bewertung der ersten Tafel als Zusammenstellung der „eigentlichen Gebote". Ein solch deutlicher Vorrang ist jedoch im Text nicht zu erkennen.

[320] So versteht auch SCHREINER, STEFAN: Der Dekalog in der jüdischen Tradition und im Koran. Kairos 23, 1981, 17-30, 19 die Aufnahme des Dekalogs.

[321] Decal 51: ὡς εἶναι τῆς μιᾶς γραφῆς τὴν μὲν ἀρχὴν θεὸν καὶ πατέρα καὶ ποιητὴν τοῦ παντός, τὸ δὲ τέλος γονεῖς, οἳ μιμούμενοι τὴν ἐκείνου φύσιν γεννῶσι τοὺς ἐπὶ μέρους.

[322] An anderer Stelle kann Philo sagen, daß sich das fünfte Gebot nicht auf Menschen bezieht, sondern auf Gott selbst, „im Vergleich zu dem Mutter und Vater nur scheinbar zeugen, da sie (in Wahrheit) nicht zeugen, sondern Werkzeuge des Zeugens sind"; Her 171. Übersetzung nach COHN, J. in: Philo Werke Bd. V, 262.

[323] Decal 106; Übersetzung nach TREITEL, L., in: Philo Werke Bd. I, 394f.

[324] Vgl. dieselbe Argumentation in Her 172: die sterblichen Eltern sind das Ende der unsterblichen Kräfte, die in Nachahmung der Schöpferkraft die Fähigkeit zur Zeugung gaben. AMIR, YEHOSHUA: Die Zehn Gebote bei Philon von Alexandria. In: ders., Die hellenistische Gestalt des Judentums bei Philon von Alexandria; Neukirchen-Vluyn 1983 (FJCD 5), 131-163, 160, identifiziert die Verbindung „Vater und Erzeuger" für Gott als eindeutig platonisch und attestiert Philo in diesem Zusammenhang ein „nichtjüdisches Element".

Keinesfalls jedoch bedeutet diese Mittelstellung, daß die Bedeutung des Gebots dadurch gemindert würde. Philo nimmt sie vielmehr zum Anlaß, das Elterngebot noch stärker herauszustellen. Er unterscheidet zwischen denen, die sich ganz Gott und der Beachtung der ersten Gebotstafel geweiht haben, den „Gottesfreunden", und denen, die sich nur der zweiten Tafel zuwenden, den „Menschenfreunden". Vollkommen aber sind nur, die sich in beiden Richtungen auszeichnen, während diejenigen, die in beider Hinsicht versagen, sich geradezu auf die Stufe von Tieren begeben. Exemplarisch wird solches Versagen an denen dargestellt, die keine Rücksicht auf ihre Eltern nehmen (οἱ γονέων ἀλογοῦντες; Decal 110): sie sind Feinde Gottes und Feinde der Menschen. Ihre Schuld besteht vor göttlichem wie vor menschlichem Gericht.

Die Eltern erhalten in diesem Zusammenhang zuerst eine Gottesprädikation beigelegt, indem sie „aus dem Nichtsein ins Sein hinübergeführt haben und damit Nachahmer Gottes"[325] sind. Auf der anderen Seite zeigt Philo, daß Verächter der Eltern gleichzeitig auch immer Feinde aller Menschen sein müssen: Wem werden diejenigen noch Gutes tun, die ihre größten Wohltäter mißachten? (Decal 112) Philo nimmt dabei auch den Gedanken der Vergeltungspflicht der Kinder für die Wohltaten der Eltern auf, wobei er - wie schon Aristoteles[326] und Jesus Sirach[327] - davon ausgeht, daß diese Vergeltungspflicht höchstens näherungsweise, nie jedoch in vollem Umfang erfüllt werden kann.[328] Der tiefste Grund dafür liegt in der Natur, denn wer von seinen Eltern Leben empfangen hat, kann ihnen nicht das Leben wieder erstatten[329].

Auffallend ist, daß Philo nirgends das Problem diskutiert, daß das Gebot der Gottesehrung dem Elterngebot in der Praxis widersprechen könnte, wenn etwa Eltern ihre Kinder zum Götzendienst verführen wollen. Ausnahmsweise wird in SpecLeg II, 236 angedeutet, daß es Väter geben könnte - die dann allerdings keine wahrhaftigen Väter sind -, die ihren Sohn etwas nicht Tugendhaftes lehren könnten. Ansonsten geht Philo selbstverständlich von der Koinzidenz von Gottesgebot und Elternweisung aus. Die Gebote, Gott zu ehren sowie Vater und Mutter zu ehren, können dann nicht in Konflikt geraten. Die Verbindung zwischen Gott und den Eltern wird durch diesen Grundsatz noch verstärkt.

---

[325] Decal 111: τοὺς ἐκ τοῦ μὴ ὄντος εἰς τὸ εἶναι παραγαγόντας καὶ κατὰ τοῦτο μιμησαμένους θεόν; vgl. Röm 4,17.

[326] Vgl. oben Kapitel 11.2.

[327] Vgl. oben Kapitel 12.1.

[328] So unbegrenzt die Pflicht der Kinder und das Recht der Eltern damit erscheinen mag, so gut weiß jedoch Philo darum, daß auch die Eltern, namentlich der Vater, eine Mitverantwortung dafür tragen, daß die Kinder das Elterngebot erfüllen können. In SpecLeg IV, 184 legt er einem guten Herrscher nahe, seine Untertanen zu behandeln wie ein Vater seine Kinder, damit er selbst wieder geehrt werde, wie ein Vater von seinen leiblichen Kindern. Daraus folgt, daß die als Vergeltung empfangene Ehrung nicht unabhängig von demjenigen ist, der geehrt zu werden beansprucht. Eine Pflicht der *Eltern* ergibt sich freilich nicht daraus.

[329] Vgl. Decal 112.

In einer längeren Anrede an diejenigen Kinder, die ihren Eltern nicht das Geringste zuwenden, gibt Philo dann Beispiele aus der Tierwelt, die als Vorbilder dienen sollen. Im Blick auf den Hund - „das frechste aller Tiere" (Decal 115) - wird zunächst dessen Einsatzbereitschaft für seinen Wohltäter gerühmt: er verteidigt seinen Herrn bis zum Tode (Decal 114). Schwerpunkt der Vorbildschilderung sind jedoch die Störche. Zu ihnen führt Philo aus, daß die Jungen ihre Eltern mit Nahrung versorgen, wenn diese nicht mehr fliegen können[330]. Solche Versorgung bedeutet die „Rückzahlung einer Schuld", eine Rückerstattung von empfangenen Wohltaten, zugleich gegeben in der Erwartung, daß wiederum der eigene Nachwuchs im Alter die entsprechende Pflege übernimmt[331]. Inhaltlich versteht also Philo das Elterngebot hier eindeutig als Weisung zur Versorgung der alten Eltern, die sich am Ende des Lebens nicht mehr selbst ernähren können - so wie einst die Jungen gleich nach der Geburt (Decal 117). Natur und Gottes Wort lehren für Philo an dieser Stelle - wie an vielen anderen Stellen - dasselbe: Kinder haben für ihre Eltern zu sorgen, wenn diese alt geworden sind. Am Ende des Auslegungsabschnittes folgt noch einmal der Vergeltungsgedanke als Begründung sowie die Argumentation, wer die Eltern als Diener Gottes für die Kinderzeugung mißachtet, der mißachte zugleich Gott als deren Herrn.

Philo referiert dann einen Spitzensatz, den andere[332] formulieren: Vater und Mutter seien sichtbare Götter (πατὴρ καὶ μήτηρ ἐμφανεῖς εἰσι θεοί; Decal 120). Daraus folgt, daß sie als sichtbare Götter über ihre Kinder regieren können, während der unsichtbare Gott als Gott über den Kosmos regiert. Dies will Philo nicht behaupten[333], stimmt jedoch darin zu, daß diejenigen

---

[330] Die Versorgung der alten Störche durch die jungen galt bereits im antiken Griechenland als vorbildlich. So findet man es zum Beispiel bei Aristophanes, Vögel, 1353-1357, wo einem ungeratenen Sohn das alte Gesetz der Störche entgegengehalten wird. Auch Aristoteles in seiner Tiergeschichte, 615b (Kap. IX, Abschnitt 13) erwähnt das Beispiel der Störche kurz. COHN verweist in seiner Übersetzung (in: Philo Werke Bd. 1, 397) zudem auf das Verb ἀντιπελαργεῖν, was soviel bedeutet wie „für Wohltaten dankbar sein wie ein Storch".

[331] Wir finden in der literalen Auslegung des Elterngebots nur diese retributive Motivation im Blick auf die Zukunft, nicht jedoch die Motivation mit dem auch schon gegenwärtigen eigenen Vorteil. Diese ist nur in einer allegorischen Deutung des Elterngebotes in Det 52-56 enthalten, wo die Motivationsklausel von Ex 20,12par. dahingehend ausgelegt wird, daß das „damit es dir gut geht" als Betonung des eigenen Vorteils akzentuiert ist: „Nicht denen, die geehrt werden, soll es gut gehen, sondern dir". Das bezieht sich jedoch nicht auf die leiblichen Eltern, sondern auf den Geist bzw. den Schöpfer der Welt als Vater und die Sinnlichkeit bzw. die Weisheit als Mutter. Wenn wir Geist und Sinnlichkeit in Ehren halten, werden wir von ihnen Gutes erfahren, wenn wir den Schöpfer und die Weisheit ehren, geht es uns selbst gut. Diese Allegorie veranschaulicht den Grundsatz: Wer den Besseren ehrt, nützt sich selbst. Auf das Verhältnis der Kinder zu ihren leiblichen Eltern wendet Philo diesen Satz jedoch nicht an.

[332] Die Gleichsetzung der Eltern mit Göttern findet sich auch in der stoischen Popularphilosophie öfter; vgl. bei COHN in: Philo Werke Bd. I, 398.

[333] Vgl. jedoch unten, SpecLeg II, 225.

den unsichtbaren Gott nicht ehren können, die schon die ihnen sichtbaren und nahen Eltern mißachten.

Damit endet die Auslegung des Elterngebots im Dekalog, und Philo geht zur zweiten Reihe der Gebote über. Nach deren Auslegung kommt er darauf zu sprechen, wie die Einzelgebote diesen Hauptgeboten zugeordnet sind. Diese Zuordnung ist für ihn von größter Bedeutung und er verwendet alle Mühe auf den Nachweis des systematischen Aufbaus des ganzen Gesetzes Gottes nach dem Prinzip des Dekalogs.

Das Elterngebot - nach seiner Zählung das fünfte - deutet auf sämtliche Gesetze bezüglich des Verhältnisses der Generationen (Greise und Jünglinge), der Stände (Herrschende und Untergebene), der sozialen Schichtung (Wohltäter und Empfänger von Wohltaten) und innerhalb der Gesellschaft und Hausgemeinschaft (Sklaven und Herren). Hier - im Abschnitt Decal 165-167 - ist nun nicht mehr der eigentliche Inhalt des Elterngebots Thema, sondern Philos Anliegen, eine systematische Ordnung aufzuzeigen[334], führt dazu, daß verschiedenste Gesetze darunter subsumiert werden - so etwa die Vorschriften, wie die Jüngeren das Alter zu ehren oder die Älteren für die Jüngeren zu sorgen haben (Decal 167), wobei letzteres nur thematisch mit dem Elterngebot verbunden sein kann. Dies leitet bereits zur Auslegung der Einzelgesetze über.

Innerhalb jener Auslegung der Einzelgesetze nimmt Philo zu Beginn des fünften Hauptstücks (SpecLeg II, 224-248; 261.262) über die Elternehrung und damit verbundene Gesetze jedoch nochmals auch das Elterngebot des Dekalogs ganz direkt auf und verknüpft es mit einigen anderen Elternrechtssätzen aus dem Pentateuch.

Ausdrücklich greift er dabei auf die Darlegungen über den Dekalog zurück und hält nochmals die Mittelstellung der Eltern zwischen göttlicher und menschlicher Natur fest: „Wie sich nämlich Gott zur Welt verhält, meine ich, so zu den Kindern die Eltern"[335], wobei die Eltern dem Menschengeschlecht in Nachahmung von Gottes Schöpfertätigkeit Unsterblichkeit verleihen.

Da Philo jetzt den Blick auf die weiteren Elternrechtssätze richtet, die bereits in ihrem ursprünglichen Kontext nichts mit der Altersversorgung der Eltern zu tun haben, erscheinen selbstverständlich nun andere Inhalte mit dem Elterngebot verbunden. Wenn er weitere Gründe nennen will, weshalb die Eltern geehrt werden sollen (SpecLeg II, 226), so weitet er den Blick - wie schon am Ende der Dekalogauslegung (Decal 165-167) angekündigt - darauf, daß die Eltern als Ältere gegenüber den Jüngeren, als Lehrer gegenüber Schü-

---

[334] GOODENOUGH, Jurisprudence, 12 spricht mit Recht von „artificial classification of all legislation as derived from the Decalogue". AMIR, Zehn Gebote, 136 konzediert: „Freilich ist zuzugeben, daß es Philon nicht gelungen ist, seinen großangelegten architektonischen Gedanken bis ins einzelne durchzuführen". Jedoch unterscheidet ihn schon dieses Konzept einer solchen Zuordnung von der rabbinischen Tradition.

[335] SpecLeg II, 225.

lern, als Wohltäter gegenüber Empfängern der Wohltaten, als Herrscher über Untergebene und Herren über Diener einen Anspruch darauf haben. In der allegorischen Auslegung des Gesetzes, wo es Philo darauf ankommt, nicht nur - wie die schlechten Menschen - die Eltern aufgrund von Sitte und Gewohnheit zu ehren, sondern aus persönlicher Einsicht, gibt er entsprechend als Gründe für die Ehrung von Vater und Mutter an, daß „die Eltern uns erzeugt, ernährt, erzogen und mit allem Guten versehen haben"[336].

Der Vorrang der Eltern als Urheber der Kinder ist evident, ebenso ihre Rolle als Lehrer, bei der sie ihr Wissen, aber auch ihre moralischen Einsichten an die Kinder weitergeben.[337] Hier nennt Philo nun auch explizit weitere Wohltaten der Eltern neben Erzeugung, Ernährung und Erziehung der Kinder: körperliche Stärkung durch Turn- oder Ringunterricht, seelische Bildung durch Grammatik, Arithmetik, Geometrie, Musik und Philosophie. Die Wohltaten der Eltern bestehen aus παιδεία an Leib und Seele. Philo setzt dabei eindeutig griechische Bildung bei den Juden in Alexandria voraus.[338]

Die Herrschaft und Autorität (ἀρχή) über ihre Kinder haben die Eltern - genauer: der Vater - von Natur aus[339], nicht aufgrund menschlicher Wahl, woraus für Philo das Recht des Vaters folgt, seine Kinder zu tadeln, streng zu ermahnen, zu schlagen und sogar gefangen zu setzen (SpecLeg II, 231f.). In diesem Zusammenhang wird dann Dtn 21 angeführt, wobei Philo die Gewalt der Eltern wesentlich ausdehnt, auf den Vater konzentriert und das Gesetz dem römischen Recht und der darin verankerten patria potestas angleicht.[340]

Philo kann die Elternschaft auch als Herrschaft über Sklaven (δεσποτεία) verstehen, da die Kinder die beiden Möglichkeiten des Sklavenerwerbs erfüllen: sie sind im Haus geboren und durch große finanzielle Aufwendungen für Erziehung und Ernährung von den Eltern gleichsam „gekauft".

Ehrung der Eltern ist von diesen Voraussetzungen her eine Selbstverständlichkeit. Sie muß sich darin zeigen, daß Eltern als Ältere anerkannt (ὡς πρεσβυτέρους αἰδούμενοι) und als Lehrer angenommen werden (ὡς ὑφηγητὰς ἀποδεχόμενοι), daß ihnen als Wohltätern mit Gleichem vergolten wird (ὡς εὐεργέτας ἀμοιβῆς ἀξιοῦντες), daß die Kinder ihnen als Vorgesetzte gehorchen (ὡς ἄρχουσι πειθαρχοῦντες) und sie als Herren fürchten (ὡς δεσπότας εὐλαβούμενοι).[341]

---

[336] All I, 99; Übersetzung nach I. HEINEMANN, in: Philo, Werke Bd. III, 50.

[337] SpecLeg II, 228.

[338] SpecLeg II, 230; Vgl. dazu die Darstellung bei MENDELSON, ALAN: Secular Education in Philo of Alexandria; Cincinnati 1982 (MHUC 7); besonders zum Alter für die Erziehung und Ausbildung der Jungen, S. 40-42.

[339] Hintergrund dafür ist die seit Aristoteles in der griechischen Popularphilosophie vertraute Parallelisierung von Staat und Haus.

[340] Vgl. LegGai 28 und dazu GOODENOUGH, Jurisprudence, 68-74.

[341] SpecLeg II, 234; GOODENOUGH, Jurisprudence, 71, verweist auf die römische Gesetzgebung und Literatur, in der Kinder und Sklaven faktisch gleichgestellt wurden.

Diese Vielfalt, mit der die Elternehrung begründet wird, erlaubt hier keine Konzentration auf die Versorgung der alten Eltern. Stattdessen hat Philo die Situation im Blick, daß die Eltern noch sehr wohl eigenständig leben und sich lediglich an der Tüchtigkeit und dem Lebensglück der Kinder erfreuen wollen. Die Aufforderung, Vater und Mutter nächst Gott zu ehren (πατέρα ... μετὰ θεὸν καὶ μητέρα τίμα; SpecLeg II, 235), soll daher in diesem Zusammenhang dadurch erfüllt werden, daß das Kind danach strebt, gut zu sein und gut zu erscheinen (ἀγαθός τε εἶναι καὶ δοκεῖν εἶναι; ebd.).

Schließlich finden wir ganz am Ende der Ausführungen zu Strafen und Belohnungen dafür, daß diese Gebote mißachtet oder gehalten werden, einen kurzen Abschnitt zur Motivationsklausel, die in der ersten Auslegung des Dekalogs völlig übergangen wurde. Philo hat Mühe, diese Klausel noch unterzubringen, da sich doch die Elternehrung seiner Meinung nach von selbst versteht. Dies bekräftigt er auch - der Lohn ist bereits im Tun selbst enthalten (SpecLeg II, 261) -, aber er setzt dennoch dann das Elterngebot gegenüber den ersten vier Geboten ab. Es beziehe sich, so sagt er, im Unterschied zu den anderen Geboten der ersten Tafel nur auf Sterbliche, darum habe es eine tröstliche Verheißung bei sich. Die Belohnungen sind einerseits die Tugend (ἀρετή), andererseits die Unsterblichkeit (ἀθανασία). Sie wird wiederum einerseits durch lange Lebensdauer, andererseits durch das Leben als geläuterte Seele bereits im irdischen Leib erreicht, was ewigem Leben gleichkommt (SpecLeg II, 262).

Anders als in der ersten Auslegung des Elterngebots in „De Decalogo" geht es Philo bei der Besprechung der Einzelgesetze nicht um den eigentlichen Kern und die Aussage des Gebots. Er zielt vielmehr darauf ab, die Aufforderung des Gebots zu begründen und geht dabei vielfältige Wege. Die inhaltliche Bestimmung der Elternehrung hängt hier an den zuvor ausgeführten Funktionen der Eltern (Ältere, Lehrer, Wohltäter, Vorgesetzte, Herren), die dem patriarchalischen Weltbild Philos entstammen, und wird nicht am Gebotstext selbst erhoben. Τιμάω kann als Begriff ein sehr weites Bedeutungsfeld abdecken[342], was Philo hier für eine weitere Perspektive nutzt. Es wird weiter zu prüfen sein, inwieweit er die Ehrung der Eltern an anderen Stellen auf deren Versorgung im Alter bezieht.

## 2. Das Elterngebot in der Auslegung
### der anderen Elternrechtssätze durch Philo

Von den anderen Elternrechtssätzen des Alten Testaments kommt bei jener zweiten Auslegung des Elterngebots in SpecLeg II zuerst der Fall des ungehorsamen Sohnes in Dtn 21,18-21 in den Blick. Das Züchtigungsrecht des

---

342 Vgl. oben, Kapitel 11.2.

Vaters setzt sich - so Philo anhand dieses Beispiels - bei andauerndem Ungehorsam des Kindes dahingehend fort, daß die Eltern - allerdings nur Vater und Mutter in Übereinstimmung - die Todesstrafe verhängen können (SpecLeg II, 232). An anderer Stelle entnimmt er dem Demonstrativpronomen οὗτος in Dtn 21,20, daß die Eltern des ungehorsamen Sohnes noch andere Söhne hatten, die dem rechten Wort und der Ermahnung gehorchten (Mut 206; Ebr 94). Das Thema der Altersversorgung ist damit nicht verbunden.

Dasselbe gilt für die ausführliche Bezugnahme auf Dtn 21 in Ebr 13-98. Die Eltern werden zwar als die natürlichen Fürsprecher ihres Sohnes genannt (Ebr 14) und in einer allegorischen Deutung werden Vater und Mutter auf Vernunft und Erziehung gedeutet (Ebr 30-92). Nirgends aber deutet Philo in diesem Zusammenhang an, daß Ungehorsam Vernachlässigung der Eltern bedeuten könnte, Gehorsam aber ihre Versorgung einschließen müßte.

Auch dort, wo Philo direkt das Alter der Eltern anspricht, sieht er sie bei der Auslegung der Einzelgesetze nicht als Adressaten von Versorgungsleistungen. Vielmehr versucht er, die Ehrung der Eltern von daher einsichtig zu machen, daß alten Menschen grundsätzlich Achtung gebührt. Diese Wertschätzung auch für fremde Männer und Frauen in hohem Alter ist darin begründet, daß die jungen Leute sie als Abbilder von Vater und Mutter betrachten (SpecLeg II, 237). Wenn die Jungen den Älteren Ehrenplätze einräumen und vor ihnen aufstehen - so versteht Philo hier Lev 19,32[343] -, so gilt ihnen auch dafür die Verheißung des Elterngebots, nämlich ein langes Leben in hohem Alter (SpecLeg II, 238).

Lev 19,3 wird von Philo speziell wegen des Aspekts der Furcht[344] der Kinder vor den Eltern aufgegriffen. In Philos Zitat von Lev 19,3 steht - nach dem Text der LXX - der Vater vor der Mutter. Dies bestärkt Philo offenbar in seiner Auslegung, daß Kinder vor den Eltern nicht nur Ehrfurcht, sondern Angst haben sollen. Er empfiehlt den Eltern große Strenge gegenüber ihren Kindern, da die Liebe zu den Kindern von der Natur gegeben sei und eher zur Verwöhnung führe. Um dies zu verhindern, hält Philo die Furcht der Kinder vor ihren Eltern für zweckmäßig in der Erziehung. In SpecLeg II, 240, wo er die Folgen von Großzügigkeit gegenüber den Kindern brandmarkt, sind dabei selbst erwachsene Kinder nicht ausgenommen. Auch sie sollen ihre Eltern als von der Natur gegebene Herren fürchten, damit sie vor Untaten zurückschrecken.

Auf Ex 21,15.17 greift Philo zurück, wenn er die Strafen diskutiert, die für die Mißachtung der mit dem Elterngebot verbundenen Gebote vorgesehen sind. Anders als der biblische Text fordert er für den, der Vater oder Mutter schlägt, die Todesstrafe in Form der Steinigung, vielleicht durch Dtn 21,21

---

[343] In De sacr 77 verkehrt er dagegen den Sinn der Stelle, indem er das „Aufstehen" dort als Akt der Ablehnung gegen die nichts schaffende Zeit deutet.

[344] Ἕκαστος πατέρα τε ἑαυτοῦ καὶ μητέρα φοβείσθω (Lev 19,32 LXX; SpecLeg II, 239).

veranlaßt. Ausführlich wendet er sich dann gegen eine Sinnbildstrafe wie das Abhacken der Hand, da nicht das Werkzeug, sondern der Urheber bestraft werden müsse. Zudem soll vermieden werden, daß später die angegriffenen Eltern nun für den durch die Bestrafung hilflosen Sohn auch noch sorgen müssen (SpecLeg II, 242ff.).

Auch die Todesstrafe für den Fluch sowie jede Schmähung gegen die Eltern nach Ex 21,17 bestätigt Philo (SpecLeg II, 248). An anderer Stelle ist es für Philo so selbstverständlich, daß Verfluchung der Eltern (vgl. Ex 21,17; Dtn 27,16) bzw. auch schon ihre Verleumdung mit dem Tode bestraft wird, daß er den Tod des Gotteslästerers davon ableiten kann. Wenn schon diejenigen, die ihre sterblichen Eltern gelästert haben, zum Tode abgeführt werden, welche Strafe verdienen dann wohl diejenigen, die es wagen, den Vater und Schöpfer des Weltalls zu lästern? (Fug 83f.).

Die Rechtssätze in Lev 18 und 20 bezüglich der Eltern bzw. der Mutter - im Zusammenhang des Ehebruchverbots erklärt - deutet Philo ebenso konsequent auf den geschlechtlichen Umgang, wobei die hohe jüdische Moral gegen die verwerflichen heidnischen Gepflogenheiten bei Persern und Griechen abgehoben wird (SpecLeg III, 12-21).

Zwar kann Philo also die anderen Elternrechtssätze, ja sogar Gesetze über den Umgang mit alten Menschen, auf das Elterngebot des Dekalogs beziehen und sie ihm zuordnen, jedoch führt dies nicht dazu, daß der Inhalt des Elterngebots, wie er ihn in Decal 117 erhoben hat, nochmals verstärkt aufgegriffen wird. Mit dem Thema der Altersversorgung sind die anderen Elternrechtssätze nie ausdrücklich verknüpft.

## 3. Elterngebot und Elternrecht in den übrigen Schriften Philos

In den übrigen Schriften Philos wird das Elterngebot nicht explizit erwähnt. Wir finden dagegen einige Aspekte der Eltern-Kind-Beziehung sowie der Altersversorgung angeführt, die für die Auslegung des Elterngebotes von Interesse sind. Dabei ist die Beziehung zwischen Eltern und Kindern für Philo eine äußerst enge Verbindung. Kinder sind gleichsam ein Teil der Eltern, wie er es Jakob sagen läßt, als dieser Benjamin nach Ägypten mitziehen lassen soll: „Ich aber werde stückweise auseinandergerissen - Teile der Eltern sind ja die Kinder - und laufe Gefahr in Kinderlosigkeit zu geraten, nachdem ich bis vor kurzem für kinderreich und kindergesegnet gehalten worden bin"[345].

---

[345] Jos 187; Übersetzung nach L. COHN, Philo, Werke Bd. I, 196. Philo kann an anderer Stelle mit der Identifizierung von Vätern und Söhnen sogar so weit gehen, daß er Ex 20,5 daraufhin deutet, daß ausschließlich die Söhne die Schuld der Väter tragen müssen, während die schuldig gewordenen Väter selbst der Anklage entgehen (Sobr 48).

Kinderlosigkeit ist eine schwere Last, wie es auch in Abrahams Frage, ob er kinderlos sterben werde (Her 34), bzw. seiner Klage, daß Gott die kinderlose und unfruchtbare Seele hasse (Her 36), zum Ausdruck kommt. Besonders in die spätgeborenen Kinder, so zeigt es Philo am Beispiel Isaaks, sind die Eltern - wie Abraham - „beinahe rasend verliebt"[346]. Die Eltern-Kind-Verbindung ist aber stets darin begründet, daß Kinder das Erbe der Eltern antreten und die Familie fortführen sollen.[347]

Im Blick auf die Erziehung durch die Eltern setzt Philo zunächst einen charakteristisch jüdischen Akzent. Kindesaussetzung und Kindesmord[348] der heidnischen Völker lehnt er ab und bemüht sich, die Opferung Isaaks nach Gen 22 davon so weit wie möglich abzurücken[349]. Ansonsten aber bewegt er sich im Rahmen der griechisch-römischen Vorstellung von Kindererziehung.

Die Versorgung der Kinder durch die Eltern ist ein Naturgesetz: so wie Gott für die Welt, die er geschaffen hat, Sorge trägt, so Vater und Mutter für ihre Kinder (Op 171)[350]. Das Recht der Eltern besteht vor allem darin, ihre Kinder streng zu erziehen, denn diejenigen, die von ihren Erziehern geschlagen und getadelt wurden, gelten als die besseren Menschen (Det 145). Erfolgreicher und tüchtiger sind diejenigen, die eine natürliche Aufsicht und Leitung hatten, wie sie Eltern über ihre Kinder zusteht (... ἣν οἱ γεννήσαντες ἐπὶ τέκνοις κεκλήρωνται; ebd.). Auch wenn den unverständigen Kindern die sehr nützlichen, aber unbequemen Unterweisungen der Eltern oder Erzieher in der Regel nicht gefallen (Sobr 23), so sind sie doch unbedingt notwendig, denn erst im vierten Lebensalter - ab 21 Jahren - ist für Kinder das sittlich Gute vollständig faßbar (Her 298). Dagegen kann etwa die Zeit zwischen vierzehn und einundzwanzig Jahren sogar ein geradezu krankhaftes Zeit- oder Lebensalter genannt werden, in dem sich das Böse im Menschen ausbreitet und sogar Eltern mit ihren Verfehlungen schlechten Einfluß ausüben können (Her 295-297.299). Wenn Eltern, Vormünder, Lehrer und Pfleger die ihnen anvertrauten Kinder maßregeln oder schlagen, so kann Philo dies nicht als Mißhandlung sehen, sondern nennt es im Gegenteil „Liebe und Zuneigung" (Jos 74).

---

[346] Abr 195; Übersetzung nach J. COHN, Philo, Werke Bd. I, 136.

[347] Vgl. SpecLeg II, 124-128.

[348] Vgl. SpecLeg III, 110-119.

[349] Vgl. Abr 176-181.184-199.

[350] Für den Proselyten muß Gott Recht sprechen, weil er sich seine Blutsverwandten, auch seine Eltern, zu Feinden gemacht hat (SpecLeg IV, 177f.; vgl. oben Kapitel 15.4. zu Joseph und Aseneth). Für die Waise gilt dasselbe, da sie „Vater und Mutter, die natürlichen Helfer und Schützer, verloren hat und so der einzigen Macht beraubt ist, die ihr unbedingt beistehen würde" (SpecLeg IV, 178; Übersetzung nach I. HEINEMANN, in: Philo, Werke Bd. II, 287). Die Witwe hatte der Mann in Pflege und Schutz genommen; nach dessen Tod steht sie, da Mutter und Vater ihr nicht zur Verfügung stehen, ebenfalls unmittelbar unter Gottes Schutz (SpecLeg IV, 178). In jedem dieser Fälle ist das Charakteristikum von Elternschaft deren Qualifikation als Versorger, die ersatzweise von Gott wahrgenommen wird.

Ziel der ganzen Erziehung ist der Gehorsam, der nach Philo einen guten Sohn auszeichnet. Von seinem patriarchalischen Denken her ist es entscheidend, daß die Kinder den Eltern folgsam sind. Wie stark er dies in den Bibeltext hineinliest und mit welcher Konsequenz, illustriert seine Deutung der Jakobsgeschichte in Gen 27,12-13. Philo bewundert Jakob, wie er beide Eltern ehrt und damit das Elterngebot erfüllt (Quaest in Gn IV, 202), denn Jakob widerspricht zwar dem Betrugsvorschlag seiner Mutter, aber er macht ihr keine Vorhaltungen. Für Philo ist das beispielhaft, da Jakob auf diese Weise dem Vorwurf des Ungehorsams gegenüber seiner Mutter entgeht. Dies wäre genauso schlimm wie der Vorwurf des Betrugs gegenüber dem Vater, von dem ihn sein Widerspruch aus der Sicht Philos gleichfalls entlastet. Als weitere Rechte der Eltern werden nur das Recht der Eltern eines Mädchens, der Heirat der Tochter zuzustimmen, genannt - weshalb der Bräutigam um ihre Hand anhalten muß (SpecLeg III, 67) - sowie das Verteidigungsrecht der Eltern, wenn ihre Tochter verleumdet wird (SpecLeg III, 80).[351]

In der Legatio ad Gaium kommt im Tadel der Volksmeinung gegen Silanus (LegGai 71) die allgemeine Erwartung[352] zum Ausdruck, daß Eltern den gesellschaftlichen Stand des erwachsenen Sohnes respektieren, wenn es über beispielhafte Väter heißt, sie träten „als einfache Bürger hinter ihren Söhnen zurück, wenn diese in hohe öffentliche Ämter und Stellungen gelangt sind, und nehmen ohne Murren den zweiten Rang ein"[353].

Ein Grund für die Zurückhaltung Philos in der Behandlung des Verhältnisses zwischen Eltern und ihren erwachsenen Kindern dürfte darin liegen, daß auch Alter und Gebrechlichkeit für Philo nur ein Randthema zu sein scheinen. Philo kennt zwar den Brauch der Brahmanen, sich vor dem beschwerlichen Alter selbst zu verbrennen, und nennt das Alter in diesem Zusammenhang eine langwierige und unheilbare Krankheit[354]. Sie ist für jeden Menschen unvermeidlich, da „das lange Greisenalter ... jeden niederzuwerfen und zu schwächen" pflegt[355].

---

[351] Ein weitergehendes Recht der Eltern im Strafprozeß, insbesonders das stellvertretende Erleiden von Strafen durch Kinder für ihre Eltern und umgekehrt der Eltern für die Kinder, ist für Philo durch Dtn 24,16 ausgeschlossen (SpecLeg III, 153-168).

[352] Philo zitiert hier - gegen seine eigene Position - die Redeweise der „Masse".

[353] LegGai 71; Übersetzung nach KOHNKE, F.W., in: Philo, Werke Bd. VII, 193.

[354] Abr 182; vgl. Post 112. Das Greisenalter gilt als schmerzensreich; die Empfindungen werden stärker, die Sinne dagegen schwächer (Abr 240). Die „Krankheit des Alters" löscht die Triebe aus, weshalb Enthaltsamkeit im Alter kein besonderes Lob verdient (Post 71). Fast süffisant kann Philo vermerken, daß Dirnen wegen ihres Alters ihr Gewerbe aufgeben müssen (SpecLeg I, 282).

[355] Op 103; Übersetzung nach J. COHN in: Philo Werke Bd. 1, 64. Entsprechend ist in Cher 68 von den unvermeidlichen Krankheiten des Greisenalters die Rede; nach Cher 75 ist das Alter - wie Krankheit und Tod - ein schweres Unglück. In Aet 74 nennt Philo das Alter neben Krankheit und Not als eine der drei Ursachen, die das Ende aller Lebewesen verursachen, während die Welt insgesamt diesen Ursachen nicht unterworfen sei.

Jedoch deutet er πρέσβυς ansonsten eher ethisch. Diesem Aspekt des Alters, der Altersweisheit und Altersreife[356], weniger der Gebrechlichkeit und Versorgungsbedürftigkeit, gilt sein Interesse. Die Schrift nennt altersreif nicht denjenigen, „den schon die Bande des Greisenalters umfangen, sondern denjenigen, welcher Auszeichnung und Ehre verdient"[357]. Philo schließt dies daraus, daß die Bezeichnung als jung oder alt immer wieder unabhängig vom Lebensalter erfolgt und verallgemeinert den Befund: „An vielen Stellen des Gesetzeswerkes aber nennt (Moses) Leute im vorgerückten Alter jung und andererseits noch lange nicht Gealterte alt, nicht mit Rücksicht auf die Zahl der Jahre oder auf die Kürze und Länge der Zeit, sondern mit Rücksicht auf die Kräfte der Seele, je nachdem sie sich zum Guten oder Schlechteren bewegt"[358]. Körper und Seele können für Philo auch unterschiedlich altern: manche Seelen - so Fug 146 - sind auch in gealterten Körpern jugendlich.

Auch die Verheißung langen Lebens ist bei Philo geistig verstanden. Die Zusage an Abraham meint „nicht etwa ein zeitlich langes, sondern ein einsichtsvolles Leben"[359]. Gerade Abraham sei der „kurzlebigste" unter seinen Vorfahren (Her 291), wodurch erwiesen sei, daß allein der Weise ein schönes Greisenalter erreicht und langes Leben hat, unabhängig von der Zahl der Lebensjahre (Her 292).[360]

Die Auslegung des Elterngebots als Forderung, die alten Eltern zu versorgen, nimmt Philo also gegen sein sonstiges Interesse und seine Schwerpunktsetzung vor. Weder das Alter noch die Versorgung der Eltern erscheinen als thematischer Schwerpunkt an anderer Stelle in seinen Werken. Die Deutung der anderen Elternrechtssätze ist nicht damit verknüpft.

Philo selbst gehört zu den wohlhabenden Schichten, die sich gegebenenfalls von Sklaven versorgen lassen können. Durch ihren Besitz sind sie abgesichert und nicht auf die Unterstützung ihrer Kinder angewiesen. Das Interesse Philos liegt schon von diesem Hintergrund her nicht auf dem ursprünglichen Verständnis des Elterngebots.

Jedoch lassen zwei Stellen - jeweils Referate über besondere Gruppierungen im Judentum - erkennen, daß Philo die Versorgung der altgewordenen Eltern durch ihre Kinder selbstverständlich voraussetzt, wenn diese bedürftig sind und sich keine Diener und Sklaven leisten können. Über die Essäer schreibt er: „Die Älteren werden geehrt und gepflegt. Sie werden wie Eltern

---

[356] Erst das Alter begreift erhabene und umstrittene Sachverhalte richtig; vgl. Aet 77.

[357] Sobr 16; Übersetzung nach M. ADLER, in: Philo Werke, Bd. V, 84.

[358] Sobr 7; Übersetzung nach M. ADLER, in: Philo Werke, Bd. V, 81. In Fuga 55 kann er sogar sagen, daß manche, die leben, schon tot sind, nämlich die Schlechten, die des tugendhaften Lebens beraubt sind, auch wenn sie bis ins hohe Alter leben.

[359] Her 290; Übersetzung nach J. COHN, in: Philo Werke, Bd. V, 289.

[360] An anderer Stelle (Mut 40) kann Philo als Lohn für die Erfüllung des Elterngebots - zusammen mit anderen Werken der Nächstenliebe - einfach Anerkennung bei Gott und den Mitmenschen angeben.

von ihren ehelichen Kindern mit unzähligen Händen und Gedanken im Alter auf das reichlichste versorgt"[361]. Was hier die Gemeinschaft einer Glaubensrichtung leistet, kann offensichtlich mit dem „normalen" Vorgang in den Familien der Zeitgenossen verglichen werden. Auch dort sind dann, wenn es notwendig ist, die Kinder damit beschäftigt, den alten Eltern das Leben zu erhalten und zu erleichtern. Ähnliches weiß er von den Therapeuten zu berichten. Über junge Mitglieder dieser Gruppe erfahren wir: „Die Ausgewählten sind den andern eifrig und freudig zu Diensten, wie eheliche Söhne ihren Vätern und Müttern; denn sie betrachten die älteren Mitglieder der Vereinigung als ihre gemeinsamen Eltern, die ihnen näher stehen als die natürlichen Eltern, da recht gesinnten Menschen nichts näher steht als sittliche Vortrefflichkeit"[362]. Wiederum ist der Einsatz der jüngeren Mitglieder in Entsprechung zur Fürsorge von Kindern für Eltern gesetzt, wobei wir hier zusätzlich explizit den Gedanken finden, daß die religiöse Gemeinschaft die Familie ersetzt und die älteren Mitglieder der Vereinigung zu den jungen ein engeres Verhältnis haben als deren leibliche Eltern.

Besondere Wertschätzung genießt jedoch diese - selbstverständliche - Versorgungsleistung bei Philo nicht. Vater und Mutter mögen viele Dinge brauchen, aber in der Regel können sie es sich selbst verschaffen. Alles, was sie von den Kindern erhalten mögen, erfreut sie nicht so sehr wie die Tugenden ihrer Kinder[363]. Sie und mit ihnen der Erfolg und das Ansehen der Kinder sind es, die das Alter der Eltern erhellen und lebenswert machen.

Aus alledem ist zu schließen, daß die Mahnung zur Versorgung der alten Eltern bei Philo nur insofern mit dem Elterngebot verbunden wurde, als es für nicht wohlhabende Schichten die Pflicht dazu festschreiben sollte. Für die reichen, gebildeten Leute - also die Leser Philos - bedeutete dies eine Entlastung im Blick auf das soziale Engagement. Das Subsidiaritätsprinzip, nach dem sie allenfalls dann zu Hilfsleistungen für Arme verpflichtet waren, wenn deren eigene Kinder als Unterstützer völlig ausfielen, wurde dadurch gestützt. Die Erfüllung der Mahnung an die Kinder galt grundsätzlich als selbstverständlich. Die Fürsorge der Kinder für die Eltern kann beiläufig in Vergleichsangaben erwähnt werden, ohne besondere Anerkennung zu erhalten. Abseits vom Elterngebot fand diese Mahnung darum auch kein nennenswertes Echo. Im Blickpunkt war viel stärker die Erziehung der nachfolgenden Generation und die Sicherung der patriarchalischen Ordnung.

---

[361] Quod omnis probus liber sit, 87; Übersetzung nach K. BORMANN, in: Philo Werke Bd. VII, 26.
[362] VitCont 72; Übersetzung nach K. BORMANN, in: Philo Werke Bd. VII, 66.
[363] Som II, 178.

Kapitel 17:

# Elterngebot und Elternrecht bei Flavius Josephus

Flavius Josephus (37/38 n. Chr. - nach 100)[364] stammt aus einer Priesterklasse, die in Jerusalem beheimatet ist (Vita 2; 422). Nach einiger Erfahrung bei Pharisäern, Sadduzäern und Essenern wählt er den Pharisäismus als geistige Heimat (Vita 10-12). Seine erhaltenen Hauptwerke stammen aus der Zeit, in der auch die Schriften des Neuen Testaments entstanden sind[365]. De bello Judaico - die an das griechisch sprechende Diasporajudentum gerichtete[366] Schrift über den jüdischen Krieg - ist ca. 78-81 n. Chr. erschienen und enthält nur wenig Erhellendes zur Auslegung des Elterngebots durch Josephus. Mehr Hinweise finden wir in den an Heiden adressierten „Antiquitates Judaicae", die um 93/94 n. Chr. herausgegeben wurden. Deren Anhang, die Autobiographie (Vita) - vermutlich aus derselben Zeit - läßt nur erkennen, daß Josephus selbst eine gute Beziehung zu seinem Vater hatte. Ansonsten kann die „Vita" für unsere Fragestellung außer Acht gelassen werden. Schließlich bezieht sich die kleine Schrift „Contra Apionem" auf die Antiquitates zurück und ist wohl um 95 n. Chr. entstanden. In der Beschreibung der besonderen Gesetze der Juden nimmt Josephus dort auch explizit das Elterngebot auf.

## 1. Elternrechte im Bericht „De bello Judaico"

In seinem Bericht vom jüdischen Krieg kommt Josephus nicht auf die Gebote zu sprechen. In seiner Darstellung werden lediglich einige Elternrechte deutlich, so etwa das Verfügungsrecht des Vaters über seine Söhne[367].

---

[364] Zur Biographie vgl. MAYER, GÜNTER: (Art.) Josephus Flavius (37/38 n. Chr. - nach 100). In: TRE XVII, Berlin, New York 1988, 258-264; SHUTT, R.J.H.: Studies in Josephus; London 1961, 1-7; SCHRÖDER, BERND: Die ‚väterlichen Gesetze‘. Flavius Josephus als Vermittler von Halachah an Griechen und Römer; Tübingen 1996 (TSAJ 53), 7-13.

[365] Zur neueren Forschung vgl. BILDE, PER: Flavius Josephus between Jerusalem and Rome. His Life, his Works, and their Importance; Sheffield 1988 (JSPE.S 2), 123-171.

[366] Vgl. KRIEGER, KLAUS-STEFAN: Geschichtsschreibung als Apologetik bei Flavius Josephus; Tübingen, Basel 1994 (TANZ 9), 326. Zum Verhältnis der Werke des Josephus zueinander und zur Quellenfrage vgl. ebd. 16-19.

[367] Dieses Recht respektierte sogar der Kaiser gegenüber Herodes; vgl. Bell I, 536. Auch wenn es sich dabei um eine Ausnahmesituation handelt - der Vater ist im königlichen Rang -, so wirft sie doch ein bezeichnendes Licht auf die Unanfechtbarkeit des väterlichen Rechts.

Auch scheint zu den selbstverständlichen Elternrechten offensichtlich das Begräbnis durch die Kinder zu gehören, wie die Klage der Mutter des Josephus beim Gerücht von seinem Tod zeigt, wenn sie ihren Dienerinnen anvertraut, sie habe gehofft, von ihrem Sohn begraben zu werden (Bell V 545). Immer wieder unterstreicht Josephus, wie Söhne ihrem Vater ein ganz hervorragendes Begräbnis veranstalten, so auch Bell I 670-673 und Bell II 1-2. Von Altersversorgung als Elternrecht ist keine Rede.

Zwar sind die Eltern neben Frau und Kindern besonders schutzbedürftig (Bell V 418; vgl. Bell II 474f.), aber von einer besonderen Unterstützung wird nichts gesagt. Die Sohnesliebe des Herodes äußert sich vielmehr in der Förderung des Gedenkens an die verstorbenen Eltern, wenn er eine Stadt nach seinem Vater „Antipatris" benennt (Bell I 417) und seiner Mutter das Kastell „Kypron" widmet (ebd.).

Das Verhältnis der Kinder zu den Eltern wechselt bis hin zu den äußersten Extremen: Hyrkanos erträgt die Folterung der Mutter nicht, die die Qualen mutig auf sich nehmen will (Bell I 57-60), Aristobul dagegen läßt seine Mutter im Gefängnis verhungern (Bell I 71).

Generell erscheint das Verhältnis der Generationen zueinander in den Kriegsberichten eher problematisch. Josephus stellt die kriegerischen Auseinandersetzungen gerne als zusätzlich innerjüdischen Konflikt dar und unterteilt das Volk dazu in Kriegsgegner und Aufständische. Die Jugend bildet dabei in der Regel die Fraktion der Aufständischen, die Älteren neigen eher besonnen dazu, sich den Römern zu ergeben[368]. Auch das schon mehrfach vorgegebene Motiv der Trennung von Familien im Konflikt[369] wird von Josephus dabei aufgenommen (Bell IV 129-133).

In den Kriegswirren schwindet die Fürsorge für die Schwächeren, Kinder und Alte ganz allgemein. Es wird von einem Fall von Kannibalismus erzählt, bei dem eine Mutter ihren Sohn tötet (Bell VI 201-213). Alte Menschen sind als Sklaven unbrauchbar und verfallen als Gefangene in der Regel schnell dem Todesurteil (Bell III 539; Bell VI 415)[370]. Mitleid für Kinder, Greise und Frauen leisten sich die Soldaten nicht (Bell I 352).

Die Verheißung langen Lebens - einzige Reminiszenz an das Elterngebot in Josephus' Kriegsbericht - ist denn auch nicht auf die Ehrung der Eltern, sondern auf die Ehrung Gottes bezogen. Herodes begründet seine Erwartung auf ein hohes Alter damit, daß er Gott so verehrt[371] habe, daß er ein langes

---

[368] Vgl. dazu KRIEGER, Geschichtsschreibung, 207 (zu Bell II 286.290.303.346) und 284 (zu Bell III 447. 453).

[369] Vgl. Mi 7,6; äthHen 100,1f.

[370] „An dieser Beschreibung ist nicht zu zweifeln, da sie die Brutalität der Römer nicht verschweigt" (KRIEGER, Geschichtsschreibung, 283).

[371] Die Vokabeln für „ehren" wechseln bei Josephus. In Bell I 462 ist von θεραπεύω die Rede, in Ant XVI, 95 von εὐσέβεια. Eine unmittelbare begriffliche Anspielung auf das Elterngebot liegt an keiner Stelle vor.

Leben erwarten dürfe (Bell I 462). Ehren (τιμᾶν; Bell I 646) kann Josephus dabei durchaus auch im materiellen Sinn[372] verstehen.

Über die Essener weiß Josephus hier schließlich zu berichten, daß sie fremde Kinder aufnähmen[373], dem Alter Gehorsam erwiesen (Bell II 146) und gegenüber allen bedürftigen Menschen freigebig seien, jedoch Verwandten nur mit Zustimmung der Vorsteher der Gemeinde etwas schenken dürften (Bell II 134).

## 2. Das Elterngebot in den „Antiquitates Judaicae"

Die Thematik des Elterngebotes ist in den Antiquitates Judaicae durchaus weit verbreitet, obwohl das Elterngebot - wie die anderen Gebote - im Rahmen der Sinaierzählung bei Josephus nur ganz kurz wiedergegeben wird. Aus Scheu davor, den Dekalog wörtlich in Griechisch wiederzugeben, beschränkt sich Josephus - ähnlich wie Philo in Decal 51 - auf die knappe Inhaltsangabe der Gebote[374]. Es heißt lediglich, das fünfte Gebot sei, daß man die Eltern ehren soll[375]. Es muß also jeweils für die einzelnen Stellen nachgeprüft werden, inwiefern das Elterngebot ausgelegt wird, da sein Wortlaut keine unmittelbare Auslegung erfährt.

Sieht man die Beschreibung der Beziehung Isaaks zu seinem Vater Abraham als paradigmatisch für das Verhältnis des Sohnes zu den Eltern an, so kann die Versorgung im Alter als grundlegend für die Wertschätzung des Sohnes gelten, jedoch treten andere Aspekte gleichwertig hinzu.

In der Abschiedsrede Abrahams an Isaak vor dessen beabsichtigter Opferung[376] thematisiert der Vater den bevorstehenden Verlust des einzigen Sohnes als Versorger im Alter. Isaak kann das nun nur noch insofern sein, als wegen der Größe der Opfergabe Gott selbst diese Aufgabe übernehmen wird:

> Du wirst für mich doch der Pfleger und Versorger im Alter sein, wozu ich dich auch vor allem aufzog, indem du (mir) Gott an deiner Stelle gibst (Ant I 231).

---

[372] Vgl. Bell I 646, wo Herodes seine Schwester Salome mit Geschenken ehrt.

[373] Bell II 120. Es handelte sich vermutlich um Kinder aus essenischen Familien, die in einer Siedlung der Gemeinschaft unterkamen, ohne dort selbst Verwandte zu haben (vgl. BERGMEIER, ROLAND: Die Essener-Berichte des Flavius Josephus. Quellenstudien zu den Essenertexten im Werk des jüdischen Historiographen; Kampen 1993, 74).

[374] In Ant III 90 erklärt er ausdrücklich, daß er den Dekalog nicht wörtlich (πρὸς λέξιν) wiedergeben kann. Vgl. dazu SCHREINER, Dekalog in der jüdischen Tradition, 19 und oben zu Philo, Decal 51.

[375] Ant III 92: ὁ δὲ πέμπτος γονεῖς τιμᾶν.

[376] ATTRIDGE, HAROLD W.: The Interpretation of Biblical History in the *Antiquitates Judaicae* of Flavius Josephus; Missoula, Montana 1976 (HDR 7), 88 nennt diese Rede mit Recht „one of the major pieces of rhetoric in the first book of the *Antiquities*".

Die Fürsorge für die Eltern im Alter ist hiernach das vornehmste Ziel der Erziehung eines Sohnes. Dazuhin berichtet Josephus darüber, daß Isaak die Liebe seiner Eltern zu ihm vermehrte, und zwar, indem der Junge selbst alle Tugend ausübte, am Dienst der Väter festhielt und Eifer zeigte für die Gottesverehrung (Ant I 222).

Zwar erscheint in dieser Vater-Sohn-Beziehung der Altersversorgungsaspekt durchaus akzentuiert, aber auch das Motiv des Gehorsams könnte als Interpretament des „Ehrens" im Elterngebot herangezogen werden. Isaaks Reaktion auf die Rede Abrahams gibt seine Einwilligung in die Entscheidung Gottes und seines Vaters wieder. Dabei stellt Josephus betont heraus, daß es für den Sohn unrecht gewesen wäre, nicht zu gehorchen, auch wenn der Vater allein sich die Opferung des Kindes vorgenommen hätte (Ant I 232). Der Gehorsam gegenüber dem Vater schließt also gegebenenfalls auch die Hingabe des Lebens ein.

Der Rechtsfall des ungehorsamen Sohnes (nach Dtn 21,18-21) ist bei Josephus ausdrücklich um eine Passage erweitert, in der dem Sohn von den Eltern vorgehalten wird, sie hätten geheiratet, „um Kinder zu bekommen, die sie [sc. die Eltern] im Alter ernähren und von denen sie, was sie brauchen, erhalten sollten" (Ant IV 260.261)[377]. Ziel der Elternschaft ist wiederum die Altersversorgung, das angestrebte gute Verhältnis von Eltern und erwachsenen Kindern wird davon stark geprägt.

Die Begründung dafür, daß Kinder ihre Eltern ehren sollen, indem sie sie im Alter versorgen, erinnert stark an die Sicht Philos. Gott fordert die Ehrung der Eltern, weil er selbst von ihrer Mißachtung, besonders von der Mißachtung des Vaters, getroffen wird. Anders als die rabbinische Literatur rückt Josephus in diesem Zusammenhang begrifflich auch sehr deutlich den leiblichen Vater in die Nähe Gottes. Nach Ant IV 262 ist Gott selbst über den Ungehorsam des Sohnes betrübt, denn er selbst ist der Vater des ganzen Menschengeschlechtes (πατὴρ τοῦ παντὸς ἀνθρώπων γένους). Zusammen mit denen, die denselben Titel - Vater - tragen, wie er selbst, ist er verachtet, wenn sie - die Väter - nicht das erhalten, was ihnen zusteht. Dabei weitet Josephus den Kasus „widerspenstig und ungehorsam" deutlich aus. Schon die Ehrenbezeigung zu verweigern oder sie mit Absicht zu lästern, kann bedeuten, Vater und Mutter zu verachten. Auch erscheint es - wie bei Philo - in der Darstellung des Josephus so, als sprächen die Eltern selbst das Todesurteil über den ungehorsamen Sohn (Ant IV 264). Das unterstreicht ihre Autorität, die Josephus über den Bibeltext hinausgehend herausstellt.

---

[377] Die Aufgabe liegt nach Josephus nicht nur bei den Söhnen, sondern ist gleichfalls den Töchtern gegeben (Ant IV 263). Die gegebene Begründung unterscheidet Josephus klar von der rabbinischen Tradition und Literatur, wo die Fortpflanzung als Pflicht gilt, nicht aber die spätere Versorgung der Eltern als Motiv damit verknüpft ist. Zur Differenz zwischen Josephus und den Rabbinen vgl. auch WEYL, HEINRICH: Die jüdischen Strafgesetze bei Flavius Josephus in ihrem Verhältnis zu Schrift und Halacha; Berlin 1900, 39-49.

Dabei weiß Josephus, daß es zwischen Eltern und ihren Kindern große charakterliche Unterschiede geben kann. Samuels Söhne sind für ihn ein Beispiel, daß „einige nicht ihren Eltern in der Art gleichen, sondern daß bald gute und ehrliche [Leute] von Übeltätern [stammen], dann aber Kinder von guten Eltern sich als schlecht erwiesen haben" (Ant VI 33). Gegenseitige Verantwortlichkeit für falsches Handeln besteht deshalb - entsprechend Dtn 24,16 - nicht: Kinder sollen nicht für die Untaten der Eltern bestraft werden, aber auch Vätern kann man nicht die Schuld der Söhne zurechnen, die sich viel Übles erlauben, weil sie es verachten, belehrt zu werden (Ant IV 289).

Auf die Altersversorgung wird in diesem Zusammenhang jedoch nicht eingegangen, wie auch mehrere andere bei Josephus aufgenommene alttestamentliche Elternrechtssätze und Eltern-Kind-Erzählungen diese nicht reflektieren. Dies gilt für das einfach wiedergegebene Verbot des sexuellen Verkehrs mit der Mutter oder Stiefmutter (Ant III 274)[378] wie für das Verbot der Verunreinigung des Hohenpriesters an den toten Eltern (Ant III 277) oder den nur kurz geschilderten Abschied Elisas von den Eltern (Ant VIII 354).

Die Erwartung der Altersversorgung bestimmt dagegen nach Josephus Labans Frage an Jakob, warum er denn seine Eltern im Alter verlassen habe, wo sie doch Hilfe brauchen (Ant I 294). Ein Beispiel für die γηροκομία bietet Obed, der Naemi im Alter versorgen soll - hier wird ausnahmsweise der Enkel für die Großmutter verantwortlich gemacht. Es ist umgekehrt gerade die Großmutter, die den Enkel erzieht (Ant V 336). Fürsorge für das Kind in dessen Jugend und Fürsorge für den alten Menschen durch jenes erwachsene Kind entsprechen sich.

Die Darstellung der biblischen und nachbiblischen Geschichte Israels in den Antiquitates Judaicae zeigt also ein lebhaftes Interesse Josephus' an der Beziehung zwischen Eltern und ihren erwachsenen Kindern. Das Elterngebot selbst erklärt er zwar nicht, aber er betont die Rechte der Eltern - eine Mutter darf alles bitten![379] - und stellt die Bedeutung der Altersversorgung stärker heraus als Philo. Sie ist für Josephus ebenfalls selbstverständlich von den Kindern zu erbringen, aber er betont doch sehr, daß genau dies das Ziel der Erziehung, ja indirekt sogar das Ziel der Kinderzeugung sei und damit das Fundament der Eltern-Kind-Beziehung bildet. Der „Generationenvertrag" wird - auch als selbstverständliche Gegebenheit - stärker ins Bewußtsein gerückt und Ausnahmen (Jakob bei Laban) ausdrücklich erörtert.

Dazu paßt auch Josephus' Darstellung des Alters in den Antiquitates Judaicae. Zwar weiß er um die Problematik des Alters, die einen Menschen

---

[378] GALLANT, ROBERT PAUL: Josephus' expositions of biblical law: An internal analysis; Ann Arbor, Michigan 1995 (UMI Diss. Services), 135 versucht nachzuweisen, daß Josephus hier sehr stark mit rhetorischen Figuren (Alliteration, Assonanz) arbeitet und damit den Inhalt zu stützen versucht.

[379] So erweitert Josephus die Szene zwischen Salomo und Bathseba nach 1 Kön 2,20; vgl. Ant VIII 6ff.

im Intellekt oft wieder auf die Stufe eines Kindes zurückführt (Ant XII 172), und vergißt nicht zu erwähnen, daß Herodes versucht, die Zeichen seines Alters zu entfernen, unter anderem dadurch, daß er seine Haare schwarz färbt (Ant XVI 233), aber das Thema der Altersversorgung tritt bei ihm wesentlich häufiger als etwa bei Philo unmittelbar zusammen mit der Erwähnung des Alters auf. Ausgerechnet der alte Falschprophet wird von seinen Söhnen versorgt (Ant VIII 236-245), und schließlich bittet nach Ant VII 183.184 eine Mutter für ihren Sohn, der seinen Bruder ermordet hat, als um ihre „Stütze des Alters"[380]. Versorgungsbedürftigkeit und Versorgungspflicht der Kinder sind Kennzeichen des Alters. Kann diese Pflicht nicht erfüllt werden, so haben Erziehung und Aufwendungen für die Kinder keinen Zweck gehabt.

## 3. Die Ehrung der Eltern als spezifisch jüdisches Ethos in der Streitschrift „Contra Apionem"

Während Josephus im ersten Teil dieser kleinen Schrift das Judentum - ohne Erwähnung der Elternehrung - gegen den Vorwurf verteidigt, es sei wesentlich jünger als die anderen Völker (und deshalb weniger zu respektieren), kommt er im zweiten Teil nach der Widerlegung des Apion zu einer grundsätzlichen Darstellung des jüdischen Gemeinwesens (Ap II 145ff.). Er folgt darin vermutlich einer Quelle[381], die bereits apologetisch ausgerichtet war. Mit ihrer Hilfe soll das spezifisch jüdische Ethos den Nichtjuden bekannt gemacht werden und zeigen, daß das jüdische Gesetz den heidnischen Gesetzen überlegen ist. Josephus verfolgt dabei das Ziel, das Judentum als aufgeschlossene, human orientierte Philosophie zu beschreiben.[382] Es ist deshalb zu erwarten, daß charakteristische Besonderheiten des jüdischen Lebens eher zurücktreten. Jedoch zeigen die Akzentuierungen des Josephus sehr gut, worauf es ihm im Gegenüber zu hellenistischen Gesprächspartnern besonders ankam, was er am jüdischen Ethos besonders herausstellen wollte.

Im Bereich des Eltern- und Familienrechts gehört für Josephus unbedingt zu jenem jüdischen Ethos die Beschränkung des Geschlechtsverkehrs auf die Ehe (Ap II 199) sowie das Verbot der Homosexualität (Ap II 200 mit Bezug auf Lev 18/20). Besonders unterstreicht er im Unterschied zur Praxis im antiken Griechenland die Pflicht, alle Kinder aufzuziehen, und das Verbot, Kinder abzutreiben oder auszusetzen (Ap II 202).

---

[380] Übersetzung nach CLEMENTZ, Jüdische Altertümer, 425.
[381] Zur Vermutung einer Quelle vgl. KAMLAH, EHRHARD: Frömmigkeit und Tugend. Die Gesetzesapologie des Josephus in c.Ap 2, 145-295. In: Betz, Otto u.a. (Hg.): Josephus-Studien. Untersuchungen zu Josephus, dem antiken Judentum und dem Neuen Testament. FS für Otto Michel zum 70. Geburtstag; Göttingen 1974, 220-232, 220, Anm. 3.
[382] Vgl. KAMLAH, Frömmigkeit und Tugend, 220.

Für den Aufbau und den Inhalt der apologetischen Argumentation ist der Dekalog wohl von Bedeutung, „aber keineswegs normgebend"[383]. Allerdings haben die Gebote der Gottesverehrung und das Elterngebot einen besonders hohen Rang. Als charakteristischer Akzent des jüdischen Ethos folgt daher - allerdings nicht wörtlich - das Elterngebot (Ap II 206) unmittelbar im Rang auf das Gebot der Ehrung Gottes[384]. Josephus verbindet es direkt mit der Pflicht des Sohnes, die Wohltaten (τὰς παρ᾽ αὐτῶν χάριτας) der Eltern zu erwidern, was deren Versorgung im Alter auf jeden Fall einschließt. Der Fall des ungehorsamen Sohnes aus Dtn 21,18-21 wird von Josephus unmittelbar damit verbunden und sein Tatbestand entsprechend ausgeweitet. Wer das Gebot in diesem Sinn der Vergeltung der elterlichen Wohltaten nicht befolgt, wird zur Steinigung ausgeliefert. Da in den Antiquitates gerade dieser Rechtsfall von Josephus im Blick auf die Versorgungspflicht des Sohnes erweitert wurde (s.o.), ist es evident, daß dieser Aspekt im Vordergrund steht.

Noch wahrscheinlicher wird diese Sicht dadurch, daß Josephus die Ehrung jedes älteren Menschen zwar im Umfeld des Elterngebots nennt, sie jedoch unmittelbar mit dem Verhältnis zu Gott begründet. Gott ist der „Älteste" (Ap II 206) - darum wird, wer ihm Ehre gibt, auch den alten Menschen Ehre geben. Diese Ehre, die nichts mit Versorgung zu tun hat, ist dadurch von der Ehrung der Eltern abgesetzt. Für letztere liegt somit der spezifische Inhalt der Versorgung im Alter noch näher. Außerdem haben die nächsten Angehörigen (in der Regel die Kinder) die Pflicht, das Begräbnis auszurichten (Ap II 205).

Schließlich stellt Josephus etwas später noch heraus, daß die Strafen im jüdischen Gesetz härter sind als bei anderen Völkern. Als Beispiel führt er Vergehen gegen die Eltern und gegen Gott an. Nicht erst die Ausführung, sondern schon die Absicht wird jeweils mit dem Tode bestraft (Ap II 217).

Die Verheißung beim Elterngebot spielt dagegen bei Josephus keine Rolle. Lohn für die Gebotserfüllung bis zum Martyrium ist ein neues, besseres Leben nach dem Tode, das Gott gibt (Ap II 218).

Die apologetische Darlegung bei Josephus erweist die angeführten Punkte des jüdischen Ethos als gut hellenistisch. „Die Gesetze sind Lehrer in Tugend und nicht in Schlechtigkeit, und zwar zur Frömmigkeit, zur Gemeinschaft miteinander und zur Philanthropie gegen die Gesamtheit"[385]. Diese Grundthese der Apologie ist auch für hellenistische Adressaten nachvollziehbar und akzeptabel. Das Elterngebot, wie es Josephus einbringt, stimmt mit der griechischen Tugend der Elternehrung völlig überein; wie er es begründet, entspricht eher hellenistischer Gepflogenheit. Gerade in der Verteidigung des jüdischen Ethos belegt so der Historiograph die Konvergenz von Dekaloggebot und griechisch-philosophischer Mahnung in diesem Punkt.

---

[383] A.a.O., 221.
[384] Γονέων τιμὴν μετὰ τὴν πρὸς θεὸν δευτέραν ἔταξε; Ap II 206.
[385] KAMLAH, Frömmigkeit und Tugend, 231.

Kapitel 18:

# Das Elterngebot in der rabbinischen Literatur

## 1. Die Bedeutung des Elterngebots in der rabbinischen Literatur

In der rabbinischen Literatur nimmt die Auslegung des Elterngebots überraschenderweise keinen besonders großen Raum ein. Die Bedeutung des Dekalogs im Judentum hätte dies erwarten lassen, denn die zehn Worte sollten täglich vor dem Sch$^e$ma, Dtn 11,13-21 und Num 15,37-41 rezitiert werden (vgl. Tam V, 1; bBer 12a)[386]. Einige Haggadot deuten sogar an, „daß der Dekalog nicht nur die Juden, sondern alle Völker der Erde angeht"[387].
Trotz dieser herausragenden Stellung werden die Zehn Worte in den rabbinischen Werken relativ spärlich kommentiert, was auch für das Elterngebot gilt. Mit ihm beschäftigen sich nur wenige Abschnitte in der rabbinischen Literatur ausführlich, obwohl die Pflichten der Kinder, besonders des Sohnes, in der jüdischen Tradition stark betont sind. Jedoch täuscht dieser Eindruck, wollte man daraus auf die Bedeutung des Elterngebots bei den Rabbinen schließen. Allein die Zahl der Belege ist nicht entscheidend: „The depth and power of a teaching are crucial: these determine its importance and influence"[388].

Dabei liegt der Akzent in der Formulierung auf den Pflichten der Kinder, da von ihnen ausgehend und für sie formuliert wird. Jedoch ergeben sich daraus ebenso deutlich Rechte der Eltern, die sogar als einklagbar beschrieben werden können.[389] Wir haben es also auch dort, wo von der Formulierung her stärker die Aufgaben der Söhne genannt werden, mit Elternrecht zu tun und können auch im rabbinischen Bereich das Elterngebot als Satz des Elternrechts verstehen.[390]

---

[386] Zur ursprünglichen Sonderstellung des Dekalogs im Judentum, die erst durch die Abgrenzung gegenüber hellenistischen Juden und frühem Christentum aufgegeben wurde vgl. SCHREINER, Dekalog in der jüdischen Tradition, 20f. sowie JACQUIN, Zehn Worte, 28.

[387] SCHREINER, Dekalog in der jüdischen Tradition, 23.

[388] BLIDSTEIN, GERALD: Honor Thy Father and Mother. Filial Responsibility in Jewish Law and Ethics; New York 1975 (LJLE), XI.

[389] Vgl. pPea 1:1, 15d.

[390] Gegen BLIDSTEIN, Honor, 50, der im hebräischen Gesetz ausschließlich ein System geschuldeter Pflichten und an keiner Stelle ein System gegebener Rechte sieht.

Auffällig ist schließlich von vornherein, daß niemals über das Gebot der Nächstenliebe hinaus ein Gebot ergeht, Vater und Mutter zu lieben[391]. Erst spätere, mittelalterliche Kommentatoren wie Raschi begründen den Einsatz für die Eltern mit der Liebe des Sohnes zu ihnen[392]. Für das Umfeld des Neuen Testaments bleibt es dabei, daß sich die Liebe des Sohnes nur indirekt in der Erfüllung des Elterngebots zeigt: „Filial love ... is best expressed in filial service, reverence and honor"[393].

## 2. Die Auslegung des Elterngebots
## in den älteren rabbinischen Traditionen:
## Mekhilta und Sifre Deuteronomium

Die älteren rabbinischen Traditionen, die sich mit dem Elterngebot des Dekalogs beschäftigen, finden wir in der Mekhilta - auch Mekhilta de Rabbi Jischmael genannt[394] - sowie in einer frühen rabbinischen Auslegung des Deuteronomiums, dem Midrasch Sifre Deuteronomium. Beide Werke bewahren Lehren aus der Zeit der Tannaiten, also der ersten Periode der rabbinischen Tradition, die bis ins frühe dritte Jhdt. reicht[395], sind also tannaitische Midraschim.

Die Mekhilta zählt, wie Lauterbach in seiner Einleitung herausstellt, zu den ältesten Midraschim[396] und auch unter den tannaitischen Werken gehört es zu den älteren[397]: „It contains very old material and has preserved teachings of the early Tannaim"[398]. Diese frühe Auslegung des Elterngebots in der Mekhilta zu Ex 20,12 setzt ein mit der Abwehr eines rein auf Worte begrenzten Verständnisses des Gebots:

Ehre deinen Vater und deine Mutter - ich könnte meinen: mit Worten, darum heißt es: ‚Ehre Jahwe mit deinem Vermögen'[399]. Deshalb muß es bedeuten: mit Essen und Trinken und mit sauberer Kleidung[400].

---

[391] Gegen COHEN, JEFFREY M.: The Nature of the Decalogue. JBQ 22, 1994, 173-177, 174 ist festzuhalten, daß es gerade nicht um ein „emotional bond of love and honor" geht.

[392] Vgl. BLIDSTEIN, Honor, 56f.

[393] BLIDSTEIN, Honor, 56.

[394] Diese Namensgebung dient auch zur Unterscheidung von der Mekhilta de Rabbi Simeon ben Jochai (MRS), die zur zweiten Gruppe der halachischen Midraschim gehört; vgl. STEMBERGER, GÜNTER, Einleitung in Talmud und Midrasch; 8., neubearbeitete Aufl., München 1992, 254-257.

[395] Vgl. STEMBERGER, Einleitung, 17.

[396] Vgl. LAUTERBACH, Mekilta I, XVIII.

[397] Vgl. a.a.O., XIX.

[398] Ebd.; zur Begründung vgl. bei LAUTERBACH, Mekilta I, XIX-XXI. Anders STEMBERGER, Einleitung, 251-253.

[399] Vgl. Spr 3,9.

[400] Mek Bahodesch, 8, L.II, 257.

Das Verständnis des Gebots als Mahnung zur *Versorgung* der Eltern ist
also in der rabbinischen Auslegung nicht selbstverständlich, sondern muß
explizit betont werden. Das Alter der Eltern und der Kinder wird dabei nicht
erwähnt, jedoch setzt die Möglichkeit zur Versorgung der Eltern erwachsene
Kinder voraus. Auch dürften als Empfänger der Lebensmittel und der Kleider
wohl nur Eltern in Frage kommen, die selbst nicht in der Lage sind, ihre
Grundbedürfnisse zu befriedigen - sei es, daß sie völlig verarmt oder zu alt
und gebrechlich dazu sind. Eine spezifische Deutung ausschließlich auf die
Altersversorgung wird jedoch nicht gegeben. Aus Lev 19,3 wird daraufhin
geschlossen, daß wie beim Sabbatgebot auch bei der Ehrfurcht vor den Eltern
kein Unterschied zwischen Mann und Frau besteht. Jeder Mann und jede Frau
muß diese Gebote einhalten. Nach der Erklärung von Rabbi[401] hat Gott die
Ehrung der Eltern mit seiner eigenen Verehrung gleichgestellt :

> Rabbi sagt: Beliebt ist die Ehrung von Vater und Mutter vor dem, der sprach und die Welt
> ward, indem er gleichstellte ihre Ehrung und Furcht seiner Ehrung und Furcht und ihre
> Fluchung seiner Fluchung[402].

Dies bedeutet jedoch im jüdischen Kontext zwar keine „Vergötterung" der
Eltern, aber es ist die *Beziehung* zu ihm, die seine Ehrung hervorbringt und
dies kann dann direkt auf das Verhältnis zu den Eltern übertragen werden.

Auch die Verheißung von Lohn verbindet die Gebote der Gottesehrung
und der Elternehrung nach den rabbinischen Schriften. Als Lohn des Elterngebotes wird die biblische Verheißung, „damit deine Tage lang werden" angeführt. Dieses lange Leben ist zugleich ein Leben mit vollen Schatzkammern
(Spr 3,9.10), denn nach der Regel der Gezara schawa ist der Lohn für die Gottesehrung, der in Spr 3 verheißen wird, zugleich auch Lohn für die Elternehrung. Ebenso gehört daher zum Lohn dessen, der die Eltern ehrt, die auf-
gehende Sonne des Heils (Mal 3,20) und die Freude an Gott (Jes 58,13.14).

Betont ist schließlich die Gleichstellung von Vater und Mutter[403], die aus
der unterschiedlichen Reihenfolge beider in Ex 20,12 und Lev 19,3 erschlossen wird. Die Schrift - so die Rabbinen - gleiche mit der jeweils unterschiedlichen Reihenfolge die natürlichen Tendenzen aus, nämlich daß ein Sohn die
Mutter mehr ehrt als den Vater und den Vater mehr fürchtet als die Mutter.
Die Auslegung des Elterngebots endet schließlich mit dem Hinweis, daß
fehlende Elternehrung die Umkehrung der Verheißung zur Folge hat, so daß
deine Tage (des Lebens) kurz seien[404].

---

[401] Rabbi Jehuda ha-Nasi; vermutlich 217 gestorben; vgl. STEMBERGER, Einleitung, 89.

[402] Mek Bahodesch, 8, L.II, 257.258; Übersetzung nach WINTER/WÜNSCHE, 218. Die
Verbindung von Ex 20,12 mit Lev 19,3 und Ex 21,17 erfolgt hier ausschließlich über die Begriffe (Gezera schawa vgl. Spr 3,9; Dtn 6,13; Lev 24,15). Die Schriftstellen werden nicht
gegenseitig im Blick auf die Rechte der Eltern interpretiert.

[403] Vgl. dazu ebenso Mek Pisha I.

[404] Vgl. Mek Bahodesch 8, L.II, 259.

Diese Deutung des Elterngebots in der Mekhilta ist zwar nicht die einzige, jedoch am deutlichsten auf das Gebot selbst bezogen. An anderer Stelle[405] ist nur der Anfang, כבד את אביך, zitiert und die Erfüllung des Gebots in widerspruchslosem Gehorsam gesehen. Wenn dort Joseph als Muster für die Erfüllung des Dekalogs dargestellt wird, so geschieht das im Blick auf das Elterngebot so, daß er den Auftrag seines Vaters, nach Sichem zu gehen, befolgte, obwohl er dort seine Brüder wußte, die ihn haßten. Dieser Gehorsam trotz Gefahren - mit dem Wort הנני (Gen 37,13) prägnant kurz ausgesagt - erfüllt das Elterngebot in jenem Beispiel vorbildlich. Dabei genügt der Gehorsam gegenüber dem Vater. Für ein entsprechendes Verhalten gegenüber der Mutter fand der Ausleger vermutlich keinen anschaulichen Beleg.

Bezeichnend ist darüberhinaus, daß zuvor davon die Rede ist, Joseph habe seinen Vater Jakob bestattet. Dies hebt ihn zwar unter seinen Brüdern hervor, gilt aber dezidiert nicht als Erfüllung des Elterngebots.

An anderer Stelle der Mekhilta ist die ehrfurchtsvolle Begrüßung des Mose für Jethro nach Ex 18,7 daraufhin ausgelegt, daß ein Mann auch seinem Schwiegervater Ehre erweisen soll.[406] Darin erscheint dieselbe Ausweitung des Elterngebots auf die Schwiegereltern, wie sie auch im Buch Tobit begegnet war. Allerdings ist diese Sicht der Beziehung zwischen Mose und Jethro nicht konstant durchgehalten. Kurz vorher, in der Besprechung von Ex 18,1, heißt es, früher hätte Mose den Schwiegervater geehrt, nun aber sei es umgekehrt[407].

Die anderen Elternrechtssätze aus Ex 21,15.17 sowie Lev 20,9[408] werden für sich ausgelegt, wobei die Deutung von Lev 20,9 in Mek Nezikin 5 genau derjenigen in Sifra entspricht, aber - abgesehen von der Nebeneinanderordnung entsprechender Gebote im Blick auf Gott - nicht auf das Elterngebot bezogen. Dtn 21,18-21 und Dtn 27,16 sind nicht behandelt.

Sifre Deuteronomium enthält keine Auslegung des Dekalogs, nimmt aber bei der Auslegung anderer Stellen auf das Elterngebot Bezug. Eine Stelle in der Auslegung von Dtn 32,47 greift die dort genauso wie beim Elterngebot gegebene Verheißung[409] auf und erklärt:

Das [sc. das Studium der Tora, d.Verf.] ist eines von den Dingen, von denen derjenige, der sie tut, ihre Früchte in dieser Welt isst und (man hat davon) die Länge der Tage in der zukünftigen Welt. Und genau angegeben ist hier: Mit Studium der Tora. Mit Ehrung von Vater und Mutter, woher (lässt sich erweisen, dass es auch davon gilt)? Die Schrift sagt: „Ehre deinen Vater und deine Mutter, auf dass du lange lebest" (Ex 20,12). Beim Ausnehmen des (Vogel-)Nestes ist geschrieben: „Die Mutter sollst du fliegen lassen und nur die Jungen

---

[405] Vgl. Mek Beshallah 1, L. I, 179; zu Joseph vgl. Mek Beshallah 1, L. I, 179-181.
[406] Vgl. Mek Amalek 3, L. II, 173.174.
[407] Vgl. Mek Amalek 3, L. II, 166.
[408] Vgl. Mek Nezikin 5, L. III, 41-44.
[409] Im halachischen Teil zu Dtn 22,7 - an dieser Stelle steht die Verheißung ebenfalls - fehlt jeder Bezug darauf.

nehmen, auf dass es dir wohlgehe und du lange lebest" (Deut 22,7). Beim Friedenstiften steht geschrieben: „Und alle deine Kinder werden Jünger J´s. Und groß wird sein der Friede deiner Kinder" (Jes 54,13).[410]

Neben Torastudium, Schonung der Vogelmutter und Friedensstiften zählt also die Ehrung der Eltern zu den seltenen Werken, die in Zeit *und* Ewigkeit Gottes Anerkennung nach sich ziehen. Sie trägt hier im Leben bereits Früchte und führt dazu, daß Gott nach dem Tod ewiges Leben schenkt[411].

Die rabbinische Tradition kennt auch die Sicht, daß der Lehrer der Tora wegen seiner Aufgabe, die Söhne das Wort Gottes zu lehren, größere Wertschätzung als die Eltern genießt. Zu Dtn 6,5 wird Rabbi Eleazar ben Azarja[412] zitiert, der seinem kranken Lehrer Rabbi Elieser versichert:

Rabbi, du bist (für) Israel teurer als Vater und Mutter; denn Vater und Mutter bringen (den Menschen) in diese Welt, du aber brachtest (uns) in diese und in die zukünftige Welt[413].

Erst die Kenntnis der Tora macht den vollwertigen, erwachsenen Menschen aus. R. Eleazar kann daher die Unterweisung in der Tora als gleichsam (zweite) Geburt in diese Welt verstehen - ebenso aber als Geburt für Gottes Welt. Beides geht über die leibliche Zeugung und Geburt durch die Eltern hinaus. So wird dann später öfter unterschieden, ob der Vater zugleich Lehrer der Tora ist oder nicht. Ohne das Lehramt nimmt er seinem Sohn gegenüber eine geringere Stellung ein.

Der Fall des ungehorsamen Sohnes (Dtn 21,18-21) wird in SifreDtn nicht auf das Elterngebot bezogen[414]; Dtn 27,16 wird nicht weiter ausgelegt.

---

[410] SifreDtn § 336; Übersetzung nach BIETENHARD, Sifre Deuteronomium, 814.

[411] In der Tosefta (TChul X, 16) sowie im babylonischen Talmud wird die Verheißung langen Lebens später völlig eschatologisiert. Nach bChul 142a gilt die auf Rabbi Jaa'kob II (zur vierten Generation der Tannaiten zählend, vgl. STEMBERGER, Einleitung, 87) zurückgeführte Lehre: „Du hast kein Gebot in der Gesetzlehre, bei dem eine Belohnung angegeben ist, von dem nicht die Auferstehung der Toten zu entnehmen wäre. Bei der Ehrung von Vater und Mutter heisst es: *damit du lange lebst und damit es dir wol gehe.* Beim Fliegenlassen des Nest[vogels] heisst es: *damit es dir wol gehe und du lange lebst.* Wo ist, wenn zu einem sein Vater gesagt hat, dass er auf eine Burg steige und ihm junge Tauben hole, und er hinaufsteigt, die Mutter fliegen lässt und die Jungen holt, und auf der Rückkehr abstürzt und stirbt, das lange Leben von diesem und das Wolergehen von diesem !? Vielmehr [ist zu erklären:] *damit du lange lebst,* in der Welt, die ganz Ewigkeit ist, *und damit es dir wol gehe,* in der Welt, die ganz Wolergehen ist." Übersetzung nach GOLDSCHMIDT, Babylonischer Talmud Bd. VIIIb, 1275. Vgl. ebenso bQid 39b.

[412] Zweite Generation der Tannaiten, um 90-130; vgl. STEMBERGER, Einleitung, 79.

[413] SifreDtn § 32; Übersetzung nach BIETENHARD, Sifre Deuteronomium, 86.

[414] SifreDtn § 218 schließt die Anwendung des Gesetzes für einen Minderjährigen - unter 13 Jahren und einem Tag - aus, ebenso aber für einen erwachsenen Mann. Die Vorschrift (vgl. SifreDtn § 218-220) soll also gezielt nur für einen Jugendlichen gelten, der gegenüber seinen Eltern entweder den schuldigen Gehorsam verweigert oder stiehlt.

## 3. Die Ehrung der Eltern nach der Mischna und der Tosefta

In der Mischna findet sich zunächst die Reihe der von Gott in dieser und jener Welt belohnten Güter aus Sifre Deuteronomium nur leicht variiert wieder. Die Liste beginnt nun mit der Ehrung der Eltern, verallgemeinert den Fall der Vogelmutter zu genereller Wohltätigkeit, nennt das Friedenstiften und fügt das Studium des Gesetzes - besonders herausgehoben - am Ende an.[415] An der Bedeutung der Elternehrung hat sich nichts geändert, wenngleich dies die einzige Stelle in der Mischna ist, die unmittelbar das Elterngebot aufnimmt. Inhaltlich wird das Gebot nirgends näher ausgelegt, es erscheint auch nie als auslegungsbedürftig.

In einem Punkt wird es jedoch gegenüber dem Alten Testament präzisiert: wie schon die Mekhilta, so bezieht auch die Mischna das Elterngebot auf Sohn und Tochter: die Pflichten gegenüber dem Vater (Qid 1,7) gelten unabhängig vom Geschlecht.

Ansonsten geht es unabhängig vom Elterngebot um die Ehrung von Vater und Mutter. In einer langen Aufzählung von Verbrechern, die mit Steinigung bestraft werden, sind in Sanh VII,4 auch derjenige genannt, der Inzest mit der Stiefmutter verübt, der die Eltern verflucht sowie der (vgl. Dtn 21,18-21) fortgesetzt ungehorsame Sohn. In Sanh VII,8 wird von der Mehrheit der Rabbinen genauer eingegrenzt, daß die Todesstrafe für den Fluch über die Eltern nur gilt, wenn dabei der Gottesname verwendet wurde[416].

Auch gegenüber den Schwiegereltern ist die Schwiegertochter zur Achtung verpflichtet. Wenn sie die Eltern des Mannes in seiner Gegenwart verächtlich macht, so ist dies ein Scheidungsgrund (Ket VII,6). Sanh VIII erläutert nochmals ausführlich den Fall des ungehorsamen Sohnes mit dem Ziel, dieses Gesetz erst gar nicht zur Anwendung kommen zu lassen, denn seine Geltung wird auf eine kurze Zeit zu Beginn der Pubertät begrenzt. Sämtliche Elternrechtssätze sind jedoch, wie gesagt, nicht explizit mit dem Elterngebot verbunden, auch wenn sie als Erläuterung des Elterngebots verstanden werden können. Der Begriff כבד, der immer verwendet wird, stellt auf jeden Fall eine Verbindung zum Elterngebot dar.

Von Verdiensten des Sohnes gegenüber den Eltern weiß die Mischna nichts; nach Ed II,9 erwirbt lediglich der Vater Verdienste für den Sohn, nämlich Schönheit, Stärke, Reichtum, Weisheit und langes Leben.

Grenzen des Gehorsams gegenüber den Eltern sind durch die Toragebote gegeben, so darf etwa nach BM II,10 der Sohn nicht der Aufforderung des Vaters folgen, wenn dieser ihm befiehlt, sich zu verunreinigen oder verlorenes und von ihm aufgefundenes Vieh nicht zurückzugeben. Auch greift die Mischna den Vorrang des Toralehrers vor dem eigenen Vater auf: der Sohn

---

[415] Vgl. Pea 1,1.
[416] So aber auch bereits Mek Nezikin 5, L.III, 47-49.

muß im Konfliktfall zuerst die Dinge suchen, die der Lehrer verloren hat bzw. zuerst die Last des Lehrers tragen (BM II, 11).

Schließlich kann nach der Mischna ein Gelübde aufgehoben werden, das die Beziehung zwischen den Eltern und dem Sohn betrifft. Ned IX,1 sagt:

> R. Elieser[417] sagt: man darf jemand einen Weg [zur Reue] durch [den Hinweis auf] die dem Vater oder der Mutter schuldige Ehrfurcht eröffnen; die Weisen aber verbieten es ... Die Weisen stimmen jedoch mit R. Elieser darin überein, dass man bei Dingen, die die Beziehungen zwischen ihm und seinem Vater oder seiner Mutter betreffen, ihm den Weg durch [den Hinweis auf] die dem Vater oder der Mutter schuldige Ehrfurcht eröffnen darf[418].

Nach diesem Votum der rabbinischen Lehrer kann also zum Beispiel dann, wenn der Sohn Vater und Mutter durch ein Gelübde verboten hat, an seinem Vermögen Anteil oder Nutzen zu haben, dies rückgängig gemacht werden, indem man den Sohn an seine Verpflichtung gegenüber den Eltern erinnert. Hintergrund dieser Verpflichtung könnte das Elterngebot sein.

In der Tosefta, die in der Regel als Ergänzung zur Mischna gesehen wird[419], sind noch weniger Erklärungen zum Elterngebot enthalten. Ohne Bezug zum Elterngebot ist in TMeg III,24 die Achtung vor alten Menschen in Auslegung von Lev 19,32 angesprochen, in TBQ 9,8-11 wird ebenso das Züchtigungsrecht des Vaters gegenüber den erwachsenen Kindern abgelehnt, gegenüber dem minderjährigen Sohn jedoch bestätigt. Lediglich TQid bietet eine interessante Liste der gegenseitigen Pflichten:

> Welches sind die Pflichten des Sohnes dem Vater gegenüber? Er muß ihm zu essen und zu trinken geben, ihn ankleiden und bedecken, ihn ,in seine Wohnung' hineinbringen und herausführen, ihm Gesicht, Hände und Füße waschen, - sowohl Männer als auch Frauen sind hiezu verpflichtet nur, daß der Mann die Möglichkeit hat es zu tun, die Fran (sic!) aber nicht die Möglichkeit hat es zu tun, weil die Gewalt ihres Mannes auf ihr ruht.
> Welches sind die Pflichten des Vaters dem Sohne gegenüber? Er muß ihn beschneiden, auslösen, ihn die Thora und ein Handwerk lehren und verheiraten. Manche sagen, er muß ihn auch lehren im Fluß zu schwimmen[420].

Die Pflichtenliste für die jüngere Generation zielt eindeutig auf ein erwachsenes Kind, einen selbständigen Sohn. Der Vater ist ebenso eindeutig als alt und gebrechlich gedacht, so daß er bekleidet, geführt und gewaschen werden muß. Die Aufgabe des Waschens ist ein besonderer Akzent dieser Stelle, der über entsprechende andere Pflichtenkataloge hinausgeht.

---

[417] R. Eliezer ben Hyrkanos gehört zur zweiten Generation der Tannaiten (um 90-130); vgl. STEMBERGER, Einleitung, 79.

[418] Ned IX, 1; Übersetzung nach M. PETUCHOWSKI, in: Mischna, Teil III, 227.228.

[419] Zum komplizierten Verhältnis zwischen den beiden Werken nach dem neuesten Forschungsstand, vgl. STEMBERGER, Einleitung, 156-159.

[420] TQid I,12; Übersetzung nach SCHLESINGER, Tosefta des Traktats Qiddusin, 11f.

Auf der anderen Seite beziehen sich die Pflichten des Vaters auf den noch minderjährigen Sohn, der zuerst als Säugling beschnitten, aus möglicher Gefangenschaft oder Sklaverei freigekauft, in einem Beruf ausgebildet und zur Gründung einer eigenen Familie ermächtigt werden muß. Die zusätzlich diskutierte Aufgabe, den Sohn schwimmen zu lehren, bezieht sich wohl darauf, ihn möglichst nicht in Lebensgefahr geraten zu lassen, so daß er nicht in die Gefahr des Ertrinkens gerät. Die Aufgaben des Vaters liegen insgesamt zeitlich alle in der Zeit der Kindheit und Jugend des Sohnes und enden mit dessen Selbständigkeit. Die Abfolge legt geradezu nahe, daß die Fürsorge des Sohnes für den Vater die frühere Fürsorge des Vaters für den Sohn ablöst.

Die Diskussion über Dtn 21,18-21 gilt als lediglich theoretisches, wenngleich verdienstvolles Studium des Gesetzes. Die Tosefta erklärt dazu knapp:

Einen störrischen und widerspenstigen Sohn hat es niemals gegeben und wird es niemals geben[421].

Die Verheißung langen Lebens und des Landes ist in der Tosefta schließlich von jedem konkreten Gebot abgekoppelt und wird allgemein zugesagt:

Wer auch nur ein Gebot erfüllt, dem wird Gutes zuteil, seine Tage werden verlängert, und er erbt das Land[422].

## 4. Die Erklärungen zur Elternehrung in den Talmudim

Für die Talmudim, die zwar einige frühere Traditionen aufgreifen, insgesamt jedoch deutlich nach den neutestamentlichen Schriften entstanden sind, soll es in diesem Zusammenhang genügen, einige Tendenzen der späteren Auslegung des Elterngebots in der rabbinischen Literatur aufzuzeigen.

Der palästinische Talmud ist wohl um die Mitte des 5. Jhdts. vermutlich in Tiberias redaktionell abgeschlossen worden[423]. Er bietet seine zentralen Aussagen zur Ehrung der Eltern an zwei Stellen, einmal in pPea 1:1,15c-d und parallel dazu in pQid 1:7,61a-c. Zielpunkt ist dabei die Verpflichtung zur Versorgung des Vaters, was sogar als Musterbeispiel für die Selbstverständlichkeit eines Rechtes gelten kann, wie einer der Rabbinen um 350 resümiert:

... daß doch alle Überlieferungen mir so klar wären wie diese, daß man den Sohn zwingen darf, den Vater zu ernähren![424]

---

[421] TSanh 11,6; Übersetzung nach B. SALOMONSEN, Tosefta, Seder IV: Nezikin, 3: Sanhedrin-Makkot, 177.
[422] TQid I,14; Übersetzung nach SCHLESINGER, Tosefta des Traktats Qiddusin, 14.
[423] Vgl. STEMBERGER, Einleitung, 173. Ausgenommen davon hat der Traktat Neziqin vermutlich eine andere redaktionelle Bearbeitung erfahren (vgl. a.a.O., 176f.).
[424] pPea 1:1,15d; par. pQid 1:7,61c; Übersetzung nach WEWERS, Pea, 20.

Die Korrelation der Ehrung Gottes und der Ehrung der Eltern - bereits aus der Mekhilta geläufig - wird in der rabbinischen Tradition weiter ausgeführt. Der palästinische Talmud setzt Gottesehrung und Elternehrung gleich[425] und begründet dies damit, daß Gott, Vater und Mutter Teilhaber bei der Erschaffung des Kindes sind.[426]

Kurz darauf wird die Ehrung der Eltern sogar höher eingestuft als die Gottesehrung. Rabbi Simeon ben Jochai wird eine Aussage zugeschrieben, die aus Spr 3,9 entnimmt, Gott sei - materiell - nur mit dem Gut zu ehren, das man selbst besitzt, das er einem geschenkt hat. Der Ausspruch kontrastiert dies mit der kategorischen Forderung, die Eltern zu ehren und schließt:

> Aber wenn einer zum Ehren von Vater und Mutter kommt, (gilt,) sowohl wenn du (etwas dazu) hast, als auch wenn du nicht (etwas dazu) hast: *ehre deinen Vater und deine Mutter*. Und zwar auch, wenn du an den Pforten betteln mußt[427].

Hier ist es keine Frage, daß der Sohn aus eigenen Mitteln für die Eltern sorgen muß[428] und diese Pflicht theoretisch unbegrenzt erscheint, selbst wenn er keine Mittel besitzt und dafür betteln muß. Der palästinische Talmud stimmt auch mit der Mischna und der Tosefta vollständig darin überein, daß das Elterngebot für Söhne und Töchter gilt (pPea 1:1,15c,Z.74-15d,Z.2).

Es erstaunt nicht, daß das Elterngebot in diesem Kontext als das schwerste Gebot erscheint, wobei es im rabbinischen Bereich dennoch den anderen Geboten, auch dem leichtesten, gleichgestellt bleibt:

> Rabbi Ba-bar-Kahana sagte: die Schrift stellt das leichteste Gebot unter den leichten [dem schwersten Gebot unter den schweren] gleich. [Das leichteste Gebot unter den leichten] ist das Fliegenlassen der Vogelmutter (Dtn 22,6f.), und das schwerste Gebot unter den schweren ist das Ehren von Vater und Mutter (Ex 20,12). Und über die beiden steht geschrieben: *und damit deine Tage lang werden* (Ex 20,12; Dtn 22,7)[429].

---

[425] pPea 1:1,15c,Z.62-68 (par pQid 1:7,61b,Z.47-51). Wie in der Mekhilta werden die Schriftstellen Lev 19,3 und Dtn 6,13 zum „fürchten", Ex 20,12 und Spr 3,9 für das „ehren" sowie Ex 21,17 - der Formulierung nach nicht Lev 20,9, wie Wewers, Pea, 16 irrtümlich vermerkt - und Lev 24,15 für das „nicht fluchen" nebeneinander gestellt, um die Entsprechung der Gebote bezüglich Gott und den Eltern zu belegen.

[426] Schon in pKil 8:4,31c ist die Partnerschaft von Gott, Vater und Mutter an einem Kind ausführlich erklärt. Vgl. GREENBERG, Decalogue Tradition, 103f., zur Aufnahme dieses Motivs in späteren rabbinischen Schriften.

[427] pPea 1:1,15d; Übersetzung nach WEWERS, Pea, 18.

[428] Genau dies könnte der Bezug sein, der WEWERS, Pea,17, Anm. 135 fehlt. Die Meinung von Rabbi Hiyya bar Wawa setzt sich vermutlich anhand einer älteren Tradition kritisch mit dem Votum auseinander, die Versorgung des Vaters könne oder solle sogar aus dessen eigenem Vermögen bestritten werden, wie in pPea 15c die Position von Huna-bar-Hiyya wiedergegeben wird.

[429] pPea 1:1,15d,Z.16-19 (par pQid 1:7,61b,Z.68-71); Übersetzung nach WEWERS, Pea, 18f. Vgl. zur Deutung von Dtn 22,6.7 durch die Rabbinen die Ausführungen bei SEGAL, ELIEZER: Justice, Mercy and a Bird´s Nest. JJS 42, 1991, 176-195.

Die Diskussion, warum gerade beim Elterngebot eine Verheißung hinzugefügt ist, geht aber noch weiter. Aus der Verheißung wird entnommen, daß die Erfüllung des Gebotes ferner als eine Schuld gilt, deren Bezahlung vor Gott und den Menschen besonders geachtet ist. Umgekehrt wird der, der es nicht erfüllt - unter Heranziehung von Spr 30,17 - auch besonders grausam bestraft (pPea 1:1,15d,Z.19-28). Als Lohn für die Elternehrung gilt es, das ewige Leben bzw. das Paradies zu ererben (pPea 1:1,15c,Z.49-52.54-62). Von der Verpflichtung des Elterngebots ist nur der befreit, dessen Vater und Mutter gestorben sind (pPea 1:1,15c,Z.52-54).

Die Anekdoten über außergewöhnliche Ehrerbietung von Söhnen gegenüber Vater oder Mutter illustrieren schließlich die Bedeutung des Ethos der Elternehrung und legen das Elterngebot anschaulich und praktisch aus. Als Musterbeispiel für hervorragende Ehrung der Mutter durch den Sohn führen die Rabbinen dabei mehrfach den Heiden Dama ben Nethina aus Askalon an, woraus deutlich wird, daß sie sich durchaus im Klaren darüber waren, wie nahe sich jüdisches und heidnisches Ethos an diesem Punkt kommen.[430]

Der babylonische Talmud weicht in den Aussagen zur Elternehrung nicht wesentlich vom palästinischen Parallelwerk ab. Die Versorgung der Eltern durch den Sohn ist genauso vorausgesetzt und auch die Unterscheidung von Ehrfurcht vor den Eltern und Ehrung findet sich ganz entsprechend, wie in pPea 1:1,15c[431]. Die Finanzierungsfrage ist so entschieden, daß die Versorgung aus den Mitteln des Vaters geschehen soll, da der Sohn zumindest durch den Arbeitsausfall, während er dem Vater dient, auch einen Verlust erleide[432].

Entscheidend ist der persönliche Dienst für den Vater[433]. Um diesen zu ermöglichen, wird in bPes 51a sogar das Verbot aufgehoben, mit den nächsten Verwandten, darunter dem Vater, zu baden. R. Jehuda erlaubt ausdrücklich dem Sohn, mit dem Vater gemeinsam das Badehaus zu besuchen „wegen der Ehrung seines Vaters", das heißt, damit der Sohn dem Vater behilflich sein kann.[434] Für den Fall der Verwitwung der Mutter schärft bKet 103a deren

---

[430] Vgl. etwa pPea 1:1,15c,Z.15-46 (par pQid 1:7,61a,Z.75-61b,Z.30). Zum gezielten didaktischen Aufbau der Erzählungen und ihrer Abfolge vgl. BROOKS, ROGER: The Spirit of the Ten Commandments. Shattering the Myth of Rabbinic Legalism; New York u.a. 1990, 116-128.

[431] Vgl. bQid 31b-32a; Ehrfurcht wird leicht verändert erläutert - das Überstimmen des Vaters, wenn dieser eine Meinungsverschiedenheit mit einem Gegner hat, ist dem Sohn verboten, das Reden an der Stelle des Vaters ist nicht erwähnt, die Pflichten der Ehrung sind ebenso fast genau entsprechend angegeben.

[432] Vgl. bQid 32a. Zur Diskussion um die Finanzierung vgl. BLIDSTEIN, Honor, 65-67.

[433] BLIDSTEIN, Honor, 50 unterstreicht diesen Aspekt mit Recht ganz besonders: „The very person, nay body, of the son is claimed. Furthermore, the son is always to recognize his parent as in some way his master, the filial posture never becoming one of egalitarian comradeship".

[434] Dies wird besonders an der Fortsetzung deutlich, wo dann das Verbot, gemeinsam mit dem Lehrer der Tora das Badehaus zu besuchen, festgehalten wird, aber die Ausnahme

Ehrung, d.h. Unterbringung und Versorgung, ein. Gestützt wird dies von der Rechtsbestimmung in bJeb 65b, wonach ein Mann, der keine Kinder zeugen kann, einer von der Frau gewünschten Scheidung zustimmen muß. Die Frau, die klagt: „Brauche ich etwa nicht einen Stab in der Hand und eine Schaufel zur Beerdigung?"[435] hat ein Recht auf Unterstützung im Alter und auf ein angemessenes Begräbnis, was sie entweder mit der auszuzahlenden Hochzeitsverschreibung bestreiten muß oder indem sie mit einem anderen Mann noch Kinder hat. Über die Auflösung von Geboten heißt es in bNed 65b allgemein, sie sei erlaubt, wenn die Versorgung eines Verwandten sonst gefährdet ist.

Der Dienst des Sohnes am Vater bzw. an den Eltern bedeutet jedoch keine Zurückerstattung der empfangenen Wohltaten oder der Unterweisung in der Tora. Dies belegt die strikte Beschränkung der Verpflichtungen auf den Sohn, die nicht auf einen vom Großvater erzogenen Enkel übertragen werden. Zwar erfahren wir von zwei Jungen, die der Großvater die Schrift und die gesamte rabbinische Tradition lehrte (vgl. bQid 30a) bzw. großzog (vgl. bSota 49a), aber im zweiten Beispiel lehnt der Enkel die spätere Bitte des Großvaters um etwas Wasser mit der Feststellung ab: „Ich bin nicht dein Sohn"[436]. Auch die gesamte Erziehungsarbeit des Großvaters gibt ihm nicht das väterliche Recht auf Ehrung, d.h. Versorgung durch den Enkel. Die Ehrung der Eltern erstreckt sich nach späterer rabbinischer Auffassung auch nicht auf die Schwiegereltern[437]. Um Schwiegervater und Schwiegermutter trauert der Mann vornehmlich um seiner Frau willen; den Trauerbrauch, das Gewand einzureißen, vollzieht er beim Tod der Schwiegereltern nur zu Ehren seiner Frau[438].

Wiederum werden zahlreiche Beispiele (Vgl. bQid 31a) gegeben und die Ehrung der Eltern wird mit der Gottesehrung aufgrund entsprechender Kombination von Schriftstellen gleichgestellt.[439] Noch präziser werden beide nach bQid 30b-31a ins Verhältnis zueinander gesetzt:

> Wenn der Mensch seinen Vater und seine Mutter ehrt, spricht der Heilige, gebenedeit sei er: ich rechne es ihnen an, als würde ich unter ihnen gewohnt und sie mich geehrt haben ...Wenn ein Mensch seinen Vater und seine Mutter kränkt, so spricht der Heilige, gebenedeit sei er: gut, dass ich nicht unter ihnen wohne, würde ich unter ihnen wohnen, so würden sie auch mich kränken[440].

---

erwähnt wird: „Wenn ihn aber der Lehrer nötig hat, so ist es erlaubt" (bPes 51a; Übersetzung nach GOLDSCHMIDT, Babylonischer Talmud Bd. IIb, 502).

[435] bJeb 65b; Übersetzung n. GOLDSCHMIDT, Babylonischer Talmud Bd. IVa, 232.

[436] bSota 49a; Übersetzung n. GOLDSCHMIDT, Babylonischer Talmud Bd. Va, 356.

[437] Anders noch - wie gesehen - in Mek Amalek 3, L. II, 173f.

[438] Vgl. bMQ 20b; bMQ 26b.

[439] bQid 30b: Ehrung (Ex 20,12/Spr 3,9), Furcht (Lev 19,3/Dtn 6,13) und Fluchen (Ex 21,17/Lev 24,15) gegenüber Gott und den Eltern entsprechen sich. Wie schon pKil 8:4,31c, so spricht auch bNid 31a vom Zusammenwirken Gottes mit Vater und Mutter bei der Entstehung eines Kindes.

[440] bQid 30b-31a; Übersetzung n. GOLDSCHMIDT, Babylonischer Talmud Bd. Vb, 799.

Dies unterstreicht noch einmal, daß auf die Ehrung der Eltern - wenn auch hier nicht speziell im Sinn der Altersversorgung - in der späteren jüdischen Tradition entschieden Wert gelegt wird.[441]

Trotz dieser Hochschätzung werden ebenso wie auch sonst in der rabbinischen Überlieferung Grenzen der Elternehrung gezogen. Wie bMeg 16b am Beispiel Jakobs lehren will, ist das Torastudium wichtiger als die Elternehrung, der Lehrer der Tora kann in mancher Hinsicht wieder über die Eltern gestellt werden (vgl. bSanh 101a), aber auch der Weise, der in der Tora gelehrt ist, darf Vater und Mutter nicht verachten (vgl. bBer 17a). Die Relation der Beziehungen zu den Eltern und zum Lehrer bleibt unentschieden und umstritten[442].

Umstritten bleibt auch die Relation der Gebote bezüglich der Eltern und der Gebote für den Dienst gegenüber Gott. Der babylonische Talmud entscheidet hier eher zugunsten einer mittleren Position. Weder steht danach die Erfüllung des Elterngebots über allen religiösen Pflichten, noch kann jedes Gottesgebot das Elterngebot aufheben, wie ein Ausspruch heißt, der Eleâzar ben Mathja zugeschrieben wird:

Wenn mein Vater [zu mir] sagt, dass ich ihm Wasser zum Trinken reiche, und ich ein Gebot auszuüben habe, so lass ich die Ehrung des Vaters und übe das Gebot aus, denn ich und mein Vater sind zur Ausübung des Gebots verpflichtet[443].

Eine mögliche Entscheidung ergibt sich aus dem Spruch von Rabbi Issi ben Juda[444], der sagte:

Wenn das Gebot durch andere ausgeübt werden kann, so mag es durch andere ausgeübt werden, und er begebe sich zur Ehrung seines Vaters[445].

Auch dies stellt jedoch die persönlichen Frömmigkeitspflichten - bei denen der Glaubende nicht vertreten werden kann - über die Elternehrung, läßt jedoch die Frage offen, in welchem konkreten Fall das gilt und wann also nun der Sohn für die religiöse Pflichtübung entbehrlich ist und seinen Eltern zur Verfügung steht.

---

[441] Auch im Koran läßt sich zeigen, daß die Forderung an die Kinder, ihre Eltern im Alter sozial abzusichern, in der noch späteren muslimischen Tradition eine wichtige Rolle spielt; vgl. dazu SCHREINER, Dekalog in der jüdischen Tradition, 24-30. Zum Pflichtenkodex, der für den Muslim über dem Dekalog steht, in seiner Bedeutung als Summa der Lehre des Islam aber dem entspricht, was der Dekalog für die jüdische Tradition ist, vgl. ferner SCHREINER, STEFAN: Der Dekalog der Bibel und der Pflichtenkodex für den Muslim. Judaica 43, 1987, 171-184, 180-182.

[442] Vgl. BLIDSTEIN, Honor, 151-157.

[443] bQid 32a; Übersetzung n. GOLDSCHMIDT, Babylonischer Talmud Bd. Vb, 805.

[444] 3. Generation der Tannaiten; vgl. STEMBERGER, Einleitung, 86.

[445] bQid 32a; Übersetzung n. GOLDSCHMIDT, Babylonischer Talmud Bd. Vb, 805.

Eindeutig haben die Eltern dagegen kein uneingeschränktes Recht über den erwachsenen Sohn: ein Vater, der seinen erwachsenen Sohn schlägt, stellt sich außerhalb der Gesellschaft (bMQ 17a). Dies liegt darin begründet, daß der Vater den Sohn in diesem Fall zur Mißachtung des Elterngebots geradezu herausfordert. Der Vater muß - entsprechend Lev 19,14 - darauf bedacht sein, daß seinem Sohn die Gebotserfüllung möglich ist, wie dem Blinden der sichere Gang auf dem Weg[446].

Die rabbinische Tradition kennt die Gefahr, daß in der Endzeit gerade das Gebot der Elternehrung und der Ehrung der Alten mißachtet werden wird:

> Es wird gelehrt: R. Nehoraj sagte: Im Zeitalter, in welchem der Sohn Davids kommen wird, werden die Jungen das Gesicht der Greise beschämen und Greise werden vor den Jungen aufstehen; eine Tochter wird gegen ihre Mutter auftreten, eine Schwiegertochter gegen ihre Schwiegermutter; das Gesicht des Zeitalters wird dem Gesicht eines Hunds gleichen, und ein Sohn wird sich vor seinem Vater nicht schämen[447].

Schließlich weiß der babylonische Talmud auch von gegenwärtigen Auseinandersetzungen zwischen Vater und Sohn über die Auslegung der Schrift. Dennoch sind die Rabbinen der Überzeugung, daß die Interpretation des Schriftwortes nie zwischen Vater und Sohn eine endgültige Trennung herbeiführen kann. In der Auslegung der Wendung „Feinde am Tor" (Ps 127,5) kommt auch die Beziehung des Sohnes zum Vater in den Blick. Sogar auf die Bindungen innerhalb der Familie kann der Vers Anwendung finden, auch Vater und Sohn können dort zu Feinden werden. Letztlich aber kommt es über der Auslegung der Schrift dazu, daß sie sich verständigen:

> Selbst Vater und Sohn, Lehrer und Schüler werden Feinde, wenn sie sich mit der Gesetzlehre am Tor befassen, doch weichen sie nicht von da, bis sie Freunde werden[448].

---

[446] Vgl. zum Antwortcharakter der Elternehrung auf das zuvorkommende Verhalten von Vater und Mutter bei BLIDSTEIN, Honor, 122-130. Dies wird vor allem von späteren, mittelalterlichen Autoren betont.
[447] bSanh 97a; Übersetzung n. GOLDSCHMIDT, Babylonischer Talmud Bd. VIIa, 421.
[448] bQid 30b; Übersetzung n. GOLDSCHMIDT, Babylonischer Talmud Bd. Vb, 797.

# Kapitel 19

# Die Rolle des Elterngebots und des Elternrechts zwischen den Testamenten

Nachdem die wichtigsten literarisch faßbaren Bereiche im Umfeld des Neuen Testaments jeweils für sich im Blick auf das Elterngebot untersucht worden sind, kann die Frage nach der gesamten Bedeutung des Elterngebots auf dem Weg vom Alten bis zum Neuen Testament gestellt werden. Da sich auf diesem Weg die palästinisch-jüdische und jüdisch-hellenistische Tradition begegnen und verschränken, müssen zuerst die zum Teil sich überschneidenden, zum Teil divergierenden Tendenzen beider Traditionen festgehalten werden.

## 1. Tendenzen in der Auslegung des Elterngebots

Sowohl die jüdisch-hellenistische Tradition wie auch die palästinisch-jüdische Tradition halten an der Grundbedeutung des Elterngebots fest: Eltern haben ein Recht darauf, von den Kindern im Alter versorgt zu werden. Schon die Akzentuierung dieses Rechtes fällt jedoch leicht unterschiedlich aus: die jüdisch-hellenistische Tradition legt auf diese Deutung des Gebots besonderes Gewicht, wenngleich sie auch eine Erfüllung des Elterngebots gegenüber den noch arbeitsfähigen Eltern kennt, die darin besteht, daß die Kinder durch guten Lebenswandel das Ansehen der Familie steigern. Im palästinisch-jüdischen Bereich ist die Versorgungsforderung gegenüber den Eltern viel weniger ans Alter gebunden, sondern auch im Fall der Verarmung der Eltern stets vorgesehen. Der Aspekt des Gehorsams durch den persönlichen Dienst an den Eltern schwingt gelegentlich mit. Ferner ist die Gleichberechtigung von Vater und Mutter stärker betont als in der jüdisch-hellenistischen Tradition.

Die Gehorsamsforderung hat wiederum bei Philo und Josephus genauso ihren Platz, jedoch markanter vom Elterngebot getrennt und stets mit dem Fall des ungehorsamen Sohnes aus Dtn 21,18-21 verknüpft. Diese Fallbeschreibung wird im hellenistischen Kontext als real vorausgesetzt und zusätzlich verschärft; im palästinischen Bereich spielt sie allenfalls noch eine theoretische Rolle und verliert jegliche rechtliche Relevanz. Dies fügt sich in die Gesamttendenz der jüdisch-hellenistischen Schriftsteller ein, die die anderen Elternrechtssätze zumindest formal auf das Elterngebot beziehen und ihnen in diesem Zusammenhang Gewicht beimessen. Anders finden wir in Qumran oder bei den Rabbinen in einigen Fällen überhaupt keine Berücksichtigung eines Elternrechtssatzes bzw. der jeweils andere Rechtssatz außerhalb des Dekalogs wird eher unabhängig vom Elterngebot diskutiert.

Charakteristisch ist auch die Tendenz im jüdischen Hellenismus, die Forderungen bezüglich der Eltern miteinander zu kombinieren und die wechselseitige Interpretation zu ermöglichen; in den rabbinischen Schriften werden dagegen Ehrung (Ex 20,12/Dtn 5,16), Ehrfurcht (Lev 19,3) und Fluch (Ex 21, 17) im Blick auf die Eltern deutlicher gegeneinander abgegrenzt.

Dem entspricht, daß die Dekaloggebote im palästinischen Traditionsraum stärker in die übrigen Weisungen der Tora eingebunden und ihnen gleichgestellt erscheinen. Dagegen hat der Dekalog bei Philo und Josephus eine viel stärker prägende Rolle, so daß seine Einzelgebote verwandte Weisungen aus der Tora an sich ziehen und deren Auslegung bestimmen. Insgesamt urteilen Philo und Josephus bei Übertretung des Elterngebots wesentlich strenger.

Auch hinsichtlich der Relation zwischen der Ehrung der Eltern und der Ehrung Gottes liegen gewisse Differenzen vor. Jüdisch-hellenistische Autoren können von Gott als Erzeuger der Menschheit reden, den Zeugungsakt als Nachahmung Gottes verstehen und die Ehrung der Eltern wegen der „Wesensähnlichkeit" der Eltern mit Gott seiner Ehrung zuordnen. Im rabbinischen Denken ist „Gott ehren" und „Eltern ehren" ebenfalls gleichgesetzt, denn bei der Entstehung eines Menschen sind nach rabbinischer Auffassung Vater, Mutter und Gott gleichzeitig tätig. Die Eltern als „sterbliche Götter" zu verstehen, ist dennoch nur unter dem Einfluß des Hellenismus möglich.

Eher ein gradueller Unterschied, der jedoch durchaus spürbar ist, besteht im Verständnis des Elterngebots als Dankbarkeits- und Vergeltungspflicht. Bei diesem Schwerpunkt ist in jüdisch-hellenistischen Schriften häufig von Wiedererstattung erhaltener Wohltaten, von Rückzahlung, von nie ganz erfüllbarer Vergeltungspflicht und von Erwartungen an die eigenen Kinder die Rede. Die Erziehung eines Kindes durch die Großmutter begründet so für Josephus die Verantwortung des Enkels für die Versorgung der Großmutter. Gerade im letzteren Fall geht die rabbinische Sicht andere Wege. Die Fürsorge für ein Kind begründet kein Recht auf unmittelbare Vergeltung, auch die Ehrung der Eltern ist nur sehr selten und sehr vage mit deren früherem Einsatz für das Kind begründet. Selbst wenn im Talmud dann von einer „Schuld" des Kindes gegenüber Vater und Mutter die Rede ist, so ist doch dies kein maßgebliches Argument für die Erfüllung des Elterngebots.

Die Deutung der Motivationsklausel ist nur lose mit dem Elterngebot verbunden, wird in beiden Traditionslinien nur knapp behandelt und kann jeweils auch an zahlreichen Stellen fehlen. Wo sie noch direkt beim Gebot steht, zieht Philo für den jüdischen Hellenismus eine geistige Deutung vor. Im palästinischen Judentum wird die Verknüpfung oft diskutiert; sie erscheint eher problematisch. Als Lohn wird eine Kombination aus zeitlichem Wohl und jenseitigem Heil, später eine rein jenseitige Belohnung durch Gott erwartet.

Drei Problemstellungen und Akzente sind uns dagegen ausschließlich im palästinisch-jüdischen Umfeld des Neuen Testaments begegnet: es sind erstens die Frage des Verhältnisses zwischen den Eltern und dem Lehrer der Tora, zweitens das Problem der Gültigkeit oder der Auflösung von Gelübden zuungunsten der Eltern sowie drittens der Vorrang religiöser Bindungen vor der Elternbeziehung wie in der Qumrangemeinde, wobei die religiöse Bindung auch Ersatzcharakter für die Elternschaft annehmen kann.

So erkennen wir insgesamt eine grundsätzliche Übereinstimmung der jüdisch-hellenistischen und der palästinisch-jüdischen Auslegung des Elterngebotes, wobei die Einordnung des Gebots, seine Begründung und Motivation sehr unterschiedlich gesehen wurden. Dabei kommen die Unterschiede nicht nur dadurch zustande, daß im hellenistischen Bereich Gedanken der griechischen Philosophie aufgenommen sind, sondern auch dadurch, daß die alttestamentlichen Stellen unterschiedlich ausgelegt werden. Es wird für die weitere Untersuchung zu fragen sein, welche Tendenzen mit welchem Hintergrund jeweils vorherrschen.

## 2. Die soziale Funktion des Elterngebots

Das Elterngebot diente auch noch in der Umwelt des Neuen Testaments dazu, Vater und Mutter im Alter - im palästinischen Raum auch im Fall von Verarmung - abzusichern. Eine religiöse Gemeinschaft wie die Qumran-Essener mußte das Elterngebot nicht heranziehen, da innerhalb der Gruppe ein funktionierendes Sozialsystem bestand, das die nötigen Versorgungsleistungen erbringen konnte. Außerhalb solcher Gemeinschaften mußte jedoch der Unterhalt der nicht mehr arbeitsfähigen Männer und Frauen gewährleistet sein, was durch das vom Elterngebot gestützte Elternrecht beabsichtigt war.

Eine Bestimmung aus tannaitischer Zeit um 140 n. Chr. wirft darauf noch ein besonderes Licht: auch wenn Eltern, um römischen Steuerlasten zu entgehen, ihr Vermögen den Kindern überschrieben, mußten sie selbst aus diesem Vermögen den Lebensunterhalt bestreiten bzw. sich verhalten lassen (vgl. bKet 49b). Es sollte dadurch gesichert sein, daß möglichst wenige Menschen der Allgemeinheit unnötigerweise zur Last fallen. Dazuhin war zumindest im jüdisch-hellenistischen Bereich auch beabsichtigt, mit dem Elterngebot die persönliche Achtung und den Respekt der Kinder vor den Eltern zu bestärken. In der rabbinischen Tradition fiel diese Aufgabe den anderen, eigenständig tradierten und ausgelegten Elternrechtssätzen wie Lev 19,3 und Ex 21,17 zu. Es wird nun zu untersuchen sein, welche Funktion die Anführung des Elterngebots im Neuen Testament erhält.

Teil D:

Das Elterngebot im Neuen Testament

Kapitel 20:

# Das Elterngebot als Beispiel
# für die gültige Setzung Gottes nach Markus 7,1-23par.

Im Neuen Testament begegnet das Elterngebot in herausgehobener Stellung
in den Evangelien als Beispiel für die gültige Setzung Gottes, die Jesus in der
Auseinandersetzung mit seinen Gegnern verteidigt. Sowohl in Markus 7 als
auch in Matthäus 15 sind es die Pharisäer und Schriftgelehrten[1], die von Jerusalem kommen, um mit Jesus über Fragen des Gesetzes und der jüdischen
Überlieferung außerhalb des schriftlich fixierten Gesetzes zu streiten. Das
Gebot, Vater und Mutter zu ehren, wird innerhalb der Argumentation Jesu als
Beispiel zitiert. Welche Rolle dem Gebot dabei zufällt und wie es inhaltlich
aufgenommen und ausgelegt wird, soll nun genauer untersucht werden.

## 1. Markus 7: Aufbau und Gliederung

Bei einem groben Überblick läßt sich das siebte Kapitel des Markusevangeliums in drei Perikopen aufteilen. Mk 7,1-23 setzt nach dem Abschluß der
Heilungen in Mk 6,56 neu ein mit der Frage der Pharisäer und einiger Schriftgelehrter nach der Einhaltung der Reinheitsvorschriften durch die Jünger
Jesu. In Mk 7,24 und Mk 7,31 signalisiert jeweils ein Thema- und Ortswechsel einen Neueinsatz. Zuerst führt uns der Evangelist ins Gebiet von Tyrus,
wo Jesus der syrophönizischen Frau begegnet und ihre Tochter von einem
Dämon befreit, und danach in die Dekapolis, wo die Heilung des Taubstum-
men lokalisiert wird. Ferner wechseln nach V.23 auch die beteiligten Personen: nur Jesus selbst verbindet in seiner Person die Erzählungen; die Jünger
treten erst in Mk 8,1 wieder explizit auf. Für das Zitat des Elterngebots ist nur
die erste dieser Perikopen von Interesse.

Sie beginnt mit Mk 7,1 ohne weitere Ortsangabe: von Mk 6,53 her ist
Genezareth am See als Szenarium vorausgesetzt. Nach dem Duktus des ge-
samten Markusevangeliums befinden wir uns noch im ersten Teil, in dem die
Wirksamkeit Jesu in Galiläa thematisiert ist. Noch steht das Bekenntnis des
Petrus aus (Mk 8,27-30), noch sind die Leidensankündigungen nicht gefallen

---

[1] Nach Mk 7,1 sind es nur *einige* Schriftgelehrte.

(Mk 8,31ff.), die dann den zweiten Teil bis zur Passionsgeschichte hin prägen, wenngleich bereits nach Mk 3,6 am Ende einer ersten Sammlung von Streitgesprächen der Todesbeschluß der Pharisäer und Herodianer feststeht. Nach diesem Todesbeschluß über Jesus treten die pharisäischen Gegner Jesu nun zum ersten Mal wieder auf.

Schriftgelehrte erwähnt Markus bereits in der Reaktion des Volkes auf Jesu Lehre in der Synagoge von Kapernaum. Die Vollmächtigkeit der Rede Jesu unterscheidet sich dort charakteristisch gerade von den Reden jener Schriftgelehrten (Mk 1,22; par. Mt 7,28.29). Schriftgelehrte sind dann die Gegner bei der Sündenvergebung für den Gelähmten (Mk 2,6f.) und speziell die Schriftgelehrten der Pharisäer beim Zöllnergastmahl (Mk 2,16). Schließlich sind schon nach Mk 3,22 Schriftgelehrte aus Jerusalem gekommen, die Jesus als von einem Dämon besessen und im Bunde mit dem Satan verleumden. Genau jene Schriftgelehrten aus Jerusalem greifen nach der Darstellung des Evangelisten nun das Thema „unrein" wieder auf: so, wie sie Jesus eines unreinen Geistes beschuldigen (Mk 3,30), so werfen sie seinen Jüngern permanente Unreinheit vor. Die Pharisäer erscheinen mit den Schriftgelehrten verbunden als Gegner Jesu[2].

Mk 7,2 benennt das zum Streit führende Verhalten der Jünger Jesu, während V.3 und V.4 für die heidnischen Leser die Reinheitsvorschriften „der Pharisäer und aller Juden" - so Mk 7,3 - erklären wollen. V.5 enthält die Frage der Pharisäer und Schriftgelehrten, V.6-7 geben auf der Ebene des Evangeliums die erste Antwort[3] Jesu wieder. Er verweist auf Jesaja und zitiert dazu Jes 29,13 (LXX-Version leicht variiert) mit dem Vorwurf der Heuchelei. V.8

---

[2] Es fällt auf, daß die Pharisäer im MkEv danach nur noch an vier Stellen begegnen, in Mk 8,11.15; 10,2 und 12,13. Im Prozeß gegen Jesus treten sie nicht auf, während die Schriftgelehrten in zwei der Leidensweissagungen (Mk 8,31; 10,33) genannt werden und bis zum Tode Jesu zu seinen aktiven Feinden zählen (Mk 9,11.14; 11,18.27; 12,35.38; 14,1.43.53; 15,1.31). Nur einen einzelnen Schriftgelehrten, der nach dem größten Gebot fragt, lobt Jesus für dessen verständige Antwort und seine Einsicht in Jesu Schriftauslegung (Mk 12,28-34).

[3] Nicht erst V.15 gibt die Antwort auf die Frage von V.5; gegen BERGER, KLAUS: Die Gesetzesauslegung Jesu. Ihr historischer Hintergrund im Judentum und im Alten Testament; Teil I: Markus und Parallelen; Neukirchen-Vluyn 1972 (WMANT 40), 462. Die Annahme von Berger, die Inkongruenz zwischen V.5 und V.15 sei dadurch zustande gekommen, daß „V.15 vorgegeben war und V.5 nur eine dazu konstruierte Einzelfrage ist" (BERGER, Gesetzesauslegung, 463f.), setzt voraus, daß die Konstruktion der Einzelfrage ungeschickt und unpassend erfolgte. Diese Annahme ist jedoch äußerst unwahrscheinlich. Schon Bultmann (BULTMANN, RUDOLF: Die Geschichte der synoptischen Tradition; 9. Aufl., Göttingen 1979 (FRLANT 29), 15 mit Anm. 1) hatte die Inkongruenz zwischen V.5 und V.15 festgestellt.

Zutreffend hält dagegen CUVILLIER, ELIAN: Tradition et rédaction en Marc 7:1-23. NT 34, 1992, 169-192, 170 auf der Ebene des Evangeliums drei Antworten auf die Frage der Gegner fest: „1. vv.6-7, dénonciation de l'hypocrisie; 2. vv.8-13, opposition tradition des anciens / commandement de Dieu... 3. vv. 15ss. déclaration sur le pur et l'impur et commentaires". Dabei ist V.8 - obwohl m.E. Überleitungsvers - zu V.9-13 gezogen.

leitet über mit dem weiteren Vorwurf an die Gegner, sie verließen Gottes Gebot und hielten stattdessen die Satzungen der Menschen. V.9 greift dann genau diesen Vorwurf auf und leitet eine völlig neue, grundsätzlichere Auseinandersetzung ein, in der es um die Auflösung der Gottesgebote durch menschliche Überlieferungen geht.[4] Die Frage der Reinheit oder Unreinheit spielt bis V.13 keine Rolle mehr. Erst V.14f. setzen neu mit dem Herbeirufen des Volkes und dem Aufmerksamkeitsruf ein und greifen die Frage nach den Reinheitsvorschriften auf, wobei Jesus in Fortführung von V.6 und V.7 nun die Frage zugunsten der Jünger beantwortet. Nichts, was von außen in den Menschen hineingeht, macht ihn unrein, weshalb es kein Problem darstellt, wenn die Jünger ohne rituelles Abspülen der Hände das Brot essen. Ab V.17[5] führt Jesus dann in einer Jüngerbelehrung nach Ortswechsel - nun befinden sie sich im Haus - weiter aus, was mit V.15 gemeint ist, und er erläutert mit einem Lasterkatalog, wodurch sich der Mensch von innen heraus verunreinigt. V.23 beschließt summarisch diese Jüngerbelehrung.

Die Zitation des Elterngebots fällt also in einen Absatz, der ein weitergehendes Problem behandelt als die Rahmenperikope, in der die Reinheitsvorschriften diskutiert werden. Der Abschnitt wird - was nun noch literarkritisch zu zeigen ist - als selbständige Einheit zu behandeln sein.[6]

## 2. Literarkritische und überlieferungsgeschichtliche Erwägungen zu Mk 7,9-13

Für die gesamte Perikope Mk 7,1-23 wird man immer noch Bultmann zustimmen können, daß sie - wie auch die anderen längeren Redenabschnitte - „ihre vorliegende Form in der schriftlichen Tradition erhalten"[7] hat. Es ist schwer vorstellbar, daß eine so lange Rede mit unterschiedlicher thematischer Ausrichtung in den Einzelteilen sowie mit einer so wenig charakteristischen, uneinheitlichen Form über längere Zeit mündlich überliefert worden sein sollte. Dagegen wirft der oben besprochene Aufbau sowie die formale Gestalt der Verse 9-13 die Frage auf, ob nicht dieser Abschnitt ursprünglich für sich überliefert worden sein könnte und erst in einem späteren Stadium - vom Evangelisten oder einem vormarkinischen Tradenten - in die Gesamtperikope eingefügt wurde.

---

[4] Vgl. SALYER, GREGORY: Rhetoric, Purity, and Play. Aspects of Mark 7:1-23. Semeia 64, 1993, 139-169, 140-155 für die Funktion der Abschnitte auf der redaktionellen Ebene als „Argumentatio" (a.a.O., S.144).

[5] V.16 ist als spätere Glosse textkritisch zu streichen.

[6] Auch Gnilka (GNILKA, JOACHIM: Das Matthäusevangelium, II. Teil. Kommentar zu Kap. 14,1-28,20 und Einleitungsfragen. Freiburg u.a. 1988 (HThK I/2), 19) meint, daß der Korban-Fall bei Markus noch als „ehemals selbständiger Text" zu erkennen sei.

[7] BULTMANN, Geschichte, 50.

*Exkurs: Zur Form von Markus 7,9-13*

Die Form der gesamten Perikope Mk 7,1-23 hat man gerne als Streitgespräch[8] mit Übergang in ein Lehrgespräch bezeichnet, und man kann sie auch in Analogie zu Mk 10,2-12[9] entsprechend gliedern:

1. Öffentliche Frage der Gegner Jesu: Mk 7,5
   (V.1-4 = Situierung und Anlaß)
2. Öffentliche Antwort Jesu: Mk 7,6-15
3. Private Frage der Jünger: Mk 7,17
4. Private Antwort Jesu: Mk 7,18-23.

Das eigentliche Streitgespräch ist dann jedoch nach V.8 beendet, wie bereits Bultmann gesehen hat. Die weiteren Verse können nur noch als Erweiterung gelten[10]. Für die Formbestimmung des Abschnittes Mk 7,9-13 führt diese Gesamtüberlegung nicht viel weiter, da die Antwort Jesu hier nicht genauso gegliedert ist, wie das in anderen Streitgesprächen beobachtet werden kann. Haben wir dort oft zunächst eine Gegenfrage Jesu, dann eine Antwort der Gegner, mit der sie sich in der Regel eine gewisse Blöße geben, und schließlich die Zurückweisung dieser gegnerischen Antwort durch Jesus, oft aufgrund einer Folgerung daraus[11], so kommen wir in Mk 7 nicht zu diesem Aufbau. Stattdessen antwortet Jesus zuerst mit einem Schriftzitat (V.6.7), dann mit einem - im jetzigen Text überleitenden - Vorwurf (V.8). V.9-13 wiederholt den Vorwurf lediglich auf anderer Ebene, die Position der Gegner kommt nur im Zitat durch Jesus (V.11) vor.

So ist Bultmann, der sich dabei auf Albertz' Sicht der synoptischen Streitgespräche von 1921 berufen kann, auch darin zuzustimmen, daß V.9-13 als eine Dublette zu V.6-8 zu gelten hat, die - typisch markinisch - „durch die übliche Formel καὶ ἔλεγεν αὐτοῖς"[12] angereiht wurde. Es ist ein durchgehendes Herrenwort, das eine Polemik gegen die Deutung des Gesetzes durch die Gegner Jesu enthält. Bultmann spricht an anderer Stelle von Mk 7,9-13 als „Wort über die äußere Gesetzeserfüllung"[13].

*Ende des Exkurses*

---

[8] Vgl. BERGER, Gesetzesauslegung, 461, der die Perikope zusammenfaßt mit Mk 2,16-17.18-20.23-28; 3,1-4; 10,1-12; 12,13-17. In seiner Formgeschichte nennt Berger (BERGER, KLAUS: Formgeschichte des Neuen Testaments; Heidelberg 1984, 73;81ff.) die Perikope eine „erweiterte Chrie", wobei jedoch V.9-13 eine eigene Einheit der Erweiterung darstellen.

[9] Vgl. ZIMMERMANN, HEINRICH: Neutestamentliche Methodenlehre. Darstellung der historisch-kritischen Methode; 7., von Klaus Kliesch bearb. Aufl., Stuttgart 1982, 109.

[10] Vgl. BULTMANN, Geschichte, 64.

[11] Vgl. ZIMMERMANN, Neutestamentliche Methodenlehre, 109; 153. Allerdings trifft der von Zimmermann erhobene Aufbau auch bei anderen Streitgesprächen nicht zu (vgl. z.B. Mk 2,1-12; Mk 2,23-28).

[12] BULTMANN, Geschichte, 15.

[13] A.a.O., 350.

Die Doppelung des Vorwurfs in V.8 und 9, die thematische Abweichung vom Umfeld sowie die nochmals abgesetzte, V.6a - Ὁ δὲ εἶπεν αὐτοῖς - wiederholende Einführung καὶ ἔλεγεν αὐτοῖς (V.9) heben den Abschnitt V.9-13 deutlich aus dem Gesamtduktus heraus. Auch der Dublettencharakter dieser Verse zu V.6-8 sowie die überproportionale Länge der Antwort Jesu im Streitgespräch, wenn man die ganze Antwort V.6-13 betrachtet, legen es nahe, daß V.9-13 als eigenständiger Abschnitt behandelt werden muß[14]. Schon V.8 formuliert eindeutig den von Jesus stark betonten Gegensatz: Gottes Gebot - Satzungen der Menschen. Seine Kritik ist auch ohne das Beispiel des Elterngebots verständlich, denn das Festhalten an der Überlieferung der Menschen ist bereits mit der Tradition des Händewaschens bestätigt. V.9-13 unterstreichen lediglich noch einmal explizit an einem ganz anderen Beispiel die Behauptung von V.8a, wie die Gegner Jesu Gottes Gebot verlassen. Sie wirken dadurch als eine sinnvolle, jedoch nicht zwingend erforderliche Ergänzung der Reinheitsauseinandersetzung. Durch den Kontrast von „innen" und „aussen" ist ferner V.6-7 das Schriftzitat (außen: Lippen, innen: Herz) mit V.14-23 verbunden. Dieser Kontrast fehlt im Zwischenstück V.9-13.

Wir erhalten dazuhin auch ohne diesen Einschub eine vollständige Perikope: Auf die Frage der Pharisäer und Schriftgelehrten von V.5 antwortet Jesus mit dem Schriftzitat aus Jes 29,13LXX und faßt dessen Aussage im Blick auf den Streitfall in einem Vorwurf (V.8) zusammen. Dabei bezieht sich V.8a auf den ersten Teil des Zitats: das von Gott abgewandte Herz wird als „Verlassen des Gebotes Gottes" interpretiert, V.8b gibt den zweiten Zitatteil wieder, den Vorwurf, sich auf Menschensatzungen zu stützen. V.15 gibt dann die Antwort auf die gestellte Frage, wenngleich diese nicht präzise aufgenommen wird.[15] Dazu kommt der Wechsel von τὴν παράδοσιν τῶν ἀνθρώπων in V.8

---

[14] LOHMEYER, ERNST: Das Evangelium des Markus; nach dem Handexemplar des Verfassers durchges. Ausgabe mit Ergänzungsheft; 17. Aufl., Göttingen 1967 (KEK, 1.Abt., 2. Band), 138 hält V.6-15 für eine bereits vormarkinisch überlieferte Komposition; PESCH, RUDOLF: Das Markusevangelium, 1.Teil. Einleitung und Kommentar zu Kap. 1,1-8,26; 2., durchges. Aufl., Freiburg u.a. 1977 (HThK II/1), 368 plädiert für die literarische Einheitlichkeit von V.6-15.
WEISS, WOLFGANG: „Eine neue Lehre in Vollmacht". Die Streit- und Schulgespräche des Markusevangeliums; Berlin, New York 1989 (BZNW 52), 58 korrigiert diese Sicht jedoch mit Recht und stellt klar, daß im Blick auf die Verse 9-13 mit ihrer kunstvollen Rahmung und ihrem Charakter als Illustration von V.6f. „ein sekundärer Anschluß" möglich ist. Auch HÜBNER, HANS: Mark. VII. 1-23 und das ‚jüdisch-hellenistische' Gesetzesverständnis. NTS 22, 1976, 319-345, 323-325 hat gezeigt, daß die Nahtstelle der Perikope zwischen V.8 und V.9 nicht überspielt werden darf, sondern einen Einschnitt darstellt, der überlieferungsgeschichtlich ausgewertet werden kann.
[15] Der Antwortcharakter von V.15 ist von den Vertretern einer direkten Beziehung zwischen V.5 und V.15 richtig gesehen (vgl. LÜHRMANN, DIETER: ... womit er alle Speisen für rein erklärte (Mk 7,19). WuD 16, 1981, 71-92, 81f.); die oben, S. 258, Anm. 3 festgestellte Inkongruenz bleibt davon unberührt.

zu τὴν παράδοσιν ὑμῶν in V.9, was eine Inkongruenz innerhalb der Perikope bedeutet[16], da die Anrede von V.6 περὶ ὑμῶν in V.8 zunächst zu einer generellen Aussage verallgemeinert wird, wobei das Schriftzitat von V.7 aufgegriffen ist. V.9 - wie V.13 τῇ παραδόσει ὑμῶν - nimmt nun genau dies wieder zurück, wodurch der Aufbau sogar leicht gestört ist.

In der Zuspitzung auf die Überlieferung der Gegner, nicht mehr allgemein menschliche Überlieferungen, verengt V.13a darüberhinaus die Aussage von V.8 durch die Pointierung mit ἣ παρεδώκατε auf Regeln, die den angesprochenen Gegnern unmittelbar angelastet werden[17]. Statt - wie man erwarten müßte - den Ursprung der Überlieferung zu kennzeichnen, wird plerophorisch zu „eure Satzung" noch deren eigene Tradierung herausgestellt. Im Gesamtzusammenhang wirkt dies fast wie der Ausschluß einer darüberhinausgehenden Urheberschaft. Streng genommen widerspricht dieser Zug sogar der Frage der Pharisäer, die ausdrücklich auf die Satzungen der Ältesten (V.5), die sie übernommen haben, und nicht auf ihre eigenen Regeln verweisen.

All diese Beobachtungen führen letztlich zum Ergebnis, daß wir es also in Mk 7,9-13 mit einem eigenen Überlieferungsstück[18] zu tun haben, das in den

---

[16] Keine sinnvolle Begründung scheint m.E. für die Annahme BERGERS (ders., Gesetzesauslegung, 484) möglich, daß hier jeweils einfach eine Wendung durch die andere ersetzt würde. Berger selbst konzediert dieser Sicht gegenüber dann später auch für V.9 „deutlich den Gedankenfortschritt gegenüber V.8 und die Beweisabsicht von 10-13" (a.a.O., 487).

[17] Παραδίδωμι als Terminus technicus für Traditionsübermittlung verweist in der Regel auf die Weitergabe der Tradition, wobei ihre Herkunft benannt wird. Der Terminus für Traditionsübernahme lautet παραλαμβάνω; vgl. 1Kor 15,3. Die entsprechenden rabbinischen Termini sind קבל מן für παραλαμβάνω (empfangen von) und מסר ל für παραδίδωμι (überliefern an). TAYLOR, VINCENT: The Gospel according to St. Mark. The Greek Text with Introduction, Notes and Indexes; 2. Aufl., London u.a. 1966, 341 stellt daher mit Recht fest, daß sinngemäß eigentlich παρελάβετε erforderlich wäre. Cranfield beobachtet ebenfalls, daß die Schriftgelehrten hier nicht als passive Tradenten gesehen werden, „but as having had an active and responsible part in the matter" (CRANFIELD, C.E.B.: The Gospel according to St. Mark; 2.Aufl., Cambridge 1963 (CGTC), 238).

[18] Genauso trennt HAENCHEN, ERNST: Der Weg Jesu. Eine Erklärung des Markus-Evangeliums und der kanonischen Parallelen; 2., durchges. und verb. Aufl., Berlin 1968, 267, V.6-8 von V.9-13, wobei er den zweiten Abschnitt als zweite, spätere Ergänzung versteht. Zum entsprechenden Resultat kommt SCHWEIZER, EDUARD: Das Evangelium nach Markus; 17., durchges. Aufl., Göttingen, Zürich 1989 (NTD 1), 77f., der in diesem Anhang die „Situation der nachpaulinischen Zeit" widergespiegelt sieht, in der „das Unsinnige jüdischer Gesetzlichkeit" (a.a.O., 78) herausgestellt wird. Auch WEISS, Eine neue Lehre, 58f. unterstützt die naheliegende Vermutung eines literarischen Bruchs zwischen V.6-8 und V.9-13, wobei V.8 eine Überleitungsfunktion habe. In V.6f. gehört der Vorwurf der Heuchelei mit dem Jesaja-Zitat zusammen, da Jes 29,13LXX auch an anderer Stelle - z.B. Kol 2,22 - in entsprechender Polemik eingesetzt wird. V.6f. sind ferner primär gegenüber der sie zusammenfassenden Überleitung in V.8 sowie der Illustration in V.9-13 (Vgl. GNILKA, JOACHIM: Das Evangelium nach Markus, 1. Teilband, Mk 1-8,26 (EKK II/1), 3., durchges. Aufl., Neukirchen-Vluyn 1989, 276-278). WEISS, a.a.O., 62-65 wendet zwar dagegen ein, daß V.6-8 als Antwort auf V.5 nicht genügt, zeigt aber zugleich, daß auch V.9-13 (gegen HÜBNER, HANS:

Zusammenhang von V.1-23 eingefügt zur Verdeutlichung von V.8a, nämlich wie die Gegner das Gebot Gottes verlassen, dient.

Die Rahmenperikope gibt in V.6-8 und V.15 die Antwort Jesu auf die Frage an, ohne daß V.9-13 als Ergänzung nötig wären. Fraglich ist nur die Stellung von V.8. Faßte er im ursprünglichen Zusammenhang mit V.6 und 7 deren Aussage zur Haltung der Fragesteller zusammen, bevor in V.15 die Antwort Jesu auf die Frage erfolgt - oder ist er eine spätere Überleitung, die zur Einfügung von V.9-13 geschaffen wurde?

Prüft man den Wortbestand von Mk 7,9-13, so bemerkt man, daß zahlreiche Vokabeln daraus sonst im Neuen Testament sehr selten sind, daß sogar Hapaxlegomena vorkommen und insgesamt ein Sprachgebrauch vorherrscht, der dem Vokabular und dem Stil des Evangelisten Markus nicht entspricht. Gleich zu Beginn fällt der ironische Gebrauch von καλῶς auf, der innerhalb der synoptischen Überlieferung sonst nicht erscheint und nur in 2Kor 11,4 und Jak 2,19 vorliegt. Besonders innerhalb von Mk 7 - mit dem bestätigenden Sinn in Mk 7,6 und dem uneingeschränkt positiven Sinn in Mk 7,37 - fällt diese Verwendung des Adverbs aus dem Rahmen. Mit diesem unterschiedlichen Gebrauch von καλῶς in V.6 und V.9 legt es sich nahe, daß die beiden Abschnitte in eine jeweils andere Tradition gehören. Ἀθετέω (V.9) findet sich bei Markus nur noch in Mk 6,26, wo es jedoch mit einem Akkusativobjekt der Person gebraucht ist. Für Markus ist der Gebrauch in der Bedeutung „eine Sache außer Kraft setzen" singulär.[19] Auch die Rede von „eurer

---

Das Gesetz in der synoptischen Tradition. Studien zur These einer progressiven Qumranisierung und Judaisierung innerhalb der synoptischen Tradition; Witten 1973) nicht als ursprüngliche Antwort auf V.5 in Frage kommt. CUVILLIER, Tradition, 180 hat daher mit der auch V.15 einschließenden Überlegung recht: „Les vv.6-7 pourraient ainsi être plus anciens et appartenir à la controverse originelle comme argumentation scripturaire (dénonciation de l'hypocrisie) avant la réponse précise (ici sans doute v.15); même phénomène en 2:23-27". Der von Cuvillier danach selbst erhobene Einwand, V.6f. folgten der LXX, spricht nicht gegen die Verbindung mit V.15, wenn man dessen hellenistischen Charakter und seine Nähe zu Röm 14,14 erkennt und entsprechend auf den weit verbreiteten Versuch einer Rückführung auf den historischen Jesus von Nazareth verzichtet.

SCHMID, JOSEF: Das Evangelium nach Markus; 4., durchges. Aufl., Regensburg 1958 (RNT 2), 133 sieht dagegen ausschließlich V.6-8 als „von Jesus in der bei Markus genannten Situation gegebene Antwort auf die Frage der Pharisäer und Schriftgelehrten". V.9-13 und V.14/15 behandeln demgegenüber aus seiner Sicht ein völlig neues Thema. Anders wieder J. Ernst in der Neubearbeitung dieses Kommentars, der trotz der Gegenargumente für V.9-13 eine „thematische Übereinstimmung und ... Bindung an die vorgegebene Situation (V.1)" erkennen will (ERNST, JOSEF: Das Evangelium nach Markus; Regensburg 1981 (RNT), 200), sowie SARIOLA, HEIKKI: Markus und das Gesetz. Eine redaktionskritische Untersuchung; Helsinki 1990 (AASF.DHL 56), 35, für den V.9b-13b ohne V.12 die ursprüngliche, traditionelle Antwort auf V.5 darstellen.

[19] In derselben Bedeutung finden wir ἀθετέω noch in Lk 7,30, 1Kor 1,19, Gal 2,21; 3,15, 1Tim 5,12, Hebr 10,28 und Judas 1,8. Die Stelle in Hebr 10 macht den Ernst des Vorwurfs

Überlieferung" ist im Neuen Testament auf Mk 7,9.13 (par. Mt 15,3.6) beschränkt. Ungewöhnlich ist der Anakoluth in V.11, mit dem die zitierte Redeweise der Gegner abgebrochen wird; darin findet sich auch mit κορβᾶν ein Hapaxlegomenon, δῶρον lesen wir ebenfalls bei Mk sonst nicht mehr [20]. Ἀκυρόω ist wieder ein sehr seltener Begriff, außer in Mk 7,13/Mt 15,6 findet er sich im Neuen Testament nur noch bei Paulus in Gal 3,17. Vom λόγος τοῦ θεοῦ ist in den beiden ersten Evangelien lediglich in Mk 7,13/Mt 15,6 die Rede; nur Lukas[21] und die Briefliteratur des Neuen Testaments setzen diese Verbindung häufiger ein. Schließlich ist in V.13 παρόμοιος ein Hapaxlegomenon. All diese sprachlichen Besonderheiten bestätigen, daß der Abschnitt schwerlich insgesamt vom Evangelisten stammen kann, sondern ihm wohl weitgehend traditionell vorgegeben war.

Aber auch in Mk 7,2-7 und Mk 7,15-23 überwiegen unmarkinische Begriffe[22]. Somit legt es sich nahe, daß auch diese Abschnitte vormarkinisch formuliert worden sind. Die beiden Traditionsstränge in Mk 7,6-7 sowie in Mk 7,9-13 gehören dabei - vgl. den oben erwähnten unterschiedlichen Gebrauch von καλῶς – nicht einer einheitlichen Schicht an, sondern sind wohl von Markus hier zusammengestellt worden.

V.8 und V.14 erscheinen dabei als Überleitungsverse, die Mk gebildet hat. V.8 hebt sich sprachlich durch den anderen Gebrauch von ἀφίημι im Vergleich mit V.12 vom Folgenden ab, während die Wendung ἐντολὴ τοῦ θεοῦ bewußt zur Überleitung aus V.9 genommen ist. Ansonsten finden wir bei Mk einfaches ἐντολή (vgl. Mk 10,5.19; 12,28.31). Ferner ist V.8a vom Vorangehenden inhaltlich nicht gedeckt, denn von einem Verlassen des Gebotes Gottes durch die Pharisäer kann zuvor keine Rede sein. Nur V.8b, die zweite Hälfte der Antithese, nimmt die Anklage von V.6 und V.7 auf, wobei im Anklang an das Schriftzitat von V.7 aus der παράδοσις τῶν πρεσβυτέρων (V.3/V.5) eine παράδοσις τῶν ἀνθρώπων wird. V.8a bereitet also speziell V.9a und insgesamt V.9-13 vor, wo nun der Verstoß gegen ein Gottesgebot aufgezeigt wird. Der Gegensatz „von Gott - von Menschen" stellt in V.9-13 von vornherein die Gegner Jesu so dar, daß sie gegen Gott stehen.

---

deutlich: wer das Gesetz des Mose außer Kraft setzt, also bricht, muß aufgrund der Aussage von zwei oder drei Zeugen (nach Dtn 17,6) sterben!

[20] Dagegen ist der Begriff relativ häufig bei Matthäus (Mt 2,11; 5,23.24; 8,4; 15,5; 23,18.19), zweimal gebraucht ihn Lukas (Lk 21,1.4).

[21] LkEv:4mal, Apg:11mal, dagegen Joh: nur Joh 10,35.

[22] Beispiele dafür sind etwa κοινός (nur Mk 7,2.5, ἄνιπτος (nur Mk 7,2par.), περιπατεῖν im übertragenen Sinn (nur Mk 7,5 in den synoptischen Evangelien), προφητεύειν (bei Mk nur in 7,6; 14,65), ὑποκριτής (nur Mk 7,6, dagegen häufig bei Mt), ὡς γέγραπται führt in den Evangelien nur in Mk 7,6 und Lk 3,4 ein alttestamentliches Zitat ein; ἔξωθεν (bei Mk nur in 7,15.18), ἔσωθεν (bei Mk nur in 7,21.23), βρῶμα (bei Mk nur in 7,19), κακός (bei Mk nur in 7,21; 15,14), πονηρός (bei Mk nur 7,22.23 gegen 26 Vorkommen bei Mt, 13 bei Lk und 8 in Acta).

Mk 7,8 erweitert durch den zwar vorrangig qualitativen Aspekt (von Menschen gemacht) auch quantitativ (nicht mehr nur die Vorfahren sind im Blick) den Kreis der Verantwortlichen und schafft so einen zwar nicht nahtlosen, aber doch einsichtigen Übergang zum Vorwurf in V.9[23].

V.14 bildet einen weiteren markinischen Eingriff, mit dem der Evangelist die zentrale Antwort Jesu (V.15) auf die Frage von V.5 neu einleiten muß, um nach der langen Einfügung darauf wieder die Aufmerksamkeit zu lenken. Hier spricht vor allem die typisch markinische Einführungsformel καὶ προσκαλεσάμενος (πάλιν) τὸν ὄχλον (vgl. Mk 8,34) bzw. τοὺς μαθητάς (vgl. Mk 8,1) oder αὐτούς (vgl. Mk 10,42;12,43) für markinische Bildung, dazu das unmotivierte Auftreten der Menge, die bereits in V.17 wieder abtreten muß und sonst keine Rolle spielt. Mk will jedoch für V.15 einen möglichst großen Hörer- und damit Adressatenkreis schaffen (vgl. dazu Mk 4,1; 8,34).

Die Frage, ob sich diese Eingriffe durch V.8 und 14 im literarischen Bereich abgespielt haben, Markus also schriftliche Quellen bearbeitet hat, oder ob es eine Bearbeitung mündlicher Traditionen war, die er bei deren Verschriftlichung vornahm, wird meist eher im letzteren Sinn beantwortet. Allerdings ist auch erwogen worden, ob Mk 7,9-13 nicht aus einem größeren Zusammenhang herausgebrochen sein könnte[24], für den wiederum eine literarische Vorgabe möglich wäre. Für die Auslegung spielt das aber keine Rolle.

Stellt man jedoch - unabhängig von der Alternative schriftlicher oder mündlicher Tradierung - weitergehend die Frage, wo der traditionelle Kern von Mk 7,9-13 seinen Ursprung hat, so ergeben sich erhebliche Probleme. Die in der neutestamentlichen Forschung üblichen Kriterien zur Überprüfung des Alters oder der Authentizität eines Jesuslogions greifen hier nur zum Teil, vor allem fehlt eine größere Basis vergleichbarer Texte. Dennoch soll der Versuch unternommen werden, anhand dieser Kriterien genaueren Aufschluß darüber zu erhalten, ob zumindest für den Inhalt der Argumentation ein Ursprungsort vermutet werden könnte.

Zunächst gilt es, nach redaktionellen Eingriffen zu suchen. Dazu gehören die Einleitungsformel V.9a, die Parenthese in V.11 (ὅ ἐστιν δῶρον) sowie im letzten Teilvers, 13b, das typisch markinische τοιοῦτος[25]. Die übrigen Teile

---

[23] Vgl. CUVILLIER, Tradition, 180f.; LAMBRECHT, J.: Jesus and the law. An investigation of Mk 7,1-23. EThL 53,1977, 24-79, 71 weist dagegen V.6-13 insgesamt dem Evangelisten zu: „Parallels elsewhere in the gospel point to a final technique as somewhat characteristic of Mark: *the proof from Scripture* within vv.6-13. In quoting the Old Testament Mark intends to show that the Christians, not the Jews, understand God's word and observe God's commandment" (Hervorhebung im Original durch Kursivdruck).

[24] WEISS, Eine neue Lehre, 73 hält V.9-13 aufgrund der eigenen Rahmung als Stück der Gemeindepolemik nur für „begrenzt überlieferungsfähig".

[25] Vgl. dazu auch MCELENEY, NEIL J.: Authenticating Criteria and Mark 7:1-23. In: CBQ 34, 1972, 431-460, 449-451. Als redaktionell kann dabei nur das verstärkende τοιοῦτος gelten; ansonsten war V.13b als traditionell erwiesen worden (s.o., S. 263).

der Perikope können als traditionell verstanden werden und könnten daher grundsätzlich auf Jesus zurückgehen.

Kommt man jedoch zu den Echtheitskriterien im engeren Sinn, so werden die Ergebnisse weniger deutlich. Das doppelte Unableitbarkeitskriterium etwa liefert für diesen Abschnitt keine weiterführende Erkenntnis: in der christlichen Kirche wurde das Elterngebot später hoch geschätzt. Zu dieser Seite hin besteht auf jeden Fall Ableitbarkeit. Aber auch das hellenistische wie das rabbinische Judentum hatte - wie gesehen - die Zielsetzung des Elterngebotes bewahrt, so daß auch in dieser Richtung eine gewisse Kontinuität besteht. Die Authentizität der Perikope kann nicht daraus geschlossen werden[26].

Ein Vorkommen in mehreren Quellen ist nicht festzustellen, da Mt 15 als Parallele nicht gesondert gezählt werden kann und 1Tim 5,8 lediglich eine allgemeine Ermahnung enthält, die nicht unmittelbar das Elterngebot oder gar den gesamten Abschnitt aufnimmt.[27] Auch dafür, daß der Abschnitt in unterschiedlichen literarischen Formen vorkommt, gibt es keine Belege.

Das Kriterium der Kohärenz mit als höchstwahrscheinlich echt erwiesenen Stoffen führt eher zur Bestreitung der Authentizität, da erklärtermaßen als echt gewertete Stoffe wie zum Beispiel Jesu Distanzierung von seinen Verwandten (Mk 3,31-35par.) oder auch die Aufforderung an seine Nachfolger, Vater und Mutter zu verlassen (Mk 10,29; Lk 14,26), in deutlichem Kontrast zum hier gebotenen Insistieren auf dem Elterngebot stehen.

Sprachlich finden wir einen eindeutig semitischen Begriff, κορβᾶν, in der Perikope. Da es sich aber um einen Terminus technicus handelt, läßt er allein nicht zwingend auf ein gesamtes semitisches Original schließen. Allerdings ist auch die Formulierung mit ἄνθρωπος in V.11 ein klarer Semitismus. Der antithetische Parallelismus in V.9 ist ebenfalls ein beliebtes Stilmittel in semitischer Literatur. Sprachlich deutet also einiges in der Perikope darauf hin, daß sie ursprünglich auf palästinischem Hintergrund gewachsen sein könnte.

Berücksichtigt man ferner die historischen Details und Angaben in Mk 7,9-13, so spricht die Verwendung der Septuaginta[28] gegen eine direkte Rückführung der Schriftzitate auf Jesus. Dazu kommt, daß der Vorwurf in V.13a, die Pharisäer und Schriftgelehrten selbst seien direkt verantwortlich für die

---

[26] MCELENEY, Authenticating Criteria, 457 macht auf die Problematik dieses Kriteriums mit Recht aufmerksam, kommt jedoch gleichfalls zu dem Schluß, daß „by applying this criterion as its proponents wish, one cannot safely assign any part of the pericope to Jesus".

[27] Gegen MCELENEY, Authenticating Criteria, 452.

[28] NEW, DAVID S.: Old Testament Quotations in the Synoptic Gospels and the Two-Document Hypothesis; Atlanta, Georgia 1993 (SBL: Septuagint and Cognate Studies Series 37), 48f., kommt vor dem Hintergrund, daß in Ex 21,16LXX κακολογεῖν für das hebräische קלל steht, zum Ergebnis: „The LXX shows some variance to the Hebrew. The usual LXX rendering for קלל is καταρᾶσθαι rather than the κακολογεῖν employed here. The gospel form of the citation comes from the LXX, rather than the Hebrew. It uses κακολογεῖν which does not correspond to the Hebrew קלל".

von ihnen vertretene Überlieferung, der implizit auch bereits in V.9 enthalten ist, von den historischen Gegnern Jesu kaum ernst genommen worden wäre. Da sie sich auf die Tradition beriefen (vgl. V.5) und nicht selbst die Regeln aufstellten, wäre dies - anders als V.8! - eine übertriebene Vorhaltung gewesen. Die Korban-Bestimmung, die als Beispiel genannt wurde, geht ja nicht auf die Zeitgenossen Jesu zurück.

Umstritten ist die Frage, ob das Korban-Gelübde zur Zeit Jesu bereits auflösbar war oder nicht. Galt bereits eine Vorform von Ned IX, wo die Auflösung solcher Gelübde vorgesehen ist[29], so wäre auch dieser Punkt der Darstellung in der Perikope (οὐκέτι ἀφίετε αὐτὸν οὐδὲν ποιῆσαι τῷ πατρὶ ἢ τῇ μητρί) unhistorisch; die Polemik wäre dann jedoch auch später nicht besonders einsichtig gewesen. Kann man dagegen - was wahrscheinlicher ist - annehmen, daß im 1. Jhdt. noch die grundsätzliche Unauflöslichkeit der Gelübde nach Num 30,3 in Geltung stand[30], so ist die Argumentation - auch historisch - plausibel.

Insgesamt wird jedoch deutlich, daß die Tradition hinter Mk 7,9-13 nur mit Mühe auf den historischen Jesus von Nazareth zurückzuführen ist[31]. Stattdessen legt es sich nahe, ihren Ursprung in der Auseinandersetzung der judenchristlichen Gemeinde[32] mit jüdischen Gegnern zu suchen. In diesem Streit sind vor allem die teilweise übertriebenen polemischen Spitzen gut verständlich. Die Benutzung der Septuaginta läßt jedoch wiederum annehmen, daß es sich um griechischsprachige Judenchristen handelt, die diese Perikope gebildet haben. Der Evangelist Markus dürfte diese Tradition dann mit seinen redaktionellen Veränderungen in die Rahmenperikope über die Reinheit eingefügt haben, worauf besonders die oben genannten Eingriffe des Redaktors am Anfang (V.8/9a) und Ende (V.13b/14) deuten.

---

[29] Vgl. oben, Kapitel 18, S. 244.

[30] Vgl. Ned V,6, wo eine umständliche Rechtskonstruktion ein Gelübde umgehen soll, das den Großvater von der Hochzeitsfeier des Enkels ausschließt. Vgl. zum Gesamtproblem BAUMGARTEN, A.I.: *Korban* and the Pharisaic *Paradosis*. JANES 16-17, 1984-85, 5-17.

[31] So auch KIEFFER, RENÉ: Traditions juives selon Mc 7,1-23. In: Fornberg, Tord; Hellholm, David (Hg.): Texts and Contexts. Biblical Texts in Their Textual and Situational Contexts. Essays in Honor of Lars Hartman; Oslo u.a. 1995, 675-688; 683. BULTMANN, Geschichte, 51, nimmt an, daß Teile der Perikope als polemisches Material in der Gemeinde vorhanden waren, die dort auch als „vom Meister empfangen" galten - mit welchem Recht, müsse offen bleiben. Anders argumentiert HÜBNER, Gesetz, 146-155, der Mk 7,9-13 nahtlos in die Gesamtverkündigung Jesu eingefügt sieht und darum keinen Anlaß erkennt, „diese Worte dem historischen Jesus abzusprechen" (a.a.O., 155).

[32] Vgl. dazu CARLSTON, CHARLES E.: The Things that Defile (Mark VII.14) (sic!) and the Law in Matthew and Mark. NTS 15, 1968/69, 75-96, 94: „In its present form, however, the Corban material portrays Jesus as taking a less radical position than the handwashing controversy implies, so ... we may tentatively assign it to early Palestinian Christianity". Auch KAMPLING, RAINER: Das Gesetz im Markusevangelium. In: Söding, Thomas (Hg.): Der Evangelist als Theologe. Studien zum Markusevangelium; Stuttgart 1995 (SBS 163), 119-150, 131, hält das von Mk aufgenommene Korban-Beispiel für eine sehr alte Tradition.

## 3. Akzentsetzungen in der Parallelperikope Mt 15,1-6

Zunächst deuten die genaue Übereinstimmung der Perikopenabfolge zwischen dem Markus- und dem Matthäusevangelium in diesem Abschnitt sowie die wörtlich übereinstimmenden Wendungen ἡ παράδοσις ὑμῶν (Mt 15,3b/ Mk 7,9b) und ἀκυρόω τὸν λόγον τοῦ θεοῦ (Mt 15,6b/Mk 7,13a) darauf hin, daß die in der Forschung fast allgemein akzeptierte Markuspriorität auch hier zutrifft. Sie wird im Folgenden vorausgesetzt.

Was den Aufbau betrifft, so sind die beiden Themenstränge, die bei Mk noch ineinandergeschachtelt auftreten, im Matthäusevangelium nun klarer voneinander getrennt. Ferner erreicht Matthäus durch die Umstellung innerhalb der Auseinandersetzung, daß der Gegensatz zwischen Gottes Gebot und der Überlieferung von Menschen bereits zu Beginn des Abschnitts ein eigenes Gewicht erhält. Der in Mt 15,2 erhobene Vorwurf der Gegner Jesu ist im ersten Teil fast wörtlich aus Mk 7,5 übernommen, wobei Mt ihn verschärft, indem er statt οὐ περιπατέω den terminus technicus für Gebotsübertretung, nämlich παραβαίνω einsetzt.

Mt 15,3 greift eingangs noch Mk 7,6 auf - ὁ δὲ ... εἶπεν αὐτοῖς − führt dann aber eigenständig in gezielter Aufnahme von V.2 weiter. Bei Matthäus wird der Vorwurf der Gegner (παραβαίνω) direkt an sie zurückgegeben, nur daß sie nicht nur menschliche Überlieferungen, sondern das Gebot Gottes[33] übertreten und also die gravierendere Verfehlung begehen. Das Schriftzitat in Mt 15,4 wird konsequent als Gottesrede eingeführt, während bei Mk Mose als Mittler Subjekt ist.[34]

Die beiden Schriftzitate aus Ex 20,12 bzw. Dtn 5,16 lehnen sich trotz leichter Abänderungen unverkennbar an die LXX-Version an, ebenso das Zitat aus Ex 21,16[35], wobei ebenfalls bei den Possessivpronomina sowie im

---

[33] GIELEN, MARLIS: Der Konflikt Jesu mit den religiösen und politischen Autoritäten seines Volkes im Spiegel der matthäischen Jesusgeschichte; Bonn 1998 (BBB 115), 155 nennt die faktische Verdrängung des Gebotes Gottes mit Recht den „Skopus der Anklage".

[34] Auch an diesem Punkt wird übrigens deutlich, daß eine Matthäuspriorität nicht in Frage kommt, nach der Mk das Zitat eines Gottesgebotes von einer Gottesrede zur Moserede herabgestuft hätte, was im Zusammenhang völlig widersinnig wäre. Dies würde voraussetzen, daß Markus grundsätzlich keine Gottesrede im AT erkennen wollte, wogegen zum Beispiel eindeutig Mk 12,26 spricht, wo der Evangelist zeigt, wie er Jesus Gottesworte in den Mosebüchern anführen läßt: περὶ δὲ τῶν νεκρῶν ὅτι ἐγείρονται οὐκ ἀνέγνωτε ἐν τῇ βίβλῳ Μωϋσέως ἐπὶ τοῦ βάτου πῶς εἶπεν αὐτῷ ὁ θεὸς λέγων· ἐγὼ ὁ θεὸς ...

[35] Ausgeschlossen werden kann eine Bezugnahme auf Lev 20,9LXX - so irrtümlich GNILKA, Markus I, 277 - , wo das Verbot der Elternverfluchung völlig anders formuliert ist: ἄνθρωπος ἄνθρωπος ὃς ἂν κακῶς εἴπῃ τὸν πατέρα αὐτοῦ ἢ τὴν μητέρα αὐτοῦ θανάτῳ θανατούσθω πατέρα αὐτοῦ ἢ μητέρα αὐτοῦ κακῶς εἶπεν ἔνοχος ἔσται. Auch WIEFEL, WOLFGANG: Das Evangelium nach Matthäus; Leipzig 1998 (ThHK 1), 282 plädiert eindeutig für Ex 21,16 als Hintergrund.

Tempus (τελευτάτω Mt 15,4/Mk 7,10 statt τελευτήσει Ex 21,16LXX) eine leichte Abweichung zur Septuaginta festzustellen ist.

Mt 15,5 ist dagegen eindeutig eine matthäische Verbesserung des griechischen Stils von Mk 7,11, wobei Mt bei sonst wörtlicher Übernahme das semitische ἄνθρωπος (שׁיא) und das gleichfalls für griechischsprachige Leser erklärungsbedürftige κορβᾶν wegläßt. Mt 15,6a gehört noch zum Zitat der Gegner und stellt ihre Opposition zum Elterngebot heraus, indem Matthäus das im Gebot sinntragende Verb τιμᾶν wiederholt.[36] Er verzichtet auf eine vierte Wiederholung der Wendung „Vater und Mutter" bzw. „Vater oder Mutter" aus stilistischen Gründen und vermeidet den markinischen Anakoluth. Ansonsten schließt sich Mt 15,6 an Mk 7,13 an.

Matthäus verschärft also den Vorwurf an die Gegner, indem er ihr Zuwiderhandeln gegen das Elterngebot als ein Gebot Gottes herausstellt. Darüberhinaus ist keine Akzentuierung erkennbar, die über die ursprüngliche Fassung der Perikope bei Markus entscheidend hinausgeht, so daß wir uns in der Einzelexegese auf Mk 7,9-13 konzentrieren können.

## 4. Die Aussagen von Mk 7,9 -13

Der Abschnitt in Markus 7,9-13 lautet:

(9a)     καὶ ἔλεγεν αὐτοῖς·

(9b)     καλῶς ἀθετεῖτε τὴν ἐντολὴν τοῦ θεοῦ,
         ἵνα τὴν παράδοσιν ὑμῶν στήσητε.

(10a)    Μωϋσῆς γὰρ εἶπεν·
         τίμα τὸν πατέρα σου καὶ τὴν μητέρα σου,

(10b)    καί· ὁ κακολογῶν πατέρα ἢ μητέρα θανάτῳ τελευτάτω.

(11a)    ὑμεῖς δὲ λέγετε·
         ἐὰν εἴπῃ ἄνθρωπος τῷ πατρὶ ἢ τῇ μητρί·

(11b)    κορβᾶν, ὅ ἐστιν δῶρον,

(11c)    ὃ ἐὰν ἐξ ἐμοῦ ὠφεληθῇς,

(12)      οὐκέτι ἀφίετε αὐτὸν οὐδὲν ποιῆσαι τῷ πατρὶ ἢ τῇ μητρί,

(13a)    ἀκυροῦντες τὸν λόγον τοῦ θεοῦ
         τῇ παραδόσει ὑμῶν ἧ παρεδώκατε·

(13b)    καὶ παρόμοια τοιαῦτα πολλὰ ποιεῖτε.

---

[36] KRÄMER, HELMUT: Eine Anmerkung zum Verständnis von Mt 15,6a. WuD 16, 1981, 67-70, 69 sieht in der Wendung οὐ μὴ τιμήσει „die gewichtigste Verschärfung" durch Matthäus, der geradezu ein „Gegengebot" zum Elterngebot formuliere.

| | |
|---|---|
| (9a) | Und er sagte zu ihnen: |
| (9b) | Gut hebt ihr das Gebot Gottes auf, |
| | damit ihr eure Überlieferung zur Geltung bringt. |
| (10a) | Mose hat nämlich gesagt: Ehre deinen Vater und deine Mutter |
| (10b) | und: Wer Vater oder Mutter verflucht, der soll des Todes sterben. |
| (11a) | Ihr aber sagt: |
| | Wenn ein Mensch seinem Vater oder seiner Mutter sagt: |
| (11b) | Korban, das heißt Opfergabe, sei, |
| (11c) | was du an Nutzen von mir gehabt hättest[37] - |
| (12) | dann laßt ihr ihn nichts mehr für seinen Vater oder seine Mutter tun |
| (13a) | so daß ihr das Wort Gottes außer Kraft setzt zugunsten eurer Überlieferung, |
| | die ihr überliefert habt |
| (13b) | und viele ähnliche solche Dinge tut ihr. |

### a) Mk 7,9: Gottes Gebot und „Eure Überlieferung"

Die redaktionelle Einleitung καὶ ἔλεγεν αὐτοῖς[38] leitet den gegenüber V.8 wiederholten Vorwurf an die Gegner ein, sie setzten Überlieferung von Menschen an die Stelle des Gebotes Gottes. Jedoch bedeutet V.9 eine zusätzliche Verschärfung des Urteils Jesu. Bereits das ironische καλῶς zu Beginn setzt die Angesprochenen von V.6 her in Gegensatz zu dem tatsächlich καλῶς redenden Propheten und damit in Gegensatz zur Schrift als dem Wort Gottes. Weiter steigert ἀθετέω gegenüber ἀφίημι von V.8, da dort nur die subjektive Distanz zum Gottesgebot, das Verlassen des gottgefälligen Weges, festgehalten wird, während ἀθετέω einen objektiven Tatbestand (vgl. Gal 3,15) kennzeichnet, der den „Charakter einer willentlichen Auflehnung"[39] hat und - wie in Hebr 10,28 gesagt - nach der Schrift mit der Todesstrafe bedroht ist.

Der Begriff des „Gebotes Gottes" ist in diesem Zusammenhang, wie schon in V.8, generell zu verstehen, ohne daß an eine bestimmte Einzelforderung gedacht wäre.[40] Ἐντολὴ τοῦ θεοῦ betont die beiden Aspekte, daß es einerseits um eine unbedingte Forderung geht, die andererseits von Gott als alleinigem Urheber gestellt wird.

Gegensatz zur ἐντολὴ τοῦ θεοῦ ist in V.9 die παράδοσις ὑμῶν. Damit verschiebt sich die Anklage noch weiter zuungunsten der Gegner Jesu. Nicht die vielleicht sogar begründete Autorität anderer Menschen (so V.8), sondern eine Überlieferung, für die sie selbst - nach dem Text sogar allein! - verantwortlich sind, stellen sie gegen Gottes Gebot. Der Begriff „Überlieferung" ist dabei in Anlehnung an V.8 aufgenommen, paßt jedoch nicht ganz präzise, denn es fehlt jeglicher Verweis auf einen Überlieferungsprozeß.

---

[37] Vgl. Bl-D-R § 360, Anm. 7, S. 292.

[38] Zum redaktionellen Charakter der Einleitung vgl. LÜHRMANN, DIETER: Das Markusevangelium. Tübingen 1987 (HNT 3), 127.

[39] PESCH, Markus I, 374 mit MAURER, CHRISTIAN: (Art.) ἀθετέω, ἀθέτησις. ThWNT VIII (1969), 158-160, 159.

[40] Vgl. die entsprechende Wendung in Jos 22,2.3LXX: Das Festhalten an „dem Gebot Gottes" faßt den Gehorsam gegen alle Vorschriften zusammen.

Gleichzeitig schreitet der Vorwurf von der Faktizität zur Intentionalität. Der Ersatz von Gottes Gebot durch eigene Überlieferung ist nicht nur ein Zusammenhang von Tun und Tatfolge, sondern es besteht eine eindeutige Absicht auf der Seite der Gegner Jesu. Ihr Ungehorsam gegen Gottes Gebot hat zum Ziel, daß sie ihre eigenen Regeln zur Geltung bringen. Die Entgegensetzung enthält auf diese Weise die Anschuldigung, daß sich die Adressaten göttliche Autorität anmaßen und nicht nur für sich, sondern zugleich für das ganze Volk Gottes eigene Regeln aufstellen, die als Überlieferung Gottes Gebot ersetzen sollen.

## b) Mk 7,10: Die Gebote der Mosetora

V.10-12 explizieren nun den in V.9 gesteigerten Vorwurf an einem Beispiel, wobei V.10 die Seite des Gebotes Gottes behandelt. Das Gebot Gottes, seine unbedingte Forderung, ist in der Schrift zu finden. Die vorliegende Tradition empfindet es dabei nicht als Widerspruch, daß dieses Gebot wiederum durch einen Menschen, nämlich Mose, vermittelt worden ist. Ja, sie macht sich nicht einmal - wie etwa Philo - zunutze, daß die Dekaloggebote nach Ex 20/Dtn 5 von Gott selbst gegeben sind. Vielmehr gelten alle Überlieferungen des Mose, die Mosebücher, als Gotteswort, das höchste Autorität beansprucht.

Zwei Schriftstellen werden im Zitat kombiniert: Ex 20,12LXX: τίμα τὸν πατέρα σου καὶ τὴν μητέρα [Mk 7,10 ergänzt:σου] bzw. Dtn 5,16LXX: τίμα τὸν πατέρα σου καὶ τὴν μητέρα σου einerseits, sowie Ex 21,16LXX (B):ὁ κακολογῶν πατέρα αὐτου [in Mk 7,10 fehlt αὐτοῦ] ἢ μητέρα αὐτοῦ [in Mk 7,10 fehlt αὐτοῦ] τελευτήσει θανάτῳ [in Mk 7,10 ist wie in LXX A formuliert: θανάτῳ τελευτάτω] andererseits[41]. Deutlich ist bei beiden Zitaten die Übereinstimmung mit der LXX. Die kleinen Abweichungen lassen sich dabei nicht vom masoretischen Text her erklären, da Mk 7,10 die dort vorhandenen Suffixe nicht wiedergibt[42]. Die Kombination der beiden alttestamentlichen Zitate beruht auf ihrem Charakter als Elternrechtssätze. Inhaltlich enthält das erste Zitat das Elterngebot im Sinn der Forderung, die alten Eltern zu versorgen (vgl. V.12). Dabei wirkt das zweite Zitat zunächst eher unmotiviert und fügt sich nicht organisch in den Zusammenhang ein. Es ist ein Todessatz, nicht im strikten Sinn eine ἐντολή, und von einer Verfluchung der Eltern ist im Folgenden nicht die Rede. So kann Ex 21,16LXX m.E. in diesem Zusammenhang nur so verstanden werden, daß es - wie das erste Zitat mit V.11 - mit V.12 korrespondiert[43] und die dort festgehaltene Handlungsweise als todeswürdiges Verbrechen brandmarkt.

---

[41] Nur in Ex 21,16LXX A und in V.17LXX B wird in der gesamten LXX מוֹת יוּמָת exakt mit θανάτῳ τελευτάτω wiedergegeben (vgl. BERGER, Gesetzesauslegung, 488).

[42] Nur die Reihenfolge im masoretischen Text (erst Nomen, dann konjugierte Verbform, wie in der Figura etymologica מוֹת יוּמָת) stimmt mit Mk 7,10 besser als mit LXX B überein.

[43] So auch PESCH, Markus I, 374.

*c) Mk 7,11.12: Die Korbanpraxis und ihre Folgen*

Gegen das in den Mosebüchern überlieferte Gotteswort steht die Aussage der angesprochenen Gegner. Sie können sich nach diesem Wort nicht auf eine bereits bestehende Tradition berufen, sondern stellen sich selbst (ὑμεῖς δὲ λέγετε) in bewußten Widerspruch zum Gottesgebot.

Nach Mk 7,11 wird dann zuerst der Anfang einer Regel, nämlich eines Korban-Gelübdes zitiert. Man kann nach dieser Gelübderegel zu seinem Vater oder zu seiner Mutter sagen: „Korban, das heißt Opfergabe, sei, was du an Nutzen von mir gehabt hättest". Die Bedeutung dieser Gelübdeformel liegt darin, daß der Sohn, der sie aussprach, seine Pflicht, die Eltern zu versorgen, umgehen konnte. Diese Zielrichtung zeigt sich vor allem, wenn man die Funktion der Korban-Formel im ersten Jahrhundert berücksichtigt. Eine aramäische Inschrift, die Mitte der fünfziger Jahre südöstlich von Jerusalem gefunden wurde, gibt darüber Aufschluß. Wie Fitzmyer gezeigt hat, ist die Inschrift wie folgt zu übersetzen: „All that a man may find to-his-profit in this ossuary (is) an offering to God from him who is within it"[44]. Der grundlegende Charakter der Formel besteht danach darin, daß sie ein Tabu errichtet, etwas grundsätzlich aussondert „reserving it for sacred use and withdrawing it from the profane"[45]. Diese Art der Anwendung des Korban-Gelübdes bestätigt auch Josephus in Ant IV, 72-74.

Daraus folgt nun für unsere Stelle: „Eigentum, über das die Korbanformel gesprochen war, durfte nicht mehr veräußert werden und stand nur noch in der Nutznießung des Besitzers"[46]. Das heißt: *für die Eltern* ist dieses Eigentum wie eine Opfergabe zu betrachten und damit ihrem (profanen) Gebrauch entzogen. Der Sohn konnte also die Güter, die er seinen Eltern zukommen lassen sollte, auf diese Weise für sich behalten.

Der eigentlich zu erwartende Nachsatz „ ..., der braucht seinem Vater oder seiner Mutter nichts zu geben" fehlt dann, der Bedingungssatz bleibt als Anakoluth stehen. Der Satz bricht ab, da es nur auf das Korban-Institut ankommt. Das Zitat der Gegner entspricht V.10a, und zwar als unmittelbarer Widerspruch zum Elterngebot. Wer die Korban-Regelung gegenüber Vater oder Mutter anwendet, der bricht das Elterngebot. Genau das aber erreichen die Gegner Jesu, indem sie den Menschen diese Regelung an die Hand geben. Sie sind somit für diese Gebotsübertretung direkt verantwortlich, selbst wenn sie selbst dieses Gelübde nicht in dieser Weise einsetzen.

V.12 zeigt gleich die Folge des Korban-Instituts auf und führt damit den Vorwurf an die Gegner Jesu weiter. Sie lassen einen Mann, der das Korban-

---

[44] FITZMYER, JOSEPH A.: The Aramaic Qorban Inscription from Jebel Hallet et-Turi and Mark 711/Matt 155. JBL 78, 1959, 60-65, 62.

[45] FITZMYER, a.a.O., 63.

[46] GRUNDMANN, WALTER: Das Evangelium nach Markus; 8. Aufl., Berlin 1980 (ThHK II), 193.

Gelübde über die potentiellen Gaben für seine Eltern gesprochen hat, nichts mehr für Vater oder Mutter tun. „Wer nämlich etwas, was er mit der Dedikationsformel belegt hat, nachträglich doch seinem Vater oder seiner Mutter zukommen lassen möchte, dem ist das verwehrt"[47]. Ihre Regelung des Korban-Gelübdes führt also dazu, daß dem, der diese Gelübdeformel einsetzt, verwehrt wird, das Elterngebot zu erfüllen, selbst wenn er das will[48]. Ein Bezug zu Num 30,2f., dem Verbot, ein Gelübde aufzulösen, ist nicht im Blick; es steht im Horizont der Perikope nicht Gebot gegen Gebot[49], sondern eine von Menschen erdachte Regelung gegen Gottes Wort.

*d) Mk 7,13a: Gottes Wort und „Eure Überlieferung"*

Der Abschlußvers in Mk 7,13a greift V.9 nochmals auf[50] und stellt gleichsam bilanzierend Gottes Wort und „Eure Überlieferung" gegeneinander. Ἀκυρόω ist dabei ein Wort aus der Rechtssphäre und meint, daß etwas rechtlich außer Geltung gesetzt wird. Das trifft - so dieses Fazit - das Wort Gottes, wie „Gebot" nun verallgemeinernd gesteigert wird. Alles, was Gott redet, wird durch die Berufung auf eine von Menschen gemachte Regel in seiner Geltung aufgehoben. Mittel dazu ist „eure Überlieferung", wie aus V.9 ausdrücklich wiederholt wird. Der relativische Anschluß mit ἣ παρεδώκατε unterstreicht, daß die Adressaten *selbst* für die Überlieferung verantwortlich sind.

*e) Mk 7,13b: Die verallgemeinernde Anwendung*

Die Schlußanwendung pauschalisiert den Einzelfall von V.9-13a und besagt, daß jüdische Überlieferungen nicht nur ausnahmsweise, sondern generell im Widerspruch zum eigentlichen Willen Gottes stehen. Der Vorwurf bleibt allgemein und unkonkret, stellt aber dafür ein umso härteres und polemischeres Urteil dar. Der Abschnitt soll - so Haenchen - die These beweisen: „Die Juden mißachten Gottes Gebot, indem sie ihre eigene Tradition hochachten".[51]

## 5. Jüdisch-hellenistische Züge in Markus 7

Zunächst scheint der Abschnitt eine gut palästinisch-jüdische Auseinandersetzung widerzuspiegeln: es werden Schriftstellen zitiert, eine genuin jüdische Gelübdeformel ist angegeben und mit dem Terminus technicus benannt. Sprachlich fanden wir mehrere Hinweise auf semitische Formulierungen und vermuteten deshalb auch eine Herkunft der Perikope aus dem judenchristli-

---

[47] LÜHRMANN, Markus, 127.
[48] Gegen BERGER, Gesetzesauslegung, 492.
[49] Gegen DERRETT, J. DUNCAN M.: KOPBAN, O ΕΣΤΙΝ ΔΩPON (!) . NTS 16, 1969/70, 364-368, 367.
[50] PESCH, Markus I, 370, spricht von der Rahmung des Beispiels in V.9 und V.13.
[51] HAENCHEN, Weg, 262f.

chen Bereich. Wurde dabei wirklich *palästinisch*-jüdische Tradition aufgenommen oder erweist sich die Argumentation stärker von hellenistischem
Gedankengut beeinflußt? Letzteres erscheint nun eher naheliegend.

Die Zitate der Schriftstellen entstammen der Tradition der Septuaginta und
gehören damit in den Bereich des hellenistischen Judentums, dessen Heilige
Schrift die Septuaginta über Jahrhunderte war. Wir hatten daher die Überlieferung griechischsprachigen Judenchristen zugeschrieben. Ferner ist die Korbanformel zwar eine genuin jüdische Gelübdeformel, sie ist jedoch so charakteristisch, daß sie weit über das palästinische Judentum hinaus bekannt und
geläufig war. Josephus verweist in Ap I, 166-167 auf Theophrast, einen Schüler des Aristoteles, der in seinem Werk über die Gesetze erwähnt habe, daß in
Tyrus ausländische Gelübde verboten seien. Ein Beispiel dafür ist dann auch
die Korbanformel, was Josephus als Beleg für die Bekanntheit des Judentums
wertet, da jene Gelübdeformel für das jüdische Volk typisch sei. Auch die
griechische Übersetzung gibt Josephus so an, wie wir sie auch bei Markus finden: ... ἐκ τῆς Ἑβραίων μεθερμηνευόμενος διαλέκτου δῶρον θεοῦ. Das
jüdische Korbangelübde war also in der antiken Welt - auch mit dem Terminus technicus und seiner Übersetzung - geläufig und kein Spezifikum, das nur
im palästinischen Raum bekannt und gebräuchlich war. Gerade in negativer
Hinsicht wird es eher in hellenistischer Tradition aufgegriffen worden sein.

Die Kombination der beiden Schriftzitate als Ausdruck von Rechtsforde-
rungen zugunsten der Eltern deutet ebenfalls in Richtung jüdisch-hellenisti-
scher Tradition. Zwar kann in der rabbinischen Literatur das Elterngebot aus
Ex 20,12par. mit Ex 21,17 verknüpft werden, jedoch immer in zusätzlicher
Verbindung mit Lev 19,3 - so Mek Bahodesch 8; pPea 1:1,15c,Z.62-68par
(Vgl. S. 240, Anm. 403 bzw. S. 246, Anm. 426). Stets ist mit dieser Reihe das
Ehren, Fürchten und Nicht-Fluchen gegenüber Gott mit dem entsprechenden
Verhalten gegenüber den Eltern verknüpft. Die nur als Zweierkombination
bestehende Verbindung von Ex 20,12par. mit Ex 21,17 (21,16LXX) finden
wir dagegen bei Philo, wenn er das Elterngebot in SpecLeg II, 248 mit Ex 21,
17 auslegt[52]. Dabei kommt es ihm nicht auf das Vergehen an, sondern auf die
dort festgesetzte Bestrafung. Genau dies aber haben wir auch für Mk 7,10
festgestellt: nicht das Fluchverbot, das gar nicht in den Zusammenhang paßt,
ist betont, sondern seine Strafandrohung. Die Todeswürdigkeit des Vergehens
gegen die Eltern wird herausgestellt. Dies entspricht exakt dem Einsatz von
Ex 21,17 (21,16LXX) in der Auslegung des Elterngebots bei Philo.

Die Aufnahme des Elterngebots in Mk 7,9-13 gehört damit m.E. in einen
Überlieferungszusammenhang, der in eine griechischsprachige, judenchristliche Gemeinde weist, als Fortsetzung hellenistisch-jüdischer Tradition.

---

[52] Ab SpecLeg II,224 legt Philo das Elterngebot aus, SpecLeg II, 242 kommt er auf die
Strafen zu sprechen, die gegen die Übertreter der ersten fünf Dekaloggebote ausgesprochen
werden, dabei zuerst auf die Strafen für Übertreter des fünften Gebots, des Elterngebots.

# Kapitel 21

# Die Suspension des Elterngebots in der Nachfolge Jesu nach Markus 10,17-31par.

## 1. Aufbau und Gliederung von Markus 10par.

Im Aufbau stimmen Markus 10 und Matthäus 19f. weitgehend überein, dagegen weist Lukas 18 größere Differenzen dazu auf. Das Kapitel beginnt bei Mk und Mt jeweils mit der Notiz über den Aufbruch Jesu von Galiläa nach Judäa, was bei Lk bereits am Anfang des Reiseberichtes (Lk 9,51) steht. Es folgt in den beiden ersten Evangelien die Perikope über die Ehescheidung und Ehelosigkeit (Mt 19,3-12; Mk 10,2-12), woraus bei Lk nur ein Logion in Lk 16,18 erscheint. Nach dem Ende der großen Einschaltung bei Lukas lesen wir dann in allen drei synoptischen Evangelien den Abschnitt über die Kindersegnung parallel (Mt 19,13-15; Mk 10,13-16; Lk 18,15-17), ebenso danach die Perikope über die erfolglose Berufung des reichen Mannes mit den Worten über den Reichtum (Mt 19,16-30; Mk 10,17-31; Lk 18,18-30). Daran schließt Matthäus das Sondergut von den Arbeitern im Weinberg (Mt 20,1-16) an. Den Synoptikern gemeinsam ist die dritte Leidensankündigung (Mt 20,17-19; Mk 10,32-34; Lk 18,31-34), die darauf folgt. An sie fügen Mt und Mk die Frage der Zebedaiden bzw. ihrer Mutter sowie den Rangstreit unter den Jüngern an. Die den größeren Zusammenhang abschließende Blindenheilung (Mt 20,29-34; Mk 10,46-52; Lk 18,35-43) steht wieder parallel.

Umstritten ist der engere Zusammenhang unter den Perikopen, auch im Hinblick auf eine hinter die Evangelienüberlieferung zurückgehende frühe Sammlung und ihren Inhalt. Weite Verbreitung hat vor allem die Sicht von H.-W. Kuhn gefunden, Mk 10,1-45 enthielte „drei formal und sachlich zusammengehörende Stücke, die durch die Segnung der Kinder (V.13-16) und durch die dritte Leidens- und Auferstehungsvoraussage (V.32-34) voneinander getrennt sind"[53]. Die Zusammengehörigkeit der drei Perikopen

---

[53] KUHN, HEINZ-WOLFGANG: Ältere Sammlungen im Markusevangelium; Göttingen 1971 (StUNT 8), 146.

erweise sich in der formalen Parallelität, da jeweils ein ursprüngliches Apophthegma (V.2-9; V.17-22 und V.35-40) mit einer Erweiterung in Gestalt einer Jüngerbelehrung versehen ist. Ferner stimme - so Kuhn - der Sitz im Leben der drei Einzelüberlieferungen überein, denn er bestehe in der „Regelung von Fragen, die sich auf allgemeine Gegebenheiten menschlichen Zusammenlebens beziehen und die für die Gemeinde von besonderem Interesse sind, also das Erfordernis einer Art Lebensordnung für die Gemeinde in diesen Fragen"[54]. Jedoch ist die formale Parallelität der Perikopen bei genauerem Hinsehen geringer, als Kuhn sie darstellt. Insbesonders dürften die Jüngerbelehrungen in V.10-12 und V.24.26f. auf den Evangelisten zurückgehen.

V.41-45 ist genau genommen gar keine separate Jüngerbelehrung, da bereits das Apophthegma nur von einer Szene unter Jüngern spricht. Auch die sachliche Zusammenordnung bereitet eher Probleme: Ehe und Besitz sind innerhalb der Gemeinde Fragen, die das *einzelne* Gemeindeglied betreffen, die Rangordnung dagegen ist eine Frage der Gestaltung des *Zusammenlebens* in der Gemeinde. Beide Fragerichtungen wurden innerhalb des Urchristentums in völlig unterschiedlichen formalen Zusammenhängen behandelt: die Lebensführung des einzelnen Christen, besonders im Blick auf die Familie, besprechen Haustafeln (vgl. Kol 3,18-4,1 par.), Tugend- und Lasterkataloge sowie Beispielgeschichten. Dagegen ist das Verhalten von Gemeindegliedern untereinander eher in Gemeinderegeln (vgl. Mt 18) thematisiert. Rangstreitigkeiten gehören nun eindeutig in den Bereich der Gemeinderegeln (vgl. Mt 18,1-5), während die Ehe- und Reichtumsproblematik[55] stets für das einzelne Gemeindeglied diskutiert wurden.

Viel näher liegt es daher, Mk 10,1-31[56] als zusammengehörende Einheit zu verstehen, da hier in der Tat thematische Verbindungen bestehen. Wie in den Haustafeln sind hier die typischen Mahnungen für Ehe, Kinder und Besitz (dazu gehören auch Sklaven) zusammengestellt. Dabei ist es gut denkbar, daß hier ein kleiner urchristlicher Katechismus zugrundeliegt, der Regeln für das christliche Haus bot[57]. Voraussetzung für diese Annahme ist allerdings, daß

---

[54] KUHN, a.a.O., 169.

[55] Selbst dort, wo der Reichtum einiger Gemeindeglieder in Korinth die gemeinsame Abendmahlsfeier behinderte, da die reichen Abendmahlsgäste ihre eigene Speise mitbrachten und für sich in Anspruch nahmen (1Kor 11,17-34), wird der Reichtum als solcher nicht zum Problem der Gemeinde erklärt, sondern Paulus verweist darauf, daß der Genuß des Reichtums ja in den eigenen vier Wänden geschehen könne (1Kor 11,22.34).

[56] BUSEMANN, ROLF: Die Jüngergemeinde nach Markus 10. Eine redaktionsgeschichtliche Untersuchung des 10. Kapitels im Markusevangelium; Königstein/Taunus, Bonn 1983 (BBB 57), 127f. will ohne überzeugende inhaltliche Gründe auch Mk 10,35-45 in Übernahme des Ergebnisses von Kuhn zum Katechismus hinzurechnen. So überzeugend sein Votum für die Zugehörigkeit von V.13-16 zum Katechismus ist, so wenig stichhaltig ist seine Darlegung im Blick auf die Zebedaidenfrage, die nicht mehr in den Zusammenhang gehört.

[57] Vgl. JEREMIAS, JOACHIM: Die Kindertaufe in den ersten vier Jahrhunderten; Göttingen 1958, 62.

Mk 10,15 eine spätere Einfügung darstellt, mit der die Szene von der Kindersegnung zu einem Beispiel für richtiges Verhalten der Jünger umgeprägt
wurde[58]. Der ursprüngliche Katechismus hat dagegen wohl mit der Erzählung
geklärt, daß auch Kinder zur Gemeindeversammlung kommen dürfen[59]. Es
bestand - nach V.13 zu urteilen - offenbar eine Opposition gegen eine solche
Beteiligung der Unmündigen am Gemeindeleben, wogegen hier Kinder, die
vermutlich zum christlichen Haus gehörten, eingeladen werden.

Mk 10,17-31 gibt also vermutlich den dritten Teil dieses urchristlichen
Katechismusstückes[60] wieder, in dem ursprünglich die Problematik des
Reichtums für das einzelne Gemeindeglied verdeutlicht werden sollte.

## 2. Zu Form und Abgrenzung von Markus 10,17-31

Formal bildet Mk 10,17-31 zunächst als „Dialog"[61] eine Einheit. Sie hat die
Jüngerschaft und deren Verhältnis zu irdischem Besitz als durchgehendes
Thema. Mit der Situationsbestimmung zu Beginn (V.17, „sich auf den Weg
machen") und dem entsprechenden Neueinsatz in V.32 („auf dem Weg") ist
sie insgesamt schlüssig abgegrenzt und gipfelt schließlich in einem Wort Jesu
(V.31). Der gesamte Dialog läßt sich jedoch wiederum in drei Abschnitte unterteilen, die formkritisch als „Chrie" bzw. „Apoftegma"[62] bezeichnet werden
können. Dabei handelt es sich speziell um „Schülerfragen"[63], die zuerst in
V.17-25, dann V.26-27 und V.28-31 von Jesus beantwortet werden.

Anders als die Abgrenzung ansonsten meist vorgenommen wird, endet die
erste Chrie nicht mit V.22, sondern umfaßt V.17-25[64], endet also stilgemäß

---

[58] Dies hat durchaus Plausibilität, da Mk 10,15 in Mt 18,3 völlig unabhängig von der
Segnungsperikope auftritt und mit ihr vermutlich erst sekundär verbunden ist. Das τοιούτων
in V.14 ist vermutlich ebenfalls erst in Angleichung an V.15 formuliert worden; für den
originalen Zusammenhang ist τούτων anzunehmen. Vgl. dazu auch BUSEMANN, Jüngergemeinde, 126, der zum selben Ergebnis kommt.

[59] Diejenigen, die die Kinder zu Jesus bringen, werden allerdings nicht eindeutig identifiziert; das αὐτοῖς in Mk 10,13b kann nicht zweifelsfrei auf die Eltern bezogen werden.
Von der „Aufgabe und Verantwortung der christlichen Eltern" (JEREMIAS, Kindertaufe 62)
ist nicht unmittelbar die Rede.

[60] Vgl. WALTER, NIKOLAUS: Zur Analyse von Mc 10 17-31. ZNW 53, 1962, 206-218,
206, Anm. 1.

[61] BERGER, Formgeschichte, 251.

[62] Vgl. BERGER, a.a.O., 81 und insgesamt 82-93.

[63] BERGER, Formgeschichte, 92.

[64] Dabei ist V.24 als markinische Redaktion (s. u.) auszuklammern. Auch BULTMANN,
Geschichte, 21 und KUHN, Ältere Sammlungen, 148 nehmen an, daß V.23 und 25 schon vor-
markinisch mit dem Apophthegma verbunden waren. Sie gehen jedoch von einer Anfügung
der beiden Verse aus, während m.E. eine originale Verbindung gegeben ist. PESCH,
RUDOLF: Das Markusevangelium, 2.Teil. Kommentar zu Kap. 8,27-16,20; 2., durchges.
Aufl., Freiburg u.a. 1980 (HThK II/2), 136 sieht ebenfalls mit Recht ein ursprüngliches

mit einem Wort Jesu, auf das sie zielt[65]. Ein „eigentliches Apophthegma"[66] mit dem Inhalt von V.17-22 wäre m.E. kaum tradiert worden, denn die Reaktion des Reichen in V.22 relativiert das in V.21 enthaltene Jesuslogion so stark, daß es nicht mehr als sinnvoller Skopus wirken kann. Die Aussage „Jesus ruft die Reichen zum Verkauf ihrer Güter und zur Nachfolge auf" kann man schlecht mit einer Erzählung veranschaulichen, die die Erfolglosigkeit dieses Aufrufs belegt[67]. Andererseits muß die Reaktion in V.22 mit dem Apoftegma verbunden gewesen sein, denn kein Tradent hätte es wohl gewagt, aus einem offenen Nachfolgeruf eine mißglückte Berufung durch Jesus zu konstruieren. Wie Bultmann richtig feststellt, liegt aber die Betonung am Ende in aller Regel auf einem Wort Jesu. Die von ihm genannten Ausnahmen, in denen dem Jesuslogion noch eine weitere, kurze Bemerkung folgt - es sind außer Mk 10,22 noch Mk 12,17b und Lk 14,6, aber auch Mk 3,6; 11,18; 12,34b; Lk 13,17b; 20,39; Mt 22,33.46[68] - bieten immer eine Reaktion auf das Logion, die das Handeln Jesu bestätigt. Entweder die Worte Jesu werden rückhaltlos bekräftigt (Lk 13,17), sie sind so überzeugend, daß niemand mehr zu fragen wagt (Mk 12,34b; Lk 20,39f.), oder die Gegner sind zumindest so sprachlos, daß sie dem Wort Jesu wirklich nichts mehr entgegenzusetzen haben (Lk 14,6; Mt 22,46). Im schlimmsten Fall wird ein Todesbeschluß gefällt (Mk 3,6; 11,18), der die große Wirkung der Worte Jesu unterstreicht. Eine Chrie, bei der am Ende das Jesuswort nicht ans Ziel kommt, ja, ihm durch den Vorgang widersprochen wird, ist sonst nirgends zu finden und hätte wohl auch keinen Überlieferungswert.

---

Schulgespräch in V.17-25, wobei er einige Halbverse (21e, 23b, 24a.b) ausgliedert. LÜHR-MANN, Markus, 174 verbindet genauso schon traditionell V.17-22, 23b und 25.

[65] Entsprechend argumentiert DIBELIUS, MARTIN: Die Formgeschichte des Evangeliums; 6. Aufl., Tübingen 1971 (= 3. photomechanischer Nachdruck der 3. durchges. Aufl. 1959) mit einem erweiterten Nachtrag von G. Iber, hg. von G. Bornkamm, 48.54, der ebenfalls Mk 10,25 als Abschluß der Geschichte sieht, die er als „Paradigma" - allerdings minder reinen Typs - bezeichnet. Auch WALTER, Analyse, 209f. geht davon aus, daß die Geschichte mit einem Jesuslogion endet. Er sieht dieses Ende jedoch in V.23b gegeben und hält V.24a für den stilgerechten Abschluß. Dagegen ist jedoch einzuwenden, daß die Reaktion des Entsetzens zum Abschluß einer Erzählung nie von den Jüngern ausgeht, sondern stets von den Gegnern oder einer anonymen Menge - so jedenfalls in allen von Walter angeführten Parallelen, Mk 1,27; 2,12b; 12,17b. Einwände und Verwunderung der Jünger sind in der synoptischen Überlieferung in der Regel weiterführende Momente, die eine Reaktion Jesu provozieren; vgl. Mk 4,10.13; 7,17.18; 8,14-21; 8,32ff.; 9,10.11; 9,28.29; 9,32.33; 10,10.32.41f.; 13,3f.; Lk 12,41. Nur nach Wunderberichten - vgl. Mk 4,41; 6,51.52 - kann auch das Erstaunen der Jünger unwidersprochen stehenbleiben, da so das Persongeheimnis Jesu betont wird.

[66] BULTMANN, Geschichte, 20.

[67] In Lk 9,59f., wo ebenfalls eine gescheiterte Berufung vermutet werden kann, wird der Mißerfolg bezeichnenderweise nicht festgestellt.

[68] Vgl. BULTMANN, a.a.O., 66.

Sinnvoll ist dagegen eine Überlieferung, die am Ende auf eine entschiedene Warnung Jesu vor dem Reichtum hinausläuft und den Grund dafür zuvor veranschaulicht. Genau dies leistet die Chrie, wenn sie V.23 und 25[69] einschließt. V.26f. enthalten formal gesehen ebenfalls eine Chrie. Diese Verse sind jedoch nicht selbständig tradierbar, wie bereits das rückverweisende περισσῶς zeigt. V.28-30 ist dagegen eine stärker eigenständige Einheit, formal als „Schülerfrage" (bzw. Einwand eines Schülers) zu kennzeichnen. Die nochmals davon abzugrenzende Sentenz[70] in V.31 beschließt den Dialog.

## 3. Literarkritische und überlieferungsgeschichtliche Erwägungen zu Mk 10,17-31

Bereits die formale Analyse hat Hinweise darauf gegeben, in welcher Richtung literarkritisch und überlieferungsgeschichtlich überlegt werden kann. Auch war schon im Zusammenhang der Gliederung eine vormarkinische katechetische Sammlung in Mk 10,1-31 vermutet worden. Fragen wir nun nach den markinischen Eingriffen in diese traditionelle Sammlung, so werden wir zunächst mit Bultmann feststellen[71], daß der Anfang in V.17a von Markus überarbeitet wurde. Ἐκπορεύομαι ist eine seiner Vorzugsvokabeln, ebenso das Kompositum ἐπερωτάω. V.26.27 erweitern das Thema und führen von der Reichtumsproblematik[72] weg, an der er offenbar weniger interessiert

---

[69] V.24 ist vermutlich eine spätere Einfügung; vgl. dazu die literarkritischen und überlieferungsgeschichtlichen Überlegungen.

[70] BERGER, Formgeschichte, 50.64.

[71] Vgl. BULTMANN, Geschichte, 20.

[72] WALTER, Analyse, 210-214 hat umgekehrt erweisen wollen, daß die Reichtumsproblematik ursprünglich der Geschichte fremd sei und erst Markus sie eingeführt habe. Die ursprüngliche Geschichte erzähle „von einem Frommen, der zu Jesus kommt, um sich von ihm als einem verehrten Rabbi die Frage nach dem ewigen Leben beantworten zu lassen, und der stattdessen von Jesus vor die Entscheidung der Nachfolge gestellt wird. Weitergegeben wurde diese Geschichte nicht als Beispiel einer erfolglosen Jüngerberufung, sondern ... um die Nachfolge Jesu als den eigentlichen Weg zum Leben zu bezeugen" (WALTER, a.a.O., 213). Konnte aber die Geschichte das leisten, nachdem der Mißerfolg so offensichtlich war? Ferner paßt dies schlecht mit dem von Walter als Schlußwort Jesu gesehenen V.23 zusammen, wenn man ihn nicht völlig verändert. Dieser Höhepunkt stellt ja nicht die Nachfolge als eigentlichen Weg zum Leben heraus, sondern die generelle Schwierigkeit für Reiche, ins Reich Gottes zu kommen. Ferner gehen Überlieferungen wie Mt 5,3/Lk 6,20b vermutlich auf Jesus zurück, in denen die βασιλεία τοῦ θεοῦ gerade *ohne eine unmittelbare Nachfolge Jesu im Sinn des wortwörtlichen Mitziehens* zugesprochen wird. Die Nachfolge Jesu generell im strengen Sinn (hinter ihm durchs Land ziehen) zur Bedingung für Teilhabe an der βασιλεία zu machen, ist wohl weder historisch noch theologisch möglich gewesen. Vielmehr gilt dieser Ruf stets ganz konkreten Menschen, weshalb auch deren Verweigerungsgründe konkret zu benennen sind.

war als seine katechetische Vorlage. Die Reaktion der Jünger mit ἐκπλήσσω ist wohl markinisch, auch ἐμβλέπω in V.27, obwohl insgesamt selten, tritt bei Mk häufiger auf als bei den anderen Evangelisten. Da V.26 auf V.24 zurückgreift, der wiederum V.23 bis in die Formulierungen hinein nachahmt, wobei nur das Thema Reichtum vermieden und eine wohl (mit θαμβεῖσθαι) markinisch formulierte[73] Reaktion der Jünger folgt, gehört auch V.24 zu diesem Komplex, den wohl der Evangelist eingefügt hat[74].

In V.28 stammt vermutlich der Einsatz mit ἤρξατο vom Evangelisten[75], während das tragende Stichwort des Verses ἠκολουθήκαμεν an V.21 anschließt, das Thema Verzicht auf Reichtum sinnvoll weitergeführt wird und der „Schatz im Himmel" nun präzisiert wird. In V.29 wird in der Regel das Verzichtsmotiv auf Markus (vgl. Mk 8,35) zurückgeführt.

V.30 gibt die abschließende Auskunft über die Frage von V.17: wer alles verlassen hat, der erlangt das ewige Leben. V.23.25 hatten dagegen noch vom Eingehen in die βασιλεία gesprochen. Es wäre sogar denkbar, daß erst der Verfasser des Katechismus den Begriff ζωὴ αἰώνιος eingebracht hat, da κληρονομέω ansonsten sehr häufig mit βασιλεία τοῦ θεοῦ verknüpft ist[76]. Der Reiche hätte dann ursprünglich nach den Eingangsbedingungen für die βασιλεία gefragt, was Jesus gegenüber den Jüngern auch eindrücklich klärt. V.31 dagegen verbindet den größeren Zusammenhang der Belehrungen mit Mk 9,35 und Mk 10,44, so daß seine Position in der Tat auf Markus zurückgehen wird. Bestand also die Perikope innerhalb des kleinen Katechismus aus den Versen 17*.18-23.25.28*.29*.30, so lassen sich für den mündlichen Bereich noch die beiden Abschnitte V.17*-23.25 und V.28*-30 trennen. Sie werden, da formal eigenständig, vermutlich für sich tradiert worden sein.

Eine besondere Fragestellung ergibt sich noch im Blick auf die für unser Thema bedeutsame Gebotsreihe in Mk 10,19. Die aufgeführten Gebote gehören (abgesehen von der „Mittelstellung" des Elterngebots) zur zweiten Tafel des Dekalogs, „sind also auf das Verhältnis zum Mitmenschen bezogen"[77].

---

Walter muß außerdem Teile der Erzählung, die kaum überlieferungsgeschichtlich oder gar literarkritisch herauszulösen sind, als „Parenthese" auffassen. „Gib (den Erlös) den Armen" wird als nebensächliche Konsequenz der Nachfolge heruntergespielt, mit dem „Schatz im Himmel" ist in der Erzählung konstruktiv nichts mehr anzufangen. Diese Aporien widerraten trotz einiger richtig gesehener Details eindeutig der von Walter vorgeschlagenen Lösung. Zur Kritik an Walter vgl. auch GNILKA, JOACHIM: Das Evangelium nach Markus, 2. Teilband, Mk 8,27-16,20, Zürich u.a. 1990 (EKK II/2), 84.

[73] Vgl. KUHN, Ältere Sammlungen, 172.

[74] KUHN, Ältere Sammlungen, 171 spricht zutreffend von einer „sekundären Verallgemeinerung des Wortes" aus V.23 und 25. Der Zugang zur Königsherrschaft Gottes soll „für jedermann ... als nur durch ein Wunder Gottes möglich hingestellt werden. Dieser Gedanke paßt aber nicht mehr in die ältere Sammlung und wird deshalb markinische Redaktion sein".

[75] Vgl. auch WALTER, Analyse, 214, Anm. 39.

[76] Vgl. Mt 25,34; 1Kor 6,9.10; 1Kor 15,50; Gal 5,21.

[77] GNILKA, Markus II, 84.

Es fällt auf, daß die Abfolge der Gebote zunächst dem Dekalog entlang-geht[78], wobei die Formulierung mit μή + Konjunktiv sich sonst nur noch in Jak 2,11 im Zusammenhang von Dekalogzitaten findet. Es folgt ein Gebot - μὴ ἀποστερήσῃς - ohne direkten Bezug zum Dekalog, das allenfalls als Zu-sammenfassung des neunten und zehnten Gebots verstanden werden kann[79]. Ganz am Ende findet sich - gegen jede Tradition - das Gebot der Elterneh-rung. Anders als die übrigen zitierten Gebote steht es dazuhin nicht in Ab-wandlung, sondern in sehr präziser Wiedergabe der LXX-Fassung von Ex 20, 12: τίμα τὸν πατέρα σου καὶ τὴν μητέρα. Präzise Zitation - gegen die übri-ge Reihe - und völlig singuläre Stellung[80] lassen das Elterngebot hier als ei-nen gezielten Nachtrag[81] erscheinen. Dazu kommt, daß ja die Argumentation der Überbietung (eins fehlt dir noch, V.21) hier zum Elterngebot in Spannung steht. Der Nachfolger Jesu, der alles verkauft und seinen bisherigen Lebens-zusammenhang verläßt, wird zwar weiterhin das Tötungs- und Ehebruchs-verbot einhalten, auf Diebstahl verzichten, kein falscher Zeuge sein und nie-manden berauben. Er kann jedoch in keiner Hinsicht die Eltern ehren, weder im ursprünglichen Sinn ihrer Altersversorgung noch im späteren, hellenisti-schen Sinn des beständigen Gehorsams gegenüber Vater und Mutter. Die Anführung des Elterngebots besagt also, daß die Dekaloggebote nicht nur durch eine zusätzliche, neue Form der Lebensgestaltung zu ergänzen sind,

---

[78] Davon, daß die Gebote „sorglos und in zufälliger Reihenfolge aus dem Gedächtnis zi-tiert werden" (so SCHWEIZER, Markus, 114), kann keine Rede sein.

[79] So etwa PESCH, Markus II, 139. Möglich ist aber auch eine Anlehnung an Sir 4,1 und Dtn 24,14, was dann eher bedeutet: „Der Lebensunterhalt bzw. Lohn des Armen darf nicht zurückgehalten werden" (GNILKA, Markus II, 87). Diese Aussage könnte das (neunte und) zehnte Gebot ersetzen (So LANG, FRIEDRICH GUSTAV: Sola gratia im Markusevangelium. Die Soteriologie des Markus nach 9,14-29 und 10, 17-31. In: Friedrich, Johannes u.a. (Hg.): Rechtfertigung. Festschrift für Ernst Käsemann zum 70. Geburtstag; Tübingen, Göttingen 1976, 321-337, 331).

[80] KLOSTERMANN, ERICH: Das Markusevangelium; 5.Aufl. (unveränderter Nachdruck der 4., erg. Aufl.), Tübingen 1971 (HNT 3), 102 gesteht offen ein: „Weshalb das vierte Gebot erst am Schluß erscheint, ist unklar." Auch die Vermutung von LANG, die Anordnung des Elterngebotes hänge mit seiner „Zwischenstellung zwischen den Geboten der 1. und der 2. Tafel" (LANG, Sola gratia, 331) zusammen, hat keinen Anhaltspunkt am Text. In diesem Fall müßte es nämlich eher am Anfang stehen.

[81] So auch LÜHRMANN, Markus, 175, allerdings ohne inhaltliche Interpretation und Be-gründung: „Die Anfügung des Elterngebotes gegen die vorgegebene Reihenfolge läßt sich als redaktionell erklären ... eine Nachstellung wie hier bei Mk findet sich nirgends". Entspre-chend sieht FLUSSER, DAVID: The Ten Commandments and the New Testament. In: Segal, Ben-Zion (Hg.): The Ten Commandments in History and Tradition; English version edited by Gershon Levi; Jerusalem 1990 (Erstausgabe hebräisch, Jerusalem 1985), 219-246, 223f. das Elterngebot hier als eine spätere Ergänzung an. SCHROEDER, HANS-HARTMUT: Eltern und Kinder in der Verkündigung Jesu. Eine hermeneutische und exegetische Untersuchung; Hamburg-Bergstedt 1972 (ThF 53), 126 markiert die Problematik des Verständnisses, wenn er für das Auftreten des Elterngebots in Mk 10,19 bloßen Zufall verantwortlich macht, es sei „mehr zufällig miterwähnt; jeder soll für sich die Gebotsreihe, die er kennt, ergänzen".

sondern daß diese neue Lebensform in der Nachfolge Jesu auch Gebote brechen muß. Auf welcher Ebene ist eine solche Einfügung - dazu noch speziell unter Aufnahme der Septuaginta-Formulierung - denkbar?

Markus hat in seinem Evangelium bereits das Elterngebot zitiert, und zwar in der Fassung, wie sie die LXX in Dtn 5,16 enthält: τίμα τὸν πατέρα σου καὶ τὴν μητέρα σου. Es wäre zu erwarten, daß er ein zweites Zitat, wenn er es eigenständig formuliert, dem ersten angleicht, zumal die Dtn-Fassung durch die doppelte Wiedergabe des Possessivpronomens vollständiger und symmetrischer wirkt. Auf der anderen Seite wird im vorliterarischen Bereich die Reihenfolge angeführter Dekaloggebote entweder sehr frei gehandhabt worden *oder* fest an den Traditionen orientiert gewesen sein. Eine Kombination aus fünf Anweisungen, die in fester, traditionell vorgegebener Reihenfolge wiedergegeben werden, und einer einzigen, völlig anders angefügten Mahnung wäre völlig singulär und könnte sich in einem mündlichen Überlieferungsprozeß wohl kaum lange halten[82].

So bietet es sich an, die Verankerung des Elterngebots in der Reihe auf den Kompilator des urchristlichen Katechismusstückes zurückzuführen, der bei seiner Zusammenstellung die Perikopen verschriftlicht hat. Dagegen kann der Grundbestand der reichtumskritischen Perikope auf Jesus selbst zurückgehen.

---

[82] Das formale Postulat einer „sozialen Reihe", wie es BERGER, Gesetzesauslegung, 362-395 erhoben hat, ist inzwischen umstritten, so daß es nicht unbesehen übernommen werden kann (wie etwa von BUSEMANN, Jüngergemeinde, 93). Problematisch ist - unabhängig von der Aussage über andere Inhalte - vor allem die Zugehörigkeit des Elterngebots zu den von Berger angesprochenen, in der Abfolge und Formulierung variierenden Reihungen. Er selbst spricht zunächst nur von „Fassungen des Elterngebotes (wie anhangsweise in Mk 10,19)" (a.a.O., 363), die in den sozialen Reihen eine Rolle spielten. Zwar folgen auf Ez 22,7 in der Tat mehrere Sozialgebote, mit Tob 4,4 fängt jedoch keine Reihe an. Bergers Belegstellen für Vater und Mutter in sozialen Reihen (a.a.O., 384, Anm. 1) - Ez 22,7; Tob 4,3; Jub 7,20; Ps-Phok 8; Bar 4,17; 4Makk 2,10 - stützen insgesamt nicht ausreichend die Behauptung, das Elterngebot trete gerade in solchen Reihungen vorzugsweise auf. Berger selbst weist darauf hin, daß das Elterngebot, wenn es mit sozialen Geboten verbunden ist, „nur zu deren Einleitung" (a.a.O., 390) erscheint. Dies trifft ja für Ez 22,7 etwa durchaus zu. Jedoch erscheint es mir nicht gerechtfertigt, ohne weitere Belege eine „ähnliche Funktion" (ebd.) für die Schlußstellung in Mk 10,19 anzunehmen.

Das von Berger ferner angeführte Beispiel aus den Acta Petri et Andreae 5 (a.a.O., 439-444) bricht nach drei zu Mk 10,19 parallelen Geboten ab und fügt dann hinzu: παίδευσόν σου τὰ τέκνα ἐν φόβῳ θεοῦ. Abgesehen davon, daß die Apostelakten wohl doch eher von der synoptischen Tradition abhängen, dürfte es ein kühner Schluß sein, hier würde das vierte Gebot „wie bei Mk nachgestellt, nur hier, da es sich um einen Alten handelt, in bisher singulärer Weise auf die Erziehung von Kindern gedeutet" (a.a.O., 443). Das Alter des Gesprächspartners mag einem Zitat des Elterngebots entgegenstehen; dann aber wird es hier durch eine völlig andere Aufforderung, nicht etwa eine Deutung des Elterngebots, ersetzt. Die Lebensverheißung in den Acta Petri et Andreae wird ferner explizit genannt (anders als in Mk 10,19) und bezieht sich außerdem nicht gezielt auf das Erziehungsgebot, sondern auf die Reihe insgesamt. Auch dies stellt also keine Parallele zu unserer Perikope dar.

Die Einfügung des Elterngebotes entstammt - wie vermutlich die gesamte Perikope - hellenistisch-judenchristlicher Tradition[83], in der ähnliche Reihungen der Dekaloggebote sehr vertraut waren. Der Grund für den Nachtrag des Elterngebots in Mk 10,19 dürfte dabei in V.28-30 liegen, auf die hin es eingebracht wurde. Die Funktion dieser Einfügung und damit die Bedeutung des Elterngebots in Mk 10,19 ist nun zu klären.

## 4. Die Funktion des Elterngebots in Markus 10,19

Die Einfügung des Elterngebots in Mk 10,19 führt dazu, daß offensichtlich wird: dieses Gebot würde seitens des reichen Mannes gebrochen, wenn er der Aufforderung zur Nachfolge Jesu (V.21) nachkommt. Dieser Zusatz stellt also erst klar, daß Jesus nicht neben den Sozialgeboten des Dekalogs noch ein weiteres Gebot für den Reichen aufstellt, sondern jenseits aller Gebotsbefolgung radikale, den ganzen Menschen umfassende Hingabe fordert. Legen die anderen zitierten Gebote noch nahe, sie stünden weiter in Geltung und müßten nur ergänzt werden und suggeriert auch die Formulierung mit ὑστερέω einen - durch Addition eines Gebots behebbaren - Mangel, so scheitert dieses Mißverständnis nun am Elterngebot. Seine Einhaltung ist dem potentiellen Nachfolger Jesu aus der Ferne nicht möglich, insofern sich damit konkrete Pflichten gegenüber Vater und Mutter ergeben. Da die räumliche Distanz damals so gut wie jede regelmäßige Kommunikation unmöglich machte - zumal, wenn man nicht schreiben konnte - konnten die Eltern aus der Ferne nicht einmal das Geschick des Sohnes verfolgen (vgl. zu den Problemen bei Jesus selbst Mk 3,20f.; 31-35). Somit kann das Elterngebot nicht mit der Nachfolgeforderung im wörtlichen Sinne verknüpft werden, sondern wird davon ausgeschlossen.

Der Kompilator des urchristlichen Katechismus hat jedoch einen solchen Gegensatz zwischen der Gebotsüberlieferung und der Nachfolgeforderung nicht willkürlich konstruiert. Vielmehr ergibt sich für ihn dieser Gegensatz zwingend aus der Perikope vom Lohn der Nachfolge (V.28*.29*.30), die er mit der Reichtumsperikope im Katechismus verbindet. Diese Überlieferung versteht er - mit Recht - als Suspension des Elterngebots für die Nachfolger Jesu. Sie haben ihre gesamte familiäre Umgebung verlassen, darunter auch Mutter und Vater (V.29*). Genau dies fordert Jesus auch von dem reichen Mann, genau dafür stellt er irdischen und ewigen Lohn in Aussicht (V.30). Mk 10,19 ist also von diesem Zusammenhang her zu verstehen, der die Nachfolger Jesu von den Pflichten des Elterngebots entbindet und die Rechte der Eltern, die sich auf dieses Gebot stützen könnten, außer Kraft setzt.

---

[83] Vgl. GNILKA, Markus II, 84.

Bedenkt man darüber hinaus, daß die Anfügung des Elterngebots an das Verbot, andere zu berauben, die Assoziation nahelegt, daß das Gebot der Elternehrung auch verbietet, Vater und Mutter ihrer Rechte zu berauben, so wird die Radikalität des Anspruchs Jesu in dieser Überlieferung noch deutlicher.[84] Mit seinem Nachfolgeruf will er genau dies von dem reichen Mann haben und stellt seinen Ruf damit eindeutig über die Gebote.[85]

Der Evangelist Markus übernimmt die Perikope mit dem gesamten Katechismusstück, setzt aber durchaus eigene Akzente. Sein Schwerpunkt liegt auf der allgemeinen Beispielhaftigkeit der in den beiden Stücken angeführten Problematik. Nicht der Reichtum oder der Reiche selbst sind für Markus das Problem - er erkennt eine grundsätzliche Schwierigkeit des Menschen, ins Reich Gottes zu kommen bzw. das ewige Leben zu ererben. Daher fügt er bereits zwischen V.23 und 25 das Entsetzen der Jünger über die Antwort Jesu ein, wobei sich die Reaktion nicht speziell auf den reichen Mann bezieht, weshalb auch die Umformulierung des Jesuswortes in V.24b ganz allgemein von der Schwierigkeit spricht, ins Reich Gottes zu kommen. Entsprechend behandeln V.26f. nur diese Frage, für die die Einzelszene mit dem reichen Mann nur noch Beispielfunktion hat. Die Gebotsreihe hat in diesem Zusam-

---

[84] BUSEMANN, Jüngergemeinde, 94.95 kommt besonders aufgrund der Kombination dieser beiden Forderungen zum Ergebnis, das Elterngebot habe ursprünglich zur Gebotsreihe gehört, μὴ ἀποστερήσῃς sei von Mk eingefügt worden, um „seinen Lesern klarzumachen, daß der von Jesus geforderte Besitzverzicht eines Nachfolgers keinesfalls auch den Unterhalt für die zurückbleibenden Eltern, zu deren Versorgung der Nachfolger verpflichtet ist, einschließt ... Wer also Jesus nachfolgen will, der soll nach der Ansicht des Evangelisten vorher für das Auskommen seines Vaters und seiner Mutter Sorge tragen, andernfalls verstößt er gegen Gottes Gebot, dessen Einhaltung die Voraussetzung für den Erhalt des ewigen Lebens darstellt." Dazu ist festzuhalten, daß die Versorgung der Eltern in der Antike nie durch abstrakte Geldleistungen abgedeckt wurde. Das Gebot forderte vielmehr den persönlichen Einsatz, nicht die Anlage eines Bankkontos oder den Kauf eines Wohnrechts im Altersheim auf Lebenszeit. Ferner widerspricht das kategorische „gib's den Armen" jeglicher Ausnahme. Von einem Vorwegabzug zugunsten der Eltern ist in der Perikope mit keinem Wort die Rede; er muß hineingelesen werden. Gegen Busemanns Auffassung kann das Zitat des Elterngebots in Mk 10,19 trotz der Kombination mit μὴ ἀποστερήσῃς vom Kontext her die Erfüllung des Elterngebots in Verbindung mit der radikalen Nachfolge Jesu nicht sichern. Der Versuch der Harmonisierung beider Forderungen scheitert und ist von Markus nicht intendiert.

[85] Unwahrscheinlich ist dagegen, daß bei der Anführung des Elterngebots noch die im Dekalog damit verbundene, aber nicht mitzitierte Verheißung des Lebens mitklingt. Die Verheißung ist m.E. in neutestamentlicher Zeit zu deutlich vom Gebot getrennt (vgl. oben, Teile B und C), als daß man sie ohne explizite Anführung (vgl. Eph 6,1-4) mithören könnte, was gegen die entsprechende Vermutung von LANG, Sola gratia, 331 spricht. Sollte jedoch dieser Aspekt mitgedacht sein, so würde er die überlieferungsgeschichtliche Vermutung bestätigen. Auf die - vermutlich auch erst vom Katechismusverfasser so formulierte - Frage nach dem ewigen Leben durch den Reichen würde dann die traditionelle Antwort mit dem Elterngebot gegeben, diese aber von Jesus verneint. Die Verheißung des Lebens verknüpft V.30 danach bewußt mit dem Verzicht der Jünger, der sich über das Elterngebot mit der früher damit verbundenen Lebensverheißung hinwegsetzt.

menhang keine besondere Bedeutung mehr. Markus kann sie übernehmen, da
sie lediglich illustriert, daß auch die Gebote kein Mittel sind, um seitens des
Menschen den Zugang zur Königsherrschaft Gottes zu erreichen oder auch
nur zu erleichtern. Welche Gebote dazu konkret aufgezählt werden, spielt auf
dieser Ebene keine Rolle mehr.

Auch der Lohn der Nachfolge in V.28-30 tritt für Markus in seiner konkreten Bedeutung zurück. V.31 zeigt wiederum, wie er die Verheißung Jesu
in diesem Punkt verstanden hat: sie ist nur ein Beispiel dafür, wie sich allgemein die Verhältnisse im Eschaton ändern werden. Die scheinbaren Verluste
der Christen werden bei weitem ausgeglichen, dagegen werden diejenigen,
die diesen Verzicht vermeiden wollten, ihn wider Willen erfahren (vgl. dazu
Mk 8,35!). Die Tradition von V.28*-30 bot dazu die Gelegenheit einer Konkretion, auf deren Einzelpunkte der Evangelist nicht mehr betont insistiert.

Entscheidend ist für Markus, daß die hundertfältige Zueignung bereits
μετὰ διωγμῶν geschieht[86]. Mitten in den Verfolgungen, die die Christen er-
dulden müssen, ist ihnen durch die Gemeinde alles in reichem Maße gegeben,
was sie in ihrer Familie und im früheren Lebenszusammenhang zurückgelas-
lassen haben. Der Evangelist zeichnet damit kein Idyll vom Gemeindeleben,
sondern versucht, in der harten Realität der Lage einer angreifbaren Minder-
heit die stützenden Momente der neuen Gemeinschaft zu unterstreichen.

Faktisch bleibt aber auch auf der Ebene des Evangelisten Markus der Anspruch Jesu gewahrt, über den Geboten des Dekalogs zu stehen. Als Ein-
gangsbedingung für das Reich Gottes kommt für Markus das Elterngebot
nicht in Frage. Nur Gott selbst (V.27) entscheidet über den Zugang zum ewigen Leben - und damit ist das Verhältnis zu ihm das entscheidende Kriterium.

## 5. Nachfolger Jesu verlassen Vater und Mutter (Mk 10,29f.)

Die in den vormarkinischen Katechismus aufgenommene Tradition setzt ein
mit einer betonten Herausstellung der Jünger: ἰδοὺ ἡμεῖς. Diese Betonung
steht im Gegensatz zum reichen Mann in der vorangehenden Perikope. Der
Rückbezug auf V.22 ist deutlich: während dieser angesichts der Forderung
Jesu versagt, gibt es Nachfolger Jesu, die sie erfüllt haben. Sie haben alles
verlassen, und zwar bei ihrer Berufung. Mk 1,18 ist sehr parallel formuliert -
ἀφέντες ... ἠκολούθησαν αὐτῷ - und Mk 1,20 variiert lediglich den Nachfol-
geterminus. Sie haben alles aufgegeben und können also mit Recht behaupten (V.28), daß sie den Schatz im Himmel besitzen, den der Reiche verspielt.

---

[86] BUSEMANN, Jüngergemeinde, 82 bezeichnet die Situation der Verfolgung mit Recht
als „ein Wesenskonstitutivum der familia dei". Für Markus ist sie „Qualifikation der Zeit vor
dem Ende und fester Bestandteil des gegenwärtig zu empfangenden Ausgleichs ... Man kann
daher die Verfolgungsansage nur in der Redaktion des Evangelisten unterbringen" (ebd.).

Jesus bestätigt dies mit der unbedingten Zusage (V.29), die keine Ausnahme zuläßt (οὐδεῖς ἐστιν ... ἐὰν μή). Die Aufzählung des Verzichts in V.29 umfaßt sieben Glieder, wobei der Aspekt der Familie betont ist. Die Nachfolger Jesu haben ihr „Haus" verlassen, wobei οἰκία als Oberbegriff für die Familie steht, für das Zuhause im Zusammenhang der Generationen[87]. Die Reihenfolge der Einzelglieder in der Aufzählung folgt dabei der Plausibilität in der Anwendung auf die Vergeltung in der christlichen Gemeinde in V.30. Daher werden zuerst Brüder und Schwestern, dann Mutter und Vater, schließlich Kinder und Äcker, die Lebensgrundlage der Familie, genannt. Auffallend ist das Fehlen der Ehefrau, die selbstverständlich zum „Haus" gehört hat, von der sich die Nachfolger Jesu aber offenbar nicht trennen mußten. Im Kontext des Katechismus stellt dies schon Mk 10,2-12 klar, wo mit Jesu Worten eine Scheidung ausdrücklich verboten wird.[88] Paulus bestätigt gegen sein eigenes Verhalten in 1Kor 9,5 das Recht der Apostel, ihre Frau bei sich zu haben, und kann sich dabei mit Recht auf Petrus berufen, der offensichtlich verheiratet war, wie das Auftreten seiner Schwiegermutter belegt (Mk 1,30). Die Reihe nennt also sehr präzise die in der Nachfolge Jesu faktisch häufigsten Trennungen.

Im Blick auf den damit umrissenen Verzicht stellt Jesus nach V.30 jeweils hundertfältige Vergeltung in Aussicht, und zwar bereits für die Jetztzeit durch die Teilhabe an der Jüngerschaft bzw. der christlichen Gemeinde.

Die Lohnverheißung kann man m.E. nicht a priori erst der christlichen Gemeinde zuschreiben[89]. Schon die sprachliche Gestaltung von V.29 weist in den palästinischen Raum, wie die Protasis „des notdürftig gräzisierten, im Aramäischen wohl präsentisch formulierten Konditionalsatzes"[90] zeigt. Das Logion V.29f. könnte somit in einer Grundform durchaus auf Jesus zurückgeführt werden[91].

Für den Nachfolger Jesu gilt jedenfalls: statt in der einen, zurückgelassenen Hausgemeinschaft (οἰκία, V.29) ist er nun in vielen Hausgemeinschaften (οἰκίας, V.30)[92] zu Hause. Brüder und Schwestern findet er hundertfach in denen, die mit ihm im Glauben verbunden sind, so daß die leiblichen Ge-

---

[87] Vgl. LÜHRMANN, Markus, 175.

[88] Es ist jedoch vorstellbar, daß in einer früheren Fassung - vor Entstehung des Katechismus - auch die Ehefrau zur Reihe des „Verlassenen" gehört hat und sie nun mit Rücksicht auf Mk 10,2ff. nicht mehr in der Liste aufgenommen ist.

[89] Diese Tendenz ist bei ERNST (ders., Markus, 300) spürbar, wenn er feststellt: „Verunsicherte Christen erkennen in den neuen Gemeinschaftsformen der christlichen Gemeinden, in dem Erleben von relativer Geborgenheit, Brüderlichkeit, Fürsorge und familiärer Zusammengehörigkeit, eine Vorwegnahme des ewigen Lebens".

[90] PESCH, Markus II, 144 mit Verweis auf BEYER, KLAUS: Semitische Syntax im Neuen Testament; Bd. 1, Satzlehre, Teil 1; 2., verb. Aufl., Göttingen 1968 (StUNT 1), 119f.

[91] Vgl. GNILKA, Markus II, 93f; SCHROEDER, Eltern und Kinder, 129-131.

[92] Dies bestätigt rückblickend nochmals, daß es sich bei οἰκία hier nicht um ein Gebäude handelt.

schwister keine Bedeutung mehr haben. Der Ersatz für die vom Jünger Jesu verlassenen Eltern ist dagegen nur einfach angegeben: Mütter sind in der Gemeinde zu finden, die sich fürsorglich einsetzen. Von hundertfach erstatteten Vätern ist jedoch nicht die Rede. Dem stand die Überzeugung entgegen, daß es für jeden Christen nur *einen* Vater geben kann (vgl. Mt 23,9). Kinder, für die es Verantwortung zu übernehmen gilt, sind in den Gemeinden ebenfalls zu finden, und vermutlich sicherte gemeinschaftliches Eigentum an Äckern auch die Lebensgrundlage der Gemeinde (vgl. Apg 2,44; 4,36). Der Anhänger Jesu stößt in der Nachfolge „auf die ‚familia dei‘"[93].

Ewiges Leben im kommenden Äon (V.30b) ist dann der zukünftige Lohn jenseits der konkreten Vergeltung innerhalb der christlichen Gemeinde. Dieser Lohn erscheint völlig unabhängig von der Erfüllung der Dekaloggebote, und er bezieht sich ausschließlich auf die ungeteilte Hingabe an die Nachfolge Jesu. Sie ist innerhalb der christlichen Gemeinde auch in vielen Häusern, mit Brüdern und Schwestern, Müttern, Kindern und Äckern möglich - nicht jedoch innerhalb der Herkunftsfamilie und unter Beachtung des Elterngebots.

## 6. Die Akzentsetzungen in den synoptischen Parallelstellen

Blicken wir noch kurz auf die von Mk 10 abhängigen Parallelstellen in Mt 19, 16-30 und Lk 18,18-30. Matthäus kürzt gegenüber Markus die Anfangsszene und entschärft die Problematik, daß Jesus das Prädikat „gut" von sich weist, indem er den reichen Mann nach „dem Guten" fragen läßt, das er tun solle. Die von Jesus angeführten Gebote folgen bei Mt der masoretischen Anordnung, aber die Formulierung ist deutlich der LXX angeglichen (οὐ statt μή), μὴ ἀποστερήσῃς fehlt, und es folgt stattdessen noch das Gebot der Nächstenliebe. Matthäus hat außerdem bemerkt, daß die Wendung für die Gebotserfüllung „von Jugend an", also beginnend mit dem Unterscheidungsalter, der Geschlechtsreife[94], schlecht zur Kombination von Elterngebot und Ehebruchsverbot paßt. Er löst das Problem, indem er von einem jungen Mann (νεανίσκος) spricht, für den alle Gebote sinnvoll sind und indem er jegliche Zeitangabe für die Gebotserfüllung vermeidet.

Ferner fügt Matthäus τέλειος (Mt 19,21), seinen Terminus technicus für die Anforderung an das ethische Verhalten der Nachfolger Jesu, ein, wählt jeweils den ebenfalls für ihn typischen semitischen Plural von οὐρανός (Mt 19, 21.23) und vermeidet die Wiederholungen aus Mk 10,24. Er fügt in V.28 eine andere Überlieferung ein, die Lukas 22,28-30 nochmals vorhanden ist, und

---

[93] REPLOH, KARL-GEORG: Markus - Lehrer der Gemeinde. Eine redaktionsgeschichtliche Studie zu den Jüngerperikopen des Markus-Evangeliums; Stuttgart 1969 (SBM 9), 207.

[94] Entsprechend verstehen auch PESCH, Markus II, 140 und ERNST, Markus, 297, die Stelle.

streicht den Gegenwartsbezug von Mk 10,30, da er den ganzen Perikopen-
schluß eschatologisiert. Besonders betont er (nach Mt 19,17), daß tatsächlich
der in das (ewige) Leben eingeht, der die Gebote hält. Ansonsten greift er
lediglich stilistisch in die Markusüberlieferung ein. Das Elterngebot fügt sich
insgesamt in der Matthäusfassung noch besser in die Perikope ein; seine nach-
trägliche Einfügung ist schwerer zu erkennen.

Lukas wandelt zwar die Einführung leicht um, folgt in der Abfolge der
Gebote der LXX und nimmt dann aber Markus in Fragestellung und Antwort
sehr wortgetreu auf. Lediglich das Gebot μὴ ἀποστερήσῃς, das nicht zum
Dekalog gehört, läßt er in V.20 fort. Die Verallgemeinerung erfolgt in V.26
nicht speziell für den Jüngerkreis und ist thematisch völlig von der Reichtumsproblematik getrennt.

Lk 18,28-30 nimmt die Markusperikope wieder fast wörtlich auf, verändert
aber die Liste dessen, was die Nachfolger Jesu verlassen haben (V.29). Für
Lukas - wie schon für Markus - meint οἰκία die gesamte Familie, deshalb gehört dazu unbedingt auch die Ehefrau.[95] Geschwister und Eltern faßt er in je
einem Begriff zusammen. Von den Äckern ist keine Rede, da an Wiedererstattung von materiellem Besitz nicht gedacht werden soll. Eine zweite Auflistung der wiedererstatteten Beziehungen erspart sich Lukas, behält jedoch
Gegenwarts- und Zukunftsaspekt von Markus her bei. Statt Mk 10,31 überliefert Lukas an anderer Stelle (Lk 13,30) die Q-Parallele dazu. Im Blick auf
das zitierte Elterngebot bietet Lk 18,18-30 keinen besonderen Akzent.

## 7. Der Autoritätsanspruch Jesu und das Recht der Eltern

Die Suspension des Elterngebots durch den Nachfolgeruf Jesu, die in der
Behandlung des Elterngebots in Mk 10,17-31 erkennbar wurde, wirft ein
bezeichnendes Licht auf den hinter dem Ruf stehenden Autoritätsanspruch. Es
ist der Anspruch göttlicher Autorität. Nur Gott selbst kann dieses Gebot außer
Kraft setzen, nur er kann in souveräner Freiheit ein höheres Recht für sich
reklamieren.

Wenn der Redaktor von Mk 10,17-31 für Jesus dieses Recht in Anspruch
nimmt, das den Rechtsanspruch der Eltern bricht, so vollzieht er damit einen
jener gewagten Schritte, in denen Jesus ganz auf Gottes Seite gestellt wird.
Vergleichbar damit sind der Anspruch auf die Vollmacht zur Sündenvergebung (Mk 2,1-12) oder auf die Vollmacht über den Sabbat (Mk 2,23-3,6 und
öfter). Er reiht Jesus mit der Entgegensetzung von Nachfolge und Einhaltung
des Elterngebots in jene Traditionslinie ein, in der die Ehrung Gottes über die
Ehrung der Eltern gestellt wird.

---

[95] Da er das Verbot der Ehescheidung nicht im Zusammenhang bietet, entsteht für ihn
auch nicht das Problem eines unmittelbaren Gegensatzes.

Gerade dies ist ja bei aller Hochschätzung des Elterngebots so gut wie immer (vgl. oben, Teile B und C) festgehalten worden, und genau diese Überordnung von Gottesgebot über das Elterngebot kommt in der Anforderung an den reichen Mann und in der Verheißung von irdischem und ewigem Lohn für den, der Vater und Mutter verläßt, zum Tragen[96].

Besonders nahe bei Mk 10,29f. ist die Darstellung der Leviten bei Philo, De sacr 129, wo er ausführt, daß die Leviten - wie die Totschläger, die vor der Blutrache in die Levitenstädte fliehen können - heimatlose Flüchtlinge sind. Jedoch sind es die Leviten freiwillig aus Liebe zu Gott. Der irdische Verzicht hat auch bei ihnen einen Lohn zum Ziel, nämlich das „unsterbliche Erbe."[97]

Im Nachfolgeruf Jesu erhebt Gott selbst Anspruch auf den ganzen Menschen - damit ist Gehorsam gegenüber dem ersten Gebot gefordert, das im Konfliktfall über allen Sozialgeboten der „zweiten Tafel" des Dekalogs steht. Aber auch das Elterngebot - so sagt es dieser Abschnitt -, trotz seiner traditionell engen Verknüpfung mit dem Gebot der Gottesehrung, ist im Zweifel diesem unterzuordnen. V.19 kann in diesem Zusammenhang gerade *nicht* als betonte Aufforderung, die Eltern zu ehren, gelesen werden[98]. Die biblische Tradition hat die Konfliktmöglichkeit zwischen Elterngebot und Gottesgebot selten in Betracht gezogen. Jesus aber trennt genau hier die Verbindung auf und führt damit zum Bruch innerhalb der Familie als gesellschaftlicher und religiöser Einheit.

---

[96] Neben dem Motiv der Überordnung der Gottesehrung über die Ehrung der Eltern ist auch das Motiv des Lohnes und Ausgleichs für irdischen Verzicht in der jüdisch-hellenistischen Literatur vorgeprägt. Nach TestHiob IV,4-9 kündigt Gott in einer Lichterscheinung Hiob an: „Wenn du dich daran machst, den Ort des Satans zu reinigen, wird er sich voll Zorn zum Kampf gegen dich erheben. Nur den Tod wird er dir nicht bringen können. Er bringt dir aber viele Plagen. Genommen wird dein Besitz, deine Kinder wird er nehmen. Doch wenn du ausharrst, mache ich deinen Namen berühmt unter allen Geschlechtern der Erde bis zum Ende der Welt. Und ich werde dir deinen Besitz wieder erstatten und es wird dir doppelt wiedergegeben werden, damit du erkennst: (Gott) sieht die Person nicht an, er vergilt Gutes jedem, der auf ihn hört. Du wirst auferweckt werden bei der Auferweckung" (Übersetzung nach SCHALLER, BERNDT: Das Testament Hiobs. JSHRZ III/3: Unterweisung in lehrhafter Form; Gütersloh 1979, 297-388, 329).

[97] Philo, De sacr 129: „ὡς γὰρ ἐκεῖνοι [sc. die Totschläger] τῶν πατρίδων ἐλαύνονται, οὕτως καὶ οὗτοι [sc. die Leviten] καταλελοίπασι τέκνα, γονεῖς, ἀδελφούς, τὰ οἰκειότατα καὶ φίλτατα, ἵνα ἀντὶ θνητοῦ τὸν ἀθάνατον κλῆρον εὕρωνται".

[98] So jedoch LÜHRMANN, Markus, 177; auch Mk 7,9-13 spricht nicht für eine vorbehaltlose Bestätigung des Elterngebots, sondern hat in seinem Zusammenhang die Funktion der Abgrenzung gegenüber der jüdischen Tradition (vgl. oben).

Kapitel 22:

# Die Trennung von den leiblichen Eltern und deren Ersatz durch die „familia Dei" in der synoptischen Tradition

Auch an Stellen, wo das Elterngebot nicht zitiert oder angeführt wird, findet in der synoptischen Überlieferung eine indirekte Auseinandersetzung damit statt. Der in Mk 10,28-30 auf der Basis eines Jesuswortes angelegte Ersatz der Herkunftsfamilie durch die „familia Dei" erscheint als Grundmotiv in zahlreichen Abschnitten. Da dieses Motiv faktisch eine Aufhebung des Elterngebots bedeutet, soll ihm hier weiter nachgegangen werden.

## 1. Abwendung von den Eltern als Voraussetzung der Nachfolge nach Lukas 14,25-27 und Matthäus 10,37.38

Eine der schärfsten Entgegensetzungen von Nachfolge und Elternehrung finden wir in den Logien, die in Mt 10,37-38 und Lk 14,25-27 überliefert sind. Die Logien entsprechen sich inhaltlich eindeutig, sind jedoch so unterschiedlich formuliert, daß nicht mit Sicherheit entschieden werden kann, ob es sich um die jeweils redaktionelle Bearbeitung von Logien aus der Logienquelle Q handelt oder ob wir es mit Sondergut zu tun haben, das von den beiden Evangelisten aus der vielgestaltigen mündlichen Überlieferung heraus verschriftlicht wurde.

Für eine Zusammenstellung der zwei Logien in Mt 10,37 und 38 bereits vor der Verfassung der Evangelien spricht die feste Abfolge der beiden ausführlich genannten Bedingungen (Abwendung von der Familie, Lebenshingabe durch Tragen des eigenen Kreuzes). Dagegen wird die Explikation der Bereitschaft zur Lebenshingabe bei Mt eigens in V.39 angefügt, während Lukas sie bereits mit der Abwendung von der Familie (V.26) verbindet, so daß V.27 nun eher explikativ wirkt. Dies legt nahe, daß Lukas für die Integration der Lebenshingabe in die Forderung der Abkehr von der Familie verantwortlich ist, zumal die Wendung ἔτι τε καί als typisch lukanisch gilt[99].

---

[99] Vgl. JEREMIAS, JOACHIM: Die Sprache des Lukasevangeliums. Redaktion und Tradition im Nicht-Markusstoff des dritten Evangeliums; Göttingen 1980 (KEK Sonderband), 241.

Das restliche Logion in Lk 14,26 (ohne ἔτι τε καί τὴν ψυχὴν αὐτοῦ) ist dagegen auch sprachlich eher als traditionell vorgegeben zu werten[100] und dürfte somit ursprünglich gelautet haben:

εἴ τις ἔρχεται πρός με
καὶ οὐ μισεῖ τὸν πατέρα ἑαυτοῦ καὶ τὴν μητέρα
καὶ         τὴν γυναῖκα     καὶ τὰ τέκνα
καὶ         τοὺς ἀδελφοὺς    καὶ τὰς ἀδελφάς,
                          οὐ δύναται εἶναί μου μαθητής.

Wenn einer zu mir kommt und nicht seinen Vater und seine Mutter haßt - und seine Frau und seine Kinder und seine Brüder und Schwestern -, der kann nicht mein Jünger sein.

Das Verständnis des Verses ist wesentlich davon bestimmt, wie die Bedeutung von μισεῖν hier bestimmt werden muß. Wird eine schroffe, auch emotionale Auflehnung gegen die angesprochenen Familienmitglieder gefordert? Geht es um eine scharfe, aber nicht unbedingt emotionale Abgrenzung, die im Auftrag eines Jüngers begründet ist? Oder geht es nur darum, den Familienmitgliedern weniger Liebe zuzuwenden als Jesus?

Für all diese Auffassungen lassen sich Argumente finden. So spricht das Fehlen eines Vergleichs (anders Mt 10,37) und das isoliert stehende Verb μισεῖν eher für ein absolutes, auch emotionales Verständnis, also im Sinn von „hassen, ... verabscheuen"[101]. Lukas kann das Verb so auch im Gleichnis in Lk 19,14 für das Verhältnis zwischen Bürgern und einem König verwenden. Andererseits kann die Formulierung auch auf einen Hebraismus zurückgehen[102], wie er etwa in Dtn 21,15LXX zu beobachten ist: ein Mann hat zwei Frauen, eine geliebte (ἠγαπημένη) und eine weniger geliebte (μισουμένη) Frau, und soll den Sohn der letzteren, wenn er der Erstgeborene ist, nicht benachteiligen. So verstanden bedeutet μισεῖν lediglich eine Abstufung, d.h. „weniger lieben" bzw. „zurücksetzen"[103]. Lk 14,26 meint dann sachlich dasselbe wie Mt 10,37, nämlich, daß alle Menschen und alle Dinge in der Nachfolge hintanzusetzen sind[104].

Obwohl Michel sich zunächst in der sprachlichen Analyse der Deutung als Hebraismus anschließt (s. o.), kommt er m.E. mit Recht noch einmal auf die Frage zurück, ob hier nicht doch eine Aufforderung zum Haß in der Nachfolge vorliegt. Von Dtn 21,15-17 unterscheidet unsere Stelle ja explizit, daß eben kein Vergleich gezogen wird. Ferner impliziert μισεῖν an den meisten

---

[100] Vgl. ebd.
[101] BAUER-ALAND, Wörterbuch, Sp. 1058.
[102] Vgl. MICHEL, OTTO: (Art.) μισέω. ThWNT IV, 1942, 687-698, 694.
[103] So MICHEL, μισέω, 689.
[104] Vgl. GIESEN, HEINZ: (Art.) μισέω. In: EWNT 2, Sp. 1060-1062, Sp. 1060.

Stellen der LXX eine bewußte Gegnerschaft zum Objekt[105]. Im Neuen Testament kann man durchgehend davon ausgehen, daß dies gemeint ist[106]. Von diesem Befund her wird man nicht von einer bloß graduellen Abstufung in der Zuwendung oder einer qualitativ nicht näher zu kennzeichnenden Rangordnung ausgehen können, mit der die Eltern, Frau und Kinder sowie Brüder und Schwestern[107] hinter Jesus an die zweite Stelle gerückt würden. Ein emotionales Verständnis von μισεῖν ist hier auszuschließen. Mit μισεῖν wird seltener eine Gemütsbewegung als vielmehr eine Handlung bezeichnet, und das macht die spätere Ausführung von Michel einleuchtend: „Es handelt sich nicht um Haß im psychologischen Sinn[108], sondern um *bewußte Absage, Abkehr und Ablehnung* ... Wer in die Nachfolge Jesu eintritt, muß ausschließlich an Jesus und darf an niemand und nichts sonst gebunden sein"[109].

Das parallel formulierte Logion in Matthäus 10,37.38 lautet ausführlicher:

Ὁ φιλῶν πατέρα ἢ μητέρα      ὑπὲρ ἐμὲ οὐκ ἔστιν μου ἄξιος,
καὶ ὁ φιλῶν υἱὸν ἢ θυγατέρα    ὑπὲρ ἐμὲ οὐκ ἔστιν μου ἄξιος·
καὶ ὃς οὐ λαμβάνει τὸν σταυρὸν αὐτοῦ
καὶ ἀκολουθεῖ ὀπίσω μου,         οὐκ ἔστιν μου ἄξιος.

Wer Vater oder Mutter mehr liebt als mich, der ist meiner nicht wert,
und wer Sohn oder Tochter mehr liebt als mich, der ist meiner nicht wert;
Und wer nicht sein Kreuz nimmt und folgt mir nach, der ist meiner nicht wert.

Hier finden wir das Logion in einer Gestalt, in der die Familienbindungen in genauer Entsprechung angeführt sind: Vater und Mutter entsprechen Sohn und Tochter[110]. Die beiden Richtungen der Abgrenzung zur Familie (zu den Eltern einerseits und zu den Kindern andererseits) treten stärker auseinander als im lukanischen Text. Gravierender ist jedoch, daß die abstufende Formu-

---

[105] Vgl. als Beispiele: Gen 37,4.8LXX μισεῖν der Brüder gegenüber Josef; Dtn 1,27 LXX, wo die Abwendung Gottes mit μισεῖν umschrieben ist; Dtn 22,16LXX; 24,3LXX μισεῖν als Aussage gegenüber der Frau, von der sich der Mann trennen bzw. scheiden lassen will; Ri 15,2LXX für eine vermutete Trennung.

[106] Vgl. Lk 1,71; 6,22; 19,14; 21,17. Nach Mt 24,10 ist das gegenseitige Ausliefern an die verfolgenden Behörden die Folge des μισεῖν, und in den johanneischen Schriften (Evangelium und Briefe) bezeichnet μισεῖν das Verhältnis zum gottfeindlichen Kosmos. Anders dagegen Lk 16,13, wo der doppelte Dienst ausgeschlossen wird und μισεῖν parallel zu κατα–φρονεῖν steht; hier handelt es sich allerdings wieder um einen Vergleich.

[107] Eventuell hat Lukas die Liste der Familienmitglieder ergänzt; vgl. LUZ, ULRICH: Das Evangelium nach Matthäus, 2. Teilband, Mt 8-17; Zürich u.a. 1990 (EKK I/2), 134.

[108] Gegen ein emotionales Verständnis von „hassen" wendet sich auch SCHWEIZER, EDUARD: Das Evangelium nach Lukas; Göttingen 1982 (NTD 3), 159.

[109] MICHEL, μισέω, 694f. (Hervorhebung im Original ). „Hassen" ist also in diesem Sinne eher hyperbolische Redeweise.

[110] Es ist m.E. fraglich, ob das Fehlen der Ehefrau hier eine besondere Aussage intendiert; vielmehr könnte der Anklang an V.35 ein Grund dafür sein (vgl. GNILKA, JOACHIM: Das Matthäusevangelium, I. Teil. Kommentar zu Kap. 1,1-13,58. Freiburg u.a. 1986 (HThK I/1), 394).

lierung „mehr lieben" gewählt wird, womit keine ausschließende Alternative, sondern eine Rangordnung angesprochen ist. Nach Mt 10,37.38 lassen sich Liebe in der Familie und Liebe zu Jesus miteinander verbinden, solange nur die richtige Rangfolge gewahrt bleibt. Die Familie muß hinter dem Nachfolgeruf und -anspruch zurücktreten. Es ist aber fraglos möglich, mit ihr weiter zusammenzuleben; eine grundsätzliche Abwendung ist nicht gefordert.

Diese Gestaltung dürfte daher eher auf eine seßhafte Gemeinde zurückgehen, in der die Familien zusammenblieben, während das ältere Logion in Lk 14,26 wohl in Kreisen von Wandercharismatikern tradiert worden ist. Auch fällt auf, daß es nun bei Matthäus keine Bedingung mehr für die Jüngerschaft ist, sich von den Eltern abzuwenden, sondern es wird die unmittelbare Konsequenz für die Stellung zu den Eltern oder den Kindern gezogen, die sich aus der Beziehung zu Jesus ergibt. Der „persönliche Anschluß an Jesus"[111] steht hier im Mittelpunkt. Matthäus denkt bei ἄξιος vor allem an das letzte Gericht (vgl. ἄξιος in Mt 10,11-13; 22,8): nur wer sich ganz an Jesus anschließt, kann auch in diesem Horizont alles auf ihn setzen. Die Aufforderung zur Martyriumsbereitschaft (V.38) beschließt die Sequenz.

Lk 14,26 (bzw. Mt 10,37, wenn diese Fassung für ursprünglich gilt) wird meistens auf Jesus selbst zurückgeführt[112]. Dabei kann als gesichert gelten, daß das ursprüngliche Jesuswort wie in Lk 14,26 antithetisch als Bedingung des Jüngerwerdens formuliert war.[113]

Was das Elterngebot betrifft, so schließt also Lk 14,26 seine Befolgung grundsätzlich aus. Nachfolge Jesu führt dazu, daß der Auftrag, Vater und Mutter zu ehren, nicht erfüllt wird[114]. Vielmehr muß der Jünger Jesu die Beziehung zu seinen Eltern abbrechen[115], um ungeteilten Herzens seinem Herrn folgen zu können. Dasselbe gilt nach diesem sehr scharfen Wort für die Verpflichtungen gegenüber der Ehefrau, den Kindern und Geschwistern. Keine dieser Beziehungen kann neben der Nachfolge Jesu aufrechterhalten werden. Jünger Jesu kann man demnach nur in völliger Exklusivität sein.

---

[111] GNILKA, Matthäus I, 396.

[112] Vgl. LUZ, Matthäus II, 135.

[113] GRUNDMANN, WALTER: Das Evangelium nach Lukas; 9.Aufl., Berlin 1981 (ThHK III), 302f. verweist ausdrücklich auf die Nähe zum Thomasevangelium. Dort findet sich in Logion 55 und Logion 101 eine Parallelüberlieferung; die von Jesus geforderte Trennung von den Eltern ist auch dort als Bedingung der Jüngerschaft festgehalten. Strukturell vergleichbar ist die radikale Trennung der Gemeindeglieder von Qumran gegenüber den „Söhnen der Finsternis" nach 1QS I,10; IX,21. Auch sie werden aufgefordert, die Menschen außerhalb der Gemeinde zu „hassen" (שׂנא), also sich von ihnen total abzugrenzen.

[114] Es geht hier um das konkrete Verhalten der Jünger in der Welt, und faktisch wird das vierte Gebot für die unmittelbaren Nachfolger Jesu aufgehoben. Das Fazit von SCHROEDER, Eltern und Kinder, 109: „Das vierte Gebot wird nicht in Frage gestellt" ist in seiner Pauschalisierung nicht nachvollziehbar.

[115] „Hassen" könnte hier - wie gesagt - hyperbolische Redeweise sein und im Sinn eines radikalen Abbruchs der Beziehung verstanden werden.

Mt 10,37.38 erlaubt dagegen - in Übereinstimmung mit Mt 15 - die Erfüllung des Elterngebots, auch die Versorgung der Eltern. Ähnlich wie schon im Alten Testament wird zwischen dem ersten und dem vierten Gebot differenziert: die Liebe zu Jesus entspricht der Liebe zu Gott. Sie muß über allem anderen stehen, auch über der Liebe zu den eigenen Eltern oder Kindern. Das bedeutet, daß „das vierte Gebot überboten und damit im Konfliktfall relativiert"[116], jedoch im matthäischen Sinn nicht völlig aufgegeben wird.

## 2. Aufhebung von familiären Pflichten durch den Nachfolgeruf nach Lukas 9,59-62 und Matthäus 8,21.22

In einer Komposition mehrerer biographischer Apophthegmata - in Lk 9,57-62 sind es drei, in Mt 8,19-22 zwei - finden wir nochmals eine explizite Entgegensetzung von Nachfolge und Pflichten innerhalb der Familie. Es sind im lukanischen Kontext die letzten beiden Kurzszenen[117], bei Matthäus die dazu parallele zweite Passage, in der es zum Konflikt zwischen dem Ruf Jesu und den Aufgaben des Sohnes kommt. In Lk 9,59-62 lesen wir:

Εἶπεν δὲ πρὸς ἕτερον· ἀκολούθει μοι. ὁ δὲ εἶπεν (κύριε,)[118] ἐπίτρεψόν μοι ἀπελθόντι πρῶτον θάψαι τὸν πατέρα μου. εἶπεν δὲ αὐτῷ· ἄφες τοὺς νεκροὺς θάψαι τοὺς ἑαυτῶν νεκρούς, σὺ δὲ ἀπελθὼν διάγγελλε τὴν βασιλείαν τοῦ θεοῦ.

Εἶπεν δὲ καὶ ἕτερος· ἀκολουθήσω σοι, κύριε· πρῶτον δὲ ἐπίτρεψόν μοι ἀποτάξασθαι τοῖς εἰς τὸν οἶκόν μου. εἶπεν δὲ ὁ Ἰησοῦς· οὐδεὶς ἐπιβαλὼν τὴν χεῖρα ἐπ᾽ ἄροτρον καὶ βλέπων εἰς τὰ ὀπίσω εὔθετός ἐστιν τῇ βασιλείᾳ τοῦ θεοῦ.

Er sagte aber zu einem anderen: Folge mir nach! Er aber sagte: (Herr,) erlaube mir, da ich (einfach) weggegangen bin, zuerst meinen Vater zu begraben. Er aber sagte ihm: Laß die Toten ihre Toten begraben, du aber, nachdem du (nun einmal) weggegangen bist, verkündige die Gottesherrschaft.

Es sagte aber auch ein anderer: Ich will dir folgen, Herr! Zuerst aber erlaube mir, Abschied zu nehmen von denen in meinem Haus. Jesus aber sagte: Keiner, der seine Hand an den Pflug legt und nach hinten schaut, ist für die Gottesherrschaft geeignet.

---

[116] LUZ, Matthäus II, 142.

[117] FITZMYER, JOSEPH A.: The Gospel according to Luke. Introduction, Translation and Notes, 2Bde., New York 1981/1985 (AncB 28; 28A) 834f., bestimmt die Zielrichtung der drei Fälle im lukanischen Kontext sehr treffend: „Thus, the following of Jesus does not simply mean imitation of him, but entering into the very conditions of his life, ministry and lot. It calls a person to a sacrifice of security (Case I), filial duty (Case II) and family affection (Case III)".

[118] Κύριε ist textkritisch umstritten. Es gehört m.E. nicht zum Text (Angleichung).

In Matthäus 8,21.22 ist die zweite Szene sehr ähnlich wiedergegeben:

ἕτερος δὲ τῶν μαθητῶν εἶπεν αὐτῷ· κύριε, ἐπίτρεψόν μοι πρῶτον ἀπελθεῖν καὶ θάψαι τὸν πατέρα μου. ὁ δὲ Ἰησοῦς λέγει αὐτῷ· ἀκολούθει μοι καὶ ἄφες τοὺς νεκροὺς θάψαι τοὺς ἑαυτῶν νεκρούς.

Ein anderer aber der Jünger sagte ihm: Herr, erlaube mir, daß ich zuerst weggehe und meinen Vater begrabe. Jesus aber sagt zu ihm: Folge mir und laß die Toten ihre Toten begraben.

Von den beiden Überlieferungen hat wohl Lukas insgesamt die ursprüngliche Darstellung besser bewahrt. Matthäus verändert die Situation: der zweite Nachfolger Jesu ist schon „Jünger", d. h. es geht nicht mehr um den Eintritt in die Nachfolge wie noch in Lk 9,59. Dieser Jünger ist vielmehr in Gefahr, „mit seinem Einwand aus der bereits angetretenen Nachfolge herauszufallen".[119] Mt verschiebt den Akzent in Richtung einer innergemeindlichen Problematik. Die Anrede „κύριε" kennzeichnet den Nachfolgenden zusätzlich als Christen, der lediglich noch eine familiäre Aufgabe erledigen will. Das „Weggehen" ist bei Matthäus klar auf die Jüngerschaft bezogen. Zweck des Weggehens ist es, den verstorbenen Vater zu begraben.

Welch hohe Bedeutung diese familiäre Pflicht zur Zeit Jesu hatte, zeigen die rabbinischen Quellen sehr deutlich. Hengel hat überzeugend dargestellt, daß es um ein „Herzstück der jüdischen Frömmigkeit"[120] ging, da „der letzte Dienst an den Toten mit an die Spitze aller guten Werke gerückt"[121] war. Von der Rezitation des Schᵉma und des Achtzehn-Bitten-Gebets war man wegen des Begräbnisses in der eigenen Familie befreit[122]. Wir haben bereits im Buch Tobit und in der Testamentenliteratur[123] die Betonung der Begräbnispflicht kennengelernt und auch die Verknüpfung mit dem Elterngebot gesehen. Auch wenn die Bestattung zunächst nicht mit dem „Ehren" der Eltern gemeint war, so verknüpft sich doch bereits im Alten Testament und in der zwischentestamentarischen Literatur die Erwartung mit diesem Gebot, daß der eigene Sohn Vater und Mutter bestattet.

Ob nun Matthäus an die erste Bestattung oder an die Beerdigung der Gebeine[124] denkt: jeweils zeigt er Jesus als völlig unabhängig von der Tora wie

---

[119] GNILKA, Matthäus I, 312.

[120] HENGEL, MARTIN: Nachfolge und Charisma. Eine exegetisch-religionsgeschichtliche Studie zu Mt 8 21f. und Jesu Ruf in die Nachfolge; Berlin 1968 (BZNW 34), 9.

[121] Ebd.

[122] Vgl. Ber III, 1a und dazu WIEFEL, WOLFGANG: Das Evangelium nach Lukas; Berlin 1987 (ThHK III), 193.

[123] S.o., Kapitel 12.2 und 15.3.

[124] So MCCANE, BYRON R.: „Let the dead bury their own dead": Secondary Burial and Matt 8:21-22. HThR 83/1, 1990, 31-43, 39. Er hat in diesem Zusammenhang auf die jüdischen Trauer- und Begräbnisbräuche verwiesen und festgehalten, daß die Szene diesen Bräuchen widerspricht, will man sie auf die erste Bestattung des Vaters beziehen. Diese fand in aller Regel am selben Tag statt und die Klagerituale sowie die Vorbereitung für die Bestat-

von der religiösen Sitte. Jesus stellt seine Nachfolger in provozierenden Gegensatz zu den Erwartungen, die die Umwelt hinsichtlich des Familienzusammenhalts und der Aufgaben in der Familie hatte. Da die Bestattungspflicht - wie bereits gesagt - sekundär mit dem vierten Gebot verbunden wurde, ergibt sich daraus ein Gegensatz zwischen der Anweisung Jesu und der Forderung des Elterngebots. Dieser Konflikt steht jedoch nicht im Mittelpunkt, da nur ein Teilaspekt des Gebots betroffen ist. Man kann deshalb zwar für die matthäische Überlieferung durchaus davon sprechen, daß sich Jesus damit über das vierte Gebot hinwegsetzte[125]. Allerdings geschieht dies eher beiläufig, und es entsteht in der Tat der Eindruck, es solle „weder ein Thoragebot aufgelöst, noch die Thora verschärft sein"[126].

Einen deutlicheren Schwerpunkt bietet dagegen die ursprünglichere Version bei Lukas. Hier liegt zunächst ein sich ergänzendes Paar von Berufungsnotizen vor, das der Evangelist um eine dritte Szene ergänzt.

Die zweite und die dritte, von Lukas teilweise aus Sondergut, teilweise redaktionell ergänzte Szene, also Lk 9,59f. und 61f., gehören als exemplarische Fälle, in denen jeweils die Familie betroffen ist, zusammen: im ersten Fall beruft Jesus den Nachfolger und dieser erhebt einen Einwand im Blick auf seine Sohnespflicht, im zweiten bietet einer von sich aus die Nachfolge an und kommt auf eigenen Wunsch, bringt aber ebenfalls Schwierigkeiten im Blick auf die Familie vor. Beide potentiellen Nachfolger Jesu erhalten inhaltlich dieselbe Ermahnung: Nachfolge Jesu bedeutet einen radikalen Neuanfang im Leben. Dieser Neuanfang läßt sich nicht mit der Rücksichtnahme auf familiäre Verpflichtungen und Bindungen verknüpfen[127].

Im ersten Fall (V.59f.) ist der berufene Jünger Jesu von seiner Familie weggegangen, jedoch setzt er dem Nachfolgeruf Jesu die aus seiner Sicht vorrangige Bestattungspflicht entgegen. Die Bitte, Jesus möge erlauben, daß er der Verantwortung gegenüber seinem Vater nachkommt, erfährt schroffe Ablehnung. Jesu Ruf bedeutet eine endgültige Trennung von der Familie und Jesus fordert eine dementsprechend konsequente Haltung. Nachdem der Mann bereits seine Familie verlassen hat, darf es kein Zurück geben. Alles, was zur familiären Vergangenheit des berufenen Nachfolgers Jesu zählt,

---

tung fingen unmittelbar nach dem Tode an, wobei der Sohn nicht hätte fehlen dürfen. Dieser Einwand greift, wenn man davon ausgeht, daß der Vater bereits gestorben ist und wenn man nicht bereits eine längere Jüngerschaft voraussetzt, sondern annimmt, der μαθητής sei nun erst zu den Nachfolgern Jesu hinzugestoßen. Dann legt es sich in der Tat nahe, daß hier vom „secondary burial", der Bestattung der Gebeine ca. ein Jahr nach dem Tod des Vaters, die Rede ist.

[125] Vgl. HENGEL, Nachfolge, 9.13.

[126] GNILKA, Matthäus I, 312.

[127] Auch SCHMITHALS, WALTER: Das Evangelium nach Lukas; Zürich 1980 (ZBK 3.1), 120, sieht die beiden Szenen durch das Thema „Scheidung innerhalb der überkommenen sozialen Bindungen" miteinander verbunden.

gehört in den Bereich des Todes. Für einen Jünger Jesu ist sein verstorbener Vater nicht mehr „sein" Toter, wie es die Sitte und der betreffende Teilaspekt des Elterngebots sagt, sondern er gehört den - noch biologisch lebenden - „Toten"[128], die ihre Toten (τοὺς ἑαυτῶν νεκρούς) begraben sollen. Eine wohl lukanische[129] Ergänzung in V.60b stellt dem die neue Aufgabe in der Nachfolge Jesu entgegen. Er hat eine andere Pflicht als die familiäre, die in den Bereich des Todes gehört. Weil er sich aufgemacht hat (V.60) - so erklärt das ἀπελθών in gezielter Aufnahme des ἀπελθόντι von V.59 -, gibt es für ihn nur eine Pflicht: die Verkündigung der Gottesherrschaft.

In V.61f. erhält der Nachfolger, der aus freien Stücken zu Jesus kommt, einen noch grundsätzlicheren und umfassenderen Bescheid, der die begonnene Linie fortführt. Er bietet von sich aus die Nachfolge an, bittet aber - wie sein „Vorgänger" in V.59f. - darum, noch familiäre Pflichten erfüllen zu dürfen. Diese erscheinen nun unbestimmter als die im ersten Fall diskutierte Bestattung. Der künftige Jünger will „Abschied nehmen" von seiner Familie. Könnte das heißen: er will umfassend alles regeln, was seine Familie betrifft? Das beträfe dann auch alles, was das Elterngebot fordert, einschließlich der Versorgung der Eltern. Jesus jedenfalls verweigert mit dem Bild vom pflügenden Bauern auch diese Bitte kategorisch. Der Blick zurück, jegliche Bindung an die Vergangenheit, ist bei der Begegnung mit dem Gottesreich obsolet. Das mahnende Beispiel der Frau Lots (Gen 19,17) mag im Hintergrund mitgedacht sein: für die Gottesherrschaft kann es nur den bedingungslosen Blick nach vorne geben. Mit Bovon formuliert, prangert der Text hier „das geteilte Herz dessen an, der Jesus folgen will und zugleich den Kontakt mit denen bewahren will, die ihm teuer sind"[130].

Die lukanische Komposition der Logien hat also das Ziel, die Nachfolge Jesu in ihrer völligen Radikalität darzustellen. Dabei hat Lukas die Aufhebung des Elterngebots in beiden Szenen authentisch festgehalten. Die erste Szene stellt einen Bruch mit dem jüdischen Anliegen grundlegendster Humanität und zugleich die Differenz zu späterer christlicher Pietät gegenüber den Verstorbenen dar und dürfte aller Wahrscheinlichkeit nach auf Jesus zurückgehen[131].

---

[128] Damit werden die anderen Angehörigen der Familie ironisch bezeichnet.

[129] Vgl. die bei SCHÜRMANN, HEINZ: Das Lukasevangelium. Zweiter Teil. Erste Folge: Kommentar zu Kapitel 9,51-11,54; Freiburg, Basel, Wien 1993 (HThK III, Teil 2, Folge 1), 42, Anm. 69 zuerst genannten Autoren. Zur Deutung des Begriffs βασιλεία τοῦ θεοῦ in Lukas 9,60 vgl. PRIEUR, ALEXANDER: Die Verkündigung der Gottesherrschaft. Exegetische Studien zum lukanischen Verständnis von βασιλεία τοῦ θεοῦ; Tübingen 1996 (WUNT 2. Reihe, 89), 209-210.

[130] BOVON, FRANCOIS: Das Evangelium nach Lukas; 2.Teilband Lk 9,51-14,35; Zürich, Düsseldorf, Neukirchen-Vluyn 1996 (EKK III/2), 37.

[131] So auch WIEFEL, Lukas, 194: „Solche Radikalität läßt sich allein im Kontext des historischen Jesus überzeugend erklären".

Dasselbe gilt für die zweite Szene, in der noch umfassender der Neueinsatz für das Leben mit Jesus gefordert wird: „Die unerhörte Härte der Worte VV 58.60a.62 mit ihrer Analogielosigkeit unter den Rabbinen-, Weisheits- und Prophetensprüchen wird dafür sprechen, daß hier jemand fordert, der mehr ist als ein Rabbi, ein Weisheitslehrer oder Prophet. Solche Forderung bleibt immer noch am besten als ipsissima vox Jesu ... zu erklären"[132].

Hier ist das Elterngebot in jeder Hinsicht betroffen, seine Einhaltung wird unmöglich gemacht. Wo Menschen in die konkrete Nachfolge Jesu eintreten, spielt das Gebot keine Rolle mehr. Wer sich damals mit Jesus auf den Weg machte, für den hatte die Familie ab diesem Zeitpunkt keine Bedeutung und er brauchte Vater und Mutter nicht mehr zu ehren.

## 3. Trennung von den Eltern im Vollzug der Nachfolge nach Markus 1,19-20par.

Die Berufungsgeschichten[133] in den synoptischen Evangelien beschreiben den praktischen Vollzug der Nachfolge immer so, daß sich der von Jesus berufene Jünger von seiner Familie, insbesondere den Eltern, trennt.[134] Die Berufung der Zebedaiden in Mk 1,19f. benennt dabei ausdrücklich, daß Jakobus und Johannes ihren Vater Zebedäus, mit dem sie zusammen gearbeitet hatten, im Boot zurücklassen. Gehört es ansonsten zur Form dieser Erzählungen, daß auf den Ruf zur Nachfolge nur der sofortige, kompromißlose Vollzug berichtet wird[135], so merkt Mk 1,19f.par. gesondert an, was dies konkret für die Familie bedeutet[136]. Bei Markus verbleiben dem Vater nur noch die Lohnarbeiter[137], nachdem beide Söhne zugunsten der Nachfolge Jesu ihre Familie

---

[132] SCHÜRMANN, Lukas II, 48.

[133] BULTMANN, Geschichte, 26 zählt die Berufungsgeschichten zu den biographischen Apophthegmata. Zu den drei typischen Motiven der Berufungsgeschichten gehören a) Angabe der Situation, b) Berufung und c) Vollzug der Nachfolge. BERGER, Formgeschichte, 315f. nennt die erzählende Gattung „Mandatio" und sieht in 1Kön 19,19-21 das durchgehende prophetische Vorbild für die Berufungserzählungen des Neuen Testaments.

[134] Das gilt faktisch auch für diejenigen Berufungserzählungen, in denen die Familie nicht ausdrücklich erwähnt wird, z.B. Mk 2,14.

[135] Vgl. Mk 1,17.18 - das Verlassen der Netze ist eine bloße Konsequenz des Aufbruchs - und Mk 2,14.

[136] Hier wirkt evtl. das Motiv des Abschieds vom Vater nach, das auch in 1Kön 19,20 begegnet und als „Verzögerungsmotiv" (so PESCH, Markus I,109) bezeichnet werden kann; vgl. auch GNILKA, JOACHIM: Das Evangelium nach Markus, 1. Teilband, Mk 1-8,26, 3., durchges. Aufl., Neukirchen-Vluyn u.a. 1989 (EKK II/1), 74.

[137] Dies dürfte historisch zutreffend sein, da dieser Einzelzug ein unwesentliches Detail darstellt und außerdem der Gesamttendenz der Überlieferung entgegenläuft, die auf die radikalen Folgen der Nachfolge abhebt. GNILKA (Markus I, 74) hält mit Recht fest, daß gegenüber der harten Trennung vom Vater gilt: „das Verbleiben der Lohnknechte beim Vater aller-

und Arbeitsstätte verlassen haben. In der Parallele Mt 4,21.22 fehlt der Hinweis auf die bezahlten Arbeiter des Vaters - er bleibt hier ganz allein zurück, wodurch die Radikalität der Nachfolge redaktionell gesteigert wird.[138] Die Berufungsgeschichten bei Lukas setzen ebenfalls voraus, daß die Jünger ihre Eltern verlassen (vgl. Lk 5,1-11) bzw. alles zurücklassen (so Lk 5,28).

Ziel der Geschichte ist in Mk 1,16-20 „die bedingungslose Nachfolge"[139] der beiden Brüderpaare. Sie läßt keinen Raum für die Erfüllung des Elterngebots. Es wird dabei deutlich, daß der Ruf Jesu die Bindungen an die Familie faktisch aufhebt und den Zusammenhalt wie die gemeinsame Arbeit beendet.

## 4. Endzeitliche Spaltung von Familien aufgrund der Botschaft Jesu

Nicht erst die Forderung der konkreten Nachfolge, sondern bereits die Botschaft Jesu führt nach Lk 12,51-53 bzw. Mt 10,34-36 zur Spaltung von Familien[140]. Diese Stellen haben zwar nicht das Elterngebot im Blick, führen aber das antifamiliäre Ethos der Berufungserzählungen unter dem Endzeitaspekt weiter. Daher sollen sie im Folgenden kurz analysiert werden, zusammen mit der Ankündigung der Zerstörung der Familie in der synoptischen Apokalypse nach Mk 13,12par.

Auf dem Hintergrund der Ankündigung in Mi 7,6 wird in Lukas 12,51-53 das Auftreten Jesu so erklärt:

(51) δοκεῖτε ὅτι εἰρήνην παρεγενόμην δοῦναι ἐν τῇ γῇ;
οὐχί, λέγω ὑμῖν, ἀλλ᾽ ἢ διαμερισμόν.
(52) ἔσονται γὰρ ἀπὸ τοῦ νῦν πέντε ἐν ἑνὶ οἴκῳ διαμεμερισμένοι,
τρεῖς ἐπὶ δυσὶν καὶ δύο ἐπὶ τρισίν,
(53) διαμερισθήσονται πατὴρ ἐπὶ υἱῷ καὶ υἱὸς ἐπὶ πατρί,
μήτηρ ἐπὶ τὴν θυγατέρα καὶ θυγάτηρ ἐπὶ τὴν μητέρα,
πενθερὰ ἐπὶ τὴν νύμφην αὐτῆς καὶ νύμφη ἐπὶ τὴν πενθεράν.

---

dings mildert wieder ab". Man wird jedoch kaum mit SCHLATTER, ADOLF: Markus. Der Evangelist für die Griechen. Mit einem Geleitwort von Karl Heinrich Rengstorf; 2.Aufl., Stuttgart 1984, 45 behaupten können, die Erwähnung der Tagelöhner mache den Entschluß der Söhne „frei von Härte gegen den Vater".

[138] So auch GRUNDMANN, WALTER: Das Evangelium nach Matthäus; 4. Aufl., Berlin 1975 (ThHK I), 110; anders zunächst LUZ, Matthäus I, 175, der den Wegfall der Tagelöhner nur auf Symmetriegründe zur ersten Berufungserzählung zurückführt. Dennoch spricht er (a.a.O.,176) von einer Radikalisierung des Nachfolgegedankens und führt dazu das Gewicht an, das das Motiv, den leiblichen Vater zu verlassen, bei Mt hat (vgl. Mt 8,21; 19,29; 23,9). Gnilkas schroffe Abweisung der Radikalisierungstendenz (GNILKA, Matthäus I, 103, Anm. 12) aufgrund der Erzählperspektive ist mir unverständlich.

[139] LÜHRMANN, Markus, 48.

[140] ThomEv 16 steht beiden kanonischen Stellen wechselweise nahe und kann als späte Kombination verstanden werden.

(51) Ihr meint, daß ich gekommen bin, Frieden auf der Erde zu stiften? Nein, ich sage euch, sondern die Entzweiung; (52) denn es werden von jetzt an fünf in einem Haus entzweit sein, drei gegen zwei und zwei gegen drei; (53) es werden entzweit sein der Vater gegen den Sohn und der Sohn gegen den Vater, die Mutter gegen die Tochter und die Tochter gegen die Mutter, die Schwiegermutter gegen ihre Schwiegertochter und die Schwiegertochter gegen die Schwiegermutter.

Lukas 12,51-53par. wird meist der Logienquelle Q zugeschrieben[141], und die Lukasfassung gibt dabei die weniger am alttestamentlichen Text orientierte, vielleicht für V.52 und 53 im Wortlaut eher ursprüngliche Fassung wieder. Dagegen dürfte in V.51 die sprachliche Verbesserung von βαλεῖν εἰρήνην zu εἰρήνην δοῦναι sowie der Ersatz des radikalen, im Zusammenhang hier fast unverständlichen μάχαιρα durch διαμερισμός redaktioneller Eingriff sein.

Bereits der Anfang der Sentenz überrascht und setzt Jesus in Gegensatz zur jüdischen Erwartung eines Messiaskönigs. Statt Frieden und Eintracht (Jes 9; Jes 11) bringt Jesus die Entzweiung, das Gegeneinander von Menschen, bis hinein in die engste Gemeinschaft des Hauses, der Familie. Die „fünf in einem Haus", die gegeneinander stehen, sind dabei nicht nur eine willkürlich gewählte „kleine Einheit"[142], sondern bezeichnen sehr konkret den Streit der Generationen in einer Familie, der danach beschrieben wird. Auf der einen Seite stehen die beiden Vertreter der älteren Generation, nämlich Vater und Mutter, wobei die Mutter zugleich Schwiegermutter ist. Die andere Seite bilden Sohn, unverheiratete Tochter und Schwiegertochter als drei Vertreter der jüngeren Generation. Vorausgesetzt ist, daß die verheiratete Tochter ins Haus des Ehemannes einzieht, weshalb vom Schwiegersohn keine Rede ist. Charakteristisch für die Lukasfassung ist es, daß Alte und Junge sich wechselseitig gegeneinander erheben. Das Verhältnis der Generationen zueinander ist von beiden Seiten her zerstört.

Lk 12,51-53 ergreift denn auch nicht Partei für eine Seite. Nur eins ist offensichtlich: das Kommen Jesu entzweit die Familien - eine Generation wird zu Anhängern Jesu, die andere verweigert sich seiner Botschaft. Diese Entwicklung wird von diesem Logion nicht beklagt oder getadelt. Sie ist logische Konsequenz des Auftretens Jesu.

In der matthäischen Fassung ist die Stelle fast wörtlich gleich, aber das Stichwort „Schwert" taucht - wie oben vermutet, vom ursprünglichen Wortlaut her - nun auf. Im jetzigen Kontext dient es in V.34 als Bild für die Trennung, die Jesu Botschaft zwischen Glaubenden und Nichtglaubenden bringt. V.35f. deuten dann das Schwertwort im Anschluß an Micha 7,6[143] als Ansage der Spaltung unter den Familien. Anders als bei Lukas ist nun nur von der Er-

---

[141] Vgl. BOVON, Lukas II, 346.

[142] So BOVON, Lukas II, 356.

[143] Da der masoretische Text und die LXX sich hier sehr nahe sind, läßt sich nicht eindeutig entscheiden, auf welche Fassung Mt 10,35.36 zurückgeht.

hebung der jungen Generation (Sohn, Tochter, Schwiegertochter) die Rede. Mt stellt die Sicht heraus, daß diese Auflehnung gerade mit dem Kommen Christi verknüpft ist. Die Sendung Jesu bringt die Schrecken der Endzeit, und genau das entspricht dem Willen Gottes. Ähnlich wie in äthHen 100,1f. wird die Schreckensvision angekündigt, daß nächste Angehörige einander ermorden. Anders als in Mi 7,6 finden wir bei Matthäus keine negativen Bemerkungen dazu. Der Ungehorsam der Kinder wird weder bedauert noch verurteilt, da er ja durch die von Gott bewirkten und vorgesehenen Wirren der Endzeit hervorgerufen ist.

Man wird annehmen dürfen, daß auch bei der Aufnahme dieses Wortes ins MtEv die Erfahrungen aus der Gemeinde eine Rolle gespielt haben. Die unterschiedliche Stellungnahme der Generationen zu Jesu Botschaft erschütterte den Zusammenhalt der Familie und konnte nur als Endzeiterfahrung verstanden werden. Wie in Mi 7,6 erscheinen die Familienverhältnisse am Ende verallgemeinert: nicht nur Vater und Mutter, sondern alle οἰκιακοί sind Feinde des Menschen, also alle Hausgenossen[144], die in verwandtschaftlicher Beziehung zu ihm stehen. Das vorangestellte ἐχθροί stellt die Spaltung in der Familie besonders drastisch heraus.

Fragt man überlieferungsgeschichtlich nach dem Ursprung dieses Logions, so dürfte das im jetzigen Kontext so sperrige und von Lukas daher umformulierte Schwertwort den Kern bilden, der auf Jesus selbst zurückgehen könnte. Μάχαιρα steht als Werkzeug für die Todesstrafe[145] oder überhaupt stellvertretend für gewaltsamen Tod[146] und wird im biblischen Sprachgebrauch fast nie rein metaphorisch gebraucht[147]. Die Ansage Jesu hat sich also wohl darauf bezogen, daß seine Botschaft zu schweren Auseinandersetzungen führen wird, bis hin zum gewaltsamen Tod seiner Anhänger[148].

Die metaphorische Deutung des Schwertwortes auf die Spaltung der „Häuser" - ohne gewalttätige Auseinandersetzung - dürfte auf die frühe christliche Gemeinde zurückgehen, die aufgrund ihrer Erfahrungen den Bezug zur Trennung innerhalb der Familien hergestellt hat. Das Schwertwort mit Deutung auf die gegenseitige Auflehnung der Generationen gelangte so in die Logienquelle, aus der Lukas die mißverständliche politische Metaphorik eliminierte und Matthäus die Deutung auf Mi 7,6 präzisierte.

---

[144] Nicht gemeint sind die Haussklaven, für die der Begriff οἰκέτης zu erwarten wäre.

[145] Vgl. Apg 12,2.

[146] Vgl. MICHAELIS, WILHELM: (Art.) μάχαιρα. ThWNT IV, 1942, 530-533, 531 mit den Beispielen aus Hebr 11,34.37.

[147] Vgl. MICHAELIS, μάχαιρα, 530 für das Alte Testament: „Bildlich wird μάχαιρα kaum gebraucht", als Ausnahmen gelten Ps 56,5LXX, Prov 24,22 und Jes 49,2.

[148] PLÜMACHER, ECKHARD: (Art.) μάχαιρα. EWNT 2, Sp. 978-980, Sp. 960 deutet den Vers Mt 10,34 auf „die bedrängende *Gewalt*". Anders MICHAELIS, μάχαιρα, 532, der den Begriff ausgerechnet an dieser Stelle nur bildlich verstanden wissen will.

Die Spaltung innerhalb der Familien durch die unterschiedliche Stellung zum christlichen Glauben liegt also faktisch vor, als sie durch das Jesuslogion als endzeitliche Erscheinung interpretiert wird. Das Logion von der Entzweiung zwischen Vater und Mutter einerseits und den Kindern andererseits stellt zwar einen Widerspruch zum Elterngebot dar, zielt jedoch nicht auf diesen Widerspruch. Es benennt lediglich die dem Elterngebot in der Tat zuwiderlaufende Faktizität als Folge der eschatologischen Qualität der Sendung Jesu. Zielrichtung des Logions ist jedoch nicht die Aufhebung des Elterngebots, sondern die Ausrichtung auf die durch die christliche Gemeinde gebotene Alternative. Die Gemeindeglieder, deren οἰκιακοί, also ihre Verwandten im Haus, ihre Feinde geworden sind, sind ihrerseits schon nach Mt 10,25 οἰκιακοί Jesu geworden, seine Hausgenossen. Damit ist eine Tendenz fortgesetzt, die sich schon an anderen Stellen des Neuen Testaments fand[149] und die Grundmann mit Recht auch für Mt 10,35 festhält: „An die Stelle des alten, zerfallenden Hauses ... tritt das neue Haus, das Haus Jesu"[150].

Innerhalb der synoptischen Apokalypse wird schließlich in Mk 13,12par. die Zerstörung der Familie, insbesonders des Verhältnisses zwischen Eltern und Kindern angekündigt. Während die matthäische Fassung direkt von Mk abhängig ist[151], geht Lk 21,16 zwar ebenfalls auf Mk zurück, jedoch ist der Stil verändert und auch inhaltlich sind andere Akzente gesetzt[152]. Übersetzt lautet die Markusfassung (Mk 13,12):

> Und ein Bruder wird (seinen) Bruder zur Todesstrafe ausliefern und ein Vater das Kind, und es werden sich die Kinder erheben gegen (ihre) Eltern und sie zu Tode bringen.

Der Kontext ist die Ankündigung Jesu[153], daß seine Nachfolger in der endzeitlichen Bedrängnis den lokalen Gerichten bzw. den synagogalen Straf-

---

[149] S.o., Kapitel 22,1-3.

[150] GRUNDMANN, Matthäus, 300.

[151] Vgl. LUZ, Matthäus II, 112f.; GNILKA, Matthäus I, 373.

[152] Lukas nimmt den alttestamentlichen Traditionsstrang von der apokalyptischen Zerstörung der Familie auf, nennt die Brüder nach den Eltern an zweiter Stelle der Familienmitglieder und erweitert mit „Verwandten" und „Freunden". Nur einigen der Nachfolger Jesu wird der Tod angekündigt, die Verfolgungssituation erscheint abgeschwächt. Nur die Eltern sind es hier innerhalb der Eltern-Kind-Beziehung, die ihre Kinder ausliefern; eine Aufhebung des vierten Gebots kommt durch die redaktionellen Eingriffe bei Lk nicht mehr in Frage.

[153] Für die eschatologische Rede in Mk 13par. gilt weiterhin das Urteil Hahns, daß es „weitgehend unbestritten ist, daß es sich bei diesem Kapitel nicht um die Wiedergabe einer authentischen Rede Jesu handeln kann, sondern daß lediglich einige hier verwertete Textstücke auf die vorösterliche Verkündigung Jesu zurückgehen" (HAHN, FERDINAND: Die Rede von der Parusie des Menschensohnes Markus 13. In: Pesch, Rudolf; Schnackenburg, Rudolf (Hg.): Jesus und der Menschensohn, FS für Anton Vögtle, Freiburg, Basel, Wien 1975, 240-266, 240). V.9-13 gehören dabei zu einer auch nach Hahn „möglicherweise zur Vorlage zu rechnende(n) Spruchgruppe" (a.a.O., 251; vgl. PESCH, Markus II, 283), die durch das verwertete Gut an Herrenworten geprägt ist. Im Hintergrund von V.12 steht zudem die Tradition von Mi 7,5f. Während die Verfolgungslogien V.9b.11 Erfahrungen urchristlicher

instanzen ausgeliefert werden. Für diese Gerichtssituationen wird ihnen der Heilige Geist verheißen, der ihnen dann die richtigen Worte zur Verteidigung und zum Zeugnis des Evangeliums geben wird. Darauf folgt dann die Ansage, durch wen die Auslieferung zur Todesstrafe geschehen wird: der Bruder verrät den Bruder, der Vater sein Kind und die Kinder erheben sich gegen die Eltern und lassen sie töten. Das apokalyptische Szenario führt eine innere Zerstörung der engsten Beziehungen vor Augen: die Verräter sitzen in der eigenen Familie. Auch das Band zwischen Eltern und Kindern schützt nicht davor, daß der eine zum Verräter des anderen wird. Nur der Gedanke, daß die Mutter ihre eigenen Kinder ausliefert, ist vermieden. Ansonsten ist die Zerstörung des Eltern-Kind-Verhältnisses wechselseitig. Faktisch also wird das vierte Gebot von den beschriebenen Verhältnissen außer Kraft gesetzt. Kinder, die ihre Eltern zum Tode ausliefern, können sie in keiner Hinsicht ehren.

Die Zerstörung der Eltern-Kind-Beziehung im apokalyptischen Horizont hat also keinen unmittelbaren Bezug zum Elterngebot. Die Aufhebung des Gebots wird nicht eigens thematisiert, jedoch gilt es unter den Bedingungen der endzeitlichen Wirren als unerfüllbar.

## 5. Jesu Stellung zu seiner eigenen Familie

Die Beziehung Jesu zu seiner eigenen Familie wird in den synoptischen Evangelien in zwei Zusammenhängen thematisiert: zum einen in der Distanzierung Jesu von seiner Familie zugunsten der „wahren Verwandten" nach Mk 3,20f.31-35par. und zum anderen andeutungsweise in der Erzählung von der Verwerfung Jesu in seiner Heimatstadt Nazareth nach Mk 6,1-6par.[154]

Der synoptische Vergleich ergibt in beiden Fällen, daß die Markusfassung gegenüber den redaktionellen Bearbeitungen in Mt 12,46-50/Lk 8,19-21 bzw. Mt 13,53-58[155] ursprünglich ist. Die Perikope ist von Matthäus[156] und Lukas deutlich gekürzt worden, wobei Matthäus sie relativ wortgetreu übernimmt, während Lukas stilistisch stark eingreift und den Abschnitt auch innerhalb des Evangeliums umstellt. Nach Lk 8,19 handelt es sich außerdem eindeutig um einen Besuch der Familie, was bei Markus erst Mk 3,31 nahelegt, im Unterschied zu Mk 3,20f. Die Entgegensetzung von natürlicher und „geistlicher" Familie wird jedoch von allen drei Evangelien festgehalten.

---

Missionare voraussetzen und sich nicht auf Jesus zurückführen lassen, könnte Mk 13,12.13a entsprechend Mt 10,34/Lk 12,51 zumindest teilweise authentischen Ursprungs sein (vgl. PESCH, Markus II, 287f.).

[154] Die lukanische Vorgeschichte (Lk 1-2) ist weitgehend legendarisch geprägt und für unsere Fragestellung eher unergiebig.

[155] Bei Lk 4,16-30 handelt es sich um eine eigenständige Überlieferung, die in unserem Zusammenhang nicht betrachtet werden muß.

[156] Mt 12,47 ist textkritisch zu streichen.

Was den Auftritt Jesu in Nazareth betrifft, so ist der synoptische Befund ähnlich: Mt 13,53-58 nimmt Mk 6,1-6 unmittelbar auf und verändert die Vorlage nur an einigen Punkten. So gilt nach Mt 13,55 Jesus nicht selbst als Zimmermann, sondern er wird als „Sohn des Zimmermanns" angegriffen; ferner führt Matthäus (Mt 13,58) die *geringe* Zahl an Wundertaten auf den Unglauben der Nazarener zurück und streicht die generelle Behauptung aus Mk 6,5a, Jesus habe dort überhaupt keine Wunder tun können. Für die weitere Untersuchung können wir uns nun auf Mk 3,20.21.31-35 und Mk 6,1-6 beschränken.

Im Blick auf den ersten Komplex kann von einem Zusammenhang zwischen Mk 3,20.21 und Mk 3,31-35 ausgegangen werden[157], wenngleich der Neuansatz in V.31 deutlich abzuschwächen scheint und eher an einen Besuch der Mutter[158] und der Brüder denken läßt als an einen Versuch, Jesus mit Gewalt nach Hause zu holen (so V.21[159]). Das Unternehmen des Familienclans[160] wird damit begründet, daß sie - wohl aufgrund von Gerüchten über Jesu Predigt- und Heilungstätigkeit - annehmen, er sei verrückt geworden[161] und bereite folglich der Familie durch sein Auftreten Schande[162]. Dieses Urteil seiner Familie über Jesus, das in späterer Zeit höchst problematisch wurde, haben dann die beiden Seitenreferenten getilgt, und es begegnet uns nur als markinisches Sondergut. Es ist wegen seiner hohen Anstößigkeit als höchst authentische Überlieferung anzusehen, da kein christlicher Tradent ein Interesse an einem solchen Vorwurf der eigenen Familie gegenüber Jesus haben konnte. Zudem treten bereits in den ganz frühen nachösterlichen Jüngerkreisen die Mutter Jesu und zumindest der älteste Bruder, Jakobus, auf. Unter diesen Umständen hätte sich eine fiktive Überlieferung von ursprünglicher

---

[157] Zu den Argumenten für eine Verbindung von V.20.21 mit V.31-35 vgl. BEST, ERNEST: Mark III.20,21,31-35. NTS 22, 1976, 309-319, 313f. Anders SCHROEDER, Eltern und Kinder, 110ff.

[158] Das Fehlen des Vaters kann entweder biographisch-historisch damit erklärt werden, daß Josef zu dieser Zeit schon gestorben war (so GRUNDMANN, Markus, 107; LÜHRMANN, Markus, 77; HAENCHEN, Weg, 141) oder theologisch damit, daß für die Gemeinde die Bezeichnung „Vater" für ein anderes Gemeindeglied obsolet war (so PESCH, Markus I, 222 unter Verweis auf Mt 23,8f.).

[159] Κρατεῖν hat den Sinn „sich mit Gewalt jemandes bemächtigen", vgl. Mk 12,12; 14,1.44.46.49.51.

[160] Οἱ παρ᾽ αὐτοῦ kann von V.31-35 her eindeutig als Bezeichnung der Familie erschlossen werden; vgl. PESCH, Markus I, 210f.; KLOSTERMANN, Markus, 36 verweist als weitere Belegstellen auf Sus 33 und 1Makk 9,44.

[161] ᾽Εξέστη wird heute von den meisten Exegeten in diesem eindeutigen Sinn verstanden; vgl. LÜHRMANN, Markus, 75.77; GNILKA, Markus I, 148; SCHWEIZER, Markus, 41.

[162] GRUNDMANN, Markus, 107 sieht eine enge Verbindung zu den von Jesus versäumten Pflichten des erstgeborenen Sohnes. Ihm fallen nach dem Tod des Vaters „in der Familie Recht und Pflicht des Hausvaters zu. Dieser Aufgabe hat er sich entzogen in dem Augenblick, da er das Vaterhaus zur Taufe des Johannes verließ und öffentlich aufzutreten begann ... Die Familie ... nahm daran Anstoß und betrachtete ihn wegen seines Gesamtverhaltens als ‚von Sinnen', als nicht mehr zurechnungsfähig".

Ablehnung Jesu durch seine Familie in der urchristlichen Gemeinde kaum halten lassen. Eine auch von außen deutlich wahrnehmbare Distanz Jesu zu seiner Mutter und zu seinen Brüdern ist also als historisch anzunehmen[163].

Der zweite Abschnitt (V.31-35) ist dagegen viel stärker als „ideale Szene"[164] komponiert und wird in Mt 12,46-50 und Lk 8,19-21 übernommen. Dabei sind nochmals die Verse 31-34 von V.35 zu unterscheiden. Im Hauptteil des Abschnitts werden Jesus seine Mutter und seine leiblichen Geschwister angekündigt. Daraufhin antwortet Jesus mit der provozierenden Rückfrage, wer seine Mutter und seine Brüder seien. Der Blick über die um ihn herum Sitzenden, die ihm zuhören, macht die Verbindung Jesu zu ihnen deutlich. Die Geste wird expliziert, indem Jesus erklärt: „Siehe, das ist meine Mutter und das sind meine Brüder". Die natürliche Familie wird mit diesem Wort abgelöst durch die geistliche Familie, die man auch „familia Dei" genannt hat. Die Szene unterscheidet bereits räumlich die beiden Kreise[165]: innen die, die zu Jesus gehören, die neue Familie - draußen die, die ihm ferne stehen, obwohl sie von Natur aus beanspruchen, die „Seinen" (V.21) zu sein. Auch die zweite Szene dürfte auf historischer Erinnerung beruhen, jedoch ist die Darstellung stärker auf die Begründung der „familia Dei" hin ausgerichtet.

Vollends eindeutig ist diese Tendenz in V.35, wo die scharfe Kontrastierung der Verse 31-34 aufgegeben wird und die neue Familie dadurch charakterisiert ist, daß ihre Mitglieder - Bruder, Schwester und Mutter: die Reihenfolge ist der vorherrschenden Anrede in den Gemeinden angeglichen - den Willen Gottes tun. Die Gemeindeethik in V.35 macht „‚das Tun des Willens Gottes' (in der Auslegung Jesu!) zum Kriterium der Nähe zu Jesus, der Zugehörigkeit zur geistlichen Familie Jesu"[166]. Nach dieser Definition sind auch die leibliche Mutter und die leiblichen Brüder nicht mehr von der familia Dei ausgeschlossen, sondern können mit vollem Recht dazugehören.

Mk 6,1-6 macht ergänzend dazu wohl historisch zutreffend deutlich, daß man Jesus seine familiäre Herkunft als Argument gegen sein Auftreten und seinen Anspruch entgegengehalten hat. Die Notiz in V.3 erscheint als historisch vertrauenswürdig[167], so daß davon ausgegangen werden kann, daß die

---

[163] So PESCH, Markus I, 210f; HENGEL, Nachfolge, 71f.; GNILKA, Markus I, 148. Als zusätzlicher Beleg kann Joh 7,5 angeführt werden. Die von Gnilka ebd. genannten alttestamentlichen Vorbilder in Jer 12,6 und Sach 13,3 sind kein Argument für eine daraus entstandene Konstruktion. Der Bezug zu alttestamentlichen Stellen ist äußerst schwach ausgeprägt und wird theologisch nicht ausgewertet. Abwegig ist die Vermutung von SCHROEDER, Eltern und Kinder, 115, in Mk 3,20.21 handle es sich um markinisch redaktionelle Verse.

[164] Ob V.31-34 aus V.35 entwickelt wurden (so BULTMANN, Geschichte, 29) oder ob V.35 ein sekundärer Nachtrag zu V.31-34 ist (so DIBELIUS, Formgeschichte, 54.60), muß hier nicht entschieden werden, obwohl die Auffassung von Dibelius näher zu liegen scheint.

[165] Den symbolischen Sinn der räumlichen Aufteilung bestätigt PESCH, Markus I, 222f.

[166] PESCH, Markus I, 223.

[167] Vgl. GRÄSSER, ERICH: Jesus in Nazareth (Mark VI.1-6a). Notes on the Redaction and Theology of St. Mark. NTS 16, 1969/70, 1-23, 7.

Mutter, die Brüder und Schwestern Jesu in Nazareth lebten. Zusammen mit der übrigen Einwohnerschaft der Heimatstadt haben sie damals wohl Jesus abgelehnt. Ein Dissens zwischen ihm und seiner natürlichen Familie wird auch hier nochmals nahegelegt, wenn auch nicht explizit dargestellt.

Die Trennung zwischen Jesus und seiner Familie stellt einen Bruch des vierten Gebotes dar, da Jesus sich auf seinem von Gott gewiesenen Weg nicht um das Ergehen der Familie, besonders auch nicht um das seiner Mutter, kümmerte. Es fällt jedoch auf, daß die Gegner Jesu in den Evangelien mit vielen Vorwürfen zitiert werden, jedoch nie mit dem Vorwurf, Jesus breche das Elterngebot. Entweder wurden solche Vorwürfe nicht tradiert oder niemand scheint gerade an diesem Punkt Anstoß genommen zu haben.

## 6. Antifamiliäre Tendenzen im Ursprung der synoptischen Tradition

Versucht man, einen Überblick darüber zu gewinnen, wie in der synoptischen Tradition das Recht der Eltern in den Perikopen ohne direkte Bezugnahme auf das Elterngebot aufgegriffen und gesehen wird, so ergibt sich eine starke Tendenz in der Verkündigung Jesu, seine Nachfolger aus ihrer Herkunftsfamilie herauszulösen und besonders auch die Bindung an die Eltern zu lockern bzw. sogar ganz aufzutrennen.

Als charakteristisch dafür hat sich die ursprüngliche Fassung von Lk 14,26 erwiesen, wo von Jesu Seite eine bewußte Absage des Jüngers an seine Familie gefordert wird. Nachfolge ist mit Familienbindung nicht vereinbar. Schon Matthäus hat diese radikale Aussage abgemildert: nach Mt 10,37.38 ist die Erfüllung des Elterngebotes auch für Jünger Jesu möglich, nur muß - in Übereinstimmung mit alttestamentlicher Gebotstradition - die notwendige Rangfolge eingehalten werden: an erster Stelle der Gehorsam gegenüber Gott, erst danach folgt die Verpflichtung gegenüber Vater und Mutter[168].

Auch die Ursprungsfassung des Logions in Lk 9,59.60 kann mit großer Wahrscheinlichkeit als authentisch erwiesen werden und hier ergibt sich eine eindeutige Aufhebung des Elterngebots durch die Nachfolgeforderung Jesu. Wer ihm nachfolgt, der kann das Gebot der Elternehrung nicht erfüllen. Anders erscheint allerdings die Sachlage bereits wieder in der matthäischen Bearbeitung, da in Mt 8,21.22 die Nachfolge lediglich Vorrang vor der Bestattungspflicht besitzt und das Elterngebot dadurch nur in einem Teilaspekt betroffen ist. Grundsätzlich bleibt jedoch auch an dieser Stelle klar: die Nachfolge Jesu läßt sich nicht einfach mit dem Elterngebot verbinden.

---

[168] Auch OSIEK, CAROLYN: The Family in Early Christianity: „Family Values" Revisited. CBQ 58, 1996, 1-24, 7 bestätigt diesen Zusammenhang.

Die paradigmatische Berufungserzählung in Mk 1,19f. zeigt ganz entsprechend zur ursprünglichen Forderung Jesu, daß sich der von Jesus berufene Jünger aus seiner bisherigen Umgebung löst, die Arbeitsstätte und auch die Eltern verläßt. Der Vater hat nur noch die Lohnarbeiter als Unterstützung, was bei Matthäus sogar dahingehend gesteigert ist, daß der Vater völlig allein bleibt (vgl. Mt 4,21.22). Eindeutig belegt ist jedenfalls, daß der Ruf Jesu die Bindung an die Familie aufhebt, was in Anbetracht der jüdischen Familienstruktur und der Anstößigkeit dieser Konsequenz auf historische Forderungen Jesu zurückgehen dürfte.

Wo innerhalb des Neuen Testaments auf apokalyptische Traditionen zurückgegriffen wird, spielt das Elterngebot dann überhaupt keine Rolle mehr. So ist in Lk 12,51-53 wie in Mt 10,34-36 kein unmittelbarer Widerspruch zum Elterngebot des Dekalogs begründet. Beide Stellen beschreiben nur faktisch die Wirkung der Verkündigung Jesu, die zu Spaltungen in den Familien führt. Dasselbe gilt unter endzeitlicher Perspektive für Mk 13,12.

Aufschlußreich ist auch Jesu Stellung zu seiner eigenen Familie. Mit großer Wahrscheinlichkeit historisch zutreffend erzählen die Evangelisten von der großen Distanz zwischen Jesus und seinen Angehörigen während seiner irdischen Wirksamkeit. Die radikalste Schilderung finden wir im ältesten Evangelium, in Mk 3,20.21, wo das schärfste Urteil der Familie über Jesus - „Er ist von Sinnen" (Mk 3,21) - wiedergegeben wird. Matthäus und Lukas entschärfen durch dessen Streichung deutlich und spiegeln die Entwicklung wider, nach der die Familie, besonders die Brüder Jesu, später in der Gemeinde durchaus Bedeutung erlangten. Dagegen scheuten sich die frühesten Gemeinden nicht, Jesu antifamiliäre Haltung[169] zu benennen und die Übereinstimmung der Familie Jesu mit den Leuten in Nazareth oder auch den pharisäischen Gegnern aufzuzeigen, die ebenso die Sendung Jesu bekämpften und verachteten. Nirgends in der synoptischen Tradition ist erkennbar, daß Jesus daran gedacht hätte, seine Mutter zu versorgen oder die Führung des Familienclans zu übernehmen. Nirgends auch wirbt er um seine Familie und wo er ihr, wie beim Aufenthalt in Nazareth, zumindest räumlich nahe kommt, scheitert der Kontakt völlig. Nie hat Jesus das Elterngebot zum Kriterium seines eigenen Handelns gemacht. Es stand für ihn zu stark gegen den Auftrag Gottes, der ihn zum Bruch mit der natürlichen Familie nötigte - zugunsten der neuen Familie der Glaubenden, der familia Dei.

Für seine Nachfolgerinnen und Nachfolger war damit von vornherein klar: Das Gebot der Elternehrung ist kein Argument im Verhalten gegenüber Jesus bzw. später gegenüber der Gemeinde. Es muß im Zweifelsfall gebrochen werden.

---

[169] KOSCH, DANIEL: Die eschatologische Tora des Menschensohnes. Untersuchungen zur Rezeption der Stellung Jesu zur Tora in Q; Freiburg (Schweiz), Göttingen 1989 (NTOA 12), 345 spricht sogar von „afamiliärem Ethos" bei Jesus.

Kapitel 23:

# Anfänge von Kongruenz zwischen natürlicher Familie und „familia Dei" in der synoptischen Tradition

## 1. Die Einbeziehung der Familie Jesu in die Gemeinschaft der Glaubenden

Die synoptische Tradition ist jedoch nicht beim einfachen Gegensatz zwischen Jesus und seiner eigenen Familie stehengeblieben. Schon in der Bearbeitung der Abschnitte zur Bezeichnung der wahren Verwandten ließen Matthäus und Lukas erkennen, daß sie bereit waren, die schroffe Entgegensetzung zu mildern und - so Lk 8,21 - die Aussagen Jesu sogar für eine Einbeziehung der Familie Jesu in die Gemeinde offen zu halten. Zwar läßt auch Lk 8,21 noch erkennen, daß die Übertragung von „Mutter" und „Brüder" ursprünglich in Abgrenzung zur Herkunftsfamilie vorgenommen wurde, jedoch können auch Maria, Jakobus und die anderen Brüder prinzipiell zu denen gehören, die das Wort Gottes hören und tun.

Eine ähnlich offene Perspektive bietet die Seligpreisung der Mutter Jesu nach Lk 11,27.28, wenngleich sie nicht als Dublette zu Lk 8,19-21 zu verstehen ist. Die Antwort Jesu an jene Frau, die Maria preist, macht deutlich, was das Kriterium für die Zugehörigkeit zu Jesus ist, auch für seine natürliche Familie. Dort heißt es:

(27) Ἐγένετο δὲ ἐν τῷ λέγειν αὐτὸν ταῦτα ἐπάρασά τις φωνὴν γυνὴ ἐκ τοῦ ὄχλου εἶπεν αὐτῷ· μακαρία ἡ κοιλία ἡ βαστάσασά σε καὶ μαστοὶ οὓς ἐθήλασας.
(28) αὐτὸς δὲ εἶπεν· μενοῦν μακάριοι οἱ ἀκούοντες τὸν λόγον τοῦ θεοῦ καὶ φυλάσσοντες.

Es geschah aber, als er dies redete, daß eine Frau aus der Menge die Stimme erhob und zu ihm sagte: „Selig der Leib, der dich getragen hat und die Brüste, an denen du gesogen hast".
Er aber sagte: „Selig sind diejenigen, die das Wort Gottes hören und beachten".

Der Abschnitt, der zum Sondergut des Lukas gehört, enthält einige Wendungen, die für Lukas typisch sind - so z.B. „das Wort Gottes hören"; trotzdem muß zumindest offen bleiben, ob nicht doch ein traditioneller Kern vom

Evangelisten aufgegriffen wird[170]. Die Seligpreisung der Frau wird von Jesus in diesem Logion nicht pauschal verworfen, aber auch nicht bestätigt. Er korrigiert[171] vielmehr die Seligpreisung aufgrund der physischen Verbundenheit[172] durch eine Seligpreisung der Jüngerschaft, die davon gekennzeichnet ist, daß jemand als Nachfolger Jesu Gottes Wort hört und beachtet. Die beiden kurzen Sätze sagen nichts explizit darüber, ob Maria bereits zur Gemeinde gehört oder nicht. Unmißverständlich stellt dieses Überlieferungsstück jedoch klar, daß die bloß familiäre Verbundenheit mit Jesus keine besondere Qualität bedeutet, sondern daß die Verbindung mit ihm sich danach bemißt, ob einer Gottes Wort hört und sein Leben daran ausrichtet. Nähe zu Jesus ist nicht „natürlich", sondern geistlich zu bestimmen.

Daß die Mutter Jesu tatsächlich schon während seines irdischen Lebens im Sinne der von Jesus korrigierten Seligpreisung zu Jesu Anhängern gehört hat, ist eher unwahrscheinlich. Zwar weichen die Aufzählungen in Einzelheiten voneinander ab und sind in ihrer Historizität umstritten, aber die Einigkeit der synoptischen Passionsgeschichten - anders bei Johannes - im Schweigen über Maria läßt annehmen, daß die Mutter Jesu frühestens nach seinem Kreuzestod, vielleicht sogar erst nach ersten Nachrichten über die Auferstehungserscheinungen, nach Jerusalem gekommen ist.

Allerdings belegt dann die mit der Apostelliste in Apg 1,13f. verbundene Notiz, daß Maria, die Mutter Jesu, und seine Brüder sich nach Ostern mit den Jüngern zusammen in Jerusalem aufhielten, für eine sehr frühe Zeit die Umkehr der Familie Jesu. Schon kurz nach der Kreuzigung und Auferstehung Jesu finden wir im lukanischen Geschichtswerk einen Teil der Angehörigen unter seinen Anhängern. Mit dem Schluß, „daß Maria tatsächlich der Urgemeinde angehört hat"[173], muß man jedoch vorsichtig sein. Spätere Harmonisierungstendenzen im Blick auf das Verhältnis Jesu zu seiner Familie sind nicht auszuschließen. Apg 1,14 räumt allerdings weder Maria noch Jakobus oder den anderen Brüdern Jesu einen besonderen Rang ein[174] und erwähnt sie erst nach den Aposteln und den nachfolgenden Frauen. Gerade diese eher beiläufige Erwähnung könnte darauf hindeuten, daß eine relativ frühe Tradition auf diese Weise den möglicherweise tatsächlich historischen Wandel aufzei-

---

[170] Vgl. BOVON, Lukas II, 185f.

[171] Zu diesem Verständnis vgl. auch SCHÜRMANN, Lukas II, 255 und BOVON, Lukas II, 188f.

[172] Die Umschreibung der Mutter durch die Aspekte der Schwangerschaft und Stillzeit lenkt den Blick „auf die leibliche Mutterschaft Mariens" (SCHÜRMANN, Lukas II, 255).

[173] ROLOFF, JÜRGEN: Die Apostelgeschichte; 17. Aufl., 1. Aufl. dieser Fassung; Göttingen 1981 (NTD 5), 28. Auch PESCH, RUDOLF: Die Apostelgeschichte 1. Teilband Apg 1-12, Zürich u.a. 1986 (EKK V), 81 hält die Angabe für historisch, daß Mutter und Brüder Jesu zur ersten Gemeinde zählten.

[174] ROLOFF, Apostelgeschichte, 28 erkennt sogar für die Familie Jesu einen „deutlichen Abstand hinsichtlich ihrer Bedeutung" gegenüber den Jüngern.

gen will: die eigene Familie Jesu, die zuvor gegen ihn stand, ist nun zumindest zum Teil auf der Seite der Jünger. Ihre familiäre Verbundenheit hebt sie jedoch nicht in besonderer Weise heraus.

Über die Brüder Jesu und ihr Verhältnis zur Gemeinde gibt es nur wenige Nachrichten. Jakobus, der älteste Bruder, spielt allerdings später eine eigenständige, bedeutsame Rolle in der Gemeinde. Der Zeitpunkt, wann Jakobus sich endgültig der Urgemeinde angeschlossen hat, ist nicht mehr festzustellen. 1Kor 15,7 nennt ihn unter den Zeugen einer Erscheinung des Auferstandenen. In 1Kor 9,5 werden die „Brüder des Herrn" in einem Atemzug mit den Aposteln und Kephas (Petrus) genannt, als es Paulus darum geht, das Recht der Missionare auf Versorgung und Begleitung durch ihre Ehefrau zu begründen.[175] Diese Belege lassen die sehr frühe Zugehörigkeit der Brüder Jesu zur christlichen Gemeinde als sicher erscheinen. Gal 1,19 belegt jedenfalls, daß Paulus den Herrenbruder Jakobus schon bei seinem ersten Besuch in Jerusalem in der Gemeinde antrifft. Nach Gal 2,9 zählt er zu den „Säulen" der Gemeinde in Jerusalem und in Apg 15,13 tritt er als Redner beim sogenannten „Apostelkonzil" in Jerusalem auf. Nach der Darstellung des Lukas ist er sogar die entscheidende Autorität[176] in Jerusalem. Schließlich bestätigt Apg 21,18-26 das Bild, das Lukas vom Herrenbruder zeichnet: Paulus besucht ihn als die wichtigste Instanz der christlichen Gemeinde in Jerusalem. Historisch zutreffend ist dabei sicher die spätere Stellung und die theologische Position des Herrenbruders erfaßt: er stand der Jerusalemer Urgemeinde vor und war der Exponent des Judenchristentums[177], das nach 70 n. Chr. verschwand.

Die Hinwendung des Jakobus - und evtl. auch von Maria - zum christlichen Glauben machte der urchristlichen Gemeinde klar, daß bei aller Distanz zwischen Jesus und seiner Familie diese familiären Bande kein absolutes Hindernis für den Glauben waren.

Für das Verhältnis zwischen Eltern und Kindern in den christlichen Gemeinden fiel damit das Argument des historischen Jesus als Vorbild weg. Der ursprüngliche Gegensatz im Glauben zwischen Jesus und seiner Familie mußte nicht zwangsläufig auf das Leben in der christlichen Gemeinde übertragen werden. Vielmehr konnten sogar Beispiele angeführt werden, nach denen das Leben *innerhalb* der natürlichen Familie *und* Nachfolge Jesu schon im familiären Umfeld Jesu möglich geworden war.

---

[175] Vgl. zu den neutestamentlichen und einigen altkirchlichen Belegen auch PESCH, RUDOLF: Simon-Petrus. Geschichte und geschichtliche Bedeutung des ersten Jüngers Jesu Christi; Stuttgart 1980 (PuP 15), 71-75.

[176] Vgl. ROLOFF, Apostelgeschichte, 281.

[177] ROLOFF, Apostelgeschichte, 312f. zeichnet ein sehr präzises, differenziertes Bild der jeweiligen Stellung des Jakobus innerhalb der Urgemeinde.

## 2. Die Rettung von Kindern für ihre Eltern durch Jesus

Ein besonderer Aspekt im Lukasevangelium ist die Tendenz, Heilungen von Kindern als „Rückgabe an die Eltern" zu interpretieren. Während wir dies bei anderen Wundergeschichten nicht thematisiert finden (vgl. Mk 5,21-43 oder Mk 7,24-30par.), begegnet uns dieses Motiv bei Lukas zweifach.

So stoßen wir im Sondergut des Lukas, bei der Totenerweckung des Sohnes einer Witwe in Nain nach Lk 7,11-17, auf die Formulierung „Und er [sc. Jesus] gab ihn seiner Mutter" (καὶ ἔδωκεν αὐτὸν τῇ μητρὶ αὐτοῦ; Lk 7,15).

Sie geht traditionsgeschichtlich zurück auf den Elia/Elisa-Zyklus des Alten Testaments, wo zum einen ebenfalls eine Witwe (1Kön 17,17-24), die Hauswirtin des Elia in Zarpat, den einzigen Sohn verliert und der Prophet ihn zum Leben erweckt und ebenfalls wörtlich übereinstimmend festgehalten wird: καὶ ἔδωκεν αὐτὸν τῇ μητρὶ αὐτοῦ (1Kön 17,23 (3Bas)LXX). Elisa wiederum hatte einer bereits betagten Frau in Schunem einen Sohn zugesagt, den sie gebar, der aber Jahre später starb und von Elisa auferweckt wurde. Nach der Totenerweckung läßt Elisa die Schunemiterin kommen und sagt ihr: λαβὲ τὸν υἱόν σου, „Nimm deinen Sohn!" (2Kön 4,36 (4Bas)LXX).

Jeweils dient die Totenerweckung durch den Propheten nicht primär dazu, das Leben des Verstorbenen für sich zu verlängern, sondern seiner Mutter die nötige Unterstützung bzw. die Freude am eigenen Kind wiederzugeben. Besonders die Totenerweckung durch Elia in 1Kön 17 wird vom lukanischen Sondergut aufgenommen und dahingehend gesteigert[178], daß der Sohn der Witwe in Zarpat erst gerade verstorben war und noch zu Hause lag, während Jesus bereits der Trauerzug beim Auszug aus dem Stadttor von Nain begegnet. Jeder Gedanke an eine Wiederbelebung ist dadurch ausgeschlossen. Jesus ruft den Toten ins Leben und sichert der damals recht- und schutzlosen Witwe[179] den Versorger. So führt das Erbarmen Jesu dazu, daß die Familie zumindest teilweise restituiert wird und die Mutter versorgt wird.

Dazu entsprechend formuliert Lukas die Konstatierung des Wunders bei der Heilung des besessenen Jungen in Lk 9,42[180]: „Und er heilte den Jungen und gab ihn seinem Vater zurück". Die Heilung wird als ein Akt des Erbarmens gekennzeichnet, durch den Jesus auch die Beziehungen in der Familie, hier speziell die Verbindung zwischen Vater und einzigem Sohn „heilt".

Die beiden Akzentsetzungen bei Lukas zeichnen Jesus als dahingehend barmherzig, daß er der Mutter bzw. dem Vater das Kind wieder gibt und die familiäre Beziehung und Bindung wieder herstellt und stärkt. Das ansonsten „antifamiliäre Ethos" in der Verkündigung Jesu wird durch diese novellistischen Züge in späterer Zeit abgemildert.

---

[178] So auch WIEFEL, Lukas, 146.

[179] Der Sohn ist der „Versorger und Rechtsvertreter" (WIEFEL, Lukas, 145) der Mutter.

[180] Anders die Vorlage Mk 9,17-29 und auch die Parallelüberlieferung Mt 17,14-21!

## 3. Urchristliche Familiengemeinschaft nach der Apostelgeschichte

Gegen Ende des 1. Jhdts. finden wir in der Apostelgeschichte darüberhinaus zahlreiche beiläufig erwähnte Spuren urchristlicher Familiengemeinschaft.

Wie bereits erwähnt, halten sich die Apostel, die nachfolgenden Frauen und die leibliche Familie Jesu nach Apg 1,13f. im oberen Raum eines Hauses in Jerusalem auf, wo sie gemeinsam leben und beten.

Summarisch kann Lukas von der Jerusalemer Gemeinde behaupten, daß sie Abendmahl „in den Häusern" feierte (Apg 2,46; 5,42). Gütergemeinschaft (Apg 2,44; 4,32-37) gilt als Ideal und sorgt für das Auskommen der Gemeindeglieder. Die „familia Dei" lebt gemeinsam, bildet ein „Haus". Genau diese Struktur führt dann aber dazu, daß die natürliche Familie innerhalb eines Hauses zur Basis für die „familia Dei" wird. Vom Hauptmann Kornelius kann schon vor seiner Taufe gesagt werden, er sei fromm und gottesfürchtig „mit seinem ganzen Haus" (Apg 10,2). Später wird sogar der Engel mit der Zusage zitiert, Kornelius und sein „ganzes Haus" (Apg 11,14) würden selig werden[181].

Aus Apg 12,12 erfahren wir von einer Gruppe von Christen im Haus der Maria[182], der Mutter des Johannes Markus. Die Darstellung bei Lukas setzt voraus, daß Mutter und Sohn gemeinsam zur christlichen Gemeinde gehören.

Timotheus wird uns in Apg 16,1 als Sohn einer jüdischen Frau in Lystra, die (christlich) gläubig war, vorgestellt[183], die Purpurhändlerin Lydia wird nach Apg 16,15 mit ihrem ganzen Haus getauft, dasselbe gilt für den Gefängnisaufseher in Philippi (Apg 16,32.33) und für den Synagogenvorsteher Krispus in Korinth (Apg 18,8). Jeweils kommt nicht ein Einzelner zum Glauben an Jesus und setzt sich damit in Gegensatz zu seiner Familie, zum Ehepartner, zu Kindern und zur Dienerschaft, sondern das ganze „Haus" - oder zumindest, wie bei Timotheus, ein größerer Teil - nimmt den Glauben an.

In Tyrus leben nach Apg 21,5 schon eine Reihe von Jüngern Jesu „mit Frauen und Kindern", die Paulus und seine Reisegefährten sieben Tage beherbergen und dann zum Schiff zurück begleiten, und schließlich finden wir im Haus des Philippus vier gläubige, weissagende Töchter (Apg 21,8f.).

Insgesamt erhalten wir ein Bild der urchristlichen Gemeinde, in dem natürliche Familie und „familia Dei" nicht immer deckungsgleich sind, jedoch immer stärker eine Kongruenz der natürlichen Hausgemeinschaft und des christlichen Hauses in den Blick rückt. Je weiter die irdische Lebenszeit Jesu zurückliegt, desto mehr werden familiäre Strukturen für den Aufbau der christlichen Gemeinde in Anspruch genommen.

---

[181] Vgl. dazu PESCH, Apostelgeschichte I, 346.
[182] Zum Haus der Maria vgl. PESCH, Apostelgeschichte I, 366; JERVELL, JACOB: Die Apostelgeschichte; 17. Aufl., 1.Aufl. dieser Auslegung; Göttingen 1998 (KEK III), 334.
[183] Vgl. auch 2Tim 1,5.

Kapitel 24:

# Die Integration der natürlichen Familie in die familia Dei

## 1. Die johanneische Gemeinde als familia Dei

Die festgestellte Entwicklung, nach der die natürliche Familie immer stärker in die christliche Gemeinde hereingenommen wird, erscheint im Johannes-evangelium - und auch in den späteren[184] Johannesbriefen - fortgesetzt und weitergeführt. Weder eine besondere Beachtung der natürlichen Familie noch ein ausdrücklicher Bruch mit ihr ist den Nachfolgern Jesu aufgetragen. Sie erscheint völlig eingebunden in das Leben der Gemeinde. So finden wir einer-seits in den Schriften der johanneischen Gemeinde keine Aussage über Ver-pflichtungen gegenüber der natürlichen Familie. Andererseits wird im JohEv von den Jüngern und Nachfolgern des johanneischen Christus auch nicht er-zählt, daß sie den Vater verlassen oder seine Bestattung versäumen sollen; vielmehr erfahren wir über ihre Beziehungen zu Eltern und Familie schlicht und einfach gar nichts. Der Evangelist Johannes stimmt nur darin mit der syn-optischen Überlieferung[185] überein, daß er von zwei berufenen Brüdern be-richtet (Andreas und Simon Petrus; Joh 1,35-42), jedoch unterbleibt jede Aus-wertung oder nähere Ausdeutung der familiären Beziehung. Dabei will der Evangelist die natürliche Herkunft der Jünger und den ursprünglichen Namen nicht verdrängen, wie man am Beispiel von Simon Petrus sehen kann. Der „natürliche" Name aus der Familie (Simon) sowie der Vatername (Sohn des Johannes[186]) werden genannt (Joh 1,42), der Jünger erhält aber bereits bei der Berufung von Jesus den religiösen Beinamen Kephas bzw. Petrus. Beide Na-men - ohne den Vaternamen - werden im Evangelium kombiniert und beibe-

---

[184] Zur zeitlichen Abfolge vgl. KLAUCK, HANS-JOSEF: Der erste Johannesbrief; Zürich, Braunschweig 1991 (EKK XXIII/1), 46f. Die Mehrheit der Kommentatoren entscheidet sich wie Klauck für eine zeitliche Priorität des Evangeliums: „Immer wieder macht man beim Einzelvergleich der zahlreichen Parallelen die Erfahrung, daß man das Evangelium fast braucht, um Verse aus dem Brief wirklich zu verstehen" (a.a.O., 47).

[185] Vgl. zur völlig anderen Darstellung bei den Synoptikern oben, Kapitel 22.3.

[186] Zur unterschiedlichen Überlieferung des Vaternamens von Simon Petrus vgl. SCHNACKENBURG, RUDOLF: Das Johannesevangelium, I. Teil, Einleitung und Kommentar zu Kap. 1-4; 3., erg. Aufl., Freiburg, Basel, Wien 1972 (HThK IV/1), 311, Anm. 1.

halten[187]. Priorität hat allerdings der von Jesus verliehene Name. Der Name aus der natürlichen Familie ist aber in jedem Zusammenhang, in dem Petrus im JohEv erwähnt wird, zumindest noch festgehalten, wird also nicht durch eine „Umbenennung" verdrängt[188]. Anders verhält es sich mit dem Vaternamen. Dieser kann mit dem von Jesus verliehenen Beinamen nicht verknüpft werden und wird im Nachtragskapitel Joh 21 gezielt dazu benutzt, um Simon als den Jünger zu kennzeichnen, der durch seine Verleugnung Jesu zunächst die Zugehörigkeit zum Jüngerkreis in Frage gestellt hatte. Innerhalb der Gemeinde hat die Herkunftsbezeichnung keine Funktion[189]. Unterstrichen wird dies dadurch, daß bei Andreas der Vatername nicht genannt, sondern die Familienzugehörigkeit über den Bruder angegeben wird (Joh 1,40; 6,8). Jegliche Verwandtschaftsbezeichnung fehlt bei Philippus und Nathanael (Joh 1,43-51).

So kann man, was die Jünger betrifft, festhalten, daß die Herkunft zwar zumindest zum Teil dem Evangelisten bekannt war und er sie auch nicht bestreiten will. Ihre Familie wie ihre familiäre Verbindung untereinander spielen innerhalb des Jüngerkreises und für den Jüngerkreis jedoch keine Rolle[190]. Dasselbe gilt damit auch innerhalb der johanneischen Gemeinde: wer dazu gehört, ist in die familia Dei hineingenommen; seine natürliche Familie mag dazugehören oder nicht. Sie hat keine besondere Bedeutung mehr.

In der den Synoptikern entfernt parallele Fernheilung des Sohnes eines königlichen Beamten (Joh 4,46-54) ist die Beziehung zwischen Vater und krankem bzw. geheiltem Sohn für den Erzähler offenbar nicht interessant. Bei der Heilung des Blindgeborenen (Joh 9,1-41) ist einzige Funktion der Eltern, das geschehene Wunder zu bestätigen und die Furcht vor den Feinden Jesu herauszustellen[191]. Als ihr Sohn zum Glauben kommt, trennen sich die Eltern von ihm.

---

[187] In Joh 1,40; 6,8.68; 13,6.9.24.36; 18,10.15.25; 20,2.6 sowie im Nachtragskapitel 21, 2.3.7.11.15 findet sich die Kombination beider Namen. Wo innerhalb des Kontextes der „natürliche" Name bereits fiel, kann dann auch einfach nur noch Πέτρος stehen, so Joh 1,44; 13,8.37; 18,11.16.17.18.26.27; 20,3.4 und im Nachtragskapitel 21,15.17.20.21; dort erscheint nochmals „Simon, Sohn des Johannes" (Joh 21,15.16.17).

[188] DESTRO, ADRIANA; PESCE, MAURO: Kinship, Discipleship, and Movement: An Anthropological Study of John's Gospel. Biblical Interpretation 3, 1995; 266-284, 267 resümieren im Blick auf Petrus: „Kinship identity is replaced by religious identity, although the latter is not opposed to it, but combined with it functionally".

[189] Vgl. zum Verzicht auf Identifikation von Jüngern durch Angabe des Vaters RUSAM, DIETRICH: Die Gemeinschaft der Kinder Gottes: das Motiv der Gotteskindschaft und die Gemeinden der johanneischen Briefe; Stuttgart u.a. 1993 (BWANT 133), 161f.

[190] DESTRO/PESCE, Kinship, 267 sprechen zurückhaltender von einer gewissen Rolle, die die Verwandtschaftsbeziehungen trotzdem noch spielen würden, wobei nicht deutlich wird, worin diese Rolle bestehen soll.

[191] Vgl. zur Bedeutung der Eltern in Joh 9 BULTMANN, Johannes, 254; SCHNACKEN-BURG, RUDOLF: Das Johannesevangelium II. Teil, Kommentar zu Kap. 5-12; 4. Aufl., Freiburg, Basel, Wien 1985 (HThK IV/2), 305f. 316f; BECKER, JÜRGEN: Das Evangelium nach Johannes, Kapitel 1-10; 3., überarb. Aufl., Gütersloh, Würzburg 1991 (ÖTBK 4/1), 375.

Daß die Bindungen der natürlichen Familie in der johanneischen Darstellung keine Bedeutung haben, bestätigt noch einmal die lange Erzählung von der Auferweckung des Lazarus in Joh 11,1-44. Die geschwisterliche Verbindung zwischen Lazarus, Maria und Martha dient nur als quasi-historische Folie der eigentlichen Handlung, dem Wunder, daß Martha zum Glauben kommt (V.27), was Johannes dann als Totenauferweckung an Lazarus veranschaulicht (V.44)[192]. Die enge Beziehung und Liebe zum Verstorbenen führt nur zu Warnung vor dem Wunder und Abwehr (V.39) und bildet lediglich den wirkungsvollen Kontrast zur lebenschaffenden, göttlichen Liebe des Christus (V.35.36), die sich auch vom Odium des Todes nicht abschrecken läßt (V.40). Familiäre Verbundenheit wird hier nur funktional für andere Erzählzwecke eingesetzt, bildet kein eigenes Thema.

Stattdessen setzt Johannes an entscheidenden Stellen familiäre Termini zur Bezeichnung der Glaubenden und der Nachfolger Jesu ein[193]. Diejenigen, die den Logos aufnehmen, sind Gottes Kinder (Joh 1,12). Jesus wird - so kommentiert der Evangelist den Rat des Kaiphas, ihn zu töten - dafür sterben, die verstreuten Kinder Gottes zusammenzubringen (Joh 11,52)[194].

Schon vor der Kreuzigung, aber als die „Stunde" schon da ist (Joh 12,23; 13,1), konstituiert Jesus in zeichenhafter Andeutung bei der Fußwaschung die familia Dei (Joh 13,1-20)[195], zu der zunächst er als der Irdische und die

---

[192] SCHNACKENBURG, Johannes II, 414 sagt zutreffend: „Das leibliche Leben, das in einen verwesenden Leichnam zurückkehrt, ist nur ein schwacher Widerschein jenes wahren Lebens, das Jesus im Glaubenden erweckt".

[193] Vgl. zu dieser Vorgehensweise im ganzen Neuen Testament GANGEL, KENNETH O.: Toward a Biblical Theology of Marriage and Family - Part Three: Gospels and Acts. Journal of Psychology and Theology 5/3, 1977, 247-259, dort 250-252.

[194] Dazu SCHNACKENBURG, Johannes II, 452: „,Kinder Gottes' sind ... die zum Christusglauben Berufenen und Erwählten, die sich durch ihr Hinzukommen zur Gemeinde Jesu dann auch als solche erweisen ... Diese in der Welt zerstreuten Gotteskinder, die der Erhöhte durch seinen Tod am Kreuz zu sich zieht (12,32), werden gesammelt, so daß sie eine Einheit werden".

[195] Anders als STIBBE, MARK W.G.: John as storyteller. Narrative criticism and the fourth Gospel; Cambridge 1992 (MSSNTS 73), 163-167; SEIM, TURID KARLSEN: Roles of Women in the Gospel of John. In: Hartman, Lars; Olsson, Birger (Hg.): Aspects on the Johannine Literature. Papers presented at a conference of Scandinavian New Testament exegetes at Uppsala, June 16-19, 1986; Stockholm 1987 (CB.NT 18), 56-73, 64-66 und ZUMSTEIN, JEAN: Jean 19,25-27. In: Marchadour, Alain (Hg.): L'Évangile exploré. Mélanges offerts à Simon Légasse à l'occasion de ses soixante-dix ans, Paris 1996 (LeDiv 166), 219-249, 231 annehmen, erscheint m.E. die irdisch proleptisch angedeutete Begründung der familia Dei bei Johannes nicht erst in Joh 19,25-27. Dort geht es lediglich noch um die Integration der natürlichen Familie in diesen Kreis. Was STIBBE (a.a.O., 165) für Joh 19,25-27 sagt, gilt für Joh 13,1-20 in noch viel höherem Maße, da die Gemeinschaft der Jünger Adressat der Handlung ist, nämlich „that this narrative creates a sense of ‚home' amongst Johannine Christians by showing that their fraternity derives from an act of love by Jesus himself" (STIBBE, John as storyteller, 165). Die Fußwaschung kann auch als Liebesdienst in der Familie gesehen werden; vgl. SCHNELLE, UDO: Das Evangelium nach Johannes; Leipzig

Jünger gehören. Nach der Bezeichnung des Verräters und dessen Entschwinden in die gottfeindliche Nacht (Joh 13,30) kann der johanneische Christus in der ersten Abschiedsrede deshalb die verbliebenen Jünger als „Kinder" anreden (Joh 13,33)[196] und ihnen das Liebesgebot als das Kennzeichen der familia Dei[197] mitteilen. Auch wenn die Fußwaschung nach der Deutung im eigentlichen Sinn in Joh 13,12ff. eher als geschuldeter Sklavendienst verstanden wird, deutet sich die Veränderung der Beziehung zum Familiären hin zumindest an. Auch in der ersten Abschiedrede werden diese Andeutungen von familiären Bezügen fortgesetzt: Jesu Weggehen droht, die Jünger zu Waisen zu machen (Joh 14,18a), aber sein Kommen vervollständigt die familia Dei wieder (so Joh 14,18b)[198].

Nach der Auferstehung nennt Jesus die Jünger dann explizit seine Brüder und kann Gott als ihren gemeinsamen Vater[199] (Joh 20,17) bezeichnen. Nachösterlich setzt so der Evangelist die familiären Termini bewußt ein und bestätigt die zuvor nur proleptisch angedeutete neue Qualität der Beziehung. Durch Kreuz und Auferstehung wird das göttliche Leben „den Seinen durch

---

1998 (ThHK 4), 213, Anm. 11. Vor allem die Identifizierung der Mutter Jesu mit den Glaubenden (so ZUMSTEIN, Jean 19,25-27, 246f.) ist m.E. nicht haltbar, und davon, daß eine Zusammenführung der Glaubenden um den Lieblingsjünger erst in der Szene unter dem Kreuz stattfände, kann m.E. im Blick auf Joh 13 keine Rede sein (gegen ZUMSTEIN, a.a.O., 246f.). Ferner gilt der Auftrag von V.14b in der ethischen Deutung der Fußwaschung exklusiv dem Kreis der Jünger (vgl. BULTMANN, Johannes, 363; SCHNACKENBURG, RUDOLF: Das Johannesevangelium III. Teil, Kommentar zu Kap.13-21; 5. Aufl., Freiburg, Basel, Wien 1986 (HThK IV/3), 27f.).

[196] Die Besonderheit der Anrede τεκνία registriert auch BARRETT, CHARLES KINGSLEY: Das Evangelium nach Johannes; Göttingen 1990 (KEK Sonderband; übersetzt aus dem Englischen von Hans Bald), 442 und vermutet, daß der Evangelist dabei „an seine Leser denkt". Jedenfalls ist τεκνία hier (gegen BULTMANN, Johannes, 402, Anm. 5) nicht nur „Anrede des Lehrers an die Schüler".

[197] Zum Zusammenhang zwischen der Gotteskindschaft und dem Liebesgebot in den johanneischen Schriften bemerkt SCHNACKENBURG, Johannes I, 238, Anm 2 mit Recht: „Zur Bewährung der Gotteskinder mahnt Joh entweder direkt durch das Gebot der Bruderliebe ... oder durch den Hinweis, daß die Bruderliebe ein unaufhebbares Kennzeichen der Gotteskinder ist". BARRETT, Johannes, 443 formuliert noch knapper: „Wechselseitige Liebe ist Beweis christlicher Jüngerschaft und ihr offenkundiges Kennzeichen".

[198] Die späteren Ergänzungen der Abschiedsreden führen diese Begrifflichkeit dagegen nicht weiter. Die zweite Abschiedsrede (Joh 15,1-16,15) prädiziert stattdessen die Nachfolger Jesu als seine „Freunde" im Gegensatz zu den von ihrem Herrn distanzierten Knechten (Joh 15,13-15); die dritte Abschiedsrede (Joh 16,16-33) sowie das Hohepriesterliche Gebet (Joh 17) enthalten keine familiären Bezeichnungen im Blick auf die Nachfolger Jesu.

[199] SCHNEIDER, G.: Auf Gott bezogenes ‚Mein Vater' und ‚Euer Vater' in den Jesusworten der Evangelien. In: Segbroeck, F. van u.a. (Hg.): The Four Gospels; Festschrift für Frans Neirynck, Band III; Leuven 1992 (BEThL 100), 1751-1781, 1767: „Daß Jesus vor den Jüngern Gott als *ihren* Vater bezeichnen kann, resultiert aus dem Osterereignis". Mit der Anrede als „Brüder" will der Auferstandene die Jünger „in ein neues und besonderes Verhältnis zu seinem Vater setzen" (SCHNACKENBURG, Johannes III, 378f.).

seine Heilstat, die sie allererst zu τέκνα θεοῦ macht (Joh 1,12; 20,17) *gnaden-haft* zuteil"[200]. Ein neues, besonderes Verhältnis der Jünger zu Gott ist ent-standen und genau dies wird mit neu angewandten Familientermini gekenn-zeichnet, sogar um den Preis eines subordinatianischen Mißverständnisses[201].

So ist offensichtlich für den Evangelisten die natürliche Familie innerhalb der Gemeinde kein Thema. Wenn Eltern, Geschwister und andere Verwandte zur Gemeinde gehören, dann sind sie untereinander „Brüder und Schwestern" im johanneischen Kreis und Kinder Gottes. Ihre natürliche Verbindung ist da-rin aufgehoben. Gehören sie nicht zur Gemeinde, so kommen sie als Ver-wandte gar nicht mehr in Frage, sondern sind zum gottfeindlichen κόσμος zu zählen, der der Gemeinde entgegensteht. Auf diese Weise ist die natürliche Familie als Struktur ganz in die familia Dei integriert und erfährt keine eigen-ständige Betrachtung und Behandlung.

Was jedoch für die natürliche Familie der Jünger und späteren Nachfolger Jesu gilt, scheint sich auf den ersten Blick in der johanneischen Darstellung Jesu nicht durchzuhalten. Jesu eigene Familie tritt im Johannesevangelium mehrfach auf, und die familiäre Beziehung ist an einigen Stellen thematisiert. Dennoch kann auch am johanneischen Bild der Familie Jesu geradezu exemplarisch die Integration der natürlichen Familie in die familia Dei ge-zeigt werden, wobei der Evangelist jedoch hier nicht a priori diese Integra-tion voraussetzt, sondern erzählerisch den Weg dahin ebnet.

Die Mutter Jesu einerseits und die Brüder Jesu andererseits vertreten dabei die beiden Alternativen, wie sich Familienmitglieder zu Jesus bzw. zur Ge-meinde Jesu stellen können. Am Anfang des Evangeliums versteht die ganze natürliche Familie Jesu seinen Weg und seine Aufgabe nicht. Auf der Hoch-zeit zu Kana (Joh 2,1-11)[202] wehrt Jesus den Wunsch seiner Mutter nach sei-nem Eingreifen ab, da seine Stunde noch nicht gekommen sei (V.4). Die Ab-wehr ist heftig, die Anrede schroff, was jedoch nicht primär die Familienbe-ziehung als solche kennzeichnen soll[203], sondern die Abweisung des Unver-

---

[200] KAMMLER, HANS-CHRISTIAN: Jesus Christus und der Geistparaklet. Eine Studie zur johanneischen Verhältnisbestimmung von Pneumatologie und Christologie. In: Hofius, Otfried; Kammler, Hans-Christian (Hg.): Johannesstudien. Untersuchungen zur Theologie des vierten Evangeliums; Tübingen 1996 (WUNT 88), 87-190, 107 (Hervorhebung im Original durch Kursivdruck).

[201] Vgl. dazu KAMMLER, ebd., Anm. 88. Nie freilich werden die Jünger υἱοὶ θεοῦ genannt; das Mißverständnis liegt schon damit nicht wirklich nahe.

[202] Die Vermutung von DESTRO/PESCE, Kinship, 269, Jesus sei nur als Sohn seiner Mutter auf die Hochzeit eingeladen worden, läßt sich m.E. nicht am Text belegen. Auch die Behauptung, die Anweisung der Mutter an die Diener (Joh 2,5) zeige ihre Autorität gegen-über ihrem Sohn, ist irreführend. Die Mutter bestätigt nur die - von ihr allerdings nicht umfassend verstandene - Autorität Jesu mit ihrer Anweisung.

[203] Gegen DESTRO/PESCE, Kinship, 271, die darin den Versuch des Evangelisten sehen, „to clarify Jesus' autonomy from the start". Allerdings muß festgehalten werden, daß die Anrede γύναι „a rather cool way of addressing one's mother" (SEIM, Roles of Women, 60)

ständnisses, das die Mutter an dieser Stelle verkörpert. Auch wenn sie vordergründig den Dienern aufträgt, Jesu Weisungen zu befolgen (V.5), so erfaßt sie doch nicht seine wahre Bestimmung und bleibt im Unglauben[204] gefangen.

Joh 2,12 schließt das Weinwunder zu Kana mit einer Notiz ab, daß Jesu natürliche Familie und seine Jünger mit ihm gemeinsam nach Kapernaum hinabgehen und dort bleiben. Allerdings ist die Gemeinschaft von kurzer Dauer. Sie (gemeint sind vom Kontext in Joh 2,13-22 her eindeutig Jesus und seine Jünger) blieben nicht lange da. Natürliche Familie als Ungläubige und familia Dei können nicht auf Dauer in Koexistenz zusammen leben[205].

Die Auseinandersetzung mit Jesu Brüdern über den Besuch des Laubhüttenfestes (Joh 7,1-10) zeigt sie als Gegner des johanneischen Christus, die ihn nach Jerusalem schicken[206], wohin er wegen der gegebenen Lebensgefahr (Joh 7,1) nicht gehen will, und die ihn spottend drängen, sich vor der Welt zu offenbaren (V.4). Um jeden Zweifel an der Haltung der Brüder auszuräumen, betont der Evangelist ihren Unglauben (V.5)[207] und stellt sie explizit auf eine Stufe mit dem κόσμος[208]. Der κόσμος kann die Brüder Jesu nicht hassen, weil sie zu ihm gehören, er bringt aber Jesus Haß entgegen, weil er seine Bos-

---

darstellt. Selbst SCHNACKENBURG, Johannes I, 333, der den Konflikt zwischen Mutter und Sohn zu minimieren sucht, erkennt eine „gewisse Distanzierung Jesu von seiner Mutter". Vgl. dazu auch BECKER, JÜRGEN: Das Evangelium nach Johannes, Kapitel 11-21 (ÖTK 4/2), 3., überarb. Aufl., Gütersloh, Würzburg 1991, 130 und SCHNEIDER, JOHANNES: Das Evangelium nach Johannes. Aus dem Nachlaß herausgegeben unter der Leitung von Erich Fascher; 2.Aufl., Berlin 1978 (ThHK Sonderband), 81.

[204] Gegen SCHÖNI, MARC: The Mother at the Foot of the Cross. The Key to the Understanding of St. John's Account of the Death of Jesus. Theological Review 17, 1996, 71-95, 93, der im Blick auf das Weinwunder zu Kana von der Mutter Jesu als „first believer" spricht, was der Darstellung des Evangelisten völlig widerspricht. Auch WILCKENS, ULRICH: Maria, Mutter der Kirche (Joh 19,26f.) In: Kampling, Rainer; Söding, Thomas (Hg.): Ekklesiologie des Neuen Testaments. FS für Karl Kertelge; Freiburg u.a. 1996, 247-266, 252, sieht ein m.E. im Text nicht ausgedrücktes „Einverständnis" bzw. eine „Erkenntnis" der Mutter Jesu. KÜGLER, J.: Der Jünger, den Jesus liebte: Literarische, theologische und historische Untersuchungen zu einer Schlüsselgestalt johanneischer Theologie und Geschichte. Mit einem Exkurs über die Brotrede in Joh 6; Stuttgart 1988 (SBB 16), 250f. kann dagegen sogar von einer „Nichtbeziehung" sprechen.

[205] DESTRO UND PESCE (dies., Kinship, 273) verkennen m.E. die Kürze des Zusammenseins und überschätzen die Notiz, wenn sie im Johannesevangelium überhaupt keinen Konflikt zwischen Jesus und seiner Mutter erkennen. Auch BECKER, Johannes, 131 spricht zu pauschal von einem angedeuteten guten Verhältnis Jesu zu seiner Familie, das dann in Widerspruch zu Joh 7,5 steht.

[206] Ob an eine endgültige Übersiedlung gedacht ist (so BULTMANN, Johannes, 218, Anm. 5 und DIETZFELBINGER, CHRISTIAN: Der ungeliebte Bruder. Der Herrenbruder Jakobus im Johannesevangelium. ZThK 89, 1992, 377-403, 379), muß wohl offen bleiben.

[207] Hier liegt m.E. bei DESTRO und PESCE (dies., Kinship, 274f.) ein großes Mißverständnis vor, wenn sie den Brüdern Jesu Interesse an seinem Wirken und familiäre Loyalität zuschreiben.

[208] Κόσμος erscheint hier nur im negativen Sinn; vgl. DIETZFELBINGER, Bruder, 381.

heit, seinen Unglauben offenbar macht. V.10 macht deutlich, daß es in der Episode mit den Brüdern nicht um eine Begründung für Jesu Abwesenheit vom Laubhüttenfest ging - er nimmt vielmehr entgegen seiner Ablehnung in V.8 doch daran teil[209] -, sondern daß hier (wie in Joh 2 bei der Mutter) der Unglaube der natürlichen Familie exemplifiziert werden sollte.

Wäre es dem Evangelisten nun ausschließlich um die Entgegensetzung von natürlicher Familie und familia Dei gegangen, so hätte er es dabei bewenden lassen können. Die Familie Jesu tritt dann auch bis zur Passionsgeschichte nicht mehr auf. Damit gibt sich der Evangelist jedoch nicht zufrieden. Er stellt in einem weiteren Schritt dar, wie er sich das Verhältnis von natürlicher Familie und familia Dei denkt und wünscht.

Joh 19,25-27 ist dafür der entscheidende Text, der letzte Abschnitt im Johannesevangelium, in dem seine Familie, vertreten durch die Mutter, auftritt. Auf der Ebene des Wortlauts setzen die Verse voraus, daß Jesus seiner Mutter gegenüber die Pflichten eines Sohnes erfüllt hat und diese Pflichten nun in einer Art testamentarischer Rede an den Lieblingsjünger weitergibt. So gesehen bedeutete dies, daß Jesus hier implizit das Elterngebot erfüllt, indem er die Fürsorge für seine - vermutlich verwitwete[210] - Mutter wahrnimmt und sogar über seinen Tod hinaus für ihr Wohlergehen Sorge trägt.

Zwar haben sich manche Exegeten ausdrücklich für ein rein literales Verständnis des Abschnitts in diesem Sinn ausgesprochen[211], aber es lassen sich m.E. doch erhebliche Einwände dagegen geltend machen. Bedenkt man etwa den Kontext der kurzen Szene, so stellt man fest, daß alle Handlungen innerhalb der Kreuzigungsszene bei Johannes ihren entscheidenden Sinn auf einer zweiten, symbolischen Ebene bekommen. Nicht die Tatsache des Kreuzestitulus, das Verteilen der Kleider oder die Verlosung des Untergewandes, auch nicht den Durst Jesu oder das Ende des Leidens am Kreuz will Johannes herausstellen. Vielmehr zeigt er den Hörern und Lesern des Evangeliums Jesus als den wirklichen König, der die Schrift erfüllt und dessen Erlösungswerk mit der Erhöhung ans Kreuz abgeschlossen ist. Eine in diesem Kontext völlig isolierte testamentarische Verfügung im Blick auf Familienangelegenheiten ohne symbolischen Sinn wäre mehr als erstaunlich.

Außerdem ist zu bedenken, daß Jesus im Evangelium zuvor nie als treusorgender Vormund der Mutter oder gar als Familienoberhaupt an der Stelle

---

[209] DIETZFELBINGER, Bruder, 382 spricht mit Recht von einer großen Überraschung, die sich jedoch dadurch erklärt, daß wir es mit einem johanneischen Stilmittel zu tun haben: „auf der Ebene *seines* Kairos tut Jesus, was er auf der Ebene des *menschlichen* Kairos verweigern mußte" (ebd.).

[210] Vgl. DIETZFELBINGER, Bruder, 386.

[211] Vgl. SCHÖNI, Mother, 74, der in Anm. 6f. solche Autoren nennt; ferner ZUMSTEIN, Jean 19,25-27, 220, Anm. 5. Zu weiteren Deutungen der Szene, besonders auch zu den unterschiedlichen symbolischen Auslegungen, vgl. KÜGLER, Jünger, 257-265.

des Vaters beschrieben wird[212]. Zwar kennt Johannes die irdische Herkunft Jesu und läßt sie sogar durch die Gegner als unwidersprochenen[213] Ablehnungsgrund nennen, aber das Hochzeitsfest in Kana und der daran anschliessende kurze Aufenthalt in Kapernaum bleiben die einzigen Berührungspunkte zwischen Mutter und Sohn in den drei Jahren seiner Wirksamkeit nach Johannes. Ginge es also in Joh 19,26.27 um die Erfüllung des Elterngebots, so müßte man feststellen, daß Jesus in der Todesstunde Aufgaben an den Lieblingsjünger delegiert, die er zeitlebens nie wirklich wahrgenommen hat. Dies paßt aber nicht zur übrigen Akzentsetzung der johanneischen Passionsgeschichte[214], die Jesus als den Vollender seines Lebenswerkes und als königlichen Sieger zeigt, der für die göttliche Wahrheit Zeugnis ablegt (Joh 18,37).

Wie diese Überlegungen zeigen, ist ein symbolisches Verständnis auf einer zweiten Ebene sehr viel naheliegender und vom Evangelisten vorrangig intendiert[215]. Wie aber ist die Symbolik gemeint?

Überlegen wir zunächst von der Gestalt des Lieblingsjüngers her, so steht er im Evangelium für den „idealen" Jünger, der Jesus versteht und an ihn glaubt. Er wird als derjenige gezeichnet, der als engster Vertrauter Jesu als Vermittler für Petrus und die anderen Jünger wirkt und der am Ostermorgen als erster männlicher Zeuge zum Grab kommt (Joh 20,4f.), nach Petrus ins Grab hineingeht, aber dann als erster glaubt (Joh 20,8). Schließlich gilt dem Nachtragskapitel Joh 21 der Jünger, den Jesus liebhatte, als Garant des Zeugnisses für die johanneische Gemeinde (Joh 21,20-24). Symbolisch kann dieser Jünger nur die Glaubenden, also die Anhänger der johanneischen Gemeinde, vertreten. Er steht für das tiefe Verständnis Jesu als des präexistenten Gottessohnes. Er repräsentiert damit das Christentum johanneischer Prägung[216], die Gemeinschaft der Gotteskinder, die familia Dei.

Dieser familia Dei wird nun Maria von ihrem sterbenden Sohn anvertraut - aber wofür steht sie in dieser Szene? Man hat immer wieder Vermutungen angestellt, einerseits, sie sei als Repräsentantin des Judentums[217] oder ande-

---

[212] DESTRO und PESCE (Kinship, 277) irren, wenn sie meinen, „the words on the cross presuppose that Jesus has been continuously beside his mother *as son* and that the mother has been present in the movement up to the cross". Dies ist im Evangelium gerade nicht vorausgesetzt.

[213] Nach Joh 6,42 sagen die Juden: „Ist dieser nicht Jesus, Josefs Sohn, dessen Vater und Mutter wir kennen? Wieso spricht er dann: Ich bin vom Himmel herabgekommen?"

[214] Vgl. ZUMSTEIN, Jean 19,25-27, 221.

[215] Vgl. SCHÖNI, Mother, 74 zur Szenenfolge bei der Kreuzigung Jesu nach Johannes: „... the different scenes are not just telling what happened, but they are designed to show the reader how to interpret the happenings in their depth dimension"; entsprechend auch ZUMSTEIN, Jean 19,25-27, 221f.

[216] Vgl. DIETZFELBINGER, Bruder, 388; WILCKENS, Maria, 257.

[217] Vgl. zuletzt wieder LÉON-DUFOUR, XAVIER: Jésus constitue sa nouvelle famille. In: Marchadour, Alain (Hg.): L'Évangile exploré. Mélanges offerts à Simon Légasse à l'occasion de ses soixante-dix ans; Paris 1996 (LeDiv 166), 265-281, bes. 274-281.

rerseits als Vertreterin des Judenchristentums[218] anzusehen. Die Szene am Kreuz verbinde den jüdischen Glauben und seine Überlieferung mit der christlichen Kirche bzw. stelle die judenchristliche Fraktion des frühen Christentums unter den Primat des heidenchristlich geprägten johanneischen Kreises. Dies jedoch ist im Evangelium zuvor nicht explizit vorbereitet. Die Mutter Jesu ist zwar bei der Hochzeit von Kana wie die jüdischen Gegner Jesu als unverständig beschrieben, aber sie erscheint nicht als charakteristisch jüdisch oder judenchristlich. Auch trägt sie keine dem Lieblingsjünger vergleichbaren überindividuellen Züge[219], die sie als Repräsentantin einer religiös-geistlichen Gruppe qualifizieren könnten. Als Mutter Jesu[220] kann sie vielmehr nur für den Teil der natürlichen Familie Jesu stehen, der sich unter das Kreuz stellt. Worte und Gesten des Gekreuzigten weisen diesen Familienbereich in die Gemeinde des geliebten Jüngers, in den johanneischen Kreis hinein, der bereits als feste Größe etabliert ist[221]. Die Anrede „Frau" markiert die „Nichtbeziehung"[222] - vgl. oben entsprechend zu Joh 2,4 - zur Mutter, die abgelöst wird durch deren Aufnahme vom Jünger, den Jesus liebte. Der Lieblingsjünger ist der Handelnde, er holt die Mutter zu sich. Steht Maria repräsentativ für die natürliche Familie, so könnten damit auch die Geschwister Jesu gleichsam „hereingeholt" werden.

Gezielte Polemik gegen die Brüder Jesu oder insbesonders gegen den Herrenbruder Jakobus muß jedenfalls in Joh 19 nicht gesehen werden[223], wie ja auch die anderen Teile des Passionsberichts keine ausdrücklich polemischen Züge tragen. Vielmehr wird in der Mitte des Kreuzesgeschehens für die nächsten Angehörigen Jesu bestätigt, was für den Jüngerkreis schon zuvor im Verhältnis zwischen Petrus und dem Lieblingsjünger klar gezeigt wurde: einzig

---

[218] Vgl. SCHÖNI, Mother, 91f., bes. 92, Anm. 59 wie zuvor BULTMANN, Johannes, 521 und SCHULZ, SIEGFRIED: Das Evangelium nach Johannes; 16.Aufl. (5.Aufl. dieser Fassung); Göttingen 1987 (NTD 4), 235. SCHNACKENBURG, Johannes III, 324 erwägt vorsichtig eine ähnliche Deutung. Zur Kritik daran vgl. ZUMSTEIN, Jean 19,25-27, 245f.

[219] Vgl. zur Differenzierung zwischen Lieblingsjünger und Mutter Jesu in dieser Szene besonders BECKER, Johannes, 698f.

[220] Auffällig ist,wie vielfach in der Literatur betont, daß Maria im Johannesevangelium nie mit ihrem Namen, sondern nur in ihrer Relation zu Jesus benannt wird; vgl. ZUMSTEIN, Jean 19,25-27, 229, bes. Anm. 27. Die Folgerung, Maria werde durch diese Anrede von Jesus zur „Mutter der Kirche" (WILCKENS, Maria, 260), geht weit über die Aussageabsicht des Textes hinaus. Ebenso überfrachtet SCHNELLE, Johannes, 288f. den Text, wenn er behauptet: „Maria repräsentiert exemplarisch die Glaubenden aller Zeiten".

[221] Die erste Erwähnung des Lieblingsjüngers in Joh 13 ist bereits mit der Konstituierung dieses Kreises verbunden (vgl. oben). Auch SCHNACKENBURG, Johannes III, 323 stellt - mit anderen Folgerungen - den Bezug der Szene unter dem Kreuz zu Joh 2 und Joh 13 heraus. Treffend kommentiert BARRETT, Johannes, 531 die Worte an die Mutter und den Lieblingsjünger: „Es dürfte ... klug sein, hier nicht mehr zu sehen als eine Anspielung auf die neue Familie, die Kirche und die souveräne Macht Jesu".

[222] KÜGLER, Jünger, 250f; vgl. auch SEIM, Roles of Women, 60.

[223] Anders DIETZFELBINGER, Bruder, bes. 389-403.

und allein der johanneische Kreis ist die legitime Gemeinschaft für alle, die
zum erhöhten Christus stehen wollen[224]. Alle, auch die natürliche Familie
Jesu, müssen sich in diesen Kreis integrieren, wenn sie zu Christus gehören
wollen. Es gibt keine zwei Familien Jesu[225], sondern nur die eine, nämlich die
johanneische Gemeinde als familia Dei.

Die natürlichen Familien der Nachfolger Jesu werden auf diese Weise in
die Gemeinde eingegliedert, so daß sie keine eigenständige Rolle mehr haben.
Daß das Elterngebot erfüllt wird, ergibt sich zwangsläufig daraus, daß der
Glaubende das Liebesgebot innerhalb der Gemeinde erfüllt - oder es muß
nicht erfüllt werden, weil die Eltern nicht zur Gemeinde gehören.

Auch in den Johannesbriefen ist das Elterngebot in das Gebot der Bruderliebe[226] integriert. Die Eltern werden nicht gesondert neben den Schwestern
und Brüdern in der familia Dei berücksichtigt. Von der Gemeinde wird - trotz
mancher Abspaltungen[227] - über weite Strecken ein Idealbild gezeichnet. Die
Gemeinschaft (κοινωνία)[228] untereinander (1Joh 1,3.7) ist umfassend und
schließt auch die leibliche Familie ein, wenn sie sich zur Gemeinde zählt.

---

[224] SEIM, Roles of Women, 65 stellt die Integration der Mutter Jesu in die familia Dei
zutreffend heraus, grenzt jedoch - m.E. unzutreffend - die Brüder Jesu davon aus. DESTRO/
PESCE, Kinship, 278f. überschätzen die Rolle der Mutter Jesu in der späteren Gemeinde.
Innerhalb der johanneischen Schriften haben wir gerade keinen Anhaltspunkt dafür, daß die
Jüngerschaft nach dem Familienmodell neu gestaltet würde und daß die Mutter „a
fundamental systematic place in the movement" (ebd., 278) erhält. Vgl. dazu nochmals SEIM,
Roles of Women, 66: „.... the family of God ... knows one Father only. It is constituted not by
the mother of Jesus as the mother of all believers." Zur Ablehnung der mariologischen
Interpretation vgl. auch ZUMSTEIN, Jean 19,25-27, 230, bes. Anm. 29.

[225] Ein Einfluß der natürlichen Familie Jesu auf den johanneischen Kreis - so DESTRO/
PESCE, Kinship, 280 - ist dabei nicht festzustellen: weder hat die Familie eine soziale
Mittlerfunktion in Joh 2, noch unterstützt die Familie Jesus in Joh 7 oder erhält in Joh 19 eine
integrative Funktion für den Jüngerkreis. Daß allein der Lieblingsjünger einen Ausgleich für
die Abwesenheit des Gekreuzigten schaffen soll (so ZUMSTEIN, Jean 19,25-27, 246), ist
ebenfalls nicht die Aussageabsicht des Textes.
Vielmehr bestätigen sich zumindest partiell die Überlegungen von GRUNDMANN, WAL-
TER: Zeugnis und Gestalt des Johannesevangeliums. Eine Studie zur denkerischen und gestalterischen Leistung des vierten Evangelisten; Stuttgart 1961 (AzTh 7), 87, „daß an die Zu-
sammenfügung der beiden Kreise zur Urgemeinde gedacht ist, die für sie grundlegende
Bedeutung gehabt haben: die Jüngergemeinde und die Familie Jesu".

[226] „Bruder heißt in der johanneischen Gemeinde der Mitchrist ... ein Mitglied der
johanneischen Gemeinde" (KLAUCK, Der erste Johannesbrief, 125f.).

[227] Neben dem Druck seitens jüdischer und heidnischer Gegner hatte die Gemeinde nach
dem 1.Johannesbrief auch noch „das innerjohanneische Schisma mit seinen weitreichenden
Folgen" (KLAUCK, Der erste Johannesbrief, 279) zu verkraften.

[228] Die ansonsten im johanneischen Schrifttum unbekannte Vokabel findet sich eher im
paulinischen Bereich. Sie enthält den Gedanken „an eine Gemeinschaft, die zwischen Menschen entsteht, aber nicht in ihrem eigenen Entschluß, sondern in einer gemeinsamen Vorgabe gründet" (KLAUCK, Der erste Johannesbrief, 71).

Entsprechend umgreift das Gebot der Bruderliebe (1Joh 2,7-11)[229] alle Glaubenden, und die Liebe zu den Glaubensgeschwistern ist der Erkenntnisgrund für die Teilhabe am ewigen Leben (1Joh 3,14). Diese Liebe schließt selbstverständlich auch die materielle Versorgung notleidender Gemeindeglieder ein. Fordert der Verfasser im 1. Joh, daß die bedürftigen Mitchristen unterstützt und versorgt werden, „so möchte ... er die Tatsache der Gotteskindschaft aller Glaubenden konkretisieren"[230]. Dabei differenziert er nicht zwischen verschiedenen Teilen der Gemeinde oder verschiedenen Ständen im christlichen Haus. Zwar zeigt er „sich auch mit der Praxis vertraut, einzelne Gruppen in der Gemeinde gesondert anzusprechen"[231], aber er unterscheidet nicht deutlich zwischen Rechten und Pflichten solcher Gruppen. Vielmehr hat er „immer die Gesamtheit der Glaubenden vor Augen"[232], weshalb er auch nicht zwischen Eltern und Kindern[233] sowie ihren Aufgaben füreinander trennt. Müssen die Eltern versorgt werden, so ist dies eine Aufgabe innerhalb der Gemeinde, die gewiß auch die eigenen Kinder wahrnehmen können; sie nehmen sie aber nicht als Sohn oder Tochter wahr, sondern als Bruder oder Schwester im Glauben. Darin liegt allerdings erhebliches Konfliktpotential, etwa zwischen Loyalität zur natürlichen Familie und Fürsorge in der Gemeinde: „Ein Christ, der über materielle und finanzielle Möglichkeiten verfügte, sah sich gezwungen, der eigenen Familie Geld zu entziehen und es für Menschen, die ihm vorher fremd gewesen waren, zur Verfügung zu stellen"[234].

Der oder die Verfasser der Johannesbriefe[235] kennen also ähnlich wie das JohEv keine besondere ethische Weisung (z.B. das Elterngebot) für die leibliche Familie. Dabei stellen wir innerhalb der johanneischen Schriften eine Entwicklung fest: Mußte im JohEv die Integration der Herkunftsfamilie in die familia Dei explizit erwiesen und dargestellt werden, so setzen die Johannesbriefe die Integration bereits voraus. Dies führt als Resultat zu einer faktischen Aufhebung der natürlichen Familie in die familia Dei hinein, die auch in 1Petr vorliegt.

---

[229] Zur Deutung der „Bruderliebe" vgl. KLAUCK, Der erste Johannesbrief, 277-282.

[230] RUSAM, Gemeinschaft, 217.

[231] KLAUCK, Der erste Johannesbrief, 136.

[232] Ebd.

[233] Die zweifache Trias in 1Joh 2,12-14 „Kinder - Väter - junge Männer" meint keine Aufteilung der Gemeinde auf drei Altersklassen. Τεκνία / παιδία haben eine übergeordnete Funktion: die Gemeindeglieder werden zunächst als „Kinder" insgesamt in den Blick genommen, bevor ältere und jüngere separat angesprochen werden. Es geht nicht um Ermahnungen zur gegenseitigen Wahrnehmung von Aufgaben und Pflichten. Zur Differenz zwischen 1Joh 2,12-14 und den Haustafeln vgl. v.a. STRECKER, GEORG: Die Johannesbriefe; Göttingen 1989 (KEK XIV), 115f., Anm. 11.

[234] KLAUCK, Der erste Johannesbrief, 279.

[235] Im zweiten und dritten Johannesbrief wird das generelle, gemeindebegründende Liebesgebot zwar wiederholt eingeschärft (2Joh 5) und das Liebeshandeln an den Brüdern erntet Lob (3Joh 5). Eine spezielle Besprechung der Eltern-Kind-Beziehung findet sich aber nicht.

## 2. Die Aufhebung der natürlichen Familie durch die familia Dei

Der erste Petrusbrief beschäftigt sich sehr bewußt nicht mit dem Verhältnis zwischen Eltern und Kindern. Obwohl er die Sklavenfrage wie auch die Ehe bedenkt (1Petr 2,18-3,7), fällt kein Wort zu dem in den Haustafeln des Kol und Eph erwähnten Bereich. Das Verhalten der Sklaven sowie das der Ehefrauen und Ehemänner wird lediglich expliziert, weil es jeweils offenbar ein besonderes Problem darstellte. Ansonsten stellt schon der vorausgehende Abschnitt klar, daß nach Auffassung des Verfassers der christliche Glaube die weltlichen Beziehungen des Glaubenden einerseits so bestimmt, daß der Christ sich nicht den Heiden gleichstellen darf - andererseits soll der Glaube nicht dazu führen, daß der Christ sich völlig abhebt von der Umwelt und auffällt[236]. Das „rechtschaffene Leben" (1Petr 2,12), das die Heiden beeindrucken soll, erweist sich darin, daß die weltlichen Gegebenheiten akzeptiert werden und der vorgegebene Rahmen mit christlichem Verhalten ausgefüllt wird. So gilt die Ermahnung zur Bruderliebe (1Petr 2,17; 4,8; 5,14) bzw. deren Voraussetzung (1Petr 1,22) gewiß auch innerhalb der natürlichen Familie, wenn sie zur Gemeinde gehört. Im anderen Fall - der von den johanneischen Schriften so explizit nicht bedacht wird - weitet der Verfasser des ersten Petrusbriefes die Aufforderung zur Ehrung auf alle Menschen aus:

πάντας τιμήσατε,  τὴν ἀδελφότητα ἀγαπᾶτε,
τὸν θεὸν φοβεῖσθε, τὸν βασιλέα τιμᾶτε.

Ehrt alle, liebt die Bruderschaft, fürchtet Gott, ehrt den König. (1Petr 2,17)

Zwischen den beiden Imperativen von V.17a hat ein eigenständiges Elterngebot keinen Raum. Tima``n ist jeglicher Konkretion - wie etwa Versorgung - entkleidet und bezeichnet lediglich eine angemessene menschliche Verhaltensweise („Ehrerbietung") gegenüber allen Menschen. Ihr gegenüber steht das besondere Verhalten unter dem Vorzeichen der innergemeindlichen Liebe[237]. Das Eltern-Kind-Verhältnis muß sich jeweils in eine der Kategorien[238] einordnen und erfährt keine eigenständige Behandlung.

---

[236] FELDMEIER, REINHARD: Die Christen als Fremde. Die Metapher der Fremde in der antiken Welt, im Urchristentum und im 1. Petrusbrief; Tübingen 1992 (WUNT 64), 152f. stellt zwei Arten von Weisungen im 1. Petr heraus: „die Warnungen vor Anpassung einerseits und die Ermahnungen zu Unterordnung und zu gesellschaftlich anerkanntem Wohlverhalten andererseits".

[237] Zur gezielten Unterscheidung der Beziehungen durch die Wahl der Verben vgl. BROX, NORBERT: Der erste Petrusbrief; Zürich u.a. 1979 (EKK XXI), 122f.

[238] FELDMEIER, Christen als Fremde, 160f. stellt heraus, daß der Blick im 1. Petrusbrief nicht auf die innere Ordnung des christlichen Hauses gerichtet ist, sondern auf die Außenwirkung mit dem Ziel der Mission und Apologetik. Wenn er jedoch (ebd., 161) damit das Fehlen einer Weisung an Eltern und Kinder zu erklären versucht, so greift das m.E. zu kurz.

# 3. Die Ehrung der Witwen als Zusammenwirken der „Familien"

Eine einzige Stelle im Neuen Testament versucht, Weisungen für die natürliche Familie und Aufgabenbereiche der familia Dei zusammenzusehen und
eine Verhältnisbestimmung vorzunehmen, nämlich 1Tim 5,3-16. Mit der Aufforderung, die Witwen zu ehren (Χήρας τίμα τὰς ὄντως χήρας; 1Tim 5,3),
wird schon vom Begriff her (τίμαω) das Elterngebot aufgenommen. Dieser
Imperativ begegnet im Neuen Testament sonst nur beim Zitieren des Elterngebots. Im ganzen Abschnitt ist dann auch - dem Elterngebot verwandt - die
Versorgung von bedürftigen, eventuell auch alten Frauen, den Witwen[239] der
Gemeinde, Thema. An erster Stelle sind dabei die Kinder und Enkelkinder gefordert. Von ihnen erwartet der Briefautor Dankbarkeit gegenüber den Eltern
und daraus resultierend die Versorgung der alleinstehenden, bedürftigen
Mutter (1Tim 5,4). Über diejenigen, die ihre eigenen Hausgenossen, und damit auch vor allem die eigenen Eltern, nicht unterstützen, urteilt der 1Tim
hart: sie haben durch ihr Handeln den Glauben verleugnet und sind schlimmer
als die Heiden (1Tim 5,8), da sie noch nicht einmal deren ethisches Niveau
erreichen.[240] Der Gemeinde als der familia Dei sind ausschließlich die „rechten Witwen" nach dem Subsidiaritätsprinzip anbefohlen (1Tim 5,5.16). Nur
diejenige, die allein steht und keinen Versorger in der leiblichen Familie hat,
soll von der Gemeinde verhalten werden. Dabei kann man voraussetzen, daß
als Anlaß für diese Regelung Fälle von Vernachlässigung von Witwen durch
die eigene Familie vorgekommen waren.[241]

Solches Zusammenwirken von natürlicher Familie und familia Dei - wie in
1Tim 5 vorgesehen - ist jedoch im urchristlichen Schrifttum singulär und hat
sich als Modell zunächst nicht durchsetzen können.

---

[239] Aus dem Stand der Witwen in der Gemeinde könnte später ein fester „Orden" der
Witwen entstanden sein, vgl. OSIEK, CAROLYN; BALCH, DAVID L.: Families in the New
Testament. Households and House Churches. The Family, Religion and Culture; Louisville,
Kentucky 1997, 166.

[240] Das Dankbarkeitsmotiv verbindet diese Stelle stark mit der hellenistischen Ethik, und
die Argumentation mit dem Vergleich in V.8 spielt ebenfalls auf das hellenistische und damit
auch heidnische Ethos an.

[241] Diese Interpretation von 1Tim 5 setzt voraus, daß in V.4 die Kinder und Enkel die
Aufgeforderten sind und in V.8 über diejenigen von ihnen, die ihrer Aufgabe nicht nachkommen, das vernichtende Urteil gesprochen wird. Anders ROLOFF, JÜRGEN: Der erste Brief an
Timotheus; Zürich; Neukirchen-Vluyn 1988 (EKK XV), 282-304, bes. 287f., der schon τίμα
hier anders versteht („Besolde...") und - gegen die Mehrheit der Ausleger - die Witwen selbst
als Subjekt in V.4 (μανθανέτωσαν) und in V.8 bestimmt.

Kapitel 25:

# Elternschaft bei Paulus

## 1. Vaterschaft als Bild für die Beziehung Gottes zu den Menschen

Im Corpus Paulinum erfährt das Verhältnis zwischen Eltern und Kindern nochmals eine andere Behandlung. Paulus selbst redet in seinen Briefen sehr selten von der Beziehung zwischen Eltern und Kindern. Die erste und wichtigste Redeweise von einem Vater-Kind-Verhältnis ist für den Apostel die Bezeichnung Gottes als Vater und der glaubenden Christen als Gottes Kinder[242].

Bezeichnend für Paulus ist allerdings, daß für ihn diese Gotteskindschaft keine „natürliche" Entsprechung hat (Röm 9,1-9). Es ist gerade nicht das Verhältnis zwischen leiblichen Eltern und Kindern, das dafür Basis oder Vorbild wäre. Zwar gehört den Israeliten die Kindschaft (Röm 9,4), aber nur die Kinder der Verheißung sind wirklich Kinder Gottes (Röm 9,6-9). Paulus betont damit, „daß über die Zugehörigkeit zum erwählten Gottesvolk nicht einfach irdische Blutsbande entscheiden"[243].

Natürliche Elternschaft hat nach Paulus für das Leben im Glauben keine entscheidende Bedeutung, weder bei Heiden noch bei Juden[244]. Zu jedem kommt der Glaube nach Gal 3,26 unmittelbar. Die Eltern treten bei Paulus nicht als Vermittler in Erscheinung. Christliche Erziehung ist noch nicht im Blick. Die Gottesbeziehung als Kindschaft kennt nur die Seite der Kindesrechte - für die Verpflichtungen des Glaubenden gebraucht es Paulus nicht. Damit können in diesem Kontext keine Elternrechte zur Sprache kommen.

---

[242] Vgl. zum daraus folgenden Verständnis der Gemeinde als „Familie", das bei Paulus im Blick auf die Gemeinde in Thessalonich implizit naheliegt, jedoch nicht in der Stringenz wie bei Johannes ausgeprägt ist, MALHERBE, ABRAHAM J.: God's New Family in Thessalonica. In: White, L. Michael and Yarbrough, O.Larry (Hg.): The Social World of the First Christians. Essays in Honor of Wayne A. Meeks; Minneapolis 1995, 116-125.

[243] STUHLMACHER, PETER: Der Brief an die Römer; 14. Aufl. (1.Aufl. der neuen Fassung), Göttingen, Zürich 1989 (NTD 6), 134.

[244] Der Verfasser des Hebräerbriefes kennt dagegen den Glauben als das vermittelnde Band zwischen den Generationen der Erzväter im alten Bund (Hebr 11,17-25). Das jeweilige Handeln der Väter an ihren Söhnen wird dort als Wirkung des Glaubens beschrieben. An einem Handeln der Kinder gegenüber den Eltern ist der Hebräerbrief nicht interessiert.

## 2. Elternschaft als Bild für die Beziehung des Apostels zu den Gemeinden

Unmittelbar neben der Beziehung zwischen Gott und den Glaubenden kann Paulus aber auch sein eigenes Verhältnis zu den Gemeinden mit dem Bild der Elternschaft beschreiben. Besonders dicht finden wir beides in 2Kor 6 nebeneinander, wo in V.18[245] in alttestamentlicher Sprache von Gottes Vaterschaft im Blick auf die Gemeinde die Rede ist, während noch in V.13 der Apostel die Korinther als *seine* „Kinder" anspricht. Hier, im zwischenmenschlichen Bereich, zieht Paulus auch Folgerungen aus dieser Verhältnisbestimmung. Von seinen „Kindern" erwartet er, daß sie im Verhalten dem des „Vaters" entsprechen. Paulus klagt gewissermaßen ein Recht der Eltern ein, daß die Kinder auf ihrer Seite zu stehen haben und sich an den Eltern orientieren. Die Korinther „sind ... zur Gegenleistung aufgerufen. Auch sie sollen ihr Herz weit machen, ... so wie die Kinder ihr Herz dem Vater öffnen"[246]. An das Elterngebot und seine Erfüllung ist dabei jedoch offensichtlich nicht gedacht.

In Gal 4,19 wendet Paulus das Bild der gebärenden[247] Mutter für sich gegenüber den Gemeindegliedern in Galatien an. Unter Wehen gebiert er sie von neuem, das heißt: er bringt sie von neuem mit Christus in Verbindung, gewinnt sie wieder für das neue Leben in Christus. Mit diesem Bild ist die enge Verbindung des Apostels mit der Gemeinde umschrieben. Auf konkrete Rechte der Eltern wird jedoch auch hier kein Bezug genommen.

Schon im Rückblick auf das Wirken in Thessalonich hatte Paulus sich als Elternschaft[248] jener Gemeinde dargestellt (1Thess 2,7-12): als pflegende Mutter oder Amme[249], die den Kindern am eigenen Leben teilgibt und unermüdlich arbeitet, sowie als Vater, der ermahnt, tröstet und Weisung für ein gottgefälliges Leben gibt. Man kann dabei voraussetzen, daß Paulus bewußt ist, welche Autorität der Vater in der antiken Familienordnung hat. Das Motiv „selbstverständlicher Autorität"[250] ist implizit in diesem Bild enthalten. Konkrete Rechte der Eltern werden aber auch an dieser Stelle nicht abgeleitet.

---

[245] Zum literarkritischen Problem von 2Kor 6,14-7,1 vgl. WOLFF, CHRISTIAN: Der zweite Brief des Paulus an die Korinther; Berlin 1989 (ThHK VIII), 146-149.

[246] WOLFF, Zweiter Korintherbrief, 146.

[247] Vgl. LÜHRMANN, DIETER: Der Brief an die Galater; Zürich 1978 (ZBK NT 7), 74.

[248] Zum Bild der Geburt einer Gemeinde durch den Gemeindegründer und -leiter vgl. oben Kapitel 14.2 zum Lehrer der Gerechtigkeit im Qumran. Ergänzende Stellen aus dem Rabbinat und der Qumranliteratur bei STUHLMACHER, PETER: Der Brief an Philemon; 2., durchges. und verb. Aufl., Zürich u.a. 1981 (EKK XVIII), 38 mit Anm. 81.

[249] Vgl. zur Diskussion um die Bedeutung von τροφός an dieser Stelle HOLTZ, TRAUGOTT: Der erste Brief an die Thessalonicher; Zürich u.a. 1986 (EKK XIII), 82f.; MARXSEN, WILLI: Der erste Brief an die Thessalonicher; Zürich 1979 (ZBK NT 11.1), 45 spricht nur von „Mutter".

[250] HOLTZ, 1.Thessalonicher, 98.

Zumindest angedeutet ist das Recht der Eltern in 1Kor 4,14-21, wo Paulus sich den Korinthern ebenfalls als Vater der Gemeinde einprägt, im Gegensatz zu vielen anderen möglichen Erziehern. Daraus ergibt sich seiner Auffassung nach das Recht, von der Gemeinde zu fordern, daß die Christen seinem eigenen Beispiel (V.16) folgen. Timotheus, der „geliebte und gläubige Sohn im Herrn" (1Kor 4,17), soll die Korinther bei einem Besuch daran erinnern. Zum Recht gegenüber den Kindern gehört schließlich auch das Züchtigungsrecht, auf das Paulus im letzten Vers des Abschnitts (V.21) anspielt: Soll ich mit dem Stock zu euch kommen oder mit Liebe und im Geist der Sanftmut?

Paulus will mit dieser leicht ironischen Alternativfrage[251] demonstrieren, wie sehr er zum Handeln entschlossen ist. Er beansprucht das doppelte Vaterrecht zur Bestrafung wie zur liebevollen Behandlung der Kinder. Aus dem Hinweis auf den Stock als Züchtigungsmittel wird jedoch deutlich, daß hier das Recht der Eltern gegenüber kleinen Kindern im Hintergrund steht.[252] Vom Elterngebot und seinem Inhalt ist diese Überlegung weit entfernt.

Auch zwei weitere Stellen im 1. Korintherbrief nehmen ausschließlich auf kleine Kinder Bezug, so die Rede von den Säuglingen, die nur Milch, aber keine feste Speise vertragen (1Kor 3,1.2), oder die Rückschau in 1Kor 13,11, wo das frühere kindliche Reden, Denken und Überlegen im Gegensatz zu dem des erwachsenen Mannes steht. Jeweils ist das Bild des Kindes eher negativ gebraucht. Es geht um „die Gegenüberstellung von Unmündigkeit und Mündigkeit ... Auf die anfängliche Phase kindlicher Unreife soll ... die Zeit der Mündigkeit und Reife folgen"[253]. Rechte der Eltern gegenüber den noch Unmündigen spielen an beiden Stellen aber keinerlei Rolle.

Erst die beiden späten Gefangenschaftsbriefe des Paulus nach Philippi und an Philemon kennen ausdrücklich den Gedanken eines Dienstes erwachsener Kinder für ihre Eltern. Sehr knapp finden wir die Notiz in Phil 2,22, wo Paulus seinen Mitarbeiter Timotheus als Besucher ankündigt und mit den Worten empfiehlt: „Ihr wißt aber, wie bewährt er ist, denn wie ein Sohn dem Vater hat er mit mir dem Evangelium gedient". Es geht Paulus darum, die Gemeinsamkeit zwischen ihm und Timotheus zu betonen[254], weshalb er das Bild von Vater und Sohn auf das „innige Verhältnis"[255] zwischen sich und dem treuen

---

[251] Vgl. LANG, FRIEDRICH: Die Briefe an die Korinther; 16. Aufl. (1. Aufl. dieser Bearbeitung); Göttingen, Zürich 1986 (NTD 7), 68.

[252] Entsprechend kann der Hebräerbrief unter Bezugnahme auf Spr 3,11f. die Anfechtungen und Leiden der Gemeinde als Züchtigungen durch Gott deuten und dabei das Bild des Vaters unmittelbar übertragen, da körperliche Züchtigungen selbstverständlich zu den Erfahrungen leiblicher Söhne gehörten (Hebr 12,4-11). Auch der Verfasser des Hebr hat an dieser Stelle nur das Verhältnis unmündiger Jungen zu ihren Vätern im Blick.

[253] LANG, Korintherbriefe, 49; vgl. auch a.a.O., 187 zu 1.Kor 13,11.

[254] Vgl. GNILKA, JOACHIM: Der Philipperbrief; 3.Aufl., Freiburg u.a. 1980 (HThK X/3), 159.

[255] A.a.O., 160.

Mitarbeiter überträgt. Paulus setzt dabei selbstverständlich voraus, daß ein Sohn dem Vater dient; im Zusammenhang mit dem verdienten Mitarbeiter muß dabei ein erwachsener Sohn gemeint sein. Die Weiterführung erstaunt jedoch: es wäre eigentlich zu erwarten, daß ausgeführt wird, wie Timotheus dem Apostel Paulus dient[256]. Dies hätte jedoch die Unterordnung des Timotheus gegenüber Paulus zu stark betont. Der Vergleich ist daran jedoch nicht interessiert, sondern hebt besonders darauf ab, wie gewissenhaft und treu Timotheus das Evangelium verkündigt hat. Der *gemeinsame* Dienst des Timotheus mit Paulus *am Evangelium* entsprach also dem, was man von einem Sohn im Dienst des Vaters erwarten kann: besonderer Einsatz unter der Bedingung besonderer Loyalität und besonderer Hingabe.

Der Philemonbrief wird in dieser Richtung noch deutlicher. Der frühere Sklave des Philemon, Onesimus, ist im Kontakt mit dem gefangenen Apostel Christ geworden, weshalb Paulus ihn als „meinen Sohn Onesimus, den ich in der Gefangenschaft gezeugt habe" (Phlm 10), bezeichnen kann. Jenen „Sohn" möchte Paulus bei sich behalten, damit er ihm diene[257] (Phlm 13). Mit der Selbstbezeichnung des Paulus in Philemon V.9 als πρεσβύτης, also „alter Mann", unterstreicht er seine Angewiesenheit auf Onesimus und verlangt indirekt sein Recht auf Unterstützung durch den Sohn[258]. Der Dienst des erwachsenen Sohnes ist offensichtlich eine Selbstverständlichkeit. Lediglich die Einwilligung des Philemon zu diesem Dienst steht aus, weshalb Onesimus mit dem Brief zu seinem früheren Herrn zurückgeschickt wird.

Paulus kennt also das Motiv der Dienstverpflichtung nicht nur von Jugendlichen, sondern auch von erwachsenen Kindern gegenüber den Eltern. Er setzt es als selbstverständlich voraus, verbindet es jedoch nie explizit mit dem Elterngebot.

---

[256] So sehr richtig MÜLLER, ULRICH B.: Der Brief des Paulus an die Philipper; Leipzig 1993 (ThHK 11/1), 125 unter Verweis auf HAUPT, Gefangenschaftsbriefe.

[257] Zur Konkretion vgl. die sehr präzise Analyse von STUHLMACHER, Philemon, 40: Paulus „kann in seiner Situation als gefangener Apostel nur zu gut einen Menschen brauchen, der ihm alltägliche Handreichungen leistet, den er aber auch als Missionsboten aussenden kann; und eigentlich wäre es an Philemon, den Platz eines solchen Mitarbeiters einzunehmen". BINDER, HERMANN (unter Mitarbeit von Joachim Rohde): Der Brief des Paulus an Philemon; Berlin 1990 (ThHK 11/2), 58 akzentuiert stärker die Unterstützung „im Einsatz für das Evangelium", bleibt aber dabei sehr unkonkret.

[258] HOCK, RONALD F.: A Support for His Old Age: Paul's Plea on Behalf of Onesimus. In: White, L. Michael and Yarbrough, O.Larry (Hg.): The Social World of the First Christians. Essays in Honor of Wayne A. Meeks; Minneapolis 1995, 65-81, 81 résümiert zutreffend über die Selbstcharakterisierungen von Paulus als alter, gefangener Mann: „These characterizations, when seen in combination, cast Paul in the role of an old father who is in need of his child's support - an accepted convention of children toward their aged parents. Philemon can hardly deny Onesimus's return to Paul, given his familial responsibility".

## 3. Das Vorrecht der Kinder nach 2.Korinther 12,14

In seiner „Narrenrede" des zweiten Korintherbriefes kommt Paulus dagegen auf ein besonderes Vorrecht der Kinder zu sprechen. Er betont, daß er der Gemeinde in Korinth materiell nie zur Last gefallen sei. Auch bei seinem bevorstehenden dritten Besuch suche er die Menschen und nicht ihren Besitz. Daß das so richtig ist, belegt er mit der Sentenz[259] in 2Kor 12,14b: „Denn nicht die Kinder sollen den Eltern Schätze sammeln, sondern die Eltern den Kindern".

Auf seine Beziehung zu den Korinthern wird von Paulus hier „eine Grundregel des Familienlebens angewendet: Eltern sparen, ... um ihren Kindern etwas geben zu können, und nicht umgekehrt"[260]. Die Aussage, die eine Grundregel für das Erbe darstellt, kann offensichtlich auf breite Zustimmung bauen, da sie nicht weiter ausgeführt wird. Die Richtung des Schätzesammelns für das Erbe - von den Eltern für die Kinder und nicht umgekehrt - war also gemeinhin anerkannt[261]. Der Begriff θησαυρίζω unterstreicht, daß es in dieser Sentenz um materielle Unterstützung durch die Erbmasse geht. Diese wird einseitig nur von den Eltern für ihre Kinder erwartet, was dem natürlichen Ablauf in der Lebenserwartung entspricht. Paulus deutet dies darauf, daß nicht er etwas von der Gemeinde empfangen will, sondern seinerseits sich für das Leben der Gemeindeglieder einsetzen wird. Er erklärt einseitig seine Bereitschaft, „nach der Art der Väter für die Kinder zu sorgen"[262]. Anders als gegenüber Philemon befindet sich Paulus im Brief an die Korinther in einer Situation, in der er eine materielle Versorgung ablehnen muß, da er sich nicht von der korinthischen Gemeinde abhängig machen will[263].

Das Anliegen des Elterngebots wird mit dieser Aussage geradezu konterkariert: an eine Versorgung der alten Eltern durch ihre Kinder ist hier nicht gedacht. Nur die Beziehung von Vater und Mutter zu den Kindern wird in Betracht gezogen und hinsichtlich des künftigen Erbes bedacht.

## 4. Familien in den paulinischen Gemeinden

Obwohl das Bild der Apostelgeschichte von ganzen christlichen Familien von den Paulusbriefen bestätigt wird, entwickelt der Apostel dafür keine besondere christliche Ethik der Familie. Für die christlichen Familienzusammenhänge sei exemplarisch auf das „Haus" des Stephanas in Korinth verwiesen, der

---

[259] LANG, Korintherbriefe, 353 spricht von einer „Redensart".
[260] WOLFF, Zweiter Korintherbrief, 254.
[261] Diese Regel im Blick auf das Erbrecht war verbreitet, vgl. Philo, Vit MosII, 245.
[262] LANG, Korintherbriefe, 353.
[263] Vgl. dazu YARBROUGH, O. LARRY: Parents and Children in the Letters of Paul. In: White, L. Michael and Yarbrough, O.Larry (Hg.): The Social World of the First Christians. Essays in Honor of Wayne A. Meeks; Minneapolis 1995, 126-141, 133-138.

offenbar zusammen mit seiner ganzen Familie und Gesinde[264] zur Gemeinde gehört (1Kor 16,15)[265]. Vom Haus des Narzissus in Rom sind dagegen nicht alle, aber doch einige (vermutlich Sklaven oder Freigelassene[266]) Gemeindeglieder geworden (vgl. Röm 16,11[267]). Ein Christ namens Rufus wird zusammen mit seiner Mutter in der Grußliste von Paulus erwähnt, wobei der Apostel der Mutter bescheinigt, sich auch um ihn wie eine Mutter gekümmert zu haben (vgl. Röm 16,13). Auch ein Geschwisterpaar, Nereus[268] und seine Schwester, wird zusammen erwähnt (Röm 16,15). Folglich kennt Paulus sehr wohl christliche Familienzusammenhänge. Ethische Weisungen werden jedoch nie speziell auf sie zugeschnitten. Das Elterngebot wird nicht angeführt.

Das Verhältnis zwischen Eltern und Kindern wird von Paulus ohnehin nie allgemein thematisiert, sondern kommt nur unter einem besonderen Aspekt in 1Kor 7 in den Blick. Dort erklärt er im Zusammenhang der Frage, ob sich der Partner in einer Ehe, der Christ geworden ist, von dem heidnisch gebliebenen Ehegatten scheiden lassen soll, daß die Kinder einer solchen Ehe aus christlicher Sicht als „heilig" gelten. Die Kinder sind „heilig" (1Kor 7,14), das heißt kultisch rein, obwohl ein Elternteil ungläubig ist, da die Partnerschaft - so setzt Paulus voraus - den nichtchristlichen Ehegatten offenbar heiligt.

Es besteht also für Paulus zwischen Eltern und Kindern ein sehr enger Zusammenhang. Das Elterngebot wird aber dennoch nicht auf die Beziehung zwischen Eltern und Kindern angewandt.

## 5. Das Elternrecht im Lasterkatalog nach Römer 1,30

Nur an einer einzigen Stelle in den Paulusbriefen scheint auf den ersten Blick das Anliegen des Elterngebots aufgenommen zu sein, allerdings in negativer Form innerhalb des Lasterkatalogs von Römer 1,30[269]. Im Zusammenhang

---

[264] Vgl. WOLFF, CHRISTIAN: Der erste Brief des Paulus an die Korinther. Berlin 1996 (ThHK VII), 224.

[265] Vgl. dazu STROBEL, AUGUST: Der erste Brief an die Korinther; Zürich 1989 (ZBK NT 6.1), 270: „Die herausragende Stellung des ‚Hauses', d.i. der Großfamilie des Stephanas, liegt keineswegs nur formal darin begründet, daß es die Erstbekehrten der Provinz umfaßt ..., sondern daß es diesem Vorzug auch durch Dienst, Mitarbeit und Opfer zu entsprechen gesucht hat".

[266] Vgl. STUHLMACHER, Römerbrief, 219.

[267] Zur Diskussion um die Echtheit von Röm 16 vgl. STUHLMACHER, Römerbrief, 215f.

[268] Nach STUHLMACHER, Römerbrief, 219 wohl vom Namen her ein Sklave oder Freigelassener.

[269] Auch in zwei weiteren Lasterkatalogen - jeweils in den Pastoralbriefen - finden wir Anspielungen auf eine Verfehlung gegen das Elterngebot. So werden in einem dekalogisch orientierten - wenngleich nicht dem Dekalog explizit folgenden - Lasterkatalog in 1Tim 1,9f. Vatermörder und Muttermörder (πατρολῴαις καὶ μητρολῴαις) als Adressaten des Gesetzes genannt, neben Totschlägern (ἀνδροφόνοις; Verfehlung gegen das 5.Gebot), Unzüch-

des Schulderweises der Menschen (aus jüdischer Sicht sind hier besonders die Heiden betroffen) stellt Paulus zu drei Vorwürfen jeweils das Gericht (παρ–έδωκεν ...) dar, dem sie verfallen sind. Dieses Gericht besteht zunächst in der Schändung des eigenen Leibes (V.24) und weiter in der Hingabe an ihre zügellosen Begierden (Röm 1,26-27). An dritter Stelle zählt der Apostel auf, was alles an Unrechtem geschieht und deshalb die Todesstrafe verdient.

Dabei fällt auf, daß außer den Vorwürfen der Gottesverachtung (1. Gebot verletzt), des Mordes (gegen das 5. Gebot), der Habgier (9. und 10. Gebot gebrochen) und dem Ungehorsam gegen die Eltern (γονεῦσιν ἀπειθεῖς; 4. Gebot betroffen) keine weiteren Gebote des Dekalogs angesprochen sind. Der Lasterkatalog setzt also nicht voraus, daß die Adressaten vollständig über den Dekalog Bescheid wissen, sondern nennt Vergehen, die seitens der Juden den Heiden schon lange vorgeworfen wurden. Thema ist die grundsätzlich durchgehende „Verfehltheit heidnischen Lebens"[270], die Paulus schließlich aber bei allen Menschen sieht. Dabei stellt die Auflehnung gegen die Eltern aus jüdischer oder judenchristlicher Sicht ein besonders schweres Vergehen dar. In Röm 2,1 kann Paulus ja dann auch vom Einverständnis der Juden in seinen Tadel an den Heiden ausgehen, zeigt aber danach, daß auch der, der unter dem Gesetz lebt, vor Gott gleichermaßen schuldig ist.

Der hier angeprangerte Ungehorsam gegen die Eltern stellt für Paulus nach dieser Aufteilung jedoch gerade kein Vergehen gegen das Elterngebot dar. Der Lasterkatalog hat auch keinerlei paränetische Funktion[271]. Vielmehr geht es um Verstöße gegen menschliche Grundnormen, für die es keinen Gebotskatalog braucht. Das Elterngebot spielt also für Paulus auch im Zusammenhang des Lasterkatalogs letztlich keine Rolle.

---

tigen und Knabenschändern (πόρνοις; ἀρσενοκοίταις; Verfehlungen gegen das 6.Gebot), Menschenhändlern (ἀνδραποδισταῖς; Verfehlung gegen das 7.Gebot in personaler Fassung statt Bezug auf den Diebstahl von Sachen) sowie Lügnern und Meineidigen (ψεύσταις ἐπιόρκοις; Verfehlungen gegen das 8.Gebot). Der Lasterkatalog bezieht sich dabei nur thematisch auf das Elterngebot, inhaltlich zeigt er die Folge einer Verletzung des Elterngebots auf: wer die alten Eltern nicht versorgt, tötet sie.

Der Lasterkatalog in 2Tim 3,2-4 ist dagegen nicht am Dekalog ausgerichtet, sondern zählt eher allgemein die Verfehlungen verschiedener Täter auf, die auch gegen einzelne, eher willkürlich aneinandergereihte Dekaloggebote stehen, um die apokalyptischen Schrecken der Endzeit auszumalen. Dabei ist in 2Tim 3,2b eine Viererkette integriert, die sich auf die beiden im Hellenismus herausgestellten Grundsätze, nämlich Gottesfurcht und Elternehrung, beziehen. Danach werden in den letzten Tagen Gotteslästerer auftreten, ferner Menschen, die den Eltern ungehorsam sind (γονεῦσιν ἀπειθεῖς). Chiastisch gegeneinandergestellt werden beide Vorwürfe nochmals aufgegriffen, wenn (den Eltern) Undankbare (ἀχάριστοι) und Gottlose (ἀνόσιοι) angeführt werden. Hintergrund für diese Aufzählung ist jedoch nicht das Elterngebot, sondern der entsprechende ethische Maßstab der griechischen Philosophie.

[270] STUHLMACHER, Römerbrief, 37.

[271] So sehr richtig SCHWEIZER, EDUARD: Gottesgerechtigkeit und Lasterkataloge bei Paulus (inkl. Kol und Eph). In: Friedrich, Johannes u.a. (Hg.): Rechtfertigung. FS für Ernst Käsemann zum 70. Geburtstag; Tübingen, Göttingen 1976, 461-477, 469.

Kapitel 26:

# Das Elterngebot in den neutestamentlichen Haustafeln

## 1. Zum Text der Haustafeln im Kolosser- und Epheserbrief

Anders als in den unbestritten authentischen Paulusbriefen finden wir in weiteren Briefen des Corpus Paulinum, dem Kolosser- und Epheserbrief, zwei Stellen, die sich ausführlich mit dem Verhältnis zwischen Eltern und Kindern beschäftigen.[272] Diese Abschnitte stehen jeweils innerhalb der sogenannten „Haustafeln"[273], also im Zusammenhang damit, daß der Briefautor schreibt, wie die Beziehungen innerhalb einer christlichen Hausgemeinschaft geregelt werden sollen.

Die Haustafel im Epheserbrief zitiert ausdrücklich das Elterngebot, und es ist daher zu fragen, welche Bedeutung das alttestamentliche Gebot in Epheser 6,2f. gewinnt. Da der Kolosserbrief das ältere der beiden Schreiben ist[274]

---

[272] Vorausgesetzt werden kann aufgrund des textkritischen Befundes, daß beide Stellen (Kol 3,18-4,1 und Eph 5,22-6,9) ursprünglich zum Text der Briefe gehörten. Für eine spätere Interpolation, wie sie MUNRO, WINSOME: Col. III.18-IV.I and Eph. V.21-VI.9: Evidences of a late literary stratum? NTS 18, 1971/72, 434-447, angenommen hat, gibt es keine Anhaltspunkte im Text. Vgl. dazu auch MÜLLER, KARLHEINZ: Die Haustafel des Kolosserbriefes und das antike Frauenthema. Eine kritische Rückschau auf alte Ergebnisse. In: Dautzenberg, Gerhard u.a. (Hg.): Die Frau im Urchristentum; Freiburg u.a. 1983 (QD 95), 263-319, dort 310, Anm. 186.

[273] Zur formkritischen Einordnung vgl. unten Abschnitt 3.

[274] Für deuteropaulinische Verfasserschaft und eine Datierung des Kolosserbriefes um 70 n. Chr. sprechen sich GNILKA, JOACHIM: Der Kolosserbrief; Freiburg u.a. 1980 (HThK X/1), 23, POKORNY, PETR: Der Brief des Paulus an die Kolosser; Berlin 1987 (ThHK X/1), 9-15 und WOLTER, MICHAEL: Der Brief an die Kolosser, der Brief an Philemon; Gütersloh, Würzburg 1993 (ÖTBK 12), 31 aus. SCHWEIZER, EDUARD: Der Brief an die Kolosser; 2., durchges. Aufl., Zürich, Einsiedeln, Köln 1980 (EKK XII), 20-28 erwägt die Abfassung durch Timotheus in der Zeit der Gefangenschaft des Paulus in Ephesus. Der Epheserbrief wird fast durchgehend nach 70 datiert und gilt als deuteropaulinisch, vgl. GNILKA, JOACHIM: Der Epheserbrief; Freiburg, Basel, Wien 1971 (HThK X/2), 20: Beginn der 90er Jahre; LINDEMANN, ANDREAS: Die Aufhebung der Zeit. Geschichtsverständnis und Eschatologie im Epheserbrief; Gütersloh 1975 (StNT 12), 12: zwischen 75 und 100 n. Chr.; MUSSNER, FRANZ: Der Brief an die Epheser; Gütersloh, Würzburg 1982 (ÖTBK 10), 36: 80-90 n. Chr.

und wohl dem Verfasser des Epheserbriefes als Vorlage gedient hat[275], soll zunächst Kol 3,18-4,1 als Ausgangstext für Epheser 5,22-6,9 untersucht werden. Die Verse zur Eltern-Kind-Beziehung in Kol 3,20.21 stehen dabei für unser Thema im Mittelpunkt des Interesses; außerhalb dieser Verse ist die Eltern-Kind-Beziehung nirgends in diesem Brief thematisiert.

## 2. Text und Aufbau von Kolosser 3,18-4,1

Von der Struktur her sind insgesamt sechs Absätze erkennbar, die durch die Anrede eines bestimmten Personenkreises im Nominativ eingeleitet werden. Die angesprochenen „Stände" innerhalb des christlichen Hauses sind dabei jeweils paarweise einander zugeordnet, so daß man auf drei Abschnitte kommt. V.18f. enthält die wechselseitige Anweisung für Frauen und Männer, V.20f. gilt Kindern und Eltern, während Kol 3,22-4,1 Sklaven und Herren anspricht.

Zuerst wird jeweils der schwächere, unterlegene Partner in der Beziehung angesprochen: Frauen, Kinder und Sklaven, der gesellschaftlich mächtigere an zweiter Stelle. Die erste Weisung in jedem Paar zielt denn auch darauf, daß sich die Adressaten unterordnen bzw. gehorchen; ὑπό als durchgängige Vorsilbe signalisiert die einheitliche Ausrichtung. Dagegen variieren die Imperative an zweiter Stelle, zweifach (μὴ πικραίνεσθε / μὴ ἐρεθίζετε) sind sie negativ gehalten, schließen also nur ein bestimmtes Verhalten aus. Im ersten Fall (V.19) und im dritten Fall (4,1) erhalten die Männer und Herren eine positive Anweisung.

Auffällig ist auch, daß das Verhalten der Männer und Väter nicht theologisch begründet wird und nur die Sklavenhalter den Hinweis erhalten, daß auch sie einen Herrn im Himmel haben. Dagegen wird die Unterordnung der Frauen („wie es sich gehört im Herrn"), der Gehorsam der Kinder („das ist wohlgefällig im Herrn") und der Sklaven (ausführlicher Verweis auf Christus) stets vom Glauben her untermauert.

---

[275] So u.a. auch SCHWEIZER, Kolosser, 20; POKORNY, Kolosser, 8; LOHSE, EDUARD: Die Briefe an die Kolosser und an Philemon; 15. Aufl. (2., um einen Anhang erw. Aufl. der Neubearbeitung); Göttingen 1977 (KEK 9. Abt., 2.Bd.), 31, Anm. 1 mit zahlreichen anderen Autoren. Der Versuch von BEST, ERNEST: Who used whom? The relationship of Ephesians and Colossians. NTS 43, 1997, 72-96, die literarische Abhängigkeit zwischen Kol und Eph in Frage zu stellen, überzeugt nicht. Für die seiner Meinung nach willkürlichen Abwandlungen von Kol durch den Epheserbrief lassen sich durchaus gute Gründe finden. HÜBNER, HANS: An Philemon, An die Kolosser, An die Epheser; Tübingen 1997 (HNT 12), 110, spricht deshalb mit Recht vom Eph als einer *„editio secunda"* des Kol.

Die für uns bedeutsamen Mahnungen an Kinder und Väter lauten:

(20) Τὰ τέκνα, ὑπακούετε τοῖς γονεῦσιν κατὰ πάντα,
τοῦτο γὰρ εὐάρεστόν ἐστιν ἐν κυρίῳ.
(21) Οἱ πατέρες, μὴ ἐρεθίζετε τὰ τέκνα ὑμῶν, ἵνα μὴ ἀθυμῶσιν.

(20) Ihr Kinder, gehorcht den Eltern in allem,
denn das ist wohlgefällig im Herrn.
(21) Ihr Väter, reizt eure Kinder nicht, damit sie nicht mutlos werden.

Völlig parallel verläuft die Ermahnung an Kinder und Sklaven mit ὑπ–
ακούετε, verstärkt durch κατὰ πάντα, wobei dieser Zusatz an die Sklaven näher zum Imperativ gestellt ist, da das Objekt bereits durch κατὰ σάρκα erweitert wurde. Schließlich enthält V.21 noch zwei Besonderheiten: Die angesprochenen „Väter" ersetzen als Subjekt die Eltern, die noch in V.20 als Objekt genannt waren. Nur hier findet sich eine solche Inkongruenz, während
ansonsten Objekt und Subjekt in den paarweise angeordneten Weisungen einfach vertauscht sind. Ferner gibt der Autor nur hier ein Ziel als Begründung
an: die Rücksichtnahme auf die Kinder soll dazu führen, daß sie nicht den
Lebensmut verlieren.

Der Aufbau von Kol 3,18-4,1 ist also sehr klar, nur die Weisung an die
Sklaven fällt durch ihre Ausführlichkeit aus dem Rahmen. Dies kann als
Schwerpunktsetzung verstanden werden, die eventuell einen aktuellen Anlaß
im Blick auf die Adressaten hatte. Ansonsten sind die paarweisen Mahnungen
parallel strukturiert, ausgenommen die charakteristischen Abweichungen in
V.21.

# 3. Der fehlende Bezug der urchristlichen Haustafeltradition zum Elterngebot außerhalb von Epheser 6

Der formkritische Begriff der „Haustafel", der bereits bei Martin Luther auftritt[276] und dann von der Forschung seit Martin Dibelius (1911) und Karl
Weidinger (1928)[277] aufgenommen wurde, ist im Blick auf seine genaue Bedeutung umstritten, jedoch bis heute als Bezeichnung für Kol 3,18-4,1 akzeptiert[278]. Der Abschnitt gilt geradezu als Paradigma für die Haustafeln,

---

[276] Vgl. MARTIN LUTHER, Kleiner Katechismus, BSLK 523-527: „Die Haustafel
etlicher Spruche für allerlei heilige Orden und Stände, dadurch dieselbigen als durch eigen
Lektion ihres Ampts und Diensts zu ermahnen".
[277] Vgl. WEIDINGER, KARL: Die Haustafeln. Ein Stück urchristlicher Paränese; Leipzig
1928 (UNT 14), 1-6.
[278] Vgl. GIELEN, MARLIS: Tradition und Theologie neutestamentlicher Haustafelethik.
Ein Beitrag zur Frage einer christlichen Auseinandersetzung mit gesellschaftlichen Normen;
Bonn 1990 (BBB 75), 3; LIPS, HERMANN VON: Die Haustafel als ‚Topos' im Rahmen der
urchristlichen Paränese. Beobachtungen anhand des 1. Petrusbriefes und des Titusbriefes.
NTS 40, 1994, 261-280, 261.

deren Struktur (paarweise angesprochene Adressatengruppen, Abfolge von Anrede, Weisung und abschließender Begründung) sowie deren inhaltliche Ausrichtung (Über- und Unterordnung der jeweiligen Gruppen, wechselseitige Weisungen für Frau/Mann, Kinder/Eltern und Sklaven/Herren in fester Reihenfolge) hier exemplarisch vorliegen[279]. Unbestreitbar stellt die Perikope auch eine „abgeschlossene, paränetische Einheit dar, die sich in Aufbau und Stil vom übrigen Brief abhebt"[280]. Die strukturelle Ähnlichkeit mit dem Abschnitt in Eph 5,22-6,9 läßt zunächst eine besondere formkritische Kategorisierung gerechtfertigt erscheinen. Allerdings fehlen exakte, vom Kolosserbrief unabhängige Vergleichstexte mit völlig identischer Struktur, wenn man von einer literarischen Abhängigkeit der Haustafel im Epheserbrief von Kolosser 3 und 4 ausgeht, und nur wenn man innerhalb eines bestimmten Formschemas gewisse Variationsmöglichkeiten zugesteht, lassen sich auch weitere Texte noch der Haustafeltradition zuordnen, so etwa 1Petr 2,13-3,7[281], Tit 2,1-10, mit Einschränkung 1Tim 2,1.8-15, ferner nachneutestamentlich - ebenfalls mit unterschiedlicher Plausibilität - 1Clem 1,3; 21,6-8; IgnPol 4,1-6,2; Polyk 4,1-3; Did 4,9-11 und Barn 19,5-7.

Für unsere Untersuchung mag es ohne genaue Diskussion, welche Texte dazugehören mögen und welche einer weiterentwickelten „Gemeindetafel-" Tradition[282] zuzuordnen sind, genügen, die Existenz einer solchen Haustafeltradition für den Kolosser- und Epheserbrief im Einvernehmen mit der übrigen neutestamentlichen Forschung festzuhalten, sei es als eher feste Form[283], sei es als weniger festgefügter, variabler „Topos" innerhalb der urchristlichen Paränese[284].

Näher zu beschäftigen haben wir uns ohnehin innerhalb der Haustafeltradition nur mit den beiden Stellen in Kol 3,18-4,1 und Eph 5,22-6,9[285].

---

[279] Vgl. GIELEN, Haustafelethik, 3-6.

[280] A.a.O., 3.

[281] Die Zuordnung von 1Petr 2,13-3,7 zur Haustafeltradition ist umstritten und m.E. eher negativ zu beurteilen; vgl. zur Diskussion WOLTER, Kolosser, 195.

[282] Vgl. zu diesem Begriff und der entsprechenden Zuordnung GNILKA, Kolosserbrief, 205-207. Zur Weiterentwicklung der Haustafel-Tradition vgl. auch SCHWEIZER, EDUARD: Die Weltlichkeit des Neuen Testamentes: die Haustafeln. In: Donner, Herbert u.a. (Hg.): Beiträge zur Alttestamentlichen Theologie; FS für Walther Zimmerli zum 70. Geburtstag; Göttingen 1977, 397-413, bes. 407-412.

[283] So für Kol 3,18-4,1 festgehalten bei GIELEN, Haustafelethik, 122-128.

[284] So LIPS, Haustafel, 280.

[285] Einige Autoren, so etwa O'BRIEN, PETER T.: Colossians, Philemon; Waco, Texas 1982 (Word Biblical Commentary 44), 215, oder HARTMAN, LARS: Code and Context: A few reflections on the Parenesis of Col 3:6-4:1. In: Hawthorne, Gerald F., Betz, Otto (Hg.): Tradition and Interpretation in the New Testament. Essays in Honor of E. Earle Ellis for his 60th birthday; Grand Rapids/Mich., Tübingen 1987, 237-247, 237 grenzen die Anwendung des Begriffs „Haustafel" ohnehin auf diese beiden Texte ein.

Die Mahnungen an Eltern und Kinder sind nämlich nur im Epheserbrief mit dem Elterngebot verknüpft sind und der Kolosserbrief hat dafür als Vorlage gedient. Alle anderen als „Haustafeln" oder auch als fortentwickelte „Gemeindetafeln" diskutierten Texte stehen mit dem Elterngebot in keiner näheren Verbindung.

Wie wir bereits im 1. Petrusbrief keinen Bezug zum Elterngebot feststellen konnten[286], so fehlt auch in Titus 2,1-10 eine direkte Weisung an Kinder und Eltern; lediglich die alten Frauen werden angesprochen, die jungen Frauen zur Liebe gegenüber den Männern und Kindern anzuhalten (Tit 2,4). Da jedoch weder die Eltern angeredet sind, noch ein Gebot an die Kinder zu finden ist, besteht auch hier keine Verbindung zum Elterngebot. Dasselbe gilt auch für 1Tim 2, wo zwar die Aufgabe der Frauen, Kinder zur Welt zu bringen, thematisiert wird (1Tim 2,15), nicht aber eine Anweisung für Kinder und Eltern.

Auch in den nachneutestamentlichen Schriften, die Anklänge an die Haustafeltradition erkennen lassen, ergibt sich derselbe Befund. Wenn Clemens von Rom die Korinther an ihren ursprünglich guten christlichen Lebenswandel erinnert, so kann er darauf verweisen, daß sie sich ihren Vorstehern untergeordnet haben und den Ältesten die gebührende Ehre erwiesen haben (ὑποτασσόμενοι τοῖς ἡγουμένοις ὑμῶν καὶ τιμὴν τὴν καθήκουσαν ἀπονέμοντες τοῖς παρ ὑμῖν πρεσβυτέροις; 1Clem 1,3). Auch die Unterweisung an die Jungen wird zitiert, denen maßvolles und ehrbares Denken anbefohlen wurde (1Clem 1,3). Das spezielle Verhalten gegenüber den Eltern kommt jedoch bei dieser Rückschau nicht in den Blick.

In der Paränese des Clemens (1Clem 21,6-8) wird zwar die Erziehung der Kinder wie auch das Verhalten gegenüber den Älteren ausdrücklich thematisiert, an das Elterngebot erinnert aber nur τιμάω als Begriff für die Haltung gegenüber den Älteren: τοὺς πρεσβυτέρους τιμήσωμεν (1Clem 21,6). Die Weisungen für die christliche Erziehung der Kinder enthalten in 1Clem 21,8 kein besonderes Gebot für deren Verhalten gegenüber ihren Eltern. Die Erziehungsinhalte sind völlig unabhängig vom Elterngebot formuliert.

Finden wir bei Ignatius in seinem Brief an Polykarp (IgnPol 4,1-6,2) überhaupt keine näheren Ausführungen zum Verhältnis Eltern-Kinder, so ist im Brief des Bischofs Polykarp von Smyrna an die Philipper die Unterweisung der Frauen dahingehend ausgeführt, daß sie als Mütter für die Erziehung der Kinder verantwortlich sind, ihnen eine Erziehung zur Gottesfurcht zu geben (καὶ τὰ τέκνα παιδεύειν τὴν παιδείαν τοῦ φόβου τοῦ θεοῦ; Polyk 4,2). Die jungen Männer werden dann allerdings nicht zur Fürsorge für die Eltern, sondern zur Unterordnung unter die Presbyter und Diakone, also die Gemeindeleitung, aufgefordert (Polyk 5,3). Wiederum ist kein Bezug zum Elterngebot erkennbar.

---

[286] Vgl. oben, Kapitel 24.2.

Das Auftreten des Elterngebots - wie überhaupt eines alttestamentlichen Gebots - innerhalb der Haustafeltradition im Epheserbrief ist also verglichen mit den sonstigen neutestamentlichen und nachneutestamentlichen Schriften des Christentums völlig singulär. Haustafeln oder Gemeindetafeln bzw. verwandte Texte haben ansonsten keine Erweiterung durch das Elterngebot erfahren und werden auch nicht inhaltlich in der Weisung an Kinder und Eltern durch jenes Gebot geprägt. Die gelegentlich feststellbare begriffliche Verbindung über τιμάω erklärt sich ungezwungen durch hellenistisch-heidnische Vorbilder[287]; eine Aufnahme des Elterngebots läßt sich daran nicht nachweisen.

Allerdings hat zumindest D. Schroeder[288] zu zeigen versucht, daß die Herkunft der ganzen Form der Mahnungen in den Haustafeln beim Elterngebot zu finden sei. Es sei - so Schroeder - das apodiktische Recht des Alten Testaments, das als Vorbild für die Weisungen der Haustafeln gedient habe: „Der Imperativ der ntl. Haustafeln entspricht der absoluten Form des apodiktischen Rechtssatzes. Beide stellen einen absoluten Anspruch an die Hörer oder Leser ... Mit gebieterischer Macht wird etwas ohne jegliche Einschränkung geboten oder verboten ... Die Autorität dieses Imperativs ist die Autorität Gottes"[289]. Noch genauer findet er exakt den Imperativ der Haustafeln im Elterngebot vorgegeben: „Im Eltern-Gebot steht nun der Imperativ, und die LXX gibt beide positiven Gebote im Imperativ weiter - ‚Ehre deinen Vater und deine Mutter'. Das ist derselbe Imperativ, den wir in der Haustafel finden und wird auch Eph. 6,2 f zitiert. Es kann also kein Zweifel daran sein, daß diese Imperativform auf das alt. (sic!) Gesetz zurückgeht, zumal auch der Imperativ im hellenistischen Judentum von hier genommen wird"[290].

Abgesehen von der heute stärker betonten Ausdifferenzierung des „apodiktischen Rechtes" im Alten Testament[291] und dem damit verbundenen Einwand, daß das Elterngebot auch formal gewiß nicht das Zentrum alttestamentlicher Rechtstradition gebildet hat, ist die von Schroeder herausgestellte Analogie zwar durchaus feststellbar, jedoch so allgemein verbreitet, daß man kaum das Elterngebot als Wurzel der Haustafeltradition ansehen kann. Imperativische Weisungen finden sich ebenso in profanen, philosophischen Texten, und auch dort lassen sich Gebote mit absolutem Anspruch, ohne jegliche Einschränkung, nachweisen[292]. Ferner weicht die pluralische Anrede an eine bestimmte Gruppe sogar dezidiert vom Elterngebot ab, das singularisch und

[287] S.o., Kapitel 11.2.
[288] Vgl. SCHROEDER, DAVID: Die Haustafeln des Neuen Testaments (Ihre Herkunft und ihr theologischer Sinn); Diss. masch., Teil 1 und Teil 2 (Anmerkungen); Hamburg 1959, 92f., 99f., 107f.
[289] A.a.O., 99.
[290] A.a.O., 100.
[291] Vgl. dazu oben, Kapitel 4.
[292] Vgl. oben, Kapitel 11.2.

generell formuliert ist, sowie als Adressaten ausschließlich den freien, erwachsenen, männlichen Bürger hat[293]. Die scheinbare Nähe zur Anrede einzelner Gruppen durch Propheten wie in Hos 5,1LXX (ἀκούσατε ταῦτα οἱ ἱερεῖς, Jo 1,2LXX (ἀκούσατε δὴ ταῦτα οἱ πρεσβύτεροι), Jo 1,13LXX (περιζώσασθε καὶ κόπτεσθε οἱ ἱερεῖς), auch Mi 1,10LXX und Mi 3,10 LXX, die Schroeder unter anderen Stellen anführt[294], täuscht sehr, denn in sämtlichen Fällen handelt es sich um den Aufmerksamkeitsruf eines Droh- bzw. Scheltwortes des Propheten. Zu apodiktischem Recht bestehen von dort wieder nur indirekte Verbindungen. Ethische Weisungen mit der den Haustafeln entsprechenden pluralischen Anrede an Einzelgruppen kann Schroeder bezeichnenderweise nicht beibringen. Die angenommene Nähe der Haustafel-adressierung zu alttestamentlichen Anredeformen ist somit irreführend.[295] Merks Diktum gilt dagegen weiter: „Die Anreden *αἱ γυναῖκες, οἱ ἄνδρες* usw. sind griechisch"[296].

Wie wir ferner im Zusammenhang der Analyse der zwischentestamentarischen Schriften gesehen hatten, sind auch Begründungen von Geboten nicht der jüdischen Tradition allein zu eigen, sondern mischen sich - wie etwa bei Jesus Sirach - mit Motivationen aus dem griechisch-philosophischen Bereich. Die von Schroeder vertretene direkte Linie vom Elterngebot zu den neutestamentlichen Haustafeln kann daher m.E. nicht überzeugend gezogen werden.

Auch das weitere Argument Schroeders überzeugt wenig, nämlich die Annahme einer festen Anordnung der Haustafelabschnitte, die lediglich durch die - voneinander abhängigen - Haustafeln in Kol und Eph erschlossen werden kann. Gielen hat hier zu Recht angemerkt, daß die Perikopen der Pastoralbriefe die These einer festen Abfolge gewiß nicht stützen[297].

Schließlich ist Schroeders Verständnis der Haustafeln als Zusammenstellung einzelner Mahnungen an die verschiedenen „Stände" als genuin urchristliches Schema, das Paulus unter Rückgriff auf Einzelweisungen aus der Jesustradition gestaltet habe, als unsachgemäß abzuweisen. Mit Gielen[298] muß die Zusammengehörigkeit der Einzelweisungen in den Haustafeln festgehalten werden, die als Ganzes das christliche „Haus" in seinen Grundstrukturen betreffen, nicht zuerst allein die einzelnen Stände.

---

[293] Vgl. oben, Kapitel 8.

[294] Vgl. SCHROEDER, Anmerkungsband zu Haustafeln des Neuen Testaments, 73, Anm. 62.

[295] Die Zustimmung von GIELEN, Haustafelethik, 44 ist m.E. nicht nachvollziehbar; die Gestaltung der einzelnen Haustafelweisungen kann gerade *nicht* befriedigend aus der Form apodiktischer Rechtssätze erklärt werden.

[296] MERK, OTTO: Handeln aus Glauben: Die Motivierungen der paulinischen Ethik; Marburg 1968 (MThSt 5), 214.

[297] GIELEN, Haustafelethik, 36, Anm. 88.

[298] Vgl. a.a.O., 40-44.

Insbesondere die Reziprozität von Mahnungen spricht gegen ein isoliertes Verständnis der einzelnen Weisungen. Die Rückführung von Einzelweisungen an Kinder und Eltern auf Jesus selbst ist aufgrund der uns zur Verfügung stehenden Überlieferung kaum möglich, da die Aussagen Jesu zum Verhältnis Eltern-Kinder in der Haustafeltradition nicht aufgenommen werden.

In diesem Zusammenhang muß auch die teilweise vermutete Bedeutung, die der Dekalog als Gesamtheit für die Einfügung der Haustafel im Kolosserbrief gehabt haben soll, kritisch bedacht werden. Hartman hat im Blick auf Kol 3,5-4,6 erneut den Gedanken in die Diskussion eingebracht, „that the Decalogue might have something to do with this parenetic section, the household code included"[299]. Er stellt dazu die strukturprägende Wirkung des Dekalogs für einige Lasterkataloge und paränetische Reihen dar und möchte auch Kol 3,5.8 zu den dekalogisch strukturierten Texten rechnen. Die Haustafel in Kol 3 und 4 sei als Ergänzung zu werten, die das Ehebruchsverbot und das Elterngebot aufnimmt, die in Kol 3,5.8 zuvor nicht explizit erwähnt werden. Allerdings hat die Haustafel-Mahnung an Frauen und Männer inhaltlich wenig mit dem Ehebruchsverbot zu tun, wie auch die Mahnung an Kinder und Eltern vom Elterngebot weit entfernt ist. Die Behandlung der Sklavenfrage fügt sich in diesem Zusammenhang ferner nicht sinnvoll ein. Eine Herleitung der Haustafelethik vom Dekalog erscheint nicht plausibel.[300]

Nachdem auch die exklusive und unmittelbare Herleitung der Haustafeltradition aus dem stoischen Pflichtenschema[301] sowie aus dem hellenistischen Judentum[302] nicht gelungen ist und in der theologischen Wissenschaft gegenwärtig kaum mehr Anklang findet[303], ist man in der jüngeren Forschung dazu übergegangen, eine eigene Literaturgattung, die Oikonomik, als Grundlage der neutestamentlichen Haustafeltradition anzunehmen. Die Dreierstruktur (Mann/Frau, Eltern/Kinder, Herr/Sklave) - ursprünglich wohl eher als Zweierschema vorliegend - sowie die Reziprozität der Beziehungen, wobei

---

[299] HARTMAN, Code and Context, 239.

[300] Auch das schon weit früher aufgetretene Verständnis der Haustafeln als „exemplarischer Gebotsparänese" (vgl. dazu STUHLMACHER, PETER: Christliche Verantwortung bei Paulus und seinen Schülern. EvTh 28, 1968, 165-186, 178f.), das die Haustafeln in der Tradition der Dekalogexegese des hellenistischen Judentums sieht, hat sich nicht durchsetzen können, wenngleich es eine weitaus höhere Plausibilität besitzt als die von Hartman, Code and Context, versuchte unmittelbare Anlehnung an die Struktur des Dekalogs. Die Verbindungen der Haustafeln zur Dekalogexegese der hellenistischen Synagoge (s. oben, Teile B und C) sind nicht so stark, wie gelegentlich vermutet.

[301] So WEIDINGER, Haustafeln.

[302] So CROUCH, Origin, 146: „The fact remains, however, that our study has demonstrated that the simple description of the Colossian *Haustafel* as ‚Hellenistic' is no longer adequate. The material from which it is comprised is clearly Hellenistic *Jewish*". Dabei nimmt Crouch an, daß ein gewisser Einfluß des stoischen καθῆκον-Schemas vorliegt, das aber innerhalb der hellenistisch-jüdischen Tradition transformiert wurde (vgl. a.a.O., 148).

[303] Vgl. GIELEN, Haustafelethik, 24-54; WOLTER, Kolosser, 194-198.

Über- und Unterordnung festgehalten, aber sachlich gemildert werden, stellen Momente dar, die sämtlich der Haustafeltradition entsprechen, so daß die Zuordnung neutestamentlicher Haustafeln „zur Gattung des Oikonomikos als erfolgreicher Versuch bezeichnet werden darf, die religionsgeschichtlichen Wurzeln der HT [sc. Haustafel-, d. Verf.] Tradition freizulegen"[304].

Die Literaturgattung der Oikonomik beschäftigt sich insgesamt mit der Verwaltung des Hauses, mit den Fragen der Gemeinschaft im Haus und mit dem Zusammenwirken der einzelnen Mitglieder der Hausgemeinschaft, wobei der wirtschaftliche Aspekt im Vordergrund steht.[305] Dabei sind die meisten der zugehörigen Schriften praxisorientiert und geben Ratschläge für die Gestaltung der Hausgemeinschaft; nur selten - so etwa bei Aristoteles in seiner Politeia - erfolgt eine rein theoretische Abhandlung. Zwei Beispiele veranschaulichen im Folgenden die dort genannten Erwartungen an die Kinder.

Xenophons Oikonomikos ist wohl die älteste vollständig erhaltene Ökonomikschrift[306], wobei hier die ethische Seite hinter die wirtschaftlichen Überlegungen zurücktritt. Im Zentrum steht die eheliche Beziehung, wobei die Kernfamilie auf eine Generation, Ehemann und Ehefrau, beschränkt erscheint. Nur an einigen Stellen finden wir einen Ausblick auf die Elternschaft, dort aber spielt dann die Altersversorgung eine sehr große Rolle.

So gibt Xenophon im Oikonomos VII,12 die Versorgung der Eltern im Alter als Ziel der Erziehung an. Wenn Gott dem Ehepaar Kinder gewährt, läßt er den Ehemann, Ischomachos, sagen, „dann wollen wir überlegen, wie wir sie am besten erziehen; denn es wird für uns gemeinsam auch gut sein, daß wir die besten Mitstreiter und Versorger im Alter erhalten"[307]. Nochmals bekräftigt er es kurz darauf, daß die Zeugung von Kindern dazu dient, Versorger im Alter zu erwerben[308]. Schließlich führt die tugendhafte Anstrengung der Frau in der Partnerschaft sowie in der Erziehung der Kinder dazu, daß sie nicht fürchten muß, im Alter weniger geachtet (ἀτιμοτέρα) im Hause zu sein, sondern vielmehr ergibt sich daraus, daß sie nach dem Maß ihres eigenen Einsatzes im Hause umso geachteter sein wird ( ...τοσούτῳ καὶ τιμιωτέρα ἐν τῷ οἴκῳ ἔσει; Xenophon, Oikonomikos VII, 42).

---

[304] GIELEN, Haustafelethik, 57; vgl. THRAEDE, KLAUS: Zum historischen Hintergrund der ‚Haustafeln' des NT. In: Dassmann, Ernst; Frank, K. Suso (Hg.): Pietas. Festschrift für Bernhard Kötting; Münster 1980 (JAC Ergänzungsband 8), 359-368, 362-365 und BECKER, JÜRGEN; LUZ, ULRICH: Die Briefe an die Galater, Epheser und Kolosser; 18. Aufl., 1. Aufl. der neuen Bearbeitung; Göttingen 1998 (NTD 8), 234.

[305] Vgl. DASSMANN, ERNST; SCHÖLLGEN, GEORG: (Art.) Haus II (Hausgemeinschaft). In: RAC 13, 1986, Sp. 801-905, Sp. 815.

[306] Wohl nach 371 v. Chr. verfaßt; zur Datierungsproblematik vgl. POMEROY, SARAH B.: Xenophon, Oeconomicus. A Social and Historical Commentary; Oxford 1994, 1-8.

[307] XENOPHON, Oikonomikos VII, 12: „ ... τότε βουλευσόμεθα περὶ αὐτῶν, ὅπως ὅτι βέλτιστα παιδεύσομεν αὐτά· κοινὸν γὰρ ἡμῖν καὶ τοῦτο ἀγαθόν, συμμάχων καὶ γηροβοσκῶν ὅτι βελτίστων τυγχάνειν."

[308] XENOPHON, Oikonomikos VII, 19: „ ... τὸ γηροβοσκοὺς κεκτῆσθαι ...".

Weiter sei noch der (Ps.-)aristotelische Text Oeconomicus I, 3,3 angeführt, in dem die Vergeltung angesprochen wird, durch die Mann und Frau genau das von ihren Kindern wieder empfangen, was sie selbst in ihrer vollen Kraft an den Unmündigen getan haben, wenn sie dann im Alter kraftlos werden[309]. So finden wir also thematisch immer wieder die Altersversorgung der Eltern in den heidnisch-antiken Oikonomikschriften angesprochen, was die Beziehung zwischen Eltern und Kindern betrifft.

Dabei muß jedoch bedacht werden, daß die Beziehung zwischen Eltern und Kindern in der Oikonomik-Literatur nicht sehr ausführlich behandelt wird und nicht zu den festen Themenkreisen gehört. Auch das ist allerdings vergleichbar mit der Haustafeltradition[310], da auch hier nicht zum Verhältnis zwischen Kindern und Eltern, sondern zu Ehe bzw. zum Verhältnis Herr/ Sklave regelmäßig und meist ausführlicher Stellung genommen wird.

Insgesamt konvergieren die Beschreibungen der Oikonomikliteratur und die Haustafel des Kolosserbriefes „vor allem auf der Ebene, die deren Aufbau und textliche Kohärenz ausmacht: Das ist zum einen der durchgängige Bezug der zwischenmenschlichen Verhältnisse auf den Hausherrn und zum anderen das an dessen unterschiedlichen Funktionen im Haus orientierte ... Dreierschema ... Andere Relationen innerhalb einer Hausgemeinschaft (z.B. zwischen Geschwistern) bleiben außen vor, weil sie ... für die Intention der Ökonomik ohne inhaltliche Bedeutung sind"[311]. Die Oikonomikschriften gelten daher mit Recht als die literaturgeschichtlichen Vorläufer der Haustafeltradition. Inhaltlich zeigt die Übernahme der οἰκονομία−Tradition, „daß die Sozialethik sich anschließt an relativ konservative griechische Traditionen und in der Beschreibung der Rolle der Frauen wie auch der Sklaven zurückbleibt hinter seinerzeit faktisch Erreichtem und Möglichem".[312]

Mit dem Rückgriff auf die pagangriechische Oikonomikliteratur als Vorläufer der Haustafeln muß schließlich als Fazit der Frage nach der formalen Prägekraft des alttestamentlichen Elterngebots festgehalten werden, daß das Elterngebot die Haustafeltradition auch formal nicht geprägt hat und es somit keinen Einfluß des Gebotes auf die Ermahnungen in Kol 3,18-4,1 gibt. Da jedoch der Verfasser des Eph in den Haustafel-Text von Kol 3,20.21 das Elterngebot eingefügt hat, soll noch kurz die Eltern-Kind-Beziehung nach diesen Versen dargestellt werden, damit der Rahmen für das Zitat des Gebots in Eph 6,2f. im Anschluß besser verständlich wird.

---

[309] (PS.-) ARISTOTELES, Oeconomicus I, 3,3: „ ... ἃ γὰρ ἂν δυνάμενοι εἰς ἀδυνάτους ποιήσωσι, πάλιν κομίζονται παρὰ δυναμένων ἀδυνατῶντες ἐν τῷ γήρᾳ".

[310] CROUCH, Origin, 149, spricht sogar davon, daß die Ermahnungen gegenüber Frauen und Sklaven primär seien gegenüber den Weisungen an Eltern und Kinder.

[311] WOLTER, Kolosser, 197.

[312] LÜHRMANN, DIETER: Neutestamentliche Haustafeln und antike Ökonomie. NTS 27, 1981, 83-97, 94.

## 4. Die Eltern-Kind-Beziehung nach Kolosser 3,20.21

Die beiden wechselseitigen Ermahnungen an Kinder bzw. Väter in Kol 3,20 und 21 sind innerhalb des Kolosserbriefes singulär, gehören aber auf jeden Fall zum ursprünglichen Brieftext.[313] An keiner anderen Stelle ist in diesem Brief das entsprechende Thema behandelt, von Kindern ist nirgends sonst die Rede, auch nicht von Eltern. Nur der Vaterbegriff tritt außerhalb der Haustafel auf, wobei in Kol 1,2 von Gott als „unserém" Vater, das heißt als dem Vater der Glaubenden, in Kol 1,3 vom Vater Jesu Christi gesprochen wird. Schließlich endet der Abschnitt unmittelbar vor der Haustafel mit der Aufforderung zum Dank gegenüber Gott, dem Vater Jesu Christi (Kol 3,17).

Die Wirkung[314] des Textes darf dabei nicht unterschätzt werden, denn die Haustafel stellt im Grunde einen höchst brisanten Versuch dar, die Tradition der Hausgemeinden aufzunehmen, dabei aber ganz neu auszuprägen. Jetzt, in der Haustafel, sind Sklaven im christlichen „Haus" wieder wirklich Sklaven und die Frauen (anders Paulus in 1Kor 11 und Gal 3,28!) untergeordnet, die hierarchische Struktur ist vorgegeben. Die wechselseitige Anrede hebt allerdings den reinen Objektstatus von Frauen, Kindern und Sklaven auf[315].

Die Weisung an die Kinder stimmt im Wortlaut exakt mit der Mahnung an die Sklaven überein, was „der ungefähren Übereinstimmung der rechtlichen Stellung beider Gruppen im Oikos"[316] entspricht. Wie schon Gal 4,1-7 den noch unmündigen Erben mit dem Sklaven gleichsetzt, so stehen auch hier Kinder und Sklaven auf einer Ebene und werden mit den gleichen Worten zum Gehorsam gefordert. „Gehorsam als hervorstechendes Merkmal der Elternbeziehung des Kindes ist hellenistisch"[317], wobei das Elterngebot immer nur partiell im Sinne einer Gehorsamsforderung gedeutet werden konnte. Die Gehorsamsforderung an sich stellt keine umfassende Auslegung des Elterngebots dar. Damit ist klar einzugrenzen, daß es sich bei den in Kol 3,20 angesprochenen τέκνα um unmündige Kinder, um Heranwachsende und Jugendliche handelt. Von ihnen wird uneingeschränkter Gehorsam gefordert, der lediglich durch die komplementäre Mahnung an die Väter (V.21) abgemildert ist. Die Aufforderung wird dann in V.20b begründet mit einer christologischen Motivierungsklausel: τοῦτο γὰρ εὐάρεστόν ἐστιν ἐν κυρίῳ. Da bei

---

[313] Vgl. oben, Abschnitt 1.

[314] Eine (oft behauptete) antienthusiastische Wirkung stellt nicht das Ziel der Haustafeln dar. Besonders deutlich ist das gerade beim Thema des Elterngebots, „weil der Enthusiasmus gewiß keine Kinderemanzipation nach sich zog" (SCHWEIZER, Weltlichkeit, 405).

[315] Darauf hebt BUNKE, ANNE-DORE: Kindheit und Jugend in der Bibel. In: Christenlehre/ Religionsunterricht - Praxis 50, 1997, 21-25, 24 ab, wenn sie für Kol 3 herausstellt: „Auffällig aber ist, daß die Kinder selbst angesprochen, daß sie zu Partnern wurden".

[316] GIELEN, Haustafelethik, 161.

[317] GNILKA, Kolosserbrief, 219. LUZ, Kolosser, 237 hält fest, daß die Mahnung nichts enthält, „was spezifisch christlich wäre".

der Weisung an die Eltern resp. Väter keine entsprechende christologische Begründung gegeben wird, zeigt sich auch hier das Übergewicht der Mahnungen an die gesellschaftlich Untergeordneten, ihre Stellung vom christlichen Glauben her als legitim anzuerkennen.

Die Begründung hält fest, daß das angemahnte Verhalten „unter den zeitgenössisch unterscheidbaren Verhaltensweisen im Herrschaftsbereich des Herrn ..., also in den christlichen Gemeinden, wo der Kyrios als normsetzende Autorität fungiert, als wohlgefällig akzeptiert ist"[318]. Es wird mit dieser Wendung das eher seltene, auch profangriechisch vertraute[319] sittliche Urteil εὐάρεστον dezidiert auf den christlichen Kontext bezogen[320] und „fungiert von vornherein als theologische Motivation für die vorstehende Weisung"[321]. Der Verfasser des Kolosserbriefes will dabei anknüpfen an „ein bestimmtes sozialethisches Modell aus seiner Umwelt ... und dekretiert es als eine im Heilsbereich des erhöhten Herrn verbindliche Verpflichtung"[322]. Wie die als Vorbild dienende Oikonomik-Literatur stellt die Haustafelethik eine „Parteinahme für einen sittlich gemilderten oder humanisierten Herrschaftsgedanken"[323] dar, also für „eine Position, die ... zwischen den Extremen des stoischen Gleichheitssatzes bzw. griechischer Liberalität und des harten Postulats unbedingter Fügsamkeit vermittelt"[324].

Die Ermahnung an die Eltern ist wörtlich nur an die Väter gerichtet; sie könnte jedoch auch für beide Elternteile gelten[325], die damit ermahnt werden, ihre Kinder nicht herauszufordern[326]. Die Ordnung des Hauswesens wird durch die Reziprozität der Ermahnungen nicht durchbrochen, die Unterordnung der Kinder ist vorausgesetzt. Allerdings öffnet die Ermahnung an die Väter[327] den Blick für deren christliche Verantwortung, was ihr Verhalten gegenüber den Kindern betrifft.

---

[318] GIELEN, Haustafelethik, 159.

[319] Vgl. BAUER, Wörterbuch, Sp. 645. Εὐάρεστον ist nur zweimal (SapSal 4,10; 9,10) in der LXX belegt; die LXX gebraucht stattdessen eher das Simplex ἀρεστόν, vgl. Dtn 6,18; 12,25.28LXX u.a. (32 Belege). Eine Vermittlung des Begriffs durch die Septuaginta (so SCHROEDER, Haustafeln des Neuen Testaments, 118) ist daher unwahrscheinlich. Zutreffend sieht vielmehr MERK (vgl. ders., Handeln aus Glauben, 217), daß kein Rückgriff auf das Alte Testament vorliegt.

[320] O'BRIEN, Colossians, 225, versteht ἐν κυρίῳ zutreffend als Hinweis darauf, daß Gehorsam gegenüber den Eltern als „fit and proper in that sphere in which the Christian now lives, that is, in the new fellowship of those who own Christ as Lord", gilt.

[321] WOLTER, Kolosser, 200.

[322] Ebd.

[323] THRAEDE, Hintergrund der ‚Haustafeln' des NT, 365.

[324] Ebd.

[325] Vgl. SCHWEIZER, Kolosser, 166.

[326] Für ἐρεθίζειν in der Bedeutung „herausfordern" verweisen die Kommentatoren auf EPIKTET, Enchiridion 20; vgl. LOHSE, Kolosser, 227.

[327] Vgl. DUDREY, RUSS: „Submit Yourselves to One Another" A Socio-historical Look at the Household Code of Ephesians 5:15-6:9. RestQ 41, 1999, 27-44, 41.

# 5. Die Akzentsetzung beim Vaterbegriff im Epheserbrief

Der eindeutig deuteropaulinische Epheserbrief stellt viel stärker als der Kolosserbrief die Vater-Kind-Relation vor allem als Modell für das Verhältnis zwischen Gott und der christlichen Gemeinde heraus. Schon der Eingangs- und Schlußgruß rahmt den ganzen Brief mit der Erinnerung daran, daß Gott *unser* Vater (Eph 1,2) bzw. *der* Vater (Eph 6,23) ist. In der Anfangseulogie wird die Vorherbestimmung der Christen, Gottes Kinder zu sein (Eph 1,5), herausgestellt, und die Aufhebung des Gegensatzes von Heiden und Juden durch Christus kann der Verfasser des Epheserbriefes als gemeinsamen Zugang zum Vater (... προσαγωγὴν ... πρὸς τὸν πατέρα; Eph 2,18) deuten. Die Gottesgemeinschaft findet im Anschluß daran dann auch ihren Ausdruck darin, daß die Gemeinde als „Hausgenossen Gottes" (οἰκεῖοι τοῦ θεοῦ; Eph 2, 19) angesprochen wird, die Gemeinde also als „Haus" mit Gott als dem Hausvater verstanden wird.

Nochmals absolut von „dem Vater" ist in Eph 3,14 die Rede, woraufhin ausdrücklich er allein als Urbild von Vaterschaft gilt (Eph 3,15). Auch schöpfungstheologisch gilt Gott als „θεὸς καὶ πατὴρ πάντων" (Eph 4,6).

Das Bild des Verhältnisses zwischen Vater und Kindern ist also im Epheserbrief sehr positiv aufgenommen, obwohl nach Eph 4,13f. die eschatologische Vollendung so dargestellt wird, daß der „vollendete Mann" das Ziel ist und das Stadium der Unmündigen (νήπιοι) überwunden wird. Schon in Eph 5,1 kann aber wieder dazu aufgerufen werden, Nachahmer Gottes zu werden „als die geliebten Kinder" (ὡς τέκνα ἀγαπητά), und unmittelbar vor der Haustafel fordert der Verfasser auf, Gott, dem Vater (Eph 5,20), allezeit Dank zu sagen.

Die Haustafel ist im Epheserbrief auf diese Weise viel stärker als im Kolosserbrief in den theologischen Gedankengang des Briefes einbezogen[328], wenngleich die konkrete ethische Thematik hinsichtlich der Eltern-Kind-Beziehung auch hier nur singulär in der Haustafel selbst auftritt. Die Weisungen an die verschiedenen Glieder der Hausgemeinschaft stehen jedoch immer unter der übergreifenden Sicht, daß sie alle zum Haus Gottes gehören, daß Gott selbst der Hausvater schlechthin ist. Bezeichnenderweise sind nach Eph 5,21-6,9 auch alle Beziehungen innerhalb der christlichen Hausgemeinschaft von der Gottesbeziehung her bestimmt. Alle Beteiligten werden auf die Stellung zu Christus hin angesprochen, wie schon die Überschrift in Eph 5,21 zusammenfaßt: „Ordnet euch einander unter in der Furcht Christi" (Ὑποτασσόμενοι ἀλλήλοις ἐν φόβῳ Χριστοῦ).

---

[328] So auch das Urteil von POKORNY, Kolosser, 152: „Im Epheserbrief ist die Haustafel (5,21-6,9) deutlicher paulinisch, aber das läßt sich als vertiefte Umdeutung im Rahmen der paulinischen Schule erklären. Der Umdeutung (scil.: der übernommenen Elemente) im einzelnen entspricht im Epheserbrief die konsequente Verbindung der Haustafel mit dem theologischen Kontext und mit der literarischen Struktur der Epistel".

## 6. Text und Aufbau von Epheser 5,22-6,9
## im Vergleich mit Kolosser 3,18-4,1

Nach der Überschrift (Eph 5,21), die den Skopus der ganzen Haustafel nun explizit angibt - gegenseitige Unterordnung -, folgen wie im Kolosserbrief die jeweils paarweise angeordneten Anreden mit den entsprechenden Weisungen. Auffällig ist jedoch, daß, anders als in Kol 3, mehrfach ein Rekurs auf das Verhältnis zu Christus bzw. auf das Verhältnis zwischen Christus und der Kirche erfolgt. Besonders die Weisungen an Frauen und Männer sowie an Sklaven und Herren sind von diesen theologischen Hinweisen durchwirkt. Dabei wird die Unterordnung der Frauen unter ihren eigenen Ehemann (nicht allgemein „den Männern") zunächst allgemein anthropologisch begründet (ὅτι ἀνήρ ἐστιν κεφαλὴ τῆς γυναικός), dann aber mit dem Verhältnis Christus-Kirche untermauert, bevor wiederum daraus das Fazit für die Ehe gezogen wird. Umgekehrt folgt auf die Weisung an die Männer zuerst ein langer Exkurs über die Liebe Christi zur Kirche, der dann auf die Beziehung in der Ehe angewandt wird und am Ende (V.29c.30) wird nochmals das Vorbild der Christus-Kirche-Beziehung aufgegriffen.

Das alttestamentliche Zitat in V.31 bezieht sich auf die in die Weisung an die Männer gegenüber Kol 3,19 neu eingeführte Bestimmung der Liebe zur Frau als Liebe zum eigenen Leib (V.28), wobei für σῶμα dann auch σάρξ (V.29) stehen kann. So bereitet das Stichwort σάρξ in V.29 den Rückgriff auf Gen 2,24 vor. V.33 schließt die Mahnungen an Frauen und Männer ab, wobei die Aufforderung zur Liebe an die Männer wiederholt ist, wogegen die Frauen nun zur Ehrfurcht, d.h. Respekt gegenüber dem Ehemann aufgefordert sind.

Die Kinder- und Väterparänese weist gegenüber Kol 3,20f. relativ geringfügige Änderungen auf[329]. Die Kinder sind danach - wie in Kol 3,20 - zum Gehorsam aufgefordert, wobei nun nach der Begründung, dies sei gerecht (δίκαιον), das Zitat des Elterngebots folgt. Der Bedeutung des Zitats wollen wir im Folgenden weiter nachgehen. Die Mahnung an die Väter macht es dabei eindeutig, daß kleine, unmündige Kinder gemeint sind: sie sollen erzogen werden in der Zucht und Weisung des Herrn. Albertz unterstreicht dabei, es gebe nur „eine einzige Stelle im Neuen Testament und damit in der ganzen Bibel, in der das Elterngebot auf einmal in der Kindererziehung verwendet wird, und das ist Eph 6,1-4"[330].

Die Sklavenermahnung schließlich gibt die Anweisungen der Kolosser-Haustafel in vielen Punkten sehr genau wieder und verwendet dieselben Begriffe, nur teilweise etwas umgestellt oder ein wenig anders formuliert. Der Inhalt ist insgesamt lediglich leicht erweitert.

---

[329] Vgl. GIELEN, Haustafelethik, 212.
[330] ALBERTZ, Altes und Neues zum Elterngebot, 25.

## 7. Die Weisungen der beiden Haustafeln an Kinder und Eltern im synoptischen Vergleich

Stellt man den Mittelteil der Haustafeln in Kol 3,20f. und Eph 6,1-4 unmittelbar nebeneinander, so fällt zunächst die offenkundige Parallelität ins Auge, mit der bestimmte Passagen als Übernahme durch den Verfasser des Epheserbriefes erkennbar werden. Die folgende Textwiedergabe stellt deshalb die Verse aus Kol 3 und Eph 6 jeweils in zwei Linien übereinander unmittelbar zusammen; in einer dritten Zeile wird Epheser 6 als derjenige Text, der das Elterngebot enthält, übersetzt. Die Ergänzung in Eph 6,2.3 ist eingerückt.

Kolosser 3: (20a)Τὰ τέκνα,ὑπακούετε τοῖς γονεῦσιν κατὰ πάντα,

Epheser 6 : (1a) Τὰ τέκνα,ὑπακούετε τοῖς γονεῦσιν ὑμῶν ἐν κυρίῳ·
      Ihr Kinder,   gehorcht    euren Eltern    im Herrn,

Kolosser 3: (20b) τοῦτο γὰρ εὐάρεστόν ἐστιν ἐν κυρίῳ.

Epheser 6: (1b) τοῦτο γάρ ἐστιν δίκαιον.
      denn das   ist     gerecht.

  nur Epheser 6:(2)    τίμα τὸν πατέρα σου καὶ τὴν μητέρα,
        „Ehre    deinen Vater    und deine Mutter" -
        ἥτις ἐστὶν ἐντολὴ πρώτη ἐν ἐπαγγελίᾳ,
        das ist das    erste Gebot    mit einer Verheißung:
      (3) ἵνα εὖ σοι γένηται καὶ ἔσῃ μακροχρόνιος ἐπὶ τῆς γῆς.
      (3) „damit es dir wohlgeht   und du   lange lebst    auf der Erde".

Kolosser 3: (21a) Οἱ πατέρες, μὴ ἐρεθίζετε τὰ τέκνα ὑμῶν,

Epheser 6: (4a)Καὶ οἱ πατέρες, μὴ παροργίζετε τὰ τέκνα ὑμῶν
     (4a)Und   ihr Väter,     reizt eure Kinder nicht zum Zorn,

Kolosser 3: (21b) ἵνα μὴ ἀθυμῶσιν.

Epheser 6:(4b) ἀλλὰ ἐκτρέφετε αὐτὰ ἐν παιδείᾳ καὶ νουθεσίᾳ κυρίου.
      sondern   erzieht   sie   in der Zucht und   Weisung des Herrn.

So ist die Einführung der Weisung an die Kinder wörtlich gleich (Kol 3,20/ Eph 6,1a[331]), nur fehlt das Possessivpronomen ὑμῶν in Kol: hier gleicht der

---

[331] Trotz der gegenteiligen Lesart im Codex Vaticanus (B) und im westlichen Text der ursprünglichen Fassung im Codex Claromontanus (D*) ist m.E. an der Zugehörigkeit von ἐν κυρίῳ zum ursprünglichen Textbestand von Eph 6,1 bereits aus äußeren Gründen (𝔓46. ℵ, A,

Verfasser des Eph an die Väterermahnung an, wo das Possessivpronomen auch in Kol 3 steht. Ferner erscheint die Wendung ἐν κυρίῳ bereits hier vorgezogen aus Kol 3,20b als Ersatz für die Generalisierung mit κατὰ πάντα. Diese grobe Pauschalwendung vermeidet der Autor des Epheserbriefes auch in der Weisung an die Sklaven (Eph 6,5 gegen Kol 3,21), wo er sie ebenfalls durch eine erweiterte modale Bestimmung mit theologischer Ausrichtung (μετὰ φόβου καὶ τρόμου ἐν ἁπλότητι τῆς καρδίας ὑμῶν ὡς τῷ Χριστῷ) ersetzt. Auch die Begründung ist genau parallel strukturiert, nur daß εὐ–άρεστον (Kol 3,20b) durch δίκαιον (Eph 6,1b) ersetzt ist und der bereits vorgezogene christologische Bezug fehlt. Nur in Epheser 6 - und damit als redaktionelle Einfügung deutlich[332] - findet sich das Zitat des Elterngebots in Eph 6,2f., wogegen Eph 6,4 nach parataktischer καί-Einführung wieder an der Vorgabe des Kolosserbriefes entlanggeht. Lediglich das Verb ἐρεθίζω ist durch παροργίζω ersetzt und die negative Mahnung wird durch eine positive Forderung ergänzt, die an der Stelle der Zielsetzung von Kol 3,21b steht.

Die Bearbeitung der Haustafelweisungen an Eltern und Kinder durch den Verfasser des Epheserbriefes ist also eher zurückhaltend. Unter Beibehaltung der Struktur, ja sogar einzelner Wendungen, hat er als entscheidende Eingriffe zur Kennzeichnung seiner eigenen Position wenige Begriffswechsel, die Einfügung des Elterngebots sowie die Änderung im Abschlußteil eingebracht.

Welche Zielsetzung er mit diesen Änderungen verfolgt, soll nun in einer Auslegung des Abschnitts Eph 6,1-4 dargestellt werden.

---

Übersetzungen aus verschiedensten Tradentenkreisen) festzuhalten. Auch der textkritische Kommentar von METZGER, BRUCE M. (ders. (Hg.): A Textual Commentary on the Greek New Testament, Second Edition. A Companion Volume to the United Bible Societies' Greek New Testament (Fourth Revised Edition); Stuttgart 1994 , 541f.) spricht sich für den längeren Text als Ursprungstext aus: „The longer text was preferred on the basis of (a) preponderance of external evidence, and (b) the likelihood that if the phrase had been inserted from 5.22 it would have been ὡς τῷ κυρίῳ, or if from Col 3.20 it would have stood after δίκαιον". Von den Kommentatoren schwanken und bleiben unentschieden LINDEMANN, Epheserbrief, 107 und MUSSNER (Mußner, Franz: Der Brief an die Epheser; Gütersloh, Würzburg 1982 (ÖTBK 10)), 162. Für eine spätere Einfügung von ἐν κυρίῳ sprechen sich GAUGLER, ERNST: Der Epheserbrief; aus dem Nachlaß herausgegeben von Max Geiger und Kurt Stalder, bearbeitet von Henning Kampen; Zürich 1966 (Auslegung Neutestamentlicher Schriften 6), 211 und BOUTTIER, MICHEL: L' Épître de Saint Paul aux Éphésiens; Genève 1991 (CNT; deuxième série IXb), 239f. aus. Dagegen rechnen LINCOLN, ANDREW T.: Ephesians; Dallas, Texas 1990 (Word Biblical Commentary 42), 395, GNILKA, Epheserbrief, 295 und SCHNACKENBURG, RUDOLF: Der Brief an die Epheser; Zürich, Einsiedeln, Neukirchen-Vluyn 1982 (EKK X), 267 sowie GIELEN, Haustafelethik, 207.293 die Wendung gleichfalls zum Urtext. SCHLIER, HEINRICH: Der Brief an die Epheser. Ein Kommentar; 6.Aufl., Düsseldorf 1968, 281, Anm. 1 tendiert zumindest dazu.

[332] Vgl. GESE, MICHAEL: Das Vermächtnis des Apostels. Die Rezeption der paulinischen Theologie im Epheserbrief; Tübingen 1997 (WUNT, 2.Reihe, 99), 92, der die Bearbeitung der Haustafel als sehr gut überlegten Einbau versteht.

## 8. Die Eltern-Kind-Beziehung nach Epheser 6,1-4

Der Verfasser des Epheserbriefes schließt sich in der Anrede an die Kinder seiner Vorlage in Kol 3,20 an und wertet die Unmündigen und Heranwachsenden[333] entsprechend als Subjekt ethischen Handelns[334]. Die Kinder können eventuell sogar als „unmittelbare Hörer der Weisung"[335] im Gottesdienst gesehen werden, auch wenn der Epheserbrief dies nicht unmittelbar nahelegt. Auch die Forderung nach dem Gehorsam gegenüber den Eltern ist dieselbe geblieben, nur daß die gegenseitige Beziehung betont wird, indem nicht nur die Eltern an ihre eigenen Kinder (τὰ τέκνα ὑμῶν) gewiesen werden, sondern auch die Kinder an ihre eigenen Eltern (τοῖς γονεῦσιν ὑμῶν).

Die pauschale Forderung nach Gehorsam in allem (κατὰ πάντα) wiederholt der Epheserbrief nicht, ebenso wie er dies sogar im Blick auf die Sklaven vermeidet. Dadurch wird die Gehorsamsforderung insofern eingeschränkt[336], als nicht mehr die Quantität der Gehorsamserweise als formale Befolgungen von elterlichen Befehlen im Blick ist. Vielmehr soll der Gehorsam der Kinder unter die Prämisse des (gemeinsamen) Glaubens gestellt werden[337]. Das Gehorchen der Kinder ist nicht ablösbar von der Zugehörigkeit zum κύριος und stellt somit keine formale Anforderung, sondern eine inhaltlich bestimmte Mahnung dar. Zwar spricht der Epheserbrief nicht ausdrücklich von der Möglichkeit eines gerechtfertigten Ungehorsams, wenn die Eltern selbst die Glaubensgrundlage verlassen, aber zumindest implizit ist diese Option angelegt.

Für den Fortgang der Argumentation spielt die Gehorsamsforderung jedoch insofern eine Rolle, als sie im hellenistischen Bereich gerade mit dem Elterngebot verbunden worden war und so das Zitat dieses Gebots dadurch vorbereitet wird.

---

[333] LINCOLN, Ephesians, 403: „From the context, the children in view here have to be old enough to be conscious of a relationship to their Lord ... but young enough still to be in the process of being brought up".

[334] Vgl. POKORNY, Epheser, 233; SCHNACKENBURG, Epheser, 267.

[335] GNILKA, Epheserbrief, 295; schon von SCHLIER, Epheser, 281 erwogen, so auch LINCOLN, Ephesians, 402; anders dagegen GAUGLER, Epheserbrief, 211.

[336] LINDEMANN, Epheserbrief, 108 wertet die Änderung lediglich als Akzentverschiebung und wehrt den Gedanken einer Einschränkung der Gehorsamsverpflichtung ohne weitere Begründung ab.

[337] Weitergeführt wird die Folgerung des Gehorsams der Kinder aus dem gemeinsamen Glauben in den Anweisungen für Bischöfe nach 1Tim 3,4. Dort wird vom Leiter der Gemeinde erwartet, daß er gehorsame Kinder hat in aller Ehrbarkeit (τέκνα ἔχοντα ἐν ὑποταγῇ, μετὰ πάσης σεμνότητος). Die Begründung dafür liegt darin, daß seine eigene Familie als Bewährungsfeld dafür gesehen wird, wie er in der Gemeinde dient (1Tim 3,5). Die eigenen Kinder werden insofern als Muster für die Gemeinde angesehen und die Leitung der (glaubenden) Kinder im Gehorsam läßt erwarten, daß der zu wählende Bischof auch die Gemeindeglieder zum Gehorsam zu leiten weiß.

Die dazwischen noch genannte Begründung der Weisung an die Kinder
(Eph 6,1b) ist nur um die - aus den genannten Gründen bereits vorgezogene -
Wendung ἐν κυρίῳ verkürzt, ansonsten völlig parallel zum Kolosserbrief,
lediglich durch die begriffliche Variation von εὐάρεστον zu δίκαιον gering-
fügig sprachlich verändert. Δίκαιον ist ein feststehender ethischer Begriff, der
profangriechisch[338] wie auch im hellenistischen Judentum[339] zur Bezeichnung des richtigen Handelns allgemein gebraucht wird und die „allgemeine
sittliche Pflicht"[340] bezeichnet. Allerdings gehört δίκαιον im Gegensatz zu
εὐάρεστον (vgl. oben) fest zum Sprachschatz der Septuaginta und meint dort
- anders als in der Profangräzität - das richtige Verhalten im Blick auf den
Willen Gottes[341]. Auch wenn nun zwar δίκαιος in der LXX stärker rechtlich
nunciert[342] gebraucht wird und vor allem bezeichnet, „was nach bestehender
Rechtsforderung gebührlich oder zu leisten ist, vor allem das von Gott
Geforderte"[343], bereitet es jedoch große Schwierigkeiten, dem Autor des
Epheserbriefes zuzuschreiben, er wolle damit sagen, die Kinder erfüllten mit
ihrem Gehorsam den Willen Gottes nach dem alttestamentlichen Gesetz.
Nach Eph 2,15a ist dieses Gesetz zunichte gemacht und hat für den neuen
Menschen (Eph 2,15b) keine Bedeutung. Der Verfasser des Epheserbriefes
vermeidet daher - mit Ausnahme von 4,25f., 5,18 und unserer Stelle - in der
Paränese konsequent fast jeden Hinweis auf alttestamentliche Gesetze und
Weisungen[344]. Vielmehr deutet alles darauf hin, daß man die Wertung
δίκαιος so deuten muß, daß sie hier doch eher im profangriechischen Sinne
meint: „So entspricht es der richtigen christlichen Gemeinschaftsordnung"[345].
    Die Bezugnahme von Eph 6,2f. auf Ex 20,12LXXpar. erklärt sich daher
nicht als eine Wiederaufrichtung des Gesetzes, etwa als ethische Leitlinie für
die an Christus Glaubenden, sondern die Aufnahme des Gebotes ist nur durch

---

[338] Vgl. EPIKTET, Diss I, 22,1 und II, 17,6.

[339] Vgl. JOSEPHUS, Ant VI, 165; VIII, 208.

[340] GNILKA, Epheserbrief, 296.

[341] Vgl. Jes 64,4LXX; Sir 10,23LXX; 27,8LXX u.a.; dazu BOUTTIER, Ephésiens, 252.

[342] Vgl. GIELEN, Haustafelethik, 294.

[343] SCHNEIDER, GERHARD: (Art.) δίκαιος; δικαίως; EWNT I, Sp. 781-784, 782.

[344] Der Gebrauch des Alten Testaments im Epheserbrief wird unterschiedlich beurteilt,
was auch damit zusammenhängt, welche Stellen als Anspielungen oder gar Zitate aus dem
Alten Testament betrachtet werden. LINCOLN, ANDREW T.: The Use of the OT in Ephesians. JSNT 14, 1982, 16-57, kommt bei einer Konzentration auf die unstrittig feststellbaren
Zitate zum Ergebnis, daß der Verfasser des Epheserbriefes bei seinem Gebrauch des Alten
Testaments generell auf die LXX zurückgreift (a.a.O., 45). Alle Bezüge zum Alten Testament
(außer Eph 6,2.3 sowie 4,25f. und 5,18) unterliegen einer christologischen Perspektive. Kennzeichnend für den Epheserbrief ist es, daß alttestamentliche Texte, vor allem, wenn sie sich
auf ethische Ausführungen beziehen, nie „ultimate authority" (a.a.O., 49) sind, „but rather
convenient vehicles and supports for ethical exhortations the writer is able to ground in other
ways ... The writer has recourse to the OT, as he does to other traditions, when it is helpful
for his purpose" (ebd.).

[345] MUSSNER, Epheser, 162.

die damit verbundene Verheißung motiviert[346]. Dtn 16,20LXX könnte Hintergrund für die Verbindung der Elterngebotsverheißung mit τοῦτο γάρ ἐστιν δίκαιον sein. Dort heißt es: „Verfolge *auf gerechte Weise* das, was gerecht ist, damit ihr lebt und, nachdem ihr hineingegangen seid, das Land ererbt, das der Herr, dein Gott, dir gibt" (δικαίως τὸ δίκαιον διώξῃ ἵνα ζῆτε καὶ εἰσελθόντες κληρονομήσητε τὴν γῆν ἣν κύριος ὁ θεός σου δίδωσίν σοι).

Was gerecht, δίκαιος, ist, trägt also eine konkrete Verheißung bei sich, nämlich Leben und Inbesitznahme des Landes. Kann also vom Gehorsam der Kinder gesagt werden, er sei δίκαιον,[347] so ist auch damit der Gedanke an eine Verheißung verbunden. Nur die Verheißung stellt also den Bezug zum Elterngebot her, denn dort wird genau diese Verheißung gegeben: (langes) Leben im verheißenen Land (Ex 20,12LXX). Nur bricht das Zitat nach ἐπὶ τῆς γῆς unvermittelt ab. Kein anderes Gebot innerhalb der biblischen Schriften ist außerdem *vor* dem Elterngebot mit dieser Verheißung verbunden, das in seinem Kernbestand gezielt in der Fassung von Ex 20,12LXX[348] zitiert wird, ohne das wiederholte Possessivpronomen bei μητέρα wie Dtn 5,16 (LXX), so daß die zeitliche Logik des Verfassers des Epheserbriefes (πρώτη) im Blick auf diese konkrete Verheißung innerhalb der Schrift wohl zutrifft. Die eingeschobene Bemerkung zur Verbindung des Elterngebots mit der Verheißung muß daher wohl so verstanden werden, daß es als erstes Gebot in der Schrift genau *diese spezielle* Verheißung bei sich trägt[349]. Eph 6,2b redet

---

[346] GESE, Vermächtnis, 104 stellt heraus, daß „der Gebrauch des Alten Testamentes im Epheserbrief sich weitgehend an Paulus orientiert". Gerade in Eph 6,1-4 formuliert der Verf. jedoch unabhängig von Paulus, wie GESE ebd. feststellt. ALBERTZ, Altes und Neues zum Elterngebot, 25 sieht die Einfügung des Elterngebots hier sehr kritisch und meint, es solle hier „offenbar eine Art biblische Untermauerung des hellenistischen Materials sein, wobei man sich des genauen Sinnes des Elterngebots entweder nicht mehr bewußt war oder eine Sinnverschiebung in Kauf nahm".

[347] Mit τοῦτο wird „zurückgewiesen ... auf den geforderten Gehorsam" (GIELEN, Haustafelethik, 295).

[348] Mit derselben Position vgl. GAUGLER, Epheserbrief, 212; GNILKA, Epheserbrief, 296, Anm. 3; SCHNACKENBURG, Epheser, 267 (dort irrtümlich Ex 20,10 genannt). Anders LINDEMANN, Epheserbrief, 108, der ein freies Zitat aus dem Gedächtnis vermutet.

Dabei stimmen sämtliche Kommentatoren darin überein, daß die Kürzung der Verheißung dadurch motiviert ist, daß der Autor des Epheserbriefes die Beziehung zum verheißenen Land vermeiden muß und sie deshalb zu einer Verheißung langen Lebens auf der Erde generalisiert. Eine spiritualisierende Deutung auf das ewige Leben liegt nicht vor, wie POKORNY, Epheser, 234, richtig anmerkt (gegen SCHLIER, Epheser, 282). GESE, Vermächtnis, 104 stellt den deuteropaulinischen Charakter dieser Bezugnahme auf die Verheißung klar: „Die ... Verheißung langen Lebens wäre für Paulus aufgrund der Naherwartung undenkbar. Damit eine solche Begründung übernommen werden konnte, muß sich die Parusieerwartung gewandelt haben".

[349] Die verschiedenen anderen Möglichkeiten, die Bezeichnung des Elterngebots als „erstes" Gebot mit einer Verheißung zu verstehen, überzeugen m.E. nicht. Wegen der Zusage in Ex 20,4-6 kann es nicht das zeitlich allererste Gebot mit einer Verheißung sein; im zweiten

also nicht allgemein formal von „einer Verheißung", sondern von der danach zitierten, konkreten Zusage.

Dies entspricht dem durchgehenden Gebrauch von ἐπαγγελία innerhalb des Neuen Testaments, wenn der Begriff wie hier ohne Artikel und nicht in unmittelbarem Gegensatz zu νόμος auftritt. Nur in jener Entgegensetzung bezeichnet ἐπαγγελία auch rein formal eine Verheißung, ohne daß an einen konkreten Inhalt gedacht ist; ansonsten muß das verheißene Gut aus dem Zusammenhang klar sein[350] oder es wird im Anschluß näher ausgeführt. So wird in 1Tim 4,8 zunächst benannt, daß die Frömmigkeit zu allem nützlich ist und eine Verheißung (ohne Artikel!) hat (ἡ δὲ εὐσέβεια πρὸς πάντα ὠφέλιμός ἐστιν ἐπαγγελίαν ἔχουσα), die dann jedoch epexegetisch näher qualifiziert wird als ἐπαγγελία „ζωῆς τῆς νῦν καὶ τῆς μελλούσης". Entsprechend wird im Präskript des zweiten Timotheusbriefes die Wendung κατ᾽ ἐπαγγελίαν fortgeführt mit der näheren inhaltlichen Bestimmung als ἐπαγγελία ζωῆς τῆς ἐν Χριστῷ Ἰησοῦ. Nicht mit Genitivattribut, sondern durch eine Infinitivergänzung ist ἐπαγγελία nach dem Genitivus absolutus in Hebr 4,1 näher qualifiziert als die Verheißung, einzugehen in seine [sc. Gottes] Ruhe (καταλειπομένης ἐπαγγελίας εἰσελθεῖν εἰς τὴν κατάπαυσιν αὐτοῦ). Auch hier ist die zunächst ohne Artikel angesprochene Verheißung inhaltlich konkret gefaßt und wird im Anschluß spezifiziert. Schließlich ist noch Röm 9,9 zu nennen, wo ein alttestamentliches Zitat aus Gen 18 eingeführt wird als „ἐπαγγελίας γὰρ ὁ λόγος οὗτος", die Explikation der benannten Verheißung also durch das Zitat erfolgt, explizit durch οὗτος eingeleitet.

Ex 20,12LXX wird vom Autor des Epheserbriefes zitiert, weil er an diesem Gebot zeigen kann, daß der Gehorsam der Kinder, der im hellenistischen Bereich auch durch das Elterngebot gefordert schien und den er als δίκαιον qualifiziert hatte[351], eine konkrete Verheißung hat, nämlich die Zusage, daß

---

Teil des Dekalogs gibt es nur dieses Gebot mit einer Verheißung, so daß die Bezeichnung als „erstes" im Blick auf die zweite Tafel des Dekalogs wenig sinnvoll ist (gegen GNILKA, Epheserbrief, 297 und SCHNACKENBURG, Epheser, 267). Zur häufigen Annahme, der Verf. des Epheserbriefes beziehe sich auf die rabbinische Tradition und die Rede vom „ersten" Gebot sei im Sinn von „schwierigstem Gebot" gemeint (so etwa DIBELIUS, MARTIN: An die Kolosser, Epheser, an Philemon; 3.Aufl., bearb. von H. Greeven; Tübingen 1953 (HNT 12), 95), ist unwahrscheinlich, da der Begriff dafür unpassend erscheint. Aber auch die Position, man habe das Elterngebot einfach für das erste Gebot mit einer ausdrücklichen Verheißung in der 2.Pers. Sing. gehalten (so POKORNY, 233f.), ist nicht unmittelbar naheliegend und zudem muß dann (so konsequent LINCOLN, Ephesians, 404) der Dekalog als Anfang aller Gebote der Tora angesehen werden. Die noachitischen Gebote in Gen 9 etwa sind nicht berücksichtigt. Die Erklärung, der Verf. des Eph schließe sich (wie Philo, Spec leg II, 261) einer Tradition an, in der das Elterngebot eben als das erste mit einer Verheißung betrachtet werde (so GIELEN, Haustafelethik, 298), ist möglich, befriedigt aber wenig.

[350] So etwa Gal 3,18; 3,29; 4,23 und 4,28.

[351] Die Wertung δίκαιον wird gewählt, weil danach die Verheißung des Dekaloggebots zitiert wird (gegen GIELEN, Haustafelethik, 294f.).

es den gehorsamen Kindern wohlergehen wird und sie lange auf der Erde leben. Dieses Gebot ist als erstes in den Heiligen Schriften mit jener Verheißung verbunden - vor den weiteren LXX-Stellen in Dtn 4,40; 5,29.33;
6,3.18.24; (10,13; nur ἵνα εὖ σοι ᾖ); 12,25.28 und anderen inhaltlich ent-
prechenden Zusprüchen wie Dtn 22,7LXX. Das Gebot dient also lediglich zur
Einführung der Verheißung. Sein eigener Inhalt wird der Weisung in der
Haustafel stillschweigend angeglichen; es hat keine eigenständige inhaltliche
Funktion.[352]

Die Weisung an die Väter - die Adressaten sind aus der Haustafel des Kolosserbriefes übernommen - ist im Vordersatz strukturell exakt Kol 3,21a
nachgebildet. Als einzige Abweichung fällt der Imperativ μὴ ἐρεθίζετε auf
(Kol 3,21a), der deutlicher als μὴ παροργίζετε (Eph 6,4a) formuliert. Die im
Kolosserbrief nur allgemein angedeutete Herausforderung der Kinder erscheint damit eindeutig als Aufstachelung zum Zorn[353], die den Vätern untersagt wird. Der Autor des Epheserbriefes beläßt es aber nun nicht bei der Motivation durch das Wohl des Kindes, sondern fügt stattdessen eine positive
Mahnung an, in der anklingt, daß sich ein Ideal christlicher Erziehung[354] an-
bahnt. Ἐκτρέφετε αὐτὰ ἐν παιδείᾳ καὶ νουθεσίᾳ κυρίου (Eph 6,4b) ist ein
klarer Auftrag[355], wobei die konkrete Ausgestaltung des ins Auge gefaßten
erzieherischen Handelns an dieser Stelle durch die Mehrdeutigkeit der beiden
Termini παιδεία und νουθεσία[356] für uns nicht mehr genau faßbar ist.

---

[352] Dies bestätigt bereits LINDEMANN eindrücklich, wenn er zu Eph 6,2f. feststellt: „Das
Zitat hat die Funktion, über die bloße These des Kolosserbriefes, daß Gehorsam vor Gott
wohlgefällig sei, hinauszuführen: es geht um die mit dem Gehorsam verbundene ‚Verheis-
sung‘ (das wird in V.2b ausdrücklich hervorgehoben) ... Daß es sich um eine biblische Aussage handelt, ist gar nicht von Bedeutung ... Der Verfasser will die ethischen Aussagen des
Kolosserbriefes (die er übernimmt!) zuspitzen und zugleich näher begründen, und er tut das
mit und ohne Bezugnahme auf das A.T." (LINDEMANN, Epheserbrief, 87f.).
Die Wertung von GIELEN, Haustafelethik, 295 trifft also nur partiell zu. Sie sieht zutreffend: „Das Dekalogzitat tritt ... nicht als selbständige Forderung neben die Grundmahnung
Eph 6,1, sondern motiviert zur Erfüllung dieser Mahnung, wie insbesondere im zweiten Teil
des Zitats deutlich wird". Davon, daß das Elterngebot die Grundmahnung inhaltlich entfalte
(vgl. ebd.), kann jedoch keine Rede sein.
[353] Vgl. LINDEMANN, Epheserbrief, 108.
[354] Vgl. ebd. Die beiden Begriffe nehmen den Gedanken der Erziehung Israels durch Jahwe im Alten Testament auf (vgl. v.a. Spr 3,11f.LXX) .
[355] GIELEN, Haustafelethik, 300 versteht den Genitiv κυρίου mit Recht als Genitivus
qualitatis, der anzeigt, „an wem sich die geforderte Erziehung ausrichten soll".
[356] POKORNY, Epheser, 234 nennt den zweiten Begriff „fast ein Synonym" für den ersten, und MUSSNER, Epheser, 163 vermutet ein Hendiadyoin. GNILKA, Epheserbrief, 298
spricht von zwei sich ergänzenden Begriffen, die auf Erziehung durch Tat und Wort abzielen.
SCHNACKENBURG, Epheser, 268 meint, der erste habe mehr die strenge Gesamterziehung
im Blick, der zweite eine mildere Zurechtweisung durch Worte. Vgl. außerdem GIELEN,
Haustafelethik, 298-300.

## 9. Die Funktion und Deutung des Elterngebots in Epheser 6

Wie wir gesehen haben, gewinnt das Elterngebot in der Haustafeltradition des Neuen Testaments keine wesentliche, neue Bedeutung. Anders als zuweilen in der früheren Forschung gesehen, ließ sich kein maßgeblicher Einfluß des Elterngebots auf die Form der Haustafeln feststellen. Sie lehnen sich vielmehr an die antike Oikonomik-Literatur an, deren Anliegen in der Haustafelethik christlich rezipiert und für die christliche Hausgemeinschaft verbindlich festgeschrieben wurde. Als Bilanz dieser Verbindung kann mit Thraede eine christliche Haltung gelten, die „die damalige realistisch-humane Mittelposition übernahm, die ... Kritik an zu viel Liberalität enthielt, aber auch nicht ‚Herrschaft' als solche restituieren wollte"[357].

Auch inhaltlich hat das Elterngebot keinen Einfluß auf die Mahnungen der Haustafeln. Der ursprüngliche Sinn des Elterngebots, der sogar als Verpflichtung zur Altersversorgung der Eltern in der Oikonomik-Literatur auftritt und somit gut hätte aufgegriffen werden können, ist in Kolosser 3 (und Epheser 6, trotz des Zitats!) nicht zu finden[358]; stattdessen ist die Linie der Unterordnung durchgehalten, in der von den Kindern Gehorsam gegenüber den Eltern gefordert wird, jedoch gemildert durch den Hinweis auf mögliche Schäden für die Kinder durch zu strenge Erziehung.

Könnten im Kolosserbrief auch noch erwachsene, aber unter der Vormundschaft des Vaters stehende Kinder angesprochen sein, so zielt die Haustafel im Epheserbrief ausschließlich und dezidiert auf kleine Kinder und Heranwachsende, deren Erziehung noch im Gang ist. Die Gehorsamsforderung ist beibehalten. Das danach zitierte Elterngebot soll diese Mahnung noch einmal unterstreichen und wird wiederholt, um die Verheißung anführen zu können, die schon in der Begründung τοῦτο γάρ ἐστιν δίκαιον für den Verfasser des Epheserbriefes mitschwingt. Wohlergehen und langes Leben wird auf diese Weise via Elterngebot den Kindern zugesagt, die ihren Eltern im Herrn gehorchen. Das Elterngebot in seinem Kernsatz ist inhaltlich abgeblaßt und dient lediglich noch als Formular.

---

[357] THRAEDE, Hintergrund der ‚Haustafeln' des NT, 367. MÜLLER, Frauenthema, 314 nennt die Übernahme der Ökonomie-Ethik die „Autorisierung einer urchristlichen Entscheidung zugunsten des human besonnenen Mittelweges ökonomischer Gegenseitigkeit in den konventionellen Strukturen des antiken Hauswesens".

[358] Damit fällt auch jegliche Vermutung, es gebe Beziehungen zwischen jenen Stellen, die das Elterngebot im ursprünglichen Sinn rezipieren, und der Haustafel in Kolosser 3; insbesondere ist auch keine Verbindung zur synoptischen Tradition zu beobachten. Bei der Weisung für Eltern und Kinder - so hat auch SCHWEIZER, Weltlichkeit, 401 eingeräumt - ist ein Nachwirken von Jesusworten unwahrscheinlich, selbst wenn es in der Ehe- oder Sklavenparänese der Haustafeln einen solchen Einfluß gegeben haben sollte.

# Teil E:

## Weg und Wegweisung des Elterngebots

Kapitel 27:

# Der Weg des Elterngebots in der biblischen Tradition

## 1. Der Weg im Alten Testament

Zusammenfassend können wir nun im Rückblick auf den nachgezeichneten Weg des Elterngebots die erste unserer Leitfragen vom Anfang beantworten: Wann und wie wird das Recht der Eltern in der biblischen Tradition mit dem Elterngebot zur Geltung gebracht?

Ausgangspunkt sind zunächst die beiden Textfassungen in Ex 20,12 und Dtn 5,16 jeweils innerhalb des Dekalogs (9/10)[1], wobei das Ergebnis der früheren Forschung bestätigt werden konnte, daß die Exodusfassung insgesamt den älteren Textbestand bietet. Beim Elterngebot waren sowohl die Rückverweisformel als auch die Klausel des Wohlergehens in Dtn 5,16 als exilische Ergänzungen zu erkennen. Mit der Einfügung des Dekalogs in eine (evtl. elohistisch geprägte) Quellenschicht des späteren Exodusbuches im Pentateuch - vermutlich Anfang des 7. Jhdts. v. Chr. (14) - beginnt der Weg des Elterngebots in der schriftlichen Überlieferung. Spätestens bei der Verschriftlichung ist das Elterngebot mit der Motivationsklausel verbunden worden. Sie teilt von da an mit ihrer Verheißung von Land und langem Leben den Weg des Gebots (23).

Allerdings können die Anfänge des Elterngebots in der mündlichen Überlieferung möglicherweise noch weit davor zurückreichen, wobei die Zugehörigkeit zu einer Zweiergruppe von Geboten mit dem Sabbatgebot denkbar ist (24). Weitere Vermutungen im Blick auf eine längere Vorgeschichte im mündlichen Bereich lassen sich jedoch nicht sinnvoll begründen.

Der Kern des Elterngebots, כבד את־אביך ואת־אמך, konnte formal als Normenrechtssatz bestimmt werden (31). Wie für alle Normensätze war der Ursprung des Elterngebots im nomadischen Sippenrecht anzunehmen, wo es seinen Sitz im Leben in der Unterweisung der Sippe durch den „Vater", den Anführer des Familienclans, hatte. Typisch für das Elterngebot als positiver Normensatz ist sein ausgeprägt präventiver Charakter. Es war nicht unmittel-

---

[1] In Teil E wird mit den Zahlenangaben in Klammern jeweils auf die Seitenzahl(en) verwiesen, auf die sich die Zusammenfassung bezieht.

bar in einem Gerichtsverfahren einzusetzen, sondern bedurfte dazu einer Ergänzung, in der die Sanktion festgelegt wurde (33/34). Im Gegensatz dazu
sollte durch die wohl parallel, ebenfalls im intergentalen Recht der Nomaden,
entstandenen Todesrechtssätze (Ex 21,15.17) das Recht der Eltern primär
durch abschreckende Sanktionsdrohung durchgesetzt werden. Das Elterngebot steht dagegen innerhalb des altisraelitischen Rechtssystems von vornherein am Rande des Rechtsspektrums, wurde aber von Anfang an als Rechtssatz verstanden (36).

Da entsprechende Rechtssätze im Blick auf das Recht der Eltern aber ge-
meinorientalisch nachweisbar sind, hatten wir als Hintergrund des Elterngebots zunächst die altorientalischen Rechtskorpora näher untersucht. Bei den
hauptsächlich im Zusammenhang von Adoptionsregelungen, Erbrecht und der
Sicherung des Lebensunterhalts für Witwen genannten Rechten der Eltern
war ein eindeutiger Schwerpunkt zu erkennen. Fast durchgehend stand die
Absicherung der Eltern im Alter im Mittelpunkt. Besonders der nach dem
Tode des Ehepartners zurückbleibende Elternteil sollte von den Kindern -
rechtlich abgestützt - versorgt werden (39-45).

Dagegen boten die anderen Elternrechtssätze im Alten Testament eine Reihe ganz anderer Zielrichtungen an, zumal sie aus völlig verschiedenen Epochen stammen.

Die bereits erwähnten elternrechtlichen Todessätze (Ex 21,15.17), die ur-
sprünglich wohl sogar zu einer elternrechtlich zugespitzten Viererreihe ge-
hörten (47-50), wurden schon in der frühen Richterzeit ins Bundesbuch ein-
gefügt. Sie verloren dort durch redaktionelle Eingriffe aber rasch an Gewicht.
Waren sie wohl im nomadischen Bereich als konkrete Ergänzung des
Elterngebots in einem Gerichtsverfahren denkbar, so gerieten sie nach der
Einfügung des Dekalogs und seiner Voranstellung vor das Bundesbuch in die
Rolle von Ausführungsbestimmungen des Elterngebots (53f.).

Der Fall des „störrischen Sohnes" in Dtn 21,18-21, vermutlich zum Ur-
Deuteronomium vom Ende des 7. Jhdts. gehörend, stellt ohnehin keinen
Rechtssatz im eigentlichen Sinne dar. Bereits die Terminologie verrät die
Nähe zu weisheitlicher Lehre, und die Fallschilderung war nicht an Erwach-
sene gerichtet, sondern sollte wohl als abschreckendes Beispiel für Jugend-
liche eingesetzt werden (57-59).

Dtn 27,16, formal ein - möglicherweise in seinen Vorstufen recht alter -
Fluchsatz, gehört in seiner gegenwärtigen Gestalt zu den deuteronomistischen
Zusätzen zum Dtn und ergänzt das Elterngebot in Dtn 5,16. Wiederum lassen
weisheitliche Elemente als Ziel abschreckende Wirkung vermuten (60f.).

Im vermutlich exilisch zu datierenden Heiligkeitsgesetz Lev 17-26 erwies
sich Lev 18,7 als kein ursprünglicher Elternrechtssatz. Erst die Einfügung des
Vaters in der späteren Exilszeit wandelte die Warnung vor einem sexuellen
Tabu zu einer Art familienethischen These, die die Wertschätzung beider Eltern unterstreichen sollte (64). Lev 20,9 war als Reformulierung von Ex 21,17

zu erkennen, und zwar entsprechend zu Lev 18,7, als dort bereits beide Elternteile angesprochen waren. Ebenfalls in der Exilszeit wird damit die Achtung vor den Eltern als Überschrift einer Rechtssatzreihe herausgestellt (70/
71). Die Spitze alttestamentlichen Elternrechts stellt Lev 19,3 dar. Hier ist das
Elterngebot aufgegriffen, erhält aber noch über die Funktion als Überschrift
hinaus die Rolle eines entscheidenden Kriteriums des Jahweglaubens. Es steht
dabei auf der Seite der Gebote für das Verhalten gegenüber Gott (64-68).

So müssen alle diese alttestamentlichen Elternrechtssätze zeitlich und inhaltlich neben oder nach dem Elterngebot eingeordnet werden, können aber
nicht als Hintergrund des Gebotes gedeutet werden. Dies gilt auch für die
Rechte von Eltern, die außerhalb der Rechtsüberlieferung im Bereich der Eheschließung von Kindern und der Bestattung der Eltern tradiert wurden. Bei
der Heirat konnten zwar Gewohnheitsrechte der Eltern beobachtet werden
(71f.), ebenso deutlich war die Erwartung, daß die Söhne in der Regel für das
Begräbnis der Eltern sorgen sollten. Im ersten Fall ergab sich jedoch nie eine
Verbindung zum Elterngebot, im zweiten kann evtl. im Exil (bei P) oder
sogar erst nachexilisch ein Recht auf angemessene Bestattung der Eltern mit
dem Elterngebot verknüpft worden sein (73-76).

Vom Begriff כבד her war schließlich eine deutliche Nähe des Elterngebots
zu den altorientalischen Elternrechtssätzen festzustellen, und wir konnten als
ursprünglichen Sinn des Elterngebots bestätigen, daß es die Versorgung von
Vater und Mutter im Alter durch die schon erwachsenen Kinder (99f.) sichern
sollte (80-82). Daneben war jedoch immer schon als zusätzlicher Aspekt mitgedacht, daß die Kinder ihre Eltern auch im Alter achten sollten (83f.). Dies
konnte dann später zu einer allgemeinen Gehorsamspflicht der Kinder gegenüber den Eltern ausgeweitet werden.

Für die Motivationsklausel, die später auch mit anderen Geboten und Verboten verknüpft erscheint, konnte ein ursprünglicher und inhaltlicher Zusammenhang mit dem Elterngebot wahrscheinlich gemacht werden. Wer die Eltern ehrt, der erhält sich selbst damit die Gabe Gottes, die er durch die Eltern
empfangen hat, nämlich Leben im verheißenen Land (91f.). Für die Adressaten des verschriftlichten Gebots war diese Motivation besonders reizvoll, da
somit ein erfülltes Versprechen (Landgabe) Angeld für die Zukunftsverheis-
sung (langes Leben) war.

Die Ergänzungen in Dtn 5 trennen aus der Exilssituation heraus Landgabe
und langes Leben und die Motivationsklausel erhält einen stärker bedingen-
den Charakter, da für die Exulanten beide Gaben ausstehen (93). Auch die
Stellung des Elterngebots im Dekalog verändert sich in der Sicht der Exilszeit. Gehörte es als familienrechtliche Bestimmung über lange Zeit an die
Spitze der Gebote für den Umgang mit den Nächsten, so faßt es die Exilsgeneration mit dem Sabbatgebot zur sogenannten „ersten Tafel" und verbindet es auf diese Weise unmittelbar mit der Gottesehrung (98).

Von diesem Grundverständnis des Elterngebots ausgehend haben wir dann Spuren des Elterngebots auf dem Weg durch die alttestamentlichen Schriften verfolgt. Dabei setzten wir nochmals mit den älteren Rechtsüberlieferungen im Bundesbuch und im Deuteronomium ein und konnten dort die beginnende Ausweitung der Aussage des Elterngebots beobachten, indem das Verbot von Mißhandlung und Verfluchung der Eltern indirekt - über die Rechtssätze im Bundesbuch - mit dem Elterngebot verknüpft wurde (102). Der Umgang des Dtn mit dem Elterngebot erwies sich dabei als sehr differenziert. Einerseits wird das Elterngebot im Dekalog zitiert und stilistisch enger mit dem Sabbatgebot verbunden, womit es eher auf die „erste Tafel" rückt (102f.). Ferner wird die Motivationsformel des Elterngebots im Dtn auch auf andere Gebote übertragen und zeichnet nun nicht mehr gezielt das Gebot der Elternehrung aus (103). Das Elterngebot wird außerdem für Jugendliche im weisheitlich geformten Rechtsfall von Dtn 21 fortgeschrieben (104), und auch ohne unmittelbare Aufnahme des Gebots setzt das Dtn stets die Respektierung der Eltern voraus. Selbst der erweiterte Schutz der Eltern vor jeglicher Herabsetzung, zu dem das Elterngebot im Fluchsatz von Dtn 27 erweitert wird (104), hat seine Grenzen. Anders als noch Dtn 13, wo gerade Vater und Mutter nicht als mögliche Verführer zum Götzendienst betrachtet wurden (104), schildert Dtn 33 im Fall von Levi die förmliche Lossagung von den nicht jahwetreuen Eltern (105). Das deuteronomische Geschichtswerk nimmt später trotz hoher Wertschätzung der Eltern nicht direkt auf das Gebot Bezug, hebt aber indirekt die Grenze der Elternehrung - besonders bei Königen - erzählerisch für den Fall hervor, daß Vater oder Mutter dem wahren Gott untreu werden (106).

Da gerade im Deuteronomium und im deuteronomistischen Geschichtswerk ein Übergang zwischen Recht und Weisheit zu beobachten war, kamen wir dann zur Untersuchung der Weisheitsliteratur. Dort gibt es zuerst keine Verbindung zum Elterngebot (110f.), denn wo die weisheitliche Belehrung ihr Ziel erreicht, benötigt man keinen Rechtssatz des Elternrechts. Thema dieser Belehrung ist es, wie der Sohn zur Weisheit erzogen werden kann. Ein weiser Sohn behandelt dann seine Eltern auch im Alter gut, unabhängig vom Elterngebot. Auch Motivationsklauseln sind der Weisheit fremd; das weise Handeln trägt die Motivation in sich selbst.

Wenn dennoch in etwas späteren Sammlungen zur Achtung vor den alten Eltern gemahnt wird, so steht gleich daneben auch die Mahnung zum Gehorsam, die den Kindern in jedem Alter gilt und die nun indirekt (Spr 23, 22.25) mit dem Elterngebot verbunden erscheint (112f.). Zumindest Spr 28,24 kann als Nachhall des Elterngebots gewertet werden, das ja - wie dieser Weisheitsspruch - die materiellen Güter von Vater und Mutter sichern will (113). Die weisheitlichen Auslegungen des Elterngebots finden jedoch mit der Rückkehr aus dem Exil ein rasches Ende. Die späte, nachexilische Weisheit will die Jugendlichen zwar in Übereinstimmung mit den Eltern lehren, geht jedoch inhaltlich auf die Beziehung Eltern-Kinder nicht ein (114f.).

Erst in der priesterschriftlichen Tradition trafen wir dann zusammen mit der höchsten Wertschätzung der Elternehrung auch Stellen an, die eindeutig auf das Elterngebot des Dekalogs Bezug nehmen. Nun wird das Elterngebot theologisch gesteigert, indem Gottesfurcht und „Elternfurcht" (Lev 19,3) einander zugeordnet werden, und es erscheint neben dem Sabbat zum Kennzeichen des israelitischen Glaubens erhoben (116f.). Die priesterschriftliche Erzähltradition führt dies konkret aus, indem sie nun die Bestattung der Eltern durch die Söhne zum Regelfall macht (117) und den Segen im Leben mit Gehorsam gegenüber den Eltern in der Frage der Heirat verknüpft (118).

Ezechiel als Prophet der Exilszeit macht dem Volk den Vorwurf, die Eltern zu verachten, und stellt - wie das Heiligkeitsgesetz - Elterngebot und Sabbatgebot zusammen (119). Allerdings ist ihm nicht an einer Theologisierung gelegen, sondern er versteht es als sehr wichtiges soziales Gebot (120). Außerhalb des Ezechielbuches nimmt von den Prophetenbüchern nur Maleachi auf die Elternehrung Bezug. Mal 1,6 setzt die Befolgung des Elterngebots durch den Sohn - parallel zur Achtung des Knechts vor seinem Herrn - als selbstverständlich voraus; im Nachtrag (Mal 3,23.24) ist die Aussöhnung der Generationen in den Blick genommen (121f.).

Schließlich waren wir bei der Spurensuche noch auf mehrere Stellen gestoßen, die zwar erkennen lassen, daß die Verfasser das Ethos der Elternehrung teilen, dabei jedoch nicht auf das Gebot, Vater und Mutter zu ehren, zurückgreifen. Ob Gen 9,20-27 die Geschichte von Noahs Trunkenheit (123), die Erzählung von der Verheiratung Isaaks (Gen 24) oder die ganze Josefsnovelle: es wird jeweils klar beschrieben, wie wichtig es ist, Vater und Mutter zu ehren. Während bei den Propheten nur wenige Beziehungen zum Ethos der Elternehrung zu finden sind - Ausnahmen bilden Micha 7, Deutero- und Tritojesaja (126-128) -, kommt die kleine Erzählung im Buch Ruth zweifach darauf zu sprechen. Die Unterstützung der altgewordenen Schwiegermutter ist darin das erste wichtige Thema und am Ende ist es der Enkel, den Noomi erzogen hat und der sie im Alter dafür versorgt. Zum ersten Mal deutet sich hier eine Art „Generationenvertrag" an (128). Im chronistischen Werk wie auch bei Esra und Nehemia fehlt in der Zeit unmittelbar nach dem Exil jegliche Bezugnahme auf das Ethos der Elternehrung, geschweige denn finden wir einen Verweis unmittelbar auf das Elterngebot.

Trotz gewisser Einschränkungen vor allem in der Zeit nach dem Exil konnten wir im Weg des Elterngebots die entscheidende Richtungsvorgabe für das Elternrecht im kanonisch gewordenen Alten Testament erkennen. Insbesonders das zugrundeliegende Ethos der Elternehrung erwies sich als grundlegend für den größten Teil des Alten Testaments, wo überhaupt die Eltern-Kind-Beziehung in den Blick kommt. Wir haben das Elterngebot daher als Grundnorm des Elternrechts für die Endgestalt des alttestamentlichen Kanons bezeichnet (135).

## 2. Der Weg zwischen den Testamenten

Die Übersetzung des Elterngebots in der Septuaginta führt zu einer stärkeren Angleichung von Ex 20,12 und Dtn 5,16. Vor allem aber legt der im Griechischen mit einem weiten Bedeutungsspektrum ausgestattete Begriff τιμᾶν nahe, daß der Gebotsinhalt einerseits verallgemeinert und andererseits sehr konkret als materielle Zuwendung gefaßt wird (140-142). Da τιμᾶν in der Profangräzität primär den Göttern gilt, unterstützt der Begriff zugleich die Heraushebung des Elterngebots. Mit dem Übergang in den griechischen Sprachraum kamen auch hellenistische Motive im Bereich der Elternehrung zu Bewußtsein, die sich mit dem Elterngebot verbinden ließen (143-150).

In den alttestamentlichen Apokryphen konnten am Beispiel des Sirachbuches diese Tendenzen exemplarisch beobachtet werden. Das Elternrecht ist für Sirach zentral, das Elterngebot spielt eine entscheidende Rolle. Es verliert jedoch unter weisheitlichem Einfluß seinen Charakter als Rechtssatz (156). Die hellenistische Tradition hat ebenfalls dazu beigetragen, da sie die Ehrung der Eltern nicht mit dieser Form verbunden hat. Auffallend war, daß Sirach beim Aufgreifen des Elterngebots, das längere Zeit zuvor keine besondere Aufmerksamkeit fand, nicht auf gesellschaftliche Mißstände reagiert, sondern das Gebot bewußt für seine eigene Gesellschaftskonzeption einsetzt (160f.). Inhaltlich bleibt Sirach beim ursprünglichen Sinn des Elterngebots; mit der Weitergabe von Traditionen hat das Elterngebot auch bei ihm nichts zu tun. Sehr weit ausgebaut wird dagegen der Bereich der Motivation des Gebots. Er verzichtet zwar darauf, auf die Landgabe hinzuweisen, und greift nur die Verheißung langen Lebens auf, dafür kennt er - vor allem aus der hellenistischen Tradition - zahlreiche weitere Gründe, das Elterngebot zu achten. Besonders der (hellenistische) Gedanke der Vergeltungspflicht der Kinder für die Geburtsschmerzen der Mutter und alle Wohltaten der Eltern sowie die Aussicht, daß die eigenen Kinder wiederum ihren Eltern besondere Freude machen, wenn dieses Gebot in Kraft steht, ragen darunter heraus (157f./166f.).

Die Generationen werden nochmals aufs engste durch das Elterngebot miteinander verknüpft, wenn die Ehre des Vaters immer auch als die Ehre des Sohnes gesehen wird, womit Sirach das eigene Interesse der Kinder am Elterngebot wachrufen will (161f.). Schließlich ist die Elternehrung sehr eng mit der Gottesverehrung verbunden. Konkret geht Sirach so weit, daß er die geforderte Dienstbereitschaft von Kindern gegenüber den Eltern mit derjenigen von Sklaven gleichsetzt (159).

Auch Tobit verbindet bei seiner freien Wiedergabe des Elterngebots den Grundsinn der materiellen Unterstützung mit den hellenistischen Motiven des umfassenden Einsatzes für die Eltern, der jedes Betrüben vermeiden und einen Ausgleich für die Last der Mutter bei der Schwangerschaft darstellen soll (172f.). Die Geltung des Elterngebots dehnt das Buch Tobit auf die Schwiegereltern aus, und als Lohn stellt es langes Leben mit ehrenvollem Tod und doppeltes Erbe in Aussicht (174). Die Landverheißung ist aus der Motivationsklausel definitiv ausgeschieden.

Insgesamt wird das Elterngebot in den alttestamentlichen Apokryphen zu einer ethischen Mahnung, die nur vereinzelt noch ihre rechtliche Grundlage erkennen läßt (175). Auffallend ist die geringe Rolle, die die Verheißung des Wohlergehens und des langen Lebens spielt. Die Zusage des Lebens im verheißenen Land ist sogar ganz aufgegeben (175). Andere Motivationen treten an deren Stelle. Dies hat sogar Rückwirkungen auf das Gebot selbst, dessen Anführung problematisch wird, wo auch langes Leben und Wohlergehen nicht mehr als Ideale gelten (176).

Die palästinisch-jüdischen Schriften zwischen den Testamenten zeichnen sich durch eine hohe Achtung des Familienethos aus. In einigem Abstand zur Exilszeit hat das Elterngebot etwa im Jubiläenbuch einen hohen Rang und erscheint - ohne Motivationsklausel - bereits unter den noachitischen Geboten, womit es universale Verbindlichkeit gewinnt (178f.). Die Familie ist - wie im Dtn - entscheidend zur Weitergabe von Traditionen. Ehrung der Eltern bemißt sich daran, inwiefern Vater und Mutter die anderen Gebote, vor allem das erste Gebot, achten. Die Elternehrung ist in Jub auch wieder in ähnlicher Weise wie schon in der priesterschriftlichen Tradition mit der Ehrung Gottes verknüpft, und als Muster für Elternehrung gilt Jakob, der seine Eltern im Alter materiell ausstattet und dazuhin „mit seinem ganzen Herzen" (180) wertschätzt.

Den jüdischen Teilen der Sibyllinen gilt die Elternehrung geradezu als Charakteristikum jüdischer Tradition, obwohl sich gerade hier auch hellenistische Einflüsse zeigen, die jedoch, was wieder die Verbindung von Gottesehrung und Elternehrung betrifft, gut mit der alttestamentlichen Linie bei P verbunden werden (182).

Schließlich stellen die späten, anonymen Antiquitates Biblicae (LibAnt), parallel zum Neuen Testament entstanden, das Elterngebot mit Lev 19,3 zusammen und weiten die Verheißungen in der Motivationsklausel aus: nicht nur das Leben „in deinem Land" (bezeichnenderweise nicht mehr das verheißene Land Israel!), sondern auch Regen und Fruchtbarkeit sowie eine zahlreiche Nachkommenschaft gelten als Lohn, wenn einer das Elterngebot erfüllt (183). Das Elterngebot wird sehr gewürdigt, ebenso scharf aber sein Mißbrauch gerügt, wenn es gegen das erste Gebot ausgespielt wird. Als Mutter und Sohn (nach Ri 17) gemeinsam Götzenbilder verehren, zitiert der Verfasser des Liber Antiquitatum zweifach das Elterngebot im Dekalog mit dem Vorwurf, der Sohn habe unter dem Vorwand des Elterngebots das Verbot der Verehrung anderer Götter übertreten. Hier wird die Grenze der Elternehrung einmal mehr deutlich gezogen (184).

Die Schriften von Qumran, ebenfalls zur palästinisch-jüdischen Tradition gehörend, bieten zwei gegensätzliche Seiten im Umgang mit dem Elterngebot. In den nichtessenischen weisheitlichen Schriften der Bibliothek von

Qumran erscheint das Elterngebot eher frei formuliert, jedoch wieder mit einer Anspielung auf die Verheißung langen Lebens in der Motivationsklausel. Allerdings steht - etwa in 4QSap A - nicht die materielle Versorgung von Vater und Mutter, sondern die Ehrung mit dem ganzen Verhalten im Vordergrund. Die zahlreichen Begründungen lassen die Nähe zu Sirach und anderen weisheitlichen Traditionen erkennen, wenn Gott und die weltlichen Herren mit den Eltern parallelisiert werden, auf die Herkunft von Vater und Mutter (Zeugung) Bezug genommen wird und neben langem Leben auch die eigene Ehre als abhängig von der Wahrung des Elterngebots angeführt ist (188-193).

Die andere Seite in den Texten von Qumran stellen die essenischen Schriften dar, in denen der Lehrer der Gerechtigkeit bzw. Gott selbst für die Mitglieder der Gemeinschaft die Eltern ersetzt. Am Ende ist es Gott, der den gläubigen Beter in der Gemeinde versorgt. Die Generationenfolge ist dafür nicht nötig (196f.). Die Elternehrung kann für Menschen, die in der essenischen Gemeinde eine neue Familie gefunden haben, keine Bedeutung haben. Altersversorgung ist eine Gemeinschaftsaufgabe, und die früheren, weisheitlichen Texte zur Elternehrung werden mit ihren wenig konkreten Aussagen nun auf Autoritäten in der Gemeinschaft übertragen.

In den jüdisch-hellenistischen Schriften zwischen den Testamenten findet das Elterngebot ebenfalls ein sehr unterschiedliches Echo; jeweils werden aber frühere Traditionslinien fortgesetzt. In den kurzen Fragmenten des Exegeten Demetrios begegnen wieder ausgerechnet Jakob und Joseph als Täter des Elterngebots (199); der Aristeasbrief begründet gut hellenistisch die geschuldete Dankbarkeit gegenüber den Eltern, die sich in der Vergeltung durch materielle Gaben äußert, mit dem Elterngebot und weitet die Aufforderung, die Eltern nicht zu betrüben, auf die Gesamthaltung der Kinder aus (200-202).

Die Testamente der zwölf Patriarchen lassen das Elterngebot dann im Gebot der Nächstenliebe aufgehen, da die Beziehungen zu den Brüdern (ihnen gegenüber tritt τιμάω als Begriff auf!) und Freundschaften über die Familie hinaus an Bedeutung zunehmen (204). Wenn es dort um die Eltern geht, dann eher auf Kindheit und Jugend der Kinder bezogen. Das Elterngebot erscheint leicht variiert als Anordnung für den Gehorsam von Jugendlichen, gegenüber seinem Ursprung also massiv umgedeutet (205f.). Dieses Ergebnis überrascht, denn der Rahmen und die Situation des testamentarischen Vermächtnisses (vgl. Kapitel 5.1) hätten genügend Anlaß für eine Aufnahme des Elterngebots gegeben.

JosAs hat gleichfalls die Versorgung der alten Eltern nicht im Blick, setzt die Achtung vor ihnen - gerade im Milieu der Oberschicht, in dem der Roman spielt - aber selbstverständlich voraus. Auffällig sind hier deshalb die Klagen der Aseneth, ihre Eltern hätten sie verstoßen, weil sie ihre Götzenbilder vernichtet habe. Sie erinnern an die Loblieder aus Qumran. Für den Fall, in dem die Trennung von der Familie nötig wird, tritt Gott wiederum als Ersatz für den Vater ein (211f.).

Die Sprüche des Pseudo-Phokylides verallgemeinern das Elterngebot (ohne Motivationsklausel) und verknüpfen es wieder mit der an erster Stelle gebotenen Gottesverehrung. Aus dem Kontext legte sich nahe, daß Auseinandersetzungen um materielle Güter zwischen Eltern und Kindern den Hintergrund gebildet haben könnten (215). Nun werden auch andere Elternrechtssätze des Alten Testaments mit dem Elterngebot kombiniert. Ist schon die
erste Anführung eine Verbindung von Ex 20,12 mit Lev 19, so folgt eine Verknüpfung mit Lev 18,8 und eine Auslegung von Dtn 21 auf Jugendliche hin,
wobei ausdrücklich - gegen das alttestamentliche Vorbild - ein milder Umgang mit den Heranwachsenden empfohlen wird (215).

Philo von Alexandrien nimmt ebenfalls neben dem Elterngebot auch wieder die anderen Elternrechtssätze auf, wobei diese nicht mit der Versorgung
der alten Eltern in Verbindung gebracht sind. Die Unterstützung von Vater
und Mutter im Alter erscheint bei Philo ohnehin als selbstverständlich (229f.),
so daß er dem Thema der Altersversorgung wenig Raum widmet, obgleich er
diesen ursprünglichen Sinn des Elterngebots kennt und das Gebot auch entsprechend auslegt (221). Die Motivationsklausel streift er auch nur kurz, da
sich die Elternehrung von selbst versteht und den Lohn im Tun enthält. Weil
Sterbliche aber dennoch den Lohn wissen wollen, so ist er mit der Tugend
und der schon präsentisch verstandenen Unsterblichkeit angegeben. Auf der
anderen Seite begründet nach Philo - in gut hellenistischer Tradition  - bereits
die Vergeltungspflicht der Kinder für die von den Eltern empfangenen Wohltaten, daß das Elterngebot befolgt werden muß (220).

Wo Philo andere Elternrechtssätze mit dem Elterngebot verknüpft, wird
sein Inhalt ausgeweitet auf alle denkbaren Herrschaftsverhältnisse und damit
die Gehorsamspflicht der Untergebenen begründet (222f.). Noch über die
Fallschilderung in Dtn 21 hinaus kann Philo die absolute Herrschaft des pater
familias im Sinne des römischen Rechts ausdehnen und die Elternschaft uneingeschränkt mit der Herrschaftsgewalt über Sklaven parallelisieren (223).
Angst vor den Eltern gilt ihm als probates Erziehungsmittel, was er anhand
von Lev 19,3 untermauert (225).

Ebenfalls ganz in hellenistischem Duktus liegt Philos Begründung für die
Nähe von Gottesehrung und Elternehrung zueinander: die Schöpferkraft verbinde Gott mit den Eltern. Für ihn nimmt das Elterngebot daher mindestens
eine Zwischenstellung zwischen den beiden Tafeln des Dekalogs ein, an manchen Stellen kann er es sogar als Abschluß zur ersten Tafel rechnen (219).

Für Flavius Josephus steht das Elterngebot ebenfalls im Rang gleich nach
der Gottesverehrung, der Vater hat das uneingeschränkte Verfügungsrecht
über den Sohn und die Erfüllung des Gebots bedeutet eine Vergeltung der
elterlichen Wohltaten (237). Der Einsatz für Kinder begründet geradezu den
Anspruch auf Altersversorgung, wie Josephus in seiner Deutung des Buches
Ruth klarstellt. Die Erziehung des Enkels Obed durch Noomi bewirkt, daß
Obed seine Großmutter im Alter versorgt (235). Jedoch ist bei Josephus das

Verständnis des Elterngebots stärker als bei Philo auf die Altersversorgung konzentriert, deren Notwendigkeit er sieht und in der er das Ziel von Eheschließung und Kinderzeugung erkennen kann (234-236). Am Beispiel Isaaks wird dieses Ziel der Erziehung des Sohnes veranschaulicht, wobei im selben Moment der Gehorsam des Sohnes als vorbildlich gilt (233f.). Beides fällt für Josephus untrennbar zusammen. Die Verheißung beim Elterngebot entfällt in seinen Schriften ganz.

Die rabbinische Literatur steht ganz in der alttestamentlichen Tradition, kommt jedoch in vielem auch hellenistischen Motiven durchaus nahe. Die Rabbinen betonen bei der Auslegung des Elterngebots in all ihren Werken das Recht der Eltern darauf, von den Kindern, Söhnen oder Töchtern (239f./243), materiell versorgt und tatkräftig unterstützt zu werden, und zwar vor allem im Alter, aber gegebenenfalls (etwa wenn die Eltern verarmen) auch schon zuvor. Zwar kann auch Gehorsam als Erfüllung des Elterngebots betrachtet werden, aber er steht bei den Rabbinen dann immer im Kontext praktischen Handelns gegenüber Vater und Mutter (245/247). Wie in der rabbinischen Literatur immer die einzelnen Elternrechtssätze klar auseinandergehalten und auch vom Elterngebot unterschieden sind, trennt der palästinische Talmud sogar begrifflich zwischen dem „Fürchten" der Eltern nach Lev 19,3, das die innere Einstellung betreffe, und dem „Ehren", das auf die Versorgungsfrage ziele. Das Elterngebot ist dabei so wichtig genommen, daß es sogar befolgt werden muß, wenn die selbst bedürftigen Kinder dafür betteln müssen (246). Ausdrücklich erlaubt der babylonische Talmud, daß Gelübde aufgelöst werden dürfen, wenn sie die Erfüllung des Elterngebots behindern - gegen die Position, die auch in Mk 7 bekämpft wird. Auch die persönliche Wertschätzung der Eltern wird in zahlreichen Geschichten der Talmudim hochgehalten und die Dienstbereitschaft von Kindern (gerade auch von Heiden) als vorbildlich herausgestellt. Jedoch hat die Unterordnung im Unterschied zum hellenistischen Bereich deutliche Grenzen. Ein Vater, der seinen erwachsenen Sohn schlägt, verhindert damit selbst die Erfüllung des Gebots, weshalb ihm ein solcher Angriff ausdrücklich verboten wird (250).

Was die innere Zuwendung betrifft, so kennt die rabbinische Tradition noch eine besondere Einschränkung des Elternrechts: der Lehrer der Tora genießt bei seinen Schülern grundsätzlich größeres Ansehen als die Eltern. Zwar kennen wir auch sonst die Überordnung des Gottesrechtes über das Elternrecht, was jedoch nur im Konfliktfall zum Tragen kam. Hier ist dieses Vorrecht nun generell festgeschrieben und personell in der Gegenüberstellung von Eltern und Toralehrer verankert (242/249). Ist allerdings der Vater auch der Lehrer der Tora, so nimmt er gegenüber dem Sohn eine völlig unangreifbare Position ein, zumal im Gefolge von Lev 19 auch in den Talmudim Gottesehrung und Elternehrung eng zusammengehören. Auch nach rabbinischer Auffassung - wie in hellenistischer Tradition - wirken bei der Zeugung eines

Kindes Gott und die Eltern zusammen, als „sterbliche Götter" wie im Hellenismus können sie deshalb noch lange nicht gelten.

Die Tosefta stellt einen Pflichtenkatalog für die erwachsenen Kinder neben die Pflichten des Vaters, die er gegenüber seinem unmündigen Sohn hat, so daß ein Übergang der Verantwortung sich nahelegt (244). An eine Vergeltungspflicht der Kinder für das, was die Eltern getan haben, wird jedoch nie appelliert. Im Gegensatz zu Josephus begründet nach dem babylonischen Talmud die Erziehung durch die Großeltern gerade kein Recht darauf, vom Enkelkind im Alter versorgt zu werden (248). Das Elterngebot betrifft konkret nur die folgende Generation, ohne den Gedanken eines Ausgleichs für die Mühen der Fürsorge für die Kinder. Dagegen kann das Gebot (wie bei Tobit) gelegentlich auf die Schwiegereltern ausgeweitet werden (241/243), andere rabbinische Überlieferungen lehnen auch das ab (248).

Die Motivationsklausel wird in den älteren rabbinischen Texten ausgelegt und der Umkehrschluß gezogen: Wer die Eltern nicht ehrt, lebt nur kurz (240). Besonderen Akzent legen die Rabbinen darauf, daß die Ehrung der Eltern bei Gott nicht nur innerweltlich, sondern in Ewigkeit Lohn finden wird (242). In der Tosefta und im babylonischen Talmud wird die Verheißung dann sogar völlig eschatologisiert. Die zugesagten Güter werden ausschließlich erst in der jenseitigen Welt erwartet.

## 3. Der Weg im Neuen Testament

Das ursprünglich eigenständige Überlieferungsstück in Markus 7,9-13 (262f.) hatten wir als erste Wegstation des Elterngebots im Neuen Testament kennengelernt. Der Abschnitt hat deutlich jüdischen Hintergrund und ist einer vormarkinischen Überlieferung zuzurechnen. Auf Jesus selbst ist diese Tradition kaum zurückzuführen, sondern entstammt vermutlich der Auseinandersetzung griechischsprachiger Judenchristen mit jüdischen Gegnern (266f.). Formal bestimmt der Text das Elterngebot als unbedingte Forderung Gottes, so daß seine Nichtachtung bedeutet, sich gegen Gott aufzulehnen (270). Es wird vorausgesetzt, daß das Gebot als Rechtssatz in Kraft steht und nur die Pharisäer es durch ihr erdachtes Korban-Institut aufheben (272f.). Inhaltlich ist vom ursprünglichen Sinn des Elterngebots ausgegangen, denn der Vorwurf an die Gegner Jesu richtet sich darauf, daß sie es den Söhnen ermöglichen, den Eltern die ihnen geschuldete Versorgung zu entziehen. Die Kombination des Elterngebots mit dem Todessatz aus Ex 21,16LXX entspricht exakt der Auslegungsmethodik bei Philo (274). Die Motivationsklausel entfällt, wiederum eher für die hellenistische Tradition typisch, wenngleich es auch in der palästinisch-jüdischen Überlieferung Beispiele dafür gibt. Da die Korban-Formel zwar genuin jüdisch ist, zur Zeit Jesu aber wohl bereits weit im griechischsprachigen Raum verbreitet war und zudem die Herkunft der Schrift-

zitate aus der LXX wahrscheinlich gemacht werden konnte, läßt sich die judenchristliche Deutung des Elterngebots in Mk 7,10 gut aus der hellenistisch-
jüdischen Tradition erklären.

Das zweite Zitat des Elterngebots in der synoptischen Überlieferung findet
sich in der Perikope von der mißlungenen Berufung eines reichen Mannes in
Mk 10,19 am Ende einer Reihe von Dekaloggeboten, wobei die LXX-Fassung von Ex 20,12 ohne Motivationsklausel wiedergegeben wird. Während
der Grundbestand der Erzählung auf alte Jesustradition zurückgeführt werden
konnte, erwies sich das Elterngebot an dieser Stelle als spätere Einfügung
eines Bearbeiters, der die Perikope mit den beiden voranstehenden zu einem
kleinen Katechismus zusammenfügte (282f.). Aus Mk 10,28-31 entnahm der
Bearbeiter, daß die radikale Nachfolgeforderung Jesu kein zusätzliches Gebot
ist, das auch noch zu erfüllen wäre, sondern ein Anspruch, der alle anderen
Weisungen übersteigt (283f.). Da dies an den bereits angeführten Dekaloggeboten nicht zu zeigen war - sie werden auch von einem Nachfolger Jesu
selbstverständlich erfüllt -, fügte er das Elterngebot ein, das von der Aufforderung zur konkreten Jüngerschaft Jesu aufgehoben wurde, da einer, der mit
Jesus durchs Land zog, praktisch nichts mehr für seine Eltern tun konnte.

Mk 10,28-30 nehmen dabei Traditionslinien auf, die dem Elterngebot entgegenstehen und in denen Gott den Vater ersetzt und die Gemeinde die Funktion der Eltern übernimmt (vgl. Qumran). Die Gottesehrung steht - wie immer
- über der Elternehrung, wird ihr aber kategorisch entgegengesetzt. Irdischer
und ewiger Lohn erwartet nun diejenigen, die die Bindung zu den Eltern aufgeben, statt derer, die das Elterngebot erfüllen (gegen die rabbinische Sicht).

Damit eröffnete sich uns die Perspektive für eine ganze Reihe von Perikopen der synoptischen Tradition, in denen die Trennung von den Eltern gefordert und ihr Ersatz durch die neue Gemeinschaft der Anhänger Jesu, die
„familia Dei", propagiert wird. So schließt das Jesuslogion in Lk 14,26 die
Erfüllung des Elterngebots in der konkreten Nachfolge aus und verlangt die
Abwendung von der eigenen Familie (291f.). Nach Lk 9,59-62 sind die
familiären Pflichten durch den Nachfolgeruf aufgehoben, und die Berufungserzählung Mk 1,19.20 (Mt 4,21.22 sogar noch radikaler) beschreibt die Trennung der Jünger von ihrer Familie und ihrer bisherigen Umgebung, ohne
Rücksicht auf das Elterngebot (296-298).

Erst die jeweiligen redaktionellen Bearbeitungen der Logien in Mt 10,37.
38 und Mt 8,21.22 schwächen die ursprünglichen Aussagen ab, indem sie nur
eine Relativierung der Elternehrung behaupten (293) bzw. den Bruch des Elterngebots nur als sekundäre Begleiterscheinung des Aufbruchs mit Jesus
erwähnen (295f.). Die „antifamiliären Tendenzen" der Jesustradition werden
vervollständigt durch die Ankündigung Jesu, daß seine Botschaft zu schweren
Auseinandersetzungen innerhalb der Familien führen werde.

Die frühen Gemeinden deuten dies im Licht von Micha 7 auf ihre eigenen
Erfahrungen, in denen es tatsächlich in der Familie zum Streit der Generatio-

nen kommt (Lk 12,51-53). Der Gegensatz zum Elterngebot ist dabei freilich nicht beabsichtigt, sondern wird lediglich faktisch benannt. Er ist eine logische Konsequenz, wenn die eine Generation einer Familie zu Anhängern Jesu wird, die andere sich aber Jesu Botschaft verweigert (302f.). Weiter unterstreicht es die Grundtendenz, daß Jesus selbst mit seiner Herkunftsfamilie gebrochen hat und die Jünger und Anhängerinnen zu seiner Familie erklärt (303-306).

Parallel zu dieser Linie der synoptischen Überlieferung, in der das Elterngebot zugunsten der Nachfolge Jesu und der Zugehörigkeit zur Gemeinde, zur „familia Dei", aufgegeben wird, finden wir jedoch auch Anfänge von Kongruenz zwischen eigener Familie und Gemeinde. In Lk 11,27.28 läßt das Kriterium der Seligpreisung derer, „die das Wort Gottes hören und bewahren", zunächst offen, ob die Mutter Jesu nun zu den Seliggepriesenen gehört, auch wenn ihre vorösterliche Teilhabe an der Jüngerschaft Jesu eher unwahrscheinlich ist (309). Außerdem wird von Heilungen berichtet, mit denen Jesus gezielt Familienbindungen wieder herstellt (311). Die Apg weiß schon für recht frühe Zeit der christlichen Gemeinden, daß ganze „Häuser" christlich leben und dort also die natürliche Familie zugleich familia Dei ist (312).

Diese Integration von Vater und Mutter - samt Geschwistern - in die Gemeinschaft der Christen verstärkt sich im johanneischen Kreis. Der Evangelist Johannes bewertet die familiären Bindungen nie negativ, sondern ignoriert sie an den konfliktträchtigen Stellen (z.B. Nachfolgeruf) allenfalls (314). Stattdessen gebraucht er für die glaubenden Nachfolger Jesu gezielt familiäre Termini. Bei der Fußwaschung in Joh 13 wird die Begründung der familia Dei proleptisch zeichenhaft vorweggenommen (315f.), wobei in der Kreuzigungsszene in Joh 19,25-27 seine natürliche Familie, repräsentiert durch die Mutter, bewußt in die johanneische familia Dei integriert wird (319-322). Nach Ostern wird dann die Zugehörigkeit zur familia Dei zum offenen Kennzeichen des neuen Gottesverhältnisses.

Für die johanneischen Gemeinden wird es aufgrund dieses Modells möglich, das Elterngebot in das Gebot der innergemeindlichen Bruderliebe aufzunehmen. Die Johannesbriefe erwähnen das Elterngebot denn auch konsequenterweise nie, da es keine eigenständige Bedeutung mehr hatte und sich auch die Versorgungspflicht gegenüber Vater und Mutter nicht am Elterngebot, sondern an der Zugehörigkeit der Eltern zur Gemeinde orientiert haben dürfte (323). Im 1. Petrusbrief ist diese Entwicklung dann vollendet: die natürliche Familie ist in die Gemeinde hinein aufgehoben und statt des Gebots, die Eltern zu ehren, erfahren die Gemeindeglieder die Aufforderung πάντας τιμή-σατε (1Petr 2,17; 324).

Die Mühe einer sorgfältigen Differenzierung zwischen der natürlichen Familie und der Gemeinde sowie einer Aufgabenverteilung macht sich - unter Bezugnahme auf das Elterngebot mit dem Begriff τιμάω - nur der 1.Timotheusbrief. Ganz in hellenistischer Tradition fordert der Verfasser des Briefes

Dankbarkeit von den Kindern und Enkelkindern und erwartet von ihnen zu-
allererst, daß sie ihre verwitwete Mutter oder Großmutter versorgen. Die Gemeinde hat demzufolge dann nur die Aufgabe, die tatsächlich alleinstehenden
und damit unversorgten Witwen zu unterstützen (325).

Paulus kennt zwar das Recht der alten Eltern auf Versorgung und beansprucht es einmal im Corpus Paulinum, nämlich gegenüber Philemon (329),
jedoch ohne expliziten Rückgriff auf das Elterngebot. Wenn er ansonsten für
sich bildlich die Stellung als „Vater" oder „Eltern" der Gemeinden reklamiert,
so setzt er selbstverständliche Autorität, Erziehungsrecht und besonderen Einsatz oder Loyalität ihm gegenüber voraus bzw. will diese Elternrechte für sich
durchsetzen (327-329).

Aus dem von ihm häufig gebrauchten Bild der Vaterschaft Gottes für die
Christen ergibt sich zwar die Vorstellung von der Gemeinde als Familie, die
jedoch bei Paulus nie so ausgeführt wird wie später im johanneischen Kreis
(s.o.). Auch wenn er christliche Familien kennt, entwickelt er - angesichts seiner Naherwartung der Wiederkehr Jesu verständlich - für sie keine Ethik der
Eltern-Kind-Beziehung aufgrund des Elterngebots. Selbst wenn im Lasterkatalog von Röm 1,30 Ungehorsam gegen die Eltern erwähnt ist, so steht dahinter keine Verteidigung des Gebots, sondern es geht um den Aufweis von
Verfehlungen der Heiden (!) gegen menschliche Grundnormen, die unabhängig von jedem Gebot allen Menschen bewußt sind (331f.).

Erst in der Haustafel des deuteropaulinischen Epheserbriefes finden wir
noch ein letztes Zitat des Elterngebots im Neuen Testament, wobei die Aufnahme des Gebots in Eph 6,2 für die Haustafeltradition singulär ist. Noch in
der Vorlage der Epheser-Haustafel in Kolosser 3,18-4,1 findet es sich nicht,
obwohl das Thema der Altersversorgung für die Eltern in der griechischen
Ökonomik-Literatur, die wir als Vorbild für die Haustafel-Tradition betrachten konnten, zumindest teilweise auftritt. Nicht der Dekalog, sondern eine
eher konservative hellenistische Tradition steht im Hintergrund (335-342).
Die hierarchische Struktur des „Hauses" ist vorgegeben, wobei die christlichen Haustafeln zumindest den Objektstatus von Frauen, Kindern und
Sklaven durch die wechselseitige Anrede an Über- und Untergeordnete aufgehoben haben. Gerade in Kol 3 ergeht an Kinder und Sklaven allerdings die
parallele Ermahnung zum Gehorsam, was auch der ziemlich ähnlichen rechtlichen Stellung beider im Hauswesen der römischen Antike entsprach. Vermutlich sind dabei im Kolosserbrief unmündige Kinder angesprochen, die
sich den Eltern uneingeschränkt unterordnen müssen. Leicht gemildert wird
diese Forderung nur durch die anschließende Mahnung an die Väter, ihre
Kinder nicht bewußt und gezielt herauszufordern, um dann ihren Willen zu
brechen, da die Kinder sonst ihren Lebensmut verlieren könnten (343f.).

Der Verfasser des Epheserbriefes übernimmt nun diese Haustafel aus dem
Kolosserbrief, stellt sie allerdings unter das Vorzeichen, daß die ganze Gemeinde ein „Haus" mit Gott als dem Hausvater zu sehen ist (345). Auch die

Kinder können sich damit darauf berufen, daß die Beziehung zu den Eltern derjenigen Beziehung entsprechen soll, die Vater und Mutter zu Gott haben. Der Epheserbrief betont stärker die gegenseitige Beziehung und stellt den Gehorsam unter die Prämisse des gemeinsamen Glaubens. Im Zentrum steht allerdings die Anforderung an die unmündigen, heranwachsenden Kinder, die noch der Erziehung bedürfen, sich grundsätzlich dem Willen der Eltern zu beugen (349). Das Elterngebot wirkt in diesem Zusammenhang fast wie ein Fremdkörper. Nur wegen der Verheißung eingefügt, hat es jegliche Prägekraft verloren und wird vielmehr seinerseits vom Ethos der Haustafel vereinnahmt (350f.). Der Gehorsam der Kinder und Jugendlichen erhält zwar damit die wohlmeinende Zusage von Wohlergehen und langem Leben auf der Erde, vom ursprünglichen Inhalt des Elterngebots ist jedoch wenig zu finden. Der Epheserbrief wagt für sein Anliegen, die Gehorsamsforderung motivierend zu untermauern, einen kühnen, traditionsgeschichtlich kaum vorbereiteten Rückgriff auf das Elterngebot (352). Nur in den Testamenten der zwölf Patriarchen war in der biblischen Tradition zuvor das Elterngebot unmittelbar auf die Erziehung angewandt worden. Das Gebot wird für den Zweck der besonderen Motivierung in Eph 6 einseitig uminterpretiert, indem der anfängliche Nebenaspekt der Achtung vor den Eltern zur Gehorsamsforderung gesteigert ist und diese den entscheidenden Kern, nämlich daß erwachsene Kinder ihre alten Eltern versorgen, völlig verdrängt (354).

Der Weg des Elterngebots in der biblischen Tradition erweist sich damit - wie zu erwarten - als nicht linear, sondern als Auf und Ab mit vielen, zum Teil überraschenden Wendungen. Die Verbindung von palästinisch-jüdischer Überlieferung und hellenistischer Tradition hat insgesamt die inhaltliche Durchsetzung des Elterngebots und das darin enthaltene Ethos gestärkt.

Dagegen hat das Gebot als zitierter Text innerhalb des Neuen Testaments nur eine geringe Bedeutung. Wo es neutestamentlich direkt aufgenommen wird, geschieht dies immer im Sinn eines Rückgriffs, der stets andere Ziele verfolgt als den ursprünglichen Appell des Elterngebots, die alten Eltern zu versorgen. Dies gilt selbst für Mk 7, wo zwar dieser Inhalt vorausgesetzt wird, der Skopus dagegen auf dem Umgang mit der jüdischen Überlieferung liegt.

Die dauerhafte Wirkung des Elterngebots beruht also viel stärker auf seiner inhaltlichen Aussage, deren Anliegen nur spätneutestamentlich im 1Tim mit der Erinnerung an die Gebotsformulierung weiter vertreten wird. Dagegen garantiert die wörtliche Aufnahme (vgl. Eph 6) nicht, daß das Elterngebot tatsächlich in seinem Kern zur Geltung kommt.

Kapitel 28:

# Eine Zukunftsperspektive des Elterngebots

Abschließend kommen wir auf die zweite Leitfrage vom Anfang zurück: Unter welchen Bedingungen hatte das Gebot die Motivationskraft, das Verhalten gegenüber den Eltern zu bestimmen, und ist aus exegetischer Sicht zu erwarten, daß sich diese Motivationskraft für die Gegenwart reaktivieren läßt?

In zwei Szenarien tritt das Elterngebot auf seinem Weg in der biblischen Tradition besonders heraus. Seine Stellung ist zunächst am höchsten, wenn die äußere Lage (Exil) dazu zwingt, den Familien anstelle einer staatlichen oder religiösen Organisation hohe Verantwortung zu übertragen. Gleichzeitig allerdings ist genau dann die Gefährdung des Gebots am größten, weshalb es massiv theologisch untermauert werden muß.

Zum zweiten erlangt es besondere Bedeutung, wenn eine Gesellschaftsordnung auf dem Wissen und der Autorität der Elterngeneration aufgebaut werden soll (Sir, Tob). Dazu reicht das Gebot allein aber nicht aus, sondern gerade dazu werden zahlreiche zusätzliche Motivationen und Begründungen eingesetzt.

Andere Rahmenbedingungen wie die Situation eines Neuaufbaus nach dem Exil, apokalyptische Erwartungen des nahen Weltendes mit dem Zusammenbruch aller sozialen Ordnung oder auch der Aufbruch in eine neue Glaubensbewegung wie in Qumran oder bei der Sammlung der Jünger durch Jesus stehen dem Elterngebot eher entgegen. In der christlichen Gemeinde gewinnt es erst wieder an Bedeutung, indem es praktisch in das Liebesgebot unter den Gemeindegliedern integriert wird. Die Zitation des Gebots in einigen Texten führte nicht dazu, daß dort eine Verhaltensänderung zugunsten der alten Eltern zu erkennen gewesen wäre, ja sie war neutestamentlich mit den jeweiligen Zitaten nicht einmal intendiert.

Ob sich für die Gegenwart eine Motivationskraft des Elterngebots reaktivieren läßt - immer vorausgesetzt, man hält dies auch unter dem Gesichtspunkt christlicher Ethik für richtig und erforderlich[2] -, wird somit kaum vom

---

[2] Vgl. zur Bedeutung des Dekalogs und speziell des Elterngebots in der reformatorischen Tradition: WENZ, GUNTHER: Die Zehn Gebote als Grundlage christlicher Ethik. Zur Auslegung des ersten Hauptstücks in Luthers Katechismen. ZThK 89, 1992, 404-439.

Bekanntheitsgrad seines Wortlautes abhängen[3]. Die Versuche des 19. Jahrhunderts, durch bloße Einschärfung des Gebotsinhalts zu einem gesellschaftlichen Wandel im Sinne des Gebots zu kommen[4], haben auch im Fall ihrer Wiederholung keine Aussicht auf Erfolg. Nicht die Formulierung bringt die praktische Konkretion, sondern das vitale Interesse am Wohlergehen von Vater und Mutter, auch im Alter, worauf das Elterngebot die Aufmerksamkeit der Kinder über die Jahrtausende der biblischen Tradition hinweg immer wieder lenken wollte.

Solches Interesse gewinnen die erwachsenen Söhne und Töchter auf drei unterschiedliche Weisen. Erstens ist es das Ergebnis von äußerem Zwang, der heute wohl weder wünschenswert noch inszenierbar ist. Zweitens kann eine bewußte Konzeption der Gesellschaft dahinter stehen, die für sich genügend Gründe benennen kann, weshalb die Eltern zu achten und im Alter zu versorgen sind. Schließlich besteht drittens die Möglichkeit, die Eltern in eine umfassende Gemeinschaft der gegenseitigen Zuwendung hineinzunehmen, die ein separates Elterngebot im Grunde überflüssig macht und es nur für die konkrete Ausgestaltung und Verteilung der Pflichten zwischen der natürlichen Familie und der übergreifenden Solidargemeinschaft benötigt.

Beide letzteren Ansätze sind m.E. für unsere Zeit denkbar, wenngleich von der biblischen Überlieferung und dem Zeugnis Jesu der letztere, außerfamiliäre Ansatz, besser begründet ist. In den Kirchen und Gemeinden könnten Räume geschaffen werden, in denen unter den Gemeindegliedern und damit dann auch mit den eigenen Eltern funktionierende Lebensgemeinschaften mit gegenseitiger Hilfe und Unterstützung begründet werden. Im Großen wäre allerdings eine Gesellschaftsreform nötig, die eine neue Wertschätzung für das Alter (jenseits der Akzeptanz von vermögenden Rentnern als zahlungskräftiger Kundschaft) und so auch für die altgewordenen Eltern entwickelt[5].

Auf dem Weg des Elterngebots in der biblischen Tradition sind uns zahlreiche, wechselnde Motivierungen und Begründungen begegnet, die dazu ermutigen, sie für die Gegenwart neu aufzugreifen oder ganz eigene Motivationen zu finden. Gerade die geschichtlich aufweisbare Vielfalt der Begründungen für das Elterngebot legt uns nicht auf die traditionellen Stellen fest. Sie machen vielmehr klar, daß wir uns - wie die Generationen vor uns - darum bemühen müssen, Interesse für den so selbstverständlich scheinenden Gebotsinhalt zu wecken, weil die Ehrung der Eltern eben doch nicht einfach selbstverständlich ist und weder eine die Kinder überfordernde Pflege zu

---

[3] ALBERTZ, Altes und Neues zum Elterngebot, 26, spricht sich mit Recht gegen das Elterngebot als Autoritätsstütze aus: „Gott kann kein Lückenbüßer für mangelhaft ausgefüllte elterliche Autorität sein".

[4] Vgl. oben, S. 1f.

[5] Vgl. zur Aktualität des Elterngebots in diesem Sinn LIEDKE, ULF: „Du wirst Vater und Mutter ehren ..." Die Aktualität des biblischen Elterngebotes im Verhältnis der Generationen heute. ZdZ 51, 1997, 82-87.

Hause noch die distanzierende Unterbringung in Heimen in vielen Fällen letztlich befriedigen kann[6].

Wohl nicht zufällig ist es die Motivationsklausel, die für das letzte biblische Zitat des Elterngebots verantwortlich ist. Der Inhalt des Gebots mag uns allen vertraut sein - alte Anreize dafür zu beleben, neue zu finden und dann danach zu handeln, bleibt die Aufgabe für die Zukunft. Wenn wir sie erfüllen, können wir mit Recht in Anspruch nehmen, den Weg des Elterngebots in der biblischen Tradition weiterzugehen.

---

[6] Für die praktischen Zukunftsperspektiven des Elterngebots und seine Problematik in der Gegenwart vgl. auch die scharfsinnige Analyse bei GRONEMEYER, REIMER: Die zehn Gebote des 21. Jahrhunderts. Moral und Ethik für ein neues Zeitalter; München, Düsseldorf 1999, dort S. 125-151.

# Literaturverzeichnis

## Teil 1

# Quellen und Übersetzungen

## 1. Biblische Quellen

BIBLIA HEBRAICA STUTTGARTENSIA; hg. Karl Elliger et Wilhelm Rudolph; 4., verb. Aufl., hg. von Hans Peter Rüger; Stuttgart 1990.

BIBLIA SACRA iuxta Vulgatam versionem; hg. Roger Gryson; 4., verb. Aufl.; Stuttgart 1994.

NOVUM TESTAMENTUM GRAECE post Eberhard et Erwin Nestle communiter ediderunt Barbara et Kurt Aland, Johannes Karavidopoulos, Carlo M. Martini, Bruce M. Metzger; 27. revidierte Aufl., Stuttgart 1993.

SEPTUAGINTA. Id est Vetus Testamentum graece iuxta LXX interpretes, ed. Alfred Rahlfs, Editio octava, Stuttgart 1935.

SEPTUAGINTA. Vetus Testamentum Graecum auctoritate Academiae Scientiarum Gottingensis editum; bisher 16 Bde., Göttingen 1931ff.

SYNOPSIS QUATTUOR EVANGELIORUM. Locis parallelis evangeliorum apocryphorum et patrum adhibitis; hg. Kurt Aland; 14., revidierte Aufl.; Stuttgart 1995.

## 2. Altorientalische Texte

BORGER, RYKLE; LUTZMANN, HEINER; RÖMER, WILLEM H. PH. UND VON SCHULER, EINAR (Hg.): Rechtsbücher - Rechts- und Wirtschaftsurkunden - Historisch-chronologische Texte, Gütersloh 1982 (TUAT 1); (zitiert: Borger, TUAT).

HAASE, RICHARD: Die keilschriftlichen Rechtssammlungen in deutscher Fassung; 2., überarb. und erw. Aufl., Wiesbaden 1979; (zitiert: Haase, Keilschriftliche Rechtssammlungen).

KAISER, OTTO (Hg.): Texte aus der Umwelt des Alten Testaments, Band 1: Rechts- und Wirtschaftsurkunden, Historisch-chronologische Texte; Gütersloh 1982-1985.

KAISER, OTTO (Hg.): Texte aus der Umwelt des Alten Testaments. Ergänzungslieferung; Gütersloh 2001.

PRITCHARD, JAMES B. (Hg.): Ancient Near Eastern Texts relating to the Old Testament; 3., erg. Aufl. ; Princeton, New Jersey 1969.

SCHORR, M.: Urkunden des Altbabylonischen Zivil- und Prozessrechts, Leipzig 1913 (VAB 5.Stück); (zitiert: Schorr, Urkunden).

# 3. Antike griechische Schriftsteller

ANTHOLOGIA LYRICA GRAECA, ed. Ernestus Diehl, Vol. I, Leipzig 1925, 186-194.

ARISTOTELES: Die Lehrschriften, hg., übertragen und in ihrer Entstehung erläutert von Dr. P. Gohlke; Paderborn 1949ff.

ARISTOTELIS Ethica Nicomachea ex recensione Immanuelis Bekkeri; 4. Aufl., Berlin 1881; (zitiert: Arist.e.N.).

ARISTOTELES: Oeconomicus, hg. von B.A.v. Groningen; A. Wartelle; Paris 1968; (zitiert: Aristoteles, Oeconomicus).

Die Fragmente der griechischen Historiker, ed. Felix JACOBY, Teil 1-3, Berlin - (später) Leiden 1923-1958 (Nachdr.: Leiden 1961-1969).

DIELS, HERMANN: Die Fragmente der Vorsokratiker. Griechisch und Deutsch, hg.v. Walther Kranz, Bd. I, Dublin-Zürich [16]1972 [unv. Nachdr. d. 6. Aufl. 1951].

DIOGENES LAERTIUS, Leben und Meinungen berühmter Philosophen. Buch I-X. Aus dem Griechischen übers. v. Otto Apelt (PhB 53/54), neu hg.v. Klaus Reich, Hamburg [2]1967.

DIOGENIS LAERTII Vitae philosophorum, recogn. Herbert S. Long (OCT), Tom. I-II, Oxford 1964 [Nachdr. 1966].

EPIKTET, Dissertationes, hg. v. J. Souilhé; Buch II (Paris 1949); Buch III (Paris 1963); (zitiert: Epiktet, Diss).

EURIPIDES: Sämtliche Tragödien und Fragmente. Griechisch-deutsch. Bd. II: Die Kinder des Herakles; Hekabe; Andromache. Übers. von Ernst Buschor, hg.v. Gustav Adolf Seeck, München 1972. Bd. III: Die bittflehenden Mütter; Der Wahnsinn des Herakles; Die Troerinnen; Elektra. Übers. von Ernst Buschor, hg.v. Gustav Adolf Seeck, München 1972. Bd. VI: Fragmente. Der Kyklop. Rhesos; Fragmente übers. v. Gustav Adolf Seeck; Der Kyklop übers. v. J.J.C. Donner; Rhesos übers. von W. Binder; hg.v. G.A. Seeck, München 1981.

EURIPIDIS FABULAE, ed. J. Diggle (OCT), Tom. II, Oxford 1981.

FUHRMANN, MANFRED (Hg.): Anaximenis Ars rhetorica quae vulgo fertur Aristotelis ad Alexandrum; Leipzig 1966; (zitiert: Anaximenes, Ars rhetorica).

HIEROCLIS in aureum Pythagoreorum carmen commentarius, rec. Friedrich Wilhelm Köhler (BiTeu), Stuttgart 1974, 1ff. Hierokles: Kommentar zum pythagoreischen Goldenen Gedicht, übers. v. Friedrich Wilhelm Köhler, Stuttgart 1983, 1ff.

IAMBLICHI De vita Pythagorica liber ad fidem codicis Florentini, rec. Augustus NAUCK; accedit epimetrum De Pythagorae aureo carmine, St. Petersburg 1884 [Nachdr.: Amsterdam 1965], 204-207.

IOANNIS STOBAEI anthologium, recensuerunt Curtius Wachsmuth et Otto Hense, Vol. I-V, Berlin [3]1974-75 (Nachdr. der 1. Aufl. 1884-1912).

ISOCRATE, Discours, Tome I, Texte établi et traduit par Georges Mathieu et Emile Brémond (CUFr), Paris [3]1963; (zitiert: Pseudo-Isokrates, An Demonikos).

ISOCRATES with an English Translation by George Norlin (Hg.). In Three Volumes. Vol. 1; Cambridge, Mass. / London 1928; Nachdruck 1980 (Loeb Classical Library).

LYCURGE: Contre Léocrate. Fragments. Texte établi et traduit par Félix Durrbach (CUFr), Paris [3]1971.

LYCURGI oratio in Leocratem cum ceterarum Lycurgi orationum fragmentis, post C. Scheibe et F. Blass curavit Nicos C. Conomis (BiTeu), Leipzig 1970; (zitiert: Lycurgus, Oratio in Leocratem).

PLATON, Werke in acht Bänden - Griechisch und Deutsch, hg.v. Gunther Eigler:
   Bd. 2: Des Sokrates Apologie. Kriton. Euthydemos. Menexenos. Gorgias. Menon, bearb. v. Heinz Hofmann, Griechischer Text v. Alfred Croiset, Louis Bodin, Maurice Croiset u. Louis Méridier, Deutsche Übers. v. Friedrich Schleiermacher, Darmstadt 1973.
   Bd. 3: Phaidon, Das Gastmahl. Kratylos, bearbeitet von Dietrich Kurz, Griechischer Text v. Léon Robin u. Louis Méridier. Deutsche Übersetzung von Friedrich Schleiermacher, Darmstadt 1974; (zitiert: Platon, Symposion).

Bd. 4: Der Staat, bearb. v. Dietrich Kurz, Griechischer Text v. Émilie Chambry, Deutsche
Übers. v. Friedrich Schleiermacher, Darmstadt 1971; (zitiert: Platon, Politeia).
Bd. 8, T. 1: Gesetze Buch I-VI, bearb. v. Klaus Schöpsdau, Griechischer Text von E. Des
Places, Deutsche Übers. v. K. Schöpsdau; T. 2: Gesetze Buch VII-XII - Minos, bearb. v.
K. Schöpsdau, Griechischer Text v. A. Dies u. J. Souilhe, Deutsche Übers. v. K. Schöps-
dau u. H. Müller, Darmstadt 1977; (zitiert: Platon, Nom).
PLATONIS opera, recogn. brevique adnotatione critica instruxit Ioannes Burnet (OCT):
Tomus III, Tetralogias V-VII continens, Oxford 1903 [Nachdr.: 1968 u.ö.].
TRAGICORUM GRAECORUM FRAGMENTA, rec. Augustus NAUCK Leipzig ²1889; Nachdr.:
Supplementum continens nova fragmenta Euripidea et adespota apud scriptores veteres
reperta adiecit Bruno Snell, Hildesheim 1964.
VAN DER HORST, PIETER CORNELIS: Les vers d'or Pythagoriciens, éd. avec une intr. et un
commentaire. Leiden 1932.
XENOPHON, Erinnerungen an Sokrates; Griechisch-deutsch hg. von Peter Jaerisch; 4., durchg-
ges. Aufl.; München, Zürich 1987; (zitiert: Xenophon, Memorabilia).
XENOPHONTIS opera omnia, Tomus II: Commentarii, Oeconomicus, Convivium, Apologia
Socratis; ed. E.C. Marchant; 2.Aufl., Oxford 1921 (OCT).

# 4. Alttestamentliche Apokryphen

Die Apokryphen und Pseudepigraphen des Alten Testaments; hg. Emil KAUTZSCH, 2 Bde.;
Tübingen u.a. 1900.
BARDTKE, HANS: Zusätze zu Esther. JSHRZ I/1: Historische und legendarische Erzäh-
lungen; 2.Aufl., Gütersloh 1977.
DI LELLA, Alexander A.: The Hebrew Text of Sirach. A Text-Critical and Historical Study
(Studies in Classical Literature 1), London - Den Haag - Paris 1966.
GEORGI, DIETER: Weisheit Salomos. JSHRZ III/4: Unterweisung in lehrhafter Form;
Gütersloh 1980, 389-478; (zitiert: Georgi, Weisheit Salomos).
GUNNEWEG, ANTONIUS H.J.: Das Buch Baruch. JSHRZ III/2: Unterweisung in lehrhafter
Form; 2.Aufl., Gütersloh 1980, 165-181.
PLÖGER, OTTO: Zusätze zu Daniel. JSHRZ I/1: Historische und legendarische Erzählungen;
2.Aufl., Gütersloh 1977.
POHLMANN, KARL-FRIEDRICH: 3.Esra-Buch. JSHRZ I/5: Historische und legendarische
Erzählungen; Gütersloh 1980.
SAUER, GEORG: Jesus Sirach (Ben Sira). JSHRZ III/5: Unterweisung in lehrhafter Form;
Gütersloh 1981, 483-644; (zitiert: Sauer, Jesus Sirach).
THE BOOK OF BEN SIRA. Text, Concordance and an Analysis of the Vocabulary; Published
by the Academy of the Hebrew Language and the Shrine of the Book (The Historical
Dictionary of the Hebrew Language), Jerusalem 1973.
THE OLD TESTAMENT PSEUDEPIGRAPHA; hg. James Hamilton CHARLESWORTH; 2 Bde.;
New York 1983/1985.

## 5. Palästinisch-jüdische Schriften außerhalb des Kanons

BERGER, KLAUS: Das Buch der Jubiläen. JSHRZ II/3: Unterweisung in erzählender Form; Gütersloh 1981, 273-575; (zitiert: Berger, Jubiläenbuch).
CHARLES, R.H.: The Book of Jubilees or the Little Genesis translated from the Editor's Ethiopic Text and edited, with Introduction, Notes and Indices, London 1902 (= Jerusalem 1972).
DIETZFELBINGER, CHRISTIAN: Pseudo-Philo: Antiquitates Biblicae (Liber Antiquitatum Biblicarum). JSHRZ II/2: Unterweisung in erzählender Form; 2.Aufl., Gütersloh 1979, 91-271.
KISCH, GUIDO: Pseudo-Philo's Liber Antiquitatum Biblicarum; Notre Dame, Indiana 1949 (PMS 10).
KLIJN, A.F.J.: Die syrische Baruchapokalypse. JSHRZ V/2: Apokalypsen; Gütersloh 1976, 103-191.
MERKEL, HELMUT: Sibyllinen. JSHRZ V/8: Apokalypsen; Gütersloh 1998, 1043-1140; (zitiert: Merkel, Sibyllinen).
NIKIPROWETZKY, VALENTIN: La Troisième Sibylle; Paris u.a. 1970 (EtJ IX).

## 6. Texte aus Qumran

LOHSE, EDUARD (Hg.): Die Texte aus Qumran. Hebräisch und Deutsch; 3., gegenüber der 2. unveränd. Aufl., Darmstadt 1981; (zitiert: Lohse, Texte aus Qumran).
MAIER, JOHANN: Die Qumran-Essener: Die Texte vom Toten Meer.
Band I: Die Texte der Höhlen 1-3 und 5-11; München, Basel 1995; (zitiert: Maier, Qumran-Essener I).
Band II: Die Texte der Höhle 4; München, Basel 1995; (zitiert: Maier, Qumran-Essener II).
Band III: Einführung, Zeitrechnung, Register und Bibliographie; München 1996; (zitiert: Maier, Qumran-Essener III).

## 7. Jüdisch-hellenistische Schriften außerhalb des Kanons

BECKER, JÜRGEN: Die Testamente der zwölf Patriarchen. JSHRZ III/1: Unterweisung in lehrhafter Form; 2.Aufl., Gütersloh 1980, 16-163; (zitiert: Becker, Testamente).
BENSLY, R.L.: The Fourth Book of Ezra. The Latin Version edited from the MSS. Introduction by M. R. James; Cambridge 1895 (TaS III.2).
BURCHARD, CHRISTOPH: Joseph und Aseneth. JSHRZ II/4: Unterweisung in erzählender Form; Gütersloh 1983, 577-735; (zitiert: Burchard, Joseph und Aseneth).
BURCHARD, CHRISTOPH: Ein vorläufiger griechischer Text von Joseph und Aseneth; DBAT 14, Oktober 1979, 2-53.
BURCHARD, CHRISTOPH: Verbesserungen zum vorläufigen Text von Joseph und Aseneth; DBAT 16, Dezember 1982, 37-39.
DEJONGE, MARINUS u.a.: The Testaments of the Twelve Patriarchs. A Critical Edition of the Greek Text; Leiden 1978 (Pseudepigrapha Veteris Testamenti Graece Bd. 1,2).
HOLLADAY, CARL R.: Fragments from Hellenistic Jewish Authors. Vol. 1: Historians; Chico, California 1983 (SBL.TT 20; PS 10).
MEISNER, NORBERT: Aristeasbrief. JSHRZ II/1: Unterweisung in erzählender Form; 2.Aufl., Gütersloh 1977, 35-87; (zitiert: Meisner, Aristeasbrief).
PELLETIER, ANDRÉ (Hg.): Lettre d'Aristée à Philocrate. Introduction, texte critique, traduction et notes, index complet des mots grecs (SC 89), Paris 1962.

SCHALLER, BERNDT: Das Testament Hiobs. JSHRZ III/3: Unterweisung in lehrhafter Form; Gütersloh 1979, 297-388; (zitiert: Schaller, Testament Hiobs)
SCHREINER, JOSEF: Das 4.Buch Esra. JSHRZ V/4: Apokalypsen; Gütersloh 1981, 289-412.
SCHWEMER, ANNA MARIA: Vitae Prophetarum. JSHRZ I/7: Historische und legendarische Erzählungen; Gütersloh 1997, 539-658; (zitiert: Schwemer, Vitae Prophetarum).
THEOGNIS. PS.-PYTHAGORAS. PS.-PHOCYLIDES. CHARES. Anonymi aulodia. Fragmentum teliambicum, post E. Diehl ed. Douglas Young (BiTeu), Leipzig [1961] [2]1971, 86-94.
VAN DER HORST, PIETER WILLEM: The Sentences of Pseudo-Phocylides. With Introduction and Commentary; Leiden 1978 (SVTP 4).
WALTER, NIKOLAUS: Fragmente jüdisch-hellenistischer Exegeten. JSHRZ III/2: Aristobulos, Demetrios, Aristeas; Gütersloh 1975.
WALTER, NIKOLAUS: Pseudepigraphische jüdisch-hellenistische Dichtung: Pseudo-Phokylides, Pseudo-Orpheus, Gefälschte Verse auf Namen griechischer Dichter. JSHRZ IV, 1-3: Poetische Schriften; Gütersloh 1974-1983.

# 8. Flavius Josephus und Philo von Alexandrien

FLAVIUS JOSEPHUS: De bello Judaico. Der jüdische Krieg, Griechisch und Deutsch; hg. und mit einer Einleitung sowie Anmerkungen versehen von Otto Michel und Otto Bauernfeind; 4 Bde: Darmstadt, I: 3.Aufl., 1982; II/1: 1963; II/2und III: 1969.
Des FLAVIUS JOSEPHUS Jüdische Altertümer; übersetzt von Heinrich CLEMENTZ, 2 Bde. in einem; 5. Aufl.; Wiesbaden 1983.
JOSEPHUS. With an English Translation by H.St.J. Thackeray; Ralph Marcus; Louis H. Feldman; Allen Wikgren; 9 Bde.; London, Cambridge (Mass) 1926-1965 (LCL).
PHILONIS Alexandrini opera quae supersunt; hg. v. Leopold Cohn und Paul Wendland; 7 Bde.; Berlin 1896-1930.
PHILO. With an English Translation by F.H. Colson; G.H. Whitaker; 12 Bde.; London, Cambridge (Mass) 1929-1962 (LCL).
PHILO Supplement I: Questions and Answers on Genesis; übers. von Ralph Marcus; London, Cambridge (Mass) 1953 (LCL).
PHILO VON ALEXANDRIA. Die Werke in deutscher Übersetzung; hg. v. Leopold Cohn u.a. 7 Bde.; Bd. 1-6: 2.Aufl.; Berlin 1962; Bd. 7: Berlin 1964.

# 9. Rabbinische Texte

BIETENHARD, HANS: Der tannaitische Midrasch Sifre Deuteronomium. Mit einem Beitrag von Henrik Ljungman, Bern u.a. 1984 (JudChr 8).
LAUTERBACH, JACOB Z.: Mekilta de Rabbi Ishmael: A critical edition on the basis of the manuscripts and early editions with an English translation, introduction and notes, 3 Bde; Philadelphia 1933-1935.
MISCHNAJOT. Die sechs Ordnungen der Mischna. Hebräischer Text mit Punktation, deutscher Übersetzung und Erklärung; Zeraim: A. Sammter; Mo'ed: E. Baneth; Naschim: M. Petuchowski/S. Schlesinger; Nesikin: D. Hoffmann; Kodaschim: J. Cohn; Toharot: D. Hoffmann/ J. Cohn/M. Auerbach); 3. Aufl., Basel 1968.
Die MISCHNA: Text, Übersetzung und ausführliche Erklärung. Mit eingehenden geschichtlichen und sprachlichen Einleitungen und textkritischen Anhängen; begr. von G. Beer und O. Holtzmann; hg. v. Karl Heinrich Rengstorf; Leonhard Rost; Siegfried Herrmann; Gießen/Berlin 1912ff.
Die TOSEFTA DES TRAKTATS QIDDUSIN; übers. und erkl.von Philipp Schlesinger; Würzburg 1926.

TOSEPHTA; hg. v. M.S. Zuckermandel; 2 Bde.; Halberstadt 1881.

The TOSEFTA translated from the Hebrew; hg. v. Jacob Neusner; 6 Bde.; New York 1977-1986.

WINTER, JAKOB; WÜNSCHE, AUGUST: MECHILTHA. Ein tannaitischer Midrasch zu Exodus. Erstmalig ins Deutsche übersetzt und erläutert; Leipzig 1909 (Nachdruck: Hildesheim u.a. 1990).

DER BABYLONISCHE TALMUD. Mit Einschluß der vollständigen Mischna. Hebräisch-Deutsch. Hg., übers. und mit kurzen Erläuterungen versehen von L. GOLDSCHMIDT; 9 Bde.; Berlin u.a. 1897-1935.

DER JERUSALEMER TALMUD in deutscher Übersetzung; hg. v. Institutum Judaicum der Universität Tübingen; Tübingen 1975ff.

## 10. Weitere Quellen

Die BEKENNTNISSCHRIFTEN DER EVANGELISCH-LUTHERISCHEN KIRCHE; hg. im Gedenkjahr der Augsburgischen Konfession 1930; 9. Aufl., Göttingen 1982.

LINDEMANN, ANDREAS; PAULSEN, HENNING (Hg.): Die Apostolischen Väter. Griechisch-deutsche Parallelausgabe auf der Grundlage der Ausgaben von Franz Xaver Funk, Karl Bihlmeyer und Molly Whittaker mit Übersetzungen von M. Dibelius und D.-A. Koch; Tübingen 1992.

Teil 2

# Grammatiken und Stilkunden, Lexika und Lexikonartikel, Wörterbücher, Konkordanzen

## 1. Grammatiken und Stilkunden

BEYER, KLAUS: Semitische Syntax im Neuen Testament; Bd. 1, Satzlehre, Teil 1; 2., verb. Aufl., Göttingen 1968 (StUNT 1).

BLASS, FRIEDRICH; DEBRUNNER, ALBERT: Grammatik des neutestamentlichen Griechisch; bearb. von Friedrich Rehkopf; 17. Aufl., Göttingen 1990.

GESENIUS, W. / KAUTZSCH, E.: Hebräische Grammatik; 5. Nachdruckauflage der 28., vielfach verb. und verm. Aufl., Leipzig 1909; Hildesheim, Zürich, New York 1985; (zitiert: Gesenius/Kautzsch, Grammatik).

HOFFMANN, ERNST G. ; Siebenthal, Heinrich von: Griechische Grammatik zum Neuen Testament; 2., durchges. und erg. Aufl.; Riehen/Schweiz 1990.

IRSIGLER, HUBERT: Einführung in das Biblische Hebräisch; 1. Ausgewählte Abschnitte der althebräischen Grammatik; St. Ottilien 1978 (MUS.ATSAT 9); (zitiert: Irsigler, Hebräisch).

LAUSBERG, HEINRICH: Handbuch der literarischen Rhetorik. Eine Grundlegung der Literaturwissenschaft; 2., durch einen Nachtrag vermehrte Aufl., München 1973.

MEYER, RUDOLF: Hebräische Grammatik II, Formenlehre, Flexionstabellen; 3., neu bearbeitete Aufl., Berlin 1969 (SG 764,764a,764b); (zitiert: Meyer, Grammatik).

## 2. Lexika und Lexikonartikel

COLPE, CARSTEN: (Art.) Philo. RGG[3] V, Sp. 341-346; (zitiert: Colpe, Philo).

DASSMANN, ERNST; SCHÖLLGEN, GEORG: (Art.) Haus II (Hausgemeinschaft). In: RAC 13, 1986, Sp. 801-905 (zitiert: Dassmann/Schöllgen, Haus II).

DAVID, MARTIN: (Art.) Adoption. In: Reallexikon der Assyriologie (Hg.: Ebeling, Erich; Meissner, Bruno), Bd. 1, Berlin, Leipzig 1928, 37-39; (zitiert: David, Adoption).

DOHMEN / STENMANS: (Art.) כבד. In: ThWAT Bd. 4, 1984, 13-23).

EBELING, ERICH: (Art.) Gefangener, Gefängnis. Reallexikon der Assyriologie und Vorderasiatischen Archäologie (hg. von Weidner Ernst; von Soden, Wolfram u.a.), Bd. 3; Berlin, New York 1957-1971, 181-182; (zitiert: Ebeling, Gefangener).

ENCYCLOPAEDIA JUDAICA; hg. von C. Roth; G. Wigoder; 16 Bde.; Jerusalem 1971.

EXEGETISCHES WÖRTERBUCH ZUM NEUEN TESTAMENT; hg. v. HORST BALZ und GERHARD SCHNEIDER; 3 Bde.; 2., verb. Aufl. mit Literaturnachträgen; Stuttgart u.a. 1992.

FUHS, H.F.: (Art.) ירא. In: ThWAT, Bd. 3, 1982, 869-893; (zitiert: Fuhs, ירא).

GIESEN, HEINZ: (Art.) μισέω. In: EWNT 2, Sp. 1060-1062.

GREENBERG, MOSHE; KADOSH, DAVID; RUBENS, ALFRED: (Art.) Decalogue (The Ten Commandments). In: EJ 5 , Sp. 1435-1449.

JENNI, ERNST: (Art.) בין . In: THAT Bd. 1, 1984, 308-313.

KELLER, C.A.: (Art.) ארר. In: THAT Bd. 1, 1984, 236-240.

KELLER, C.A.: (Art.) קלל. In: THAT Bd. 2, 1984, 641-647; (zitiert: Keller, קלל).

LUMPE, ADOLF / KARPP, HEINRICH: Eltern: RAC IV (Stuttgart 1959), Sp.1190-1219.

MAURER, CHRISTIAN: (Art.) ἀθετέω, ἀθέτησις. ThWNT VIII (1969), 158-160.

MAYER, GÜNTER: (Art.) Josephus Flavius (37/38 n.Chr. - nach 100). In: TRE XVII, Berlin, New York 1988, 258-264.

MICHAELIS, WILHELM: (Art.) μάχαιρα. ThWNT IV, 1942, 530-533; (zitiert: Michaelis, μάχαιρα).

MICHEL, OTTO: (Art.) μισέω. ThWNT IV, 1942, 687-698; (zitiert: Michel, μισέω).

PERLITT, LOTHAR: (Art.) Dekalog. I. Altes Testament. In: TRE VIII, 1981, 408-413; (zitiert: Perlitt, Dekalog).

PLÜMACHER, ECKHARD: (Art.) μάχαιρα . EWNT 2, Sp. 978-980; (zitiert: Plümacher, μάχαιρα).

REALLEXIKON DER ASSYRIOLOGIE (hg. von Ebeling, Erich; Meissner, Bruno), Bd. 1, Berlin, Leipzig 1928.

REALLEXIKON FÜR ANTIKE UND CHRISTENTUM: Sachwörterbuch zur Auseinandersetzung des Christentums mit der antiken Welt; hg. von Theodor Klausner u.a.; bisher 16 Bde.; Bonn 1950ff.

DIE RELIGION IN GESCHICHTE UND GEGENWART. Handwörterbuch für Theologie und Religionswissenschaft; hg. von Kurt Galling; 7 Bde.; 3., völlig neu bearb. Aufl.; Tübingen 1957-1965.

RELIGION IN GESCHICHTE UND GEGENWART. Handwörterbuch für Theologie und Religionswissenschaft. Hg. von Hans Dieter Betz, Don S. Browning, Bernd Janowski und Eberhard Jüngel; Band 1, A-B; 4., völlig neu bearbeitete Aufl.; Tübingen 1998.

SACCHI, PAOLO: (Art.) Henochgestalt / Henochliteratur. TRE XV, 1986, 42-54.

SCHELBERT, GEORG: (Art.) Jubiläenbuch. TRE XVII, 1988, 285-289.

SCHNEIDER, GERHARD: (Art.) δίκαιος; δικαίως. EWNT 1, Sp. 781-784.

STÄHLI, H.-P.: (Art.) ירא. In: THAT Bd. 1, 1984, 765-778; (zitiert: Stähli, ירא).

THE JEWISH ENCYCLOPEDIA: A Descriptive Record of the History, Religion, Literature and Customs from the Earliest Time to the Present Day; hg. von Isidore Singer; 12 Bde.; New York, London 1901-1907.

THEOLOGISCHE REALENZYKLOPÄDIE; hg. von Gerhard Krause und Gerhard Müller; bisher 29 Bde.; Berlin, New York 1977ff.

THEOLOGISCHES HANDWÖRTERBUCH ZUM ALTEN TESTAMENT; hg. von Ernst Jenni und Claus Westermann; 2 Bde.; Bd.1: 4. Aufl.; Bd. 2: 3.Aufl.; München, Zürich 1984.

THEOLOGISCHES WÖRTERBUCH ZUM ALTEN TESTAMENT; hg. von G. Johannes Botterweck (ab 1984: Josef Fabry) und Helmer Ringgren; 8 Bde.; Stuttgart u.a. 1973-1995.

THEOLOGISCHES WÖRTERBUCH ZUM NEUEN TESTAMENT; hg. von Gerhard Kittel und Gerhard Friedrich; 9 Bde. und 1 Registerband; 1 Bd. Literaturnachtr.; Stuttgart u.a. 1933-1979.

WESTERMANN, CLAUS: (Art.) כבד. In: THAT Bd. 1, 1984, 794-812.

# 3. Wörterbücher

BAUER, WALTER: Griechisch-deutsches Wörterbuch zu den Schriften des Neuen Testaments und der frühchristlichen Literatur; 6., völlig neu bearb. Aufl. im Institut für Neutestamentliche Textforschung, Münster, unter besonderer Mitw. von Viktor Reichmann hg.v. Kurt Aland und Barbara Aland; Berlin - New York 1988.

GEORGES, K.E.; Georges, H.: Ausführliches Latein-Deutsches Handwörterbuch; 2 Bde.; 13. Aufl., Hannover 1972.

GESENIUS, WILHELM: Hebräisches und Aramäisches Handwörterbuch über das Alte Testament, unter verantwortlicher Mitarb. v. U. Rüterswörden bearb. und hg.v. R. Meyer und H. Donner; 18. Auflage, 1. Lieferung, Berlin u. a. 1987.

GESENIUS, WILHELM: Wilhelm Gesenius' Hebräisches und Aramäisches Handwörterbuch über das Alte Testament in Verbindung mit H. Zimmern, M. Müller und O. Weber bearb. v. F. Buhl; unv. Neudr. der 1915 erschienenen 17. Aufl., Berlin u.a. 1962.

KOEHLER, LUDWIG / BAUMGARTNER, WALTER: Hebräisches und aramäisches Lexikon zum Alten Testament. 3. Aufl. neu bearb. v. W. Baumgartner [und J.J. Stamm], Leiden 1967ff; (zitiert: KBL).

LIDDELL, HENRY GEORGE; SCOTT, ROBERT: A Greek-English Lexicon, revised and augmented throughout by Henry Stuart Jones; With a Supplement 1968, Oxford 1985.

MENGE, HERMANN (Hg.): Langenscheidts Großwörterbuch der griechischen und deutschen Sprache; 1. Teil: Griechisch-Deutsch. Unter besonderer Berücksichtigung der Etymologie; 2., verb. Aufl.; 20. Aufl., Berlin 1967.

REHKOPF, FRIEDRICH: Septuaginta-Vokabular, Göttingen 1989.

STEPHANUS, HENRICUS u.a. (Hg.): Thesaurus graecae linguae; 8 Bde.; Paris 1865.

# 4. Konkordanzen

ALAND, KURT (Hg.): Vollständige Konkordanz zum Griechischen Neuen Testament unter Zugrundelegung aller modernen Textausgaben und des textus receptus; 2 Bde. Berlin, New York 1983 (ANT 4).

BARTHÉLEMY, DOMINIQUE / RICKENBACHER, OTTO: Konkordanz zum hebräischen Sirach mit syrisch-hebräischem Index; hg. im Auftrag des biblischen Instituts der Universität Freiburg/Schweiz; Göttingen 1973.

DENIS, ALBERT-MARIE: Concordance grecque des pseudépigraphes d'Ancien Testament: Concordance, Corpus des textes, Indices; Louvain-la-Neuve 1987.

HATCH, EDWIN / REDPATH, HENRY A.: A Concordance to the Septuagint and the other Greek Versions of the Old Testament, 2 Bde., Suppl. (by H.A. Redpath), Oxford 1897-1906 [Nachdr.: Graz 1954].

KOSOVSKY, MOSHE (Hg.): Concordance to the Talmud Yerushalmi (Palaestinian Talmud); 6 Bde.; Jerusalem 1979-1993.

KUHN, KARL GEORG (Hg.): Konkordanz zu den Qumrantexten; Göttingen 1960 (Supplement: RdQ 4, 1963, 163-234).

LISOWSKY, GERHARD: Konkordanz zum hebräischen Alten Testament nach dem von Paul Kahle in der Biblia Hebraica besorgten masoretischen Text; 3., verb. Aufl. besorgt von Hans Peter Rüger; Stuttgart 1993.

MANDELKERN, SALOMON: Veteris Testamenti Concordantiae hebraicae atque chaldaicae; post F. Margolinii et M. Gottsteinii editiones editio septa aucta atque emendata, Jerusalem - Tel Aviv 1967.

MAYER, GÜNTER: Index Philoneus; Berlin, New York 1974.

RENGSTORF, KARL HEINRICH u.a. (Hg.): A Complete Concordance to Flavius Josephus; 4 Bde.; Suppl.; Leiden 1973-1983.

# Teil 3

# Kommentare

BALTZER, KLAUS: Deutero-Jesaja. Kommentar zum Alten Testament; Gütersloh 1999 (HAT X,2); (zitiert: Baltzer, Deutero-Jesaja).

BALZ, HORST; SCHRAGE, WOLFGANG: Die „Katholischen" Briefe. Die Briefe des Jakobus, Petrus, Johannes und Judas; 11. Aufl., 1. Aufl. dieser Fassung; Göttingen 1973 (NTD 10).

BARRETT, CHARLES KINGSLEY: Das Evangelium nach Johannes; Göttingen 1990 (KEK Sonderband; übersetzt aus dem Englischen von Hans Bald); (zitiert: Barrett, Johannes).

BARTH, GERHARD: Der Brief an die Philipper; Zürich 1979 (ZBK NT 9).

BEASLEY-MURRAY, GEORGE R.: John; Waco, Texas 1987 (Word Biblical Commentary 36).

BECKER, JÜRGEN: Das Evangelium nach Johannes.
   Kapitel 1-10; 3., überarb. Aufl., Gütersloh, Würzburg 1991 (ÖTBK 4/1); (zitiert: Becker, Johannes).
   Kapitel 11-21; 3., überarb. Aufl., Gütersloh, Würzburg 1991 (ÖTBK 4/2); (zitiert: Becker, Johannes).

BECKER, JÜRGEN ; CONZELMANN, HANS; FRIEDRICH, GERHARD: Die Briefe an die Galater, Epheser, Philipper, Kolosser, Thessalonicher und Philemon; 17. Aufl. (4.Aufl. dieser Bearbeitung); Göttingen, Zürich 1990 (NTD 8).

BECKER, JÜRGEN; LUZ, ULRICH: Die Briefe an die Galater, Epheser und Kolosser; 18. Aufl., 1. Aufl. der neuen Bearbeitung; Göttingen 1998 (NTD 8).

BEER, GEORG: Exodus; Tübingen 1939 (HAT I, Bd. 3); (zitiert: Beer, Exodus).

(Strack, H.L.); BILLERBECK, PAUL: Kommentar zum Neuen Testament aus Talmud und Midrasch; 6 Bde. München Bd.I: 8. Aufl. 1982; Bd. II: 8.Aufl. 1983; Bd. III: 7.Aufl. 1979; Bd. IV: 7.Aufl. 1978; Bd. V und VI: 5.Aufl. 1979.

BINDER, HERMANN (unter Mitarbeit von Joachim Rohde): Der Brief des Paulus an Philemon; Berlin 1990 (ThHK 11/2).

BOUTTIER, MICHEL: L' Épître de Saint Paul aux Éphésiens; Genève 1991 (CNT; deuxième série IXb); (zitiert: Bouttier, Éphésiens).

BOVON, FRANCOIS: Das Evangelium nach Lukas.
   1.Teilband Lk 1,1-9,50; Zürich, Neukirchen-Vluyn 1989 (EKK III/1).
   2.Teilband Lk 9,51-14,35; Zürich, Düsseldorf, Neukirchen-Vluyn 1996 (EKK III/2); (zitiert: Bovon, Lukas II).

BRAULIK, GEORG: Deuteronomium II, 16,18 - 34,12; Würzburg 1992 (NEB 28).

BROWN, RAYMOND E.: The Gospel according to John (I - XII); Garden City, New York 1966 (AncB 29).

BROWN, RAYMOND E.: The Gospel according to John (XIII - XXI); Garden City, New York 1970 (AncB 29A).

BROX, NORBERT: Der erste Petrusbrief; Zürich u.a. 1979 (EKK XXI); (zitiert: Brox, Der erste Petrusbrief).

BULTMANN, RUDOLF: Das Evangelium des Johannes; 21.Aufl., Göttingen 1986 (KEK Bd. II); (zitiert: Bultmann, Johannes).

CARROLL, ROBERT P.: Jeremiah, Sheffield 1989 (JSOT OTGu).

CASSUTO, UMBERTO: A Commentary on the Book of Exodus; Jerusalem 1967; (First published in Hebrew, Jerusalem 1951); (zitiert: Cassuto, Exodus).

CHILDS, BREVARD S.: Exodus. A Commentary; London 1974 (OTL); (zitiert: Childs, Exodus).

CLEMENTS, RONALD E.: Exodus; Cambridge 1972 (CNEB).

COGGINS, R.J.; KNIBB, M.A.: The First and Second Books of Esdras; Cambridge 1979 (CNEB).

CONZELMANN, HANS: Der erste Brief an die Korinther; 2., überarb. und erg. Aufl., Göttingen 1981 (KEK Bd. V).

CONZELMANN, HANS: Der Brief an die Kolosser. In: Becker, Jürgen; Conzelmann, Hans; Friedrich, Gerhard: Die Briefe an die Galater, Epheser, Philipper, Kolosser, Thessalonicher und Philemon; 14., neu bearbeitete und ergänzte Aufl.; Göttingen 1976 (NTD 8), 176-202.

CRANFIELD, C.E.B.: The Gospel according to St. Mark; 2.Aufl., Cambridge 1963 (CGTC).

DIBELIUS, MARTIN: An die Kolosser, Epheser, an Philemon; 3.Aufl., bearb. von H. Greeven; Tübingen 1953 (HNT 12).

DRIVER, SAMUEL R.: A Critical and Exegetical Commentary on Deuteronomy; 3.Aufl., Edinburgh 1960 (ICC, 1.Aufl. 1895); (zitiert: Driver, Deuteronomy).

ERDMAN, CHARLES R.: The Book of Leviticus; New York, London, Glasgow 1951.

ERNST, JOSEF: Die Briefe an die Philipper, an Philemon, an die Kolosser, an die Epheser; Regensburg 1974 (RNT).

ERNST, JOSEF: Das Evangelium nach Markus; Regensburg 1981 (RNT); (zitiert: Ernst, Markus).

FITZMYER, JOSEPH A.: The Gospel according to Luke. Introduction, Translation and Notes, 2Bde., New York 1981/1985 (AncB 28; 28A); (zitiert: Fitzmyer, Luke).

GERLEMAN, GILLIS: Ruth. Das Hohelied; Neukirchen-Vluyn 1965 (BK XVIII).

GERSTENBERGER, ERHARD S.: Das dritte Buch Mose. Leviticus; 6., völlig neu bearb. Aufl., Göttingen 1993 (ATD 6); (zitiert: Gerstenberger, Leviticus).

GNILKA, JOACHIM: Der Epheserbrief; Freiburg, Basel, Wien 1971 (HThK X/2); (zitiert: Gnilka, Epheserbrief).

GNILKA, JOACHIM: Das Evangelium nach Markus.
1. Teilband, Mk 1-8,26, 3., durchges. Aufl., Neukirchen-Vluyn u.a. 1989 (EKK II/1); (zitiert: Gnilka, Markus I).
2. Teilband, Mk 8,27-16,20, Zürich u.a. 1990 (EKK II/2); (zitiert: Gnilka, Markus II).

GNILKA, JOACHIM: Der Kolosserbrief; Freiburg u.a. 1980 (HThK X/1); (zitiert: Gnilka, Kolosserbrief).

GNILKA, JOACHIM: Das Matthäusevangelium.
1.Teil. Kommentar zu Kap. 1,1-13,58. Freiburg u.a. 1986 (HThK I/1); (zitiert: Gnilka, Matthäus I).
2.Teil. Kommentar zu Kap. 14,1-28,20 und Einleitungsfragen. Freiburg u.a. 1988 (HThK I/2); (zitiert: Gnilka, Matthäus II).

GNILKA, JOACHIM: Der Philipperbrief; 3.Aufl., Freiburg u.a. 1980 (HThK X/3); (zitiert: Gnilka, Philipperbrief).

GRUNDMANN, WALTER: Das Evangelium nach Lukas; 9.Aufl., Berlin 1981 (ThHK III).

GRUNDMANN, WALTER: Das Evangelium nach Markus; 8. Aufl., Berlin 1980 (ThHK II); (zitiert: Grundmann, Markus).

GRUNDMANN, WALTER: Das Evangelium nach Matthäus; 4. Aufl., Berlin 1975 (ThHK I); (zitiert: Grundmann, Matthäus).

HAACKER, KLAUS: Der Brief des Paulus an die Römer; Leipzig 1999 (ThHK 6).

HAENCHEN, ERNST: Der Weg Jesu. Eine Erklärung des Markus-Evangeliums und der kanonischen Parallelen; 2., durchges. und verb. Aufl., Berlin 1968; (zitiert: Haenchen, Weg).

HERMISSON, HANS-JÜRGEN: Deuterojesaja 45,8ff.; Neukirchen-Vluyn 1987 (BK XI7); 1991 (BK XI8).

HOLLANDER, HARM W., DEJONGE, MARINUS: The Testaments of the Twelve Patriarchs. A Commentary; Leiden 1985 (SVTP 8); (zitiert: Hollander/deJonge, Testaments, Commentary).

HOLTZ, TRAUGOTT: Der erste Brief an die Thessalonicher; Zürich u.a. 1986 (EKK XIII); (zitiert: Holtz, 1.Thessalonicher).

HORST, FRIEDRICH: Hiob, 1. Teilband, Neukirchen-Vluyn 1968 (BK XVI/1).

HÜBNER, HANS: An Philemon, An die Kolosser, An die Epheser; Tübingen 1997 (HNT 12).

JACOB, BENNO: Das Buch Exodus; herausgegeben im Auftrag des Leo-Baeck-Instituts von Shlomo Mayer unter Mitwirkung von Joachim Hahn und Almuth Jürgensen; Stuttgart 1997.

JEREMIAS, JÖRG: Der Prophet Amos; Göttingen 1995 (ATD 24/2).

JERVELL, JACOB: Die Apostelgeschichte; 17. Aufl., 1.Aufl. dieser Auslegung; Göttingen 1998 (KEK III).

KLAUCK, HANS-JOSEF: Der erste Johannesbrief; Zürich, Braunschweig 1991 (EKK XXIII/1); (zitiert: Klauck, Der erste Johannesbrief).

KLOSTERMANN, ERICH: Das Markusevangelium; 5.Aufl. (unveränderter Nachdruck der 4., erg. Aufl.), Tübingen 1971 (HNT 3); (zitiert: Klostermann, Markus).

KORNFELD, WALTER: Das Buch Levitikus; Düsseldorf 1972; (zitiert: Kornfeld, Levitikus).

KRAUS, HANS-JOACHIM: Das Evangelium der unbekannten Propheten Jesaja 40-66; Neukir-chen-Vluyn 1990 (Kleine Biblische Bibliothek).

KRAUS, HANS-JOACHIM: Klagelieder (Threni); 3., erw. Aufl., Neukirchen-Vluyn 1968 (BK XX).

LANG, FRIEDRICH: Die Briefe an die Korinther; 16. Aufl. (1. Aufl. dieser Bearbeitung); Göttingen, Zürich 1986 (NTD 7); (zitiert: Lang, Korintherbriefe).

LINDEMANN, ANDREAS: Die Clemensbriefe; HNT 17: Die Apostolischen Väter I; Tübingen 1992.

LINCOLN, ANDREW T.: Ephesians; Dallas, Texas 1990 (Word Biblical Commentary 42); (zitiert: Lincoln, Ephesians).

LOHMEYER, ERNST: Das Evangelium des Markus; nach dem Handexemplar des Verfassers durchges. Ausgabe mit Ergänzungsheft; 17. Aufl., Göttingen 1967 (KEK, 1.Abt., 2. Band).

LOHMEYER, ERNST: Das Evangelium des Matthäus; nachgelassene Ausarbeitungen und Entwürfe zur Übersetzung und Erklärung für den Druck erarbeitet und herausgegeben von Werner Schmauch; 4. Aufl., Göttingen 1967 (KEK Sonderband).

LOHSE, EDUARD: Die Briefe an die Kolosser und an Philemon; 15. Aufl. (2., um einen Anhang erw. Aufl. der Neubearbeitung); Göttingen 1977 (KEK 9. Abt., 2.Bd.); (zitiert: Lohse, Kolosser).

LÜHRMANN, DIETER: Der Brief an die Galater; Zürich 1978 (ZBK NT 7).

LÜHRMANN, DIETER: Das Markusevangelium. Tübingen 1987 (HNT 3); (zitiert: Lührmann, Markus).

LUZ, ULRICH: Das Evangelium nach Matthäus, 2. Teilband, Mt 8-17; Zürich u.a. 1990 (EKK I/2); (zitiert: Luz, Matthäus II).

MARXSEN, WILLI: Der erste Brief an die Thessalonicher; Zürich 1979 (ZBK NT 11.1).

METZGER, BRUCE M. (Hg.): A Textual Commentary on the Greek New Testament, Second Edition. A Companion Volume to the United Bible Societies' Greek New Testament (Fourth Revised Edition); Stuttgart 1994.

MICHAELI, FRANK: Le livre de l´Exode; Neuchâtel, Paris 1974 (CAT II).

MÜLLER, ULRICH B.: Der Brief des Paulus an die Philipper; Leipzig 1993 (ThHK 11/1); (zitiert: Müller, Philipperbrief).

MUSSNER, FRANZ: Der Brief an die Epheser; Gütersloh, Würzburg 1982 (ÖTBK 10); (zitiert: Mußner, Epheser).

MYERS, JACOB M.: Ezra. Nehemiah; Garden City, New York 1965 (AncB 14).

NIELSEN, KIRSTEN: Ruth. A Commentary; translated from the Danish by Edward Broadbridge; Louisville, Kentucky 1997 (OTL).

NORTH, CHRISTOPHER R.: The Second Isaiah. Introduction, Translation and Commentary to Chapters XL - LV; Oxford 1964.

NOTH, MARTIN: Das dritte Buch Mose. Leviticus; Göttingen 1962 (ATD 6).

NOTH, MARTIN: Das zweite Buch Mose. Exodus; 4. Aufl., Göttingen 1968 (ATD 5).

NOWELL, IRENE: Jonah, Tobit, Judith. Collegeville, Minnesota 1986 (CBC Old Testament 25); (zitiert: Nowell, Jonah, Tobit).

O'BRIEN, PETER T.: Colossians, Philemon; Waco, Texas 1982 (Word Biblical Commentary 44); (zitiert: O'Brien, Colossians).

OEPKE, ALBRECHT: Der Brief des Paulus an die Galater (bearbeitet von Joachim Rohde); 4.Aufl., Berlin 1979 (ThHK IX).

PARK, J. EDGAR; RYLAARDSDAM J. COERT: The Book of Exodus; New York, Nashville 1952 (IntB 1).

PAULSEN, HENNING: Die Briefe des Ignatius von Antiochia und der Brief des Polykarp von Smyrna; 2., neubearb. Aufl. der Auslegung von Walter Bauer; Tübingen 1985 (HNT 18: Die Apostolischen Väter II).

PESCH, RUDOLF: Die Apostelgeschichte.
1.Teilband Apg 1-12, Zürich u.a. 1986 (EKK V); (zitiert: Pesch, Apostelgeschichte I); 2.Teilband: Apg 13-28, Zürich u.a. 1986 (EKK V).

PESCH, RUDOLF: Das Markusevangelium.
1.Teil. Einleitung und Kommentar zu Kap. 1,1-8,26; 2., durchges. Aufl., Freiburg u.a. 1977 (HThK II/1); (zitiert: Pesch, Markus I).
2.Teil. Kommentar zu Kap. 8,27-16,20; 2., durchges. Aufl., Freiburg u.a. 1980 (HThK II/2); (zitiert: Pesch, Markus II).

PHILLIPS, ANTHONY: Deuteronomy; Cambridge 1973 (CBC); (zitiert: Phillips, Deuteronomy).

PLÖGER, OTTO: Sprüche Salomos (Proverbia); Neukirchen-Vluyn 1984 (BK XVII); (zitiert: Plöger, Sprüche).

POKORNY, PETR: Der Brief des Paulus an die Kolosser; Berlin 1987 (ThHK X/1); (zitiert: Pokorny, Kolosser).

PORTER, J.R.: Leviticus; Cambridge 1976 (CBC); (zitiert: Porter, Leviticus).

RAD, GERHARD VON: Das fünfte Buch Mose. Deuteronomium; 2.Aufl., Göttingen 1968 (ATD 8).

ROLOFF, JÜRGEN: Die Apostelgeschichte; 17. Aufl., 1. Aufl. dieser Fassung; Göttingen 1981 (NTD 5); (zitiert: Roloff, Apostelgeschichte).

ROLOFF, JÜRGEN: Der erste Brief an Timotheus; Zürich; Neukirchen-Vluyn 1988 (EKK XV); (zitiert: Roloff, Timotheus).

RUDOLPH, WILHELM: Joel-Amos-Obadja-Jona; Gütersloh 1971 (KAT Bd. XIII,2).

SCHILLING, OTHMAR: Das Buch Jesus Sirach; Freiburg 1956 (HBK VII/2); (zitiert: Schilling, Sirach).

SCHLATTER, ADOLF: Markus. Der Evangelist für die Griechen. Mit einem Geleitwort von Karl Heinrich Rengstorf; 2.Aufl., Stuttgart 1984.

SCHLIER, HEINRICH: Der Brief an die Epheser. Ein Kommentar; 6.Aufl., Düsseldorf 1968; (zitiert: Schlier, Epheser).

SCHLIER, HEINRICH: Der Römerbrief; 2.Aufl., Freiburg u.a. 1979 (HThK VI).

SCHMID, JOSEF: Das Evangelium nach Markus; 4., durchges. Aufl., Regensburg 1958 (RNT 2); (zitiert: Schmid, Markus).

SCHMITHALS, WALTER: Das Evangelium nach Lukas; Zürich 1980 (ZBK 3.1).

SCHMITT, ARMIN: Das Buch der Weisheit. Ein Kommentar; Würzburg 1986.

SCHNACKENBURG, RUDOLF: Der Brief an die Epheser; Zürich, Einsiedeln, Neukirchen-Vluyn 1982 (EKK X); (zitiert: Schnackenburg, Epheser).

SCHNACKENBURG, RUDOLF: Das Johannesevangelium.
1.Teil, Einleitung und Kommentar zu Kap. 1 - 4; 3., erg. Aufl., Freiburg, Basel, Wien 1972 (HThK IV/1); (zitiert: Schnackenburg, Johannes I).

2.Teil, Kommentar zu Kap. 5 - 12; 4. Aufl., Freiburg, Basel, Wien 1985 (HThK IV/2); (zitiert: Schnackenburg, Johannes II).

3.Teil, Kommentar zu Kap.13 - 21; 5. Aufl., Freiburg, Basel, Wien 1986 (HThK IV/3); (zitiert: Schnackenburg, Johannes III).

4.Teil. Ergänzende Auslegungen und Exkurse; Freiburg, Basel, Wien 1984 (HThK IV/4).

SCHNEIDER, JOHANNES: Das Evangelium nach Johannes. Aus dem Nachlaß herausgegeben unter der Leitung von Erich Fascher; 2.Aufl., Berlin 1978 (ThHK Sonderband); (zitiert: Schneider, Johannes).

SCHNELLE, UDO: Das Evangelium nach Johannes; Leipzig 1998 (ThHK 4); (zitiert: Schnelle, Johannes).

SCHÜRMANN, HEINZ: Das Lukasevangelium.

Erster Teil. Kommentar zu Kap. 1,1-9,50; 2., durchges. Aufl., Freiburg, Basel, Wien 1982 (HThK III).

Zweiter Teil. Erste Folge: Kommentar zu Kapitel 9,51-11,54; Freiburg, Basel, Wien 1993 (HThK III, Teil 2, Folge 1); (zitiert: Schürmann, Lukas II).

SCHULZ, SIEGFRIED: Das Evangelium nach Johannes; 16.Aufl. (5.Aufl. dieser Fassung); Göttingen 1987 (NTD 4).

SCHUMPP, MEINRAD M.: Das Buch Tobias; Münster 1933 (EHAT 11).

SCHWEIZER, EDUARD: Der Brief an die Kolosser; 2., durchges. Aufl., Zürich, Einsiedeln, Köln 1980 (EKK XII); (zitiert: Schweizer, Kolosser).

SCHWEIZER, EDUARD: Das Evangelium nach Lukas; Göttingen 1982 (NTD 3).

SCHWEIZER, EDUARD: Das Evangelium nach Markus; 17., durchges. Aufl., Göttingen, Zürich 1989 (NTD 1); (zitiert: Schweizer, Markus).

SEEBASS, HORST: Numeri; Neukirchen-Vluyn 1993 (BK IV/1, Lfg. 1).

SOGGIN, J. ALBERTO: Das Buch Genesis. Kommentar; aus dem Italienischen übersetzt von Thomas Frauenlob u.a. ; Darmstadt 1997.

STONE, MICHAEL EDWARD: Fourth Ezra. A Commentary on the Book of Fourth Ezra, ed. by Frank Moore Cross; Minneapolis 1990 (Hermeneia).

STRECKER, GEORG: Die Johannesbriefe; Göttingen 1989 (KEK XIV).

STROBEL, AUGUST: Der erste Brief an die Korinther; Zürich 1989 (ZBK NT 6.1).

STUHLMACHER, PETER: Der Brief an Philemon; 2., durchges. und verb. Aufl., Zürich u.a. 1981 (EKK XVIII).

STUHLMACHER, PETER: Der Brief an die Römer; 14. Aufl. (1.Aufl. der neuen Fassung), Göttingen, Zürich 1989 (NTD 6); (zitiert: Stuhlmacher, Römerbrief).

TAYLOR, VINCENT: The Gospel according to St. Mark. The Greek Text with Introduction, Notes and Indexes; 2. Aufl., London u.a. 1966.

WESTERMANN, CLAUS: Genesis.

1.Teilbd.: Genesis 1-11; 3. Aufl., Neukirchen-Vluyn 1983 (BK I/1); (zitiert: Westermann, Genesis I/1).

2.Teilbd.: Genesis 12-36; 2. Aufl., Neukirchen-Vluyn 1989 (BK I/2); (zitiert: Westermann, Genesis I/2);

3.Teilbd.: Genesis 37-50; Neukirchen-Vluyn 1982 (BK I/3).

WESTERMANN, CLAUS: Die Klagelieder. Forschungsgeschichte und Auslegung; Neukirchen-Vluyn 1990.

WIEFEL, WOLFGANG: Das Evangelium nach Lukas; Berlin 1987 (ThHK III); (zitiert: Wiefel, Lukas).

WIEFEL, WOLFGANG: Das Evangelium nach Matthäus; Leipzig 1998 (ThHK 1).

WILCKENS, ULRICH: Der Brief an die Römer. 3. Teilband Röm 12-16; Zürich u.a. 1982 (EKK VI/3).

WILCKENS, ULRICH: Das Evangelium nach Johannes; 17. Aufl., 1. Aufl. der neuen Bearbeitung; Göttingen 1998 (NTD 4).

WILDBERGER, HANS: Jesaja.
1.Teilband Jesaja 1 - 12; 2., verb. Aufl., Neukirchen-Vluyn 1980 (BK X/1).
3.Teilband Jesaja 28 - 39 Das Buch, der Prophet und seine Botschaft; Neukirchen-Vluyn 1982 (BK X/3).

WILLI-PLEIN, INA: Das Buch vom Auszug 2.Mose (Exodus); Neukirchen-Vluyn 1988 (Kleine biblische Bibliothek).

WILLIAMSON, H.G.M.: Ezra, Nehemiah; Waco, Texas 1985 (Word Biblical Commentary 16).

WOLFF, CHRISTIAN: Der erste Brief des Paulus an die Korinther. Berlin 1996 (ThHK VII).

WOLFF, CHRISTIAN: Der zweite Brief des Paulus an die Korinther; Berlin 1989 (ThHK VIII); (zitiert: Wolff, Zweiter Korintherbrief).

WOLFF, HANS WALTER: Dodekapropheton 1 Hosea; 3., verb. Aufl. Neukirchen-Vluyn 1976 (BK XIV/1); (zitiert: Wolff, Dodekapropheton 1).

WOLFF, HANS WALTER: Dodekapropheton 2 Joel und Amos; Neukirchen-Vluyn 1969 (BK XIV/2).

WOLFF, HANS WALTER: Dodekapropheton 4 Micha; Neukirchen-Vluyn 1982 (BK XIV/4); (zitiert: Wolff, Dodekapropheton 4).

WOLTER, MICHAEL: Der Brief an die Kolosser, der Brief an Philemon; Gütersloh, Würzburg 1993 (ÖTBK 12); (zitiert: Wolter, Kolosser).

WÜRTHWEIN, ERNST: Das erste Buch der Könige. Kapitel 1-16; Göttingen 1977 (ATD 11/1).

WÜRTHWEIN, ERNST: Die Bücher der Könige. 1.Kön.17- 2.Kön.25; Göttingen 1984 (ATD 11/2).

ZIMMERLI, WALTHER: Ezechiel.
1.Teilband, Ezechiel 1 - 24; Neukirchen-Vluyn 1969 (BK XIII/1); (zitiert: Zimmerli, Ezechiel I).
2.Teilband, Ezechiel 25-48; 2., verb. u. erw. Aufl., Neukirchen-Vluyn 1979 (BK XIII/2).

Teil 4

# Monographien und Aufsätze

ACHENBACH, REINHARD: Israel zwischen Verheißung und Gebot: Literarkritische Untersuchungen zu Deuteronomium 5-11; Frankfurt am Main u.a. 1991 (EHS.T 422).

AICHELE, GEORGE: Jesus' Uncanny ‚Family Scene'. JSNT 74, 1999, 29-49.

ALBERTZ, RAINER: Altes und Neues zum Elterngebot. ZGDP 3, 1985, Heft 2, 22-26; (zitiert: Albertz, Altes und Neues zum Elterngebot).

ALBERTZ, RAINER: Hintergrund und Bedeutung des Elterngebots im Dekalog. ZAW 90, 1978, 348-374; (zitiert: Albertz, Elterngebot).

ALBERTZ, RAINER: Jer 2-6 und die Frühzeitverkündigung Jeremias. ZAW 94, 1982, 20-47.

ALBERTZ, RAINER: Religionsgeschichte Israels in alttestamentlicher Zeit; Teil 1: Von den Anfängen bis zum Ende der Königszeit; 2., durchges. Aufl., Göttingen 1996 (GAT 8/1); (zitiert: Albertz, Religionsgeschichte).

ALBERTZ, RAINER: Täter und Opfer im Alten Testament. ZEE 28, 1984, 146-166.

ALBRIGHT, W.F.: New Horizons in Biblical Research; London u.a. 1966 (The Whidden Lectures for 1961).

ALT, ALBRECHT: Die Ursprünge des israelitischen Rechts. In: ders., Zur Geschichte des Volkes Israel - Eine Auswahl aus den „Kleinen Schriften" (Hg.: Siegfried Herrmann); 2., unveränderte Aufl., München 1979, 203-257; (zitiert: Alt, Ursprünge).

ALT, ALBRECHT: Zur Talionsformel. In: ders., Kleine Schriften zur Geschichte des Volkes Israel, 1.Band; 4. Aufl., München 1968, 341-344; (zitiert: Alt, Talionsformel).

AMIR, YEHOSHUA: Mose als Verfasser der Tora bei Philon. In: ders., Die hellenistische Gestalt des Judentums bei Philon von Alexandrien; Neukirchen-Vluyn 1983 (FJCD 5), 77-106.

AMIR, YEHOSHUA: Philo and the Bible. StPhilo 2, 1973, 1-8; (zitiert: Amir, Philo and the Bible).

AMIR, YEHOSHUA: Philon und die jüdische Wirklichkeit seiner Zeit. In: ders., Die hellenistische Gestalt des Judentums bei Philon von Alexandria; Neukirchen-Vluyn 1983 (FJCD 5), 3-51.

AMIR, YEHOSHUA: Die Zehn Gebote bei Philon von Alexandria. In: ders., Die hellenistische Gestalt des Judentums bei Philon von Alexandria; Neukirchen-Vluyn 1983 (FJCD 5), 131-163; (zitiert: Amir, Zehn Gebote).

AMSLER, SAMUEL: La Motivation de l'Ethique dans la Parénèse du Deutéronome. In: Donner, Herbert - Hanhart, Robert - Smend, Rudolf (Hg.): Beiträge zur Alttestamentlichen Theologie. FS für Walther Zimmerli zum 70. Geburtstag; Göttingen 1977, 11-22.

ARMOGATHE, JEAN-ROBERT: Vom Gesetz zur Liebe. IKaZ 21, 1992, 3-6.

ATTRIDGE, HAROLD W.: The Interpretation of Biblical History in the *Antiquitates Judaicae* of Flavius Josephus; Missoula, Montana 1976 (HDR 7); (zitiert: Attridge, Interpretation).

BACH, ROBERT: Gottesrecht und weltliches Recht in der Verkündigung des Propheten Amos. In: Schneemelcher, Wilhelm (Hg.): FS für Günther Dehn zum 75. Geburtstag; Neukirchen 1957, 23-34.

BAKAN, DAVID: Paternity in the Judeo-Christian Tradition. In: Eister, Allan W. (Hg.): Changing Perspectives in the Scientific Study of Religion (Contemporary religious movements); New York u.a. 1974, 203-216.

BASSETT, FREDERICK W.: Noah's Nakedness and the Curse of Canaan. A Case of Incest? VT 21, 1971, 232-237; (zitiert: Bassett, Noah's Nakedness).

BAUMGARTEN, A.I.: *Korban* and the Pharisaic *Paradosis*. JANES 16-17, 1984-85, 5-17.

BAUMGARTNER, WALTER: Susanna. Die Geschichte einer Legende [1927]. In: ders., Zum Alten Testament und seiner Umwelt. Ausgewählte Aufsätze; Leiden 1959, 42-66.

BECKER, JOACHIM: Das Elterngebot. IKaZ 8, 1979, 289-299.

BECKER, JÜRGEN: Die Testamente der zwölf Patriarchen. JSHRZ III/1: Unterweisung in lehrhafter Form; 2.Aufl., Gütersloh 1980, 16-163; (zitiert: Becker, Testamente).

BECKER, JÜRGEN: Untersuchungen zur Entstehungsgeschichte der Testamente der zwölf Patriarchen; Leiden 1970 (AGJU 8); (zitiert: Becker, Untersuchungen).

BERGER, KLAUS: Formgeschichte des Neuen Testaments; Heidelberg 1984; (zitiert: Berger, Formgeschichte).

BERGER, KLAUS: Die Gesetzesauslegung Jesu. Ihr historischer Hintergrund im Judentum und im Alten Testament; Teil I: Markus und Parallelen; Neukirchen-Vluyn 1972 (WMANT 40); (zitiert: Berger, Gesetzesauslegung).

BERGLER, SIEGFRIED: Joel als Schriftinterpret; Frankfurt am Main u.a. 1988 (BEAT 16).

BERGMEIER, ROLAND: Die Essener-Berichte des Flavius Josephus. Quellenstudien zu den Essenertexten im Werk des jüdischen Historiographen; Kampen 1993.

BEST, ERNEST: Mark III.20,21,31-35. NTS 22, 1976, 309-319.

BEST, ERNEST: Who used whom? The relationship of Ephesians and Colossians. NTS 43, 1997, 72-96.

BETTENZOLI, GIUSEPPE: Deuteronomium und Heiligkeitsgesetz. VT 34, 1984, 385-398.

BELLEFONTAINE, ELIZABETH: Deuteronomy 21,18-21: Reviewing the Case of the Rebellious Son. JSOT 13, 1979, 13-31; (zitiert: Bellefontaine, Rebellious Son).

BEN-CHORIN, SCHALOM: Die Tafeln des Bundes: Das Zehnwort vom Sinai; Tübingen 1979.

BEYERLE, STEFAN: Der Mosesegen im Deuteronomium. Eine text-, kompositions- und formkritische Studie zu Deuteronomium 33; Berlin, New York 1997 (BZAW 250); (zitiert: Beyerle, Mosesegen).

BEYERLIN, WALTER: Herkunft und Geschichte der ältesten Sinaitraditionen; Tübingen 1961.

BIGGER, STEPHEN F.: The Family Laws of Leviticus 18 in their Setting. JBL 98, 1979, 187-203.

BILDE, PER: Flavius Josephus between Jerusalem and Rome. His Life, his Works, and their Importance; Sheffield 1988 (JSPE.S 2).

BLENKINSOPP, JOSEPH: Wisdom and Law in the Old Testament. The Ordering of Life in Israel and Early Judaism; Revised Edition, Oxford 1995 (Oxford Bible series); (zitiert: Blenkinsopp, Wisdom and Law).

BLIDSTEIN, GERALD: Honor Thy Father and Mother. Filial Responsibility in Jewish Law and Ethics; New York 1975 (LJLE); (zitiert: Blidstein,Honor).

BLUM, ERHARD: Studien zur Komposition des Pentateuch; Berlin, New York 1990 (BZAW 189).

BOECKER, HANS JOCHEN, u.a.: Altes Testament; 5., vollständig überarbeitete Aufl., Neukirchen-Vluyn 1996 (Neukirchener Arbeitsbücher); (zitiert: Boecker, Altes Testament).

BOECKER, HANS JOCHEN: Recht und Gesetz im Alten Testament und im Alten Orient; 2., durchges. und erw. Aufl., Neukirchen-Vluyn 1984 (NStB 10); (zitiert: Boecker, Recht).

BOHLEN, REINHOLD: Die Ehrung der Eltern bei Ben Sira. Studien zur Motivation und Interpretation eines familienethischen Grundwertes in frühhellenistischer Zeit; Trier 1991 (TThSt 51); (zitiert: Bohlen, Ehrung der Eltern).

BOTTERWECK, GERHARD JOHANNES: Form- und überlieferungsgeschichtliche Studie zum Dekalog. Conc (D) 1, 1965, 392-401.

BRAULIK, GEORG: Die deuteronomischen Gesetze und der Dekalog: Studien zum Aufbau von Deuteronomium 12-26; Stuttgart 1991 (SBS 145); (zitiert: Braulik, Gesetze).

BREYTENBACH, CILLIERS: Nachfolge und Zukunftserwartung nach Markus; eine metho-denkritische Studie; Zürich 1984 (AThANT 71).

BRIGHT, JOHN: The Apodictic Prohibition: Some Observations. JBL 92, 1973, 185 - 204.

BROOKS, JAMES A.: The Influence of Malachi Upon the New Testament. SWJT 30, 1987, 28-31.

BROOKS, ROGER: The Spirit of the Ten Commandments. Shattering the Myth of Rabbinic Legalism; New York u.a. 1990.

BUCHER, ANTON A.: Sollen Kinder ihre Eltern ehren? Pädagogisch-psychologische Anmer-kungen zur Problematik und Aktualität des vierten Gebotes. IKaZ 24, 1995, 1-10.

BUCHHOLZ, JOACHIM: Die Ältesten Israels im Deuteronomium; Göttingen 1988 (GTA 36); (zitiert: Buchholz, Die Ältesten Israels).

BUHL, FRANTS: Zu Jes 1 5. ZAW 36, 1916, 117.

BUIS, PIERRE: Deutéronome XXVII 15-26: Malédictions ou Exigences de l´Alliance? VT 17, 1967, 478-479.

BULTMANN, RUDOLF: Die Geschichte der synoptischen Tradition; 9. Aufl., Göttingen 1979 (FRLANT 29); Ergänzungsheft bearb. v. G. Theissen und Ph. Vielhauer, 5. Aufl., Göttin-gen 1979; (zitiert: Bultmann, Geschichte).

BUNKE, ANNE-DORE: Kindheit und Jugend in der Bibel. In: Christenlehre/ Religions-unterricht - Praxis 50, 1997, 21-25.

BURGMANN, HANS: Vorgeschichte und Frühgeschichte der essenischen Gemeinden von Qumrân und Damaskus; Frankfurt am Main u.a. 1987 (ANTJ 7).

BURKE, DAVID G.: The Poetry of Baruch. A reconstruction and analysis of the original Hebrew text of Baruch 3:9-5:9; Chico, California 1982 (SBL: Septuagint and Cognate Studies Nr. 10).

BURKHARDT, HELMUT: Die Inspiration heiliger Schriften bei Philo von Alexandrien; Gies-sen, Basel, 1988.

BURROWS, MILLAR: Old Testament Ethics and the Ethics of Jesus. In: Crenshaw, James L.; Willis, John T. (Hg.): Essays in Old Testament Ethics (J. Philip Hyatt, In Memoriam), New York 1974, 225-243.

BUSEMANN, ROLF: Die Jüngergemeinde nach Markus 10. Eine redaktionsgeschichtliche Untersuchung des 10. Kapitels im Markusevangelium; Königstein/Taunus, Bonn 1983 (BBB 57); (zitiert: Busemann, Jüngergemeinde).

CALLAWAY, PHILLIP R.: Deut 21:18-21: Proverbial Wisdom and Law. JBL 103, 1984, 341-352; (zitiert: Callaway, Proverbial Wisdom).

CARLSTON, CHARLES E.: The Things that Defile (Mark VII.14) (sic!) and the Law in Matthew and Mark. NTS 15, 1968/69, 75-96.

CARMICHAEL, CALUM M.: A Common Element in Five Supposedly Disparate Laws. VT 29, 1979, 129-142.

CARMICHAEL, CALUM M.: The Laws of Deuteronomy; Ithaca, London 1974; (zitiert: Car-michael, The Laws of Deuteronomy).

CARMICHAEL, CALUM M.: The Origins of Biblical Law. The Decalogues and the Book of Cove-nant; Ithaca, London 1992.

CHAPMAN, KATHRYN: Hosea 11:1-4 - Images of a Loving Parent. RExp 90, 1993, 263-268.

CHARLESWORTH, JAMES H. u.a.: The Pseudepigrapha and Modern Research with a Supple-ment of the 1976 edition; Ann Arbor, Michigan 1981 (SBL: Septuagint and Cognate Stu-dies Series No. 7 S).

CHESNUTT, RANDALL D.: The Social Setting and Purpose of Joseph and Aseneth. JSPE 2, 1988, 21-48.

CHILTON, BRUCE: A Generative Exegesis of Mark 7:1-23. The Journal of Higher Criticism 3, 1996, 18-37.

CHRISTEN, CHRISTINA: Wenn alte Eltern pflegebedürftig werden. Kritische Bestandsauf-nahme, Lösungsansätze und Empfehlungen für die Pflege alter Eltern in der Familie; Bern, Stuttgart 1989; (zitiert: Christen, Wenn alte Eltern pflegebedürftig werden).

CLARK, DAVID GEORGE: Elijah as Eschatological High Priest: An Examination of the Elijah Tradition in Mal. 3:23-24; Ann Arbor, Michigan, 1975.

COHEN, JEFFREY M.: The Nature of the Decalogue. JBQ 22, 1994, 173-177.

COLLINS, JOHN J.: The Sibylline Oracles of Egyptian Judaism; Missoula, Montana 1972 (SBL.DS 13).

CONRAD, JOACHIM: Die junge Generation im Alten Testament; Möglichkeiten und Grundzüge einer Beurteilung; Stuttgart 1970 (AzTh, 1. Reihe, Heft 42); (zitiert: Conrad, Junge Generation).

COUROYER, B.: Une coutume égyptienne? (Proverbes, XVII, 10). RB 57, 1950, 331-335.

CROUCH, JAMES E.: The Origin and Intention of the Colossian Haustafel; Göttingen 1972 (FRLANT 109); (zitiert: Crouch, Origin).

CRÜSEMANN, FRANK: Bewahrung der Freiheit. Das Thema des Dekalogs in sozialgeschichtlicher Perspektive; München 1983 (Kaiser Traktate 78); (zitiert: Crüsemann, Bewahrung der Freiheit).

CRÜSEMANN, FRANK: Das Bundesbuch - historischer Ort und institutioneller Hintergrund. In: Emerton, J.A. (Hg.): Congress Volume Jerusalem 1986; Leiden u.a. 1988, 27-41 (VT.S 40).

CRÜSEMANN, FRANK: Der Exodus als Heiligung. Zur rechtsgeschichtlichen Bedeutung des Heiligkeitsgesetzes. In: Blum, Erhard u.a. (Hg.): Die Hebräische Bibel und ihre zweifache Nachgeschichte, FS für Rolf Rendtorff zum 65. Geburtstag; Neukirchen-Vluyn 1990, 117 - 129.

CRÜSEMANN, FRANK: Die Tora: Theologie und Sozialgeschichte des alttestamentlichen Gesetzes; München 1992; (zitiert: Crüsemann, Tora).

CUVILLIER, ELIAN: Tradition et rédaction en Marc 7:1-23. NT 34, 1992, 169-192; (zitiert: Cuvillier, Tradition).

DACH, MARIA MARGARETE: Das vierte Gebot und die Sorge um den alten Menschen. IKaZ 24, 1995, 40-49.

DALBERT, PETER: Die Theologie der hellenistisch-jüdischen Missionsliteratur unter Ausschluß von Philo und Josephus; Hamburg-Volksdorf 1954 (ThF 4); (zitiert: Dalbert, Missionsliteratur).

DAUBE, DAVID: Rechtsgedanken in den Erzählungen des Pentateuchs. In: Hempel Johannes/ Rost, Leonhard (Hg.): Von Ugarit nach Qumran, FS für Otto Eissfeldt, Berlin 1958, 32 - 41 (BZAW 77).

DAUER, ANTON: Die Passionsgeschichte im Johannesevangelium. Eine traditionsgeschichtliche und theologische Untersuchung zu Joh 18,1-19,30; München 1972 (StANT XXX).

DAUTZENBERG, GERHARD: Gesetzeskritik und Gesetzesgehorsam in der Jesustradition. In: Kertelge, Karl (Hg.): Das Gesetz im Neuen Testament; Freiburg u.a. 1986 (QD 108), 46-70.

DELKURT, HOLGER: Ethische Einsichten in der alttestamentlichen Spruchweisheit; Neukirchen-Vluyn 1993 (BThSt 21); (zitiert: Delkurt, Ethische Einsichten).

DERBY, JOSIAH: The Two Tablets of the Covenant. JBQ 21, 1993, 73-79.

DERRETT, J. DUNCAN M.: KOPBAN, O ΕΣΤΙΝ ΔωPON (!) . NTS 16, 1969/70, 364-368.

DESELAERS, PAUL: Das Buch Tobit; Düsseldorf 1990 (GSL.AT 11).

DESELAERS, PAUL: Das Buch Tobit; Fribourg 1982 (OBO 43); (zitiert: Deselaers, Tobit).

DESTRO, ADRIANA; PESCE, MAURO: Kinship, Discipleship, and Movement: An Anthropological Study of John's Gospel. Biblical Interpretation 3, 1995; 266-284; (zitiert: Destro/ Pesce, Kinship).

DEXINGER, FERDINAND: Der Dekalog im Judentum. BiLi 59, 1986, 86-95; (zitiert: Dexinger, Dekalog im Judentum).

DIBELIUS, MARTIN: Die Formgeschichte des Evangeliums; 6. Aufl., Tübingen 1971 (= 3. photomechanischer Nachdruck der 3. durchges. Aufl. 1959) mit einem erweiterten Nachtrag von G. Iber, hg. von G. Bornkamm; (zitiert: Dibelius, Formgeschichte).

DIETRICH, W.: (Rezension zu) F.-L. Hoßfeld (sic!), Der Dekalog. UF 16, 1984, 361-363.

DIETZFELBINGER, CHRISTIAN: Der ungeliebte Bruder. Der Herrenbruder Jakobus im Johannes-evangelium. ZThK 89, 1992, 377-403; (zitiert: Dietzfelbinger, Bruder).

DION, PAUL E.: La procédure d'élimination du fils rebelle (Deut 21, 18-21). Sens littéral et signes de développement juridique. In: Braulik, Georg u.a. (Hg.): Biblische Theologie und gesellschaftlicher Wandel (FS für Norbert Lohfink); Freiburg u.a. 1993, 73-82.

DOHMEN, CHRISTOPH: Der Dekaloganfang und sein Ursprung. Bib. 74, 1993, 175-195.

DOHMEN, CHRISTOPH: Dekalogexegese und kanonische Literatur. Zu einem fragwürdigen Beitrag C. Levins. VT 37, 1987, 81-85; (zitiert: Dohmen, Dekalogexegese).

DOHMEN, CHRISTOPH: Um unserer Freiheit willen. Ursprung und Ziel biblischer Ethik im ‚Hauptgebot' des Dekalogs. IKaZ 21, 1992, 7-24.

DONNER, HERBERT: Jesaja LVI 1-7: Ein Abrogationsfall innerhalb des Kanons - Implikationen und Konsequenzen. VT.S 36, 1985 (Congress Volume Salamanca 1983, ed. J.A. Emerton), 81-95.

DORON, PINCHAS: Motive Clauses in the Laws of Deuteronomy: Their Forms, Functions and Contents; HAR 2, 1978, 61-77.

DUDREY, RUSS: „Submit Yourselves to One Another": A Socio-historical Look at the Household Code of Ephesians 5:15-6:9. RestQ 41, 1999, 27-44.

EHRLICH, ERNST LUDWIG: Die Zehn Gebote. In: Müller, Gotthold (Hg.): Israel hat dennoch Gott zum Trost, FS für Schalom Ben-Chorin; Trier 1978, 11-19.

EICHRODT, WALTER: The Law and the Gospel - The Meaning of the Ten Commandments in Israel and for Us. Interp. 11, 1957, 23-40.

EISSFELDT, OTTO: Sohnespflichten im Alten Orient. In: ders., Kleine Schriften, Bd. 4, Tübingen 1968, 264-270.

ELLIGER, KARL: Das Gesetz Leviticus 18. In: ders., Kleine Schriften zum Alten Testament; München 1966, 232-259.

ENDRES, JOHN C.: Biblical Interpretation in the Book of Jubilees; Washington 1987 (CBQ.MS 18); (zitiert: Endres, Biblical Interpretation).

ESHEL, ESTHER: 4Q477: The Rebukes by the Overseer. JJS 45, 1994, 111-122.

FECHTER, FRIEDRICH: Die Familie in der Nachexilszeit. Untersuchungen zur Bedeutung der Verwandtschaft in ausgewählten Texten des Alten Testaments; Berlin, New York 1998 (BZAW 264); (zitiert: Fechter, Familie).

FELDMEIER, REINHARD: Die Christen als Fremde. Die Metapher der Fremde in der antiken Welt, im Urchristentum und im 1. Petrusbrief; Tübingen 1992 (WUNT 64).

FISCHER, KARL MARTIN: Tendenz und Absicht des Epheserbriefes; Göttingen 1973 (FRLANT 111).

FITZMYER, JOSEPH A.: The Aramaic Qorban Inscription from Jebel Hallet et-Turi and Mark 711/Matt 155. JBL 78, 1959, 60-65.

FLEISHMAN, JOSEPH: The Age of Legal Maturity in Biblical Law. JANES 21, 1992, 35-48; (zitiert: Fleishman, Age of Legal Maturity).

FLUSSER, DAVID: The Ten Commandments and the New Testament. In: Segal, Ben-Zion (Hg.): The Ten Commandments in History and Tradition; English version edited by Gershon Levi; Jerusalem 1990 (Erstausgabe hebräisch, Jerusalem 1985), 219-246.

FOCANT, CAMILLE: Le rapport à la loi dans l'évangile de Marc. RTL 27, 1996, 281-308.

FOHRER, GEORG: Das Alte Testament. Einführung in Bibelkunde und Literatur des Alten Testaments und in Geschichte und Religion Israels, Erster Teil; 3., durchges. Aufl., Gütersloh 1980; (zitiert: Fohrer, Das Alte Testament).

FOHRER, GEORG: Einleitung in das Alte Testament; 12., überarb. und erw. Aufl., Heidelberg 1979.

FOHRER, GEORG: Jesaja 1 als Zusammenfassung der Verkündigung Jesajas. ZAW 74, 1962, 251-268.

FOHRER, GEORG: Das sogenannte apodiktisch formulierte Recht und der Dekalog. KuD 11, 1965, 49-74; (zitiert: Fohrer, Recht).

FRITZSCHE, HELMUT: Die aktuelle Bedeutung des Dekalogs in kulturgeschichtlicher und theologischer Sicht. Erwägungen zur moralischen Argumentation im öffentlichen Leben. In: Niemann, H. Michael u.a. (Hg.): Nachdenken über Israel, Bibel und Theologie. FS für Klaus-Dietrich Schunck zu seinem 65. Geburtstag; Frankfurt am Main u.a. 1994 (BEAT 37), 411-444.

FURGER, FRANZ: Der Dekalog - eine Urcharta der Menschenrechte? In: Mosis, Rudolf; Ruppert, Lothar (Hg.): Der Weg zum Menschen. Zur philosophischen und theologischen Anthropologie (Festschrift für Alfons Deissler); Freiburg, Basel, Wien 1989, 294-309.

GALLANT, ROBERT PAUL: Josephus' expositions of biblical law: An internal analysis; Ann Arbor, Michigan 1995 (UMI Diss. Services).

GAMBERONI, JOHANN: Das Elterngebot im Alten Testament. BZ N.F. 8, 1964, 161-190.

GAMBERONI, JOHANN: Das „Gesetz des Mose" im Buch Tobias. In: Braulik, Georg (Hg.): Studien zum Pentateuch; Festschrift für Walter Kornfeld zum 60. Geburtstag; Freiburg, Basel, Wien 1977, 227-242; (zitiert: Gamberoni, Das „Gesetz des Mose" im Buch Tobias).

GANGEL, KENNETH O.: Toward a Biblical Theology of Marriage and Family - Part One: Pentateuch and Historical Books. JPsT 5/1, 1977, 55-69.

GANGEL, KENNETH O.: Toward a Biblical Theology of Marriage and Family - Part Two: Poetical and Prophetical Books. JPsT 5/2, 1977, 150-162.

GANGEL, KENNETH O.: Toward a Biblical Theology of Marriage and Family - Part Three: Gospels and Acts. JPsT 5/3, 1977, 247-259.

GANGEL, KENNETH O.: Toward a Biblical Theology of Marriage and Family - Part Four: Epistles and Revelation. JPsT 5/4, 1977, 318-331.

GAUGLER, ERNST: Der Epheserbrief; aus dem Nachlaß herausgegeben von Max Geiger und Kurt Stalder, bearbeitet von Henning Kampen; Zürich 1966 (Auslegung Neutestamentlicher Schriften 6); (zitiert: Gaugler, Epheserbrief).

GEMSER, B.: The Importance of the Motive Clause in Old Testament Law. VT.S 1, 1953, 50-66; (zitiert: Gemser, Importance).

GERSTENBERGER, ERHARD: „Apodiktisches" Recht „Todes" Recht? In: Mommer, Peter u.a. (Hg.): Gottes Recht als Lebensraum: Festschrift für Hans Jochen Boecker; Neukirchen-Vluyn 1993, 7-20; (zitiert: Gerstenberger, „Apodiktisches" Recht).

GERSTENBERGER, ERHARD: Wesen und Herkunft des „Apodiktischen Rechts"; Neukirchen-Vluyn 1965 (WMANT 20); (zitiert: Gerstenberger, Wesen).

GERTZ, JAN CHRISTIAN: Die Gerichtsorganisation Israels im deuteronomischen Gesetz; Göttingen 1994 (FRLANT 165); (zitiert: Gertz, Gerichtsorganisation).

GESE, HARTMUT: Beobachtungen zum Stil alttestamentlicher Rechtssätze. ThLZ 85, 1960, 147-150; (zitiert: Gese, Beobachtungen).

GESE, HARTMUT: Der Dekalog als Ganzheit betrachtet. In: ders., Vom Sinai zum Zion - Alttestamentliche Beiträge zur biblischen Theologie; 3.,durchges. Aufl., München 1990, 63-80 (BEvTh 64); (zitiert: Gese, Dekalog).

GESE, HARTMUT: Das Gesetz. In: ders., Zur biblischen Theologie. Alttestamentliche Vorträge; 3., verb. Aufl., Tübingen 1989, 55-84.

GESE, HARTMUT: Der Verfassungsentwurf des Ezechiel (Kap. 40-48) traditionsgeschichtlich untersucht, Tübingen 1957 (BHTh 25).

GESE, MICHAEL: Das Vermächtnis des Apostels. Die Rezeption der paulinischen Theologie im Epheserbrief; Tübingen 1997 (WUNT, 2.Reihe, 99); (zitiert: Gese, Vermächtnis).

GIELEN, MARLIS: Der Konflikt Jesu mit den religiösen und politischen Autoritäten seines Volkes im Spiegel der matthäischen Jesusgeschichte; Bonn 1998 (BBB 115).

GIELEN, MARLIS: Tradition und Theologie neutestamentlicher Haustafelethik. Ein Beitrag zur Frage einer christlichen Auseinandersetzung mit gesellschaftlichen Normen; Bonn 1990 (BBB 75); (zitiert: Gielen, Haustafelethik).

GOODENOUGH, ERWIN R.: The Jurisprudence of the Jewish Courts in Egypt. Legal admini-stration by the Jews under the early Roman Empire as described by Philo Judaeus; Am-sterdam 1968 (Nachdruck der Erstausgabe New Haven, Conn., 1929); (zitiert: Good-enough, Jurisprudence).

GOPPELT, LEONHARD: Jesus und die „Haustafel"-Tradition. In: Hoffmann, Paul u.a. (Hg.): Orientierung an Jesus. Zur Theologie der Synoptiker, FS für Josef Schmid; Freiburg, Ba-sel, Wien 1973, 93-106.

GOWAN, DONALD E.: Reflections on the Motive Clauses in Old Testament Law. In: Hadi-dian, Dikran Y. (Hg.): Intergerini Parietis Septum (Eph.2:14). Essays presented to Markus Barth on his sixty-fifth birthday; Pittsburgh 1981, 111 - 127 (PThMS 33).

GRÄSSER, ERICH: Jesus in Nazareth (Mark VI.1-6a). Notes on the Redaction and Theology of St. Mark. NTS 16, 1969/70, 1-23.

GRÄSSER, ERICH: Jesus in Nazareth (Mc 6,1-6a). Bemerkungen zur Redaktion und Theo-logie des Markus. In: ders., u.a.: Jesus in Nazareth; Berlin, New York 1972 (BZNW 40), 1-37.

GRANT, ROBERT M.: The Decalogue in Early Christianity. HThR 40, 1947, 1-17.

GRAUPNER, AXEL: Zum Verhältnis der beiden Dekalogfassungen Ex 20 und Dtn 5. Ein Ge-spräch mit Frank-Lothar Hossfeld. ZAW 99, 1987, 308-329; (zitiert: Graupner, Verhält-nis).

GREENBERG, MOSHE: The Biblical Conception of Asylum. JBL 78, 1959, 125-132.

GREENBERG, MOSHE: The Decalogue Tradition critically examined. In: Segal, Ben-Zion (Hg.): The Ten Commandments in History and Tradition; English version edited by Gershon Levi; Jerusalem 1990 (Erstausgabe hebräisch, Jerusalem 1985), 83-119; (zitiert: Greenberg, Decalogue Tradition).

GRETHLEIN, GERHARD: Die Zehn Gebote. Ihre Bedeutung für unsere Gesellschaft. DtPfrBl 98, 1998, 590-594.

GRONEMEYER, REIMER: Die zehn Gebote des 21. Jahrhunderts. Moral und Ethik für ein neues Zeitalter; München, Düsseldorf 1999.

GROSS, WALTER: Wandelbares Gesetz - unwandelbarer Dekalog? ThQ 175, 1995, 161-170.

GRÜNWALDT, KLAUS: Das Heiligkeitsgesetz Leviticus 17-26: ursprüngliche Gestalt, Tradi-tion und Theologie; BZAW 271, Berlin 1999; (zitiert: Grünwaldt, Heiligkeitsgesetz).

GRUNDMANN, WALTER: Zeugnis und Gestalt des Johannesevangeliums. Eine Studie zur denkerischen und gestalterischen Leistung des vierten Evangelisten; Stuttgart 1961 (AzTh 7).

HAAG, ERNST: Zion und Schilo. Traditionsgeschichtliche Parallelen in Jeremia 7 und Psalm 78. In: Zmijewski, Josef (Hg.): Die alttestamentliche Botschaft als Wegweisung. FS für Heinz Reinelt; Stuttgart 1990, 85-115.

HADAS, MOSES: The Third and Fourth Books of Maccabees; New York 1953 (JAL, Dropsie College Edition).

HAHN, FERDINAND: Die Rede von der Parusie des Menschensohnes Markus 13. In: Pesch, Rudolf; Schnackenburg, Rudolf (Hg.): Jesus und der Menschensohn, FS für Anton Vögt-le, Freiburg, Basel, Wien 1975, 240-266.

HALBE, JÖRN: Das Privilegrecht Jahwes Ex 34,10-26. Gestalt und Wesen, Herkunft und Wirken in vordeuteronomischer Zeit; Göttingen 1975 (FRLANT 114).

HALBE, JÖRN: Die Reihe der Inzestverbote Lev 18,7-18. ZAW 92, 1980, 60-88; (zitiert: Hal-be, Inzestverbote).

HANHART, ROBERT: Text und Textgeschichte des Buches Tobit; Göttingen 1984 (MSU XVII; AAWG.PH 3.Folge, 139.

HARRINGTON, DANIEL J.: A Decade of Research on Pseudo-Philo's Biblical Antiquities. JSPE 2, 1988, 3-12; (zitiert: Harrington, A Decade).

HARRINGTON, DANIEL J.: The Raz Nihyeh in a Qumran Wisdom Text (1Q26, 4Q415-418, 423). In: RdQ 17, 1996, 549-553; (zitiert: Harrington, The Raz Niyeh).

HARRINGTON, DANIEL J.: Wisdom at Qumran. In: Ulrich, Eugene; VanderKam, James C. (Hg.): The Community of the renewed Covenant ; The Notre Dame Symposium on the Dead Sea Scrolls; Notre Dame 1994 (CJAn 10), 137-152.

HARRINGTON, DANIEL J.: Wisdom Texts from Qumran; London, New York 1996; (zitiert: Harrington, Wisdom Texts).

HARTMAN, LARS: Code and Context: A few reflections on the Parenesis of Col 3:6-4:1. In: Hawthorne, Gerald F., Betz, Otto (Hg.): Tradition and Interpretation in the New Testament. Essays in Honor of E. Earle Ellis for his 60th birthday; Grand Rapids/Mich., Tübingen 1987, 237-247; (zitiert: Hartman, Code and Context).

HASITSCHKA, MARTIN: Sozialgeschichtliche Anmerkungen zum Johannesevangelium. Protokolle zur Bibel 1, 1992, 59-67.

HASPECKER, JOSEF: Gottesfurcht bei Jesus Sirach. Ihre religiöse Struktur und ihre literarische und doktrinäre Bedeutung (AnBib 30), Rom 1967.

HECHT, RICHARD D.: Preliminary Issues in the Analysis of Philo's *De Specialibus Legibus*. StPhilo 5, 1978, 1-55.

HEMPEL, JOHANNES: Pathos und Humor in der israelitischen Erziehung. In: ders., Rost, Leonhard (Hg.): Von Ugarit nach Qumran - Beiträge zur alttestamentlichen und altorientalischen Forschung. FS für Otto Eißfeldt; Berlin 1958 (BZAW 77), 63-81.

HENGEL, MARTIN: Juden, Griechen und Barbaren. Aspekte der Hellenisierung des Judentums in vorchristlicher Zeit; Stuttgart 1976 (SBS 76).

HENGEL, MARTIN: Judentum und Hellenismus. Studien zu ihrer Begegnung unter besonderer Berücksichtigung Palästinas bis zur Mitte des 2. Jh.s v. Chr.; 3., durchges. Aufl., Tübingen 1988 (WUNT 10); (zitiert: Hengel, Judentum und Hellenismus).

HENGEL, MARTIN: Nachfolge und Charisma. Eine exegetisch-religionsgeschichtliche Studie zu Mt 8 21f. und Jesu Ruf in die Nachfolge; Berlin 1968 (BZNW 34); (zitiert: Hengel, Nachfolge).

HERMISSON, HANS-JÜRGEN: Studien zur israelitischen Spruchweisheit, Neukirchen-Vluyn 1968 (WMANT 28); (zitiert: Hermisson, Studien).

HERRMANN, SIEGFRIED: Das „apodiktische Recht"; Erwägungen zur Klärung dieses Begriffs. In: ders., Gesammelte Studien zur Geschichte und Theologie des Alten Testaments; München 1986 (ThB Bd. 75: Altes Testament), 89-100.

HERRMANN, SIEGFRIED: Geschichte Israels in alttestamentlicher Zeit; 2., überarbeitete und erw. Aufl., München 1980.

HERRMANN, SIEGFRIED: Jeremia. Der Prophet und das Buch; Darmstadt 1990 (EdF 271).

HOCK, RONALD F.: A Support for His Old Age: Paul's Plea on Behalf of Onesimus. In: White, L. Michael and Yarbrough, O.Larry (Hg.): The Social World of the First Christians. Essays in Honor of Wayne A. Meeks; Minneapolis 1995, 65-81.

HOFTIJZER, JACOB: The Function and Use of the Imperfect Forms with Nun Paragogicum in Classical Hebrew; Assen, Maastricht 1985 (SSN 21).

HOLLADAY, WILLIAM L.: Jeremiah 1. A Commentary on the Book of the Prophet Jeremiah, Chapters 1-25, ed. by Paul D. Hamson; Philadelphia 1986 (Hermeneia); (zitiert: Holladay, Jeremiah 1).

HOLLANDER, HARM W.: Joseph as an Ethical Model in the Testaments of the Twelve Patriarchs; Leiden 1981 (SVTP 6).

HOLTZ, TRAUGOTT: Christliche Interpolationen in ‚Joseph und Aseneth'. NTS 14, 1967/68, 482-497.

VAN DER HORST, PIETER WILLEM: Portraits of Biblical Women in Pseudo-Philo's *Liber Antiquitatum Biblicarum*. JSPE 5, 1989, 29-46.

VAN DER HORST, PIETER WILLEM: Pseudo-Phocylides Revisited. JSPE 3, 1988, 3-30.

HOSSFELD, FRANK-LOTHAR: Der Dekalog: Seine späten Fassungen, die originale Komposition und seine Vorstufen; Freiburg (Schweiz), Göttingen 1982 (OBO 45); (zitiert: Hossfeld, Dekalog).

HOSSFELD, FRANK-LOTHAR: Die alttestamentliche Familie vor Gott. In: Schreiner, Josef (Hg.): Freude am Gottesdienst. Aspekte ursprünglicher Liturgie. FS für Weihbischof Dr. Josef Plöger zum 60. Geburtstag; Stuttgart 1983, 217-228; (zitiert: Hossfeld, Familie).

HOSSFELD, FRANK (sic!): Untersuchungen zu Komposition und Theologie des Ezechielbuches; Würzburg 1977 (fzb 20); (zitiert: Hossfeld, Theologie des Ezechielbuches).

HOSSFELD, FRANK-LOTHAR: Zum synoptischen Vergleich der Dekalogfassungen. Eine Fortführung des begonnenen Gesprächs. In: ders. (Hg.): Vom Sinai zum Horeb: Stationen alttestamentlicher Glaubensgeschichte; Würzburg 1989, 73-117; (zitiert: Hossfeld, Dekalogfassungen).

HOUTMAN, CEES: Der Pentateuch. Die Geschichte seiner Erforschung neben einer Auswertung; Kampen 1994 (Contributions to Biblical Exegesis and Theology 9).

HÜBNER, HANS: Das Gesetz in der synoptischen Tradition. Studien zur These einer progressiven Qumranisierung und Judaisierung innerhalb der synoptischen Tradition; Witten 1973; (zitiert: Hübner, Gesetz).

HÜBNER, HANS: Mark. VII. 1-23 und das ,jüdisch-hellenistische' Gesetzesverständnis. NTS 22, 1976, 319-345.

HÜBNER, HANS. Zur Ethik der Sapientia Salomonis. In: Schrage, Wolfgang (Hg.): Studien zum Text und zur Ethik des Neuen Testaments. FS zum 80. Geburtstag von Heinrich Greeven; Berlin, New York 1986 (BZNW 47), 166-187.

HUEY, F.B. JR.: An Exposition of Malachi. SWJT 30, 1987, 12-21).

ILLMAN, KARL-JOHAN: Old Testament Formulas about Death; Meddelanden fran stiftelsens för Abo Akademi forskningsinstitut Nr. 48; Abo 1979.

JACOBSON, HOWARD: A Commentary on Pseudo-Philo's Liber Antiquitatum Biblicarum Vol I and II; Leiden u.a. 1996 (AGJU 31); (zitiert: Jacobson, Commentary).

JACOBSON, HOWARD: Biblical Quotation and Editorial Function in Pseudo-Philo's *Liber Antiquitatum Biblicarum* . JSPE 5, 1989, 47-64; (zitiert: Jacobson, Biblical Quotation).

JACQUIN, FRANÇOISE: Die Zehn Worte in der jüdischen Erziehung. IKaZ 22, 1993, 23-35; (zitiert: Jacquin, Zehn Worte).

JAGERSMA, H.: Leviticus 19. Identiteit -Bevrijding - Gemeenschap; Assen 1972 (SSN 14); (zitiert: Jagersma, Leviticus 19).

JAROS, KARL: Die Stellung des Elohisten zur kanaanäischen Religion; 2.,verb. u. überarb. Aufl., Freiburg/Schweiz, Göttingen 1982 (OBO 4).

JEPSEN, ALFRED: Untersuchungen zum Bundesbuch; Stuttgart 1927 (BWANT, 3.Folge, Heft 5).

JEREMIAS, GERT: Der Lehrer der Gerechtigkeit; Göttingen 1963 (StUNT 2); (zitiert: Jeremias, Lehrer).

JEREMIAS, JOACHIM: Die Kindertaufe in den ersten vier Jahrhunderten; Göttingen 1958; (zitiert: Jeremias, Kindertaufe).

JEREMIAS, JOACHIM: Die Sprache des Lukasevangeliums. Redaktion und Tradition im Nicht-Markusstoff des dritten Evangeliums; Göttingen 1980 (KEK Sonderband).

JESCHKE, TANJA: Rabenväter, saure Trauben und das vierte Gebot. LM 35, 1996, 29-31.

JOHNSTONE, WILLIAM: The Decalogue and the Redaction of the Sinai Pericope in Exodus. ZAW 100, 1988, 361-385.

JOHNSTONE, WILLIAM: Exodus; Sheffield 1990 (OTGu).

JOHNSTONE, WILLIAM: Reactivating the Chronicles Analogy in Pentateuchal Studies, with Special Reference to the Sinai Pericope in Exodus. ZAW 99, 1987, 16-37.

JOHNSTONE, WILLIAM: The ,Ten Commandments': Some Recent Interpretations. ET 100, 1988/ 89, 453-459.

KÄSLER-HEIDE, HELGA: Wenn die Eltern älter werden. Ein Ratgeber für erwachsene Kinder; Frankfurt/Main, New York 1998 (campus concret 24).

KAISER, OTTO: Einleitung in das Alte Testament. Eine Einführung in ihre Ergebnisse und Probleme; 5., grundlegend neu bearbeitete Aufl., Gütersloh 1984; (zitiert: Kaiser, Einleitung).

KAISER, OTTO: Grundriß der Einleitung in die kanonischen und deuterokanonischen Schriften des Alten Testaments. Band 1: Die erzählenden Werke; Gütersloh 1992.

KAMLAH, EHRHARD: Frömmigkeit und Tugend. Die Gesetzesapologie des Josephus in c.Ap 2, 145-295. In: Betz, Otto u.a. (Hg.): Josephus-Studien. Untersuchungen zu Josephus, dem antiken Judentum und dem Neuen Testament. FS für Otto Michel zum 70. Geburtstag; Göttingen 1974, 220-232; (zitiert: Kamlah, Frömmigkeit und Tugend).

KAMLAH, EHRHARD: Philos Beitrag zur Aufhellung der Geschichte der Haustafeln. In: Benzing, Brigitta u.a. (Hg.): Wort und Wirklichkeit. Studien zur Afrikanistik und Orientalistik. Teil I: Geschichte und Religionswissenschaft - Bibliographie; Meisenheim am Glan 1976, 90-95.

KAMMLER, HANS-CHRISTIAN: Jesus Christus und der Geistparaklet. Eine Studie zur johanneischen Verhältnisbestimmung von Pneumatologie und Christologie. In: Hofius, Otfried; Kammler, Hans-Christian (Hg.): Johannesstudien. Untersuchungen zur Theologie des vierten Evangeliums; Tübingen 1996 (WUNT 88), 87-190.

KAMPLING, RAINER: Das Gesetz im Markusevangelium. In: Söding, Thomas (Hg.): Der Evangelist als Theologe. Studien zum Markusevangelium; Stuttgart 1995 (SBS 163), 119-150.

KAUFMAN, STEPHEN A.: The Second Table of the Decalogue and the Implicit Categories of Ancient Near Eastern Law. In: Marks, John H.; Good, Robert M. (Hg.): Love & Death in the Ancient Near East; Essays in Honor of Marvin H. Pope; Guilford, Conn. 1987, 111-116; (zitiert: Kaufman, The Second Table of the Decalogue).

KELLERMANN, DIETHER: Die Priesterschrift von Numeri 11 bis 1010 literarkritisch und traditionsgeschichtlich untersucht; Berlin 1970 (BZAW 120).

KIEFFER, RENÉ: Traditions juives selon Mc 7,1-23. In: Fornberg, Tord; Hellholm, David (Hg.): Texts and Contexts. Biblical Texts in Their Textual and Situational Contexts. Essays in Honor of Lars Hartman; Oslo u.a. 1995, 675-688.

KIEWELER, HANS WALTER: Prophetie und Weisheit. In: Kreuzer, Siegfried; Lüthi, Kurt (Hg.): Zur Aktualität des Alten Testaments, FS für Georg Sauer zum 65. Geburtstag; Frankfurt 1992; 47-55.

KILIAN, RUDOLF: Das Humanum im ethischen Dekalog Israels. In: Gauly, Heribert u.a. (Hg.): Im Gespräch: der Mensch. Ein interdisziplinärer Dialog. Joseph Möller zum 65. Geburtstag; Düsseldorf 1981, 43-52.

KILIAN, RUDOLF: Literarkritische und formgeschichtliche Untersuchung des Heiligkeitsgesetzes; Bonn 1963 (BBB 19); (zitiert: Kilian, Untersuchung des Heiligkeitsgesetzes).

KIO, STEPHEN HRE: The Problem of cultural adjustment: understanding and translating Genesis 2.24. PPBT 42, 1991, 210-217.

KLEMM, PETER: Zum Elterngebot im Dekalog. BThZ 3, 1986, 50-60.

KLOPFENSTEIN, MARTIN: Das Gesetz bei den Propheten. In: ders., Luz, Ulrich u.a. (Hg.): Mitte der Schrift? Ein jüdisch-christliches Gespräch. Texte des Berner Symposions vom 6.-12. Januar 1985 (JudChr 11); Bern u.a. 1987, 283-297.

KLOPFENSTEIN, MARTIN A.: Scham und Schande nach dem Alten Testament. Eine begriffsgeschichtliche Untersuchung zu den hebräischen Wurzeln bôs, klm und hpr, Zürich 1972 (AThANT 62).

KNAUF, ERNST AXEL: Zur Herkunft und Sozialgeschichte Israels. „Das Böckchen in der Milch seiner Mutter". Biblica 69, 1988, 153-169.

KOCH, KLAUS: Die Profeten II. Babylonisch-persische Zeit; Stuttgart u.a. 1980.

KOCH, KLAUS: Tempeleinlaßliturgien und Dekaloge. In: Rendtorff, Rolf; Koch, Klaus (Hg.): Studien zur Theologie der alttestamentlichen Überlieferungen (FS für Gerhard von Rad zum 60. Geburtstag); Neukirchen-Vluyn 1961, 45-60.

KOENEN, KLAUS: Ethik und Eschatologie im Tritojesajabuch: eine literarkritische und redaktionsgeschichtliche Studie; Neukirchen-Vluyn 1990 (WMANT 62); (zitiert: Koenen, Ethik und Eschatologie).

KORNFELD, WALTER: Studien zum Heiligkeitsgesetz (Lev 17-26); Wien 1952.

KOSCH, DANIEL: Die eschatologische Tora des Menschensohnes. Untersuchungen zur Rezeption der Stellung Jesu zur Tora in Q; Freiburg (Schweiz), Göttingen 1989 (NTOA 12).

KOSTER, M.D.: The Numbering of the Ten Commandments in some Peshitta Manuscripts. VT 30, 1980, 468-473.

KOVACS, BRIAN W.: Is there a Class-Ethic in Proverbs? In: Crenshaw, James L.; Willis, John T. (Hg.): Essays in Old Testament Ethics (J. Philip Hyatt, In Memoriam), New York 1974, 171-189.

KRÄMER, HELMUT: Eine Anmerkung zum Verständnis von Mt 15,6a. WuD 16, 1981, 67-70.

KRATZ, REINHARD GREGOR: Der Dekalog im Exodusbuch. VT 44, 1994, 205-238; (zitiert: Kratz, Dekalog).

KREMERS, HEINZ: Die Stellung des Elterngebotes im Dekalog (Eine Voruntersuchung zum Problem Elterngebot und Elternrecht). EvTh 21, 1961, 145-161; (zitiert: Kremers, Stellung).

KRIEGER, KLAUS-STEFAN: Geschichtsschreibung als Apologetik bei Flavius Josephus; Tübingen, Basel 1994 (TANZ 9); (zitiert: Krieger, Geschichtsschreibung).

KRÜLL, MARIANNE; NUBER, URSULA: „Wenn man den Eltern Ehre erweist, kommt etwas tief in der Seele in Ordnung". Ein Gespräch mit Bert Hellinger über den Einfluß der Familie auf die Gesundheit und Werte und Ziele seiner umstrittenen Therapie. In: Psychologie heute 22, 1995, 22-26.

KÜGLER, J.: Der Jünger, den Jesus liebte: Literarische, theologische und historische Untersuchungen zu einer Schlüsselgestalt johanneischer Theologie und Geschichte. Mit einem Exkurs über die Brotrede in Joh 6; Stuttgart 1988 (SBB 16); (zitiert: Kügler, Jünger).

KUHN, HEINZ-WOLFGANG: Ältere Sammlungen im Markusevangelium; Göttingen 1971 (StUNT 8); (zitiert: Kuhn, Ältere Sammlungen).

LABUSCHAGNE, C.J.: The Tribes in the Blessing of Moses. OTS 19, 1974, 97-112.

LAMBRECHT, J.: Jesus and the law. An investigation of Mk 7,1-23. EThL 53,1977, 24-79.

LANG, BERNHARD: Altersversorgung, Begräbnis und Elterngebot. ZDMG.S.III,1,1977, 149-156; (zitiert: Lang, Altersversorgung).

LANG, BERNHARD: The Decalogue in the Light of a Newly Published Palaeo-Hebrew Inscription (Hebrew Ostracon Moussaieff No.1). JSOT 77, 1998, 21-25.

LANG, BERNHARD: Grundrechte des Menschen im Dekalog. BiKi 34, 1979, 75-79.

LANG, BERNHARD: Neues über den Dekalog. ThQ 164, 1984, 58-65; (zitiert: Lang, Dekalog).

LANG, FRIEDRICH GUSTAV: Sola gratia im Markusevangelium. Die Soteriologie des Markus nach 9,14-29 und 10,17-31. In: Friedrich, Johannes u.a. (Hg.): Rechtfertigung. FS für Ernst Käsemann zum 70. Geburtstag; Tübingen, Göttingen 1976, 321-337; (zitiert: Lang, Sola gratia).

LANGE, ARMIN: Weisheit und Prädestination: weisheitliche Urordnung und Prädestination in den Textfunden von Qumran; Leiden u.a. 1995 (StTDJ XVIII); (zitiert: Lange, Weisheit und Prädestination).

LAU, WOLFGANG: Schriftgelehrte Prophetie in Jes 56-66. Eine Untersuchung zu den literarischen Bezügen in den letzten elf Kapiteln des Jesajabuches; Berlin, New York 1994 (BZAW 225).

LAWRIE, DOUGLAS G.: Old Testament Perspectives on Religious Education. Scriptura 43, 1992, 1-20.

LÉON-DUFOUR, XAVIER: Jésus constitue sa nouvelle famille. In: Marchadour, Alain (Hg.): L'Évangile exploré. Mélanges offerts à Simon Légasse à l'occasion de ses soixan-te-dix ans; Paris 1996 (LeDiv 166), 265-281.

LEVIN, CHRISTOPH: Der Dekalog am Sinai. VT 35, 1985, 165-191.

LEVISON, JOHN R.: Portraits of Adam in Early Judaism. From Sirach to 2 Baruch; Sheffield, Worcester 1988 (JSPE.S 1).

LEWIS, J.J.: The Table-Talk Section in the Letter of Aristeas. NTS 13, 1966/67, 53-56.

LICHTENBERGER, HERMANN: Studien zum Menschenbild in Texten der Qumrangemeinde; Göt-tingen 1980 (StUNT 15); (zitiert: Lichtenberger, Studien zum Menschenbild).

LIEDKE, GERHARD: Gestalt und Bezeichnung alttestamentlicher Rechtssätze. Eine formge-schichtlich-terminologische Studie; Neukirchen-Vluyn 1971 (WMANT 39); (zitiert: Lied-ke, Gestalt).

LIEDKE, ULF: „Du wirst Vater und Mutter ehren ..." Die Aktualität des biblischen Eltern-gebotes im Verhältnis der Generationen heute. ZdZ 51, 1997, 82-87.

LINCOLN, ANDREW T.: The Household Code and Wisdom Mode of Colossians. JSNT 74, 1999, 93-112.

LINCOLN, ANDREW T.: The Use of the OT in Ephesians. JSNT 14, 1982, 16-57.

LINDEMANN, ANDREAS: Die Aufhebung der Zeit. Geschichtsverständnis und Eschatologie im Epheserbrief; Gütersloh 1975 (StNT 12); (zitiert: Lindemann, Epheserbrief).

LIPS, HERMANN VON: Die Haustafel als ‚Topos‘ im Rahmen der urchristlichen Paränese. Beobachtungen anhand des 1. Petrusbriefes und des Titusbriefes. NTS 40, 1994, 261-280; (zitiert: Lips, Haustafel).

LOHFINK, NORBERT: Kennt das Alte Testament einen Unterschied von „Gebot" und „Gesetz"? Zur bibeltheologischen Einstufung des Dekalogs. JBTh 4, 1989, 63-89; (zi-tiert: Lohfink, Unterschied).

LOHFINK, NORBERT: Zur Dekalogfassung von Dt 5. BZ 9, 1965, 17-32; (zitiert: Lohfink, Dekalogfassung).

LOHFINK, NORBERT (Hg.): Das Deuteronomium. Entstehung, Gestalt und Botschaft; Leu-ven 1985 (BEThL LXVIII).

LOHFINK, NORBERT: Die These vom „deuteronomischen" Dekaloganfang - ein fragwürdi-ges Ergebnis atomistischer Sprachstatistik. In: Braulik, Georg (Hg.): Studien zum Penta-teuch. FS für Walter Kornfeld; Wien 1977, 99-109.

LORETZ, OSWALD: Das biblische Elterngebot und die Sohnespflichten in der ugaritischen Aqht-Legende. BN 8, 1979, 14-17.

LORETZ, OSWALD: Vom kanaanäischen Totenkult zur jüdischen Patriarchen- und Eltern-ehrung. Historische und tiefenpsychologische Grundprobleme der Entstehung des bibli-schen Geschichtsbildes und der jüdischen Ethik. In: Rupp, Alfred (Hg.): Jahrbuch für Anthropologie und Religionsgeschichte, Band 3; Saarbrücken 1978, 149 - 204.

LORETZ, OSWALD: Ugarit und die Bibel. Kanaanäische Götter und Religion im Alten Testa-ment; Darmstadt 1990.

LOVE, STUART L.: The Household: A Major Social Component for Gender Analysis in the Gospel of Matthew. BTB 23, 1993, 21-31.

LOZA, JOSÉ: Les catéchèses étiologiques dans l´Ancien Testament. RB 78, 1971, 481-500; (zitiert: Loza, Les catéchèses étiologiques).

LUCIANI, DIDIER: „Soyez saints, car je suis saint" Un commentaire de Lévitique 19. NRTh 114, 1992, 212-236; (zitiert: Luciani, Soyez saints).

LÜHRMANN, DIETER: Neutestamentliche Haustafeln und antike Ökonomie. NTS 27, 1981, 83-97.

LÜHRMANN, DIETER: ... womit er alle Speisen für rein erklärte (Mk 7,19). WuD 16, 1981, 71-92.

MALHERBE, ABRAHAM J.: God's New Family in Thessalonica. In: White, L. Michael and Yarbrough, O.Larry (Hg.): The Social World of the First Christians. Essays in Honor of Wayne A. Meeks; Minneapolis 1995, 116-125.

MARCUS, DAVID: Juvenile Delinquency in the Bible and the Ancient Near East. JANES 13, 1981, 31-52; (zitiert: Marcus, Juvenile delinquency).

MARTIN-ARCHARD, ROBERT: Biblische Ansichten über das Alter. Conc (D) 27, 1991, 198-203.

MCCANE, BYRON R.: „Let the dead bury their own dead": Secondary Burial and Matt 8:21-22. HThR 83/1, 1990, 31-43.

MCELENEY, NEIL J.: Authenticating Criteria and Mark 7: 1-23. In: CBQ 34, 1972, 431-460; (zitiert: McEleney, Authenticating Criteria).

MEACHEM, TIRZAH: The Missing Daughter: Leviticus 18 and 20. ZAW 109, 1997, 254-259.

MEECHAM, HENRY G.: The Letter of Aristeas. A linguistic Study with special reference to the Greek Bible; Manchester 1935 (PUM 241).

MENDELSOHN, I.: On the Preferential Status of the Eldest Son. BASOR 156, 1959, 38-40.

MENDELSON, ALAN: Secular Education in Philo of Alexandria; Cincinnati 1982 (MHUC 7).

MERENDINO, ROSARIO PIUS: Das deuteronomische Gesetz. Eine literarkritische, gattungs- und überlieferungsgeschichtliche Untersuchung zu Dt 12-26; Bonn 1969 (BBB 31); (zitiert: Merendino, Gesetz).

MERK, OTTO: Handeln aus Glauben: Die Motivierungen der paulinischen Ethik; Marburg 1968 (MThSt 5); (zitiert: Merk, Handeln aus Glauben).

MIDDENDORP, THEOPHIL: Die Stellung Jesu Ben Siras zwischen Judentum und Hellenismus, Leiden 1973.

MILLARD, MATTHIAS: Das Elterngebot im Dekalog; zum Problem der Gliederung des Dekalogs. Mincha 2000, 193-215.

MILLER, PATRICK D.: The Place of the Decalogue in the Old Testament and Its Law. Interp 43, 1990, 229-242; (zitiert: Miller, Place).

MITTMANN, SIEGFRIED: Deuteronomium 1,1 - 6,3 literarkritisch und traditionsgeschichtlich untersucht; Berlin, New York 1975 (BZAW 139); (zitiert: Mittmann, Deuteronomium).

MORGAN, DONN F.: Wisdom in the Old Testament Traditions; Oxford, Atlanta (Georgia) 1981.

MÜLLER, GOTTHOLD: Der Dekalog im Neuen Testament. Vor-Erwägungen zu einer unerledigten Aufgabe. ThZ 38, 1982, 79-97.

MÜLLER, KARLHEINZ: Die Haustafel des Kolosserbriefes und das antike Frauenthema. Eine kritische Rückschau auf alte Ergebnisse. In: Dautzenberg, Gerhard u.a. (Hg.): Die Frau im Urchristentum; Freiburg u.a. 1983 (QD 95), 263-319; (zitiert: Müller, Frauenthema).

MÜLLER, PETER: In der Mitte der Gemeinde: Kinder im Neuen Testament; Neukirchen-Vluyn 1992.

MÜNCHOW, CHRISTOPH: Ethik und Eschatologie. Ein Beitrag zum Verständnis der frühjüdischen Apokalyptik mit einem Ausblick auf das Neue Testament; Göttingen 1981; (zitiert: Münchow, Ethik).

MUNRO, WINSOME: Col. III.18-IV.I and Eph. V.21-VI.9: Evidences of a late literary stratum? NTS 18, 1971/72, 434-447.

MURPHY, FREDERICK J.: The Eternal Covenant in Pseudo-Philo. JSPE 3, 1988, 43-57.

NAIDOFF, BRUCE D.: The Two-fold Structure of Isaiah XLV 9-13. VT 31, 1981, 180-185.

NEEF, HEINZ-DIETER: Die Heilstraditionen Israels in der Verkündigung des Propheten Hosea; Berlin, New York 1987 (BZAW 169).

NEW, DAVID S.: Old Testament Quotations in the Synoptic Gospels, and the Two-Document Hypothesis; Atlanta, Georgia 1993 (SBL: Septuagint and Cognate Studies Series 37).

NICHOLSON, E.W.: The Decalogue as the Direct Address of God. VT 27, 1977, 422-433.

NIEBUHR, KARL-WILHELM: Gesetz und Paränese. Katechismusartige Weisungsreihen in der frühjüdischen Literatur; Tübingen 1987 (WUNT 2.Reihe, 28); (zitiert: Niebuhr, Gesetz und Paränese).

NIELSEN, EDUARD: Die zehn Gebote. Eine traditionsgeschichtliche Skizze (übersetzt von Dr. Hans-Martin Junghans); Kopenhagen 1965 (AThD VIII).

NISSINEN, MARTTI: Prophetie, Redaktion und Fortschreibung im Hoseabuch. Studien zum Werdegang eines Prophetenbuches im Lichte von Hos 4 und 11; Kevelaer, Neukirchen-Vluyn 1991 (AOAT 231).

OBERFORCHER, ROBERT: Arbeit am Dekalog. Der Beitrag der alttestamentlichen Forschung zum Verständnis der Zehn Gebote. BiLi 59, 1986, 74-85.

OBERHUBER, KARL: Die Kultur des Alten Orients, Frankfurt am Main 1972 (HKuG.KV); (zitiert: Oberhuber, Kultur).

OBERMANN, ANDREAS: Die christologische Erfüllung der Schrift im Johannesevangelium. Eine Untersuchung zur johanneischen Hermeneutik anhand der Schriftzitate; Tübingen 1996 (WUNT 83).

OGDEN, GRAHAM S.: The use of figurative language in Malachi 2.10-16. PPBT 39, 1988, 223-230.

OLYAN, SAUL M.: Some Observations Concerning the Identity of the Queen of Heaven. UF 19, 1987, 161-174.

OSIEK, CAROLYN: The Family in Early Christianity: „Family Values" Revisited. CBQ 58, 1996, 1-24.

OSIEK, CAROLYN; BALCH, DAVID L.: Families in the New Testament. Households and House Churches. The Family, Religion and Culture; Louisville, Kentucky 1997.

OSUMI, YUICHI: Die Kompositionsgeschichte des Bundesbuches Exodus 20,22b-23,33; Freiburg/Schweiz, Göttingen 1991 (OBO 105); (zitiert: Osumi, Kompositionsgeschichte).

OTTO, ECKART: Alte und neue Perspektiven in der Dekalogforschung. EvErz 42, 1990, 125-133; (zitiert: Otto, Perspektiven).

OTTO, ECKART: Biblische Altersversorgung im altorientalischen Rechtsvergleich. Zeitschrift für Altorientalische Rechtsgeschichte 1, 1995, 83-110; (zitiert: Otto, Biblische Altersversorgung).

OTTO, ECKART: Der Dekalog als Brennspiegel israelitischer Rechtsgeschichte. In: Hausmann, Jutta; Zobel, Hans-Jürgen (Hg.): Alttestamentlicher Glaube und Biblische Theologie: Festschrift für Horst Dietrich Preuß zum 65. Geburtstag; Stuttgart, Berlin, Köln 1992, 59 - 68; (zitiert: Otto, Dekalog als Brennspiegel).

OTTO, ECKART: Interdependenzen zwischen Geschichte und Rechtsgeschichte des antiken Israels. In: ders.(Hg.): Kontinuum und Proprium. Studien zur Sozial- und Rechtsgeschichte des Alten Orients und des Alten Testaments; Wiesbaden 1996 (Orientalia Biblica et Christiana 8), 75-93.

OTTO, ECKART: Körperverletzungen in den Keilschriftrechten und im Alten Testament. Studien zum Rechtstransfer im Alten Testament; Kevelaer, Neukirchen-Vluyn 1991 (AOAT).

OTTO, ECKART: Kritik der Pentateuchkomposition. ThR 60, 1995, 163-191.

OTTO, ECKART: Rechtsgeschichte der Redaktionen im Kodex Esnunna und im „Bundesbuch". Eine redaktionsgeschichtliche und rechtsvergleichende Studie zu altbabylonischen und altisraelitischen Rechtsüberlieferungen; Freiburg/Schweiz, Göttingen 1989 (OBO 85).

OTTO, ECKART: Rechtssystematik im altbabylonischen „Codex Esnunna" und im altisraelitischen „Bundesbuch". Eine redaktionsgeschichtliche und rechtsvergleichende Analyse von CE §§ 17; 18; 22-28 und Ex 21,18-32; 22,6-14; 23,1-3.6-8. UF 19, 1987, 175-197.

OTTO, ECKART: Soziale Verantwortung und Reinheit des Landes. Zur Redaktion der kasuistischen Rechtssätze in Deuteronomium 19-25. In: Liwak, Rüdiger; Wagner, Siegfried (Hg.): Prophetie und geschichtliche Wirklichkeit im alten Israel: FS für Siegfried Herrmann zum 65. Geburtstag; Stuttgart, Berlin, Köln 1991, 290-306.

OTTO, ECKART: Theologische Ethik des Alten Testaments; Stuttgart, Berlin, Köln 1994 (ThW 3,2); (zitiert: Otto, Theologische Ethik).

OTTO, ECKART: Wandel der Rechtsbegründungen in der Gesellschaftsgeschichte des antiken Israel. Eine Rechtsgeschichte des „Bundesbuches" Ex XX 22 - XXIII 13; Leiden, New York, Kopenhagen, Köln 1988 (StB 3); (zitiert: Otto, Rechtsbegründungen).

OTZEN, BENEDIKT: Studien über Deuterosacharja, übersetzt von Hanns Leisterer; Kopenhagen 1964 (AThD VI).

OYEN, HENDRIK VAN: Ethik des Alten Testaments; Gütersloh 1967 (Geschichte der Ethik 2); (zitiert: van Oyen, Ethik).

PARKER, SIMON B.: Death and Devotion: The Composition and Theme of AQHT. In: Marks, John H.; Good, Robert M. (Hg.): Love & Death in the Ancient Near East; Essays in Honor of Marvin H. Pope; Guilford, Conn. 1987, 71-83.

PEEK-HORN, MARGRET: Der Dekalog - Ein Literaturbericht. Katechetische Blätter 107, 1982, 788-796.

PÉRÈS, JACQUES NOEL: Le quatrième commandement: de la gratitude à l´action de graces. PosLuth 34, 1986, 200-209.

PERLITT, LOTHAR: (Rezension zu) Hossfeld, Frank-Lothar: Der Dekalog. ThLZ 108, 1983, Sp. 578-580; (zitiert: Perlitt, Rezension).

PESCH, RUDOLF: Naherwartungen. Tradition und Redaktion in Mk 13; Düsseldorf 1968 (KBANT).

PESCH, RUDOLF: Simon-Petrus. Geschichte und geschichtliche Bedeutung des ersten Jüngers Jesu Christi; Stuttgart 1980 (PuP 15).

PETSCHOW, HERBERT: Zur Systematik und Gesetzestechnik im Codex Hammurabi. ZA 57 (N.F. 23), 1965, 146-172.

PHILLIPS, ANTHONY: Ancient Israel´s Criminal Law (A New Approach to the Decalogue); Oxford 1970.

PHILLIPS, ANTHONY: The Decalogue - Ancient Israel´s Criminal Law. In: JJS 34, 1983, 1-20.

PHILLIPS, ANTHONY: Some Aspects of Family Law in Pre-Exilic Israel. VT 23, 1973, 349-361.

PILCH, JOHN J.: „Beat His Ribs While He Is Young" (Sir 30:12): A Window on the Mediterranean World. BTB 23, 1993, 101-113.

PITSCHL, FLORIAN: „Wenn ihr nicht werdet wie die Kinder ..." Ferdinand Ulrichs Philosophische Anthropologie der Kindheit im Gespräch mit Wertvorstellungen am Ende der Moderne. IKaZ 24, 1995, 50-60.

PLÖGER, JOSEF G.: Literarkritische, formgeschichtliche und stilkritische Untersuchungen zum Deuteronomium; Bonn 1967 (BBB 26).

POHLMANN, KARL-FRIEDRICH: Studien zum dritten Esra. Ein Beitrag zur Frage nach dem ursprünglichen Schluß des chronistischen Geschichtswerkes; Göttingen 1970 (FRLANT 104).

POMEROY, SARAH B.: Xenophon, Oeconomicus. A Social and Historical Commentary; Oxford 1994.

PONTIFICAL CONCIL FOR THE LAITY (Hg.): The Dignity of Older People and their Mission in the Church and in the World; Vatican City 1998.

PORTER, STANLEY E.; CLARKE, KENT D.: Canonical-Critical Perspective and the Relationship of Colossians and Ephesians. Bib. 78, 1997, 57-86.

PRESSLER, CAROLYN: The view of women found in the Deuteronomic family laws. Berlin, New York 1993 (BZAW 216); (zitiert: Pressler, Deuteronomic family laws).

PREUSS, HORST DIETRICH: Deuteronomium; Darmstadt 1982 (EdF 164); (zitiert: Preuß, Deuteronomium).

PREUSS, HORST DIETRICH: Einführung in die alttestamentliche Weisheitsliteratur; Stuttgart u.a. 1987; (zitiert: Preuß, Einführung).

PRIEUR, ALEXANDER: Die Verkündigung der Gottesherrschaft. Exegetische Studien zum lukanischen Verständnis von βασιλεία τοῦ θεοῦ; Tübingen 1996 (WUNT 2.Reihe, 89).

RABENAU, MERTEN: Studien zum Buch Tobit; Berlin, New York 1994 (BZAW 220); (zitiert: Rabenau, Studien zum Buch Tobit).

RAD, GERHARD VON: Theologie des Alten Testaments Band I - Die Theologie der geschichtlichen Überlieferungen Israels; 9.Aufl., München 1987 (bis 8.Aufl. als EETh 1); (zitiert: von Rad, Theologie I).

RAD, GERHARD VON: Theologie des Alten Testaments Band II - Die Theologie der prophetischen Überlieferungen Israels; 9.Aufl., München 1987 (bis 8.Aufl. als EETh 2); (zitiert: von Rad, Theologie II).

RAHNENFÜHRER, DANKWART: Das Testament des Hiob und das Neue Testament. ZNW 62, 1971, 68-93.

RATTRAY, SUSAN: Marriage Rules, Kinship Terms and Family Structure in the Bible. SBL.SP 26, 1987, 537-544.

REPLOH, KARL-GEORG: Markus - Lehrer der Gemeinde. Eine redaktionsgeschichtliche Studie zu den Jüngerperikopen des Markus-Evangeliums; Stuttgart 1969 (SBM 9).

REVENTLOW, HENNING GRAF: Gattung und Überlieferung in der „Tempelrede Jeremias", Jer 7 und 26. ZAW 81, 1969, 315-352.

REVENTLOW, HENNING GRAF: Gebot und Predigt im Dekalog; Gütersloh 1962.

REVENTLOW, HENNING GRAF: Das Heiligkeitsgesetz formgeschichtlich untersucht; Neukirchen 1961 (WMANT 6); (zitiert: Reventlow, Heiligkeitsgesetz).

RICHTER, HANS-FRIEDEMANN: Geschlechtlichkeit, Ehe und Familie im Alten Testament und seiner Umwelt; Frankfurt am Main u.a. 1978 (BET 10).

RICHTER, WOLFGANG: Recht und Ethos. Versuch einer Ortung des weisheitlichen Mahnspruches; München 1966 (StANT 15); (zitiert: Richter, Recht und Ethos).

ROFÉ, ALEXANDER: Family and Sex Laws in Deuteronomy and the Book of Covenant. Henoch 9, 1987, 131-159; (zitiert: Rofé, Family and Sex Laws).

ROST, LEONHARD: Das Bundesbuch. ZAW 77, 1965, 255-259.

ROST, LEONHARD: Einleitung in die alttestamentlichen Apokryphen und Pseudepigraphen einschließlich der großen Qumran-Handschriften; Heidelberg 1971; (zitiert: Rost, Einleitung in die alttestamentlichen Apokryphen und Pseudepigraphen).

RÜCKER, HERIBERT: Die Begründungen der Weisungen Jahwes im Pentateuch; Leipzig 1973 (EThSt 30).

RÜGER, HANS PETER: Text und Textform im hebräischen Sirach. Untersuchungen zur Textgeschichte und Textkritik der hebräischen Sirachfragmente aus der Kairoer Geniza; Berlin 1970 (BZAW 112); (zitiert: Rüger, Text und Textform des hebräischen Sirach).

RUPPERT, LOTHAR: Gerechte und Frevler (Gottlose) in Sap 1,1-6,21. Zum Neuverständnis und zur Aktualisierung alttestamentlicher Traditionen in der Sapientia Salomonis. In: Hübner, Hans (Hg.): Die Weisheit Salomos im Horizont Biblischer Theologie. Mit Beiträgen von Hans Hübner, Lothar Ruppert und Nikolaus Walter; Neukirchen-Vluyn 1993; (BThSt 22), 1-54.

RUSAM, DIETRICH: Die Gemeinschaft der Kinder Gottes: das Motiv der Gotteskindschaft und die Gemeinden der johanneischen Briefe; Stuttgart u.a. 1993 (BWANT 133); (zitiert: Rusam, Gemeinschaft).

SALES, MICHEL: Die Ehre, Kind zu werden, oder was es heißt, „Vater und Mutter zu ehren". IKaZ 24, 1995, 18-39.

SALES, MICHEL: Die zehn Gebote Gottes: Das erste Gebot. IKaZ 21, 1992, 25-38.

SALYER, GREGORY: Rhetoric, Purity, and Play. Aspects of Mark 7:1-23. Semeia 64, 1993, 139-169.

SANDERS, JACK T.: Ben Sira and Demotic Wisdom; Chico, California 1983 (SBL.MS 28).

SANDMEL, SAMUEL: Virtue and Reward in Philo. In: Crenshaw, James L., Willis, John T. (Hg.): Essays in Old Testament Ethics (J. Philip Hyatt, In Memoriam), New York 1974, 215-223.

SARIOLA, HEIKKI: Markus und das Gesetz. Eine redaktionskritische Untersuchung; Helsinki 1990 (AASF.DHL 56).

SASSON, JACK M.: Ruth. A New Translation with a Philological Commentary and a Formalist-Folklorist Interpretation; 2., verb. Aufl., Sheffield 1989 (BiSe).

SCHARBERT, JOSEF: Ehe und Eheschließung in der Rechtssprache des Pentateuch und beim Chronisten. In: Braulik, Georg (Hg.): Studien zum Pentateuch; Festschrift für Walter Kornfeld zum 60. Geburtstag; Freiburg, Basel, Wien 1977, 213-225; (zitiert: Scharbert, Ehe).

SCHENKER, ADRIAN: „Ehre Vater und Mutter". Das vierte Gebot in der Gesamtordnung des Dekalogs. IKaZ 24, 1995, 11-17; (zitiert: Schenker, „Ehre Vater und Mutter").

SCHERER, ANDREAS: Das weise Wort und seine Wirkung; eine Untersuchung zur Komposition und Redaktion von Proverbia 10,1-22,16; Neukirchen-Vluyn 1999 (WMANT 83).

SCHMIDT, HANS: Mose und der Dekalog. In: ders. u.a. (Hg.): ΕΥΧΑΡΙΣΤΗΡΙΟΝ. Studien zur Religion und Literatur des Alten und Neuen Testaments; Hermann Gunkel zum 60. Geburtstage, dem 23. Mai 1922 dargebracht von seinen Schülern und Freunden; Göttingen 1923 (FRLANT 36, N.F. 19, Teil 1 und 2), 78-119.

SCHMIDT, HEINZ: Verbindlich verbunden. Der Dekalog als ethisches und didaktisches Problem. EvErz 42, 1990, 134-149.

406 *Literaturverzeichnis*

SCHMIDT, LUDWIG: § 8 Pentateuch. In: Boecker, Hans Jochen u.a.: Altes Testament; 5., vollständig überarbeitete Aufl., Neukirchen-Vluyn 1996 (Neukirchener Arbeitsbücher), 88-109.

SCHMIDT, WERNER H.: Einführung in das Alte Testament; 5., erw. Aufl., Berlin, New York 1995.

SCHMIDT, WERNER H.: Exodus, Sinai und Mose. Erwägungen zu Ex 1-19 und 24; 2., bibliographisch erweiterte Aufl., Darmstadt 1990 (EdF 191).

SCHMIDT, WERNER H.: Überlieferungsgeschichtliche Erwägungen zur Komposition des Dekalogs. VT.S 22, 1972, 201-220; (zitiert: Schmidt, Komposition).

SCHMIDT, WERNER H. (in Zusammenarbeit mit HOLGER DELKURT und AXEL GRAUP–NER): Die zehn Gebote im Rahmen alttestamentlicher Ethik; Darmstadt 1993 (EdF 281); (zitiert: Schmidt, Gebote).

SCHMITT, JOHN J.: The Motherhood of God and Zion as Mother. RB 92, 1985, 557-569.

SCHNEIDER, G.: Auf Gott bezogenes ‚Mein Vater‘ und ‚Euer Vater‘ in den Jesusworten der Evangelien. In: Segbroeck, F. van u.a. (Hg.): The Four Gospels; Festschrift für Frans Neirynck, Band III; Leuven 1992 (BEThL 100), 1751-1781.

SCHÖNI, MARC: The Mother at the Foot of the Cross. The Key to the Understanding of St. John's Account of the Death of Jesus. Theological Review 17, 1996, 71-95; (zitiert: Schöni, Mother).

SCHOTTROFF, WILLY: Der altisraelitische Fluchspruch; Neukirchen-Vluyn 1969 (WMANT 30); (zitiert: Schottroff, Fluchspruch).

SCHOTTROFF, WILLY: Zum alttestamentlichen Recht. Verkündigung und Forschung - Altes Testament 22, 1977, 3-29.

SCHREINER, JOSEF: Gottes Forderung zum Heil der Menschen. ZAW 103, 1991, 315-328.

SCHREINER, JOSEF: Die Zehn Gebote im Leben des Gottesvolkes; München 1988.

SCHREINER, STEFAN: Der Dekalog der Bibel und der Pflichtenkodex für den Muslim. Judaica 43, 1987, 171-184.

SCHREINER, STEFAN: Der Dekalog in der jüdischen Tradition und im Koran. Kairos 23, 1981, 17-30; (zitiert: Schreiner, Dekalog in der jüdischen Tradition).

SCHREINER, STEFAN: Mischehen - Ehebruch - Ehescheidung. Betrachtungen zu Mal 2, 10-16. ZAW 91, 1979, 207-228; (zitiert: Schreiner, Mischehen).

SCHRÖDER, BERND: Die 'väterlichen Gesetze'. Flavius Josephus als Vermittler von Halachah an Griechen und Römer; Tübingen 1996 (TSAJ 53).

SCHROEDER, DAVID: Die Haustafeln des Neuen Testaments (Ihre Herkunft und ihr theologischer Sinn); Diss. masch., Teil 1 und Teil 2 (Anmerkungen); Hamburg 1959; (zitiert: Schroeder, Haustafeln des Neuen Testaments).

SCHROEDER, HANS-HARTMUT: Eltern und Kinder in der Verkündigung Jesu. Eine hermeneutische und exegetische Untersuchung; Hamburg-Bergstedt 1972 (ThF 53); (zitiert: Schroeder, Eltern und Kinder).

SCHÜNGEL-STRAUMANN, HELEN: Der Dekalog - Gottes Gebote? 2.Aufl., Stuttgart 1980 (SBS 67); (zitiert: Schüngel-Straumann, Dekalog).

SCHÜPPHAUS, JOACHIM: Die Psalmen Salomos. Ein Zeugnis Jerusalemer Theologie und Fröm-migkeit in der Mitte des vorchristlichen Jahrhunderts; Leiden 1977 (ALGHJ VII).

SCHÜPPHAUS, JOACHIM: Volk Gottes und Gesetz beim Elohisten. ThZ 31, 1975, 193-210.

SCHÜRER, EMIL: The History of the Jewish People in the Age of Jesus Christ (175 B.C. - A.D. 135), überarbeitete Neufassung in englischer Sprache hg. von Vermes, Geza; Millar, Fergus und Goodman, Martin, Vol III, Part 1; Edinburgh 1986; (zitiert: Schürer III/1).

SCHULZ, HERMANN: Das Todesrecht im Alten Testament. Studien zur Rechtsform der Mot-Jumat-Sätze; Berlin 1969 (BZAW 114); (zitiert: Schulz, Todesrecht).

SCHWEIZER, EDUARD: Gottesgerechtigkeit und Lasterkataloge bei Paulus (inkl. Kol und Eph). In: Friedrich, Johannes u.a. (Hg.): Rechtfertigung. FS für Ernst Käsemann zum 70. Geburtstag; Tübingen, Göttingen 1976, 461-477.

SCHWEIZER, EDUARD: Die Weltlichkeit des Neuen Testamentes: die Haustafeln. In: Donner, Herbert u.a. (Hg.): Beiträge zur Alttestamentlichen Theologie; FS für Walther Zimmerli zum 70. Geburtstag; Göttingen 1977, 397-413; (zitiert: Schweizer, Weltlichkeit).

SCHWEMER, ANNA MARIA: Studien zu den frühjüdischen Prophetenlegenden *Vitae Prophetarum*; Bd. 1: Die Viten der großen Propheten Jesaja, Jeremia, Ezechiel und Daniel. Einleitung, Übersetzung und Kommentar; Tübingen 1995 (TSAJ 49); Bd. II: Die Viten der kleinen Propheten und der Propheten aus den Geschichtsbüchern. Übersetzung und Kommentar; Tübingen 1996 (TSAJ 50).

SCHWENK-BRESSLER, UDO: Sapientia Salomonis als ein Beispiel frühjüdischer Textauslegung. Die Auslegung des Buches Genesis, Exodus 1-15 und Teilen der Wüstentradition in Sap 10-19; Frankfurt am Main u.a. 1993 (BEAT 32).

SCHWIENHORST-SCHÖNBERGER, LUDGER: Das Bundesbuch (Ex 20,22-23,33). Studien zu seiner Entstehung und Theologie; Berlin, New York 1990 (BZAW 188); (zitiert: Schwienhorst-Schönberger, Bundesbuch).

SCHWIER, HELMUT: Tempel und Tempelzerstörung. Untersuchungen zu den theologischen und ideologischen Faktoren im ersten jüdisch-römischen Krieg (66-74 n.Chr.); Freiburg/Schweiz, Göttingen 1989 (NTOA 11).

SCOTT, MARSHALL S.: Honor Thy Father and Mother: Scriptural Resources for Victims of Incest and Parental Abuse. JPC 42, 1988, 139-148.

SEEBASS, HORST: Noch einmal zum Depositenrecht Ex 22,6-14. In: Mommer, Peter u.a. (Hg.): Gottes Recht als Lebensraum: FS für Hans Jochen Boecker; Neukirchen-Vluyn 1993, 21-31; (zitiert: Seebass, Depositenrecht).

SEGAL, ELIEZER: Justice, Mercy and a Bird´s Nest. JJS 42, 1991, 176-195.

SEGOVIA, FERNANDO F.: The Significance of Social Location in Reading John's Story. Interp. 49, 1995, 370-378.

SEIFERT, ELKE: Tochter und Vater im Alten Testament. Eine ideologiekritische Untersuchung zur Verfügungsgewalt von Vätern über ihre Töchter; Neukirchen-Vluyn 1997 (Neukirchener Theologische Dissertationen und Habilitationen 9); (zitiert: Seifert, Tochter und Vater).

SEIM, TURID KARLSEN: Roles of Women in the Gospel of John. In: Hartman, Lars; Olsson, Birger (Hg.): Aspects on the Johannine Literature. Papers presented at a conference of Scandinavian New Testament exegetes at Uppsala, June 16-19, 1986; Stockholm 1987 (CB.NT 18), 56-73; (zitiert: Seim, Roles of Women).

SEITZ, GOTTFRIED: Redaktionsgeschichtliche Studien zum Deuteronomium; Stuttgart, Berlin, Köln, Mainz 1971 (BWANT 5. Folge, Heft 13); (zitiert: Seitz, Deuteronomium).

SHUTT, R.J.H.: Studies in Josephus; London 1961.

SICKINGER, CONRAD: Du sollst Vater und Mutter ehren. Praktische Erklärung der Pflichten der Kinder gegen ihre Eltern. Allen Kindern jeglichen Standes und Alters gewidmet; Dülmen 1879.

SLINGERLAND, DIXON H.: The Nature of Nomos (Law) within the *Testaments of the Twelve Patriarchs* . JBL 105, 1986, 39-48.

SLINGERLAND, DIXON H.: The Testaments of the Twelve Patriarchs: A Critical History of Research; Missoula, Montana 1977 (SBL.MS 21).

SMEND, RUDOLF: Die Entstehung des Alten Testaments; 4., durchges. und durch einen Literaturnachtrag ergänzte Aufl., Stuttgart, Berlin, Köln 1989 (ThW 1); (zitiert: Smend, Entstehung).

SMEND, RUDOLF: (Rezension zu) Hossfeld, Frank-Lothar: Der Dekalog. ThRv 79, 1983, Sp. 458-459.

SMITH, EUSTACE J.: The Decalogue in the Preaching of Jeremias. CBQ 4, 1942, 197-209.

SMITH, RALPH L.: The Shape of Theology in the Book of Malachi. SWJT 30, 1987, 22-27.

SOGGIN, J. ALBERTO: Kultätiologische Sagen und Katechese im Hexateuch. VT 10, 1960, 341-347; (zitiert: Soggin, Kultätiologische Sagen).

SONSINO, RIFAT: Motive Clauses in Hebrew Law. Biblical Forms and Near Eastern Parallels; Ann Arbor, Michigan 1980 (SBL.DS 45); (zitiert: Sonsino, Motive Clauses).

STAGER, LAWRENCE E.: The Archaeology of the Family in Ancient Israel. BASOR 260, 1985, 1-35.

STAMM, J.J.: Der Dekalog im Lichte der neueren Forschung; 2., durchges. und erw. Aufl., Bern , Stuttgart 1962.

STECK, ODIL HANNES: Das apokryphe Baruchbuch. Studien zu Rezeption und Konzentration „kanonischer" Überlieferung; Göttingen 1993 (FRLANT 160); (zitiert: Steck, Das apokryphe Baruchbuch).

STEGEMANN, HARTMUT: Die Essener, Qumran, Johannes der Täufer und Jesus. Ein Sachbuch; Freiburg, Basel, Wien 1993; (zitiert: Stegemann, Essener).

STEMBERGER, GÜNTER: Der Dekalog im frühen Judentum; JBTh 4, 1989, 91-103.

STEMBERGER, GÜNTER: Einleitung in Talmud und Midrasch; 8., neubearbeitete Aufl., München 1992; (zitiert: Stemberger, Einleitung).

STENDEBACH, FRANZ JOSEF: Einleitung in das Alte Testament; Düsseldorf 1994 (LeTh 22).

STENDEBACH, FRANZ JOSEF: (Rezension zu) Frank-Lothar Hossfeld, Der Dekalog. BiKi 41, 1986, 90-92; zitiert: Stendebach, Rezension).

STIBBE, MARK W.G.: John as storyteller. Narrative criticism and the fourth Gospel; Cambridge 1992 (MSSNTS 73); (zitiert: Stibbe, John as storyteller).

STRECKER, GEORG: Die neutestamentlichen Haustafeln (Kol 3,18-4,1 und Eph 5,22-6,9). In: Merklein, Helmut (Hg.): Neues Testament und Ethik; FS für Rudolf Schnackenburg; Freiburg u.a. 1989, 349-375.

STUHLMACHER, PETER: Christliche Verantwortung bei Paulus und seinen Schülern. EvTh 28, 1968, 165-186.

STULMAN, LOUIS: Encroachment in Deuteronomy: An Analysis of the Social World of the D Code. JBL 109, 1990, 613-632.

STULMAN, LOUIS: The Prose Sermons of the Book of Jeremiah. A Redescription of the Correspondences with Deuteronomistic Literature in the Light of Recent Text-critical Research, Atlanta, Georgia 1986 (SBL.DS 83).

STULMAN, LOUIS: Sex and Familial Crimes in the D Code: A Witness to Mores in Transition. JSOT 53, 1992, 47-63.

SUHL, ALFRED: Die Funktion der alttestamentlichen Zitate und Anspielungen im Markusevangelium; Gütersloh 1965.

TAPPY, RON E.: The code of kinship in the Ten Commandments. RB 107, 2000, 321-337.

TATE, MARVIN E.: The Legal Traditions of the Book of Exodus. RExp 74, 1977, 483-509; (zitiert: Tate, Legal Traditions).

THIEL, WINFRIED: Die deuteronomistische Redaktion von Jeremia 26-45. Mit einer Gesamtbeurteilung der deuteronomistischen Redaktion des Buches Jeremia; Neukirchen-Vluyn 1981 (WMANT 52).

THRAEDE, KLAUS: Zum historischen Hintergrund der ‚Haustafeln' des NT. In: Dassmann, Ernst; Frank, K. Suso (Hg.): Pietas. Festschrift für Bernhard Kötting; Münster 1980 (JAC Ergänzungsband 8), 359-368; (zitiert: Thraede, Hintergrund der ‚Haustafeln' des NT).

TILLMAN, WILLIAM M, JR.: Key Ethical Issues in Malachi. SWJT 30, 1987, 42-47.

TSUKIMOTO, AKIO: Untersuchungen zur Totenpflege (*kispum* ) im alten Mesopotamien; Kevelaer, Neukirchen-Vluyn 1985 (AOAT 216); (zitiert: Tsukimoto, Totenpflege).

TUCKER, GENE M.: The Law in the Eighth-Century Prophets. In: ders.; Petersen, David L.; Wilson, Robert R. (Hg.): Canon, Theology and Old Testament Interpretation. Essays in Honor of Brevard S. Childs; Philadelphia 1988, 201-216.

ULRICHSEN, JARL HENNING: Die Grundschrift der Testamente der zwölf Patriarchen. Eine Untersuchung zu Umfang, Inhalt und Eigenart der ursprünglichen Schrift; Uppsala 1991 (AUU.HR 10).

UTZSCHNEIDER, HELMUT: Künder oder Schreiber? Eine These zum Problem der „Schriftprophetie" auf Grund von Maleachi 1,6-2,9; Frankfurt am Main u.a. 1989 (BEAT 19).

VAZHUTHANAPALLY, OUSEPH KATHANAR: The Decalogue in Deuteronomy. BiBh 15, 1989, 111-132.

VEIJOLA, TIMO: Der Dekalog bei Luther und in der heutigen Wissenschaft. In: ders. (Hg.): The Law in the Bible and in its Environment; Helsinki, Göttingen 1990 (Publications of the Finnish Exegetical Society 51), 63-90.

VELLANICKAL, MATTHEW: Family Relationship: A Pauline Perspective. BiBh 20, 1994, 108-123.

VINCENT, JEAN: Neuere Aspekte der Dekalogforschung. BN 32, 1986, 83-104; (zitiert: Vincent, Aspekte).

WAGNER, VOLKER: Rechtssätze in gebundener Sprache und Rechtssatzreihen im israelitischen Recht. Ein Beitrag zur Gattungsforschung; Berlin, New York 1972 (BZAW 127); (zitiert: Wagner, Rechtssätze).

WAGNER VOLKER: Zur Systematik in dem Codex Ex 21,2 - 22,16. ZAW 81, 1969, 176-182; (zitiert: Wagner, Systematik).

WALKENHORST, KARL HEINZ: Weise werden und altern bei Ben Sira. In: Egger-Wenzel, Renate; Krammer, Ingrid (Hg.): Der Einzelne und seine Gemeinschaft bei Ben Sira. BZAW 270; Berlin, New York 1998, 217-237.

WALTER, NIKOLAUS: Zur Analyse von MC 10 17-31. ZNW 53, 1962, 206-218; (zitiert: Walter, Analyse).

WALTER, NIKOLAUS: Der Thoraausleger Aristobulos. Untersuchungen zu seinen Fragmenten und zu pseudepigraphischen Resten der jüdisch-hellenistischen Literatur; Berlin 1964 (TU 86).

WANSBROUGH, HENRY: Mark III.21 - Was Jesus out of his mind? NTS 18, 1971/72, 233-235.

WASCHKE, ERNST-JOACHIM: Die „Zehn Gebote" vom Alten Testament her gelesen. Zum Text der Bibelwoche 1989/90. In: Christenlehre 42, 1989, 299-307.

WASCHKE, ERNST-JOACHIM: „Es ist dir gesagt, Mensch, was gut ist ..." (Mi 6,8). Zur Frage nach dem Begründungszusammenhang einer biblischen Ethik am Beispiel des Dekalogs (Ex 20/Dtn 5). Hans-Jürgen Zobel zum 65. Geburtstag. ThLZ 118, 1993, Sp. 379-388.

WEIDINGER, KARL: Die Haustafeln. Ein Stück urchristlicher Paränese; Leipzig 1928 (UNT 14); (zitiert: Weidinger, Haustafeln).

WEINBERG, JOEL P.: Der Chronist in seiner Mitwelt; Berlin, New York 1996 (BZAW 239).

WEINBERG, JOEL P.: Der Mensch im Weltbild des Chronisten: seine Psyche. VT 33, 1983, 298-316.

WEINBERG, JOEL P.: Die soziale Gruppe im Weltbild des Chronisten. ZAW 98, 1986, 72-95.

WEINFELD, MOSHE: The Decalogue: Its Significance, Uniqueness, and Place in Israel's Tradition. In: Firmage, Edwin B. u.a. (Hg.): Religion and Law: Biblical-Judaic and Islamic Perspectives; Winona Lake 1990, 3-47; (zitiert: Weinfeld, Decalogue).

WEINFELD, MOSHE: Deuteronomy and the Deuteronomic School; Oxford 1972; Neudruck 1983.

WEINFELD, MOSHE: The Origin of the Apodictic Law. An Overlooked Source. VT 23, 1973, 63-75.

WEINFELD, MOSHE: The Phases of Human Life in Mesopotamian and Jewish Sources. In: Ulrich, Eugene u.a. (Hg.): Priests, Prophets and Scribes. Essays on the Formation and Heritage of Second Temple Judaism in Honour of Joseph Blenkinsopp; Sheffield 1992 (JSOT.S 149), 182-189.

WEINFELD, MOSHE: The Uniqueness of the Decalogue and its place in Jewish tradition. In: Segal, Ben-Zion (Hg.): The Ten Commandments in History and Tradition; English version edited by Gershon Levi; Jerusalem 1990 (Erstausgabe hebräisch, Jerusalem 1985), 1-44.

WEIPPERT, HELGA: Die Prosareden des Jeremiabuches, Berlin, New York 1973 (BZAW 132).

WEISS, MEIR: The Decalogue in Prophetic Literature. In: Segal, Ben-Zion (Hg.): The Ten Commandments in History and Tradition; English version edited by Gershon Levi; Jerusalem 1990 (Erstausgabe hebräisch, Jerusalem 1985), 67-81.

WEISS, WOLFGANG: „Eine neue Lehre in Vollmacht". Die Streit- und Schulgespräche des Markusevangeliums; Berlin, New York 1989 (BZNW 52); (zitiert: Weiß, Eine neue Lehre).

WELLHAUSEN, JULIUS: Die Pharisäer und die Sadducäer. Eine Untersuchung zur inneren jüdischen Geschichte; Greifswald 1874; 3.Aufl. Göttingen 1967.

WELTEN, PETER: Geschichte und Geschichtsdarstellung in den Chronikbüchern; Neukirchen-Vluyn 1973 (WMANT 42).

WENDLAND, HEINZ-DIETRICH: Botschaft an die soziale Welt. Beiträge zur christlichen Sozialethik der Gegenwart; Hamburg 1959 (SEST 5).

WÉNIN, ANDRÉ: Le décalogue, révélation de Dieu et chemin de bonheur. RTL 25, 1994, 145-182; (zitiert: Wénin, Le décalogue).

WENZ, GUNTHER: Die Zehn Gebote als Grundlage christlicher Ethik. Zur Auslegung des ersten Hauptstücks in Luthers Katechismen. ZThK 89, 1992, 404-439.

WESTERMANN, CLAUS: Theologie des Alten Testaments in Grundzügen; 2. Aufl., Göttingen 1985 (GAT 6).

WEYL, HEINRICH: Die jüdischen Strafgesetze bei Flavius Josephus in ihrem Verhältnis zu Schrift und Halacha; Berlin 1900.

WHITE, SIDNIE ANN: The All Souls Deuteronomy and the Decalogue. JBL 109, 1990, 193-206.

WILCKENS, ULRICH: Maria, Mutter der Kirche (Joh 19,26f.) In: Kampling, Rainer; Söding, Thomas (Hg.): Ekklesiologie des Neuen Testaments. FS für Karl Kertelge; Freiburg u.a. 1996, 247-266; (zitiert: Wilckens, Maria).

WILLETT, TOM W.: Eschatology in the Theodicies of 2 Baruch and 4 Ezra; Sheffield 1989 (JSPE.S 4).

WILLI-PLEIN, INA: Prophetie am Ende; Untersuchungen zu Sacharja 9-14; Köln 1974 (BBB 42).

WILLMES, BERND: Eine folgenreiche Begegnung (I Reg 19, 19-21). BN 60, 1991, 59-93; (zitiert: Willmes, Begegnung).

WILSON, WALTER T.: The Mysteries of Righteousness. The Literary Composition and Genre of the *Sentences* of Pseudo-Phocylides; Tübingen 1994 (TSA 40); (zitiert: Wilson, Mysteries of Righteousness).

WISCHMEYER, ODA: Die Kultur des Buches Jesus Sirach; Berlin, New York 1995 (BZNW 77); (zitiert: Wischmeyer, Kultur).

WOLFF, HANS WALTER: Anthropologie des Alten Testaments; 4., durchges. Aufl., München 1984; (zitiert: Wolff, Anthropologie).

WOLFF, HANS WALTER: Problems between the Generations in the Old Testament. In: Crenshaw, James L.; Willis, John T. (Hg.): Essays in Old Testament Ethics (J. Philip Hyatt, In Memoriam); New York 1974, 77-95.

WRIGHT, BENJAMIN G.: No Small Difference. Sirach' s Relationship to its Hebrew Parent Text; Atlanta, Georgia 1989 (SBL: Septuagint and Cognate Studies 26).

WRIGHT, CHRISTOPHER J.H.: God's people in God's land: family, land, and property in the Old Testament; Grand Rapids, Exeter 1990; (zitiert: Wright, God's People).

WRIGHT, CHRISTOPHER J.H.: The Israelite Household and the Decalogue: the Social Background and Significance of some Commandments. TynB 30, 1979, 101-124.

WUCKELT, AGNES: „Wer das Reich Gottes nicht annimmt wie ein Kind, gelangt nicht hinein". BiLi 66, 1993,136-141.

WYNN-WILLIAMS, DAMIAN J.: The State of the Pentateuch: A comparison of the approaches of M. Noth and E. Blum; Berlin, New York 1997 (BZAW 249).

YARBROUGH, O. LARRY: Parents and Children in the Letters of Paul. In: White, L. Michael and Yarbrough, O.Larry (Hg.): The Social World of the First Christians. Essays in Honor of Wayne A. Meeks; Minneapolis 1995, 126-141.

ZENGER, ERICH: Eine Wende in der Dekalogforschung? Ein Bericht. ThRv 64, 1968, Sp. 189-198.

ZENGER, ERICH u.a.: Einleitung in das Alte Testament; 3., neu bearb. und erw. Aufl., Stuttgart u.a. 1998 (KStTh 1,1); (zitiert: Zenger, Einleitung).

ZENGER, ERICH: Israel am Sinai. Analysen und Interpretationen zu Exodus 17-34; Altenberge 1982.

ZENGER, ERICH: Die Sinaitheophanie. Untersuchungen zum jahwistischen und elohistischen Geschichtswerk; Würzburg 1971 (fzb 3).

ZIEGLER, JOSEPH: Ursprüngliche Lesarten im griechischen Sirach, in: Mélanges E. Tisserant I (StT 231), Città del Vaticano 1964, 461-487; Nachdr.: ders., Sylloge. Gesammelte Aufsätze zur Septuaginta; Göttingen 1971, (MSU X), 634-660; sowie in: Jellicoe, Sidnes (Hg.): Studies in the Septuagint: Origins, Recensions and Interpretations. Selected Essays With a Prolegomenon by Sidney Jellicoe, New York 1974 (LBS), 470-496.

ZIEGLER, JOSEPH: Zum Wortschatz des griechischen Sirach. In: Hempel, Johannes; Rost, Leonhard u.a.: Von Ugarit nach Qumran. Beiträge zur alttestamentlichen und altorientalischen Forschung; FS für Otto Eissfeldt; Berlin 1958 (BZAW 77); 274-287; Nachdr.: ders., Sylloge. Gesammelte Aufsätze zur Septuaginta; Göttingen 1971, (MSU X), 450-463.

ZIMMER, FRANK: Der Elohist als weisheitlich-prophetische Redaktionsschicht: eine literarische und theologiegeschichtliche Untersuchung der sogenannten elohistischen Texte im Pentateuch; Frankfurt am Main u.a. 1999 (EHS.T 656).

ZIMMERLI, WALTHER: Erwägungen zum „Bund". Die Aussagen über die Jahwe-ברית in Ex 19-34. In: Stoebe, Hans Joachim u.a. (Hg.): Wort-Gebot-Glaube. Beiträge zur Theologie des Alten Testaments. FS für W. Eichrodt zum 80. Geburtstag; Zürich 1970, 171-190 (AThANT 59); (zitiert: Zimmerli, Erwägungen).

ZIMMERLI, WALTHER: Das Gesetz und die Propheten. Zum Verständnis des Alten Testaments; Göttingen 1963 (KVR 166-169).

ZIMMERMANN, HEINRICH: Neutestamentliche Methodenlehre. Darstellung der historisch-kritischen Methode; 7., von Klaus Kliesch bearb. Aufl., Stuttgart 1982; (zitiert: Zimmermann, Neutestamentliche Methodenlehre).

ZOBEL, HANS-JÜRGEN: Stammesspruch und Geschichte. Die Angaben der Stammessprüche von Gen 49, Dtn 33 und Jdc 5 über die politischen und kultischen Zustände im damaligen „Israel".; Berlin 1965 (BZAW 95).

ZOBEL, KONSTANTIN: Prophetie und Deuteronomium. Die Rezeption prophetischer Theologie durch das Deuteronomium; Berlin, New York 1992 (BZAW 199); (zitiert: Zobel, Prophetie und Deuteronomium).

ZUCKSCHWERDT, ERNST: Zur literarischen Vorgeschichte des priesterlichen Nazir-Gesetzes (Num 6 1-8). ZAW 88, 1976, 191-205.

ZUMSTEIN, JEAN: Jean 19, 25-27. In: Marchadour, Alain (Hg.): L'Évangile exploré. Mélanges offerts à Simon Légasse à l'occasion de ses soixante-dix ans, Paris 1996 (LeDiv 166), 219-249. Inzwischen auch in deutscher Übersetzung erschienen: Zumstein, Jean: Johannes 19, 25-27. ZThK 94, 1997, 131-154; (zitiert: Zumstein, Jean 19, 25-27).

# Stellenregister

## Altes Testament

*Joel*

| | |
|---|---|
| 1,2 LXX | 339 |
| 1,13 LXX | 339 |

*Amos*

| | |
|---|---|
| 5,14 | 94 |
| 6,10 | 73 |
| 7,17 | 125A |

*Micha*

| | |
|---|---|
| 1,10 LXX | 339 |
| 3,10 LXX | 339 |
| 4,9 | 166A |
| 7 | 361; 368 |
| 7,1-7 | 126 |
| 7,5f. | 302A |
| 7,6 | 126; 232A; 299-301 |

*Habakuk*

| | |
|---|---|
| 2,15 | 123A |

*Sacharja*

| | |
|---|---|
| 13,3 | 305A |

*Maleachi*

| | |
|---|---|
| 1,4 | 164A |
| 1,6-2,9 | 121 |
| 1,6 | 121-122; 134; 159; 361 |
| 1,6 LXX | 141A; 142; 150 |
| 2,10 | 121 |
| 2,10-16 | 121 |
| 3,17 | 122; 159 |
| 3,20 | 240 |
| 3,22-24 | 122 |
| 3,23 | 153 |
| 3,23.24 | 121; 168; 361 |
| 3,24 | 122 |

# Altorientalische Texte

*Codex Hammurapi*

| | |
|---|---|
| § 150 | 39A; 42 |
| § 156 | 44A |
| § 158 | 44A |
| § 162 | 44A |
| § 163f. | 44A |
| § 165 | 39 |
| § 167 | 39 |
| § 168 | 44A |

| | |
|---|---|
| § 169 | 45A |
| § 170 | 39 |
| § 171f. | 42 |
| § 185-193 | 38 |
| § 193 | 38 |
| § 195 | 52A |
| § 202-204 | 52A |
| § 250 | 27A |
| § 251 | 27A |

(zu den übrigen altorientalischen Texten vgl. Quellenregister)

# Alttestamentliche Apokryphen

*Sapientia Salomonis*

| | |
|---|---|
| 4,10 | 344A |
| 6,21 | 152; 183A |
| 9,10 | 344A |
| 14,15 | 152 |

*Tobit*

| | |
|---|---|
| 1,3.16 | 170 |
| 2,14 | 173A |
| 3,10 | 171 |
| 3,15 | 171 |
| 4,3 | 171; 175; 202; 282A |

*Baruch*

*1. Makkabäer*

*Stücke zum Buch Daniel (Susanna)*

# Jüdische Schriften zwischen den Testamenten

*Jubiläenbuch*

*Sibyllinische Orakel*

*Liber Antiquitatum Biblicarum*
*(Antiquitates Biblicae (Ps.-Philo))*

*Fragmente des Demetrios*

*Aristeasbrief*

*Testamente der XII Patriarchen*
*Testament des Asser*

| | |
|---|---|
| 8,2 | 204A |

*Testament des Benjamin*

| | |
|---|---|
| 3,1 | 208A |
| 3,6 | 205A |
| 6,3.4 | 208A |
| 7,2 | 208A |
| 8,2 | 208A |
| 10,1 | 205A |
| 12,1.3 | 204A |

*Testament des Dan*

| | |
|---|---|
| 1,4 | 208A |
| 2,2f. | 207 |
| 6,9 | 203A; 205A |
| 6,11 | 204A |

*Testament des Gad*

| | |
|---|---|
| 5,9 | 205A |
| 6,2 | 206A |
| 8,1 | 203 |
| 8,3 | 204A |

*Testament des Issaschar*

| | |
|---|---|
| 1,13 | 205A |
| 3,1-8 | 206 |
| 3,2 | 206 |
| 3,6 | 206 |
| 3,7 | 206 |
| 3,8 | 206 |
| 4,2 | 208A |
| 4,3 | 207 |
| 7,2-4 | 208A |
| 7,6 | 204 |
| 7,8 | 204A |

*Testament des Joseph*

| | |
|---|---|
| 3,3 | 206 |
| 10,2 | 203 |
| 10,6 | 203 |
| 11,1.2 | 203 |
| 19,6 | 203A |
| 20,1 | 207A |
| 20,2.3 | 204A |

*Testament des Juda*

| | |
|---|---|
| 1,4.5 | 204 |
| 1,6 | 204 |
| 2,2 | 206 |
| 10,1-6 | 205A |
| 13,1.7 | 205A |
| 17,3.4 | 204 |
| 17,5 | 206A |
| 18,2 | 208A |
| 18,3 | 208A |
| 19,2 | 205A |
| 26,4 | 204A |

*Testament des Levi*

| | |
|---|---|
| 6,6 | 206 |
| 9,2 | 206 |
| 9,6-14 | 206 |
| 10,1 | 205A |
| 13,1 | 203A |
| 13,2 | 203 |
| 13,3.4 | 203; 204 |
| 14,4-8 | 207A |
| 14,5.6 | 208A |
| 14,6 | 208A |
| 19,2f. | 205 |

*Testament des Naphthali*

| | |
|---|---|
| 4,1-7,5 | 205A |
| 4,4f. | 207 |
| 9,1 | 204A |

*Testament des Ruben*

| | |
|---|---|
| 1,6 | 205 |
| 1,7 | 205 |
| 1,8 | 205 |
| 3,3 | 208A |
| 3,5.6 | 208A |
| 3,8 | 205 |
| 3,15 | 205A |
| 7,2 | 204A |

*Testament des Sebulon*

| | |
|---|---|
| 1,5 | 205A |
| 4,5 | 206 |
| 5,1-5 | 207 |
| 5,5 | 206A |
| 6,3.8 | 206A |
| 10,2 | 205 |
| 10,7 | 204A |

*Testament des Simeon*

| | |
|---|---|
| 2,6 | 205 |
| 2,7 | 205 |
| 2,14 | 206 |
| 4,4 | 208A |
| 9,1 | 204A |

# Textfunde von Qumran

# Philo von Alexandrien

# Josephus

# Rabbinische Literatur

# Antike griechische Schriftsteller und ihre Werke

# Antike lateinische Schriftsteller und ihre Werke

# Neues Testament

# Neutestamentliche Apokryphen

# Altkirchliche Zeugnisse

# Namenregister

Cranfield, C.E.B. 262A
Crouch, James 165A,340A,342A
Crüsemann, Frank 22A,24,26,51A
  61A,62A, 81A,92A,96A,100A
Cuvillier, Elian 258A,263A,265A

Dalbert, Peter 199
Dassmann, Ernst 341A
Daube, David 105A
David, Martin 38A
DeJonge, Marinus 204A,207A,206A
Delkurt, Holger 110A,111A,112A,114
Derrett, J. Duncan M. 273A
Deselaers, Paul 170A,171A,173A,174A
Destro, Adriana 314A,317A,318A,320A
  322A
Dexinger, Ferdinand 188A,219A
Dibelius, Martin 278A,305A,335,352A
Dietrich, Manfred 41A
Dietrich, W. 18A
Dietzfelbinger, Christian 182A,318A
  319A,320A,321A
Dion, Paul E. 57A
Dohmen, Christoph 9A,11,18A
Donner, Herbert 127A
Driver, Samuel R. 57A,58A,59A
Dudrey, Russ 344A

Ebeling, Erich 43A
Elliger, Karl 62A,63A
Endres, John C. 179A
Engel, Helmut 170A
Erdman, Charles R. 68A
Ernst, Josef 263A,286A,287A
Eshel, Esther 194A

Fechter, Friedrich 63A,69A,128A
Feldmeier, Reinhard 324A
Fitzmyer, Joseph A. 272; 294A
Fleishman, Joseph 34A,53A
Flusser, David 281A
Fohrer, Georg 14A,24A,61A,64A,139A
Fuhs, H.-F. 67A
Furger, Franz 97A

Gallant, Robert Paul 235A
Gamberoni, Johann 91A,170A,171A
Gangel, Kenneth O. 315A
Gaugler, Ernst 348A,349A,351A
Gemser, B. 89A,94A

Georgi, Dieter 152A
Gerleman, Gillis 128A
Gerstenberger, Erhard 23A,26,27
  28A,29,30,32A,34A,35,68A
Gertz, Jan Christian 55A,57A,58A
Gese, Hartmut 28A,29A,31A,62A
  83A,97,102A,120A
Gese, Michael 348A,351A
Gesenius / Kautzsch 21A
Gielen, Marlis 268A,335A,336A
  339,340A,341A,343A,344A,346A,
  348A,350A, 351A,352A,353A
Giesen, Heinz 291A
Gnilka, Joachim 259A,262A,268A
  280A,281A,283A,286A,292A,
  293A,295A,296A,298A,299A,
  302A,304A,305A,328A,333A,
  336A,343A,348A, 349A,350A,
  351A,352A,353A
Goldschmidt, L. 242A,248A,249A
  250A
Goodenough, Erwin R. 217A,222A
  223A
Gowan, Donald E. 89A
Grässer, Erich 305A
Graupner, Axel 19,20A
Greenberg, Moshe 51A,188A,246A
Gronemeyer, Reimer 374A
Gross, Walter 26A
Grundmann, Walter 272A,293A
  299A,302A, 304A,322A
Grünwaldt, Klaus 61A,62A
  64A,67A,68A,70A,116A
Gunneweg, Antonius H.J. 151A

Haag, Ernst 126A
Haase, Richard 37A,38A
Haenchen, Ernst 262A,273A,304A
Hahn, Ferdinand 302A
Halbe, Jörn 13A,63A
Hanhart, Robert 170A
Harrington, Daniel J. 182A,190A
  191A,192
Hartman, Lars 336A,340
Haspecker, Josef 159A
Heinemann, I. 223A,227A
Hellinger, Bert 4
Hengel, Martin 168A,169A,177A
  295,296,305A
Hermisson, Hans-Jürgen 108,109A

Schilling, Othmar 155A,167A
Schlatter, Adolf 299A
Schlesinger, Philipp 244A,245A
Schlier, Heinrich 348A,349A,351A
Schmid, Josef 263A
Schmidt, Hans 18A
Schmidt, Heinz 36A
Schmidt, Ludwig 12A
Schmidt, Werner H. 13A,14A,15A
   23A,24A, 96A,97A,98A,102A
Schmithals, Walter 296A
Schmitt, John J. 127A
Schnackenburg, Rudolf 313A,314A
   315A,316A, 318A,321A,348A
   349A, 351A,352A,353A
Schneider, G. 316A
Schneider, Gerhard 350A
Schneider, Johannes 318A
Schnelle, Udo 316A,321A
Schöllgen, Georg 341A
Schöni, Marc 318A,319A,320A,321A
Schorr, M. 39A,40A,41A,42A
Schottroff, Willy 29A,60A
Schreiner, Stefan 121A,219A,233A,238A
   249A
Schröder, Bernd 231A
Schroeder, David 338,339,344
Schroeder, Hans-Hartmut 281A,286A
   293A,304A,305A
Schulz, Hermann 28A,29,33A,49A,68
Schulz, Siegfried 321A
Schumpp, Meinrad M. 172A
Schüngel-Straumann, Helen 36A,66A
   91A,93A,95A
Schürer, Emil 181A,182A
Schürmann, Heinz 297A,298A,309A
Schweizer, Eduard 262A,281A,292A
   304A, 332A,333A,334A,336A,
   343A,344A,354A
Schwemer, Anna Maria 125A
Schwienhorst-Schönberger, Ludger 46A
   47A,48A,49A,50A,51A
Seebass, Horst 51A
Segal, Eliezer 246A
Seifert, Elke 63A,64A,72A
Seim, Turid Karlsen 315A,318A,321A
   322A
Seitz, Gottfried 29A,55A,56A,57A
   59A,102A
Shutt, R.J.H. 231A

Sickinger, Conrad 3,4
Slingerland, Dixon H. 202A,203A
Smend, Rudolf 13A,85A,128A,139A
Smith, Eustache J. 126A
Soden, W. von 80
Soggin, J. Alberto 85
Sonsino, Rifat 89,90,93A,94A,109A,112A
Stager, Lawrence E. 18A
Stähli, H.-P. 67A
Stamm, J.J. 9A
Steck, Odil Hannes 151A
Stegemann, Hartmut 185A,186A,187A
   189A, 193A,195A,196A
Stemberger, Günter 188A,239A,240A
   242A, 244A,245A,249A
Stendebach, Franz Josef 18A,19,46
Stibbe, Mark 315A
Strecker, Georg 323A
Strobel, August 331A
Stuhlmacher, Peter 326A,327A,329A
   331A,332A,340A
Stulman, Louis 54A,126A

Tate, Marvin E. 76A,100A
Taylor, Vincent 262A
Thomas, Johannes 208A
Thraede, Klaus 341A,344A,354
Treitel, L. 219A
Tsukimoto, Akio 40
Tucker, Gene M. 124,125A

Utzschneider, Helmut 121A

Van der Horst, Pieter Willem 212A,213A
   214A,215A,216A
Vazhuthanapally, Ouseph Kathanar 35A
Vincent, Jean 14A,19A,22A,26A,27A
   125A,126A

Wagner, Volker 29A,32A,48A,50
Walkenhorst, Karl Heinz 167A
Walter, Nikolaus 198A,199A,213A,214A
   215A, 216A,277A,278A,279A,280A
Waschke, Ernst-Joachim 24A,25A
Weidinger, Karl 335A,340A
Weinfeld, Moshe 15A,23A,24A,60,78A
   92A,107
Weippert, Helga 126A
Weiß, Wolfgang 261A,262A,265A
Wellhausen, Julius 16A,124

# Quellenregister der wörtlich zitierten Texte

# Sachregister

# Wissenschaftliche Untersuchungen zum Neuen Testament

*Alphabetische Übersicht der ersten und zweiten Reihe*

*Ådna, Jostein:* Jesu Stellung zum Tempel. 2000. *Band II/119.*

*Ådna, Jostein* und *Kvalbein, Hans* (Hrsg.): The Mission of the Early Church to Jews and Gentiles. 2000. *Band 127.*

*Alkier, Stefan:* Wunder und Wirklichkeit in den Briefen des Apostels Paulus. 2001. *Band 134.*

*Anderson, Paul N.:* The Christology of the Fourth Gospel. 1996. *Band II/78.*

*Appold, Mark L.:* The Oneness Motif in the Fourth Gospel. 1976. *Band II/1.*

*Arnold, Clinton E.:* The Colossian Syncretism. 1995. *Band II/77.*

*Asiedu-Peprah, Martin:* Johannine Sabbath Conflicts As Juridical Controversy. 2001. *Band II/132.*

*Avemarie, Friedrich* und *Hermann Lichtenberger* (Hrsg.): Auferstehung - Ressurection. 2001. *Band 135.*

*Avemarie, Friedrich* und *Hermann Lichtenberger* (Hrsg.): Bund und Tora. 1996. *Band 92.*

*Bachmann, Michael:* Sünder oder Übertreter. 1992. *Band 59.*

*Baker, William R.:* Personal Speech-Ethics in the Epistle of James. 1995. *Band II/68.*

*Bakke, Odd Magne:* 'Concord and Peace'. 2001. *Band II/143.*

*Balla, Peter:* Challenges to New Testament Theology. 1997. *Band II/95.*

*Bammel, Ernst:* Judaica. Band I 1986. *Band 37* – Band II 1997. *Band 91.*

*Bash, Anthony:* Ambassadors for Christ. 1997. *Band II/92.*

*Bauernfeind, Otto:* Kommentar und Studien zur Apostelgeschichte. 1980. *Band 22.*

*Baum, Armin Daniel:* Pseudepigraphie und literarische Fälschung im frühen Christentum. 2001. *Band II/138.*

*Bayer, Hans Friedrich:* Jesus' Predictions of Vindication and Resurrection. 1986. *Band II/20.*

*Bell, Richard H.:* Provoked to Jealousy. 1994. *Band II/63.*

– No One Seeks for God. 1998. *Band 106.*

*Bennema, Cornelis:* The Power of Saving Wisdom. 2002. *Band II/148.*

*Bergman, Jan:* siehe *Kieffer, René*

*Bergmeier, Roland:* Das Gesetz im Römerbrief und andere Studien zum Neuen Testament. 2000. *Band 121.*

*Betz, Otto:* Jesus, der Messias Israels. 1987. *Band 42.*

– Jesus, der Herr der Kirche. 1990. *Band 52.*

*Beyschlag, Karlmann:* Simon Magus und die christliche Gnosis. 1974. *Band 16.*

*Bittner, Wolfgang J.:* Jesu Zeichen im Johannesevangelium. 1987. *Band II/26.*

*Bjerkelund, Carl J.:* Tauta Egeneto. 1987. *Band 40.*

*Blackburn, Barry Lee:* Theios Anēr and the Markan Miracle Traditions. 1991. *Band II/40.*

*Bock, Darrell L.:* Blasphemy and Exaltation in Judaism and the Final Examination of Jesus. 1998. *Band II/106.*

*Bockmuehl, Markus N.A.:* Revelation and Mystery in Ancient Judaism and Pauline Christianity. 1990. *Band II/36.*

*Bøe, Sverre:* Gog and Magog. 2001. *Band II/135.*

*Böhlig, Alexander:* Gnosis und Synkretismus. Teil 1 1989. *Band 47* – Teil 2 1989. *Band 48.*

*Böhm, Martina:* Samarien und die Samaritai bei Lukas. 1999. *Band II/111.*

*Böttrich, Christfried:* Weltweisheit – Menschheitsethik – Urkult. 1992. *Band II/50.*

*Bolyki, János:* Jesu Tischgemeinschaften. 1997. *Band II/96.*

*Brocke, Christoph vom:* Thessaloniki – Stadt des Kassander und Gemeinde des Paulus. 2001. *Band II//125*

*Büchli, Jörg:* Der Poimandres – ein paganisiertes Evangelium. 1987. *Band II/27.*

*Bühner, Jan A.:* Der Gesandte und sein Weg im 4. Evangelium. 1977. *Band II/2.*

*Burchard, Christoph:* Untersuchungen zu Joseph und Aseneth. 1965. *Band 8.*

– Studien zur Theologie, Sprache und Umwelt des Neuen Testaments. Hrsg. von D. Sänger. 1998. *Band 107.*

*Burnett, Richard:* Karl Barth's Theological Exegesis. 2001. *Band II/145.*

*Byrskog, Samuel:* Story as History – History as Story. 2000. *Band 123.*

*Cancik, Hubert* (Hrsg.): Markus-Philologie. 1984. *Band 33.*

*Capes, David B.:* Old Testament Yaweh Texts in Paul's Christology. 1992. *Band II/47.*

*Caragounis, Chrys C.:* The Son of Man. 1986. *Band 38.*

– siehe *Fridrichsen, Anton.*

*Carleton Paget, James:* The Epistle of Barnabas. 1994. *Band II/64.*

*Carson, D.A., O'Brien, Peter T.* und *Mark Seifrid* (Hrsg.): Justification and Variegated Nomism: A Fresh Appraisal of Paul and Second Temple Judaism. Band 1: The Complexities of Second Temple Judaism. *Band II/140.*

*Ciampa, Roy E.:* The Presence and Function of Scripture in Galatians 1 and 2. 1998. *Band II/102.*

*Classen, Carl Joachim:* Rhetorical Criticsm of the New Testament. 2000. *Band 128.*

*Crump, David:* Jesus the Intercessor. 1992. *Band II/49.*

*Dahl, Nils Alstrup:* Studies in Ephesians. 2000. *Band 131.*

*Deines, Roland:* Jüdische Steingefäße und pharisäische Frömmigkeit. 1993. *Band II/52.*
– Die Pharisäer. 1997. *Band 101.*

*Dietzfelbinger, Christian:* Der Abschied des Kommenden. 1997. *Band 95.*

*Dobbeler, Axel von:* Glaube als Teilhabe. 1987. *Band II/22.*

*Du Toit, David S.:* Theios Anthropos. 1997. *Band II/91*

*Dunn , James D.G.* (Hrsg.): Jews and Christians. 1992. *Band 66.*
– Paul and the Mosaic Law. 1996. *Band 89.*

*Dunn, James D.G., Hans Klein, Ulrich Luz* und *Vasile Mihoc* (Hrsg.): Auslegung der Bibel in orthodoxer und westlicher Perspektive. 2000. *Band 130.*

*Ebertz, Michael N.:* Das Charisma des Gekreuzigten. 1987. *Band 45.*

*Eckstein, Hans-Joachim:* Der Begriff Syneidesis bei Paulus. 1983. *Band II/10.*
– Verheißung und Gesetz. 1996. *Band 86.*

*Ego, Beate:* Im Himmel wie auf Erden. 1989. *Band II/34*

*Ego, Beate* und *Lange, Armin* sowie *Pilhofer, Peter (Hrsg.):* Gemeinde ohne Tempel – Community without Temple. 1999. *Band 118.*

*Eisen, Ute E.:* siehe *Paulsen, Henning.*

*Ellis, E. Earle:* Prophecy and Hermeneutic in Early Christianity. 1978. *Band 18.*
– The Old Testament in Early Christianity. 1991. *Band 54.*

*Ennulat, Andreas:* Die 'Minor Agreements'. 1994. *Band II/62.*

*Ensor, Peter W.:* Jesus and His 'Works'. 1996. *Band II/85.*

*Eskola, Timo:* Messiah and the Throne. 2001. *Band II/142.*
– Theodicy and Predestination in Pauline Soteriology. 1998. *Band II/100.*

*Fatehi, Mehrdad:* The Spirit's Relation to the Risen Lord in Paul. 2000. *Band II/128.*

*Feldmeier, Reinhard:* Die Krisis des Gottessohnes. 1987. *Band II/21.*
– Die Christen als Fremde. 1992. *Band 64.*

*Feldmeier, Reinhard* und *Ulrich Heckel* (Hrsg.): Die Heiden. 1994. *Band 70.*

*Fletcher-Louis, Crispin H.T.:* Luke-Acts: Angels, Christology and Soteriology. 1997. *Band II/94.*

*Förster, Niclas:* Marcus Magus. 1999. *Band 114.*

*Forbes, Christopher Brian:* Prophecy and Inspired Speech in Early Christianity and its Hellenistic Environment. 1995. *Band II/75.*

*Fornberg, Tord:* siehe *Fridrichsen, Anton.*

*Fossum, Jarl E.:* The Name of God and the Angel of the Lord. 1985. *Band 36.*

*Frenschkowski, Marco:* Offenbarung und Epiphanie. Band 1 1995. *Band II/79* – Band 2 1997. *Band II/80.*

*Frey, Jörg:* Eugen Drewermann und die biblische Exegese. 1995. *Band II/71.*
– Die johanneische Eschatologie. Band I. 1997. *Band 96.* – Band II. 1998. *Band 110.*
– Band III. 2000. *Band 117.*

*Freyne, Sean:* Galilee and Gospel. 2000. *Band 125.*

*Fridrichsen, Anton:* Exegetical Writings. Hrsg. von C.C. Caragounis und T. Fornberg. 1994. *Band 76.*

*Garlington, Don B.:* 'The Obedience of Faith'. 1991. *Band II/38.*
– Faith, Obedience, and Perseverance. 1994. *Band 79.*

*Garnet, Paul:* Salvation and Atonement in the Qumran Scrolls. 1977. *Band II/3.*

*Gese, Michael:* Das Vermächtnis des Apostels. 1997. *Band II/99.*

*Gräbe, Petrus J.:* The Power of God in Paul's Letters. 2000. *Band II/123.*

*Gräßer, Erich:* Der Alte Bund im Neuen. 1985. *Band 35.*
– Forschungen zur Apostelgeschichte. 2001. *Band 137.*

*Green, Joel B.:* The Death of Jesus. 1988. *Band II/33.*

*Gundry Volf, Judith M.:* Paul and Perseverance. 1990. *Band II/37.*

*Hafemann, Scott J.:* Suffering and the Spirit. 1986. *Band II/19.*
– Paul, Moses, and the History of Israel. 1995. *Band 81.*

*Hannah, Darrel D.:* Michael and Christ. 1999. *Band II/109.*

*Hamid-Khani, Saeed:* Relevation and Concealment of Christ. 2000. *Band II/120.*

*Hartman, Lars:* Text-Centered New Testament Studies. Hrsg. von D. Hellholm. 1997. *Band 102.*

*Hartog, Paul:* Polycarp and the New Testament. 2001. *Band II/134.*

*Heckel, Theo K.:* Der Innere Mensch. 1993. *Band II/53.*

– Vom Evangelium des Markus zum viergestaltigen Evangelium. 1999. *Band 120.*

*Heckel, Ulrich:* Kraft in Schwachheit. 1993. *Band II/56.*

– siehe *Feldmeier, Reinhard.*

– siehe *Hengel, Martin.*

*Heiligenthal, Roman:* Werke als Zeichen. 1983. *Band II/9.*

*Hellholm, D.:* siehe *Hartman, Lars.*

*Hemer, Colin J.:* The Book of Acts in the Setting of Hellenistic History. 1989. *Band 49.*

*Hengel, Martin:* Judentum und Hellenismus. 1969, ³1988. *Band 10.*

– Die johanneische Frage. 1993. *Band 67.*

– Judaica et Hellenistica. Band 1. 1996. *Band 90.*

– Band 2. 1999. *Band 109.*

*Hengel, Martin* und *Ulrich Heckel* (Hrsg.): Paulus und das antike Judentum. 1991. *Band 58.*

*Hengel, Martin* und *Hermut Löhr* (Hrsg.): Schriftauslegung im antiken Judentum und im Urchristentum. 1994. *Band 73.*

*Hengel, Martin* und *Anna Maria Schwemer:* Paulus zwischen Damaskus und Antiochien. 1998. *Band 108.*

– Der messianische Anspruch Jesu und die Anfänge der Christologie. 2001. *Band 138.*

*Hengel, Martin* und *Anna Maria Schwemer* (Hrsg.): Königsherrschaft Gottes und himmlischer Kult. 1991. *Band 55.*

– Die Septuaginta. 1994. *Band 72.*

*Hengel, Martin; Siegfried Mittmann* und *Anna Maria Schwemer* (Ed.): La Cité de Dieu / Die Stadt Gottes. 2000. *Band 129.*

*Herrenbrück, Fritz:* Jesus und die Zöllner. 1990. *Band II/41.*

*Herzer, Jens:* Paulus oder Petrus? 1998. *Band 103.*

*Hoegen-Rohls, Christina:* Der nachösterliche Johannes. 1996. *Band II/84.*

*Hofius, Otfried:* Katapausis. 1970. *Band 11.*

– Der Vorhang vor dem Thron Gottes. 1972. *Band 14.*

– Der Christushymnus Philipper 2,6–11. 1976, ²1991. *Band 17.*

– Paulusstudien. 1989, ²1994. *Band 51.*

– Neutestamentliche Studien. 2000. *Band 132.*

*Hofius, Otfried* und *Hans-Christian Kammler:* Johannesstudien. 1996. *Band 88.*

*Holtz, Traugott:* Geschichte und Theologie des Urchristentums. 1991. *Band 57.*

*Hommel, Hildebrecht:* Sebasmata. Band 1 1983. *Band 31* – Band 2 1984. *Band 32.*

*Hvalvik, Reidar:* The Struggle for Scripture and Covenant. 1996. *Band II/82.*

*Joubert, Stephan:* Paul as Benefactor. 2000. *Band II/124.*

*Jungbauer, Harry:* Ehre Vater und Mutter. 2002. *Band II/146.*

*Kähler, Christoph:* Jesu Gleichnisse als Poesie und Therapie. 1995. *Band 78.*

*Kamlah, Ehrhard:* Die Form der katalogischen Paränese im Neuen Testament. 1964. *Band 7.*

*Kammler, Hans-Christian:* Christologie und Eschatologie. 2000. *Band 126.*

– siehe *Hofius, Otfried.*

*Kelhoffer, James A.:* Miracle and Mission. 1999. *Band II/112.*

*Kieffer, René* und *Jan Bergman (Hrsg.):* La Main de Dieu / Die Hand Gottes. 1997. *Band 94.*

*Kim, Seyoon:* The Origin of Paul's Gospel. 1981, ²1984. *Band II/4.*

– „The 'Son of Man'" as the Son of God. 1983. *Band 30.*

*Klein, Hans:* siehe *Dunn, James D.G..*

*Kleinknecht, Karl Th.:* Der leidende Gerechtfertigte. 1984, ²1988. *Band II/13.*

*Klinghardt, Matthias:* Gesetz und Volk Gottes. 1988. *Band II/32.*

*Köhler, Wolf-Dietrich:* Rezeption des Matthäusevangeliums in der Zeit vor Irenäus. 1987. *Band II/24.*

*Korn, Manfred:* Die Geschichte Jesu in veränderter Zeit. 1993. *Band II/51.*

*Koskenniemi, Erkki:* Apollonios von Tyana in der neutestamentlichen Exegese. 1994. *Band II/61.*

*Kraus, Thomas J.:* Sprache, Stil und historischer Ort des zweiten Petrusbriefes. 2001. *Band II/136.*

*Kraus, Wolfgang:* Das Volk Gottes. 1996. *Band 85.*

– siehe *Walter, Nikolaus.*

*Kreplin, Matthias:* Das Selbstverständnis Jesu. 2001. *Band II/141.*

*Kuhn, Karl G.:* Achtzehngebet und Vaterunser und der Reim. 1950. *Band 1.*

*Kvalbein, Hans:* siehe *Ådna, Jostein.*

*Laansma, Jon:* I Will Give You Rest. 1997. *Band II/98.*

*Labahn, Michael:* Offenbarung in Zeichen und Wort. 2000. *Band II/117.*

*Lange, Armin:* siehe *Ego, Beate.*

*Lampe, Peter:* Die stadtrömischen Christen in den ersten beiden Jahrhunderten. 1987, ²1989. *Band II/18.*

*Landmesser, Christof:* Wahrheit als Grundbegriff neutestamentlicher Wissenschaft. 1999. *Band 113.*

– Jüngerberufung und Zuwendung zu Gott. 2000. *Band 133.*

*Lau, Andrew:* Manifest in Flesh. 1996. *Band II/86.*

*Lee, Pilchan:* The New Jerusalem in the Book of Relevation. 2000. *Band II/129.*

*Lichtenberger, Hermann:* siehe *Avemarie, Friedrich.*

*Lieu, Samuel N.C.:* Manichaeism in the Later Roman Empire and Medieval China. ²1992. *Band 63.*

*Loader, William R.G.:* Jesus' Attitude Towards the Law. 1997. *Band II/97.*

*Löhr, Gebhard:* Verherrlichung Gottes durch Philosophie. 1997. *Band 97.*

*Löhr, Hermut:* siehe *Hengel, Martin.*

*Löhr, Winrich Alfried:* Basilides und seine Schule. 1995. *Band 83.*

*Luomanen, Petri:* Entering the Kingdom of Heaven. 1998. *Band II/101.*

*Luz, Ulrich:* siehe *Dunn, James D.G..*

*Maier, Gerhard:* Mensch und freier Wille. 1971. *Band 12.*

– Die Johannesoffenbarung und die Kirche. 1981. *Band 25.*

*Markschies, Christoph:* Valentinus Gnosticus? 1992. *Band 65.*

*Marshall, Peter:* Enmity in Corinth: Social Conventions in Paul's Relations with the Corinthians. 1987. *Band II/23.*

*McDonough, Sean M.:* YHWH at Patmos: Rev. 1:4 in its Hellenistic and Early Jewish Setting. 1999. *Band II/107.*

*McGlynn, Moyna:* Divine Judgement and Divine Benevolence in the Book of Wisdom. 2001. *Band II/139.*

*Meade, David G.:* Pseudonymity and Canon. 1986. *Band 39.*

*Meadors, Edward P.:* Jesus the Messianic Herald of Salvation. 1995. *Band II/72.*

*Meißner, Stefan:* Die Heimholung des Ketzers. 1996. *Band II/87.*

*Mell, Ulrich:* Die „anderen" Winzer. 1994. *Band 77.*

*Mengel, Berthold:* Studien zum Philipperbrief. 1982. *Band II/8.*

*Merkel, Helmut:* Die Widersprüche zwischen den Evangelien. 1971. *Band 13.*

*Merklein, Helmut:* Studien zu Jesus und Paulus. Band 1 1987. *Band 43.* – Band 2 1998. *Band 105.*

*Metzler, Karin:* Der griechische Begriff des Verzeihens. 1991. *Band II/44.*

*Metzner, Rainer:* Die Rezeption des Matthäusevangeliums im 1. Petrusbrief. 1995. *Band II/74.*

– Das Verständnis der Sünde im Johannesevangelium. 2000. *Band 122.*

*Mihoc, Vasile:* siehe *Dunn, James D.G..*

*Mittmann, Siegfried:* siehe *Hengel, Martin.*

*Mittmann-Richert, Ulrike:* Magnifikat und Benediktus. 1996. *Band II/90.*

*Mußner, Franz:* Jesus von Nazareth im Umfeld Israels und der Urkirche. Hrsg. von M. Theobald. 1998. *Band 111.*

*Niebuhr, Karl-Wilhelm:* Gesetz und Paränese. 1987. *Band II/28.*

– Heidenapostel aus Israel. 1992. *Band 62.*

*Nielsen, Anders E.:* "Until it is Fullfilled". 2000. *Band II/126.*

*Nissen, Andreas:* Gott und der Nächste im antiken Judentum. 1974. *Band 15.*

*Noack, Christian:* Gottesbewußtsein. 2000. *Band II/116.*

*Noormann, Rolf:* Irenäus als Paulusinterpret. 1994. *Band II/66.*

*Obermann, Andreas:* Die christologische Erfüllung der Schrift im Johannesevangelium. 1996. *Band II/83.*

*Okure, Teresa:* The Johannine Approach to Mission. 1988. *Band II/31.*

*Oropeza, B. J.:* Paul and Apostasy. 2000. *Band II/115.*

*Ostmeyer, Karl-Heinrich:* Taufe und Typos. 2000. *Band II/118.*

*Paulsen, Henning:* Studien zur Literatur und Geschichte des frühen Christentums. Hrsg. von Ute E. Eisen. 1997. *Band 99.*

*Pao, David W.:* Acts and the Isaianic New Exodus. 2000. *Band II/130.*

*Park, Eung Chun:* The Mission Discourse in Matthew's Interpretation. 1995. *Band II/81.*

*Park, Joseph S.:* Conceptions of Afterlife in Jewish Insriptions. 2000. *Band II/121.*

*Pate, C. Marvin:* The Reverse of the Curse. 2000. *Band II/114.*

*Philonenko, Marc* (Hrsg.): Le Trône de Dieu. 1993. *Band 69.*

*Pilhofer, Peter:* Presbyteron Kreitton. 1990. *Band II/39.*

– Philippi. Band 1 1995. *Band 87.* – Band 2 2000. *Band 119.*

– siehe *Ego, Beate.*
*Pöhlmann, Wolfgang:* Der Verlorene Sohn und das Haus. 1993. *Band 68.*
*Pokorný, Petr* und *Josef B. Souček:* Bibelauslegung als Theologie. 1997. *Band 100.*
*Porter, Stanley E.:* The Paul of Acts. 1999. *Band 115.*
*Prieur, Alexander:* Die Verkündigung der Gottesherrschaft. 1996. *Band II/89.*
*Probst, Hermann:* Paulus und der Brief. 1991. *Band II/45.*
*Räisänen, Heikki:* Paul and the Law. 1983, ²1987. *Band 29.*
*Rehkopf, Friedrich:* Die lukanische Sonderquelle. 1959. *Band 5.*
*Rein, Matthias:* Die Heilung des Blindgeborenen (Joh 9). 1995. *Band II/73.*
*Reinmuth, Eckart:* Pseudo-Philo und Lukas. 1994. *Band 74.*
*Reiser, Marius:* Syntax und Stil des Markusevangeliums. 1984. *Band II/11.*
*Richards, E. Randolph:* The Secretary in the Letters of Paul. 1991. *Band II/42.*
*Riesner, Rainer:* Jesus als Lehrer. 1981, ³1988. *Band II/7.*
– Die Frühzeit des Apostels Paulus. 1994. *Band 71.*
*Rissi, Mathias:* Die Theologie des Hebräerbriefs. 1987. *Band 41.*
*Röhser, Günter:* Metaphorik und Personifikation der Sünde. 1987. *Band II/25.*
*Rose, Christian:* Die Wolke der Zeugen. 1994. *Band II/60.*
*Rüger, Hans Peter:* Die Weisheitsschrift aus der Kairoer Geniza. 1991. *Band 53.*
*Sänger, Dieter:* Antikes Judentum und die Mysterien. 1980. *Band II/5.*
– Die Verkündigung des Gekreuzigten und Israel. 1994. *Band 75.*
– siehe *Burchard, Christoph*
*Salzmann, Jorg Christian:* Lehren und Ermahnen. 1994. *Band II/59.*
*Sandnes, Karl Olav:* Paul – One of the Prophets? 1991. *Band II/43.*
*Sato, Migaku:* Q und Prophetie. 1988. *Band II/29.*
*Schaper, Joachim:* Eschatology in the Greek Psalter. 1995. *Band II/76.*
*Schimanowski, Gottfried:* Weisheit und Messias. 1985. *Band II/17.*
*Schlichting, Günter:* Ein jüdisches Leben Jesu. 1982. *Band 24.*
*Schnabel, Eckhard J.:* Law and Wisdom from Ben Sira to Paul. 1985. *Band II/16.*
*Schutter, William L.:* Hermeneutic and Composition in I Peter. 1989. *Band II/30.*

*Schwartz, Daniel R.:* Studies in the Jewish Background of Christianity. 1992. *Band 60.*
*Schwemer, Anna Maria:* siehe *Hengel, Martin*
*Scott, James M.:* Adoption as Sons of God. 1992. *Band II/48.*
– Paul and the Nations. 1995. *Band 84.*
*Siegert, Folker:* Drei hellenistisch-jüdische Predigten. Teil I 1980. *Band 20* – Teil II 1992. *Band 61.*
– Nag-Hammadi-Register. 1982. *Band 26.*
– Argumentation bei Paulus. 1985. *Band 34.*
– Philon von Alexandrien. 1988. *Band 46.*
*Simon, Marcel:* Le christianisme antique et son contexte religieux I/II. 1981. *Band 23.*
*Snodgrass, Klyne:* The Parable of the Wicked Tenants. 1983. *Band 27.*
*Söding, Thomas:* Das Wort vom Kreuz. 1997. *Band 93.*
– siehe *Thüsing, Wilhelm.*
*Sommer, Urs:* Die Passionsgeschichte des Markusevangeliums. 1993. *Band II/58.*
*Souček, Josef B.:* siehe *Pokorný, Petr.*
*Spangenberg, Volker:* Herrlichkeit des Neuen Bundes. 1993. *Band II/55.*
*Spanje, T.E. van:* Inconsistency in Paul? 1999. *Band II/110.*
*Speyer, Wolfgang:* Frühes Christentum im antiken Strahlungsfeld. Band I: 1989. *Band 50.*
– Band II: 1999. *Band 116.*
*Stadelmann, Helge:* Ben Sira als Schriftgelehrter. 1980. *Band II/6.*
*Stenschke, Christoph W.:* Luke's Portrait of Gentiles Prior to Their Coming to Faith. *Band II/108.*
*Stettler, Christian:* Der Kolosserhymnus. 2000. *Band II/131.*
*Stettler, Hanna:* Die Christologie der Pastoralbriefe. 1998. *Band II/105.*
*Strobel, August:* Die Stunde der Wahrheit. 1980. *Band 21.*
*Stroumsa, Guy G.:* Barbarian Philosophy. 1999. *Band 112.*
*Stuckenbruck, Loren T.:* Angel Veneration and Christology. 1995. *Band II/70.*
*Stuhlmacher, Peter* (Hrsg.): Das Evangelium und die Evangelien. 1983. *Band 28.*
*Sung, Chong-Hyon:* Vergebung der Sünden. 1993. *Band II/57.*
*Tajra, Harry W.:* The Trial of St. Paul. 1989. *Band II/35.*
– The Martyrdom of St.Paul. 1994. *Band II/67.*
*Theißen, Gerd:* Studien zur Soziologie des Urchristentums. 1979, ³1989. *Band 19.*
*Theobald, Michael:* Studien zum Römerbrief. 2001. *Band 136.*

*Theobald, Michael:* siehe *Mußner, Franz.*

*Thornton, Claus-Jürgen:* Der Zeuge des Zeugen. 1991. *Band 56.*

*Thüsing, Wilhelm:* Studien zur neutestamentlichen Theologie. Hrsg. von Thomas Söding. 1995. *Band 82.*

*Thurén, Lauri:* Derhethorizing Paul. 2000. *Band 124.*

*Treloar, Geoffrey R.:* Lightfoot the Historian. 1998. *Band II/103.*

*Tsuji, Manabu:* Glaube zwischen Vollkommenheit und Verweltlichung. 1997. *Band II/93*

*Twelftree, Graham H.:* Jesus the Exorcist. 1993. *Band II/54.*

*Urban, Christina:* Das Menschenbild nach dem Johannesevangelium. 2001. *Band II/137.*

*Visotzky, Burton L.:* Fathers of the World. 1995. *Band 80.*

*Wagener, Ulrike:* Die Ordnung des „Hauses Gottes". 1994. *Band II/65.*

*Walter, Nikolaus:* Praeparatio Evangelica. Hrsg. von Wolfgang Kraus und Florian Wilk. 1997. *Band 98.*

*Wander, Bernd:* Gottesfürchtige und Sympathisanten. 1998. *Band 104.*

*Watts, Rikki:* Isaiah's New Exodus and Mark. 1997. *Band II/88.*

*Wedderburn, A.J.M.:* Baptism and Resurrection. 1987. *Band 44.*

*Wegner, Uwe:* Der Hauptmann von Kafarnaum. 1985. *Band II/14.*

*Welck, Christian:* Erzählte 'Zeichen'. 1994. *Band II/69.*

*Wiarda, Timothy:* Peter in the Gospels . 2000. *Band II/127.*

*Wilk, Florian:* siehe *Walter, Nikolaus.*

*Williams, Catrin H.:* I am He. 2000. *Band II/113.*

*Wilson, Walter T.:* Love without Pretense. 1991. *Band II/46.*

*Wisdom, Jeffrey:* Blessing for the Nations and the Curse of the Law. 2001. *Band II/133.*

*Wucherpfennig, Ansgar:* Heracleon Philologus. 2002. *Band 142.*

*Yeung, Maureen:* Faith in Jesus and Paul. 2002. *Band II/147.*

*Zimmermann, Alfred E.:* Die urchristlichen Lehrer. 1984, ²1988. *Band II/12.*

*Zimmermann, Johannes:* Messianische Texte aus Qumran. 1998. *Band II/104.*

*Zimmermann, Ruben:* Geschlechtermetaphorik und Geschlechterverhältnis. 2000. *Band II/122.*

Einen Gesamtkatalog erhalten Sie gerne vom Verlag
Mohr Siebeck – Postfach 2040 – D–72010 Tübingen
Neueste Informationen im Internet unter www.mohr.de